ACCOUNTING

注册会计师
全国统一考试专用教材

财务成本
管理

■ 注册会计师全国统一考试研究中心 编著

U0719593

人 民 邮 电 出 版 社

北 京

图书在版编目（ＣＩＰ）数据

财务成本管理 / 注册会计师全国统一考试研究中心
编著. -- 北京 : 人民邮电出版社，2013.1(2018.4重印)
注册会计师全国统一考试专用教材
ISBN 978-7-115-47189-5

Ⅰ. ①财… Ⅱ. ①注… Ⅲ. ①企业管理－成本管理－
资格考试－教材 Ⅳ. ①F275.3

中国版本图书馆CIP数据核字(2017)第270077号

内 容 提 要

本教材以注册会计师协会新颁布的《注册会计师全国统一考试大纲》为依据，面向"财务成本管理"科目。在作者多年研究该科目大量真题的基础上，本教材总结、提炼出该科目考试的命题特点与解题规律，旨在帮助读者全面掌握知识，提高实战能力，并能顺利通过考试。

本教材共 22 章，第 0 章为"考纲分析与应试策略"，旨在总结、提炼考试内容的重点及命题方式，为读者提供全面的复习与应试策略；第 1 章至第 21 章主要讲解财务管理基本原理，财务报表分析与财务预测，价值评估基础，资本成本，投资项目资本预算，债券、股票价值评估，期权价值评估，企业价值评估，资本结构，股利分配、股票分割与股票回购，长期筹资，营运资本管理，产品成本计算，标准成本法，作业成本法，本量利分析，短期经营决策，全面预算，责任会计，业绩评价和管理会计报告等内容。在讲解的过程中，不仅穿插了针对重要知识点的大量例题、真题及详细解析，而且章末还安排了过关测试题，帮助读者在全面学习的基础上，掌握解题思路和答题技巧。

另外，本教材配有题库版模考与练习光盘，不仅为读者提供与教材同步的练习题，以及大量的真题、模拟题，还提供与真实机考环境完全一致的模考系统，读者可以像真实考试一样在该模考系统中进行登录、答题、交卷等操作，从而快速熟悉机考环境，避开失分雷区，提高应试能力。

本教材适合参加注册会计师全国统一考试"财务成本管理"科目的读者自学，亦适合作为各类院校与社会培训机构的相关教材。

◆ 编　　著　　注册会计师全国统一考试研究中心
　　责任编辑　　牟桂玲
　　责任印制　　沈　蓉　彭志环

◆ 人民邮电出版社出版发行　　北京市丰台区成寿寺路11号
　　邮编　100164　　电子邮件　315@ptpress.com.cn
　　网址　http://www.ptpress.com.cn
　　固安县铭成印刷有限公司印刷

◆ 开本：787×1092　1/16
　　印张：28.25　　　　　　　　2018年1月第1版
　　字数：929 千字　　　　　　2018 年 4 月河北第 3 次印刷

定价：59.00 元（附光盘）

读者服务热线：(010)81055410　印装质量热线：(010)81055316
反盗版热线：(010)81055315
广告经营许可证：京东工商广登字 20170147 号

The Editorial Board | 编委会

前言 | Preface

一、编写本教材的初衷

注册会计师考试（也称CPA考试）是根据《中华人民共和国注册会计师法》设立的执业资格考试，是目前取得注册会计师执业资格的必备条件。从1951年开始设立至今，我国的注册会计师考试已经成功举办了26次，注册会计师考试成为国内声誉最高的执业资格考试之一，并得到国际同行的广泛认可。

为了切实做好2018年注册会计师全国统一考试工作，指导考生全面掌握知识体系，提高考生的专业胜任能力和执业水平，我们组织了一批专业能力极强的老师，编写了这套集学、练、查为一体的指导性教材。

本套教材经过来自中国人民大学、复旦大学、东北财经大学、西南财经大学等10所财会类一流院校教授的严格编审，旨在为考生提供权威、详尽、准确的应考指南，帮助考生在掌握知识、提高专业能力的基础上，顺利通过考试。

二、本教材能给予读者的帮助

本教材面向注册会计师全国统一考试中的"财务成本管理"科目，采用1册图书配1张题库版模考与练习光盘的形式为考生提供帮助。

■ 突出高频考点，重点、难点一览无遗

本教材以最新版考试大纲为依据，在全面覆盖考试大纲知识点的基础上，分章进行细致的讲解，并突出重点，将高频考点做了细致的标注与总结，帮助考生准确、快速地抓住重点、难点，大幅提高复习效率。

■ 紧抓真题，解析详尽，一举掌握命题规律与解题方法

本教材在讲解各考点的过程中，结合不同类型的考试题型，以历年比较典型的考试真题为例进行讲解，并同步给出答案和详尽的解析，不仅能帮助考生通过真题训练吃透知识点，还能帮助考生快速掌握各类真考题型的命题特点与解题方法。

■ 设计贴心小栏目，结构明晰，知识掌握更全面、透彻

为了使本教材好读、易懂，从而有效地帮助考生全面掌握知识点、掌握解题规律，本教材不仅精心设计了内文版式，使之更为"易读"，还设计了若干贴心的特色小栏目。例如，"考情分析"栏目，透彻分析了各个知识点在历年考试中的考查情况；"学习建议"栏目，为考生提供学习与复习该知识点的方法；"名师点拨"栏目，总结、提炼该知识点在考试中的命题，并提供应对策略；"知识拓展"栏目，主要是对一些相关的法律、法规或概念做进一步的补充说明。

■ 章末提供自测题，学练结合，复习更高效

本教材在每章末尾，按知识点和考点精心设计了不同题型的过关测试题。考生可以通过做题巩固所学知识点，并能举一反三，提高应试能力。

■ 配套光盘，提前在真实机考环境中演练，应考更从容

本教材的配套光盘提供题库版模考与练习系统，主要有"考试指南""同步训练""题型特训""真题演练""PPT课件"和"模拟考场"等板块。提供与教材同步的习题，以及大量的真题及高质量的模拟题，并通过"模拟考场"为考生提供机考实战环境，帮助考生"提前进考场"。同时，该光盘提供错题重做与智能评分功

能，能大幅提高考生的复习效率。

本光盘所带题库的题型全面，均为真考题型，而且全部是精心挑选的历年真题和预测题，并且每一道题均配有参考答案及详细解析。考生可结合实际需要选择相应题型、题量和答题时间等进行模拟实战。

三、怎样使用本教材

■ 先认真研读本教材第0章的"考纲分析与应试策略"，深入了解考试大纲的要求与命题趋势，弄清重点章节，确立复习思路。

■ 在学习第1章至第21章时，考生应先认真阅读"考情分析"与"学习建议"，充分了解要考查的知识点，明确考试重点，掌握复习方法，并了解考试过程中应注意的问题。

■ 抓住重要考点，有的放矢。考生应注重对各知识点进行归纳总结，在复习时抓住重点，掌握解题要领，以不变应万变。

■ 强烈建议将教材与光盘配套使用，并利用光盘内容多做练习。考生应将大部分精力和时间放在教材中要求重点掌握和熟悉的考点上，然后通过配套光盘提供的模考与练习系统进行反复练习，以熟悉并适应机考环境。

四、致谢

本书在编写过程中，得到了不少资深执业注册会计师的指导，并获得国内知名高校财会专业教师的严格把关，在此谨表衷心的感谢！同时，教育部教育信息管理中心对本教材的题库建设、系统开发给予大力支持，在此一并表示衷心的感谢！

尽管编写组成员力求精益求精，书中亦难免有错误和不足之处，恳请广大读者批评指正。本教材责任编辑的联系邮箱为：muguiling @ptpress.com.cn。

编　者

光盘使用说明 | CD Users' Guide

将光盘放入光驱中，光盘会自动开始运行，并进入演示主界面，即"首页"板块。若不能自动运行，可在"我的电脑"窗口中双击光盘盘符，或在光盘的根目录下双击"autorun.exe"文件图标。

在光盘"首页"板块中有7个按钮，单击某个按钮，即可进入对应板块，如图1所示。下面分别介绍各个板块的功能。

图1　"首页"板块

1. "考试指南"板块

该板块主要介绍注册会计师的考试情况，以及"财务成本管理"科目的考试大纲和应试策略，单击左侧窗格中的按钮，即可查看相应内容，如图2所示。

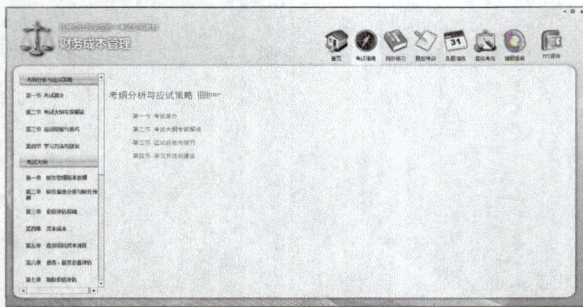

图2　"考试指南"板块

2. "同步练习"板块

本板块提供了与书中每章内容同步的自测练习题，每道试题均可通过单击界面右上方的"显示答案"按钮来查看答案和解析，以便考生在练习的同时巩固所学知识点，如图3所示。

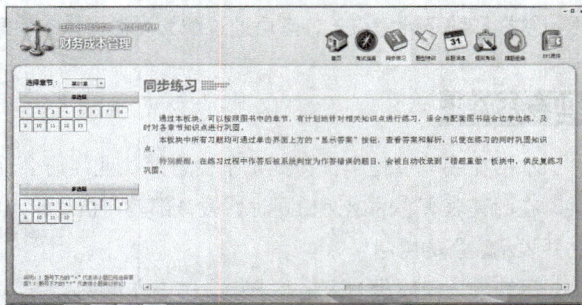

图3　"同步练习"板块

3. "题型特训"板块

本板块将题库中的所有试题，按考试题型进行分类，便于考生针对自己不擅长的题型进行专项练习，提高应试能力，如图4所示。

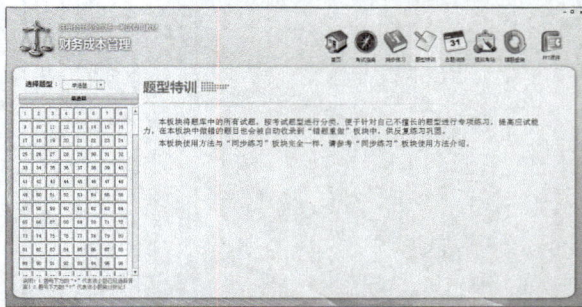

图4　"题型特训"板块

4. "真题演练"板块

本板块收集了最近9年的考试真题。学习完全书所有内容后，可以通过本板块的练习查漏补缺，总结历年考试的重点和难点，如图5所示。

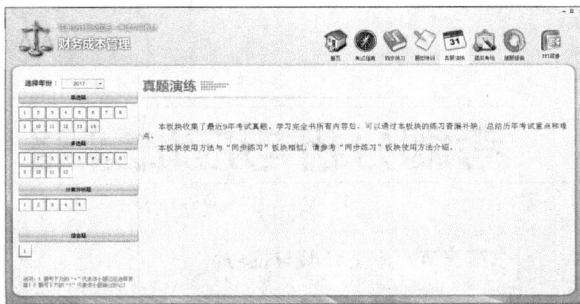

图5 "真题演练"板块

5. "模拟考场"板块

本板块测试系统与全国注册会计师考试系统基本一致，如图6所示，只是在细节上略有差异。通过本板块的测试，考生不仅能够提前熟悉命题类型，而且能够检验自己的学习效果。

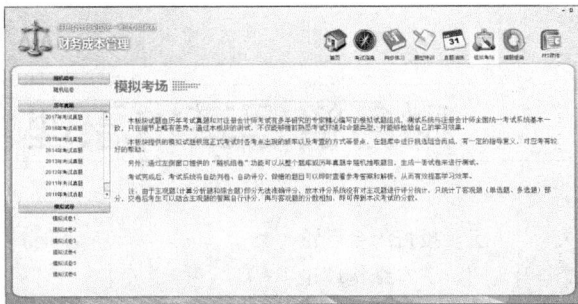

图6 "模拟考场"板块

另外，通过左侧窗格中提供的"随机组卷"功能，可以从整个题库中随机抽取题目，自动生成一套试卷来进行测试。

考试完成后，考试系统将自动判卷、自动评分，做错的题目可以即时查看参考答案和解析，从而有效提高学习效率。

6. "错题重做"板块

凡是在"同步练习""题型特训""真题演练"和"模拟考场"等板块中答错的题目或在"模拟考场"板块中没有作答的题目，都会自动添加到"错题重做"板块中，考生可在其中反复练习这些题目，做到查漏补缺，如图7所示。

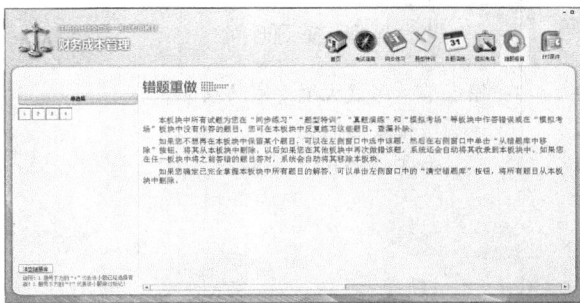

图7 "错题重做"板块

7. "PPT课件"板块

单击"PPT课件"按钮，将会打开光盘中的"PPT课件"文件夹，在其中可以查看本书配套的PPT课件。

目录 Contents

第 0 章　考纲分析与应试策略

第 1 章　财务管理基本原理

第 **2** 章　财务报表分析与财务预测

第 **3** 章　价值评估基础

第 **4** 章 资本成本

第 **5** 章 投资项目资本预算

第 **6** 章 债券、股票价值评估

第10章 股利分配、股票分割与股票回购

第11章 长期筹资

第12章 营运资本管理

第**13**章　产品成本计算

第**14**章　标准成本法

第**15**章　作业成本法

第16章 本量利分析

第17章 短期经营决策

第18章 全面预算

第19章　责任会计

第20章　业绩评价

第21章　管理会计报告

附 录

过关测试题参考答案与解析

考纲分析与应试策略　第 **0** 章

第一节　考试简介

注册会计师考试又称CPA考试，是根据《中华人民共和国注册会计师法》设立的执业资格考试，由财政部成立的考试委员会（以下简称"财政部考委会"）负责组织实施。该考试是取得中国注册会计师执业资格的必备条件，全国统一考试大纲，统一考试。

一、考试科目

注册会计师考试分为专业阶段考试与综合阶段考试。每一阶段的考试都是每年举办一次。

专业阶段的考试科目有6个，分别为会计、审计、财务成本管理、经济法、税法、公司战略与风险管理。单科合格成绩5年有效。在连续5年内取得专业阶段6个科目合格成绩的考生，将获得专业阶段合格证。

综合阶段的考试科目为职业能力综合测试（试卷一、试卷二）。考生在取得专业阶段合格证后，才能参加综合阶段考试，而且须在5个年度考试中完成（即通过该考试）。考生通过综合阶段考试后，将取得全科合格证。

机考系统提供了必要的辅助功能，帮助考生完成答题。资料区辅助工具如图0-2所示。

图0-2　资料区辅助工具栏

答题区辅助工具如图0-3所示。

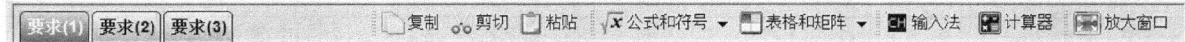

图0-3　答题区辅助工具栏

注册会计师的综合阶段，采用闭卷、机考的方式。

该考试由两张试卷组成，分别是试卷一，考查内容以鉴证业务为核心，涉及会计、审计和税法等专业领域；试卷二，考查内容以技术咨询和业务分析为核心，涉及财务成本管理、公司战略与风险管理等专业领域。

二、考试形式

注册会计师的专业阶段考试，采用闭卷方式，并自2012年以来实施计算机考试模式（以下简称"机考"）。为适应机考环境的变化，该考试简化主观题题干，降低阅读量，并在保持试题难易程度总体不变的情况下，增加了客观题的比重。

在机考中，为方便考生输入，考试系统支持8种输入法，分别为：微软拼音输入法、全拼输入法、智能ABC输入法、谷歌拼音输入法、搜狗拼音输入法、王码五笔型输入法、极品五笔输入法、万能五笔输入法。同时，为便于考生计算，考试系统亦提供模拟计算器，如图0-1所示。

图0-1　模拟计算器

三、考试题型与答题时间

专业阶段考试的单科成绩满分为100分，60分为合格，各科的题型与答题时间不尽相同，具体如表0-1所示。

表0-1　　　　　　　　　　　　　　专业阶段6门单科题型及答题时间

科　目	题　型	答题时间
会计	（1）单选题。12小题，每题2分，共24分 （2）多选题。10小题，每题2分，共20分 （3）综合题。4小题，其总分为56分。其中，1道小题可用中文或英文解答，如用英文解答，须全部使用英文，回答正确，加5分，因而综合题最高得分为61分	180分钟
审计	（1）单选题。25小题，每题1分，共25分 （2）多选题。10小题，每题2分，共20分 （3）简答题。6小题，共36分。其中一道小题可以用中文或英文解答，如使用英文解答，须全部使用英文，答题正确的，增加5分，简答题最高分为41分 （4）综合题。1题，19分	150分钟
财务成本管理	（1）单选题。14小题，每小题1.5分，共21分 （2）多选题。12小题，每小题2分，共24分 （3）计算分析题。5小题，共40分。其中一道小题可以用中文或英文解答，如使用英文解答，须全部使用英文，答题正确的，增加5分，计算分析题最高得分为45分 （4）综合题。1题，15分	150分钟
税法	（1）单选题。24小题，每小题1分，共24分 （2）多选题。14小题，每小题1.5分，共21分 （3）计算。4小题，共24分。其中一道小题可以用中文或英文解答，如使用英文解答，须全部使用英文，答题正确的，增加5分，因而此题的最高得分为29分 （4）综合题。2小题，共31分	120分钟
经济法	（1）单选题。24小题，每小题1分，共24分 （2）多选题。14小题，每小题1.5分，共21分 （3）案例分析题。4小题，共55分。其中一道小题可以用中文或英文解答，如使用英文解答，须全部使用英文，答题正确的，增加5分，简答题最高得分为60分	120分钟
公司战略与风险管理	（1）单选题。24小题，每小题1分，共24分 （2）多选题。14小题，每小题1.5分，共21分 （3）简答题。4小题，共30分。其中一道小题可以用中文或英文解答，如使用英文解答，须全部使用英文，答题正确的，增加5分，简答题最高得分为35分 （4）综合题。1题，25分	120分钟

综合阶段的试卷一与试卷二各有一道题，每题50分，合计取得60分为合格。试卷一与试卷二的考试时长均为210分钟。

第二节　考试大纲专家解读

本教材面向注册会计师考试专业阶段的"财务成本管理"科目，下面就详细介绍该科目的考试内容。

一、考查要点概览

《财务成本管理》包括3部分内容，第一部分是财务管理（本教材第1章～第12章），第二部分是成本计算（本教材第13章～第15章），第三部分是管理会计（本教材第16章～第21章），各部分的考查情况如表0-2所示。

表0-2　　　　　　　　　　　　　　"财务成本管理"科目的考查要点

章　名	最新版考试大纲要求	近几年主观题主要考点	各章近几年分值比例	内容重要程度
第1章 财务管理基本原理	了解财务管理的职能、目标、核心概念、基本理论以及金融工具与金融市场	无	2%	★
第2章 财务报表分析与财务预测	了解财务报表分析的目的、方法、局限性，预测的概念和程序，掌握财务比率分析法、财务预测的方法、增长率与资本需求的测算，掌握预测的销售百分比法，能够运用其原理预测资金需求	管理财务报表分析，融资需要量确定，内含增长率及可持续增长率的确定及应用	9%	★★★

续表

章 名	最新版考试大纲要求	近几年主观题主要考点	各章近几年分值比例	内容重要程度
第3章 价值评估基础	理解利率、资金时间价值与风险分析的基本原理，能够运用其基本原理进行财务估价	无	5%	★★
第4章 资本成本	理解资本成本的概念，能够估计普通股成本、债务成本、混合筹资成本以及企业的加权平均资本成本	资本成本的计算	5%	★★
第5章 投资项目资本预算	理解投资项目类型、评价程序，掌握各种项目评价的方法，能够运用这些方法对投资项目进行评价；掌握项目现金流量、折现率的估计方法以及敏感系数分析及其应用	更新决策、新建项目决策、敏感系数分析确定项目资本成本	8%	★★★
第6章 债券、股票价值评估	掌握债券、普通股以及优先股的价值评估方法，能够估计债券的到期收益率以及普通股的期望报酬率	债券价值及到期收益率的估算	4%	★
第7章 期权价值评估	理解期权的基本概念和估价方法，能够对简单的金融期权和实物期权进行分析评价	期权估价的复制原理、二叉树模型、布莱克—斯科尔斯期权定价模型、实物期权	6%	★★
第8章 企业价值评估	掌握企业价值评估的一般原理，能够运用折现现金流量法和相对价值法对企业价值进行评估	现金流量折现法下企业价值估算、相对价值法下企业价值估算	5%	★★
第9章 资本结构	理解资本结构理论与资本结构的影响因素，掌握资本结构决策的分析方法、经营杠杆系的平衡、财务杠杆的平衡以及联合杠杆系的平衡	最优资本结构确定的企业价值比较法	3%	★
第10章 股利分配、股票分割与股票回购	了解股利的种类、支付程序，掌握股利理论、股利分配政策的主要类型以及股票分割与股票回购，能够运用其改善企业的股利决策	无	3%	★
第11章 长期筹资	了解企业股权筹资和长期债务筹资的种类和特点，掌握其筹资程序和方法；理解租赁、优先股、认股权证和可转换债券的特征、筹资程序和优缺点，能够运用其进行有关筹资决策分析	债券筹资、股权再融资需要满足的条件，租赁决策、可转换债券融资成本确定、认股权证筹资成本确定	9%	★★★
第12章 营运资本管理	了解营运资本投资政策和营运资本筹资政策的主要类型，掌握现金管理、应收账款、商业信用和短期银行借款的决策和控制方法	应收账款信用决策、易变现率的确定、有效年利率的确定	8%	★★★
第13章 产品成本计算	了解产品成本的概念和分类，掌握成本的归集与分配方法，能够运用品种法、分批法和分步法计算企业产品成本	辅助生产成本的计算；分步法下计算产品成本	7%	★★★
第14章 标准成本法	掌握标准成本的制定和成本差异的分析方法，以及标准成本计算	标准成本的差异分析	5%	★★
第15章 作业成本法	掌握作业成本法概念和特点，作业成本的计算方法	作业成本法的应用	2%	★
第16章 本量利分析	理解成本性态的有关概念、本量利分析基本模型及其相关假设，掌握保本分析、保利分析以及利润敏感性分析的方法及应用	边际贡献、盈亏临界点、安全边际的计算	4%	★
第17章 短期经营决策	了解短期经营决策的含义与成本分类，掌握生产决策、定价决策、订货决策的主要方法和应用	产品生产、销售定价以及订货决策的应用	4%	★
第18章 全面预算	了解全面预算的意义、体系、作用和编制程序，掌握全面预算和营业预算的编制方法，能够编制企业各种经营预算和财务预算	现金预算的编制	3%	★

续表

章　名	最新版考试大纲要求	近几年主观题主要考点	各章近几年分值比例	内容重要程度
第19章 责任会计	了解企业组织结构与责任中心划分，掌握成本中心、利润中心和投资中心的划分、类型以及其考核指标	剩余收益	3%	★
第20章 业绩评价	了解财务评价与非财务评价的优点和缺点，熟悉经济增加值的概念和计算公式，掌握平衡计分卡框架、平衡计分卡与企业战略管理	经济增加值	3%	★
第21章 管理会计报告	掌握评价公司业绩的财务与非财务计量指标，以及各类责任中心的业绩评价方法	平衡计分卡	2%	★

从表0-2中可看出，"财务成本管理"科目的考试具有考查全面、计算量大、试题灵活、结合实际等特点。

二、命题趋势分析

总结近几年考试命题，其命题趋势如下。

1. 考查全面

历年试题的命题范围以考试大纲为依据，基本覆盖了考试大纲所规定的考试内容。考生要在规定的考试时间内，完成大量的试题，不仅要求考生牢固掌握专业知识，而且要对教材内容达到相当熟悉的程度。分析近几年的真题可知，教材中的每一章都有考题，因此考生一定要按大纲规定范围全面学习，而不要抱有猜题、押题的侥幸心理。

2. 计算分析题和综合题题量加大

从近几年的出题情况看，财务成本管理试题的计算分析题和综合题的分值比重为55%左右，虽然比笔试阶段主观题分值减少，但是单选题量增加，其中有很多是需要通过计算来解答，所以计算量仍然非常大，特别是部分考生由于运用公式不熟练或计算能力差，加之计算机操作不熟练，导致无法在规定时间范围内完成题目是失分的一个重要原因。

3. 理论联系实际，重点突出

财务成本管理科目以现代财务管理观念为核心，以公司为背景系统阐述财务成本管理的基本观念和决策方法。试题重点突出，着重于测试考生作为一名执业注册会计师应具备的业务知识和技能。其考试重点可归纳为以下3点。

（1）本学科核心内容，即"财务成本管理"科目本身的核心内容，具体如下。

» 财务报表分析和财务预测（第2章），是财务管理部分的核心，考生需要掌握各项指标及其计算公式，并掌握管理用财务报表的编制和分析。

» 财务管理的两个重要理念（第3章），货币的时间价值和风险。

» 企业价值评估（第8章）的相关知识，考生应重点关注现金流量折现方法和相对价值法。

» 资本结构（第9章）的相关知识，考生需要掌握杠杆原理和各种资本结构理论。

» 营运资本管理（第12章）的相关知识，考生需重点掌握现金、有价证券、应收账款、存货、商业信用和短期银行借款的决策和控制方法。

» 成本计算（第13章）的相关知识，考生需重点掌握成本的归集与分配方法，能运用各种方法计算企业产品成本，并掌握标准成本的制定和成本差异的分析方法。

» 管理会计（第16章～第21章）的相关知识，考生要重点掌握本量利分析的有关知识；短期预算中关于现金预算的编制方法；业绩评价中关于业绩的财务计量方法及利润中心的业绩评价方法。

（2）与注册会计师业务联系紧密的内容。例如财务报表分析，现金、有价证券、应收账款、存货、商业信用和短期银行借款的决策和控制方法，成本会计相关内容等。

（3）新增内容。主要是近一两年考试大纲新增加的内容，包括财务管理原理、有效资本市场、优先股股东的权利和义务，以及优先股的发行和转让等。

对这些内容，考生应给予更多关注，有针对性地加强学习。

第三节 应试经验与技巧

"财务成本管理"科目也与其他科目一样，采用的是机考系统。一般情况下，机考系统的题库中会备有2套或2套以上的试题，在考试时，机考系统将为每一位考生随机抽取一套。这样考试试题的涉及面广，考生必须做到全面复习。

此外，考虑到机考会对考生的答题速度有一定的影响，因而试题难度会有所下降。因此，考生在牢固、熟练掌握教材内容的同时，要善于归纳，分题型加强练习，以适应机考的答题模式，尤其是对计算分析题和综合题，要准备充分，能快速地做出判断和处理，这是通过考试的关键。

下面分别介绍各类题型的解答技巧。

一、客观题

客观题的题型为单选题与多选题，虽然每道题的分值不高，但题量很大，总计有45分左右，所占比重很大。

可见，客观题是全面考查的具体体现，主要考查考生对知识的全面理解及分析判断能力。因而，考生要熟悉教材、理解教材的基本知识、基本理论与基本方法，才能保证客观题的得分量。

考生在解答客观题时，首先要仔细看清楚题意和所有备选答案，常用的解题方法有以下3种。

1. 直接挑选法

这类试题一般属于法规、制度和规定性的"应知应会"内容，或者计算性的试题。考生只要掌握教材中知识的考查点，就能直接做出正确的选择，或者通过计算选择正确的答案。下面举例说明。

【例题1·单选题】（2017年真题）甲企业采用标准成本法进行成本控制。当月产品实际产量大于预算产量。导致的成本差异是（　　　）。

  A. 直接材料数量差异

  B. 变动制造费用效率差异

  C. 直接人工效率差异

  D. 固定制造费用能量差异

【解析】本题考查的是固定制造费用差异分析。变动成本差异分析均在实际产量下进行，只有固定制造费用差异分析涉及预算产量，故本题正确答案为选项D。

【答案】D

2. 排除法

主要做法是将备选答案中不正确或不符合题意的选项排除，从剩余选项中选出正确答案。

【例题2·单选题】（2016年真题）下列关于营运资本的说法中，正确的是（　　　）。

  A. 营运资本越多的企业，流动比率越大

  B. 营运资本越多，长期资本用于流动资产的金额越大

  C. 营运资本增加，说明企业短期偿债能力提高

  D. 营运资本越多的企业，短期偿债能力越强

【解析】本题考查的是营运资本。营运资本=流动资产−流动负债，流动比率=流动资产÷流动负债，营运资本是个绝对数，流动比率是个相对数，绝对数大的，相对数不一定大，因此选项A不正确；同理，绝对数不能代表偿债能力，因此选项C、D不正确。通过排除法可以得到选项B是正确的。

【答案】B

3. 猜测法

遇有确实不会的题目可选用猜测法，因单选题和多选题选错并不扣分，其选错结果与不选是一样的。

二、计算分析题

计算分析题主要考查考生实务操作能力，主要是分析问题和处理问题的能力。与客观题比较，计算分析题的难度较大，涉及的计算公式较多。虽然计算分析题只有4道小题，但其总分有24分，不容忽视。

考生平时学习时，要熟记公式和本教材提供的例题。为了提高解题速度，平时要使用本教材配套光盘所提供的软件系统多加练习，一方面可以多了解一些不同类型的试题，另一方面可以熟悉考试环境，明确解题思路，提高解题能力。

这类题的答题技巧归纳如下。

1. 仔细阅读题干，明确题目要求

计算分析题的题干通常客观题的内容较多，需要仔细阅读，准确理解题目要求。在分析与计算时，要"问什么答什么"，不要画蛇添足，计算与输入与本题无关的内容。

2. 分步骤解答，清晰有条理

在对计算分析题进行判卷时，多数题是按步骤给分的。因而，考生要注意"化整为零"，各个击破，争取拿下每小题的"步骤分"，避免出现会做但得分不全的情况。

3. 计算公式要写全

有时题目会要求列出算式并计算正确，有时没有要求列出算式。对于一些没有要求列出算式的题目，建议也把算式列全。如果算式正确，但计算结果因其数字的代入有误而出错，此时判卷老师亦会酌情给分；若计算错误，又无算式，那这道题肯定就是彻底失分了。

三、综合题

综合题主要考查考生对知识的综合运用能力。综合题涉及的内容多，而且一般不止考查某一个问题，而是把几个知识点联系起来考查，所以考生答题时必须认真审题，仔细阅读题目中给出的资料、数据和具体要求，同时要开阔思路，将各个知识点联系起来，通过分析理出解题思路。

综合题的题目要求一般分成几问，这往往是一种提示，所以，一定要按照题目所问的顺序答题，并注意答题的系统性。

下面就通过一道例题说明如何解答综合题。

【例题3·综合题】 E公司是一家民营医药企业，专门从事药品的研发、生产和销售。公司自主研发并申请发明专利的BJ注射液自上市后销量快速增长，目前生产已达到满负荷状态。E公司正在研究是否扩充BJ注射液的生产能力，有关资料如下。

BJ注射液目前的生产能力为400万支/年。E公司经过市场分析认为，BJ注射液具有广阔的市场空间，拟将其生产能力提高到1 200万支/年。由于公司目前没有可用的厂房和土地用来增加新的生产线，只能拆除当前生产线，新建一条生产能力为1 200万支/年的生产线。当前的BJ注射液生产线于2009年年初投产使用，现已使用2年半，目前的变现价值为1 127万元，生产线的原值为1 800万元，税法规定的折旧年限为10年，残值率为5%，按照直线法计提折旧。公司建造该条生产线时计划使用10年，项目结束时的变现价值预计为115万元。

新建生产线的预计支出为5 000万元，税法规定的折旧年限为10年，残值率为5%，按照直线法计提折旧。新生产时计划使用7年，项目结束时的变现价值预计为1 200万元。

BJ注射液目前的年销售量为400万支，销售价格为每支10元，单位变动成本为每支6元，每年的固定付现成本为100万元。扩建完成后，第1年的销量预计为700万支，第2年的销量预计为1 000万支，第3年的销量预计为1 200万支，以后每年稳定在1 200万支。由于产品质量稳定、市场需求巨大，扩产不会对产品的销售价格、单位变动成本产生影响。扩产后，每年的固定付现成本将增加到220万元。

项目扩建需用半年时间，停产期间预计减少200万支BJ注射液的生产和销售，固定付现成本照常发生。

生产BJ注射液需要的营运资本随销售额的变化而变化，预计为销售额的10%。

扩建项目预计能在2011年年末完成并投入使用。为简化计算，假设扩建项目的初始现金流量均发生在2011年年末（零时点），营业现金流量均发生在以后各年年末，垫支的营运资本在各年年初投入，在项目结束时全部收回。

E公司目前的资本结构（负债/权益）为1/1，税前债务成本为9%，β权益为1.5，当前市场的无风险报酬率为6.25%，权益市场的平均风险溢价为6%。公司拟采用目前的资本结构为扩建项目筹资，税前债务成本仍维持9%不变。

E公司适用的企业所得税税率为25%。

【要求】

（1）计算公司当前的加权平均资本成本。公司能否使用当前的加权平均资本成本作为扩建项目的折现率？请说明原因。

（2）计算扩建项目的初始现金流量（零时点的增量现金净流量）、第1年至第7年的增量现金净流量、扩建项目的净现值（计算过程和结果填入答题卷中给定的表格中），判断扩建项目是否可行并说明原因。

（3）计算扩建项目的静态回收期。如果类似项目的静态回收期通常为3年，E公司是否应当采纳该扩建项目？请说明原因。

【解析】

本题共三问，前后之间是按一定思路联系起来的。

第一问要求计算出加权平均资本成本，而该问是解决第二问的前提。第二问计算扩建项目的净现值必须要有折现率（来自第一问答案）。

第二问首先要求计算扩建项目的初始现金流量（零时点的增量现金净流量）、第1年至第7年的增量现金净流量，这也是为计算扩建项目的净现值奠定基础。在计算出各期现金流量及折现率之后，才能计算项目净现值，从而判断扩建项目是否可行。

第三问要求计算扩建项目的静态回收期，必须用到第二问答案中各期现金流量数据。计算出扩建项目的静态回收期才能做出是否应当采纳该扩建项目的决策判断。

所以，一定要按照题目所问的顺序答题，并注意答题的系统性，本题具体答案如下。

（1）权益资本成本=6.25%+1.5×6%=15.25%

加权平均资本成本=9%×（1−25%）×1/2+15.25%×1/2=11%

由于项目的风险与企业当前资产的平均风险相同，公司继续采用相同的资本结构为新项目筹资，所以，可以使用当前的加权平均资本成本作为扩建项目的折现率。

（2）旧生产线的年折旧额

=1800×（1−5%）÷10=171（万元）

目前旧生产线的折余价值

=1800−171×2.5=1372.5（万元）

目前变现净损失抵税

=（1372.5−1127）×25%=61.375（万元）

旧生产线变现净流量

=1127+61.375=1188.375（万元）

扩建期间减少的税后收入

=200×10×（1−25%）=1500（万元）

减少的税后变动成本

=200×6×（1−25%）=900（万元）

减少的折旧抵税

=171×0.5×25%=21.375（万元）

第1年年初增加的营运资本投资

=（700−400）×10×10%=300（万元）

扩建项目的初始现金流量

=−5000+1188.375−1500+900−21.375−300

=−4733（万元）

新生产线的年折旧额=5000×（1−5%）÷10

=475（万元）

每年增加的折旧抵税

=（475−171）×25%=76（万元）

第2年年初的营运资本投资

=（1000−700）×10×10%=300（万元）

第3年年初的营运资本投资

=（1200−1000）×10×10%=200（万元）

第7年年末收回的营运资本投资

=300+300+200=800（万元）

每年增加的固定付现成本

=220−100=120（万元）

继续使用旧生产线第7年年末的变现净流量

=115−（115−1800×5%）×25%=108.75（万元）

新生产线第7年年末的折余价值

=5000−475×7=1675（万元）

新生产线第7年年末的变现净损失抵税

=（1675−1200）×25%=118.75（万元）

新生产线第7年年末的变现净流量

=1200+118.75=1318.75（万元）

第7年年末的增量变现净流量

=1318.75−108.75=1210（万元）

第1年年末的增量现金流量

=（700−400）×（10−6）×（1−25%）−120×（1−25%）+76−300

=586（万元）

第2年年末的增量现金流量

=（1000−400）×（10−6）×（1−25%）−120×（1−25%）+76−200

=1586（万元）

第3年至第6年年末的增量现金流量

=（1200−400）×（10−6）×（1−25%）−120×（1−25%）+76

=2386（万元）

第7年年末的增量现金流量

=2386+800+1210=4396（万元）

扩建项目的净现值

=586×（P/F，11%，1）+1586×（P/F，11%，2）+2386×（P/A，11%，4）×（P/F，11%，2）+4396×（P/F，11%，7）−4733

=586×0.9009+1586×0.8116+2386×3.1024×0.8116+4396×0.4817−4733

=5207.41（万元）

由于扩建项目的净现值大于0，因此，扩建项目可行。

（3）扩建项目的静态回收期=3+（4733−586−1586−2386）÷2386=3.07（年）

由于类似项目的静态回收期通常为3年小于扩建项

目的静态回收期3.07年，所以，仅从静态回收期看，E　公司不应当采纳该扩建项目。

第四节　学习方法与建议

教材是考试大纲的具体化，考试的范围、命题依据一般不会超出教材。同样，万变不离其宗，无论试题如何变化，也不会脱离教材。因而，教材是复习考试的基础，建议考生对本教材进行反复的通读、精读，全面掌握相关知识点，精准掌握本教材提供的所有例题。

一般情况下，复习会经过以下3个步骤。

第一步，看懂。通过看教材进行系统学习，对不懂的知识点可反复研读，并通过教材上的例题进行深入理解，以透彻掌握该知识点。

第二步，总结。在熟悉所有的知识点之后，要注意梳理教材中的知识点，理解各章节所总结的解题要点。

第三步，练习。多练习可以加深对知识点的理解和认识。本教材每章均提供适量的高质量试题。同时，本教材的配套光盘中也提供不少真题与模拟题。因而，考生不仅可以在书本上练习，还可以通过光盘的软件系统进行练习。

对于学习方法，具体建议如下。

1. 做好学习计划，合理分配学习时间

考生一定要清楚考试时间，并计算自己的学习时间有多少。在此基础上，根据考试重点、难点合理分配学习时间。

就"财务成本管理"科目而言，财务管理部分的考试分值较多，难度较大，这部分（本教材前14章）所需的学习时间在70%以上。考生在学习这一部分时一定要有耐心和信心，不要半途而废。

成本与管理会计这部分的难度较低，所需的学习时间也相对较少。对于这部分内容，考生尤其要注意本教材所列出的学习重点，在复习时要有的放矢，提高复习效率。

2. "学"要系统，"练"要精细

在学习时，首先要系统地研读教材，全面掌握知识点，做到融会贯通，只有这样才能应对"财务成本管理"科目在各章均会出题的命题规律。

同时要学练结合。练习时，不要搞题海战术，尤其是不能一开始就做大量习题，否则就容易陷在"题海"里。请注意，做题不是越多越好，也不是越难越好。做题时，需要重视的是本教材的经典例题、历年真题。这些试题才是最接近无纸化考试题库真题的，也最能反映命题者的命题特点。因此，练习在于精，不在于多。在做题过程中，要注意收集错题，反复推敲做错的原因：是该知识点未能透彻掌握，以致换个出题角度就迷糊了？是自己粗心大意，看题不仔细……记住，错题也是"宝"，要时时翻看，不可做过即忘。

3. 书盘结合使用，讲求学习效率

本教材配套光盘的软件系统主要提供同步练习，与书中各章练习同步；题型特训，按照真考题型划分，提供每一类题型的特训试题；模拟考场，为考生提供无纸化考试方式与考试环境。

因而，考生在认真复习教材后，通过配套光盘进行有针对性的系统练习，便可熟悉各类知识点、各种题型的命题点、常考点，并熟悉无纸化模拟考试系统，为机考做好充分的准备，从而顺利通过考试。

财务管理基本原理

第 1 章

本章介绍了财务管理的内容和职能、财务管理的目标与利益相关者的要求、财务管理的核心概念、财务管理的基本理论、金融工具与金融市场5部分内容，主要是财务管理的基本理论和基础知识。其所涉及的概念和方法较多，需要加深理解，为以后各章的学习奠定基础。

从近几年的考试情况来看，本章属于非重点章，所占分值一般在2分左右，考试题型一般为客观题，难度不大。

【本章考点概览】

财务管理基本原理	一、财务管理的内容和职能	1. 企业的组织形式	★
		2. 财务管理的主要内容	★★
		3. 财务管理的基本职能	★★
		4. 财务管理的组织架构	★★
	二、财务管理的目标与利益相关者的要求	1. 财务管理基本目标	★★
		2. 利益相关者的要求	★★★
	三、财务管理的核心概念	1. 现金、现金流	★★
		2. 现值、折现率	★★
		3. 资本成本	★
	四、财务管理的基本理论	1. 现金流量理论	★★
		2. 价值评估理论	★★
		3. 投资组合理论	★★
		4. 资本结构理论	★
		5. 风险评估理论	★
	五、金融工具与金融市场	1. 金融工具的类型	★
		2. 金融市场的种类	★★
		3. 金融市场的参与者	★★
		4. 金融中介机构	★
		5. 金融市场的功能	★
		6. 资本市场效率	★★

第一节　财务管理的内容和职能

考情分析：本节内容在考试中涉及的题型主要为客观题，考生需掌握企业的组织形式、财务管理的主要内容，了解财务管理的基本职能和组织架构等相关知识。

学习建议：重在理解并适当记忆本节内容，着重了解企业的组织形式以及财务管理的内容，理解财务管理的基本职能和组织架构。

一、企业的组织形式（★）

企业组织形式是指企业财产及其社会化大生产的组织状态，它表明一个企业的财产构成、内部分工协作与外部社会经济联系的方式。典型的企业组织形式有3种：个人独资企业、合伙企业和公司制企业，三者的区别可从表1-1所示的几个方面来理解。

表1-1   **典型的企业组织形式**

类 型	个人独资企业	合伙企业	公司制企业
投资者	一个自然人	两个或两个以上的自然人，也可包括法人或其他组织	多样化
承担的责任	无限债务责任	无限、连带债务责任	有限债务责任
企业寿命期	受制于业主的寿命（所有者死亡即终止）	合伙人卖出所持有的份额或死亡	无限存续
权益转让难易	较难	较难	容易
筹集资金难易	难以从外部获得大量资本用于经营	难以从外部获得大量资本用于经营	容易从资本市场筹资
纳税税种	个人所得税	个人所得税	企业所得税和个人所得税
代理问题	无	无	所有者与经营者之间
创建组织成本	低	居中	高

公司制企业的缺点：

（1）双重课税。公司作为独立的法人，其利润需缴纳企业所得税，企业利润分配给股东后，股东还需缴纳个人所得税。

（2）组建公司的成本高。公司法对于建立公司的要求比建立独资或合伙企业高，并且需要提交一系列法律文件，通常花费时间较长。公司成立后，政府对其监管比较严格，需要定期提供各种报告。

（3）存在代理问题。经营者和所有者分开以后，经营者成为代理人，所有者成为委托人，代理人可能为了自身利益而伤害委托人利益。

【例题1·多选题】与个人独资企业和合伙企业相比，公司制企业的特点有（　　　　）。

    A. 以出资额为限，承担有限责任

    B. 权益资金的转让比较困难

    C. 存在着对公司收益重复纳税的缺点

    D. 更容易筹集资金

【解析】本题主要考查企业组织形式的区别。选项A中，个人独资企业投资者承担无限责任，合伙企业人承担无限连带责任，公司投资者承担有限责任；选项B中，独资企业和合伙企业人转让所有权需要其他合伙人一致同意，而公司制企业转让权益资本较容易；选项C中，独资企业和合伙企业投资者只缴纳个人所得税，公司制企业投资者需要缴纳个人所得税和企业所得税；选项D中，个人独资企业和合伙企业比较难从外部筹集资金，而公司制企业可以发行股票和债券，从资本市场中较容易筹集资金。

【答案】ACD

二、财务管理的主要内容（★★）

【要点提示】了解长期投资、长期筹资相关内容，重点掌握运营资本管理。

公司的基本活动可以分为投资、筹资和营业活动3个方面。财务管理主要与投资和筹资活动有关，投资分为长期投资和短期投资，筹资分为长期筹资和短期筹资。由于短期投资和短期筹资有密切关系，通常并在一起称为营运资本管理。故本教材把财务管理的内容分为3个部分：长期投资、长期筹资和营运资本管理。其具体关系如图1-1所示。

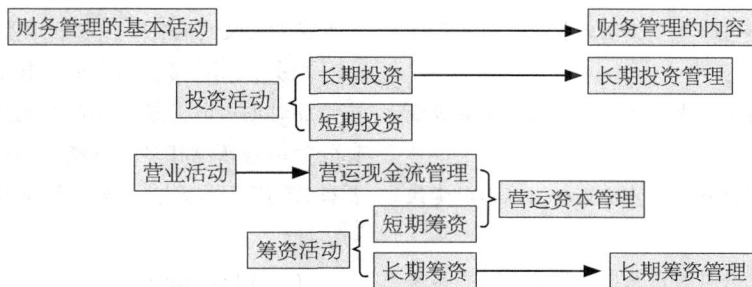

图1-1　财务管理内容的关系图

（一）长期投资

长期投资是指公司对经营性长期资产的直接投资。长期投资具有以下几个方面的特征。

1．投资的主体是企业

公司投资不同于个人或专业机构的投资，是将现金直接投资于经营性资产，然后通过经营活动获取现金，是一种直接投资。直接投资人在投资以后继续控制实物资产，直接控制投资回报。而个人或专业机构投资则是把现金投资于企业，通过企业投资于经营性资产，是一种间接投资。间接投资人不直接控制经营性资产，只能通过契约或代理人间接控制投资回报。

2．投资的对象是经营性资产

经营性资产一般包括设备、厂房、产品和建筑物等。经营性资产投资的对象包括固定资产和流动资产。固定资产投资属于长期投资（长于1年），流动资产投资属于短期投资（短于1年）。经营性资产投资有别于金融资产投资（股票、证券、金融工具），分析方法前者的核心是净现值管理，后者的核心是投资组合原则。

3．长期投资的目的是获取经营活动所需的实物资源

长期投资的目的不是获取固定资产的再出售收益，而是要使用这些经营资产赚取一定营业利润。公司对于子公司的股权投资以及非子公司控股权的投资属于经营性投资。其目的都是控制其经营。

（二）长期筹资

长期筹资是指公司筹集生产经营所需的长期资本。长期筹资具有以下几个方面的特征。

1．筹集的主体是公司

公司筹资的方法有：向资本市场筹集资本、向资本所有权人融资（发行股票、债券）、向金融机构融资（贷款）。

2．筹资的对象是企业的长期资本

长期资本包括权益资金和长期负债资本。权益资本不需要归还，企业可以长期使用，而长期负债资本是需要归还的，使用时间一般在1年以上。

3．筹资的目的是为了满足公司的长期资本的需要

长期资本的筹集数量与时间应该根据长期资本的需求量来决定。只有按照投资持续性来合理安排筹资的时间计划，才有利于降低利率风险和债务风险。

◄)) 名师点拨

长期筹资决策的主要问题是资本结构决策、债务结构决策和股利分配决策，其中资本结构决策是最重要的筹资决策。股利分配决策也是一项重要的筹资决策，主要是决定净利润留存和分配给股东的比例。

（三）营运资本管理

营运资本管理包括营运资本投资管理和营运资本筹资管理。营运资本投资的主要内容是决定持有多少现金、存货和应收账款以及对这些资金的日常管理。营运资本筹资主要是决定向谁借入短期资金，借多少短期资金，以及是否需要采用赊购融资等。

营运资本管理有以下3个目标。

（1）有效地运用流动资产，力求利润的最大化。

（2）筹资方式合理化，最大限度地降低劳动成本。

（3）加强流动资本的周转，提高公司支付债务的能力。

【例题2·单选题】企业财务管理所说的长期投资管理是指对经营性长期资产的投资，下列相关表述中正

确的是（　　　　）。

    A. 企业对于子公司和非子公司的长期股权投资属于经营投资

    B. 企业投资是间接投资，个人或专业机构的投资是直接投资

    C. 企业进行经营性资产投资决策时应采用投资组合原则

    D. 长期投资的主要目的是获取长期资产的再出售收益

【解析】本题主要考查财务管理的内容。A选项中，长期股权投资属于经营投资，目的是控制其经营，而不是期待再出售收益，该选项正确；B选项中，企业投资是直接投资，即现金直接投资于生产性资产，然后用其开展经营活动并获取现金，个人或专业机构投资是把现金投资于企业，然后企业用这些现金再投资于经营性资产，属于间接投资，该选项不正确；C选项中，经营性资产投资决策分析方法是净现值原理，金融资产投资分析方法为投资组合原则，该选项不正确；D选项中长期投资的目的是使用这些资产，而不是获取长期资产的再出售收益，该选项不正确。

【答案】A

三、财务管理的基本职能（★★）

财务管理职能是指财务管理所具有的职责和功能。公司财务管理的基本职能主要有财务分析、财务预测、财务决策和财务计划等。

（一）财务分析

财务分析是以财务报表资料及其他相关资料为依据，采用一系列专门的分析技术和方法，对企业过去有关筹资活动、投资活动、经营活动、分配活动进行分析。财务分析的目的是为企业及其利益相关者了解企业过去、评价企业现状、预测企业未来做出正确决策提供准确的信息或依据。

财务分析的方法主要有比较分析法、比率分析法和趋势分析法。

（二）财务预测

财务预测是根据财务活动的历史资料，考虑现实的要求和条件，对未来的财务活动和财务成果做出科学的预计和测算。财务预测的目的是，测算企业投资、筹资各项方案的经济效益，为财务决策提供依据，预计财务收支的发展变化情况，为编制财务计划服务。

财务预测按预测对象分为投资预测和筹资预测；按预测时期可分为长期预测和短期预测；按预测值多寡分为单项预测和多项预测。财务预测的常用方法主要有时间序列预测法、相关因素预测法、概率分析预测法。

（三）财务决策

财务决策是对财务方案进行比较选择，并做出决定。财务决策的目的在于确定合理可行的财务方案。在现实中，财务方案有投资方案，有筹资方案，还有包含投资和筹资的综合方案。

财务决策需要有财务决策的基础与前提，是对财务预测结果的分析与选择，财务决策是多标准的综合决策，可能既有货币化、可计量的经济标准，又有非货币化、不可计量的非经济标准，因此决策方案往往是多种因素综合平衡的结果。

（四）财务计划

财务计划是以货币形式协调安排计划期内投资、筹资及财务成果的文件。制订账务计划的目的是为财务管理确定具体量化的目标。

财务计划包括长期计划和短期计划。长期计划是指1年以上的计划，公司通常制订为期5年的长期计划，作为实现公司战略的规划。短期计划是指一年一度的财务预算。

上述财务管理的4项基本职能相互联系，财务分析和财务预测是财务决策和财务计划的基础条件，财务决策和财务计划是财务分析和财务预测的延续。

四、财务管理的组织架构（★★）

财务管理是公司管理的重要组成部分，财务管理职能是公司管理不可或缺的职能。为履行财务管理的职能，大中型公司通常设置财务总监（或首席财务官、总会计师），作为公司财务管理主管，向公司首席执行官（或公司总经理）负责并报告工作，分管财务会计部门。

在不少大型公司，账务会计部门分设为财务部和会计部，配置财务主任和会计主任，协调执行财务和会计工作职能。

第二节 财务管理的目标与利益相关者的要求

考情分析：对于本节内容，题型多为客观题，考查重点为财务管理的基本目标和利益相关者的要求。

学习建议：重在理解并适当记忆本节内容，熟悉财务管理的基本目标，重点掌握利益相关者的要求。

一、财务管理基本目标（★★）

企业财务管理目标是企业财务管理活动所希望实现的结果。企业财务管理目标主要有3种观点：利润最大化、每股收益最大化和股东财富最大化。3种观点描述和存在的问题如表1-2所示。

表1-2　　　　　　　　　　3种观点描述和存在的问题

3种观点	观点描述	存在问题
1. 利润最大化	利润代表企业新创造财富，利润越多企业财富增加越多，越接近企业的目标	缺点： ①没有考虑利润与时间的关系 ②没有考虑利润与投入资本量的关系 ③没有考虑利润与所承担风险的关系
2. 每股收益最大化	把利润和股东投入的资本联系起来，用每股收益来概括企业的财务目标，以避免"利润最大化"目标的缺点	缺点： ①没有考虑每股盈余的时间 ②没有考虑风险
3. 股东财富最大化	股东创办企业的目的是增加财富。如果企业不能为股东创造价值，他们就不会为企业提供资金。这也是本书所采纳的观点	衡量指标：股东财富的增加=股东权益的市场价值-股东投资资本=权益的市场增加值

🔊 **名师点拨** ••••••••••••••••••••••••

股东财富的增加用权益的市场增加值表示，即权益的市场增加值是企业为股东创造的价值。

注意：（1）假设股东投资资本不变，股价最大化与增加股东财富有同等意义。

（2）假设股东投资资本和债务价值不变，企业价值最大化与增加股东财富具有相同的意义。

【例题3·单选题】（2015年真题）在净利润和市盈率不变的情况下，公司实行股票反分割导致的结果是（　　）。

　A. 每股面额下降

　B. 每股收益上升

　C. 每股净资产不变

　D. 每股市价下降

【解析】本题主要考查的是有关股票分割的相关知识。股票反分割又称股票合并，是股票分割的相反行为，即将数面额较低的股票合并为一股面额较高的股票，将会导致每股面额上升，每股市价上升、每股收益上升，股东权益总额不变，由于股数减少，所以每股净资产上升，因此，选项B为正确答案。

【答案】B

二、利益相关者的要求（★★★）

（一）经营者的利益要求与协调

股东是企业财务资源的提供者，可他们处于企业之外，而经营者即管理当局受股东委托直接管理企业。企业是所有者（即股东）的企业，财务管理的目标也就是股东的目标。股东委托经营者为实现股东的目标而努力，可是经营者与股东的目标并不完全一致，具体内容如表1-3所示。

表1-3　　　　　　　　　　财务目标与经营者

股东的目标	财富最大化，想方设法要求经营者去努力完成财富最大化这个目标
经营者的目标	①增加报酬 ②增加闲暇时间 ③避免风险

续表

经营者对股东目标的背离	由于经营者的目标与股东的目标不是完全一致，经营者有可能为了自身的目标而背离了股东的利益。这种背离主要表现在道德风险与逆向选择两个方面	（1）道德风险的特点体现在： ①以个人利益为主，经营者为了自己的目标，而不是尽最大努力去完成企业的目标 ②"不求有功，但求无过"的思想，不做什么错事；只是不十分卖力，以增加自己的闲暇时间 这种背离不构成法律和行政责任问题，属于道德问题，因此股东难以追究他们的责任 （2）逆向选择是指经营者为了自己的目标而背离股东目标。比如，经营者大肆挥霍股东的资产，增加这种背离对企业的危害性大，可能对股东的财富带来损失
防止经营者背离股东目标的方式	为了防止经营者背离股东目标，股东（企业所有者）一般采用监督与激励两种方式 （1）监督 ①避免"道德风险"和"逆向选择"的出路是股东获取更多信息，对经营者进行监督 ②全面监督在实际上是行不通的。经营者比股东有更大的信息优势，比股东更清楚什么是企业更有利的行动方案；全面监督管理行为的代价是高昂的，很可能超过它所带来的收益 ③监督可以减少经营者违背股东意愿的行为，但不能解决全部问题 （2）激励 激励计划是防止经营者背离股东利益的一种方法，使经营者分享企业增加的财富，鼓励他们采取符合股东最大利益的行动 虽然激励可以减少经营者违背股东意愿的行为，但也不能解决全部问题。通常股东同时采取监督和激励两种方式来协调自己和经营者的目标。力求找出能使监督成本、激励成本和偏离股东目标的损失三者之间平衡点的最佳解决方案	

◀)) **名师点拨** ·········

最佳的解决办法是同时采取监督和激励两种方式来协调自己和经营者的目标。监督成本、激励成本和偏离股东目标的损失之间此消彼长，相互制约。股东要权衡轻重，力求找出能使三者之和最小的解决办法，它就是最佳的解决办法。

（二）债权人的利益要求与协调

当公司向债权人借入资本后，两者也形成一种委托代理关系。债权人把资本借给企业，其目标是到期时收回本金，并获得约定的利息收入；公司借款的目的是用它扩大经营，投入有风险的生产经营项目，两者的目标并不一致。具体关系如表1-4所示。

表1-4 财务目标与债权人

债权人目标	与股东冲突的表现	债权人采取措施
到期时收回本金，并获得约定的利息收入	股东不经债权人的同意，投资于比债权人预期风险更高的新项目；不征得债权人的同意而指使管理当局发行新债，致使旧债券的价值下降，使旧债权人蒙受损失	在借款合同中加入限制性条款（规定借款用途，规定借款的信用条件，要求提供借款担保）；拒绝进一步合作，不再提供新的借款或提前收回借款

【例题4·多选题】（2016年真题）公司的下列行为中，可能损害债权人利益的有（ ）。

A. 提高股利支付率

B. 加大为其他企业提供的担保

C. 加大高风险投资比例

D. 提高资产负债率

【解析】 本题考查的是债权人的利益要求与协调。为了自身利益，股东可能通过以下方式伤害债权人的利益：（1）投资于比债权人预期风险更高的新项目；（2）为提高公司利润，不征得债权人同意而指使管理当局发行新债，致使旧债券价值下降，使旧债权人蒙受损失。因此选项B、C正确。提高股利支付率将减少企业利润留存，如果有资本需求，就很可能增加外部负债，从而可能损害债权人利益，因此选项A正确。提高资产负债率，提高了负债比重，增加了财务风险，也可能会损害债权人利益，因此选项D正确。

【答案】 ABCD

（三）其他利益相关者的利益要求与协调

利益相关者有广义与狭义之分，广义的利益相关者是指所有与企业决策利益相关的人，包括资本市场利益相关者、产品市场利益相关者和企业内部利益相关者。狭义的利益相关者是指股东、债权人、经营者以及对企业现金流量有索偿能力的人。如图1-2所示。

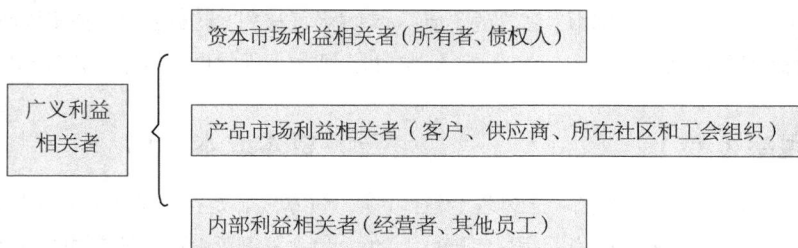

图1-2 广义利益相关者

公司的利益相关者包括合同利益相关者（客户、供应商、员工）和非合同利益相关者（一般消费者、社区居民）。股东与合同利益者既有共同利益，又有利益冲突。因此，双方只有通过法律来保障合同双方的合法权益，但有时仅法律约束还是不够的，还需要道德规范的约束，以缓和矛盾。

◀》 名师点拨 ●●●●●●●●●●●●

（1）主张股东财富最大化，并非不考虑利益相关者的利益，股东权益是剩余权益，只有满足了其他方面的利益之后才会有股东的利益。

（2）股东和合同利益相关者之间既有共同利益，也有利益冲突。

【例题5·单选题】下列关于企业履行社会责任的说法中，正确的是（　　　　）。

A. 履行社会责任主要是指满足合同利益相关者的基本利益要求

B. 提供劳动合同规定的职工福利是企业应尽的社会责任

C. 企业只要依法经营就是履行了社会责任

D. 履行社会责任有利于企业的长期生存与发展

【解析】社会责任是指企业对于超出法律和公司治理规定的对利益相关者最低限度之外的，属于道德范畴的责任，选项A不正确；劳动合同规定的职工福利是企业的法律责任，劳动合同之外规定的职工福利才是社会责任，选项B不正确；社会责任是道德范畴的事情，它超出了现存法律的要求，企业有可能在合法的情况下从事不利于社会的事情，选项C不正确。

【答案】D

第三节　财务管理的核心概念

考情分析：对于本节内容，题型主要为客观题，考查重点为财务管理的核心概念。

学习建议：重在了解、理解并适当记忆本节内容，熟练理解掌握财务管理的核心概念（现金和现金流、现值和折现率、资本成本）的含义与内容。

【要点提示】重点掌握财务管理中的现金和现金流、现值和折现率、资本成本等几个概念及相互关系。

股东财富的一般形式是现金。股东的财富是随着股东的现金增加而增加，随着股东的现金减少而减少。如果一项经营计划预期产生的回收现金，超出实施该计划的初始投资现金，这样就会增加股东财富。反之，则会减损股东财富。这就是财务管理的基本原理。

财务管理的核心概念是净现值。净现值是指一个项目的预期实现的现金流入的现值与实施该项计划的现金支出的差额（净现值=现金流入的现值−现金流出的现值）。净现值为正值，则此项目为股东创造价值，相反，净现值为负值则会损害股东财富。

净现值的内涵非常丰富，下面熟悉与净现值相关的一些重要概念。

一、现金、现金流（★★）

广义的现金是指库存现金、银行存款和其他货币资金的总称。而狭义的现金仅指库存现金。现金是最具有流动性的资产。因为投资人（包括股东和债权人）最初投入企业的资本是现金。企业经营收益后回报投资人的也是现金。只有现金与投资人有关，股东财富的增加或减少必须用现金计量。

现金流通常又称现金流量，是指一定期间经营活动、投资活动和筹资活动产生的现金流入、现金流出和现金净流量的总称。现金净流量是指在一定期间内现金的流入与流出的差额。衡量资产价值也需要使用现金，投资人只对现金流入感兴趣，财务管理中，资产的价值是其可变现价值，而不是其账面成本。

率或最低报酬率，或者说是公司取得资本使用权应计的机会成本，因此也被称为"资本成本"。

二、现值、折现率（★★）

现值又称折现值、内在价值，是指将未来现金流量折算为基准时间点的价值。"基准时点"指目前进行价值评估及决策分析的时间点，通常用0标记。使用折现率将未来现金流量折算的过程，称为"折现"。

折现率是指把未来现金流量折算为现值时所使用的一种比率。折现率可以理解为投资人要求的必要报酬

三、资本成本（★）

资本成本是指公司筹集和使用资本时所付出的代价，包含筹资费用和用资费用两部分。其中，筹资费用主要包括股票、债券的发行费用和向非银行金融机构借款的手续费用等；用资费用包括投利和利息等。

按照长期资本的种类划分，相应有股票的资本成本、债券的资本成本和长期借款的资本成本等。

第四节　财务管理的基本理论

【要点提示】了解财务管理的基础理论、重点掌握财务管理原理的应用。

在财务管理学科的发展过程中，对财务管理的理解不断深化，论述不断完善，形成一系列基本理论，对财务管理实务起着指导作用。这里简要介绍现金流量理论、价值评估理论、投资组合理论和资本结构理论。

一、现金流量理论（★★）

现金流量理论是关于现金、现金流量和自由现金流量的理论，是财务管理最为基础性的理论。

现金是公司流动性最强的资产，是公司生存的"血液"，"现金为王"已被广泛认知。持有现金的多寡体现着公司的流动性、支付能力、偿债能力的强弱，进而在一定程度上影响到公司的风险和价值。现金也是计量现金流量和自由现金流量的基础要素。在实务中，公司必然重视现金和现金管理。

现金流量包括现金流入量、现金流出量和现金净流量。对于公司整体及其经营活动、投资活动和筹资活动都需计量现金流量，进行现金流量分析、现金预算和现金控制。依据现金流量，建成现金流量折现模型，取代了过去使用的收益折现模型，用于证券投资、项目投资的价值评估。随着研究的深化，现金流量又进化为自由现金流量。

所谓自由现金流量（Free Cash Flows）是指真正剩余的、可自由支配的现金流量。自由现金流量是由美国西北大学拉巴波特、哈佛大学詹森等学者于1986年提出的，经历近三十年的发展，特别在以美国安然、世通等

为代表的之前在财务报告中利润指标完美无瑕的所谓绩优公司纷纷破产后，完善以自由现金流量为基础的现金流量折现模型，已成为价值评估领域理论最健全、使用最广泛的评估模式。

需要指出，财务学意义上的现金流量与会计学现金流量表的现金流量不尽等同，主要有：①在计量口径方面，会计学现金流量包含现金等价物，而财务学现金流量则不应含有现金等价物；②在计量对象方面，会计学现金流量是就企业整体进行计量，而财务学现金流量不仅就企业整体进行计量，还就证券投资、项目投资等分别进行计量，为企业价值评估、证券价值评估和项目投资评价提供依据；③在计量分类方面，会计学现金流量分别营业活动、投资活动和筹资活动进行计量，而财务学现金流量的计量分类，对证券投资则分别计量其现金流入、现金流出和现金净流量，对项目投资则分别计量其初始现金流量、营业现金流量和终结现金流量。

二、价值评估理论（★★）

价值评估理论是关于内在价值、净增加值和价值评估模型的理论，是财务管理的一个核心理论。

从财务学的角度，价值主要是指内在价值、净增价值。例如，股票的价值实质上是指股票的内在价值即现值，项目的价值实质上是指项目的净增价值即净现值。内在价值、净增价值是以现金流量为基础的折现估计值，而非精确值。

现金流量折现模式和自由现金流量折现模式是对特定证券现值和特定项目净现值的评估模型。从投资决

策的角度，证券投资者需要评估特定证券的现值，据以与其市场价格相比较做出相应的决策；项目投资者需要评估特定项目的净现值，据以取得和比较净增价值的多少，做出相应的决策。

为了评估价值，还需要折现率。资本资产定价模型就是用于估计折现率的模型。资本资产定价模型由美国财务学家威廉·夏普（William Sharpe，诺贝尔经济学奖得主）在20世纪60年代创建。按照该模型，金融资产投资的风险分为两类：一种是可以通过分散投资来化解的可分散风险（非系统风险），另一种是不可以通过分散投资化解的不可分散风险（系统风险），在有效市场中，可分散风险得不到市场的补偿，只有不可分散风险能够得到补偿。个别证券的不可分散风险可以用β系数来计量，β系数计量该证券与市扬组合回报率的敏感程度。市场组合是指包含市场上全部证券的投资组合。据此，形成了资本资产定价模型。资本资产定价模型解决了股权资本成本的计量问题，为确定加权平均资本成本扫清了障碍，进而使得计算现值和净现值成为可能。

三、投资组合理论（★★）

投资组合是指投资于若干种证券构成组合投资，其收益等于这些证券的加权平均收益，但其风险并不等于这些证券的加权平均风险。投资组合能降低非系统性风险。

投资组合理论的奠基人是美国经济学家马科维茨（H. M. Markowitz，诺贝尔经济学奖得主）。他在1952年首次提出投资组合理论，并进行了系统、深入和卓有成效的研究。

从资本市场的历史中，人们认识到风险和报酬存在某种关系：一是承担风险会得到回报，这种回报称为风险溢价；二是风险越高，风险溢价越大。但是，人们长期没有找到两者的函数关系。

马科维茨把投资组合的价格变化视为随机变量，以其均值来衡量收益，以其方差来衡量风险，揭示了投资组合风险和报酬的函数关系。因此，马科维茨的理论又称为均值—方差分析。他是第一个对"投资分散化"理念进行定量分析的经济学家，他认为通过投资分散化可以在不改变投资组合预期收益的情况下降低风险，也可以在不改变投资组合风险的情况下增加收益。

四、资本结构理论（★）

资本结构是指公司各种长期资本的构成及比例关系。公司的长期资本包括永久的权益资本和长期的债务资本，权益资本和长期债务资本组合，形成资本结构。

资本结构理论是关于资本结构与财务风险、资本成本以及公司价值之间关系的理论。资本结构理论主要有MM理论、权衡理论、代理理论和优序融资理论。

五、风险评估理论（★）

从财务学角度，风险导致财务收益的不确定性。理论上讲，风险与收益成正例，所以，激进的投资者偏向于高风险是为了获得更高的利润，而稳健型的投资者则着重于安全性的考虑。

项目投资决策过程中采用的敏感性分析，资本结构决策中对经营风险和财务风险的衡量均属于风险评估范畴。

第五节　金融工具与金融市场

考情分析：对于本节内容，题型主要为客观题，考查重点为金融工具和金融市场的相关知识。

学习建议：重在了解、理解并适当记忆本节内容，熟悉金融资产、金融市场的功能、资金提供者和资金需求者；了解金融中介机构、金融市场的类型。

一、金融工具的类型（★）

金融工具按其收益的特征可分为以下3类，如表1-5所示。

表1-5　　　　　　　　　　　　　　　金融工具的种类

种　类	特　点	举　例
固定收益证券	固定收益证券是指能够提供固定或根据固定公式计算出来的现金流的证券 【提示】收益与发行人的财务状况相关程度低，除非发行人破产或违约，证券持有人将按规定数额取得收益	债券（固定利率及非固定利率）

续表

种　类	特　点	举　例
权益证券	①收益多少不确定，要看公司经营业绩和公司净资产价值 ②权益证券风险高于固定收益证券	普通股票
衍生证券	①衍生品的价值依赖于其他证券 ②衍生证券是公司进行套期保值或者转移风险的工具 ③根据公司理财的原则，企业不应依靠衍生证券投机获利	金融期权、期货和利率互换合约

【例题6·多选题】下列有关证券表述正确的有（　　）。

　A. 衍生证券是公司进行套期保值或者转移风险的工具

　B. 根据公司理财的原则，企业可以依靠衍生证券降低风险，获取合理的利润

　C. 固定收益证券是指能够提供固定现金流的证券，其收益与发行人的财务状况相关程度低

　D. 权益证券风险高于固定收益证券

【解析】固定收益证券是指能够提供固定或根据固定公式计算出来的现金流的证券，不是必须是固定现金流，其收益与发行人的财务状况相关程度低，除非发行人破产或违约，证券持有人将按规定数额取得收益。权益证券的收益与发行人的财务状况相关程度高，其持有人非常关心公司的经营状况。衍生证券是公司进行套期保值或者转移风险的工具。

【答案】AD

二、金融市场的种类（★★）

一个国家有许多金融市场，其种类繁多，每个金融市场服务于不同的交易者，有不同的交易对象。金融市场可能是一个有形的交易所，如在某一个建筑物中进行交易；也可能是无形的交易场所，如通过通信网络进行交易。

按照不同的标准，金融市场有不同的分类，我们只介绍与企业筹资关系密切的几种类型，如表1-6所示。

表1-6　　金融市场的类型

分类标准	分　类	特　点
按交易证券的特征不同	货币市场	①短期债务工具交易的市场，交易的证券期限不超过1年 ②货币市场工具包括国库券、可转让存单、商业票据、银行承兑汇票等
	资本市场	①资本市场是指期限在1年以上的金融资产交易市场 ②它包括两个部分：银行中长期存贷市场和有价证券市场 ③资本市场的工具包括股票、公司债券、长期政府债券和银行长期贷款
按照证券的索偿权不同	债务市场	债务市场交易的对象是债务凭证
	股权市场	股权市场交易的对象是股票
按照所交易证券是初次发行还是已经发行	一级市场	也称发行市场或初级市场，是资金需求者将证券首次出售给公众时形成的市场
	二级市场	二级市场是在证券发行后，各种证券在不同投资者之间买卖流通所形成的市场，也称流通市场或次级市场
按照交易程序	场内交易市场	场内交易市场是指各种证券的交易所。证券交易所有固定的场所，固定的交易时间和规范的交易规则
	场外交易市场	没有固定场所，而由很多拥有证券的交易商分别进行

【例题7·多选题】（2013年真题）下列金融工具在货币市场中交易的有（　　）。

　A. 银行承兑汇票

　B. 期限为3个月的政府债券

　C. 期限为12个月的可转让定期存单

　D. 股票

【解析】金融市场可以分为货币市场和资本市场。货币市场工具包括国库券、可转让存单、商业票

据、银行承兑汇票等。资本市场的工具包括股票、公司债券、长期政府债券和银行长期贷款。

【答案】ABC

【例题8·单选题】（2015年真题）下列各项中，属于货币市场工具的是（　　　）。

A. 优先股

B. 可转债券

C. 银行长期贷款

D. 银行承兑汇票

【解析】本题主要考查的是有关金融市场的种类。货币市场是短期金融工具交易的市场，交易的证券期限不超过1年。货币市场的主要功能是保持金融资产的流动性，包括短期国债（在英国和美国称为国库券）、大额可转让存单、商业票据、银行承兑汇票等。因此，选项D为正确答案。

【答案】D

三、金融市场的参与者（★★）

金融市场上资金的提供和需求者主要是居民、公司和政府。

（1）居民。居民包括自然人和家庭，他们是金融市场最主要的资金提供者。资金的提供者也称为资本所有者或投资人。

（2）公司。公司是金融市场上最大的资本需求者。资本需求者也称为筹资人、金融工具发行人。公司通过发行股票、债券等形式筹集资本，并且在货币市场中筹集短期资本。

（3）政府。政府经常是资金需求者。政府发行财政部债券或地方政府债券来筹资，用于基础设施建设、弥补财政赤字，或者进行宏观经济调控。

上述资金提供者和需求者，是不以金融交易为主业的主体，参与交易的目的是调节自身的资金余缺。他们之间金融交易称为直接金融交易，也就是企业和政府在金融市场上直接融通货币资金，其主要方式是发行股票或债券。

四、金融中介机构（★）

金融中介机构分为银行和非银行金融机构两类。银行是指存款性金融机构，包括商业银行、邮政储蓄银行、农村合作银行等。非银行金融机构是指非存款性金融机构，包括保险公司、投资基金、证券市场机构等，详细内容如表1-7所示。

表1-7　　　　　　　　　　　　　　金融中介机构的种类

金融中介机构	要点说明
商业银行	商业银行是指依照商业银行法和公司法设立的企业法人。它是以吸收存款方式取得资金、以发放贷款或投资证券等方式获得收益的金融机构
保险公司	保险公司是指依保险法和公司法设立的企业法人。保险公司收取保费，将保费所得资金投资于债券、股票、贷款等资产，运用这些资产所得收入支付保单所确定的权益
投资基金	投资基金也称为互助基金和共同基金，是通过公开发售基金份额募集资金，然后投资于证券的机构
证券市场机构	包括证券交易所和证券公司。证券交易所是为证券集中交易提供场所和设施，组织和监督证券交易，实行自律管理的法人。证券公司是指依照公司法和证券法规定设立的经营证券业务的有限公司。设立证券公司，必须经国务院证券监督管理机构审查批准

五、金融市场的功能（★）

金融市场的功能包括基本功能和附带功能。基本功能包括资金融通功能、风险分配功能；附带功能包括价格发现功能、调解经济功能、节约信息成本。

1. 金融市场的基本功能

（1）资金融通功能。金融市场的功能之一是融通资金。它提供一个场所，将资金提供者手中的富裕资金转移到那些资金需求者手中。这种转移，使资金从那些没有生产性投资机会的人们手中，转移到那些拥有这些机会的人手中，从而提高了经济社会的效率，增进了社会的经济福利。与此同时，这种转移使消费者在最需要消费的时候得以购买商品，也使直接消费者受益。

（2）风险分配功能。它是金融市场的另一项功能。在转移资金的过程中，同时将实际资产预期现金流的风险重新分配给资金提供者和资金需求者。

集聚了大量资金的金融机构可以通过多元化分散风险，因此有能力向高风险的公司提供资金。金融机构创造出风险不同的金融工具，可以满足风险偏好不同的资金提供者。所以，金融市场在实现风险分配功能时，金融中介机构是必不可少的。

2. 金融市场的附带功能

（1）价格发现功能。金融市场上的买方和卖方的相互作用决定了证券的价格，也就是金融资产要求的报酬率。公司的筹资能力取决于它是否能够达到金融资产要求的报酬率。如果企业盈利能力达不到要求的报酬率，就筹不到资金。这个竞争形成的价格，引导着资金流向效率高的部门和企业，使其得到发展，而效率差的部门和企业得不到资金，会逐渐萎缩甚至退出。竞争的结果，促进了社会稀缺资源的合理配置和有效作用。

（2）调解经济功能。金融市场为政府实施宏观经济的间接调控提供了条件。政府可以通过实施货币政策对各经济主体的行为加以引导和调节。政府的货币政策工具主要有3个：公开市场操作、调整贴现率和改变存款准备金率。

（3）节约信息成本。如果没有金融市场，每一个资金提供者寻找适宜的资金需要者，每一个资金需求者寻找适宜的资金供应者，其信息成本是非常高的。完善的金融市场提供了广泛的信息，可以节约寻找资金投资对象的成本和评估金融资产投资价值成本。

🔊)) **名师点拨** ⋯⋯⋯⋯⋯⋯⋯⋯⋯⋯⋯⋯⋯⋯

金融市场要想实现上述功能，需要不断完善市场的构成和机制，理想的金融市场需要两个条件，一是完整、准确和及时的信息，二是市场价格完全由供求关系决定而不受其他力量干预。

【例题9·多选题】 金融市场的基本功能包括（　　）。

A. 风险分配功能　　　　　B. 价格发现功能

C. 节约信息功能　　　　　D. 资金融通功能

【解析】 本题考查的是金融市场的功能，同时区分其基本功能与附带功能。金融市场基本功能包括资本融通功能、风险分配功能；附带功能包括价格发现功能、调解经济功能和节约信息成本功能。

【答案】 AD

六、资本市场效率（★★）

在股市中有些人依靠股价图形的走势（技术分析），想从中找到股价变化的规律，预计未来股价，以赚取超额收益；有些人依靠分析财务报表（基本分析），寻找被市场低估的股票，以赚取超额利润；有些人设法取得内幕信息，以求赚取超额利润。他们能达到目的吗？

如果市场是有效的，所有资产的定价都是合理的，关于某一股票的所有信息都及时地反映在它的现行市价中，在这种情形下，技术分析和基本分析都是毫无意义的。市场是公平的，没有免费的午餐，便宜没好货，好货不便宜。

如果市场不是很有效，有些资产的价格不能反映其公平价值，你经过努力可以发现价格被低估的资产，你将有机会战胜市场，获得超额利润。

实际上没有完全有效的市场，也没有完全无效的市场。市场总是在一定程度上有效，不同资本市场的有效程度不同。对于不同的投资人，市场有效性的后果可能不同，聪明的投资者会发现市场的机会，成功地从低估资产中获取利润，并会把股价推向均衡价格。对于普通投资者来说，在同一市场中却难以找到赚钱的机会。

（一）有效市场效率的意义

1. 为什么研究市场有效性

（1）有效市场理论的观点。

有效市场理论认为，价格能够完全反映资产特征，运行良好市场的价格是公平的，投资人无法取得超额利润。

（2）市场有效性问题研究的关键问题是两个：一是信息和证券价格之间的关系，即信息的变化如何引起价格的变动；二是如何对影响价格的信息和有效市场进行分类，即信息的类别和市场有效程度之间有什么关系。

（3）市场有效性与公司理财的密切关系，体现在公司通过资本市场建立代理关系。从理论上说，股东可以通过股东大会左右管理当局的行为，但在事实上股东只能通过资本市场、通过买卖股票来表达对管理当局的态度。因此，管理者与股东之间是通过资本市场建立代理关系，同时又通过资本市场解除代理关系。

市场有效性与公司理财的密切关系，体现在股票市场可以检验公司财务目标的实现程度。资本市场连接理财行为、公司价值和股票价格。如果理财当局的行为是理智的，他们将通过投资和筹资增加公司价值；如果市场是有效的，公司价值增加将会提高股票价格，使得股东财富增加。

◀)) **名师点拨** ••••••••••••••••••••••••••

如果市场是无效的，明智的理财行为不能增加企业价值，公司价值的增加不能提高股价，则财务行为就失去了目标和依据。

（4）市场有效假设的重要性。

财务管理的主要理论都以市场有效为假设前提。

投资组合理论、资本资产定价模型、期权理论、资本结构理论等，在论证和建立模型时都假设市场是有效的。如果市场是无效的，一切财务管理理论都会失去存在基础。

2. 什么是有效资本市场

（1）有效资本市场的含义

所谓"有效资本市场"，是指市场上的价格能够同步地、完全地反映全部的可用信息。

（2）市场有效的两个外部标志

①证券的有关信息能够充分地披露和均匀地分布，使每个投资者在同一时间内得到等量等质的信息。

②价格能迅速地根据有关信息而变动，而不是没有反应或反应迟钝。

3. 市场有效的主要条件

市场有效性研究的关键问题之一是证券信息和证券价格之间的关系，即信息的变化如何引起价格的变动。它是市场有效的条件，或者说是市场有效的基础。

让我们先设想一个证券市场上理性投资者的行为。

（1）收集信息。这些信息是公开的，对所有的人来说机会均等。

（2）处理信息。投资人采用各种各样的办法迅速地处理这些信息，他们的处理方法可能不同。

（3）做出判断。根据信息处理结果，投资人判断有关证券的价位、收益率和风险程度，他们可能得出不同的判断。

（4）决定买进或卖出。有人高估价位选择出售股票，有人低估价位选择购进股票，价格在竞争中波动，随后逐渐趋于均衡。

从上述过程中可以看出，导致市场有效的条件有3个：理性的投资人、独立的理性偏差、套利行为。

理性的投资人是假设所有投资人都是理性的，当市场发布新的信息时所有投资者都会以理性的方式调整自己对股价的估计。

独立的理性偏差是指市场有效性并不要求所有投资者都是理性的，总有一些非理性的人存在。每个投资人都是独立的，则预期的偏差是随机的，而不是系统的。如果假设乐观的投资者和悲观的投资者人数大体相同，他们的非理性行为就可以互相抵消，使得股价变动与理性预期一致，市场仍然是有效的。

套利行为是指市场有效性并不要求所有的非理性预期都会相互抵消，有时他们的人数并不相当，市场会高估或低估股价。非理性的投资人的偏差不能互相抵消时，专业投资者会理性地重新配置资产组合，进行套利交易。专业投资者的套利活动，能够控制业余投资者的投机，使市场保持有效。

◀)) **名师点拨** ••••••••••••••••••••••••••

以上3个条件只要有1个存在，市场就将是有效的。

4. 有效资本市场市场对财务管理的意义

有效市场对于公司财务管理，尤其是筹资决策，具有重要的指导意义。

（1）通过改变会计方法提升股票价值

公司的会计政策具有选择性，可能有的公司企图通过会计政策的选择，改善报告利润，提高股价，但这将面临巨大的法律风险。这种做法不仅有违职业道德，在技术上也是行不通的。因此，财务经理应保持警惕，远离报告不合规或信息披露不充分的股票。

（2）管理者不能通过金融投机获利

在资本市场上，有许多个人投资者和金融机构从事投机，例如从事利率、外汇或衍生金融产品的投机交易。但实业公司的管理者不应指望通过金融投机获利，实业公司在资本市场上的角色主要是筹资者，而不是投资者。

（3）关注自己公司的股价是有益的

资本市场既是企业的一面镜子，又是企业行为的校正器。企业市场价值的升降，是企业各方面状况综合作用的结果。因此，管理者必须重视资本市场对企业价值的估价。

（二）有效市场效率的区分

市场有效性问题研究的另一个关键问题是对市场信息和市场有效程度进行分类。有效程度不同的市场，价格可以吸收的信息类别不同。

法玛将与证券价格有关的信息分为3类：历史信息、公共信息和内部信息。

历史信息是指证券价格、交易量等与证券交易有关的历史信息。

公开信息是指公司的财务报表、附表、补充信息等公司公布的信息，以及政府和有关机构公布的影响股价的信息。

内部信息是指没有发布的只有内幕人知悉的信息。

🔊 **名师点拨** ••••••••••••••••••••••••••••••

所谓的"内幕者"一般定义为董事会成员、大股东、企业高层经理和有能力接触内部信息的人士。

法玛根据这3类信息，把资本市场分为3种有效程度：弱式有效市场、半强式有效市场、强式有效市场。具体内容如表1-8所示。

表1-8   **市场有效程度的分类**

种 类	股份所反映的信息	特 征	检验方法
弱式有效市场	市场的股价只反映历史信息	有关证券的历史资料（如价格、交易量等）对证券的现在和未来价格变动没有任何影响。反之，如果有关证券的历史资料对证券的价格变动仍有影响，则证券市场尚未达到弱式有效	（1）检验证券价格的变动模式，看其是否与历史价格相关，例如"随机游走模型" （2）设计一个投资策略，将其所获收益与"简单购买/持有"策略所获收益相比较 【提示】例如"过滤检验模型"，使用过滤原则买卖证券的收益率将超过"简单购买/持有"策略的收益率，赚取超额收益，则证券市场尚未达到弱式有效
半强式有效市场	市场的价格不仅反映历史信息，还能反映所有的公开信息	现有股票市价能充分反映所有公开可得的信息。对于投资人来说，在半强式有效的市场中不能通过对公开信息的分析获得超额利润	（1）事件研究 基本思想是比较事件发生前后的投资收益率，看特定事件的信息能否被价格迅速吸收。如果超常收益只与当天披露的事件相关，则市场属于半强式有效 （2）共同基金表现研究 如果市场半强式有效，技术分析、基本分析和各种估价模型都是无效的，各种共同基金就不能取得超额收益
强式有效市场	市场的价格不仅反映历史的和公开的信息，还能反映内部信息	无论可用信息是否公开，价格都可以完全地、同步地反映所有信息	对强式有效资本市场的检验，主要考查"内幕者"参与交易时能否获得超常盈利

1. 弱式有效市场

如果一个市场的股价只反映历史信息，则它是弱式有效市场。

如果市场达到弱式有效，技术分析无用；在一个达到弱式有效的证券市场上，并不意味着投资者不能获取一定的收益，并不是说每个投资人的每次交易都不会获利或亏损；"市场有效"只是平均而言，从大量交易的长期观察看，任何利用历史信息的投资策略所获取的平均收益，都不会超过"简单的购买/持有"策略所获取的平均收益。

检验时，如果证券价格的变动模式中，相关系数为接近零，说明前后两时期的股价无关，即股价是随机游走的，市场达到弱式有效。

2. 半强式有效市场

如果一个市场的价格不仅反映历史信息，还能反映所有的公开信息，则它是半强式有效市场。公开信息是指公司的财务报表、附表、补充信息等公司公布的信息，以及政府和有关机构公布的影响股价的信息。

在半强式市场中公开信息已反映于股票价格，所以基本分析是无用的。

3. 强式有效市场

如果一个市场的价格不仅反映历史的和公开的信息，还能反映内部信息，则它是一个强式有效市场。这里的内部信息，是指没有发布的只有内幕人知悉的信息。"内幕者"一般定义为董事会成员、大股东、企业高层经理和有能力接触内部信息的人士。

由于市价能充分反映所有公开和私下的信息，对于投资人来说，不能从公开的和非公开的信息分析中获得利润，所以内幕消息无用。

【例题10·多选题】下列有关有效资本市场表述正确的有（　　　）。

A. 如果利用证券交易有关的历史信息进行分析并予以投资决策可以获得超额利润，说明市场达到了弱式有效

B. 通过对于异常事件与超常收益率数据的统计分析，如果超常收益只与当天披露的事件相关，则市场属于半强式有效

C. 如果市场半强式有效，技术分析、基本分析和各种估价模型都是无效的，各种共同基金就不能取得超额收益

D. "内幕者"参与交易时不能获得超常盈利，说明市场达到了强式有效

【解析】如果利用证券交易有关的历史信息进行分析并予以投资决策可以获得超额利润，说明市场没有达到弱式有效，选项A错误。

【答案】BCD

【例题11·单选题】（2014年真题）如果股票价格的变动与历史股价相关，资本市场（　　　）。

A. 无效

B. 强势有效

C. 弱势有效

D. 半强势有效

【解析】如果有关证券的历史资料对证券的价格变动仍有影响，则证券市场尚未达到弱式有效。

【答案】A

【例题12·多选题】（2014年真题）如果资本市场半强势有效，投资者（　　　）。

A. 运用估计模型不能获得超额收益

B. 提高基本分析不能获得超额收益

C. 通过非公开信息不能获得超额收益

D. 提供技术分析不能获得超额收益

【解析】如果市场半强式有效，技术分析、基本分析和各种估价模型都是无效的，各种共同基金就不能取得超额收益。

【答案】ABD

过关测试题

一、单选题

1. 下列关于公司制企业特点的说法中，不正确的是（　　　）。

A. 容易转让所有权

B. 无限债务责任

C. 双重课税

D. 存在代理问题

2. 企业财务管理最理想的目标是（　　　）。

A. 利润最大化

B. 股东财富最大化

C. 企业价值最大化

D. 相关者利益最大化

3. ABC公司是一家上市公司，2011年年初公司董事会召开公司战略发展讨论会，拟将股东财富最大化作为财务管理目标，下列理由中，难以成立的是（　　　）。

A. 股东财富最大化目标考虑了风险因素

B. 股东财富最大化目标在一定程度上能避免企业短期行为

C. 股价能完全准确反映企业财务管理状况

D. 股东财富最大化目标比较容易量化，便于考核和奖惩

4. 下列关于金融市场的说法不正确的是（　　　）。

A. 资本市场的主要功能是进行长期资金融通

B. 金融市场为政府实施宏观经济的直接调控提供了条件

C. 一级市场是二级市场的基础，二级市场是一级市场存在和发展的重要条件之一

D. 金融市场基本功能之一是融通资金

5. 收益与发行人的财务状况相关程度低的证券是（　　　）。

A. 固定收益证券　　B. 变动收益证券

C. 权益证券　　　　D. 衍生证券

6. 按交易证券的特征的不同，我们可以把金融市场划分为（　　　）。

A. 场内交易市场和场外交易市场

B. 一级市场和二级市场

C. 债券市场和股权市场

D. 货币市场和资本市场

7. 下列各项中,属于狭义利益相关者的是(　　　)。

A. 经营者　　　　B. 供应商

C. 股东　　　　　D. 债权人

8. 股东协调自己和经营者目标的最佳办法是(　　　)。

A. 采取监督方式

B. 采取激励方式

C. 同时采取监督和激励方式

D. 使监督成本、激励成本和偏离股东目标的损失三者之和最小的办法

二、多选题

1. 营运资本投资管理主要解决的问题有(　　　)。

A. 制定营运资本投资政策,决定分配多少资金用于应收账款和存货、决定保留多少现金以备支付

B. 对营运资本进行日常管理

C. 决定向谁借入短期资金,借入多少短期资金

D. 是否需要采用赊购融资

2. 下列属于金融资产相对于实物资产特点正确表述的有(　　　)。

A. 在通货膨胀时金融资产名义价值上升

B. 金融资产并不构成社会的实际财富

C. 金融资产的流动性比实物资产强

D. 金融资产的期限是人为设定的

3. 下列各项中,属于金融市场的附带功能的有(　　　)。

A. 资金融通功能

B. 风险分配功能

C. 调节经济功能

D. 价格发现功能

4. 下列关于利润最大化目标和股东财富最大化目标的说法不正确的有(　　　)。

A. 均没有考虑风险因素

B. 均受股价变动的影响

C. 均不能避免企业的短期行为

D. 通常只适用于上市公司

5. 下列各财务管理目标中,考虑了风险因素的有(　　　)。

A. 利润最大化

B. 股东财富最大化

C. 企业价值最大化

D. 相关者利益最大化

6. 债权人为了防止其利益被伤害除了寻求立法保护外,通常采取的措施有(　　　)。

A. 在借款合同中加入限制性条款

B. 不再提供新的借款或提前收回借款

C. 破产时优先接管

D. 规定借款用途

财务报表分析与财务预测

第 2 章

本章属于重点章，在历年考试中，单选题、多选题、计算分析题、综合题都有涉及，因此要求考生要全面掌握本章内容。本章客观题的主要考查点为基本财务比率的计算与分析、管理用财务报表中相关指标的计算、权益净利率的驱动因素分析、销售百分比法、内含增长率、可持续增长率的计算等，主观题的主要考查点为管理用财务报表分析方法的运用。从近几年的考试情况来看，所占分值在8分左右。

【本章考点概览】

财务报表分析与财务预测	一、财务报表分析的目的和方法	1. 财务报表分析的目的	★
		2. 财务报表分析的方法	★
		3. 财务报表分析的局限性	★★
	二、财务比率分析	1. 短期偿债能力比率	★★★
		2. 长期偿债能力比率	★★★
		3. 营运能力比率	★★
		4. 盈利能力比率	★★
		5. 市价比率	★★
		6. 杜邦分析体系	★★
	三、财务预测的步骤和方法	1. 财务预测的意义和目的	★★
		2. 财务预测的步骤	★
		3. 销售百分比预测法	★★
		4. 财务预测的其他方法	★★
	四、增长率与资本需求的测算	1. 内含增长率的测算	★★★
		2. 可持续增长率的测算	★★★
		3. 外部资本需求的测算	★★★

第一节 财务报表分析的目的和方法

考情分析： 本节内容在考试中涉及的题型主要为客观题，考查重点为财务报表分析的内容、依据、评价标准和局限性，能够运用趋势分析法、比率分析法和因素分析法等基本方法，分析企业财务状况、经营成果和现金流量，获取对决策有用的信息。

学习建议： 了解并理解本节内容，了解财务报表分析的意义，理解财务报表分析的步骤和方法，了解财务报表分析的原则和局限性。

一、财务报表分析的目的（★）

财务报表分析的目的是将财务报表数据转换成有用的信息，以帮助报表使用人改善决策。

现代财务报表分析一般包括战略分析、会计分析、财务分析和前景分析等4个部分。本章主要讨论财务分析的相关内容，与其他分析相比，财务分析更强调分析的系统性和有效性，并强调透过财务数据发现企业问题。

二、财务报表分析的方法（★）

【要点提示】重点掌握比较分析法和因素分析法的相关内容。

财务报表分析的方法非常多样。不同的人出于不同的目的，使用不同的财务分析方法。一般来讲，有比较分析法和因素分析法两种。

（一）比较分析法

比较是认识事物的最基本方法，没有比较，分析就无法开始。报表的比较分析法是对两个或几个有关的可比数据进行对比，从而揭示存在的差异和矛盾的一种分析方法。

1. 比较分析法按比较对象分类

（1）与本企业历史比，即不同时间（2~10年）指标相比，也称"趋势分析"。

（2）与同类企业比，即与行业平均数或竞争对手比较，也称"横向比较"。

（3）与计划预算比，即实际执行结果与计划指标比较，也称"预算差异分析"。

2. 比较分析法按比较内容分类

（1）比较会计要素的总量。总量是指报表项目的总金额。

（2）比较结构百分比。把资产负债表、利润表、现金流量表转换成结构百分比报表。

（3）比较财务比率。财务比率是各会计要素之间的数量关系，反映它们的内在联系。财务比率是相对数，排除了规模的影响，具有较好的可比性，是最重要的分析比较内容。财务比率的计算相对简单，而对它加以说明和解释却比较复杂和困难。

（二）因素分析法

因素分析法是依据分析指标与其驱动因素之间的关系，从数量上确定各因素对分析指标影响方向和影响程度的一种分析方法。该方法将分析指标分解为各个可以计量的因素，并根据各因素之间的依存关系，顺次用各因素的比较值（通常为实际值）替代基准值（通常为标准值或计划值），据以测定各因素对分析指标的影响。由于在分析时，要逐次进行各因素的有序替代，因此又称为连环替代法，因素分析法一般可分为以下4个步骤。

（1）确定分析对象，即确定需要分析的财务指标，比较其实际数额和标准数额（如上年实际额），并计算两者的差额。

（2）确定该财务指标的驱动因素，即根据该财务指标的形成过程，建立财务指标与各驱动因素之间的函数关系模型。

（3）确定驱动因素的替代顺序，即根据各驱动因素的重要性进行排序。

（4）按顺序计算各驱动因素脱离标准的差异对财务指标的影响。

因素分析法的计算原理及过程如表2-1所示。

表2-1 因素分析法的计算原理及过程

计算原理	计算步骤	计算结果
设$F=a \times b \times c$	基数：$F_0=a_0 \times b_0 \times c_0$ ①	
基数（过去、计划、上年、同行业先进水平、标准）：$F_0=a_0 \times b_0 \times c_0$	替换a因素：$a_1 \times b_0 \times c_0$ ②	a因素变动对F指标的影响=②-①
实际数：$F_1=a_1 \times b_1 \times c_1$	替换b因素：$a_1 \times b_1 \times c_0$ ③	b因素变动对F指标的影响=③-②
实际与基数的差异：$F_1 - F_0$	替换c因素：$a_1 \times b_1 \times c_1$ ④	c因素变动对F指标的影响=④-③

三、财务报表分析的局限性（★★）

财务报表分析是以财务报表为主要分析对象，而报表本身存在一定的局限性。

（一）财务报表本身的局限性

财务报表是企业会计系统的产物。每个企业的会计系统，都会受会计环境和企业会计战略的影响。会计环境因素是决定企业会计系统质量的外部因素，不同会计战略会导致不同企业财务报告的差异并影响其可比性。

由于上述两方面原因，财务报表存在以下3个方面的局限性。

（1）财务报表没有披露企业的全部信息。

（2）已经披露的财务信息存在会计估计误差，不一定是真实情况的准确计量。

（3）管理层的各项会计政策选择，有可能粉饰财务报表。

　　会计环境包括会计规范和会计管理、税务与会计的关系、外部审计、会计争端处理的法律系统、资本市场结构、公司治理结构等。企业会计战略是企业根据环境和经营目标做出的主观选择，不同企业会有不同的会计战略。企业会计战略包括选择会计政策、会计估计、补充披露及报告具体格式。

（二）财务报表的可靠性问题

　　只有根据符合规范的、可靠的财务报表，才能得出正确的分析结论。所谓"符合规范"是指除了以上3点局限性以外，没有更进一步的虚假陈述。外部分析人员很难认定是否存在虚假陈述，财务报表的可靠性问题主要依靠注册会计师鉴证、把关。但是，注册会计师不能保证财务报表没有任何错报和漏报，而且并非所有注册会计师都能尽职尽责。因此，分析人员必须自己关注财务报表的可靠性，对于可能存在的问题保持足够的警惕。

　　外部人员虽然不能认定是否存在虚假陈述，但是可以发现一些"危险信号"。常见的危险信号包括：①财务报告形式不规范；②数据反常；③大额关联方交易；④大额资本利得；⑤异常审计报告。

（三）比较基础问题

　　在比较分析时，需要选择比较的参照标准，包括同业数据、本企业历史数据和计划预算数据。不同分析类型应采用不同的比较基础。

1. 分析类型

　　（1）横向比较。
　　（2）趋势分析。
　　（3）实际与计划的差异分析。

2. 比较基础

　　（1）同业标准。
　　（2）本企业历史数据。
　　（3）预算。

　　总之，对比较基础本身要准确理解，并且要在限定意义上使用分析结论，避免简单化和绝对化。

第二节　财务比率分析

　　考情分析： 对于本节内容，题型主要为客观题，分值在2分左右，考查重点主要包括影响短期偿债能力的因素、营运能力比率、营运资本的影响因素、传统的杜邦分析体系等。

　　学习建议： 理解短期偿债能力比率、长期偿债能力比率、营运能力比率、盈利能力比率和市价比率指标的计算和分析；熟练掌握运用杜邦分析体系。

一、短期偿债能力比率（★★★）

　　【要点提示】 熟悉可偿债资产与短期债务的存量比较、经营活动现金流量净额与短期债务的比较，重点掌握影响短期偿债能力的其他因素。

　　债务按到期时间可分为短期债务和长期债务，因而偿债能力也分成短期偿债能力和长期偿债能力。

　　短期偿债能力是指企业以流动资产偿还流动负债的能力，它反映企业偿付日常到期债务的能力。

　　短期偿债能力中的"债"是指"流动负债"企业偿还流动负债，一般是使用变现性较好的资产，因此，该类指标通常涉及的是"流动负债"和"流动资产"（或者流动资产的组成项目）或经营现金流量。

　　偿债能力的衡量方法有两种方法：一种是可偿债资产与债务存量的比较，如果资产存量超过债务存量较多，则说明偿债能力较强；另一种是经营活动现金流量与偿债所需现金的比较，如果产生的现金流量超过了需要的现金流量较多，则说明偿债能力较强。

（一）可偿债资产与短期债务的存量比较

　　可偿债资产的存量是指资产负债表中列示的流动资产年末余额。短期债务的存量是指资产负债表中列示的流动负债年末余额。流动资产将在1年或1个营业周期内消耗或转变为现金，流动负债将在1年或1个营业周期内偿还，因此两者的比较可以反映短期偿债能力。

　　流动资产与流动负债的存量比较有两种方法：一种是差额比较，两者相减的差额称为营运资本；另一种是比率比较，两者相除的比率称为短期债务的存量比率。

　　可偿债资产与短期债务的存量比较的相关详细内容如表2-2所示。

表2-2 营运资本、短期债务的存量比率

项 目		含 义	要点说明
营运资本		营运资本是指流动资产超过流动负债的部分	其计算公式可以有两种表达方式： （1）营运资本=流动资产-流动负债 =（总资产-非流动资产）-（总资产-股东权益-非流动负债） =（股东权益+非流动负债）-非流动资产 （2）营运资本=长期资本-非流动资产 营运资本的数额越大，则表示流动资产超过流动负债越多，越能保证短期负债的偿还，则财务状况越稳定
短期债务的存量比率	流动比率	流动比率是流动资产与流动负债的比值	其计算公式： 流动比率=流动资产÷流动负债 分析时应注意，不存在统一、标准的流动比率数值，过去人们认为生产型企业合理的最低流动比率为2，但这种认识一直未在理论上证明。最近随着企业经营方式和金融环境的变化，流动比率有下降的趋势，许多成功企业的流动比率都低于2
	速动比率	速动比率是速动资产与流动负债的比值	其计算公式： 速动比率=速动资产÷流动负债 在对速动比率进行分析时，需要注意不同行业的速动比率有很大差别。例如，采用大量现金销售的商店，几乎没有应收款项，速动比率大大低于1很正常。相反，一些应收款项较多的企业，速动比率可能要大于1 影响速动比率数值可信性的非常重要的因素是应收账款变现能力，如果应收账款变现能力弱，高的速动比率并不能说明短期偿债能力强
	现金比率	现金比率是现金资产与流动负债的比值	其计算公式： 现金比率=（货币资金+交易性金融资产）÷流动负债 现金资产包括货币资金、交易性金融资产等 现金比率假设现金资产是可偿债资产

◄))) **名师点拨** ·········

（1）营运资本分析的缺点：营运资本是绝对数，不便于不同历史时期及不同企业之间的比较。实务中很少直接使用营运资本作为偿债能力指标。营运资本的合理性主要通过短期债务的存量比率评价。

（2）影响流动比率数值可信性的非常重要的因素是存货质量、应收账款质量，可以用存货周转率，应收账款周转率表示。如果存货周转率、应收账款周转率低则说明流动资产的质量低，流动比率虽然高，但实际的偿债能力却不高。

【例题1·单选题】（2013年真题）现金流量比率是反映企业短期偿债能力的一个财务指标。在计算年度现金流量比率时，通常使用流动负债的（　　　　）。

A. 年末余额

B. 年初余额和年末余额的平均值

C. 各月末余额的平均值

D. 年初余额

【解析】该比率中的流动负债采用期末数而非平均数，因为实际需要偿还的是期末金额，而非平均金额。

【答案】A

【例题2·多选题】公司当年的经营利润很多，却不能偿还到期债务。为查清其原因，应检查的财务比率包括（　　　　）。

A. 销售净利率　　　　B. 流动比率

C. 存货周转率　　　　D. 应收账款周转率

【解析】A选项，是衡量盈利能力的；B选项衡量短期偿债能力，所以B选项正确；而影响流动比率数值可信性的很重要的影响因素是存货质量，应收账款质量，即存货周转率，应收账款周转率，所以正确选项为B、C、D。

【答案】BCD

（二）经营活动现金流量净额与短期债务的比较

经营活动现金流量净额与流动负债的比值，称为现金流量比率。

现金流量比率=经营活动现金流量净额÷流动负债

现金流量比率表明每1元流动负债的经营活动现金流量保障程度。该比率越高，偿债能力越强。

用经营活动现金净额流量代替可偿债资产存量，

与短期债务进行比较以反映偿债能力，更具说服力。因为一方面它克服了可偿债资产未考虑未来变化及变现能力等问题；另一方面，实际用以支付债务的通常是现金，而不是其他可偿债资产。

（三）影响短期偿债能力的其他因素

上述短期偿债能力比率，都是根据财务报表数据计算而得。还有一些表外因素也会影响企业的短期偿债能力，甚至影响相当大。财务报表使用人应尽可能了解这方面信息以做出正确判断。

1. 增强短期偿债能力的表外因素

（1）可动用的银行贷款指标。

（2）准备很快变现的非流动资产。

（3）偿债能力的声誉。

2. 降低短期偿债能力的表外因素

（1）与担保有关的或有负债，如果它的数额较大并且可能发生，就应在评价偿债能力时给予关注。

（2）经营租赁合同中承诺的付款，很可能是需要偿付的义务。

（3）建造合同、长期资产购置合同中的分阶段付款，也是一种承诺，应视同需要偿还的债务。

【例题3·单选题】 下列事项中，有助于提高企业短期偿债能力的是（　　　　）。

A. 利用短期借款增加对流动资产的投资

B. 为扩大营业面积，与租赁公司签订一项新的长期房屋租赁合同

C. 补充长期资本，使长期资本的增加量超过长期资产的增加量

D. 提高流动负债中的无息负债比率

【解析】 选项A会使流动负债、流动资产同时增加，营运资本不变；选项B会使企业实际的偿债能力降低；选项D不会提高短期偿债能力。所以选择C。

【答案】 C

【例题4·单选题】 下列业务中，能够降低企业短期偿债能力的是（　　　　）。

A. 企业采用分期付款方式购置一台大型机械设备

B. 企业从某国有银行取得3年期500万元的贷款

C. 企业向战略投资者进行定向增发

D. 企业向股东发放股票股利

【解析】 长期资产购置合同中的分期付款，也是一种承诺，应视同需要偿还的债务，属于降低短期偿债能力。

债能力的表外因素；选项B、C会增加企业短期偿债能力；选项D不会影响企业短期偿债能力。

【答案】 A

二、长期偿债能力比率（★★★）

长期偿债能力比率是衡量长期偿债能力的财务比率，也分为存量比率和流量比率两类。长期来看，所有债务都要偿还，因此，反映长期偿债能力的存量比率是总资产、总债务和股东权益之间的比例关系。常用比率包括：资产负债率、产权比率、权益乘数和长期资本负债率。反映流量比率的常用比率包括：利息保障倍数、现金流量利息保障倍数、现金流量债务比。

（一）指标计算

长期偿债能力指标主要从还本能力和付息能力两个方面来考查。

（1）其中表示还本能力的指标计算公式为：

资产负债率=负债总额÷资产总额×100%

长期资产负债率=非流动负债÷（非流动负债+股东权益）×100%

产权比率=负债总额÷股东权益总额×100%

权益乘数=资产总额÷股东权益总额=1+产权比率=1÷（1-资产负债率）

现金流量债务比=经营活动现金流量净额÷负债总额×100%

（2）表示付息能力的指标计算公式为：

利息保障倍数=息税前利润÷利息费用=（净利润+利息费用+所得税费用）÷利息费用

这里的"利息费用"是指本期的全部应计利息，不仅包括计入利润表财务费用的利息费用，还包括资本化利息计入资产负债表固定资产等成本的部分。利息保障倍数越大，公司拥有的偿还利息的缓冲资金越多，则相应长期偿债能力越强。

现金流量利息保障倍数=经营现金流量净额÷利息费用

现金流量利息保障倍数比以收益为基础的利息保障倍数更可靠，因为实际用以支付利息的是现金，而不是收益。现金流量利息保障倍数越大，长期偿债能力越强。

🔊 **名师点拨** ••••••••••••••••••••••••••••••••

实务中，如果本期资本化利息金额较小，可将财务

费用金额作为分母中的利息费用；如果资本化利息的本期费用化金额较小，则分子中此部分可忽略不计，不做调整。

（二）指标分析

1. 资本结构衡量指标

资本结构分为广义资本结构和狭义资本结构。广义资本结构可以用资产负债率反映，即总资产中有多大比例是通过负债取得的。它可以衡量企业清算时对债权人利益的保护程度，资产负债率越低，企业偿债越有保障，贷款越安全。狭义资本结构可以用长期资本负债率反映，即企业长期资本结构。

2. 财务杠杆衡量指标

（1）产权比率和权益乘数。产权比率和权益乘数是资产负债率的另外两种表现形式，和资产负债率的性质一样。

$$权益乘数=资产总额÷股东权益总额$$
$$=资产总额÷（资产总额-负债总额）$$
$$=1÷（1-资产负债率）$$
$$=（股东权益总额+负债总额）÷股东权益总额$$
$$=1+产权比率$$

（2）两种常用的财务杠杆比率，影响特定情况下资产净利率和权益净利率之间的关系。

财务杠杆既表明债务多少，与偿债能力有关，以及财务杠杆影响总资产净利率和权益净利率之间的关系，还表明权益净利率的风险高低，与盈利能力有关。

3. 现金流量债务比

经营活动现金流量净额与债务总额的比率。该比率中的债务总额采用期末数而非平均数，因为实际需要偿还的是期末金额，而非平均金额。

4. 其他影响长期偿债能力的因素

（1）长期租赁。当企业的经营租赁量比较大、期限比较长或具有经常性时，就形成了一种长期筹资，增加企业的偿债压力。

（2）债务担保。在分析企业长期偿债能力时，应根据有关资料判断担保责任带来的潜在长期负债问题。

（3）未决诉讼。未决诉讼一旦判决败诉，便会影响企业的偿债能力，因此在评价企业长期偿债能力时也要考虑其潜在影响。

【例题5·多选题】下列各项中，影响企业长期偿债能力的事项有（　　　　）。

A. 未决诉讼

B. 债务担保

C. 长期租赁

D. 或有负债

【解析】选项A、B、C属于影响长期偿债能力的表外因素；或有负债有可能成为长期负债，所以选项D也正确。

【答案】ABCD

【例题6·计算分析题】（2014年真题）甲公司为材料供货商，拟与乙公司建立长期供货关系，为确定采用何种信用政策，需分析乙公司偿债能力，为此甲公司收集了乙公司2013年度财务报表，相关财务报表数据及财务报表附注披露信息如表2-3和表2-4所示。

表2-3　　　　　　　　　　　　　　　　　　资产负债表项目　　　　　　　　　　　　　　　　　　单位：万元

项　目	年末金额	年初金额
流动资产合计	4 600	4 330
其中：货币资金	100	100
交易性金融资产	500	460
应收账款	2 850	2 660
预付账款	150	130
存货	1 000	980
流动负债合计	2 350	2 250

表2-4   利润表项目   单位：万元

项 目	本年金额
营业收入	14 500
财务费用	500
资产减值损失	10
所得税费用	31.50
净利润	97.50

（1）乙公司生产经营活动有季节性的变化，当年的3~10月是经营旺季，当年的11月至次年2月是经营淡季。

（2）乙公司按应收账款余额的5%计提坏账准备，2013年年初坏账准备余额140万元，2013年年末坏账准备余额150万元，近几年，乙公司应收账款回收不好，2013年收紧信用政策，减少赊销客户。

（3）乙公司2013年资本化利息支出100万元，计入在建工程。

（4）计算财务比率时，涉及的资产负债表数据均使用其年初和年末的平均数。

【要求】

（1）计算乙公司2013年的速动比率，评价乙公司的短期偿债能力时，要考虑哪些因素，具体分析这些因素对乙公司短期偿债能力的影响。

（2）计算乙公司2013年的利息保障倍数，分析并评价乙公司的长期偿债能力。

【答案】（1）乙公司2013年的速动比率= [（100+100+500+460+2 850+2 660）÷2] ÷[（2 250+2 350）÷2]=1.45

影响乙公司速动比率评价短期偿债能力的重要因素是应收账款的变现能力。具体包括应收账款实际的坏账比率和季节性变化。评价乙公司的短期偿债能力时，要考虑乙公司应收账款回收不好，实际坏账可能比计提

的坏账准备要多，这会降低应收账款的变现能力，降低短期偿债能力；乙公司生产经营活动有季节性的变化，年初和年末时点处于经营淡季，这时报表上的应收账款金额低于平均水平，这会使得根据速动比率反映短期偿债能力低于实际水平。

（2）利息保障倍数=（97.50+31.50+500）÷（500+100）=1.05

乙公司利息保障倍数略大于1，也是很危险的，因为息税前利润受经营风险的影响，很不稳定，而利息支付却是固定的，利息保障倍数越大，公司拥有的偿还利息的缓冲资金越多，而乙公司的利息保障倍数仅为1.05，所以乙公司长期偿债能力比较弱。

三、营运能力比率（★★）

营运能力比率是衡量企业资产管理效率的财务比率，通常指资产的周转速度。主要包括应收账款周转率、存货周转率、流动资产周转率、营运资本周转率、非流动资产周转率和总资产周转率等。

（一）一般计算公式

某资产周转次数=周转额÷某资产

某资产周转天数=365÷某资产周转次数

某资产与收入比=某资产÷销售收入

（二）营运能力比率的具体指标

体现营运能力比率的具体指标的计算如表2-5所示。

表2-5   各类指标的计算

指 标	公 式
应收账款周转率	应收账款周转次数=销售收入÷应收账款
	应收账款周转天数=365÷（销售收入÷应收账款）=365÷应收账款周转次数
	应收账款与收入比=应收账款÷销售收入
存货周转率	存货周转次数=销售收入÷存货
	存货周转天数=365÷（销售收入÷存货）=365÷存货周转次数
	存货与收入比=存货÷销售收入

续表

指　标	公　式
流动资产周转率	流动资产周转次数=销售收入÷流动资产
	流动资产周转天数=365÷（销售收入÷流动资产）=365÷流动资产周转次数
	流动资产与收入比=流动资产÷销售收入
营运资本周转率	营运资本周转次数=销售收入÷营运资本
	营运资本周转天数=365÷（销售收入÷营运资本）=365÷营运资本周转次数
	营运资本与收入比=营运资本÷销售收入
非流动资产周转率	非流动资产周转次数=销售收入÷非流动资产
	非流动资产周转天数=365÷（销售收入÷非流动资产）=365÷非流动资产周转次数
	非流动资产与收入比=非流动资产÷销售收入
总资产周转率	总资产周转次数=销售收入÷总资产
	总资产周转天数=365÷（销售收入÷总资产）=365÷总资产周转次数
	总资产与收入比=总资产÷销售收入

（三）指标计算与分析时应注意的问题

1. 流动资产周转率分析

（1）应收账款周转率

①销售收入的赊销比例问题。理论上，应收账款是赊销引起的，故销售收入应该用赊销额，但实际中，外部分析人员无法获取赊销金额的数据，故一般用销售收入代替。

②应收账款年末余额的可靠性问题。应收账款采取年末金额是一个时点数，容易受到季节性、偶然性和人为因素的影响，具体在进行业绩评价时，可以用年初和年末的平均数来增强其可靠性。

③应收账款的减值准备问题。报表上的应收账款是计提坏账后的金额，但对应的销售收入却未减少，则可能造成计提的坏账越多，应收账款的周转次数越多天数越少的情况。但这实际并非业绩的改善，而是应收账款管理欠佳。故在坏账准备金额较大时应调整，使用未计提坏账准备的应收账款进行计算。

④应收票据应计入应收账款周转率，称为应收账款及应收票据周转率。

⑤应收账款周转天数不是越少越好。如果赊销有可能比现销有利，能创造更好的销售业绩，则收现期并非越短越好。

⑥应收账款分析应与销售额分析、现金分析联系起来。应收账款的起点是销售，终点是现金，应结合起来分析。

（2）存货周转率

①使用"销售收入"还是"销售成本"作为周转额，要看分析的目的。在短期偿债能力分析时，为了评估资产的变现能力，或在分析总资产周转率时，为系统分析各项资产的周转情况并识别主要的影响因素，应统一使用"销售收入"计算周转率。如果为了评估存货管理的业绩，应使用"销售成本"计算周转率。

②存货周转天数不是越短越好；存货过少可能不能满足流转需求而影响生产经营。

③应注意应付款项、存货和应收账款（或销售收入）之间的关系。一般，销售增加会拉动应收账款、存货、应付账款增加，不会引起周转率的明显变化；如果是接受一个大订单，通常先增加存货，增加应付账款，最后来会导致应收账款和销售收入增加，此时先表现为存货周转天数增加，但这是对企业有利的。相反，若预测销售不佳而减少存货，减少应付而引起的存货周转天数的下降，是对企业不利的。故分析时，不能单纯只关注指标的高低。

④应关注构成存货的产成品、自制半成品、原材料、在产品和低值易耗品之间的比例关系。正常情况下，它们之间存在某种比例关系。如果产成品大量增加，其他项目减少，很可能是销售不畅，放慢了生产节奏，虽然整体存货金额没有显著变化，存货周转率也未显著变化，但不能忽视可能存在的问题。

【例题7·多选题】假设其他条件不变，下列计算方法的改变会导致应收账款周转天数减少的有（　　　）。

A. 从使用赊销额改为使用销售收入进行计算

B. 从使用应收账款平均余额改为使用应收账款平均净额进行计算

C. 从使用应收账款全年日平均余额改为使用应收账款旺季的日平均余额进行计算

D. 从使用已核销应收账款坏账损失后的平均余额改为核销应收账款坏账损失前的平均余额进行计算

【解析】应收账款周转天数=365×应收账款÷周转额，根据公式可以看出，周转额按销售收入算要比按赊销额算大，同时应收账款平均净额小于应收账款平均余额，因此均会使周转天数减少，选项A、B正确；应收账款旺季的日平均余额通常高于应收账款全年日平均余额，所以选项C会使周转天数增大；核销应收账款坏账损失前的平均余额高于已核销应收账款坏账损失后的平均余额，所以选项D会使周转天数增大。

【答案】AB

【例题8·单选题】两家商业企业本期销售收入、存货平均余额相同，但毛利率不同，则毛利率低的企业存货周转率（以销售成本为基础计算）也（　　　）。

A. 高　　　　　　B. 低

C. 不变　　　　　D. 难以判断

【解析】毛利率=1-销售成本率，存货周转率=销售成本÷平均存货余额，销售收入相同的情况下，毛利率越高，销售成本越低，存货平均余额相同的情况下，存货周转率越低。

【答案】A

2. 非流动资产周转率分析

主要用于投资预算和项目管理分析，以确定投资与竞争战略是否一致，收购和剥离政策是否合理等。

3. 总资产周转率的驱动因素分析

总资产是由各种资产组成的，因此总资产周转率的驱动因素是各项资产。总资产周转率的驱动因素分析，通常可以使用"总资产周转天数"或"资产与收入比"指标，不使用"资产周转次数"。总资产周转天数与各项资产之间的关系可表示为：

总资产周转天数=∑各项资产周转天数

总资产与销售收入比=∑各项资产与销售收入比

【例题9·单选题】某企业2013年的总资产周转

次数为2次，非流动资产周转次数为3次，若一年有360天，则流动资产周转天数为（　　　）天。

A. 360　　　　　　B. 180

C. 120　　　　　　D. 60

【解析】总资产周转天数=360÷2=180（天），非流动资产周转天数=360÷3=120（天），流动资产周转天数=180-120=60（天）。

【答案】D

四、盈利能力比率（★★）

盈利能力比率是指企业正常经营赚取利润的能力，是企业生存发展的基础，是各方面都非常关注的指标。不论是投资人、债权人还是企业经理人员，都日益重视和关心企业的盈利能力。

（一）销售净利率

1. 计算公式

销售净利率是指净利润与销售收入的比率，通常用百分数表示。其计算公式如下：

销售净利率=（净利润÷销售收入）×100%

"销售收入"是利润表的第一行数字，"净利润"是利润表的最后一行数字，两者相除可以概括企业的全部经营成果。它表示每1元销售收入与其成本费用之间可以"挤"出来的净利润。该比率越大，企业的盈利能力越强。

销售净利率又简称"净利率"。某个利润率如果前面没有指明计算比率使用的分母，则是指以销售收入为分母。

2. 驱动因素

销售利润率的变动，是由利润表的各个项目金额变动引起的。驱动因素分析包括金额变动分析、结构变动分析、利润表各项目分析。

（二）总资产净利率

1. 计算公式

总资产净利率是指净利润与总资产的比率，它反映每1元总资产创造的净利润。其计算公式如下：

资产净利率=（净利润÷总资产）×100%

总资产净利率是企业盈利能力的关键。虽然股东报酬由总资产净利率和财务杠杆共同决定，但提高财务杠杆会同时增加企业风险，往往并不增加企业价值。此外，财务杠杆的提高有诸多限制，企业经常处于财务杠杆不可能再提高的临界状态。因此，提高权益净利率的基本动力是总资产净利率。

2. 驱动因素

影响总资产净利率的驱动因素是销售净利率和总资产周转次数。

$$总资产净利率=净利润÷总资产$$
$$=净利润÷销售收入×销售收入÷总资产$$
$$=销售净利率×总资产周转率$$

（三）权益净利率

权益净利率是净利润与股东权益的比率，它反映每1元股东权益赚取的净利润，可以衡量企业的总体盈利能力。

$$权益净利率=（净利润÷股东权益）×100\%$$

权益净利率的分母是股东的投入，分子是股东的所得。对于股权投资者来说，具有非常好的综合性，概括了企业的全部经营业绩和财务业绩。

【例题10·单选题】甲公司总资产净利率为10%，产权比率为1，则甲公司的权益净利率为（　　　　）。

　　A. 10%　　　B. 20%　　C. 12%　　　　D. 15%

【解析】权益净利率=资产净利率×权益乘数=资产净利率×（1+产权比率）=10%×（1+1）=20%。

【答案】B

五、市价比率（★★）

市场价值比率又称市价比率，是指普通股每股市价和公司盈余、每股账面价值的比率。它是销售净利率、销售毛利率、资产报酬率、股东权益报酬率这几个指标的综合反映，管理者可据以了解投资人对公司的评价。

上市公司有两个特殊的财务数据，一是股数，二是市价。它们是一般企业所没有的。股数、市价与净收益、销售收入进行比较，可以提供有特殊意义的信息。

（一）市盈率

市盈率是普通股与每股收益的比率，它反映普通股股东愿意为每1元净利润支付的价格。其中，每股收益是指可分配给普通股股东的净利润与流通在外普通股加权平均股数的比率，它反映每只普通股当年创造的净利润。其计算公式如下：

$$市盈率=每股市价÷每股收益$$
$$每股收益=普通股股东净利润÷流通在外普通股加$$
权平均数

（二）市净率

市净率也称为市账率，是指普通股每股市价与每股净资产的比率，它反映普通股股东愿意为每1元净资产支付的价格，说明市场对公司资产质量的评价。

$$市净率（市账率）=每股市价÷每股净资产$$
$$每股收益=普通股股东净利润÷流通在外普通股加$$
权平均股数

既有优先股又有普通股的公司，通常只为普通股计算净资产。在这种情况下，普通股每股净资产的计算需要分两步完成：首先，从股东权益总额中减去优先股权益，包括优先股的清算价值及全部拖欠的股利，得出普通股权益；其次，用普通股权益除以流通在外普通股股数，确定普通股每股净资产。该过程反映了普通股股东是公司剩余所有者的事实。

（三）市销率

市销率也称为收入乘数，是指普通股每股市价与每股销售收入的比率，它反映普通股股东愿意为每1元销售收入支付的价格。

$$市销率=每股市价÷每股销售收入$$
$$每股净资产（每股账面价值）=普通股股东权益÷$$
流通在外普通股数

指标分析应注意的问题。

（1）市盈率反映了投资者对公司未来前景的预期，相当于每股收益的资本化。

（2）每股收益的概念仅适用于普通股，优先股股东除规定的优先股利外，对收益没有要求权，所以用于计算每股收益的分子应从净利润中扣除当年宣告或累积的优先股股利。

（3）通常只为普通股计算每股净资产。如果存在优先股应从股东权益总额中减去优先股的权益，包括优先股的清算价值及全部拖欠的股利，得出普通股权益。

（4）市价比率指标将在第7章评估确定企业价值的相对价值法中进一步应用。

市盈率、市净率和市销率主要用于企业价值评估，具体应用方法将在"企业价值评估"的有关章节中讨论。

【例题11·单选题】甲公司上年净利润为250万元，流通在外的普通股的加权平均股数为100万股，优先股为50万股，优先股股息为每股1元。如果上年末普通股的每股市价为30元，甲公司的市盈率为（　　　　）。

A. 12　　　　　　　B. 15

C. 18　　　　　　　D. 21.5

【解析】每股收益=（净利润−优先股股利）÷流通在外的普通股加权平均股数=（250−50×1）÷100=2（元/股）

市盈率=每股市价÷每股收益=30÷2=15

【答案】B

六、杜邦分析体系（★★）

【要点提示】重点掌握杜邦分析体系的核心指标与局限性。

杜邦分析法，又称杜邦财务分析体系，简称杜邦体系，是利用各主要财务比率指标间的内在联系，对企业财务状况及经济效益进行综合系统分析评价的方法。

该体系是以净资产收益率为龙头，以资产净利率和权益乘数为核心，重点揭示企业获利能力及权益乘数对净资产收益率的影响，以及各相关指标间的相互影响作用关系。

（一）杜邦体系的核心比率与分解

杜邦分析体系的核心比率是权益净利率。权益净利率既具有很好的可比性，又有很好的综合性，可用于不同企业之间的比较，管理者可以从销售净利率、资产周转率和权益乘数这3个指标入手来提高权益净利率。

杜邦分析体系的核心公式为：

权益净利率=资产净利率×权益乘数

资产净利率=销售净利率×资产周转率

权益净利率=销售净利率×资产周转率×权益乘数

传统的杜邦体系分解如图2−1所示。

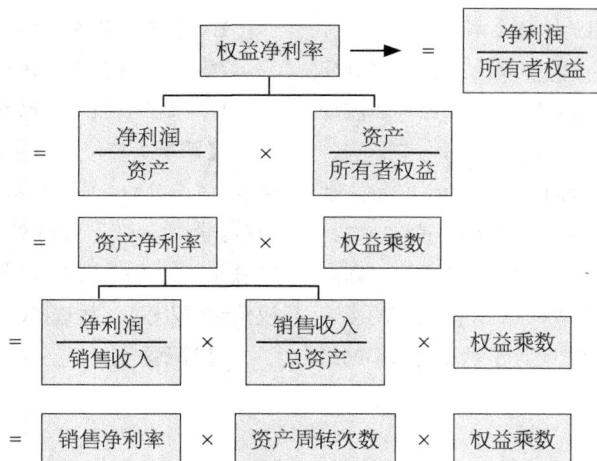

图2−1　杜邦分析体系的分解

（二）杜邦分析体系的局限性

杜邦分析体系虽然被广泛使用，但也存在某些局限性。

（1）计算总资产净利率的"总资产"与"净利润"不匹配。总资产是全部资金提供者享有的权利，而净利润是专门属于股东的，两者不匹配。

（2）没有区分经营活动损益和金融活动损益。

（3）没有区分金融负债与经营负债。

因此，针对这些问题，人们对传统的财务报表和财务分析体系做了一系列的改进，从而形成了新的管理用财务报表和财务分析体系。

【例题12·单选题】甲公司2008年的销售净利率比2007年下降5%，总资产周转率提高10%，假定其他条件与2007年相同，那么甲公司2008年的权益净利率比2007年提高（　　　）。

A. 4.5%　　　　　　B. 5.5%

C. 10%　　　　　　D. 10.5%

【解析】根据公式：资产净利率=销售净利率×资产周转率，则甲公司2008年的权益净利率比2007年提高=（1−5%）×（1+10%）−1=1.045−1=4.5%。

【答案】A

【例题13·多选题】某企业营运资本为正数，说明（　　　）。

A. 流动资产有一部分资金来源靠长期资本解决

B. 长期资本高于长期资产

C. 营运资本配置率大于1

D. 财务状况较稳定

【解析】营运资本=长期资本－长期资产，营运资本为正数，表明长期资本大于长期资产，一部分流动资产的资金来源于长期资本，企业的财务状况比较稳定，所以选项A、B、D是正确的。

【答案】ABD

【例题14·单选题】ABC公司是一个有较多未分配利润的工业企业。下面是上年度发生的几笔经济业务，在这些业务发生前后，速动资产都超过了流动负债，请回答下列问题。

（1）长期债券投资提前变卖为现金，将会（　　　）。

A. 对流动比率的影响大于对速动比率的影响

B. 对速动比率的影响大于对流动比率的影响

C. 影响速动比率但不影响流动比率

D. 影响流动比率但不影响速动比率

【解析】长期债券投资提前变卖为现金，将会使现金（既是流动资产，也是速动资产）增加，非流动资产减少，因此，对流动比率和速动比率均有影响，选项C、D不正确；假设，流动比率=流动资产÷流动负债=4÷2，速动比率=速动资产÷流动负债=3÷2，长期债券投资提前变卖为现金的金额是0.5万元，则对流动比率的影响=0.5÷1.5=33.33%，对速动比率的影响=0.5÷1=50%，对速动比率的影响大于对流动比率的影响，选项B是正确的。

【答案】B

（2）赊购材料将会（　　　）。

A. 降低速动比率　　B. 增加速动比率

C. 保持流动比率不变　D. 增加流动比率

【解析】赊购材料将会使存货（流动资产，但不是速动资产）和流动负债增加，因此会降低速动比率，选项A正确；因为速动比率大于1，那么流动比率肯定大于1，假设，流动比率=3÷2=1.5，赊购材料的金额为1万元，那么变化后的流动比率=4÷3=1.33，可见，流动比率下降，选项C错误。

【答案】A

【例题15·单选题】在下列关于资产负债率、权益乘数和产权比率之间关系的表达式中，正确的是（　　　）。

A. 资产负债率+权益乘数=产权比率

B. 资产负债率－权益乘数=产权比率

C. 资产负债率×权益乘数=产权比率

D. 资产负债率÷权益乘数=产权比率

【解析】资产负债率=负债总额÷资产总额，权益乘数=资产总额÷股东权益，产权比率=负债总额÷股东权益。所以，资产负债率×权益乘数=（负债总额÷资产总额）×（资产总额÷股东权益）=负债总额÷股东权益=产权比率。故选择C。

【答案】C

第三节　财务预测的步骤和方法

考情分析： 对于本节内容，题型主要为客观题，可能在计算分析题或综合题中涉及，分值在3分左右。

学习建议： 掌握预测的销售百分比法，能够运用其原理预测资金需求；同时了解财务预测的意义和目的、财务预测的步骤以及财务预测的其他方法。

一、财务预测的意义和目的（★★）

狭义的财务预测仅指估计企业未来的融资需求，广义的财务预测包括编制全部的预计财务报表。

1. 财务预测的意义

（1）财务预测是融资计划的前提。企业需要预先知道自己的财务需求，提前安排融资计划，否则就可能发生资金周转问题。

（2）财务预测有助于改善投资决策。根据销售前景估计出的融资需要不一定总能满足，因此，就需要根据可能筹措到的资金来安排销售增长，以及有关的投资项目，使投资决策建立在可行的基础上。

2. 财务预测的目的

预测的真正目的是有助于应变。预测和计划是超前思考的过程，其结果并非仅仅是一个资金需要量的数字，还包括对未来各种可能前景的认识和思考。预测可以提高企业对不确定事件的反应能力，从而减少不利事件带来的损失，增加利用有利机会带来的收益。

二、财务预测的步骤（★）

财务预测的基本步骤如下。

1. 销售预测

销售预测是财务预测的起点和基础。通常情况下，财务预测把销售数据视为已知数，销售预测完成后才能开始财务预测。

2. 估计经营资产和经营负债

通常，经营资产是销售收入的函数，根据历史数据可以分析出该函数关系。根据预测销售收入与经营资产和经营负债的函数关系，可以预测所需经营资产的数额和经营负债的自发增长。

3. 估计各项费用和保留盈余

假设各项费用也是销售收入函数，可以根据预计销售收入估计费用和损失，并在此基础上确定净利润。

4. 估计所需融资

根据预计经营资产总量，减去已有的经营资产、自发增长的经营负债、可动用的金融资产和内部提供的利润留存便可得出外部融资需求。

三、销售百分比预测法（★★）

1. 基本原理

销售百分比预测法简称销售百分比，其基本原理是利用资产＝负债＋所有者权益会计等式确定融资需求。具体方法可以根据统一的财务报表数据预计，也可以使用经过调整的管理用财务报表数据预计。

"统一的财务报表数据"为：

资产＝负债＋所有者权益

"管理用财务报表数据"为：

净经营资产＝净负债＋所有者权益

其中，净经营资产＝经营资产－经营负债

净负债＝金融负债－金融资产

2. 筹资顺序

销售百分比法进行预测时的筹资顺序为：①动用现存的金融资产；②增加留存收益；③增加金融负债；④增加股本。

具体可采用总额法和增加额法。

采用总额法的预测步骤如下。

（1）计算各项经营资产和经营负债占销售收入的百分比（根据基期的数据确定，也可以根据以前若干年的平均数确定）。

（2）预计各项经营资产和经营负债。

各项经营资产（负债）＝预计销售收入×各项目销售百分比

（3）计算资金总需求。

资金总需求＝预计净经营资产合计－基期净经营资产合计

（4）预计需从外部增加的资金。

需从外部增加的资金＝资金总需求量－内部资金利用

采用增加额法时直接计算预计需从外部增加的资金，计算公式为：

需从外部增加的资金＝增加的经营资产－增加的经营负债－可动用的金融资产－留存收益增加

＝增加的销售收入×经营资产销售百分比－增加的销售收入×经营负债销售百分比－可动用的金融资产－预计销售收入×计划销售净利率×（1－股利支付率）

【例题16·计算分析题】假设甲公司20×4年实际销售收入3 000万元，管理用资产负债表和利润表的有关数据如表3-1所示。假设20×4年的各项销售百分比在20×5年可以持续，20×5年预计销售收入为4 000万元。以20×4年为基期，采用销售百分比法进行预计。根据20×4年销售收入（3 000万元）计算的各项经营资产和经营负债的百分比，如表2-6所示的"销售百分比"栏。

表2-6 　　　　　　　　　　　　　净经营资产的预计 　　　　　　　　　　　　单位：万元

项　目	20×4年实际	销售百分比	20×5年预测
销售收入	3 000		4 000
货币资金（经营）	44	1.47%	59
应收票据（经营）	14	0.47%	19
应收账款	398	13.27%	531

项　目	20×4年实际	销售百分比	20×5年预测
预付账款	22	0.73%	29
其他应收款	12	0.40%	16
存货	119	3.97%	159
一年内到期的非流动资产	77	2.57%	103
其他流动资产	8	0.27%	11
长期股权投资	30	1.00%	40
固定资产	1238	41.27%	1651
在建工程	18	0.60%	24
无形资产	6	0.20%	8
长期待摊费用	5	0.17%	7
其他非流动资产	3	0.10%	4
经营资产合计	1994	66.47%	2659
应付票据（经营）	5	0.17%	7
应付账款	100	3.33%	133
预收账款	10	0.33%	13
应付职工薪酬	20	0.07%	3
应交税费	5	0.17%	7
其他应付款	25	0.83%	33
其他流动负债	53	1.77%	71
长期应付款（经营）	50	1.67%	67
经营负债合计	250	8.33%	334
净经营资产总计	1744	58.13%	2325

融资总需求=预计净经营资产合计−基期净经营资产合计=2325−1744=581（万元）

假设该公司20×4年年底有金融资产6万元，为可动用的金融资产；假设ABC公司20×5年计划销售净利率为4.5%，由于需要的融资额较大，20×5年ABC公司不支付股利。

增加留存收益=4000×4.5%=180（万元）

需要外部融资=581−6−180=395（万元）

采用增加额法的计算方法如下。

预计需从外部增加的资金

=增加的经营资产−增加的经营负债−可动用的金融资产−留存收益增加

=增加的销售收入×经营资产销售百分比−增加的销售收入×经营负债销售百分比−可动用的金融资产−预计销售收入×计划销售净利率×（1−股利支付率）

=1000×66.47%−1000×8.33%−6−4000×4.5%×（1−0）≈395（万元）

3. 销售百分比法的应用流程

（1）确定资产和负债项目的销售百分比

根据基期的资产、负债和所有者权益等项目的金额及基期收入额计算销售百分比。包括流动资产销售百分比、长期资产销售百分比、应付款项销售百分比、预提费用销售百分比等。

（2）计算预测期的资产、负债和所有者权益等项目的金额。根据基期的有关销售百分比和预测期收入额，分别计算预测期的资产、负债和所有者权益数额。与销售额无关的项目金额按基期金额计算，留存收益项目的预测金额按基期金额加上新增留存收益金额预计。

（3）预计可动用的金融资产。

（4）预计增加的留存收益。

根据预测期销售收入额、净利率和留存收益率或股利支付率计算预测期留存收益的增加额。

（5）计算外部融资需求。根据会计公式："外部融资需求=预计总资产−预计总负债−预计股东权益"计算外部融资需求。需要的外部融资需求，可以通过增加借款或增发股本筹集，涉及资本结构管理问题。通常，在目标资本结构允许的情况下，企业会优先使用借款融资。如果不宜再增加借款，则需要增发股本。

【例题17·单选题】销售百分比法是预测企业未来融资需求的一种方法。下列关于应用销售百分比法的说法中，错误的是（　　　　）。

A. 根据预计存货／销售百分比和预计销售收入，可以预测存货的资金需求

B. 根据预计应付账款／销售百分比和预计销售收入，可以预测应付账款的资金需求

C. 根据预计金融资产／销售百分比和预计销售收入，可以预测可动用的金融资产

D. 根据预计销售净利率和预计销售收入，可以预测净利润

【解析】销售百分比法假设经营资产、经营负债与销售收入存在稳定的百分比关系。金融资产与销售收入之间没有必然的联系，是用来配合融资需求安排的。

【答案】C

【例题18·计算分析题】某公司20×3年12月31日的资产负债表如表2-7所示。

表2-7　　　　　　　　　　公司20×3年12月31日的资产负债表　　　　　　　　　　单位：万元

资　产	金　额	负债及所有者权益	金　额
货币资金	2 000	应付职工薪酬	5 000
交易性金融资产	1 000	应付利息	500
应收账款	27 000	应付账款	13 000
存货	30 000	短期借款	11 500
固定资产	40 000	公司债券	20 000
		实收资本	40 000
		留存收益	10 000
资产合计	100 000	负债及所有者权益合计	100 000

公司20×3年的销售收入为50 000万元，销售净利率为10%，若企业经营现金占收入的百分比为2%，如果20×4年的预计销售收入为60 000万元，公司的股利支付率为50%，净经营资产周转率和销售净利率保持20×3年的水平不变，按照销售百分比法预测20×4年融资总需求与外部筹资额。

【答案】

20×3年经营资产=总资产-金融资产=100 000-50 000×2%-1 000=98 000（万元）

20×3年经营负债=应付职工薪酬+应付账款=5 000+13 000=18 000（万元）

净经营资产占销售的百分比=（经营资产-经营负债）÷销售收入

=（98 000-18 000）÷50 000=160%

20×4年融资总需求=预计净经营资产合计-基期净经营资产合计

=增加的销售收入×净经营资产销售百分比

=10 000×160%=16 000（万元）

20×4年需追加的外部融资

=增加的经营资产-增加的经营负债-可动用的金融资产-留存收益增加

=融资总需求-可动用的金融资产-预计销售收入×计划销售净利率×（1-股利支付率）

=16 000-2 000-60 000×10%×50%=11 000（万元）

四、财务预测的其他方法（★★）

为了改进财务预测的质量，有时需要使用更精确的方法。这里将介绍最常用的回归分析法和计算机预测法。

1. 回归分析

财务预测的回归分析，是利用一系列历史资料求得各资产负债表项目和销售收入的函数关系，然后基于计划销售收入预测资产、负债数量，最后预测融资需求。

完成资产、负债项目的预计后，其他计算步骤与销售百分比法相同。

2. 计算机预测

由于影响金融需求的变量很多，必须使用计算机方可快速而准确地完成。最简单的计算机财务预测是使用"电子表软件"，能够自动更新数据；比较复杂的预测是使用交互式财务规划模型，能够通过"人机对话"进行"反向操作"；最复杂的预测是使用综合数据库财务计划系统，它可以实时更新数据，预测各项财务数据且快速生成财务报表。

【例题19·多选题】财务预测的方法还有（　　　　）。

A. 回归分析技术

B. 交互式财务规划模型

C. 综合数据库财务计划系统

D. 销售百分比法

【解析】本题考查的知识点是财务预测的方法。最常用的有回归分析法和计算机预测法，其中计算机预测法按照复杂程度分为最简单的"电子表软件"、比较复杂的交互式财务规划模型和最复杂的综合数据库财务计划系统。

【答案】ABCD

第四节　增长率与资本需求的测算

考情分析：对于本节内容，题型除客观题外，还可能出现计算分析题或综合题，分值在5分左右。

学习建议：重点掌握内含增长率、可持续增长率的计算等，理解销售增长率与外部融资的关系。

一、内含增长率的测算（★★★）

销售增长引起的资金的需求增长，有3种途径满足：一是使用金融资产；二是增加留存收益；三是外部融资（包括借款和股权融资，但不包括经营负债的自然增长）。其中，只靠内部积累（即增加存留收益）实现的销售增长，其销售增长率被称为"内含增长率"。

（一）计算原理及方法

内含增长率是指外部融资为零时的销售增长率。其计算的基本原理是根据外部融资销售增长比的公式，令外部融资额占销售增长百分比为0，求得的销售增长率。

（1）通常假设可动用金融资产为0，则有：

0=经营资产的销售百分比−经营负债的销售百分比−[（1+销售增长率）÷销售增长率]×预计销售净利率×（1−预计股利支付率）

则：

$$内含增长率=\cfrac{\dfrac{净利润}{净经营资产}×利润留存率}{1-\dfrac{净利润}{净经营资产}×利润留存率}$$

内含增长率=（预计销售净利率×净经营资产周转率×预计利润留存率）÷（1−预计销售净利率×净经营资产周转率×预计利润留存率）

名师点拨 ••••••••••••••••••••

从内含增长率的计算公式可知影响其的因素有：经营资产销售百分比、经营负债销售百分比、销售净利率和股利支付率。

（2）若存在可供动用金融资产，则有：

0=经营资产的销售百分比−经营负债的销售百分比−可供动用金融资产÷（基期销售收入×销售增长率）−[（1+销售增长率）÷销售增长率]×预计销售净利率×（1−预计股利支付率）

【例题20·单选题】甲企业目前的销售收入为1 000万元，由于通货紧缩，甲公司管理层人员一致决定靠调整股利分配政策，扩大留存收益来满足销售增长的资金需求。历史资料表明，公司经营资产、经营负债与销售总额之间存在稳定的百分比关系。已知经营资产销售百分比为60%，经营负债销售百分比为15%，计划下年销售净利率为5%，不进行股利分配。若可供动用的金融资产为0，则据此可以预计下年销售增长率为（　　　　）。

A. 12.5%　　　　　　B. 10%

C. 37.5%　　　　　　D. 13%

【解析】由于不打算从外部融资，此时的销售增长率为内含增长率，设为X，则套用上面公式可得：

0=60%−15%−[（1+X）÷X]×5%×100%

所以X=12.5%

或，内含增长率=[5%×（1000÷450)×100%]÷[1−5%×（1000÷450)×100%]=12.5%

【答案】A

（二）预计销售增长率与内含增长率

从上述分析可以看出预计销售增长率与内含增长率的大小关系，决定了外部融资额的多少，具体体现为：

预计销售增长率=内含增长率，外部融资=0，即不需要外部资金。

预计销售增长率>内含增长率，外部融资>0，即需追加外部资金。

预计销售增长率<内含增长率，外部融资<0，即有资金剩余，不需从外部融资。

【例题21·多选题】某企业销售增长时需要补充资金，假设每元销售所需资金不变，下列关于外部融资需求的说法中，正确的有（　　　）。

A. 销售净利率大于0时，股利支付率越高，外部融资需求越大

B. 销售净利率越高，外部融资需求越小

C. 如果外部融资销售增长比为负数，说明企业有剩余资金，可用于增加股利或短期投资

D. 当企业的实际增长率低于本年的内含增长率时，企业不需要从外部融资

【解析】股利支付率小于1的情况下，销售净利率越高，外部融资需求越小。如果股利支付率为1，销售净利率不影响外部融资。

【答案】ACD

【例题22·单选题】（2016年真题）甲公司2015年经营资产销售百分比为70%，经营负债销售百分比为15%，销售净利率为8%。假设公司2016年上述比率保持不变，设有可运用的金融资产，不打算进行股票回购，并采用内含增长方式支持销售增长，为实现10%的销售增长目标，预计2016年股利支付率为（　　　）。

A. 37.5%　　　　B. 62.5%

C. 57.5%　　　　D. 42.5%

【解析】本题考查的是内含增长率的测算。根据：经营资产销售百分比-经营负债销售百分比-［（1+增长率）÷增长率］×销售净利率×（1-预计股利支付率）=0，即：外部融资增长率=70%-15%-(1+10%)÷10%×8%×（1-预计股利支付率）=0，得出：预计股利支付率=1-(70%-15%)÷[(1+10%)÷10%×8%]=0.375。

【答案】A

二、可持续增长率的测算（★★★）

【要点提示】掌握可持续增长率的概念与假设条件、可持续增长率的计算方法、可持续增长率与实际增长率、基于管理用财务报表的可持续增长率。

（一）可持续增长率的概念

可持续增长率是指不发行新股，不改变经营效率（不改变销售净利率和资产周转率）和财务政策（不改变资本结构利润留存率）时，其销售所能达到的增长率。

（二）假设条件

可持续增长的假设条件和对应指标或等式的要求如表2-8所示。

表2-8　　　　　可持续增长的假设条件和对应指标或等式的要求

假设条件	对应指标或等式
公司销售净利率将维持当前水平，并且可以涵盖增加债务的利息	销售净利率不变
公司资产周转率将维持当前水平	总资产周转率不变
公司目前的资本结构是目标结构，并且打算继续维持下去	权益乘数不变或资产负债率不变
公司目前的利润留存率是目标留存率，并且打算继续维持下去	利润留存率不变
不愿意或者不打算增发新股（包括股份回购）	增加的所有者权益=增加的留存收益

【例题23·单选题】下列关于可持续增长率的说法中，正确的是（　　　）。

A. 可持续增长率是指企业仅依靠内部筹资时，可实现的最大销售增长率

B. 可持续增长率是指不改变经营效率和财务政策时，可实现的最大销售增长率

C. 在经营效率和财务政策不变时，可持续增长率等于实际增长率

D. 在可持续增长状态下，企业的资产、负债和权益保持同比例增长

【解析】本题考查的是可持续增长率的概念相关内容。选项A为内含增长率的含义，选项B和C都漏了不

增发股票的前提。故选择D。

【答案】 D

（三）可持续增长率的计算

可持续增长率是满足一定前提条件下的销售增长率。①因为资产周转率不变，则销售增长率等于总资产增长率；②因为资本结构不变，则总资产增长率等于所有者权益；③因为不增发新股，则所有者权益增长率=

$$\frac{留存收益本期增加}{期初股东权益}=\frac{销售收入×资产×销售净利润×留存收益比率}{资产×期初股东权益}$$

1. 根据期初股东权益计算可持续增长率

可持续增长率=股东权益增长率

=股东权益本期增加÷期初股东权益

=销售净利率×期末总资产周转次数×期末总资产期初权益乘数×利润留存率

2. 根据期末股东权益计算的可持续增长率

可持续增长率=（销售净利率×总资产周转率×权益乘数×利润留存率）÷（1-销售净利率×总资产周转率×权益乘数×利润留存率）=（权益净利率×利润留存率）÷（1-权益净利率×利润留存率）

【例题24·多选题】 在企业可持续增长的情况下，下列计算各相关项目的本期增加额的公式中，正确的有（　　）。

A. 本期资产增加=（本期销售增加÷基期销售收入）×基期期末总资产

B. 本期负债增加=基期销售收入×销售净利率×利润留存率×（基期期末负债÷基期期末股东权益）

C. 本期股东权益增加=基期销售收入×销售净利率×利润留存率

D. 本期销售增加=基期销售收入×（基期净利润÷

基期期初股东权益）×利润留存率

【解析】 在可持续增长的情况下，资产增长率=销售收入增长率，因此，本期资产增加÷基期期末总资产=本期销售收入增加÷基期销售收入，即选项A的说法正确；本期负债增加=基期期末负债×本期负债增长率，可持续增长的情况下，本期收益留存=本期股东权益增加，本期负债增长率=本期股东权益增长率，因此，本期负债增加=基期期末负债×本期股东权益增长率=基期期末负债×本期收益留存÷基期期末股东权益=基期期末负债×本期销售收入×销售净利率×利润留存率÷基期期末股东权益，所以，选项B的说法不正确，应该把"基期销售收入"改为"本期销售收入"；在可持续增长的情况下，本期收益留存=本期股东权益增加=本期销售收入×销售净利率×利润留存率，即选项C的说法不正确，应该把"基期销售收入"改为"本期销售收入"；本期销售增加=基期销售收入×本期销售增长率，在可持续增长的情况下，本期销售增长率=基期可持续增长率=基期股东权益增长率=基期股东权益增加÷基期期初股东权益=基期收益留存÷基期期初股东权益=基期净利润×利润留存率÷基期期初股东权益，所以，选项D的说法正确。

【答案】 AD

（四）可持续增长率与实际增长率

实际增长率与可持续增长率经常不一致。通过分析两者的差异，可以了解企业经营效率和财务政策有何变化。

1. 可持续增长率与实际增长率的关系

可持续增长率是企业当前经营效率和财务政策决定的内在增长能力，而实际增长率是本年销售额比上年销售额的增长百分比。可持续增长率与实际增长率之间的联系如表2-9所示。

表2-9　　　　　　　　　　可持续增长率与实际增长率之间的联系

平衡增长	如果某一年的经营效率和财务政策与上年相同，在不增发新股的情况下，则实际增长率、上年的可持续增长率以及本年的可持续增长率三者相等。则下式成立： 预计销售增长率=基期可持续增长率=预计本年可持续增长率=预计资产增长率=预计负债增长率=预计所有者权益增长率=预计净利率增长率=预计股利增长率 提示：外部条件是公司不断增加的产品能为市场接受
高速增长	（1）如果某一年的公式中的4个财务比率有一个或多个比率提高，在不增发新股的情况下，则实际增长率就会超过上年的可持续增长率，本年的可持续增长率也会超过上年的可持续增长率。 （2）如果某一年的公式中的4个财务比率有一个或多个比率下降，在不增发新股的情况下，则实际增长率就会低于上年的可持续增长率，本年的可持续增长率也会低于上年的可持续增长率。 （3）如果公式中的4个财务比率已经达到公司的极限，只有通过发行新股增加资金，才能提高销售增长率

🔊 **名师点拨** ••••••••••••••••••••

（1）确定高速增长时注意的问题：若同时满足3个假设（资产周转率不变、资本结构不变、不发股票）；预计销售增长率＝预计可持续增长率＝（利润留存率×销售净利率×权益乘数×总资产周转率）÷（1－利润留存率×销售净利率×权益乘数×总资产周转率）

（2）只有销售净利率和利润留存率的预测可以用简化公式推，其他都不可以。

2. 超过部分的资金的解决办法

根据可持续增长的思想，不是说企业的增长不可以高于或低于可持续增长率。问题在于管理人员必须事先预计并且加以解决在公司超过可持续增长率之上的增长所导致的财务问题。

超过部分的资金的解决办法 ┬ 提高资产周转率
                    ├ 提高销售净利率
                    ├ 提高财务杠杆
                    ├ 提高利润留存率
                    └ 发行新股

🔊 **名师点拨** ••••••••••••••••••••

可持续增长率是基于基期的水平，预测下年度的

$$可持续增长率 = \frac{销售净利率×净经营资产周转次数×净经营资产权益乘数×本期利润留存率}{1-销售净利率×净经营资产周转次数×净经营资产权益乘数×本期利润留存率}$$

销售增长率，所以，无论是采用哪个公式，公式中的有关数据均指基期数，即站在基期的角度预测报告期的销售增长率。

（五）基于管理用财务报表的可持续增长率

1. 假设条件

以上计算是基于传统报表计算的可持续增长率，如果基于管理用报表，可持续增长率需要满足的假设条件如下。

（1）公司销售净利率将维持当前水平，并且可以涵盖增加债务的利息。

（2）公司净经营资产周转率将维持当前水平。

（3）公司目前的资本结构是目标结构，并且打算继续维持下去。

（4）公司目前的利润留存率是目标留存率，并且打算继续维持下去。

（5）不愿意或者不打算增发新股（包括股份回购）。

2. 计算公式

（1）根据期初股东权益计算的可持续增长率

可持续增长率＝销售净利率×净经营资产周转次数×期初权益期末净经营资产乘数×本期利润留存率

（2）根据期末股东权益计算：

【例题25·计算分析题】 A企业的有关财务数据如表2-10所示。

表2-10 　　　　　　　　　A企业的有关财务数据　　　　　　　　　单位：万元

年　度	2012年	2013年
销售收入	15 000	20 000
净利润	780	1 400
本年留存收益	560	1 180
期末净经营资产	16 000	22 000
期末所有者权益	8 160	11 000
可持续增长率	7.2%	

【要求】 （1）计算该企业2013年的可持续增长率和实际增长率。

（2）分析该企业2013年超常增长的原因及增长的资金来源。

（3）若该企业2014年目标销售增长率为20%，企业通过增加借款筹集超常增长所需资金（不发新股，不改变股利政策和经营效率），请计算净财务杠杆（净负债÷股东权益）将变为多少？

【答案】

(1) 销售净利率=净利润÷销售收入

　　　　　　=1 400÷20 000=7%

净经营资产周转率=销售收入÷净经营资产

　　　　　　=20 000÷22 000=90.91%

净经营资产权益乘数=净经营资产÷所有者权益

　　　　　　=22 000÷11 000=2

留存收益比率=留存收益÷净利润=1 180÷1 400

　　　　　　=84.29%

2013年的可持续增长率 $= \dfrac{销售净利率 \times 净经营资产周转次数 \times 净经营资产权益乘数 \times 本期利润留存率}{1-销售净利率 \times 净经营资产周转次数 \times 净经营资产权益乘数 \times 本期利润留存率}$

　　　　　　= (7%×90.91%×2×84.29%) ÷ (1-7%×90.91%×2×84.29%)=12.02%

实际增长率= (2013年销售收入-2012年销售收入) ÷2012年销售收入= (20 000-15 000) ÷15 000=33.33%。

该企业2012年和2013年相关财务指标如表2-11所示。

表2-11　　　　　　　　　　**A企业2012年和2013年相关财务指标**

年　份	2012年	2013年
销售净利率	5.2%	7.00%
净经营资产周转率	93.75%	90.91%
净经营资产权益乘数	196.08%	200.00%
利润留存率	71.79%	84.29%

(2) 2013年的超常增长所需要资金是靠提高销售净利率和改变财务政策 (提高财务杠杆、提高利润留存) 以及增发股票支持的具体内容如表2-12所示。

表2-12　　　　　　　　　　**超常增长所需资金的来源**　　　　　　　　　　单位：万元

年　份	2012年	2013年	增加额
期末净经营资产	16 000	22 000	6 000
期末所有者权益	8 160	11 000	2 840
净负债	7 840	11 000	3 160

资金来源：净负债增加3 160万元，外部股权资金增加：2 840-1 180=1 660 (万元) ，利润留存增加1 180万元。

(3) 2014年净经营资产增加=22 000×20%=4 400 (万元)

2014年所有者权益的增加=2014销售收入×销售净利率×留存收益比率

　　　　　　=20 000× (1-20%) ×7%×84.29%=1 416.07 (万元)

2014年净负债增加=净经营资产增加-所有者权益的增加

　　　　　　=4 400-1 416.07=2 983.93 (万元)

2014年净财务杠杆=净负债÷所有者权益

　　　　　　= (11 000+2 983.93) ÷ (11 000+1 416.07) =1.13

三、外部资本需求的测算（★★★）

1. 外部融资销售增长比

外部融资销售增长比不仅可以预计外部融资额，而且也可以用于调整股利政策和预计通货膨胀对筹资的影响。

外部融资额＝外部融资销售增长比×销售收入的增长额

（1）外部融资销售增长比公式中的增长率是指销售收入的增长率。

（2）若存在通货膨胀，则含有通胀的增长率如下。

含有通胀的增长率＝（1+通货膨胀率）×（1+销售增长率）−1

2. 外部融资需求的敏感分析

外部融资需求的多少，不仅取决于销售增长，而且还要看销售净利率和股利支付率，其计算依据和影响因素如表2-13所示。

表2-13　　　　　　　　　　外部融资需求的计算依据和影响因素

计算依据	外部融资需求的影响因素
根据销售百分比增加额法的计算公式	销售增长率、销售净利率、股利支付率、可动用金额资产 ①在股利支付率小于1的情况下，销售净利率越大，外部融资需求越少 ②在销售净利率大于0的情况下，股利支付率越高，外部融资需求越大

【提示】当股利支付率为100%时，销售净利率对外部融资无影响。

【例题26·多选题】影响企业所需要的外部融资量的因素有（　　　）。

A. 销售的增长

B. 销售净利率

C. 股利支付率

D. 可动用金融资产

【解析】根据相关计算公式："外部融资需求额=经营资产增加−经营负债增加−可动用的金融资产−留存收益增加"，得知：经营资产、经营负债会随销售增长而增长，预计销售净利率、股利支付率会影响留存收益增加。由此可见影响企业所需要的外部融资量的因素有销售增长率、销售净利率、股利支付率、可动用金额资产等。

【答案】ABCD

过关测试题

一、单选题

1. 下列有关财务预测的说法中，不正确的是（　　　）。

A. 一般情况下，财务预测把销售数据视为已知数，作为财务预测的起点

B. 制定财务预测时，应预测经营负债的自发增长，这种增长可以减少企业外部融资的数额

C. 净利润和股利支付率共同决定所能提供的资金数额

D. 销售预测为财务管理的一项职能

2. 一般来说，会导致外部融资需求增加的措施是（　　　）。

A. 提高留存收益率

B. 提高销售净利润

C. 提高股利支付率

D. 降低股利支付率

3. 某企业2010年年末经营资产总额为4 500万元，经营负债总额为2 400万元。该企业预计2011年度的销售额比2010年度增加150万元，增长的比例为10%；预计2011年度留存收益的增加额为60万元，假设可以动用的金融资产为10万元。则该企业2011年度对外融资需求为（　　　）万元。

A. 160　　　　　　B. 140

C. 210　　　　　　D. 150

4. 下列各种财务预测的方法中，最复杂的预测方法是（　　　）。

A. 回归分析技术

B. 销售百分比法

C. 综合数据库财务计划系统

D. 交互式财务规划模型

5. 已知甲公司2010年销售收入为2 500万元，若

预计2011年销售收入为3 000万元，2010年经营资产为1 500万元，经营负债的金额为500万元，预计企业的销售净利率为5%，企业的留存收益率为40%，则2011年该公司的外部融资销售增长比为（　　　　）。

　　A. 0.28　　　　　　B. 0.22

　　C. 0.14　　　　　　D. 0.18

6. 某企业上年销售收入为1 000万元，若预计下一年通货膨胀率为5%，公司销售量增长10%，所确定的外部融资占销售增长的百分比为25%，则相应外部应追加的资金为（　　　　）万元。

　　A. 38.75　　　　　　B. 37.5

　　C. 25　　　　　　　D. 25.75

7. 已知2010年经营资产销售百分比为100%，经营负债销售百分比为40%，销售收入为4 000万元，没有可动用金融资产。2011年预计留存收益率为50%，销售净利率10%，则2011年内含增长率为（　　　　）。

　　A. 10.2%　　　　　　B. 9.09%

　　C. 15%　　　　　　　D. 8.3%

8. 假设市场是充分的，企业在经营效率和财务政策不变时，同时筹集权益资本和增加借款以下指标不会增长的是（　　　　）。

　　A. 销售收入　　　　B. 税后利润

　　C. 销售增长率　　　D. 权益净利率

9. 某企业2010年的销售净利率为5%，资产周转率为0.5次，期末权益乘数为1.2，股利支付率为40%，则2010年的可持续增长率为（　　　　）。

　　A. 1.20%　　　　　　B. 1.80%

　　C. 1.21%　　　　　　D. 1.83%

10. 甲公司预计2010年的销售净利率将比2009年提高，2010年不打算发行新股和回购股票并且保持其他财务比率不变，则下列说法正确的是（　　　　）。

　　A. 2010年的可持续增长率小于2010年的实际增长率

　　B. 2010年的可持续增长率大于2010年的实际增长率

　　C. 2010年的实际增长率大于2009年的可持续增长率

　　D. 2010年的可持续增长率小于2009年的可持续增长率

11. 甲企业上年的可持续增长率为10%，净利润为500万元（留存300万元），上年利润分配之后资产负债表中留存收益为800万元，若预计今年处于可持续增长状态，则今年利润分配之后资产负债表中留存收益为（　　　　）万元。

　　A. 330　　　　　　B. 1100

　　C. 1130　　　　　　D. 880

12. ABC公司今年预测出现严重失误，导致公司有80万元的存货剩余，ABC公司在进行下一年预测时，已经意识到即使不增加存货，销售也还有120万元的增长空间，只有当销售增长超过120万元时，才需要为增加的存货额外融资，那么ABC公司进行下一年预测用的方法是（　　　　）。

　　A. 销售百分法

　　B. 回归分析法

　　C. 定性分析法

　　D. 超额生产能力调整法

13. 某公司2012年税前经营利润为800万元，利息费用为50万元，平均所得税税率为20%。年末净经营资产为1 600万元，股东权益为600万元。假设涉及资产负债表的数据使用年末数计算，则杠杆贡献率为（　　　　）。

　　A. 60%　　　　　　B. 63.54%

　　C. 55.37%　　　　　D. 58.16%

14. 已知甲公司2011年的销售收入为1 000万元，发行在外的普通股股数为200万股（年内没有发生变化），普通股的每股收益为1.2元，该公司的市盈率为20，则甲公司的市销率为（　　　　）。

　　A. 4.17　　　　　　B. 4.8

　　C. 1.2　　　　　　D. 20

15. 某企业采用"销售收入"计算出来的存货周转次数为5次，采用"销售成本"计算出来的存货周转次数为4次，如果已知该企业的销售毛利为2 000万元，净利润为1 000万元，则该企业的销售净利率为（　　　　）。

　　A. 20%　　　　　　B. 10%

　　C. 5%　　　　　　　D. 8%

16. 下列有关营运能力比率分析指标的说法正确的是（　　　　）。

　　A. 应收账款周转天数以及存货周转天数越少越好

　　B. 非流动资产周转次数=销售成本÷非流动资产

　　C. 总资产周转率=流动资产周转率+非流动资产周转率

　　D. 在应收账款周转率用于业绩评价时，最好使用多个时点的平均数，以减少季节性、偶然性和人为因素的影响

17. 某企业的资产净利率为30%，若资产负债率为40%，则权益净利率为（　　　）。

A. 18%
B. 28%
C. 40%
D. 50%

二、多选题

1. 下列表达式正确的有（　　　）。

A. 税后利息率＝（利息支出－利息收入）÷负债
B. 杠杆贡献率＝[净经营资产净利率－利息费用×（1－税率）÷（金融负债－金融资产）]×净负债÷股东权益
C. 净经营资产净利率＝税后经营净利率×净经营资产周转次数
D. 净经营资产÷股东权益＝1＋净财务杠杆

2. 下列有关市价比率的说法不正确的有（　　　）。

A. 市盈率是指普通股每股市价与每股收益的比率，它反映普通股股东愿意为每股净利润支付的价格
B. 每股收益＝净利润÷流通在外普通股的加权平均数
C. 市净率反映普通股股东愿意为每1元净利润支付的价格
D. 市销率是指普通股每股市价与每股销售收入的比率，每股销售收入＝销售收入÷流通在外普通股股数

3. 下列表达式正确的有（　　　）。

A. 速动比率＝速动资产×流动负债
B. 总资产净利率＝销售净利率×总资产周转率
C. 市净率反映普通股股东愿意为每一元净资产支付的价格
D. 市销率是指普通股每股市价与每股销售收入的比率，每股销售收入＝销售收入÷流通在外普通股股数

4. 已知甲公司2012年现金流量净额为150万元，其中，筹资活动现金流量净额为－20万元，投资活动现金流量净额为60万元，经营活动现金流量净额为110万元；2012年年末负债总额为150万元，资产总额为320万元，营运资本为25万元，流动资产为120万元，2012年税后利息费用为5万元，所得税税率为25%。则（　　　）。

A. 现金流量利息保障倍数为8

B. 2012年年末流动负债为95万元
C. 现金流量债务比为73.33%
D. 长期资本负债率为24.44%

5. 财务报表分析的局限性表现在（　　　）。

A. 财务报表本身的局限性
B. 财务报表的可靠性问题
C. 财务报表指标的局限性
D. 比较基础问题

6. 下列说法正确的有（　　　）。

A. 在销售收入既定的条件下，总资产周转率的驱动因素是流动资产
B. 营运资本周转率是一个综合性的比率
C. 应收账款周转率＝营业收入÷平均应收账款余额
D. 存货周转天数不是越低越好

7. 财务计划的基本步骤包括（　　　）。

A. 确定计划并编制预计财务报表，运用这些预测结果分析经营计划对预计利润和财务比率的影响
B. 确认支持长期计划需要的资金
C. 预测未来长期可使用的资金
D. 在企业内部建立并保持一个控制资金分配和使用的系统，目的是保证基础计划的适当展开

8. 下列关于预计留存收益增加额的计算公式，不正确的有（　　　）。

A. 预计销售额×销售净利率×留存收益率
B. 预计销售额×销售净利率×（1－留存收益率）
C. 预计销售额×销售净利率×股利支付率
D. 预计销售额×销售净利率×（1－股利支付率）

9. 除了销售百分比法以外，财务预测的方法还有（　　　）。

A. 回归分析技术
B. 内含增长率模型
C. 使用计算机进行财务预测
D. 可持续增长率模型

10. 某公司上年销售收入为3 000万元，本年计划销售收入4 000万元，销售增长率为33.33%，假设经营资产销售百分比为66.67%，经营负债销售百分比为6.17%，预计销售净利率为4.5%，预计股利支付率为30%，则（　　　）。

A. 外部融资销售增长比为0.48
B. 外部融资额为480万元
C. 增加的留存收益为180万元

D. 筹资总需求为605万元

11. 企业2010年新增留存收益500万元，所计算的可持续增长率为10%，若2011年不增发新股和回购股票，且能保持财务政策和经营效率不变，预计2011年的净利润可以达到1 100万元，则下列说法正确的有（   ）。

A. 2011年的销售增长率为10%

B. 2010年的净利润为1 000万元

C. 2010年的利润留存率为50%

D. 2011年的利润留存率为50%

12. 下列关于可持续增长率与其影响因素之间关系的叙述中，正确的有（   ）。

A. 股利支付率提高，可持续增长率提高

B. 产权比率提高，可持续增长率提高

C. 销售净利率提高，可持续增长率提高

D. 资产销售百分比提高，可持续增长率提高

13. 下列关于企业增长的说法中，正确的有（   ）。

A. 企业增长的财务意义是资金增长，在销售增长时企业往往需要补充资金

B. 完全依靠内部资金增长往往会限制企业的发展，无法充分利用扩大企业财富的机会

C. 主要依靠外部资金增长是企业可以采用的一种持久的增长策略

D. 平衡增长一般不会消耗企业的财务资源

14. 关于内含增长率，下列说法正确的有（   ）。

A. 假设不发行新股   B. 假设不增加借款

C. 资产负债率不变   D. 假设不使用负债资金

15. 从资金来源上看，企业增长的实现方式有（   ）。

A. 完全依靠内部资金增长

B. 主要依靠外部资金增长

C. 平衡增长

D. 可持续的增长

16. 影响内含增长率的因素有（   ）。

A. 经营资产销售百分比

B. 经营负债销售百分比

C. 销售净利率

D. 股利支付率

三、计算分析题

1. 甲公司20×4年度财务报表主要数据如表2-14所示。

表2-14　　　　　　　　　**甲公司20×4年度财务报表主要数据**　　　　　　　单位：万元

销售收入	2000
税后利润	200
股 利	40
收益留存	160
年末负债	1200
年末股东权益	800
年末总资产	2000

【要求】

（1）计算上年的销售净利率、资产周转率、收益留存率、权益乘数和可持续增长率。

（2）假设本年符合可持续增长的全部条件，计算本年的销售增长率以及销售收入。

（3）假设本年销售净利率提高到12%，收益留存率降低到0.4，不增发新股或回购股票，保持其他财务比率不变，计算本年的销售收入、销售增长率、可持续增长率和股东权益增长率。

（4）假设本年销售增长率计划达到30%，不增发新股或回购股票，其他财务比率指标不变，计算资产周转率应该提高到多少。

（5）假设本年销售增长率计划达到30%，不增发新股或回购股票，其他财务比率指标不变，计算销售净利率应该提高到多少。

（6）假设本年销售增长率计划达到30%，不增发新股或回购股票，其他财务比率指标不变，计算年末权益乘数应该提高到多少。

2. A公司本年销售收入为5 000万元，净利润为400万元，支付股利200万元，年末有关资产负债表资料如表2-15所示。

表2-15 A公司年末有关资产负债表资料 单位：万元

资　产	金　额	负债和所有者权益	金　额
经营资产	7 000	经营负债	3 000
金融资产	3 000	金融负债	1 000
		所有者权益	6 000
资产合计	10 000	负债和所有者权益合计	10 000

根据过去经验，需要保留的金融资产最低为2 840万元，以备各种意外支付。

【要求】

（1）假设经营资产中有80%与销售收入同比例变动，经营负债中有60%与销售收入同比例变动，回答下列互不相关的问题：

①若A公司既不发行新股、回购股票也不举借新债，销售净利率和股利支付率不变，计算下年可实现的销售额。

②若下年预计销售额为5 500万元，销售净利率变为6%，股利支付率为80%，同时需要增加100万元的长期投资，外部融资额为多少？

③若下年预计销售额为6 000万元，但A公司经预测，下年可以获得外部融资额504万元，在销售净利率不变的情况下，A公司下年可以支付多少股利？

④若下年A公司销售量增长25%，据预测产品销售价格将下降8%，但销售净利率提高到10%，并发行新股100万元，如果计划股利支付率为70%，其新增外部负债为多少？

⑤若下年A公司销售增长率为5%，销售净利率为10%，收益留存率为70%，计算剩余的资金数额。

（2）假设预计下年资产总量为12 000万元，负债的自发增长为800万元，可以获得外部融资额800万元，销售净利率和股利支付率不变，计算下年可实现的销售额。

价值评估基础　第 3 章

本章属于非重点章。要求考生理解利率、资金时间价值与风险分析的基本原理，能够运用其基本原理进行财务估价。本章内容在考试中涉及的题型一般为客观题和计算分析题，主要考点包括货币时间价值系数之间的转换、名义利率与有效年利率的关系、标准差和β系数的含义、资本资产定价模型的应用以及证券投资组合的风险和报酬的计量和计算等方面。预计考试分值在5分左右。

【本章考点概览】

价值评估基础	一、利率	1. 基准利率及其特征	★
		2. 利率的期限结构	★★
		3. 市场利率的影响因素	★
	二、货币的时间价值	1. 货币的时间价值的概念	★
		2. 复利终值和现值	★★
		3. 年金终值和现值	★★
	三、风险和报酬	1. 风险的含义	★★
		2. 单项资产的风险和报酬	★★
		3. 投资组合的风险和报酬	★★★
		4. 资本资产定价模型（CAPM模型）	★★★

第一节　利率

考情分析：本节为非重点小节，对于本节内容，考点主要集中在基准利率及其特征、利率的期限结构、市场利率的影响因素等，考试题型主要为客观题。

学习建议：对于本节内容的学习，重在了解基准利率及其特征、市场利率的影响因素，重点熟悉利率的期限结构相关内容。

一、基准利率及其特征（★）

利率表示一定时期内利息与本金的比率，利率又称利息率，通常用百分比表示（通常缩写为i），按年计算则称为年利率。其计算公式是：利率=利息÷本金×100%。

现在，所有国家都把利率作为宏观经济调控的重要工具之一。当经济过热、通货膨胀上升时，便提高利率、收紧信贷；当过热的经济和通货膨胀得到控制时，便会把利率适当地调低。因此，利率是重要的基本经济因素之一。利率是经济学中一个重要的金融变量，几乎所有的金融现象、金融资产均与利率有着或多或少的联系。

基准利率是中央银行公布的商业银行存款、借款、贴现等业务的指导性利率。基准利率是金融市场上具有普遍参照作用的利率，其他利率水平或金融资产价格均可根据这一基准利率水平来确定。基准利率是利率市场化的重要前提之一，在利率市场化条件下，融资者衡量融资成本，投资者计算投资收益，以及管理层对宏观经济的调控，客观上都要求有一个普遍公认的基准利率水平作参考。所以，从某种意义上讲，基准利率是利率市场化机制形成的核心。

基准利率具备以下几个基本特征。

（1）市场化。这是显而易见的，基准利率必须是由市场供求关系决定，而且不仅反映实际市场供求状况，还要反映市场对未来的预期。

（2）基础性。基准利率在利率体系、金融产品价格体系中处于基础性地位，它与其他金融市场的利率或金融资产的价格具有较强的关联性。

（3）传递性。基准利率所反映的市场信号，或者中央银行通过基准利率所发出的调控信号，能有效地传递到其他金融市场和金融产品价格上。

二、利率的期限结构（★★）

利率期限结构是指某个时点不同期限的即期利率与到期期限的关系及变化规律。由于零息债券的到期收益率等于相同期限的市场即期利率，从对应关系上来说，任何时刻的利率期限结构是利率水平和期限相联系的函数。因此，利率的期限结构，即零息债券的到期收益率与期限的关系可以用一条曲线来表示，如水平线、向上倾斜和向下倾斜的曲线。甚至还可能出现更复杂的收益率曲线，即债券收益率曲线是上述部分或全部收益率曲线的组合。收益率曲线的变化本质上体现了债券的到期收益率与期限之间的关系，即债券的短期利率和长期利率表现的差异性。

关于利率的期限结构有以下4种理论阐释和特点，具体如表3-1所示。

表3-1 期限结构有以下四种理论阐释和特点

理论	阐释	特点
预期假说理论	预期假说理论提出了一个常识性的命题：长期债券的到期收益率等于长期债券到期之前人们短期利率预期的平均值。预期假说理论对不同期限债券到期收益率不同的原因解释在于对未来短期利率不同的预期值。预期假说理论对不同期限债券到期收益率不同的原因解释在于对未来短期利率不同的预期值 这一理论的关键假定是：债券投资者对于不同到期期限的债券没有特别的偏好	严格地假定人们对未来短期债券的利率具有确定的预期；其次，该理论还假定，资金在长期资金市场和短期资金市场之间的流动是完全自由的 预期理论认为，预期的未来短期利率，决定收益率曲线的形状；当预期未来短期利率上升时，会有上升的收益率曲线，反之，收益率曲线呈下降态势
分割市场理论	分割市场理论认为所有的投资者偏好于使其资产寿命与债务寿命相匹配的投资。他们将不同期限的债券市场视为完全独立和分割开来的市场，各种期限债券的利率由该债券的供求决定，而不受其他期限债券预期回报率的影响。其关键假定是不同到期期限的债券根本无法相互替代	（1）该理论假定具有不同到期期限的金融工具不能完全互相代替，但大量的事实证明具有相似特征的债券的收益率是一同变动的，具有很大的相关性。 （2）该理论没有解释为什么向上倾斜的利息收益曲线是一种通常的结果，因为几乎所有的利息收益曲线都是这种形状
流动性溢价理论	流动性溢价理论是预期假说理论与分割市场理论结合的产物。根据流动性偏好理论，不同期限的债券之间存在一定的替代性，这意味着一种债券的预期收益确实可以影响不同期限债券的收益。但是不同期限的债券并非是完全可替代的，因为投资者对不同期限的债券具有不同的偏好	这一理论假定，大多数投资者偏好持有短期证券。为了吸引投资者持有期限较长的债券，必须向他们支付流动性补偿，而且流动性补偿随着时间的延长而增加，因此，实际观察到的收益率曲线总是要比预期假说所预计的高
期限优先理论	期限优先理论又称偏好习性理论，期限优先理论采取了较为间接的方法来修正预期理论，但得到的结论是相同的，它假定投资者对某种到期期限的债券有着特别的偏好，即很愿意投资于这种期限的债券	若投资者对某种期限债券的偏好将大于其他期限的债券，他总是习惯地投资于所偏好的某种期限债券，只有当另一种期限的债券预期收益率大于他所偏好期限的债券预期收益率时，他才愿意购买非偏好期限的债券

【例题1·单选题】（2017年真题）下列关于利率期限结构的表述中，属于预期理论观点的是（　　　）。

A. 不同到期期限的债券无法相互替代

B. 长期债券的利率等于在其有效期内人们所预期的短期利率的平均值

C. 到期期限不同的各种债券的利率取决于该债券的供给与需求

D. 长期债券的利率等于长期债券到期之前预期短期利率的平均值与随债券供求状况变动而变动的流动性溢价之和

【解析】本题考查的是利率的期限结构。利率期限结构是指在某一时点上，不同期限资金的收益率与到期期限之间的关系。根据利率期限结构的4个理论，选项A、C属于分割市场理论的观点；选项D属于流动性溢价理论的观点，故本题正确答案为选项B。

【答案】B

三、市场利率的影响因素（★）

在市场经济条件下，市场利率（r）的确定方法表达如下：

$$r=r^*+RP=r^*+IP+DRP+LRP+MRP$$

第二节 货币的时间价值

考情分析：对于本节内容，题型主要为客观题，分值在1分左右。考点主要集中在货币时间价值系数之间的转换。

学习建议：了解货币的时间价值的含义、理解并会计算复利终值和现值，以及年金的终值和现值。

一、货币的时间价值的概念（★）

在商品经济中，随着时间的变化货币的价值是不同的。

货币的时间价值是指货币经历一定时间的投资和再投资所增加的价值，也称为资金的时间价值。

在商品经济中，随着时间的变化货币的价值是不同的。货币投入生产经营过程后，其数额将随着时间的持续不断增长。资金循环和周转的起点是投入货币资金，进而购买所需的资源，然后生产出新的产品，产品出售后得到的货币量大于最初投入的货币量，因此实现了货币增值。随着时间的延续，货币总量在循环和周转中按几何级数增长，使得货币具有时间价值。由于货币随着时间的延续而增值，现在的1元钱与将来的1元多钱甚至是几元钱在经济上是等效的。换种说法，就是现在的1元钱和将来的1元钱经济价值不相等。由于不同时间单位货币的价值不相等，故不同时间的货币收入不宜直接进行比较，需要把它们折算到相同的时间点，然后才能进行大小的比较和比率的计算。由于货币随时间的增长过程与复利的计算过程在数学上相似，因此，在折算时广泛使用复利计算的各种方法。

式中，r^*——纯粹利率；

RP——风险溢价；

IP——通货膨胀溢价；

DRP——违约风险溢价；

LRP——流动性风险溢价；

MRP——期限风险溢价。

纯粹利率也称真实无风险利率，纯粹利率与通货膨胀溢价之和，称为"名义无风险利率"，简称"无风险利率"。

（名义）无风险利率$=r_{RF}=r^*+IP$

二、复利终值和现值（★★）

【要点提示】掌握一次性款项的终值与现值的相关知识。

终值（Future Value）是指现在的一笔钱或一系列支付款项按给定的利息率计算所得到的在未来某个时间点的价值。

现值（Present Value）是指未来的一笔钱或一系列支付款项按给定的利息率计算所得到的现在的价值。

利息的计算方法包括以下两种：①单利计息：只对本金计算利息，各期利息相等；②复利计息：既对本金计算利息，也对前期的利息计算利息，各期利息不同。

复利是计算利息的一种方法。按照这种方法，每经过一个计息期，要将所生利息加入本金再计利息，逐期滚算，俗称"利滚利"。这里所说的计息期是指相邻两次计息的时间间隔，如年、月、日等。除非特别指明，计息期为1年。复利的对称是单利。单利是指只对本金计算利息，而不将以前计息期产生的利息累加到本金中去计算利息的一种计息方法。

（一）复利终值

复利终值是指现在特定资金按复利计算的将来一定时间的价值，或者说是现在的一定本金在将来一定时间按复利计算的本金与利息之和。

复利终值的计算公式$F=P(1+i)^n$

公式中的$(1+i)^n$被称为复利终值系数或1元的复利终值，用符号$(F/P, i, n)$表示。例如，$(F/P, 7\%, 5)$表示利率为7%的5期复利终值系数，为了便于计算，可编制"复利终值系数表"（见表3-2），该表的第一行是利率i，第一列是计息期数n，相应的

（1+i）^{n}值在其纵横相交处。通过该表可以查出（F/P，7%，5）=1.403，在时间价值为7%的情况下，现在1元和5年后的1.403元在经济上是等效的，根据这个系数可以把现值换算成终值。

该表的作用不仅在于已知i和n时查找1元的复利终值，而且可在已知1元复利终值和n时查找i，或已知1元复利终值和i时查找n。

表3-2 　　　　　　　　　1元的复利终值系数，利率i，期数n 即（F/P，i，n）

期数	6%	7%	8%
1	1.060	1.070	1.080
2	1.124	1.145	1.166
3	1.191	1.225	1.260
4	1.262	1.311	1.360
5	1.338	1.403	1.469

【例题2·计算分析题】若将1 000元以7%的利率存入银行，则2年后的本利和是多少？

【解析】这是关于复利终值的计算，利用复利终值计算公式计算本利和。

【答案】$F=P(1+i)^n=1\,000\times(1+7\%)^2=1\,145$（元）

（二）复利现值

复利现值是复利终值的对称概念，指未来一定时间的特定资金按复利计算的现在价值，或者说是为取得将来一定本利和现在所需要的本金。

复利现值计算，是指已知F、i、n时，求P。

通过复利终值计算已知：$F=P(1+i)^n$

复利现值的计算公式$P=F/(1+i)^n=F(1+i)^{-n}$

公式中的（1+i）^{n}是把终值折算为现值的系数，被称为复利现值系数或1元的复利现值，用符号（P/F，i，n）表示。例如，（P/F，8%，3）表示利率为8%的3期复利现值系数，为了便于计算，可编制"复利现值系数表"（见表3-3），该表的使用方法与"复利终值系数表"相同。

表3-3 　　　　　　　　　　期数为n的复利现值系数（P/F，i，n）

期数	6%	7%	8%
1	0.943 4	0.934 6	0.925 9
2	0.890 0	0.873 4	0.857 3
3	0.839 6	0.816 3	0.793 8
4	0.792 1	0.762 9	0.735 0
5	0.747 3	0.713 0	0.680 6

【例题3·计算分析题】某人拟购商铺，中介机构提出两种方案，一是现在一次性付款80万元，另一方案是5年后付款100万元。若目前的银行利率是7%，应选择如何付款？

【解析】本题为不同付款方式下方案的比较，首先应将两个方案的支付金额折算到同一个时点（终值或现值），再选择其中支付金额更小的方案。

【答案】

方法1：方案一的终值：$F=80\times(1+7\%)^5=80$

（F/P，7%，5）$=80\times1.402\,6=112.208$（万元）；方案二的终值：$F=100$（万元）。

方案二的支付金额小于方案一，故应选择方案二。

方法2：方案一的现值：$P=80$（万元）；方案二的现值：$P=100\times(1+7\%)^{-5}=100\times(P/F$，7%，5）$=100\times0.713=71.3$（万元）

方案二的支付金额小于方案一，应选择方案二。

（三）报价利率与有效年利率

1. 含义

报价利率与有效年利率的含义如表3-4所示。

表3-4   报价利率与有效年利率的含义

项　目	含　义
报价利率	报价利率是指银行等金融机构提供的利率。在提供报价利率时，还必须同时提供每年的复利次数（或计息期的天数），否则意义是不完整的
计息期利率	计息期利率是指借款人每期支付的利率，它可以是年利率，也可以是6个月、每季度、每月或每日等 计息期利率=报价利率/每年复利次数
有效年利率	有效年利率，是指按给定的期间利率（计息期利率）每年复利m次时，能够产生相同结果的年利率，也称等价年利率

2. 报价利率下终值和现值的计算

将报价利率（r）调整为计息期利率（r/m），将年数（n）调整为计息期数（$m \times n$）。

3. 有效年利率的推算

$$i=\left(1+\frac{r}{m}\right)^{m}-1$$

式中，r——报价利率；

       m——每年复利次数；

       i——有效年利率。

【公式推导】

（1）报价利率下终值的计算：

$$F=P\left(1+\frac{r}{m}\right)^{mn}$$

（2）如果有效年利率为i，则终值为：

$$F=P\left(1+i\right)^{n}$$

（3）两个式子相等，有：

$$\left(1+\frac{r}{m}\right)^{mn}=\left(1+i\right)^{n}$$

整理后，有：

$$i=\left(1+\frac{r}{m}\right)^{m}-1$$

三、年金终值和现值 （★★）

（一）年金的含义与种类

1. 年金的含义

年金是指等额、定期的系列收付款项。例如，分期付款赊购、分期偿还贷款、发放养老金、分期支付工程款、每年相同的销售收入等，都属于年金收付形式。

2. 年金的种类

按照收付时点和方式的不同可以将年金分为普通年金、预付年金、递延年金和永续年金等4种。

（1）普通年金：从第一期开始每期期末收款、付款的年金。普通年金的收付形式如图3-1所示。

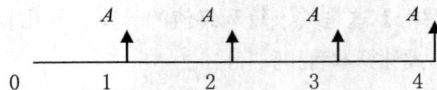

图3-1　普通年金收付形式

（2）预付年金：从第一期开始每期期初收款、付款的年金。预付年金的收付形式如图3-2所示。

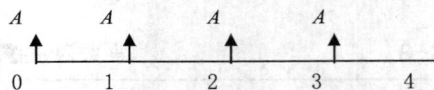

图3-2　预付年金的收付形式

（3）递延年金：在第二期或第二期以后收付的年金。递延年金的收付形式如图3-3所示。

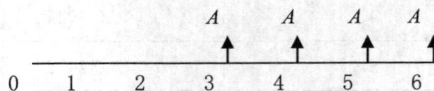

图3-3　递延年金的收付形式

（4）永续年金：无限期的普通年金。永续年金的收付形式如图3-4所示。

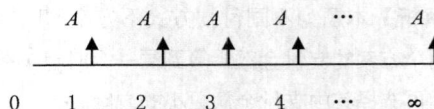

图3-4　永续年金的收付形式

（二）普通年金终值与现值

1. 普通年金终值

普通年金终值是指其最后一次支付时的本利和，它是每次支付的复利终值之和。按复利换算到最后一期期末的终值，然后加总，就是该年金终值，如图3-5所示。

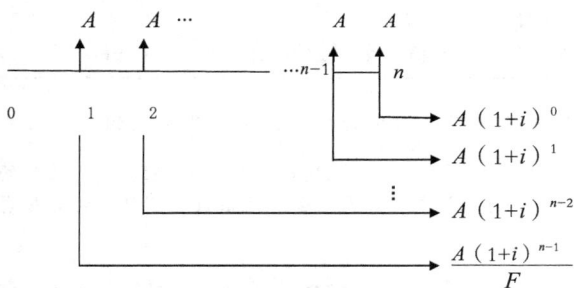

图3-5　普通年金的终值

$$F=A\times(1+i)^0+A\times(1+i)^1+A\times(1+i)^2+\cdots+A\times(1+i)^{n-2}+A\times(1+i)^{n-1}$$

$$=A\times\frac{(1+i)^n-1}{i}$$

式中，$\frac{(1+i)^n-1}{i}$ 被称为年金终值系数，用符号 $(F/A, i, n)$ 表示。

◀》名师点拨 ••••••••••••••••••••

如果年金相当于零存整取储蓄存款的零存数，那么年金终值就是零存整取的整取数。

【例题4·计算分析题】某人拟购房，开发商提出两种方案，一种是5年后付120万元，另一种是从现在起每年年末付20万元，连续5年，若目前的银行存款利率是7%，应如何付款？

【解析】本题为不同付款方式下方案的比较，首先应将两个方案的支付金额折算到同一个时点（终值或现值），再选择其中支付金额更小的方案。

【答案】同时计算两个方案的终值金额。

方案1的终值：$F=120$（万元）

方案2的终值：$F=20\times(F/A, 7\%, 5)=20\times5.7507=115.014$（万元）

再对同一时点的付款金额进行比较，选择付款更少的，本题应选择方案2。

2. 普通年金现值

普通年金现值是指为在每期期末取得相等金额的款项，现在需要投入的金额，是以计算期期末为基准，

在给定投资报酬率下按照货币时间价值计算出的未来一段期间内每年或每月收取或给付的年金现金流的折现值之和，如图3-6所示。

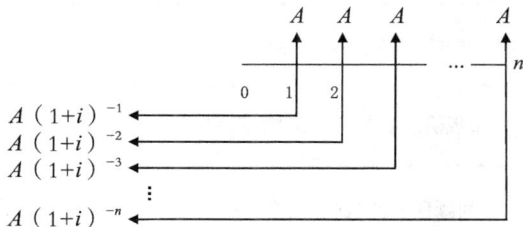

图3-6　普通年金现值

$$P=A\times(1+i)^{-1}+A\times(1+i)^{-2}+A\times(1+i)^{-3}+\cdots+A\times(1+i)^{-n}=A\times\frac{1-(1+i)^{-n}}{i}$$

式中，$\frac{1-(1+i)^{-n}}{i}$ 被称为年金现值系数，用符号 $(P/A, i, n)$ 表示。

◀》名师点拨 ••••••••••••••••••••

普通年金现值类似普通年金终值，计算普通年金现值时，同样要考虑到现金流是期初年金还是期末年金。

【例题5·计算分析题】某人出国3年，请你代付房租，每年租金100元，设银行存款利率为10%，他应当现在给你在银行存入多少钱？

【解析】本题为已知年金金额，要求计算现值金额，根据年金现值公式计算。

【答案】$P=A(P/A, i, n)=100\times(P/A, 10\%, 3)$

查表 $(P/A, 10\%, 3)=2.4869$

$P=100\times2.4869=248.69$（元）

（三）预付年金终值和现值

1. 预付年金终值的计算

计算方法1：预付年金终值=同期的普通年金终值×$(1+i)=A\times(F/A, i, n)\times(1+i)$

计算方法2：预付年金终值=年金额×预付年金终值系数=$A\times[(F/A, i, n+1)-1]$

2. 预付年金现值的计算

计算方法1：预付年金现值=同期的普通年金现值×$(1+i)=A\times(P/A, i, n)\times(1+i)$

计算方法2：预付年金现值=年金额×预付年金现值系数=$A\times[(P/A, i, n-1)+1]$

（四）系数间关系

计算年金现值和年金终值时，要考虑到现金流是

期初年金还是期末年金，即是普通年金还是预付年金。系数间的关系如表3-5所示。

表3-5 系数间的关系

名　称	系数之间的关系
预付年金终值系数与普通年金终值系数	（1）期数加1，系数减1 （2）预付年金终值系数=普通年金终值系数×（1+i）
预付年金现值系数与普通年金现值系数	（1）期数减1，系数加1 （2）预付年金现值系数=普通年金现值系数×（1+i）

【例题6·计算分析题】 $A=200$，$i=8\%$，$n=6$的预付年金终值是多少？

【答案】

根据公式：$F=A\times[(F/A, i, n+1)-1]$

$=200\times[(F/A, 8\%, 6+1)-1]$

查"年金终值系数表"：$(F/A, 8\%, 7)=8.9228$

$F=200\times(8.9228-1)$

$=1584.56$（元）

或：$F=A\times(F/A, i, n)\times(1+i)$

查"年金终值系数表"：$(F/A, 8\%, 6)=7.3359$

$F=200\times7.3359\times(1+8\%)=1584.55$（元）

【例题7·计算分析题】 某同学6年分期付款购买手机，每年年初付200元，设银行利率为10%，问分期付款相当于一次现金支付的购买价是多少？

【答案】

根据公式：$P=A\times[(P/A, i, n-1)+1]$

$=200\times[(P/A, 10\%, 5)+1]$

$=200\times(3.7908+1)=958.16$（元）

或者：

$P=A\times(P/A, i, n)\times(1+i)$

$=200\times(P/A, 10\%, 6)\times(1+i)$

$=200\times4.3553\times(1+10\%)=958.17$（元）

🔊 **名师点拨** ●●●●●●●●●●●●●●●●●●●

（1）掌握普通年金终值系数和偿债基金系数、普通年金现值系数和投资回收系数的计算，以及系数之间的关系。

偿债基金是指为使年金终值达到既定金额每年年末应支付的年金数额；根据年金终值计算公式 $F=A\times\dfrac{(1+i)^n-1}{i}$，可知 $A=F\times i/[(1+i)^n-1]$，式中的 $i/[(1+i)^n-1]$ 是普通年金终值系数的倒数，称偿债基金系数。

投资回收金是指为使年金现值达到既定金额每年年末应回收的年金数额；根据年金现值计算公式 $P=A\times\dfrac{1-(1+i)^{-n}}{i}$ 可知 $A=P\times i/[1-(1+i)^{-n}]$，式中的 $i/[1-(1+i)^{-n}]$ 是普通年金现值系数的倒数，称为投资回收系数。

（2）掌握预付年金终值系数与普通年金终值系数之间的关系。

①预付年金终值系数与普通年金终值系数相比期数加1，系数减1。

②预付年金终值系数与普通年金终值系数×（1+i）。

（3）掌握预付年金现值系数与普通年金现值系数之间的关系。

①预付年金现值系数与普通年金现值系数相比期数减1，系数加1。

②预付年金现值系数与普通年金现值系数×（1+i）。

【例题8·单选题】 在利率和计算期相同的条件下，以下公式中，正确的是（　　　）。

A. 普通年金终值系数×普通年金现值系数=1

B. 普通年金终值系数×偿债基金系数=1

C. 普通年金终值系数×投资回收系数=1

D. 普通年金终值系数×预付年金现值系数=1

【解析】 掌握普通年金终值系数和偿债基金系数、普通年金现值系数和投资回收系数的计算，以及系数之间的关系。普通年金终值系数与偿债基金系数互为倒数；普通年金现值系数和投资回收系数互为倒数。

【答案】 B

【例题9·单选题】 下列关于货币时间价值系数关系的表述中，正确的是（　　　）。

A. 预付年金终值系数与偿债基金系数互为倒数

B. 普通年金现值系数与偿债基金系数互为倒数

C. 普通年金现值系数与投资回收系数互为倒数

D．预付年金终值系数与投资回收系数互为倒数

【解析】本题考查的是货币时间价值系数关系相关内容。普通年金终值系数与偿债基金系数互为倒数；普通年金现值系数与投资回收系数互为倒数。

【答案】C

（五）递延年金

递延年金是指第一次支付发生在第二期或第二期以后的年金。

1．递延年金终值

递延年金的支付方式及终值计算如图3-7所示。

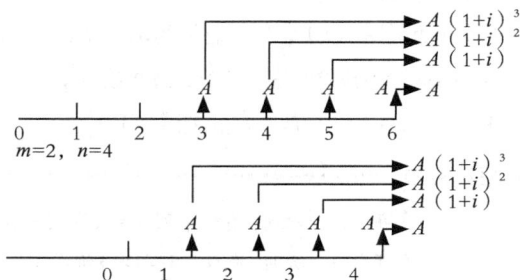

图3-7　递延年金终值

递延年金终值只与连续收支期（n）有关，与递延期（m）无关。

$$F_{递}=A×（F/A，i，n）$$

2．递延年金现值

递延年金现值的计算可以用两种方法，即两次折现和先加上后减去的方法。

方法一：两次折现法。

两次折现，即先将连续n期看做普通年金，先折现到递延期末，再将该现值折现到第一期期初，具体公式为：

递延年金现值$P=A×（P/A，i，n）×（P/F，i，m）$

式中　　m——递延期（第一次有收支的前一期）；

　　　　n——连续收支期。

方法二：先加上后减去法。

该方法是先加上在递延期也进行支付，即加上m期普通年金，先求出（$m+n$）期的普通年金现值，再扣除实际不存在的递延期m期年金现值，具体计算公式为：

递延年金现值$P=A×（P/A，i，m+n）-A×（P/A，i，m）$

【例题10·单选题】有一项年金，前4年无流入，

后7年每年年初流入500万元，假设年利率为10%，其现值为（　　　　）万元。

A．1 566.36

B．1 828.82

C．1 813.48

D．1 994.59

【解析】本题考查的是递延年金的现值计算。可采用两次折现法，即先将连续n期看做普通年金，先折现到递延期末，再将该现值折现到第一期期初，具体公式为：

递延年金现值$P=A×（P/A，i，n）×（P/F，i，m）$

$P=500×（P/A，10%，7）×（P/F，10%，3）$

$=500×4.868 4×0.751 3=1 828.82（万元）$。

【答案】B

（六）永续年金

永续年金没有终止的时间，故没有终值。永续年金现值可通过普通年金现值的公式导出：

$$P=A×\frac{1-（1+i）^{-n}}{i}$$，当$n→$无穷时，$（1+i）^{-n}$的极限为0，故永续年金现值为：$P=\frac{A}{i}$。

【例题11·计算分析题】王某对某高校实施一项永久性奖学金，每年计划颁发60 000元奖金。若年复利率为6%，该奖学金的本金应为多少。

【答案】本题为永续年金求现值。

根据公式：永续年金现值$P=A÷i=60 000÷6%=1 000 000（元）$。

【例题12·计算分析题】甲企业因刚上市预计最近两年不对股东发放股利，从第三年开始每年年末给股东发放股利，预计支付每股0.5元的股利，假设折现率为10%，则现值为多少？

【答案】本题为非标准永续年金，从第三年年末开始为永续年金，首先计算出第二年年末的永续年金现值，再折现为期初的现值。$P=（0.5÷10%）×（P/F，10%，2）=4.132（元）$。

◆)) 名师点拨

现金流可能不是前述标准模式，可能是混合现金流，可采用分段处理的方式。

（七）货币时间价值计算的灵活运用

1．年内计息一次

（1）求年金A。根据年金终值公式或年金现值公

式反求年金。根据年金终值计算公式 $F=A\times\dfrac{(1+i)^n-1}{i}$，可知 $A=F\times i/[(1+i)^n-1]$，式中的 $i/[(1+i)^n-1]$ 是普通年金终值系数的倒数，称偿债基金系数；根据年金现值计算公式 $P=A\times\dfrac{1-(1+i)^{-n}}{i}$ 可知，$A=P\times i/[1-(1+i)^{-n}]$，式中的 $i/[1-(1+i)^{-n}]$ 是普通年金现值系数的倒数，称为投资回收系数。

【例题13·单选题】 W企业投资一个房地产项目，投资额为1000万元，建设期为2年，项目运营期为5年，若W企业要求的必要报酬率为10%，则投产后每年W企业至少应收回投资额为（　　　　）万元。

　　A．319.19　　　　B．561.12

　　C．205.40　　　　D．402.84

【解析】 首先每年收回的投资额的5年年金现值，再折现2年建设期后的现值为投资额1000万元，即 $1000=A\times(P/A,10\%,5)\times(P/F,10\%,2)$。故每年W企业至少应收回投资额 $A=1000\div(3.7908\times0.8264)=319.19$（万元）。

【答案】 A

（2）求利率或期限。根据终值公式、现值公式、年金终值公式或年金现值公式反求利率或期限，可能用到内插法。

【例题14·单选题】 某企业因地震导致停工，现已恢复正常运营目前有A、B两台设备可供选用，A设备的年使用费比B设备低2000元，但价格高于B设备8000元。若资本成本为7%，A设备的使用期至少应长于（　　　）年，选用A设备才是有利的。

　　A．4.86　　B．4.53　　C．5.21　　D．3.85

【解析】 假设A的使用期至少为 n 年，则每年省的使用费的 n 年现值应至少等于8000元。$2000\times(P/A,7\%,n)=8000$，则 $8000=2000\times[1-(1+7\%)^{-n}]\div7\%$，计算得出 $n=4.86$。

【答案】 A

【例题15·计算分析题】 某人投资10万元，预计每年可获得25000元的回报，若项目的寿命期为5年，则投资回报率为多少？

【答案】 根据年金现值公式 $P=A\times(P/A,i,5)$，即 $10=2.5\times(P/A,i,5)$

$(P/A,i,5)=4$，查表得出：当 $i=8\%$ 时，年金现值系数为3.9927，$i=7\%$ 时，年金现值系数为4.1002，根据内插法计算 i 的取值：

$(i-7\%)\div(8\%-7\%)=(4-4.1002)\div(3.9927-4.1002)$

$i=7.93\%$

2. 年内计息多次时

（1）报价利率、计息期利率和有效年利率。

报价利率是指银行等金融机构提供的利率，也被称为名义利率；计息期利率是指借款人对于每1元本金每期支付的利息，它可以是年利率，也可以是半年利率、季度利率、每月或每日利率等；有效年利率是指按给定的计息期利率每年复利次数计算利息时，能够产生相同结果的每年复利一次的年利率，也称等价年利率。

（2）利率间的换算。

已知报价利率（r），则计息期利率计算公式为：

计息期利率=报价利率÷年内计息次数=$\dfrac{r}{m}$

有效年利率（i）=$[1+(\dfrac{r}{m})]^m-1$

🔊 **名师点拨** ••••••••••••••••••••••••

（1）当每年计息一次时：有效年利率=报价利率。

（2）当每年计息多次时：有效年利率>报价利率。

【例题16·计算分析题】 A公司平价发行一种一年期，票面利率为10%，每年付息一次，到期还本的债券；B公司平价发行一种一年期，票面利率为10%，每半年付息一次，到期还本的债券。A、B债券的有效年利率为多少？

【答案】 平价发行债券，当每年计息一次时：有效年利率=报价利率。A债券的有效年利率=A债券的票面利率=10%。

多次计息时，计息期利率=报价利率÷年内计息次数=$r\div m$；有效年利率（i）=$[1+(\dfrac{r}{m})]^m-1$，B债券的有效年利率=$(1+10\%\div2)^2-1=10.25\%$。

【例题17·计算分析题】 B公司正在平价发行每半年计息一次的债券，若投资人期望获得12%的有效年利率，B公司报价利率至少为多少？

【答案】 多次计息时，计息期利率=报价利率÷年内计息次数=$r\div m$；有效年利率（i）=$[1+(r\div m)]^m-1$，假设报价利率为 r，则有 $12\%=(1+r\div2)^2-1$，$r=11.66\%$。

（3）计算终值或现值时：

基本公式不变，只要将年利率调整为计息期利率（$\dfrac{r}{m}$），将年数调整为期数即可。

【例题18·单选题】 某企业于年初存入银行20000元，假定年利率为12%，每年复利两次。已知 $(F/P,6\%,5)=1.3382$，$(F/P,6\%,10)=1.7908$，$(F/P,12\%,5)=$

1.7623，$(F/P, 12\%, 10)=3.1058$，则第5年年末的本利和为（　　　　）元。

A. 13 382

B. 17 623

C. 35 816

D. 31 058

【解析】根据终值计算公式，将其中的利率调整为计息期利率，本题为6%（12%÷2），则第5年年末的本利和=20 000×（F/P，6%，10）=35 816（元）。

【答案】C

第三节　风险和报酬

考情分析： 对于本节内容，题型主要为客观题，分值在2分左右。主要考点包括标准差和 β 系数的含义、投资组合的机会集曲线、资本市场线、资本资产定价模型等。

学习建议： 本节内容重在理解风险的概念、理解单项资产的风险和报酬；掌握投资组合的风险和报酬以及资本资产定价模型。

一、风险的含义（★★）

1. 风险的含义

风险是一个非常重要的财务概念。任何决策都有风险，这使得风险观念在理财中具有普遍意义。风险最简单的定义是："风险是发生财务损失的可能性"。在对风险进行深入研究以后人们发现，风险不仅可以带来超出预期的损失，也可能带来超出预期的收益。于是，出现了一个更正式的定义："风险是预期结果的不确定性。"风险不仅包括负面效应的不确定性，也包括正面效应的不确定性，风险的概念比危险广泛，包括了危险，危险只是风险的一部分，风险的另一部分即正面效应，可以称为"机会"。

财务管理的风险含义：与收益相关的风险才是财务管理中所说的风险。

2. 风险的种类及其特点

风险的种类及其特点如表3-6所示。

表3-6 风险的种类及其特点

分类标准	种 类	特 点
从个别投资主体的角度分类	市场风险（不可分散风险、系统风险）	市场风险是指那些由影响所有公司的因素引起的风险。不能通过多样化投资来消除
	公司特有风险（可分散风险、非系统风险）	公司特有风险是指发生于个别公司的特有事件造成的风险。可以通过多样化投资来消除

二、单项资产的风险和报酬（★★）

（一）风险的衡量方法

1. 概率

在经济活动中，某一事件在相同的条件下可能发生也可能不会发生，这类事件称为随机事件。概率就是用来表示随机事件发生可能性大小的数值。通常，把必然发生的事件的概率定为1，把不可能发生的事件概率定为0，而一般随机事件的概率是介于0与1之间的一个数。概率越大就表示该事件发生的可能性越大。

2. 离散分布和连续分布

如果随机变量（如报酬率）只取有限个值，并且对应这些值有确定的概率，则称随机变量是离散型分布。

实际上，出现的经济情况远不止3种，有无数可能的情况会出现。如果对每种情况都赋予一个概率，并分别测定其报酬率，则可用连续型分布描述，如图3-8所示。

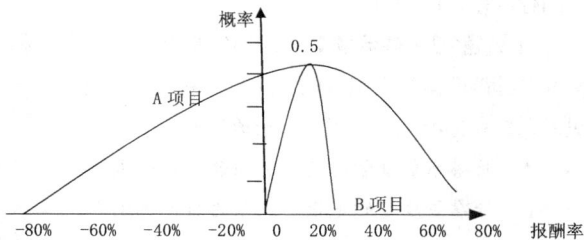

图3-8　连续型分布

概率（P_i）：概率是用来表示随机事件发生可能性大小的数值。

3. 数理统计指标（方差、标准差、变化系数）

对于风险的衡量，可以采用数理统计指标来反映，最常用的有预期值、方差、标准差和变化系数，它们的计算公式如表3-7所示。

表3-7 数理统计指标

指 标	计算公式		结 论
	若已知未来收益率发生的概率时	若已知收益率的历史数据时	
预值 $\bar{k}$（期望值、均值）	$\bar{k} = \sum_{i=1}^{n}(p_i \times k_i)$	$\bar{K} = \dfrac{\sum K_i}{n}$	反映预计收益的平均化，不能直接用来衡量风险
方差	$\sigma = \sum_{i=1}^{n}(K_i - \bar{K})^2 \times p_i$	（1）样本方差 $= \dfrac{\sum_{i=1}^{n}(K_i - \bar{K})^2}{n-1}$ （2）总体方差 $= \dfrac{\sum_{i=1}^{n}(K_i - \bar{K})^2}{n}$	当预期值相同时，方差越大，风险越大
标准差	$\sigma = \sqrt{\sum_{i=1}^{n}(K_i - \bar{K})^2 \times p_i}$	（1）样本标准差 $= \sqrt{\dfrac{\sum_{i=1}^{n}(K_i - \bar{K})^2}{n-1}}$ （2）总体标准差 $= \sqrt{\dfrac{\sum_{i=1}^{n}(K_i - \bar{K})^2}{n}}$	当预期值相同时，标准差越大，风险越大
变化系数	变化系数 = 标准差 ÷ 预期值 变化系数是从相对角度观察的差异和离散程度		变化系数衡量风险不受预期值是否相同的影响

表中 P_i——第 i 种结果出现的概率；

　　　K_i——第 i 种结果可能出现后的报酬率；

　　　n——所有可能结果出现的数目。

（二）贝塔系数和标准差

对于这两个系数要掌握其含义，相关系数反映的是两资产收益率之间的变动关系，与资产组合标准差的计算有关；贝塔系数反映相对于市场组合的风险而言，单项资产系统风险的大小，主要在资本资产定价模型中使用，用于计算收益率。

另外还要记住两个系数的计算公式：

相关系数 = 方差 ÷ 第一项资产的标准差 × 第二项资产的标准差

贝塔系数 = 单项资产的风险收益率 ÷ 市场组合的风险收益率 = 单项资产与市场组合的相关系数 × 单项资产的标准差 ÷ 市场组合的标准差

【例题19·多选题】（2013年真题）贝塔系数和标准差都能衡量投资组合的风险。下列关于投资组合的贝塔系数和标准差的表述中，正确的有（　　　）。

A. 贝塔系数度量的是投资组合的系统风险

B. 标准差度量的是投资组合的非系统风险

C. 投资组合的贝塔系数等于被组合各证券贝塔系数的算术加权平均值

D. 投资组合的标准差等于被组合各证券标准差的算术加权平均值

【解析】 标准差度量的是投资组合的整体风险，包括系统和非系统风险，选项B错误；只有当相关系数等于1时，投资组合的标准差等于被组合各证券标准差的算术加权平均值。

【答案】 AC

【例题20·单选题】 某企业面临甲、乙两个投资项目。经衡量，它们的预期报酬率相等，甲项目的标准差小于乙项目的标准差。对甲、乙项目可以做出的判断为（　　　）。

A. 甲项目取得更高报酬和出现更大亏损的可能性均大于乙项目

B. 甲项目取得更高报酬和出现更大亏损的可能性均小于乙项目

C. 甲项目实际取得的报酬会高于其预期报酬

D. 乙项目实际取得的报酬会低于其预期报酬

【解析】 本题主要考查风险与报酬的关系。标准差是一个绝对数，不便于比较不同规模项目的风险大小，两个方案只有在预期值相同的前提下，才能说标准差大的方案风险大。根据题意，甲项目的风险小于乙项目，风险就是预期结果的不确定性，高风险可能报酬也高，所以，甲项目的风险和报酬均可能低于乙项目。

【答案】 B

三、投资组合的风险和报酬（★★★）

投资组合理论认为，若干种证券组成的投资组合，其收益是这些证券收益的加权平均数，但是其风险不是这些证券风险的加权平均风险，投资组合能降低风险。

【要点提示】理解证券组合的预期报酬率和标准差、重点掌握投资组合的风险计量、两种证券构成的投资组合、多种证券构成的投资组合、会使用资本市场曲线计算风险。

（一）证券组合的预期报酬率和标准差

1. 预期报酬率

两种或两种以上证券的组合，其预期报酬率可以直接表示为：

$$r_p = \sum_{j=1}^{m} r_j A_j$$

式中 r_j——第j种证券的预期报酬率；

A_j——第j种证券在全部投资额中的比重；

m——组合中的证券种类总数。

注意：影响因素 $\begin{cases} 投资比重 \\ \\ 个别资产收益率 \end{cases}$

2. 标准差与相关性

证券组合的标准差，并不是单个证券标准差的简单加权平均，证券组合的风险不仅取决于组合内的各证券的风险，还取决于各证券之间的关系。

事实上，各种股票之间不可能完全正相关或完全负相关，因此不同股票的投资组合可以降低风险，但不可能完全消除风险。通常来讲，股票的种类越多，则风险越小。

（二）投资组合的风险计量

投资组合的风险不是各证券标准差的简单加权平均数，那么它如何计量呢？

投资组合报酬率概率分布的标准差是：

$$\sigma_p = \sqrt{\sum_{j=1}^{m} \sum_{k=1}^{m} A_j A_k \sigma_{jk}}$$

式中 m——组合内的证券种类总数；

A_j——第j种证券在投资总额中的比例；

A_k——第k种证券在投资总额中的比例；

σ_{jk}——第j种证券与第k种证券报酬率额协方差。

1. 协方差的含义与确定

两种证券报酬率的协方差，用来衡量它们之间共同变动的程度：

$$\sigma_{ji} = r_{jk} \sigma_j \sigma_k$$

式中 r_{jk}——证券j和证券k报酬率之间的预期相关系数；

σ_j——第j种证券的标准差；

σ_k——第k种证券的标准差。

2. 相关系数的确定

相关系数 $r = \dfrac{\sum[(x_i - \bar{x}) \times (y_i - \bar{y})]}{\sqrt{\sum(x_i - \bar{x})^2} \times \sqrt{\sum(y_i - \bar{y})^2}}$

相关系数与协方差间的关系表示为：

相关系数 r = 协方差 ÷ 两个资产标准差的乘积

$$= \sigma_{jk} / \sigma_j \sigma_k$$

◀)) 名师点拨 ••••••••••••••••••••••••••••

（1）相关系数介于区间 $[-1, 1]$ 内。当相关系数为 -1，表示完全负相关，表明两项资产的收益率变化方向和变化幅度完全相反。当相关系数为 $+1$ 时，表示完全正相关，表明两项资产的收益率变化方向和变化幅度完全相同。当相关系数为 0 表示不相关。

（2）相关系数的正负与协方差的正负相同。相关系数为正值，表示两种资产收益率呈同方向变化，组合抵消的风险较少；负值则意味着反方向变化，抵消的风险较多。

3. 两种证券投资组合的风险衡量

两种资产投资组合的标准差（σ_p）计算公式为：

$$\sigma_p = \sqrt{a^2 + b^2 + 2abr_{ab}}$$

这里a和b均表示个别资产的比重与标准差的乘积：$a = W_a \times \sigma_a$；$b = W_b \times \sigma_b$。

◀)) 名师点拨 ••••••••••••••••••••••••••••

（1）投资组合的期望报酬率就是组成投资组合的各种投资项目的期望报酬率的加权平均数，其权数是各种投资项目在整个投资组合总额中所占的比例。

（2）充分投资组合的风险，只受证券之间协方差的影响，而与各证券本身的方差无关。

（3）如果两种证券的相关系数等于1，没有抵消作用，在等比例投资的情况下该组合的标准差等于两种证券各自标准差的简单算术平均数。

【例题21·计算分析题】各项目数据资料内容如表3-8所示。

表3-8 各项目相关数据资料

项 目	A	B	C
报酬率	10%	18%	22%
标准差	12%	20%	24%
投资比例	0.5	0.3	0.2

A和B的相关系数为0.2；B和C的相关系数为0.4；A和C的相关系数为0.6。

【要求】计算投资于A、B和C的组合报酬率以及组合风险。

【答案】组合的投资报酬率公式$r_p = \sum_{j=1}^{m} r_j A_j = 10\% \times 0.5 + 18\% \times 0.3 + 22\% \times 0.2 = 14.8\%$

组合标准差$= \sigma_p = \sqrt{\sum_{j=1}^{m} \sum_{k=1}^{m} A_j A_k \sigma_{jk}}$

$= \sum_{j=1}^{m} R_j A_j \sqrt{\begin{array}{l}(0.5 \times 12\%)^2 + (0.3 \times 20\%)^2 + (0.2 \times 24\%)^2 + 2 \times (0.5 \times 12\%) \times (0.3 \times 20\%) \\ \times 0.2 + 2 \times (0.5 \times 12\%) \times (0.2 \times 24\%) \times 0.6 + 2 \times (0.3 \times 20\%) \times (0.2 \times 24\%) \times 0.4\end{array}}$

$= \sqrt{0.003\,6 + 0.003\,6 + 0.002\,304 + 0.001\,4 + 0.003\,456 + 0.002\,304} = 13\%$

4. 3种证券组合的风险衡量

3种资产投资组合的标准差的计算公式为：

$$\sigma = \sqrt{a^2 + b^2 + c^2 + 2ab \times r_{ab} + 2ac \times r_{ac} + 2bc \times r_{bc}}$$

◀)) **名师点拨** ················

（1）

组合风险的影响因素 $\left\{\begin{array}{l}\text{投资比重} \\ \text{个别资产标准差} \\ \text{相关系数}\end{array}\right.$ $\left.\begin{array}{c}\\ \\ \end{array}\right\}$协方差

（2）相关系数与组合风险之间的关系，如表3-9所示。

表3-9 相关系数与组合风险之间的关系

相关系数r_{12}	组合的标准差σ_p（以两种证券为例）	风险分散情况
$r_{12}=1$（完全正相关）	$\sigma_p = A_1 \sigma_1 + A_2 \sigma_2$ 组合标准差＝加权平均标准差	σ_p达到最大。组合不能抵消任何风险
$r_{12}=-1$（完全负相关）	$\sigma_p = |A_1 \sigma_1 - A_2 \sigma_2|$	σ_p达到最小，甚至可能是零，组合可以最大程度地抵消风险
$r_{12}<1$	$\sigma_p <$加权平均标准差	资产组合可以分散风险，但不能完全消除风险

（3）投资组合理论认为，若干证券组成的投资组合，其收益是这些证券收益的加权平均数，但是其风险不是这些证券风险的加权平均风险，投资组合能降低风险。

【例题22·单选题】下列关于投资组合的说法中，错误的是（   ）。

A. 有效投资组合的期望收益与风险之间的关系，既可以用资本市场线描述，也可以用证券市场线描述

B. 用证券市场线描述投资组合（无论是否有效地分散风险）的期望收益与风险之间的关系的前提条件是市场处于均衡状态

C. 当投资组合只有两种证券时，该组合收益率的标准差等于这两种证券收益率标准差的加权平均值

D. 当投资组合包含所有证券时，该组合收益率的标准差主要取决于证券收益率之间的协方差

【解析】当投资组合只有两种证券时，只有在相关系数等于1的情况下，组合收益率的标准差才等于这两种证券收益率标准差的加权平均值，并非任何时候都等于这两种证券收益率标准差的加权平均值。

【答案】C

【例题23·单选题】（2014年真题）证券投资报酬率为16%，无风险报酬率为6%，某人自有资金100万元，借款40万元进行证券投资，请问期望报酬率是（　　　）。

　　A. 20%　　　B. 19%　　　C. 18%　　　D. 22.4%

【解析】可看做两种投资组合，总资金100万元中140万元进行6%的证券投资，另外-40万元为无风险报酬率投资，总期望报酬率为：

$$r_p = \sum_{j=1}^{m} r_j A_j$$
$$= 16\% \times 140 \div 100 + （1 - 140 \div 100）\times 6\%$$
$$= 20\%$$

【答案】A

（三）两种证券组合的投资比例与有效集

如果投资比例发生变化了，则投资组合的预期报酬率和标准差也会发生变化。两种投资组合的投资机会集曲线描述不同投资比例组合的风险和报酬的关系，两种以上证券的所有可能组合会落在一个平面中。根据两种证券不同的比例组合，可对应不同的组合期望收益率和标准差。表3-10所示为两种证券不同投资比例组合的情况。

表3-10　　　　　　　　　两种证券不同投资比例组合的情况

组　合	对A的投资比例	对B的投资比例	组合的期望收益率	组合的标准差
1	1	0	10.00%	12.00%
2	0.8	0.2	11.60%	11.11%
3	0.6	0.4	13.20%	11.78%
4	0.4	0.6	14.80%	13.79%
5	0.2	0.8	16.40%	16.65%
6	0	1	18.00%	21.00%

图3-9绘出了随着对两种证券投资比例的改变，期望报酬率与风险之间的关系。图中小黑点与表3-9中的6种投资组合一一对应。将这些黑点连接起来形成的曲线称为机会集，它反映出风险与报酬率之间的权衡关系。

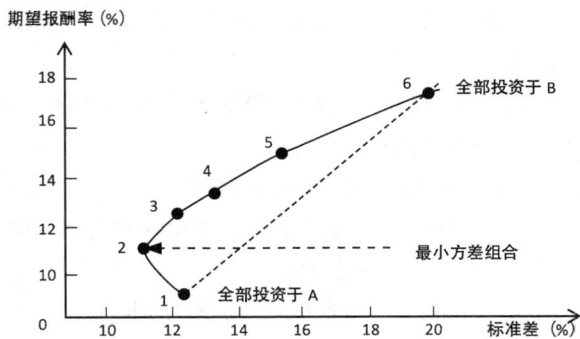

图3-9　投资于两种证券组合的机会集

投资于两种证券组合的机会集曲线的特征，包括以下几点。

（1）它提示了分散化效应。

（2）它表示了最小方差的组合。

（3）它表达了投资的有效集合。

（四）多种证券构成的投资组合

以上方法同样适用于两种以上证券构成的组合。只是多种证券的机会集不同于两种证券的机会集。两种证券的所有可能组合都落在一条曲线上，而多种证券的可能组合落在一个平面中，如图3-10所示的阴影部分。这个机会集反映了所有可能的有效组合，随着可供投资的证券数量的增加，所有可能的投资组合数量将呈几何级数上升。

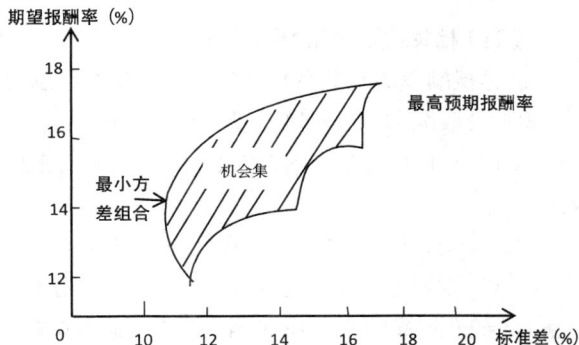

图3-10　机会集举例

有效集是指有效资产组合曲线，它是一个由特定投资组合构成的集合。集合内的投资组合在既定的风险水平上，期望报酬率是最高的，或者说在既定的期望报酬率下，风险是最低的。投资者绝不应该把所有资金投资于有效资产组合曲线以下的投资组合。

【知识拓展】机会集分为有效集和无效集。有效集或有效边界，它位于机会集的顶部，从最小方差组合点起到最高预期报酬率点止。无效集有3种情况：相同的标准差和较低的期望报酬率；相同的期望报酬率和较高的标准差；较低报酬率和较高的标准差。

◄)) 名师点拨 ••••••••••••••

曲线弯曲程度与相关系数大小有关与标准差的大小无关，证券报酬率之间的相关系数越小，机会集曲线就越弯曲。

【例题24·单选题】（2013年真题）下列关于两种证券组合的机会集曲线的说法中，正确的是（　　）。

A. 曲线上的点均为有效组合

B. 曲线上报酬率最低点是最小方差组合点

C. 两种证券报酬率的相关系数越大，曲线弯曲程度越小

D. 两种证券报酬率的标准差越接近，曲线弯曲程度越小

【解析】曲线上最小方差组合以下的组合是无效的，选项A错误；风险最小点是最小方差组合点，由于有无效集的存在，最小方差组合点与报酬率最低点不一致，选项B错误；证券报酬率之间的相关系数越小，机会集曲线就越弯曲，选项C正确；曲线弯曲程度与相关系数大小有关与标准差的大小无关。

【答案】C

（五）相关系数与机会集的关系

证券报酬率的相关系数越小，机会集曲线越弯曲，风险分散化效应也就越强，具体分析如下。

（1）$r=1$，机会集是一条直线，不具有风险分散化效应。

（2）$r<1$，机会集会弯曲，有风险分散化效应。

（3）r足够小，曲线向左凸出，风险分散化效应较强，会产生比最低风险证券标准差还低的最小方差组合，会出现无效集。

【例题25·多选题】A证券的预期报酬率为12%，标准差为15%；B证券的预期报酬率为18%，标准差为20%。投资于两种证券组合的机会集是一条曲线，有效

边界与机会集重合，以下结论中正确的有（　　　）。

A. 最小方差组合是全部投资于A证券

B. 最高预期报酬率组合是全部投资于B证券

C. 两种证券报酬率的相关性较高，风险分散化效应较弱

D. 可以在有效集曲线上找到风险最小、期望报酬率最高的投资组合

【解析】由于本题的前提是有效边界与机会集重合，说明该题机会集曲线上不存在无效投资组合，即整个机会集曲线就是从最小方差组合点到最高报酬率点的有效集，也就是说在机会集上没有向左凸出的部分，而A的标准差低于B，所以，最小方差组合是全部投资于A证券，即选项A的说法正确；投资组合的报酬率是组合中各种资产报酬率的加权平均数，因为B的预期报酬率高于A，所以最高预期报酬率组合是全部投资于B证券，即选项B正确；因为机会集曲线没有向左凸出的部分，所以，两种证券报酬率的相关性较高，风险分散化效应较弱，选项C的说法正确；因为风险最小的投资组合为全部投资于A证券，期望报酬率最高的投资组合为全部投资于B证券，所以选项D的说法错误。

【答案】ABC

（六）资本市场线

如果存在无风险证券，新的有效边界是经过无风险报酬率并和机会集相切的直线，该直线称为资本市场线。可理解为存在无风险投资机会时的有效集。

存在无风险投资机会时的组合报酬率和风险的计算公式：

总期望报酬率 ＝Q×风险组合的期望报酬率＋（$1-Q$）×无风险报酬率

总标准差＝Q×风险组合的标准差

式中　Q——投资者自有资本总额中投资于风险组合的比例；

　　　　$1-Q$——投资于无风险资产的比例。

◄)) 名师点拨 ••••••••••••••

如果贷出资金，Q将小于1；如果是借入资金，Q将会大于1。

【例题26·单选题】已知某风险组合的期望报酬率和标准差分别为15%和20%，无风险报酬率为8%，假设某投资者可以按无风险报酬率取得资金，将其自有资金200万元和借入资金50万元均投资于风险组合，则投

资人总期望报酬率和总标准差分别为（　　　　）。

    A．16.75%和25%   B．13.65%和16.24%

    C．16.75%和12.5%   D．13.65%和25%

【解析】首先计算风险组合的比例$Q=250\div200=$1.25，则无风险投资的比例为-0.25（1-1.25=-0.25）。

组合收益率=Q×风险组合的期望报酬率+

    （1-Q）×无风险报酬率

    =1.25×15%+（1-1.25）×8%

    =16.75%

组合风险=Q×风险组合的标准差

    =1.25×20%=25%

【答案】A

◀》 名师点拨 ••••••••••••••••••••

（1）资本市场线揭示出持有不同比例的无风险资产和市场组合情况下风险和预期报酬率的权衡关系。在M点的左侧，将同时持有无风险资产和风险资产组合。在M点的右侧，将仅持有市场组合M，并且会借入资金以进一步投资于组合M。

（2）资本市场线与机会集相切的切点M是市场均衡点，它代表唯一最有效的风险资产组合。

（3）个人的效用偏好与最佳风险资产组合相独立（或称相分离）。

（七）系统风险和非系统风险

风险可分为非系统风险（企业特有风险、可分散风险）和系统风险（市场风险、不可分散风险）。

非系统风险是指由于某种特定原因对某特定资产收益率造成影响的可能性，它是可以通过有效的资产组合来消除掉的风险。它是特定企业或特定行业所特有的。

系统风险是影响所有资产的，不能通过资产组合来消除的风险。这部分风险是由那些影响整个市场的风险因素所引起的，不能随着组合中资产数目的增加而消失，它是始终存在的。

◀》 名师点拨 ••••••••••••••••••••

（1）可以通过增加组合中资产的数目而最终消除的风险被称为非系统风险，而那些反映资产之间相互关系，共同运动，无法最终消除的风险被称为系统风险。

（2）在风险分散过程中，不应当过分夸大资产多样性和资产个数作用。一般来讲，随着资产组合中资产个数的增加，资产组合的风险会逐渐降低，当资产的个数增加到一定程度时，组合风险的降低将非常缓慢直到不再降低。

【例题27·单选题】关于证券投资组合理论的以下表述中，正确的是（　　　　）。

    A．证券投资组合能消除大部分系统风险

    B．证券投资组合的总规模越大，承担的风险越大

    C．最小方差组合是所有组合中风险最小的组合，所以报酬最大

    D．一般情况下，随着更多的证券加入到投资组合中，整体风险降低的速度会越来越慢

【解析】系统风险是不可分散风险，所以选项A错误；证券投资组合得越充分，能够分散的风险越多，所以选项B不对；最小方差组合是所有组合中风险最小的组合，但其收益不是最大的，所以选项C不对。在投资组合中投资项目增加的初期，风险分散的效应比较明显，但增加到一定程度，风险分散的效应就会减弱。有经验数据显示，当投资组合中的资产数量达到20个左右时，绝大多数非系统风险均已被消除，此时，如果继续增加投资项目，对分散风险已没有多大实际意义。

【答案】D

【例题28·多选题】下列事项中，属于系统风险的有（　　　　）。

    A．金融危机   B．国家加入世界贸易组织

    C．汇率波动   D．货币政策变化

【解析】系统风险是指由于某种因素的影响和变化，导致股市上所有股票价格的下跌，从而给股票持有人带来损失的可能性。它是由共同因素引起的。经济方面的如利率、现行汇率、通货膨胀、宏观经济政策与货币政策、能源危机、经济周期循环等；政治方面的如政权更迭、战争冲突等；社会方面的如体制变革、所有制改造等。故选项A、B、C、D均为正确答案。

【答案】ABCD

◀》 名师点拨 ••••••••••••••••••••

（1）证券组合的风险不仅与组合中每个证券的报酬率标准差有关，而且与各证券之间报酬率的协方差有关。

（2）对于一个含有两种证券的组合，投资机会曲线描述了不同投资比例组合的风险和报酬之间的权衡关系。

（3）风险分散化效应有时使得机会集曲线向左凸出，并产生比最低风险证券标准差还低的最小方差组合。

（4）有效边界就是机会集曲线上从最小方差组合点到最高预期报酬率的那段曲线。

（5）持有多种彼此不完全正相关的证券可以降低风险。

（6）若存在无风险证券，新的有效边界是经过无风险报酬率并和机会集相切的直线，该直线称为资本市场线，该切点被称为市场组合，其他各点为市场组合与无风险投资的有效搭配。

（7）资本市场线横坐标是标准差，纵坐标是报酬率。该直线反映两者的关系即风险价格。

【例题29·多选题】下列有关证券组合投资风险的表述中，正确的有（　　　　）。

A. 证券组合的风险不仅与组合中每个证券的报酬率、标准差有关，而且与各证券之间报酬率的协方差有关

B. 持有多种彼此不完全正相关的证券可以降低风险

C. 资本市场线反映了持有不同比例无风险资产与市场组合情况下风险和报酬的权衡关系

D. 投资机会集曲线描述了不同投资比例组合的风险和报酬之间的权衡关系

【解析】根据投资组合报酬率的标准差计算公式可知，选项A、B的说法正确；资本市场线反映的是无风险资产与市场组合在不同比例情况下风险和报酬的权衡关系，选项C的说法正确；机会集曲线的横坐标是标准差，纵坐标是期望报酬率，所以，选项D的说法正确。

【答案】ABCD

四、资本资产定价模型（CAPM模型）（★★★）

【要点提示】重点掌握系统风险的量度、证券市场线（SML）以及资本市场线与证券市场线的比较。

1964年，威廉·夏普根据投资组合理论提出了资本资产定价模型（CAPM）。资本资产定价模型使人们可以量化市场的风险，可以对风险进行具体定价。资本资产定价模型的研究对象是充分组合情况下风险与要求的收益率之间的均衡关系。下面将介绍如何衡量系统风险和如何给风险定价。

（一）系统风险的度量

单项资产的期望报酬率取决于它的系统风险，度量单项资产系统的指标是贝塔系数，用希腊字母β表示。贝塔系数被定义为某个资产的收益率与市场组合之间的相关性。其计算公式为：

$$\beta_J = \frac{COV(K_J, K_M)}{\sigma_M^2} = \frac{r_{JM}\sigma_J\sigma_M}{\sigma_M^2} = r_{JM}\left(\frac{\sigma_J}{\sigma_M}\right)$$

其中，$COV(K_J, K_M)$是第J种证券的收益与市场组合收益之间的协方差，它等于该证券的标准差、市场组合的标准差及两者相关系数的乘积；r_{JM}表示第J种证券与市场组合的相关系数；σ_J表示第J种证券的标准差；σ_M表示市场组合的标准差。

单项资产的β系数是衡量某个资产的收益率与市场组合之间的相关性。市场组合相对于它自己的贝塔系数是1。具体理解如下。

（1）$\beta=1$，表示该资产的系统风险程度与市场组合的风险一致；

（2）$\beta>1$，说明该资产的系统风险程度大于整个市场组合的风险。

（3）$\beta<1$，说明该资产的系统风险程度小于整个市场投资组合的风险。

（4）$\beta=0$，说明该资产的系统风险程度等于0。

根据上式可以看出，影响β系数的因素有：①该股票与整个股票市场的相关性；②股票自身的标准差，标准差越大β系数越大；③整个市场的标准差，市场的标准差越大β系数越小。

计算贝塔系数可用以下两种方法。

一种是回归直线法，即利用该股票收益率与整个资本市场平均收益率的线性关系，利用回归直线方程求斜率的公式，即可得到该股票的β值。

另一种方法是按照定义，根据证券与股票指数收益率的相关系数、股票指数的标准差和股票收益率的标准差直接计算。

◀)) 名师点拨 ···

（1）β系数反映了相对于市场组合的平均风险而言单项资产系统风险的大小。

（2）绝大多数资产的β系数是大于零的。如果β系数是负数，表明这类资产收益与市场平均收益的变化方向相反。

（3）资产组合不能抵消系统风险，所以，资产组合的β系数是单项资产β系数的加权平均数。

（二）证券市场线（SML）

资本资产定价模型的基本表达式可根据风险与收益的一般关系式得出，必要收益率=无风险收益率+风险附加率。则资本资产定价模型的表达形式为：

$$R_i = R_f + \beta \times (R_m - R_f)$$

证券市场线就是关系式$R_i = R_f + \beta \times (R_m - R_f)$所代表的直线，如图3-11所示。

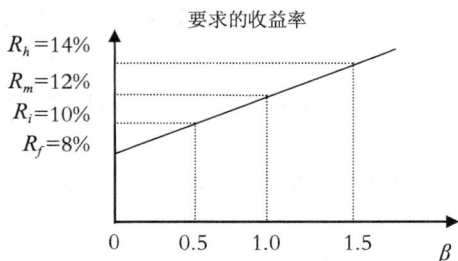

图3-11 证券市场线

①横轴（自变量）：β系数。

②纵轴（因变量）：R_i是第i个股票的必要收益率；R_f是无风险收益率（通常以国库券的收益率作为无风险收益率）；R_m是平均股票的必要报酬率，也是指包括所有股票的组合，即市场组合的必要报酬率）。

③斜率：（R_m-R_f）是风险价格，即投资者为补偿承担超过无风险报酬的平均风险而要求的额外收益。

④截距：R_f为无风险报酬率（通常以国库的收益率作为无风险报酬率）。

证券市场线的主要含义有：

（1）无风险证券的$\beta=0$，故R_f成为证券市场线在纵轴的截距。

（2）证券市场线的斜率表示经济系统中风险厌恶感的程度。一般来说，投资者对风险的厌恶感越强，证券市场线的斜率越大，对风险资产所要求的风险补偿越大，对风险资产的要求收益率越高。

（3）在β值分别为0.5、1和1.5的情况下，必要报酬率由最低的$R_i=10\%$，到市场平均$R_m=12\%$，再到最高的$R_h=14\%$。β值越大，要求的收益率越高。

从证券市场线可以看出，投资者要求的收益率不仅取决于市场风险，而且还取决于无风险报酬率和市场风险补偿程度（证券市场线的斜率）。由于这些因素始终处于变动之中，所以证券市场线也不会一成不变。预计通货膨胀提高时，无风险报酬率会随之提高，进而导致证券市场线的向上平移。风险厌恶感的加强，会提高证券市场线的斜率。

（三）资本市场线与证券市场线的比较

（1）市场风险溢价率（R_m-R_f）反映市场整体对风险的偏好，如果风险厌恶程度高，则证券市场线的斜率（R_m-R_f）的值就大。

（2）证券市场线与资本市场线的比较，如表3-11所示。

表3-11 证券市场线与资本市场线的比较

	证券市场线	资本市场线
描述的内容	描述的是市场均衡条件下单项资产或资产组合（无论是否已经有效地分散风险）的期望收益与风险之间的关系	描述的是由风险资产和无风险资产构成的投资组合的期望收益与风险之间的关系
测度风险的工具	单项资产或资产组合对于整个市场组合方差的贡献程度即β系数	整个资产组合的标准差
适用	单项资产或资产组合（无论是否有效分散风险）	有效组合
斜率与投资人对待风险态度的关系	市场整体对风险的厌恶感越强，证券市场线的斜率越大，对风险资产所要求的风险补偿越大，对风险资产的要求收益率越高	不影响直线的斜率【提示】投资者个人对风险的态度仅仅影响借入或贷出的资金量，不影响最佳风险资产组合

名师点拨

掌握资本资产定价模型：单个证券的期望收益率由两个部分组成，无风险报酬率以及对所承担风险的补偿。

风险溢价：风险溢价的大小取决于β值的大小，β值越高，表明单个证券的风险越高，所得到的补偿也就越高；β度量的是单个证券的系统风险，非系统性风险没有风险补偿。

【例题30·单选题】下列关于资本资产定价模型β系数的表述中，正确的是（　　）。

A. β系数一定为正数

B. β系数是影响证券收益的唯一因素

C. 资产组合的β系数是单项资产β系数的加权平均数

D. $\beta=0$，说明该资产的风险程度等于0

【解析】β系数为负数表明该资产收益率与市场组合收益率的变动方向不一致，因此，β系数可以为负数，选项A错误；无风险收益率、市场组合收益率以及β系数都会影响证券收益，选项B错误；资产组合不能抵消系统风险，所以，资产组合的β系数是单项资产β系数的加权平均数，选项C正确；β＝0，说明该资产的系统风险程度等于0，选项D错误。

【答案】C

【例题31·单选题】（2013年真题）证券市场线可以用来描述市场均衡条件下单项资产或资产组合的期望收益与风险之间的关系。当投资者的风险厌恶感普遍减弱时，会导致证券市场线（　　　　）。

A. 向上平行移动

B. 向下平行移动

C. 斜率上升

D. 斜率下降

【解析】证券市场线的斜率表示经济系统中风险厌恶的程度，一般来说，投资者对风险的厌恶感越强，证券市场线的斜率越大。故选择D。

【答案】D

【例题32·多选题】（2016年真题）下列关于证券市场线的说法中，正确的有（　　　　）。

A. 无风险报酬率越大，证券市场线在纵轴的截距越大

B. 证券市场线描述了风险资产和无风险资产构成的投资组合的有效边界

C. 预计通货膨胀率提高时，证券市场线将向上平移

D. 投资者对风险的厌恶感越强，证券市场线的斜率越大

【解析】本题考查的是证券市场线与资本市场线。证券市场线在纵轴坐标上的截距为无风险利率，无风险报酬率越大，证券市场线在纵轴的截距越大，选项A正确；资本市场线描述的是风险资产和无风险资产构成的投资组合的有效边界，选项B错误；预计通货膨胀提高时，无风险报酬率会随之提高，进而导致证券市场线向上平移，选项C正确；风险厌恶感的加强，会提高市场风险收益率，从而提高证券市场线的斜率，选项D正确。

【答案】ACD

过关测试题

一、单选题

1. 甲债券每半年付息一次，报价利率为8%，乙债券每季度付息一次，如果想让乙债券在经济上与甲债券等效，乙债券的报价利率应为（　　　　）。

A. 8%　　　　　　　B. 7.92%

C. 8.16%　　　　　 D. 6.78%

2. 某风险组合X的期望报酬率和标准差分别为15%和20%，无风险报酬率为8%，若A投资者除自有资金外还可以取得无风险报酬率20%的资金，并将其投资于风险组合X。则投资组合的总期望报酬率和总标准差分别为（　　　　）。

A. 16.4%和24%　　　B. 13.6%和16%

C. 16.75%和12.5%　 D. 13.65%和25%

3. A企业从当年起每年年初存入银行一笔固定金额，若按复利计息，用最简便的算法计算第n年年末可以从银行取出的本利和，则应选用的时间价值系数是（　　　　）。

A. 复利终值系数

B. 复利现值系数

C. 普通年金终值系数

D. 普通年金现值系数

4. 下列关于协方差和相关系数的说法中，不正确的是（　　　　）。

A. 如果协方差大于0，则相关系数一定大于0

B. 相关系数为1时，表示一种证券报酬率的增长总是等于另一种证券报酬率的增长

C. 如果相关系数为0，则表示不相关，但并不表示组合不能分散任何风险

D. 证券与其自身的协方差就是其方差

5. A证券要求的收益率为15%，标准差为25%，与市场投资组合收益率的相关系数是0.2，市场投资组合要求的收益率是14%，市场组合的标准差是4%，假设处于市场均衡状态，则市场风险溢价和该证券的贝塔系数分别为（　　　　）。

A. 4%；1.25

B. 5%；1.75

C. 4.25%；1.45

D. 5.25%；1.55

6. 某公司预计在未来三年每年年初存入2000元，

年利率为2%，单利计息，则在第三年年末存款的终值是（　　）元。

- A. 6120.8
- B. 6243.2
- C. 6240
- D. 6606.6

二、多选题

1. 实际工作中以年金形式出现的是（　　）。
- A. 采用加速折旧法所计提的各年的折旧费
- B. 租金
- C. 奖金
- D. 特定资产的年保险费

2. 下列有关资本市场线和证券市场线的说法中，正确的有（　　）。
- A. 证券市场线无论对于单个证券，还是投资组合都可以成立
- B. 资本市场线只对有效组合才能成立
- C. 证券市场线和资本市场线的纵轴表示的均是预期报酬率，且在纵轴上的截距均表示无风险报酬率
- D. 证券市场线的横轴表示的是β值，资本市场线的横轴表示的是标准差

3. 下列关于预付年金系数表达正确的是（　　）。
- A. 预付年金终值系数等于在普通年金终值系数基础上期数减1系数加1
- B. 预付年金终值系数等于普通年金终值系数乘以$(1+i)$
- C. 预付年金现值系数等于在普通年金现值系数基础上期数减1系数加1
- D. 预付年金现值系数等于普通年金现值系数乘以$(1-i)$

4. 下列关于有效年利率和名义利率说法正确的有（　　）。
- A. 有效年利率是指在考虑复利效果后付出的有效年利率
- B. 名义利率是指按照第一计息周期的利率乘以每年计息期数计算得出的利率
- C. 通常名义利率是以复利计息的年利率来表示
- D. 当每年复利次数超过一次时，这样的年利率就是名义利率，而每年只复利一次的利率才是实际利率

5. 影响资金时间价值大小的因素主要有（　　）。
- A. 资金额
- B. 利率和期限
- C. 计息方式
- D. 风险

6. 下列关于两只股票构成的投资组合，其机会集曲线表述正确的有（　　）。
- A. 揭示了风险分散化的内在效应
- B. 机会集曲线向左弯曲的程度取决于相关系数的大小
- C. 反映了投资的有效集合
- D. 完全负相关的投资组合，其机会集曲线是一条折线

7. 下列各项中，其数值等于n期预付年金终值系数的有（　　）。
- A. $(P/A, i, n)(1+i)$
- B. $[(P/A, i, n-1)+1]$
- C. $(F/A, i, n)(1+i)$
- D. $[(F/A, i, n+1)-1]$

8. 某公司拟购置一处房产，付款条件是：从第5年开始，每年年初支付10万元，连续支付10次，共100万元，假设该公司的资本成本率为10%，则相当于该公司现在一次付款的金额为（　　）万元。
- A. $10×[(P/A, 10\%, 15)-(P/A, 10\%, 5)]$
- B. $10×(P/A, 10\%, 10)(P/F, 10\%, 5)$
- C. $10×[(P/A, 10\%, 16)-(P/A, 10\%, 6)]$
- D. $10×[(P/A, 10\%, 15)-(P/A, 10\%, 6)]$

9. 在利率一定的条件下，随着预期使用年限的增加，则表述不正确的是（　　）。
- A. 复利现值系数变大
- B. 复利终值系数变小
- C. 普通年金现值系数变小
- D. 普通年金终值系数变大

10. 下列关于普通年金现值表述正确的为（　　）。
- A. 普通年金现值是指为在每期期末取得相等金额的款项，现在所需要投入的金额
- B. 普通年金现值是一定时期内每期期末收付款项的复利现值之和
- C. 普通年金现值是指未来一定时间的特定资金按复利计算的现值
- D. 普通年金现值是指为在一定时期内每期期初取

得相等金额的款项，现在所需要投入的金额

11. 下列关于有效年利率与名义利率的关系表述中正确的有（　　　）。

A. 计息周期短于一年时，有效利率小于名义利率；计息周期长于一年时，有效利率大于名义利率

B. 当计息周期为一年时，名义利率与有效年利率相等

C. 名义利率越大，计息周期越短，有效年利率与名义利率的差异就越大

D. 有效年利率不能完全反映资本的时间价值，名义利率才能真正反映出资本的时间价值

12. 下列有关风险表述正确的有（　　　）。

A. 风险是指一种对未来结果的不安和危机感，是对未来不良结果的预计

B. 市场风险表示对整个市场上各类企业都产生影响的可分散风险

C. 可分散风险是指只对于某个行业或个别公司产生影响的风险

D. 非系统风险可以通过分散投资来抵消，即发生于一家公司的不利事件可被其他公司的有利事件所抵消，因此这类风险又被称为"可分散风险""特有风险"

13. 下列表述中错误的选项有（　　　）。

A. 复利现值系数与复利终值系数互为倒数

B. 年金现值系数与年金终值系数互为倒数

C. 年金现值系数与偿债基金系数互为倒数

D. 年金终值系数与投资回收系数互为倒数

14. 投资决策中用来衡量项目风险的，可以是项目的（　　　）。

A. 预期报酬率

B. 各种可能的报酬率概率分布的离散程度

C. 预期报酬率的方差

D. 预期报酬率的标准差

15. 下列有关证券组合风险的表述正确的有（　　　）。

A. 证券组合的风险不仅与组合中每个证券的报酬率标准差有关，而且与各证券之间报酬率的协方差有关

B. 持有多种彼此不完全正相关的证券可以降低风险

C. 资本市场线反映了在资本市场上资产组合风险和报酬的权衡关系

D. 投资机会集曲线描述了不同投资比例组合的风险和报酬之间的权衡关系，有效边界就是机会集曲线上从最小方差组合点到最低预期报酬率的那段曲线

16. 下列关于风险的说法正确的有（　　　）。

A. 如果投资者选择一项资产并把它加入已有的投资组合中，那么该资产的风险完全取决于它如何影响投资组合收益的波动性

B. 投资项目的风险大小是一种客观存在，但投资人是否冒风险，则是主观可以决定的

C. 风险是在一定条件下，一定时期内可能发生的各种结果的变动程度

D. 在充分组合的情况下，公司特有风险与决策是不相关的

17. 如果组合中包括了全部股票，则投资人（　　　）。

A. 只承担市场风险

B. 只承担特有风险

C. 只承担非系统风险

D. 只承担系统风险

三、计算分析题

1. 已知：现行国库券的利率为5%，证券市场组合平均收益率为15%，市场上A、B、C、D 4种股票的β系数分别为0.91、1.17、1.8和0.52；B、C、D股票的必要收益率分别为16.7%、23%和10.2%。

【要求】

（1）采用资本资产定价模型计算A股票的必要收益率。

（2）计算B股票价值，为拟投资该股票的投资者做出是否投资的决策，并说明理由。假定B股票当前每股市价为15元，最近一期发放的每股股利为2.2元，预计年股利增长率为4%。

（3）计算A、B、C 3只股票的投资组合的β系数和必要收益率。假定投资者购买A、B、C 3种股票的比例为1:3:6。

（4）已知按3:5:2的比例购买A、B、D 3种股票，所形成的A、B、D投资组合的β系数为0.96，该组合的

必要收益率为14.6%；如果不考虑风险大小，请在A、B、C和A、B、D两种投资组合中做出投资决策，并说明理由。

2. 某公司准备购置一处房产，此时能贷款年利率为12%，有以下3种付款方式：

第一种：现在起10年内每年年末支付12万元。

第二种：现在起10年内每年年初支付10万元。

第三种：从第3年起每年年末支付16万元，连续支付8期。

【要求】 按照现值计算，哪一种付款方式更有利？

四、综合题

某投资者准备从证券市场购买A、B、C、D 4种股票组成投资组合。已知A、B、C、D 4种股票的β系数分别为0.7、1.2、1.6、2.1。现行国库券的收益率为8%，市场平均股票的必要收益率为15%。

【要求】

（1）采用资本资产定价模型分别计算这4种股票的预期收益率。

（2）假设该投资者准备长期持有A股票。A股票去年的每股股利为4元，预计年股利增长率为6%，当前每股市价为58元。投资A股票是否合算？

（3）若该投资者按5:2:3的比例分别购买了A、B、C3种股票，计算该投资组合的系数和预期收益率。

（4）若该投资者按3:2:5的比例分别购买了B、C、D3种股票，计算该投资组合的系数和预期收益率。

（5）根据上述（3）和（4）的结果，如果该投资者想降低风险，应选择哪一投资组合？

资本成本 第 4 章

本章的内容虽然不多但很重要，从历年的考试情况看，本章的主要考点包括债务资本成本的估计、权益资本成本的估计、加权平均资本成本的计算、优先股资本成本的估计、资本成本的影响因素等。本章的题型主要涉及单项选择题、多项选择题，还可能与第7章、第8章综合起来在计算分析题和综合题中考查。在近几年考试中，本章内容所占分值在5分左右。

【本章考点概览】

资本成本	一、资本成本的概念和用途	1. 资本成本的概念	★
		2. 资本成本的用途	★
		3. 资本成本的影响因素	★★
	二、债务资本成本的估计	1. 债务资本成本的概念	★★
		2. 税前债务资本成本的估计	★★★
		3. 税后债务成本的估计	★★
	三、普通股资本成本的估计	1. 不考虑发行费用的普通股资本成本的估计	★★★
		2. 考虑发行费用时资本成本的计算	★★
	四、混合筹资资本成本的估计		★
	五、加权平均资本成本的计算	1. 加权平均资本成本的意义	★
		2. 加权平均资本成本的计算方法	★★

第一节 资本成本的构成和用途

考情分析： 对于本节内容，题型主要为客观题，分值在1分左右。考点主要集中在资本成本的概念。

学习建议： 对于本节内容的学习，重在理解资本成本的概念，了解资本成本的用途和估计资本成本的方法。

一、资本成本的概念（★）

（一）资本成本的概念

资本成本通常是指投资资本的机会成本。这种成本不是实际支付的成本，而是一种失去的收益，是将资本用于本项目投资所放弃的其他投资机会的收益，因此被称为机会成本。资本成本也称为最低期望报酬率、投资项目的取舍率、最低可接受的报酬率。

资本成本的概念包括两个方面：一方面是与公司的筹资活动有关的资本成本，即筹资的成本，它是公司募集和使用资金的成本，也称为公司的资本成本。另一方面是与公司的投资活动有关的资本成本，也称为投资

项目有关的资本成本。

（二）公司的资本成本

公司的资本成本是指组成公司资本结构的各种资金来源的成本组合，也就是各种资本要素成本的加权平均数。理解公司资本成本，需要注意以下几个问题。

（1）资本成本是公司取得资本使用权的代价。

（2）资本成本是公司投资人要求的必要报酬率。资本成本是投资人所要求的最低报酬率，投资项目的资本成本是指项目本身所需投资资本的机会成本。

（3）不同资本来源的资本成本不同。公司的资本通常有普通股、优先股和债务3种来源。每种资本来源被称为一种资本要素，每一种资本要素要求的报酬率被称为要素成本。不同公司的要素成本不同，所以其资本成本也不同。

（4）不同公司的筹资成本不同。

对筹资成本产生影响的因素有：无风险报酬率、

经营风险溢价和财务风险溢价。

其中，无风险报酬率是指无风险投资所要求的报酬率，如政府债券投资；经营风险溢价是指公司未来的前景的不确定性导致的要求投资报酬率增加的部分；财务风险溢价是指高财务杠杆产生的风险。

【知识拓展】筹资的成本内容包括资金筹集费和资金占用（使用）费。资金筹集费又包括手续费和发行费。资金占用（使用）费又包括利息和股利部分。

影响资本成本的因素有：①不同投资项目的风险不同，所以它们要求的最低报酬率不同；②每个项目都有自己的资本成本，它是项目风险的函数。

◉)) 名师点拨 ••••••••••••••••••••••

由于公司所经营的业务不同（经营风险不同），资本结构不同（财务风险不同），因此各公司的资本成本也不同。对于经营风险和财务风险大的投资，投资人要求的回报率高，公司的投资成本就高。

（三）投资项目的资本成本

投资项目的资本成本是指项目本身所需投资资本的机会成本。

◉)) 名师点拨 ••••••••••••••••••••••

公司资本成本和项目资本成本的区别和联系，其相关内容如下。

区别：公司资本成本是投资人针对整个公司要求的报酬率，或者说是投资者对于企业全部资产要求的最低报酬率。而项目资本成本是公司投资于资本支出项目所要求的最低报酬率。

联系：①如果公司新的投资项目的风险与企业现有资产平均风险相同，则项目资本成本等于公司资本成本。

②如果新的投资项目的风险高于企业现有资产的平均风险，则项目资本成本高于公司资本成本。

③如果新的投资项目的风险低于企业现有资产的平均风险，则项目资本成本低于公司的资本成本。

【例题1·多选题】（2016年真题）下列关于投资项目资本成本的说法中，正确的有（　　）。

A. 资本成本是报资项目的取舍率

B. 资本成本是投资资本的必要报酬率

C. 资本成本是投资项目的内含报酬率

D. 资本成本是投资资本的机会成本

【解析】本题考查的是投资项目的资本成本。投资项目的资本成本是指项目本身所需投资资本的机会成本，是资本支出项目的必要报酬率，选项B、D正确；采用内含报酬率法评价投资项目时，项目资本成本是其"取舍率"或必要报酬率，选项A正确；资本成本不是投资项目的内含报酬率，选项C错误。

【答案】ABD

二、资本成本的用途（★）

公司的资本成本主要用于投资决策、筹资决策、营运资本管理、评估企业价值和业绩评价，详细内容如表4-1所示。

表4-1　　　　　　　　　　　　　　　　资本成本的主要用途

资本成本的用途	要点说明
用于投资决策	当投资决策与公司现存业务相同时，公司资本成本是合适的折现率
筹资决策	筹资决策的核心问题是决定资本结构。最优资本结构是使股票价格最大化的资本结构，加权平均资本成本可以指导资本结构决策
营运资本管理	公司各类资产的收益、风险和流动性不同，营运资本投资和长期资产投资的风险不同，其资本成本也不同。资本成本可以用来评估营运资本投资政策和营运资本筹资政策
评估企业价值	评估企业价值时，主要采用现金流量折现法，需要使用公司资本成本作为公司现金流量的折现率
业绩评价	资本成本是投资人要求的报酬率，与公司实际的投资报酬率进行比较可以评价公司的业绩。业绩评价的核心指标是经济增加值，计算经济增加值需要使用公司资本成本

三、资本成本的影响因素（★★）

在市场经济环境中，多方面因素的综合作用决定着企业资本成本的高低，其中主要有：利率、市场风险、税率、资本结构、股利政策和投资政策。这些因素发生变化时，就需要调整资本成本。详细内容如表4-2所示。

表4-2　　　　　　　　　　　　　影响资本成本变动的因素

影响因素		说　明
外部因素	利率	市场利率上升，公司的债务成本会上升，也会引起普通股和优先股的成本上升
	市场风险溢价	①市场风险溢价由资本市场上的供求双方决定，个别公司无法控制 ②市场风险溢价会影响股权成本。股权成本上升时，各公司会增加债务筹资，并推动债务成本上升
	税率	①税率是政府政策，个别公司无法控制 ②税率变化直接影响税后债务成本以及公司加权平均资本成本
内部因素	资本结构	①适度负债的资本结构下，资本成本最小 ②增加债务的比重，会使平均资本成本趋于降低，同时会加大公司的财务风险，财务风险的提高，又会引起债务成本和权益成本上升
	股利政策	改变股利政策，就会引起权益成本的变化
	投资政策	①公司的资本成本反映现有资产的平均风险 ②如果公司向高于现有资产风险的项目投资，公司资产的平均风险就会提高，并使得资本成本上升

第二节　债务资本成本的估计

考情分析：对于本节内容，题型主要为客观题，也可能会在计算分析题和综合题里与别的章节联合出现，分值在1分左右。

学习建议：对于本节内容的学习，重在理解债务成本的含义，掌握债务成本估计的方法。

一、债务资本成本的概念（★★）

债务成本（Cost of Debt）是指企业举债（包括金融机构贷款和发行企业债券）筹资而付出的代价。在企业不缴纳所得税的情况下，它就是付给债权人的利息率；在企业缴纳所得税的情况下，它等于利息率×(1-税率)。

1. 债务筹资的特征

估计债务成本就是确定债权人要求的收益率。与权益筹资相比，债务筹资有以下几个特征。

（1）债务筹资产生合同义务。筹资公司在取得资金的同时，必须承担规定的合同义务。这种义务包括在未来某一特定日期归还本金，以及本金之外的利息费用或票面利息。

（2）公司在履行上述义务时，归还债务人本息的请求权优先于股东的股利。

（3）提供债务资金的投资者，没有权利获得高于合同规定利息之外的任何收益。

由于债务筹资的上述特点，债务筹资的成本低于权益筹资的成本。

2. 债务资本成本的区分

在估计债务成本时，应注意以下几个方面。

（1）区分历史成本和未来成本。作为投资决策和企业价值评估依据的资本成本，只能是未来借入新债务的成本。

（2）区分债务的承诺收益与期望收益。对于筹资人来说，债权人的期望收益是其债务的真实成本。因为存在违约风险，债务投资组合的期望收益低于合同规定的收益。

（3）区分长期债务和短期债务。由于加权平均资本成本主要用于资本预算，涉及的债务是长期债务，因此通常的做法是只考虑长期债务，而忽略各种短期债务。另外，有时候公司无法发行长期债券或取得长期银行借款，被迫采用短期债务筹资并将其不断续约。这种债务，实质上是一种长期债务，是不能忽略的。

【例题2·多选题】企业在进行资本预算时需要对债务成本进行估计。如果不考虑所得税的影响，下列关于债务成本的说法中，正确的有(　　　　)。

A. 债务成本等于债权人的期望收益

B. 当不存在违约风险时，债务成本等于债务的承诺收益

C. 估计债务成本时，应使用现有债务的加权平均债务成本

D. 计算加权平均债务成本时，通常不需要考虑短期债务

【解析】作为投资决策和企业价值评估依据的资本成本，只能是未来借入新债务的成本。现有债务的历史成本，对于未来的决策是不相关的沉没成本。

【答案】ABD

二、税前债务资本成本的估计（★★★）

（一）到期收益率法

如果公司目前有上市的长期债券，则可以使用到期收益率法计算债务的税前成本。根据债券估价的公式，逐步测试求折现率，即找到使得未来现金流出的现值等于现金流入现值的那一个折现率。

债券发行形成的现金流量图如图4-1所示。

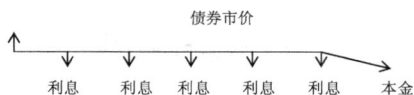

图4-1 债券发行形成的现金流量图

则到期收益率使用 K_d 表示，基本公式为：

$$P_0 = \sum_{t=1}^{n} \frac{利息}{(1+K_d)^t} + \frac{本金}{(1+K_d)^n}$$

式中 P_0——债券的市价；

K_d——到期收益率即税前债务成本；

n——债务的期限，通常以年表示。

【案例4-1】某公司3年前发行了面值为100元、期限22年的长期债券，利率是7%，每年付息一次，目前市价为90元。

$90=100 \times 7\% \times (P/A, K_d, 22) + 100 \times (P/F, K_d, 22)$

用试误法求解：

设折现率=7%，

$100 \times 7\% \times (P/A, 7\%, 22) + 100 \times (P/F, 7\%, 22) = 100$

设折现率=8%，

$100 \times 7\% \times (P/A, 8\%, 22) + 100 \times (P/F, 8\%, 22) = 89.8$

利用内插法得：$K_d = 7.98\%$。

（二）可比公司法

采用可比公司法估计债券的成本，即要找一个拥有可交易债券的可比公司作为参照物。通过计算可比公司长期债券的到期收益率，作为本公司的长期债务成本。

采用可比公司法需要注意可比公司应当与目标公司处于同一行业，并且具有类似的商业模式。最好两者的规模、负债比率和财务状况也比较类似。

（三）风险调整法

采用风险调整法估计债券的成本，即在政府债券的市场回报率基础上附加上企业的信用风险补偿率，其基本公式为：税前债务成本＝政府债券的市场回报率＋企业的信用风险补偿率。

其中关键是要确定企业的信用风险补偿率。而信用风险的大小可以用信用级别来估计。具体做法如下。

（1）选择若干信用级别与本公司相同的上市的公司债券。

（2）计算这些上市公司债券的到期收益率。

（3）计算与这些上市公司债券同期的长期政府债券到期收益率（无风险报酬率）。

（4）计算上述两个到期收益率的差额，即信用风险补偿率。

（5）计算信用风险补偿率的平均值，并作为本公司的信用风险补偿率。

【案例4-2】某公司的信用级别为A级。为估计其税前债务成本，收集了目前上市交易的4种A级公司债。不同期限债券的利率不具有可比性，期限长的债券利率较高。对于已经上市的债券来说，到期日相同则可以认为未来的期限相同，其无风险报酬率相同，两者的利率差额是风险不同引起的。寻找与公司债券到期日完全相同的政府债券几乎不可能。因此，要选择4种到期日分别与4种公司债券近似的政府债券，进行到期收益率的比较。有关数据如表4-3所示。

表4-3　　　　　　　　　上市公司的4种A级公司债有关数据表

债券发行公司	上市债券到期日	上市债券到期收益率	政府债券到期日	政府债券（无风险）到期收益率	公司债券风险补偿率
A	2012年1月28日	4.80%	2012年1月4日	3.97%	1.83%
B	2012年9月16日	4.66%	2012年7月4日	3.75%	1.91%
C	2013年8月15日	4.52%	2014年2月15日	3.47%	1.05%
D	2017年9月25日	5.65%	2018年2月15日	4.43%	1.22%
风险补偿率平均值					1.50%

假设当前的无风险报酬率为3.5%，则该公司的税前债务成本为：

K_d=3.5%+1.5%=5%。

🔊 **名师点拨** ●●●●●●●●●●●●●●●

风险调整法适用于公司没有上市的债券，而且找不到合适的可比公司，那么就需要使用风险调整法估计债务成本。按照这种方法，债务成本通过同期限政府债券的市场收益率与企业的信用风险补偿率求得：税前债务成本=政府债券的市场回报率+企业的信用风险补偿率。在确定本公司的信用风险补偿率时，应选择与本公司信用级别相同的债券。

【例题3·单选题】 甲公司采用风险调整法估计债务成本，在选择若干已上市公司债券以确定本公司的信用风险补偿时，应当选择（ ）。

A. 与本公司信用级别相同的债券

B. 与本公司所处行业相同的公司的债券

C. 与本公司商业模式相同的公司的债券

D. 与本公司债券期限相同的债券

【解析】 信用风险的大小可以用信用级别来表示，因此应选择若干信用级别与本公司相同的上市的公司债券。

【答案】 A

【例题4·计算分析题】 H公司是一个高成长的公司，目前每股价格为20元，每股股利为1元，股利预期增长率为6%。

公司现在急需筹集资金5000万元，有以下3个备选方案。

方案1： 按照目前市价增发股票250万股。

方案2： 平价发行10年期的长期债券。目前新发行的10年期政府债券的到期收益率为3.6%。H公司的信用级别为AAA级，目前上市交易的AAA级公司债券有3种。这3种公司债券及与其到期日接近的政府债券的到期收益率如表4-4所示。

表4-4 　　　　　3种公司债券及与其到期日接近的政府债券的到期收益率

债券发行公司	上市债券到期日	上市债券到期收益率	政府债券到期日	政府债券到期收益率
甲	2013年7月1日	6.5%	2013年6月30日	3.4%
乙	2014年9月1日	6.25%	2014年8月1日	3.05%
丙	2016年6月1日	7.5%	2016年7月1日	3.6%

【要求】

（1）计算按方案1发行股票的资本成本。

（2）计算按方案2发行债券的税前资本成本。

【答案】

（1）$K_{股}$=[1×（1+6%）]÷20+6%=11.3%

（2）无风险报酬率=3.6%

信用风险补偿率=[（6.5%-3.4%）+（6.25%-3.05%）+（7.5%-3.6%）]÷3=3.4%

税前债务成本=3.6%+3.4%=7%

（四）财务比率法

按照该方法，需要知道目标公司的关键财务比率，根据这些比率可以大体上判断该公司的信用级别，有了信用级别就可以使用风险调整法确定其债务成本。

三、税后债务成本的估计（★★）

由于利息可以从应税收入中扣除，因此，负债的税后成本是税率的函数。利息的抵税作用使得负债的税后成本低于税前成本。

税后债务成本 = 税前债务成本 ×（1- 所得税税率）

🔊 **名师点拨** ●●●●●●●●●●●●●●●

由于所得税的作用，公司的实际债务成本小于债权人要求的收益率。优先股成本的估计方法与债务成本类似，不同的只是其股利在税后支付，其资金成本会高于债务。

新发行债券的资本成本受到债券面值、发行费用率、债券到期时间、公司所得税率、每年的利息数量等因素的影响。

债券从发行到到期，产生的现金流量图如图4-2所示。

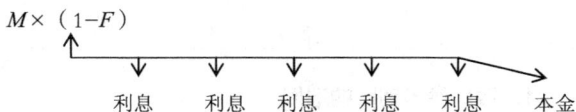

图4-2 债券从发行到到期所产生的现金流量图

则根据现金流量图，反映发行成本的基本公式为：

$$M \times (1-F) = \sum_{t=1}^{N} \left(\frac{I}{(1+K_d)^t} + \frac{M}{(1+K_d)^n} \right)$$

式中 M——债券面值；

F——发行费用率；

n——债券的到期时间；

T——公司的所得税税率；

I——每年的利息数量；

K_d——经发行成本调整后的税前债务成本。

则税后债务成本公式为：税后债务成本 $K_{dt} = K_d \times (1-T)$。

【例题5·计算分析题】 公司新发行面值1 000元，票面利率12%，每半年付息一次的不可赎回的长期债券，该债券5年到期，当前市价1 106.52元；假设新发行长期债券时发行成本率为5%。公司所得税税率为40%。

【要求】 计算债券的税后资本成本。

【答案】

筹资净额 =1 106.52 × （1−5%）=1 051.19（元）

1 000×6%×（P/A，$K_{\mp}$，10）+1 000×（P/F，$K_{\mp}$，10）=1 051.19

60×（P/A，$K_{\mp}$，10）+1 000×（P/F，$K_{\mp}$，10）=1 051.19

设 $K_{\mp}$=5%，则 60×7.721 7+1 000×0.613 9=1 077.20

设 $K_{\mp}$=6%，则 60×7.360 1+1 000×0.558 4=1 000.01

（$K_{\mp}$−5%）÷（6%−5%）=（1 051.19−1 077.2）÷（1 000.01−1 077.2）

$K_{\mp}$=5.34%

债券的年有效到期收益率 =（1+5.34%）²−1=10.97%

债券的税后资本成本 =10.97%×（1−40%）=6.58%

【例题6·计算分析题】 B公司正在研究一项生产能力扩张计划的可行性，需要对资本成本进行估计。估计资本成本的有关资料如下。

（1）公司现有长期负债：面值1 000元，票面利率12%，每半年付息一次的不可赎回债券；该债券还有5年到期，当前市价1 051.19元；假设新发行长期债券时采取私募方式，不用考虑发行成本。

（2）公司现有优先股：面值100元，股息率10%，每年付息的永久性优先股。当前市价110.79元。如果新发行优先股，需要承担每股2元的发行成本。

（3）公司现有普通股：当前市价50元，最近一次支付股利为4.19元/股，预期股利的永续增长率为5%，该股票的 β 系数为1.2，公司不准备发行新的普通股。

（4）资本市场：国债收益率为7%；市场平均风险报酬为13%。

（5）公司所得税税率为25%。

【要求】

（1）计算债券的税后资本成本。

（2）计算优先股资本成本。

（3）计算普通股资本成本：用资本资产价模型和股利增长模型两种方法估计，以两者的平均值作为普通股资本成本。

（4）假设目标资本结构是30%的长期债券、10%的优先股、60%的普通股，根据以上计算得出的长期债券资本成本、优先股资本成本和普通股资本成本估计公司的加权平均资本成本。

【答案】

（1）1 000×6%×（P/A，$K_{\mp}$，10）+1 000×（P/F，$K_{\mp}$，10）=1 051.19

60×（P/A，$K_{\mp}$，10）+1 000×（P/F，$K_{\mp}$，10）=1 051.19

设 $K_{\mp}$=5%，60×7.721 7+1 000×0.613 9=1 077.20

设 $K_{\mp}$=6%，60×7.360 1+1 000×0.558 4=1 000.01

（$K_{\mp}$−5%）÷（6%−5%）=（1 051.19−1 077.2）÷（1 000.01−1 077.2）

$K_{\mp}$=5.34%

债券的有效年收益率 =（1+5.34%）²−1=10.97%

债券的税后资本成本 =10.97%×（1−25%）=8.23%

（2）年股利 =100×10%=10（元）

年优先股成本 =10÷（110.79−2）=9.19%

（3）$K_{普}$=[4.19×（1+5%）]÷50+5%=13.80%

$K_{普}$=7%+1.2×（13%−7%）=14.2%

平均股票成本 =（13.80%+14.2%）÷2=14%

（4）加权平均资本成本 =8.23%×30%+9.01%×10%+14%×60%=11.77%

第三节 普通股资本成本的估计

考情分析：对于本节内容，题型主要为客观题，但可能会在计算分析题和综合题里与别的章节联合出题，分值为2分左右。考点主要集中在运用资本资产定价模型估计权益成本、估计普通股成本上。

学习建议：对于本节内容的学习，重在理解资本资产定价模型、股利增长模型和债券收益加风险溢价法，学会估计普通股成本。

公司的权益资本一般包括普通股和留存收益，一些公司还有优先股。这些权益资本的成本因素不尽相同，估计方法也不尽相同。

一、不考虑发行费用的普通股资本成本的估计（★★★）

【要点提示】普通股资本成本估算方法有3种：资本资产定价模型、股利增加模型、债券收益率风险调整模型。重点掌握资本资产定价模型、无风险报酬率的估计、贝塔系数的估计、市场风险溢价的估计。

（一）资本资产定价模型

在估计股权成本时，使用最广泛的方法是资本资产定价模型。按照资本资产定价模型，股权成本等于无风险报酬率加上风险溢价。

1．基本公式

权益资本成本 = 无风险报酬率 + 风险溢价

$K_s = R_f + \beta \times (R_m - R_f)$

式中　R_f——无风险报酬率；

　　　β——该股票的贝塔系数；

　　　R_m——平均风险股票报酬率；

　　　$R_m - R_f$——权益市场风险溢价；

　　　$\beta \times (R_m - R_f)$——该股票的风险溢价。

2．注意事项

根据资本资产定价模型计算普通股成本，必须先估计无风险报酬率、权益的贝塔系数以及权益市场风险溢价。

（二）无风险报酬率的估计

我们将无风险资产定义为投资者可以确定预期报酬率的资产。通常认为，政府债券没有违约风险，可以代表无风险报酬率。

1．政府债券期限的选择

政府债券基本上没有违约风险，其利率可以代表无风险报酬率。问题在于政府债券有不同的期限，它们的利率不同。通常认为，在计算公司资本成本时选择长期政府债券的利率比较适宜。选择长期政府债券的原因是：普通股同样是长期的有价证券；资本预算涉及的时间长；长期政府债券的利率波动较小。

2．选择票面利率还是到期收益率

应当选择上市交易的政府长期债券的到期收益率而不是票面利率作为无风险报酬率的代表。其原因是：不同时间发行的长期政府债券，其票面利率不同，有时相差较大；长期政府债券的付息期不同，有半年期或一年期等，还有到期一次还本付息的，因此，票面利率是不适宜的。

3．选择名义利率还是实际利率

（1）通货膨胀的影响。这里的名义利率是指包含了通货膨胀因素的利率，实际利率是指排除了通货膨胀率因素的利率。从对利率的影响来看，两者的关系可表述为：$1 + r_{名义} = (1 + r_{实际}) \times (1 + 通货膨胀率)$

从对现金流量的影响来看，如果企业对未来现金流量的预测是基于预算年度的价格水平，并消除了通货膨胀的影响，那么这种现金流量称为实际现金流量。包含了通货膨胀影响的现金流量，称为名义现金流量。两者的关系可表述为：

名义现金流量 = 实际现金流量 × $(1 + 通货膨胀率)^n$

式中　n——相对于基期的期数。

（2）决策分析的基本原则。在决策分析时的基本原则是：计算名义现金流量时要使用名义折现率进行折现，计算实际现金流量时要使用实际折现率进行折现。

🔊 **名师点拨** ························

不同现金流折现时一定要用对应的折现率。

（3）实务中的做法。通常情况下，使用含通货膨胀的名义货币编制预计财务报表并确定现金流量，与此同时，使用含通货膨胀的无风险报酬率计算资本成本。

当存在下列两种情况时：最好使用排除通货膨胀的实际现金流量和实际利率来计算资本成本：①存在恶性的通货膨胀（通货膨胀率已经达到两位数）；②预测

周期特别长。

【例题7·计算分析题】假设某方案的实际现金流量如表4-5所示，名义折现率为10%，预计一年内的通货膨胀率为3%，求该方案各年现金流量的现值合计。

表4-5　　　　　　　　　　　某方案的实际现金流量　　　　　　　　　　　单位：万元

时 间	第0年	第1年	第2年	第3年
实际现金流量	−500	250	280	180

【答案】

解法1：将名义现金流量用名义折现率进行折现，如表4-6所示。

表4-6　　　　　　　　　　　净现值的计算　　　　　　　　　　　单位：万元

时 间	第0年	第1年	第2年	第3年
实际现金流量	−500	250	280	180
名义现金流量	−500	$250 \times 1.03 = 257.5$	$280 \times 1.03^2 = 297.05$	$180 \times 1.03^3 = 196.69$
现值（按10%折现）	−500	$257.5 \times 0.9091 = 234.09$	$297.05 \times 0.8264 = 245.48$	$196.69 \times 0.7513 = 147.77$
净现值	NPV=−500+234.09+245.48+147.77=127.34			

解法2：将实际现金流量用实际折现率进行折现，如表4-7所示。

$$实际折现率 = \frac{1+ 名义资本成本}{1+ 通货膨胀率} = （1+10\%）\div（1+3\%）= 1.068$$

表4-7　　　　　　　　　　　某方案的实际现金流量　　　　　　　　　　　单位：万元

时 间	第0年	第1年	第2年	第3年
实际现金流量	−500	250	280	180
现值（按4.762%折现）	−500	$250 \div 1.068 = 234.08$	$280 \div 1.068^2 = 245.48$	$180 \div 1.068^3 = 147.76$
净现值	NPV=−500+234.08+245.48+147.76=127.32			

（三）贝塔值的估计

在前面讨论资本资产定价模型时，我们已经知道，贝塔值（β值）是证券i的报酬率与市场组合报酬率的协方差与市场组合报酬率方差的比值。

1. 计算方法

利用第3章的回归分析或定义公式有：

$$\beta = \frac{COV(R_i, R_m)}{\sigma^2 m}$$

式中　$COV(R_i, R_m)$——证券i的报酬率与市场组合报酬率协方差；

σ_m^2——市场组合报酬率的方差。

2. 对关键变量的选择

在确定计算贝塔值时，必须对关键变量（预测期间的长度和收益计量的时间间隔）做出选择，如表4-8所示。

表4-8　　　　　　有关预测期间的长度和收益计量的时间间隔的选择

关键变量	选 择	注 意
有关预测期间的长度	①公司风险特征无重大变化时，可以采用5年或更长的预测期长度 ②如果公司风险特征发生重大变化，应当使用变化后的年份作为预测期长度	不一定时间越长估计的值就越可靠

续表

关键变量	选　择	注　意
收益计量的时间间隔	使用每周或每月的报酬率	当使用每日内的报酬率时，由于有些日子没有成交或者停牌，由此引起的偏差会降低股票报酬率与市场报酬率之间的相关性，也会降低该股票的β值。使用每周或每月的报酬率能显著地降低这种偏差。年度报酬率较少采用

3. 使用历史β值估计权益资本

使用历史β值估计权益资本时，要注意β值的关键驱动因素是经营杠杆、财务杠杆和收益的周期性。如果公司在经营杠杆、财务杠杆和收益的周期性这3方面没有显著改变，则可以用历史的β值估计权益成本。

🔊 **名师点拨** ……………………

收益的周期性是指一个公司的收入和利润与整个经济周期状态的依赖性强弱。

（四）市场风险溢价的估计

1. 市场风险溢价

市场风险溢价通常被定义为在一个相当长的历史时期里，权益市场平均收益率与无风险资产平均收益率之间的差异。其计算公式为：市场风险溢价$=R_m-R_f$。

2. 权益市场收益率的估计

估计权益市场收益率最常见的方法是进行历史数据分析，在分析时需要注意关键变量的选择。

选择时间跨度时，由于股票收益率非常复杂多变，影响因素很多，因此较短的期间所提供的风险溢价比较极端，无法反映平均水平，因此应选择较长的时间跨度。既要包括经济繁荣时期，也包括经济衰退时期。

可以选择算术平均数或几何平均数法，算术平均数法更符合资本资产定价模型中的平均方差结构，而几何平均数法考虑了复合平均，能更好地预测长期的平均风险溢价。多数人倾向于采用几何平均数法。

🔊 **名师点拨** ……………………

（1）几何平均数方法下的权益市场收益率$=\sqrt[n]{\dfrac{P_n}{P_0}}-1$。

（2）算术平均数方法下的权益市场收益率$=\sum\limits_{t=1}^{n}\dfrac{K_t}{n}$，

其中，$K_t=\dfrac{P_t-P_{t-1}}{P_{t-1}}$。

（3）几何平均数法得出的预期风险溢价，一般情况下比算术平均数要低一些。

【例题8·多选题】 资本资产定价模型是估计权益成本的一种方法。下列关于资本资产定价模型参数估计的说法中，正确的有（　　　　）。

A. 估计无风险报酬率时，通常可以使用上市交易的政府长期债券的票面利率

B. 估计贝塔值时，使用较长年限数据计算出的结果比使用较短年限数据计算出的结果更可靠

C. 估计市场风险溢价时，使用较长年限数据计算出的结果比使用较短年限数据计算出的结果更可靠

D. 预测未来资本成本时，如果公司未来的业务将发生重大变化，则不能用企业自身的历史数据估计贝塔值

【解析】 估计无风险报酬率时，通常可以使用上市交易的政府长期债券的到期收益率而不是票面利率，选项A错误；估计贝塔值时，公司风险特征无重大变化时，可以采用5年或更长的预测期长度，如果公司风险特征发生重大变化，应当使用变化后的年份作为预测期长度，选项B错误。

【答案】 CD

【例题9·单选题】 下列关于"运用资本资产定价模型估计权益成本"的表述中，错误的是（　　　　）。

A. 通货膨胀率较低时，可选择上市交易的政府长期债券的到期收益率作为无风险报酬率

B. 公司三年前发行了较大规模的公司债券，估计β系数时应使用发行债券日之后的交易数据计算

C. 金融危机导致过去两年证券市场萧条，估计市场风险溢价时应剔除这两年的数据

D. 为了更好地预测长期平均风险溢价，估计市场风险溢价时应使用权益市场的几何平均收益率

【解析】 由于股票收益率非常复杂多变，影响因素很多，因此较短的期间所提供的风险溢价比较极端，无法反映平均水平，因此应选择较长的时间跨度，既要包括经济繁荣时期，也包括经济衰退时期。

【答案】 C

（五）股利增长模型

股利增长模型是依照股票投资的收益率不断提高的思路计算权益资本成本。

一般假定收益以固定的年增长率递增，则权益成

本的计算公式：$K_s = \dfrac{D_1}{P_0} + g$

式中 K_s——普通股成本；

D_1——预期下年现金股利额；

P_0——普通股当前市价；

g——股利的年增长率。

1. 历史增长率

这种方法是根据过去的股息支付数据估计未来的股息增长率。股息增长率可以按几何平均数计算，也可以按算术平均数计算，两者方法的计算结果会有很大区别。

【案例4-3】某公司20×5～20×9年的股利支付情况如表4-9所示。

表4-9　　　　　　某公司20×5～20×9年的股利支付情况　　　　　　单位：元

年　份	20×5	20×6	20×7	20×8	20×9
股　利	0.16	0.19	0.2	0.22	0.25

该公司的股利（几何）增长率为：

$$g = \sqrt[4]{\dfrac{0.25}{0.16}} - 1 = 11.80\%$$

该公司的股利（算术）增长率为：

$$g = \left(\dfrac{0.19-0.16}{0.16} + \dfrac{0.2-0.19}{0.19} + \dfrac{0.22-0.2}{0.2} + \dfrac{0.25-0.22}{0.22} \right) \div 4 = 11.91\%$$

哪一个公式的股利增长率更适合？几何增长率适合投资者在整个期间长期持有股票的情况，而算数平均数适合在某一段时间持有股票的情况。由于股利折现模型的增长率，需要长期的平均增长率，几何增长率更符合逻辑。

2. 可持续增长率

假设未来保持当前的经营效率和财务政策（包括不增发股票和股票回购）不变，则可根据可持续增长率来确定股利的增长率。

股利的增长率 = 可持续增长率 = 留存收益比率 × 期初权益预期净利率

🔊 名师点拨 ·········

可以利用第3章可持续增长率的期末权益计算公式，即股利的增长率 = 可持续增长率。

【例题10·单选题】某公司的预计未来保持经营效率、财务政策不变，且预期未来不发行股票，企业当前的每股股利为3元，每股净利润为5元，每股净资产为20元，每股市价为50元，则股票的资本成本为（　　）。

A. 11.11%　　　　　B. 16.25%

C. 17.78%　　　　　D. 18.43%

【解析】留存收益比例=1-3÷5=40%；权益净利率=5÷20=25%。

股利的增长率 = 可持续增长率 = 留存收益比率 × 权益净利率 ÷（1- 留存收益比率 × 权益净利率）= 40% × 25% ÷（1-40% × 25%）=11.11%。

股票的资本成本 =3×（1+11.11%）÷50+11.11% = 17.78%。

【答案】C

3. 采用证券分析师的预测

证券分析师发布的各公司增长率预测值，通常是分年度或季度的，而不是一个唯一的长期增长率。对此，有两种解决办法。

（1）将不稳定的增长率平均化。

转换的方法是计算未来足够长期间（例如30年或50年）的年度增长率的几何平均数。这个期间以后的股利，对于股价的贡献已经微不足道。

（2）根据不均匀的增长率直接计算股权成本。

【案例4-4】某公司的当前股价为2元/股，股票的实际价格为23元。证券分析师预测，未来5年的增长率逐年递减，第5年及其以后年度为5%。

（1）计算几何平均增长率。预计未来30年的股利，如表4-10所示。

表4-10　　　　　　　　　　　对该公司的股利预测

年　度	0	1	2	3	4	5	30
增长率		9%	8%	7%	6%	5%	5%
股　利	2	2.18	2.3544	2.5192	2.6704	2.8039	9.495

设平均增长率为 g：

$2\times(1+g)^{30}=9.495$

$g=5.3293\%$

$K=2\times(1+5.3293\%)\div23+5.3293\%=14.49\%$

（2）根据不均匀的增长率直接计算股权成本。根据固定增长股利估价模型，设权益成本为 K_s，则第四年年末的股价为：

$P_4=2.8039/(K_s-5\%)$

当前的股价等于前4年的股利现值与第4年末股价现值之和：

$$P_0=(1+K_s)\sum_{t=1}^{4}\frac{D_n}{(1+k_s)^n}+\frac{P_4}{(1+k_s)^n}$$

则 $23=2.18\times(1+K_s)^{-1}+2.3544\times(1+K_s)^{-2}+2.5192\times(1+K_s)^{-3}+2.6704\times(1+K_s)^{-4}+\frac{2.8039}{(K_s-5\%)}(1+K_s)^{-4}$

最后，求解上述方程：$K_s=14.91\%$

手工计算：逐步测试法。

设 $K_s=14\%$

$2.18\div(1+K_s)^1+2.3544\div(1+K_s)^2+2.5132\div(1+K_s)^3+2.6704\div(1+K_s)^4=25.42$

设 $K_s=15\%$

$2.18\div(1+K_s)^1+2.3544\div(1+K_s)^2+2.5192\div(1+K_s)^3+2.6704\div(1+K_s)^4=22.8$

$(K_s-14\%)\div(15\%-14\%)=(23-25.42)\div(22.8-25.42)$

得出，$K_s=14.95\%$。

4. 发行成本的影响

新发行股票的成本，也被称为外部权益成本。新发行普通股会发生发行成本，所以它比留存收益进行再投资的内部权益成本要高一些。

如果将筹资费用考虑在内，新发行普通股成本的计算公式则为：

$$K_s=\frac{D_1}{P_0(1-F)}+g$$

优先股成本的估计：$K=D/P_0$

新发股：$K=D/[P_0(1-F)]$

式中 F——普通股筹资费用率；

$\quad P_0$——普通股当前市价；

$\quad D_1$——预期下年现金股利额；

$\quad g$——股利的年增长率。

【案例4-5】某公司现有资产100万元，没有负债，全部为权益资本。其资产净利率为7.5%，每年净收益7.5万元，全部用于发放股利，公司的增长率为零。公司发行在外的普通股10万股，每股息前税后利润0.75元（7.5万元÷10万股）。股票的价格为10元。公司为了扩大规模购置新的资产（该资产的期望报酬率与现有资产相同），拟以10元的价格增发普通股10万股，发行费用率为10%。

【要求】计算新发普通股资本成本，判断该增资方案是否可行？

【答案】某公司的新发行普通股成本

$$K_s=\frac{0.75}{10\times(1-10\%)}+0=8.34\%$$

由于资产报酬率（总资产净利率）只有7.5%，因此该增资方案不可行。

（六）债券报酬率风险调整模型

根据投资"风险越大，要求的报酬率越高"的原理，普通股股东对企业的投资风险大于债券投资者，因而会在债券投资者要求的收益上再要求一定的风险收益价，依照这一理论，权益的成本公式为：

$$K_s=K_{dt}+RP_c$$

式中 $\quad K_{dt}$——税后债务成本；

$\quad RP_c$——股东比债权人承担更大风险所要求的风险溢价。

🔊 名师点拨 ••••••••••••••••••

风险溢价是凭借经验估计的。一般认为，某企业普通股风险溢价对其自己发行的债券来讲，大约在3%~5%之间。对风险较高的股票用5%，风险较低的股票用3%。

按照债券收益加风险溢价法，权益资本成本=税后债务成本+股东比债权人承担更大风险所要求的风险溢价，这里的税后债务成本是指企业自己发行的长期债券的税后债务成本。

【例题11·单选题】甲公司是一家上市公司，使用"债券收益加风险溢价法"估计甲公司的权益资本成本时，债券收益是指（　　　　）。

A. 政府发行的长期债券的票面利率

B. 政府发行的长期债券的到期收益率

C. 甲公司发行的长期债券的税前债务成本

D. 甲公司发行的长期债券的税后债务成本

【解析】按照债券收益加风险溢价法，$K_s=K_{dt}+RP_c$，式中：K_{dt}为税后债务成本；RP_c为股东比债权人承担更大风险所要求的风险溢价。

【答案】D

二、考虑发行费用时资本成本的计算（★★）

大多数的债务筹资是私下进行而不是公开发行，大多数权益筹资来自内部留存收益而非外部权益筹资，因此没有发行费用，如果公开发行债务和股权，发行成本就需要给予重视。

（一）有发行费用时债券资本成本的计算

如果在估计债务成本时考虑发行费用，则需要将其从筹资额中扣除。此时，债务的税前成本K_d应使下式成立：

$$P\times(1-F)=\sum_{t=1}^{n}I\div(1+K_d)^t+M\div(1+K_d)^n$$

税后债务成本$K_{dt}=K_d\times(1-T)$

式中 P——债券发行价格；

M——债券面值；

F——发行费用率；

n——债券的到期时间；

T——公司的所得税税率

I——每年的利息数量；

K_d——经发行成本调整后的债务税前成本。

（二）有发行费用时普通股资本成本的计算

新发行普通股的成本，也被称为外部权益成本。新发行普通股会发生发行成本，所以它比留存收益进行再投资的内部收益成本更高一些。

如果将筹资费用考虑在内，新发普通股成本的计算公式则为：

$$K_s=\frac{D_1}{P_0(1-F)}+g$$

式中 F——普通股筹资费用率。

【例题12·多选题】下列关于计算加权平均资本成本的说法中，正确的有（　　　）。

A. 计算加权平均资本成本时，理想的做法是按照以市场价值计量的目标资本结构的比例计量每种资本要素的权重

B. 计算加权平均资本成本时，每种资本要素的相关成本是未来增量资金的机会成本，而非已经筹集资金的历史成本

C. 计算加权平均资本成本时，需要考虑发行费用的债务应与不需要考虑发行费用的债务分开，分别计量资本成本和权重

D. 计算加权平均资本成本时，如果筹资企业处于财务困境，需将债务的承诺收益率而非期望收益率作为债务成本

【解析】目标资本结构加权是指根据按市场价值计量的目标资本结构衡量每种资本要素的比例，所以选项A正确；作为投资决策和企业价值评估依据的资本成本，只能是未来新的成本，现有的历史成本，对于未来的决策是不相关的沉没成本，选项B正确；存在发行费用，会增加成本，所以需要考虑发行费用的债务应与不需要考虑发行费用的债务分开，分别计量资本成本和权重，选项C正确；因为存在违约风险，债务投资组合的期望收益低于合同规定的收益，对于筹资人来说，债权人的期望收益是其债务的真实成本，所以选项D错误。

【答案】ABC

【例题13·计算分析题】B公司是一家制造企业，2009年度财务报表有关数据如表4-11所示。

表4-11　　　　　B公司2009年度财务报表有关数据　　　　单位：万元

项　目	2009年	项　目	2009年	项　目	2009年
营业收入	10000	所得税费用	125	期末长期负债	1350
营业成本	6000	净利润	500	期末负债合计	2050
销售及管理费用	3240	本期分配股利	350	期末流动资产	1200
息前税前利润	760	本期利润留存	150	期末长期资产	2875
利息支出	135	期末股东权益	2025	期末资产总计	4075
利润总额	625	期末流动负债	700	期末长期负债	1350

B公司没有优先股，目前发行在外的普通股为1000万股。假设B公司的资产全部为经营资产，流动负债全部是经营负债，长期负债全部是金融负债。公司目前已达到稳定增长状态，未来年度将维持2009年的经营效

率和财务政策不变（包括不增发新股和回购股票），可以按照目前的利率水平在需要的时候取得借款。不变的销售净利率可以涵盖不断增加的负债利息。2009年的期末长期负债代表全年平均负债，2009年的利息支出全部是长期负债支付的利息。公司适用的所得税税率为25%。

【要求】

（1）计算B公司2010年的预期销售增长率。

（2）计算B公司未来的预期股利增长率。

（3）假设B公司2010年年初的股价是9.45元，计算B公司的股权资本成本和加权平均资本成本。

【答案】

（1）2010年的预期销售增长率 =2009年可持续增长率

$$可持续增长率 = \frac{\frac{500}{2025} \times 30\%}{1 - \frac{500}{2025} \times 30\%} = 8\%$$

（2）股利增长率 = 可持续增长率 =8%

（3）股权资本成本 $= \dfrac{\frac{350}{1000} \times (1+8\%)}{9.45} + 8\% = 12\%$

净经营资产 $=4075-700=3375$（万元）

加权平均资本成本 $=12\% \times \dfrac{2025}{3375} + \dfrac{135}{1350} \times (1-25\%) \times \dfrac{1350}{3375}$

$$=7.2\%+3\%=10.2\%$$

第四节　混合筹资资本成本的估计

考情分析： 本节主要介绍混合筹资资本成本的估计的相关内容，重点内容为优先股资本成本的估计。

学习建议： 掌握优先股资本成本的估计公式，学习使用公式解决实际问题。

混合筹资兼具债权与股权筹资双重属性，主要包括优先股筹资、永续筹资、可转债券筹资和认股权证筹资等。

1. 优先股的资本成本估计

优先股的资本成本包括股息和发行费用。优先股的股息通常是固定的，公司以税后利润，在派发普通股股利之前，优先派发优先股股息。

优先股成本的估计方法与债务成本类似，不同的只是其股利在税后支付，没有"政府补贴"，其资本成本会高于债务。

优先股资本成本的估计公式如下：

$$r_p = D_p / P_p (1-F)$$

式中　r_p——优先股资本成本；

D_p——优先股每股年股息；

P_p——优先股筹资净额，即发行价格扣除发行费用后的金额；

F——优先股发行费用率。

2. 永续债资本成本的估计

永续债是具有一定权益属性的债券工具，其利息是一种永续年金。永续债资本成本的估计与优先股类似，公式如下：

$$r_{pd}=I_{pd}/[P_{pd}(1-F)]$$

式中　r_{pd}——永续债资本成本；

I_{pd}——永续债每年利息；

P_{pd}——永续债发行价格；

F——永续债发行费用率。

第五节　加权平均资本成本的计算

考情分析： 对于本节内容，题型主要为客观题，也可能会在计算分析题和综合题里与别的章节联合出现，分值在3分左右。

学习建议： 对于本节内容的学习，重在理解加权平均成本的概念和计算公式，掌握影响发行成本的因素和影响资本成本的因素。

一、加权平均资本成本的意义（★）

加权平均资本成本是公司全部长期资本的平均成本，一般按各种长期资本的比例加权计算，故又称加权平均资本成本。

在公司价值评估、资本结构决策中，加权平均资本是一种可供选择的折现率，必然会考虑加权平均资本成本的影响。

二、加权平均资本成本的计算方法（★★）

企业的加权资本成本，有以下3种加权方案可供选择：账面价值加权、实际市场价值加权和目标资本结构加权，如表 4-12 所示。

加权平均资本成本的计算公式为：

$$K_w = \sum_{j=1}^{n} K_j W_j$$

式中　K_w——加权平均资本成本；

　　　　K_j——第 j 种个别资本成本；

　　　　W_j——第 j 种个别资本占全部资本的比重（权数）。

表4-12　　　　　　　　　　　　常用的3种加权方案

加权方法	账面价值加权	根据企业资产负债表上显示的会计价值来衡量每种资本的比例 缺点：账面结构反映的是历史的结构，不一定符合未来的状态；账面价值会歪曲资本成本
	实际市场价值加权	根据当前负债和权益的市场价值比例衡量每种资本的比例 缺点：由于市场价值不断变动，负债和权益的比例也随之变动，计算出的加权平均资本成本数额也是转瞬即逝的
	目标资本结构加权	根据按市场价值计量的目标资本结构衡量每种资本要素的比例 优点：这种方法可以选用平均市场价格，回避证券市场价格变动频繁的不便；可以适用于企业筹措新资金，而不像账面价值权数和实际市场价值权数那样只反映过去和现在的资本结构

🔊 名师点拨 ••••••••••••••••••••

考试时主观题中的权数按照题目的要求来选，如果试题中没有说明以什么为权重，根据以往考试来看，通常是以账面价值为权重。

加权平均资本成本是各种资本要素成本的加权平均数，有 3 种加权方案可供选择，即账面价值加权、实际市场价值加权和目标资本结构加权。账面价值会歪曲资本成本，市场价值不断变动，所以，账面价值加权和实际市场价值加权都不理想。目标资本结构加权是指根据按市场价值计量的目标资本结构衡量每种资本要素的比例，这种方法可以选用平均市场价格，回避证券市场价格变动频繁的不便，所以，是理想的方法。

过关测试题

一、单选题

1. 在不考虑筹款限制的前提下，下列筹资方式中个别资本成本最高的通常是（　　　　）。

A. 发行普通股

B. 留存收益筹资

C. 长期借款筹资

D. 发行公司债券

2. 公司的资本成本是指组成公司资本结构的各种资金来源的成本的组合，也就是各种资本要素成本的加权平均数，其大小主要由（　　　　）。

A. 无风险报酬率和经营风险溢价决定

B. 经营风险溢价和财务风险溢价决定

C. 无风险报酬率和财务风险溢价决定

D. 无风险报酬率、经营风险溢价和财务风险溢价决定

3. 下列有关公司资本成本的用途的表述，正确的是（　　　　）。

A. 投资决策决定了一个公司的加权平均资本成本

B. 各类流动资产投资的资本成本是相同的

C. 资本成本是投资人要求的最低期望报酬率

D. 如果投资项目与现有资产平均风险不同，公司资本成本不能作为项目现金流量的折现率，此时，公司资本成本没有重要价值

4. 利用资本资产定价模型确定股票资本成本时，有关无风险报酬率的表述正确的是（　　　　）。

A. 选择长期政府债券的票面利率比较适宜

B. 选择国库券利率比较适宜

C. 必须选择实际的无风险报酬率

D. 政府债券的未来现金流，都是按名义货币支付的，据此计算出来的到期收益率是名义无风险报酬率

5. 已知 A 公司股票与市场组合的相关系数为 0.5，市场组合的标准差为 0.2，该股票的标准差为 0.48，市场的无风险报酬率为 4%，平均风险股票报酬率是 12%，则普通股的成本是（　　　　）。

A. 8%　　　　　　　　B. 12%

C. 12.8%　　　　　　D. 13.6%

6. 某股票为固定成长股，其成长率为 3%，预期第一年后的股利为 4 元。假定目前国库券收益率为 5%，平均风险股票的必要收益率为 16%，而该股票的 β 值

为 1.2，则该股票的价值为（　　　　）元。

    A. 25　　　　　　　　B. 26.32

    C. 27.18　　　　　　 D. 28

  7. 如果目标公司没有上市的长期债券，也找不到合适的可比公司，并且没有信用评级资料，那么可以用来估计债务成本的方法是（　　　　）。

    A. 到期收益率法

    B. 可比公司法

    C. 风险调整法

    D. 财务比率法

  8. 某企业的资本结构中权益乘数是 1.5，债务平均税前资本成本是 15%，权益资本成本是 20%，所得税税率是 25%。则该企业的加权平均资本成本是（　　　　）。

    A. 16.25%　　　　　 B. 16.72%

    C. 18.45%　　　　　 D. 18.55%

  9. 某企业发行普通股 2 000 万股，每股面值 1 元，发行价格为每股 5 元，筹资费率为 3%，每年股利固定为每股 0.2 元，则该普通股成本为（　　　　）。

    A. 3%　　　　　　　 B. 3.5%

    C. 4%　　　　　　　 D. 4.12%

  10. 下列各项中，可能导致公司加权平均资本成本下降的是（　　　　）。

    A. 无风险报酬率提高

    B. 市场风险溢价提高

    C. 公司股票上市交易，改善了股票的市场流动性

    D. 在其他条件不变的情况下，发行股票增加了权益资本占全部资本的比重

二、多选题

  1. 下列关于资本成本的表述，正确的有（　　　　）。

    A. 资本成本是投资资本的实际成本

    B. 资本成本与公司的筹资和投资活动有关

    C. 资本成本是投资人要求的最低报酬率

    D. 正确估计和合理降低资本成本是制定筹资决策的基础

  2. 下列有关留存收益的资本成本，正确的说法有（　　　　）。

    A. 它不存在成本问题

    B. 其成本是一种机会成本

    C. 它的成本计算不考虑筹资费用

    D. 它相当于股东投资于某种股票所要求的必要收益率

  3. 下列选项中，属于公司资本成本主要用途的有（　　　　）。

    A. 用于投资决策

    B. 用于筹资决策

    C. 用于营运资本管理

    D. 用于业绩评价

  4. 下列关于估计无风险报酬率的说法中，正确的有（　　　　）。

    A. 最常见的做法是无风险报酬率应选用 10 年期的财政部债券利率

    B. 无风险报酬率应当选择上市交易的政府长期债券的到期收益率

    C. 名义现金流量要使用名义折现率进行折现，实际现金流量要使用实际折现率进行折现

    D. 计算资本成本时，无风险报酬率应当使用名义利率

  5. 下列有关债务成本的表述，正确的有（　　　　）。

    A. 债务筹资的成本高于权益筹资的成本

    B. 现有债务的历史成本，对于未来的决策是相关的成本

    C. 对于筹资人来说，债权人的期望收益是其债务的真实成本

    D. 对于筹资人来说，可以违约的能力会使借款的实际成本低于债务的承诺收益率

  6. 下列各项中，属于影响资本成本高低的内部因素有（　　　　）。

    A. 市场风险溢价

    B. 股利政策

    C. 投资政策

    D. 利率

  7. 考虑所得税的情况下，关于债务成本的表述正确的有（　　　　）。

    A. 债权人要求的收益率等于公司的税后债务成本

    B. 优先股的资本成本高于债务的资本成本

    C. 利息可以抵税，政府实际上支付了部分债务成本

    D. 不考虑发行成本时，平价发行的债券其税前债务成本等于债券的票面利率

  8. 如果公司在（　　　　）方面没有显著改变时可以

用历史的 β 值估计权益成本。

   A. 经营杠杆   B. 财务杠杆

   C. 收益的周期性   D. 无风险报酬率

三、计算分析题

   1. A 公司股票目前的市价为 15 元，最近 5 年的股利支付情况如表 4-13 所示。

表4-13　　　　**A公司最近5年的股利支付情况**　　　　单位：元

年　份	2010	2011	2012	2013	2014
每股股利	0.16	0.19	0.15	0.12	0.17

按照证券分析师的预测，未来 5 年的股利增长率逐年递减，第 5 年及其以后年度为 3%。如表 5-14 所示。

表4-14　　　　　　　**对A公司的股利预测**　　　　单位：元

年　份	2014	2015	2016	2017	2018	2019	2044
增长率		10%	8%	6%	4%	3%	3%
每股股利	0.17	0.19	0.20	0.21	0.22	0.23	0.48

  （1）依据历史资料，按算术平均数计算股利的平均增长率，并据此确定该公司股票的资本成本。

  （2）依据历史资料，按几何平均数计算股利的平均增长率，并据此确定该公司股票的资本成本。

  （3）按照证券分析师的预测，将不稳定的增长率平均化，利用几何平均增长率法确定股利的平均增长率，并计算该股票的资本成本。

  2. 某公司拟追加筹资 2 000 万元。其中发行债券 1 000 万元，发行费率为 1%，债券年利率为 4.5%，两年期，每半年付息，到期还本，所得税税率为 25%；普通股 1 000 万元，发行费率为 4%，第一年预期股利为 100 万元，以后每年增长 4%。

【要求】

  （1）计算债券的税后资本成本。

  （2）计算普通股的资本成本。

  （3）计算该筹资方案的加权平均资本成本。

四、综合题

某公司 2012 年的有关资料如下。

（1）息税前利润 800 万元。

（2）所得税税率为 25%。

（3）负债 2 000 万元均为长期平价债券，利息率为 10%，利息每年年末支付一次，本金到期偿还。

（4）预期普通股报酬率 15%。

（5）产权比率为 2/3。

（6）普通股股数 600 000 股（每股面值 1 元），无优先股。

该公司产品市场相当稳定，预期无增长，所有盈余全部用于发放股利，并假定股票价格与其内在价值相等。假定不考虑筹资费。

【要求】

（1）计算该公司每股收益、每股价格。

（2）计算该公司市净率和加权平均资本成本。

（3）该公司可以增加 400 万元的长期债券，使长期债券总额成为 2 400 万元，以便在现行价格下购回股票（购回股票数四舍五入取整）。假定此项举措将使负债平均利息率上升至 12%，普通股权益资本成本由 15% 提高到 16%，息税前利润保持不变。试问该公司是否应改变其资本结构（提示：以股票价格高低判别）？

（4）计算该公司资本结构改变前后的利息保障倍数。

投资项目资本预算

第 **5** 章

本章属于财务管理的重点章，从历年的考试情况看，本章的主要考点包括项目现金流量的计算、各种项目投资决策方法的特点、项目净现值的计算、固定资产更新决策及项目风险处置方法等。本章内容所涉及的考试题型除客观题外，还有可能单独或同其他章结合起来出综合题。在近几年考试中，所占分值在8分左右。

【本章考点概览】

投资项目资本预算	一、投资项目的类型和评价程序	1. 投资项目的类型	★
		2. 投资项目评价的程序	★
	二、投资项目的评价方法	1. 净现值法	★★★
		2. 内含报酬率法	★★
		3. 回收期法	★★
		4. 会计报酬率法	★★
		5. 互斥项目的优选问题	★★
		6. 总量有限时的资本分配	★
	三、投资项目现金流量的估计	1. 投资项目现金流量的构成	★
		2. 投资项目现金流量的估计方法	★★★
	四、投资项目的风险衡量与敏感性分析	1. 投资项目的风险衡量	★★★
		2. 投资项目的敏感性分析	★★

第一节　投资项目的类型和评价程序

考情分析：对于本节内容，题型主要为客观题，分值在2分左右。考点主要集中在项目决策方法的特点。

学习建议：重在了解项目评价的原理，理解各种项目评价的方法及其特点。

一、投资项目的类型（★）

经营性长期资产投资项目可分为以下5种类型。

（1）新产品开发或现有产品的规模扩张项目。通常需要添置新的固定资产，并增加企业的营业现金流入。

（2）设备或厂房的更新项目。通常需要更换固定资产，但不改变企业的营业现金收入。

（3）研究与开发项目。通常不直接产生现实的收入，而是得到一项是否投产新产品的选择权。

（4）勘探项目。通常使企业得到一些有价值的信息。

（5）其他项目。包括劳动保护设施建设、购置污染控制装置等。这些决策不直接产生营业现金流入，而使企业在履行社会责任方面的形象得到改善。它们有可能减少未来的现金流出。

这些投资项目的现金流量分布有不同的特征，分析的具体方法也有区别。最具一般意义的是第一种投资即新添置固定资产的投资项目。

二、投资项目评价的程序（★）

任何投资项目的评价都包括以下几个基本步骤。

（1）提出各种投资方案。新产品方案通常来自研发部门或营销部门，设备更新的建议通常来自生产部门等。

（2）估计方案的相关现金流量。

（3）计算投资方案的价值指标，如净现值、内含报酬率等。

（4）比较价值指标与可接受标准。

（5）对已接受的方案进行再评价。这项工作很重要，但只有少数企业对投资项目进行跟踪审计，从而事后评价预测的偏差，为改善财务控制提供线索，有助于指导未来决策。

初学财务管理的人，认为最困难的是如何计算指标，如计算现值和内含报酬率等。而实际上真正困难的是确定现金流量和折现率，以及如何使用计算结果。

第二节　投资项目的评价方法

学习建议：重点掌握净现值法、现值指数法、内含报酬率法、回收期法、会计报酬率法。

投资项目评价使用的基本方法是现金流量折现法，包括净现值法和内含报酬率法两种。此外还包括一些辅助方法，包括回收期法和会计报酬率法。项目评价的方法如图5-1所示。

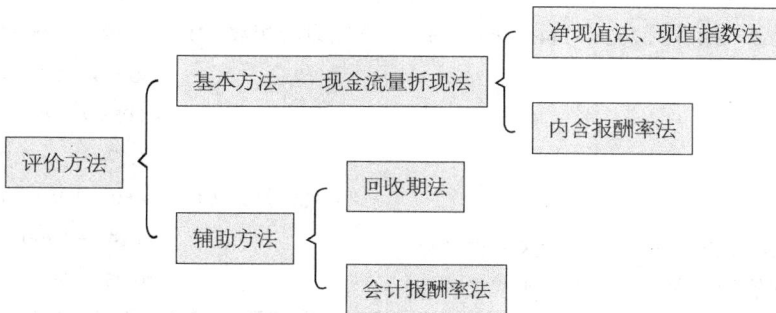

图5-1　项目评价的方法

一、净现值法（★★★）

（一）净现值

1. 含义

净现值（Net Present Value）是指特定项目未来现金流入的现值与未来现金流出的现值之间的差额。它是评价项目是否可行的最重要的指标。

净现值的计算公式为：净现值=Σ未来现金流入的现值−Σ未来现金流出的现值

$$净现值=\sum_{k=0}^{n}\frac{I_k}{(1+i)^k}-\sum_{k=0}^{n}\frac{O_k}{(1+i)^k}$$

式中　n——项目期限；

I_k——第k年的现金流入量；

O_k——第k年的现金流出量；

i——资本成本。

其中，折现率用资本成本来确定。

计算净现值时，要按预定的贴现率对投资项目的未来现金流量进行贴现，预定贴现率是指投资者所期望的最低投资报酬率。

2. 特点

净现值的优点是具有广泛的适用性，在理论上也比其他方法更完善。其缺点表现在净现值是金额的绝对值，在比较投资额不同的项目时有一定的局限性。

3. 判断标准

在使用净现值法做决策时，如果净现值大于0，表明投资报酬率大于资本成本，该项目可以增加股东财富，值得投资；如果净现值等于0，表明投资报酬率等于资本成本，该项目不值得投资；如果净现值小于0，表明投资报酬率小于资本成本，该项目会减少股东财富，应放弃该项目。

【案例5-1】T企业的资本成本为10%，有3个投资项目。有关数据如表5-1所示。

表5-1	T企业的3个投资项目的有关数据									单位：万元
	甲项目			**乙项目**			**丙项目**			
年 份	净收益	折 旧	现金流量	净收益	折 旧	现金流量	净收益	折 旧	现金流量	
0			（2000）			（900）			（1200）	
1	180	1000	1180	（180）	300	120	60	400	460	
2	324	1000	1324	300	300	600	60	400	460	
3				300	300	600	60	400	460	
合计	504		504	420		420	180		180	

净现值（A）=（1180×0.9091+1324×0.8264）−2000=2166.9−2000=166.9（万元）

净现值（B）=（120×0.9091+600×0.8264−600×0.7513）−900=1055.7−900=155.7（万元）

净现值（C）=460×2.487−1200=1144−1200=−56（万元）

应放弃C项目。

（二）现值指数

1. 含义

现值指数（Profitability Index）是指未来现金流入现值与现金流出现值的比率，亦称现值比率或获利指数。

计算现值指数的公式为：

现值指数=Σ未来现金流入的现值÷Σ未来现金流出的现值

$$现值指数=\sum_{k=0}^{n}\frac{I_k}{(1+i)^k}÷\sum_{k=0}^{n}\frac{O_k}{(1+i)^k}$$

式中　n——项目期限；

　　　I_k——第k年的现金流入量；

　　　O_k——第k年的现金流出量；

　　　i——资本成本。

2. 特点

现值指数法与净现值法相比较：现值指数是一个相对数指标，反映投资的效率，而净现值指标是绝对数指标，反映投资的效益；现值指数消除了投资额的差异，但是没有消除项目期限的差异。

3. 判断标准

在使用现值指数法做决策时，决策的原则是当现值指数大于1，投资项目可行。

【案例5-2】根据表5-1的资料，3个项目的现值指数如下。

现值指数（A）=（1180×0.9091+1324×0.8264）÷2000

=2166.9÷2000

=1.08

现值指数（B）=（120×0.9091+600×0.8264+600×0.7513）÷900

=1055.7÷900

=1.17

现值指数（C）=460×2.487÷1200

=1144÷1200

=0.95

【例题1·单选题】若净现值为负数，表明该投资项目（　　　）。

A. 各年利润小于0，不可行

B. 它的投资报酬率小于0，不可行

C. 它的投资报酬率没有达到预定的折现率，不可行

D. 它的投资报酬率超过了预定的折现率，不可行

【解析】净现值为负数，即表明该投资项目的报酬率小于预定的折现率，方案不可行。但并不表明该方案一定为亏损项目或投资报酬率小于0。

【答案】C

二、内含报酬率法（★★）

1. 定义

内含报酬率（Internal Rate of Return）是指能够使未来现金流入量现值等于未来现金流出量现值的折现率，或者说是使投资项目净现值为零的折现率。

其计算公式为：

$$净现值=\sum_{k=0}^{n}\frac{I_k}{(1+内含报酬率)^k}-\sum_{k=0}^{n}\frac{O_k}{(1+内含报酬率)^k}=0$$

主要有两种计算方法：一种是"逐步测试法"，它适合于各期现金流入量不相等的非年金形式；另一种方法是"年金法"，它适合于各期现金流入量相等的形式。在具体计算时，根据现金流量的特点确定计算方法。

2. 特点

内含报酬率是根据项目的现金流量计算的，是项目本身的投资报酬率。内含报酬率是根据相对比率来评估项目的。

3. 判断标准

内含报酬率高于投资人要求的必要收益率或企业的资本成本时，方案可行。

4. 一般情况下采用逐步测试法

首先，通过逐步测试找到使净现值一个大于0，一个小于0的，并且最接近的两个折现率，然后通过内插法求出内含报酬率，如表5-2和表5-3所示。

表5-2   A方案内含报酬率的测试   单位：万元

年 份	现金净流量	贴现率=18%		贴现率=16%	
		折现系数	现值	折现系数	现值
0	（20 000）	1	（20 000）	1	（20 000）
1	11 800	0.847	9 995	0.862	10 172
2	13 240	0.718	9 506	0.743	9 837
净现值			（499）		9

由表5-2可知：

利率	净现值
16%	9
IRR	0
18%	−499

因此，有：

$$\frac{IRR-16\%}{18\%-16\%} = \frac{0-9}{-499-9}$$

解得：IRR=16.04%

表5-3   B项目内含报酬率的测试   单位：万元

年 份	现金净流量	贴现率=18%		贴现率=16%	
		折现系数	现值	折现系数	现值
0	（9 000）	1	（9 000）	1	（9 000）
1	1 200	0.847	1 016	0.862	1 034
2	6 000	0.718	4 308	0.743	4 458
3	6 000	0.609	3 654	0.641	3 846
净现值			（22）		338

由表5-3可知：

利率	净现值
16%	338
IRR	0
18%	−22

因此，有：$\frac{IRR-16\%}{18\%-16\%} = \frac{0-338}{-22-338}$

解得：IRR=17.88%

在使用内含报酬率法做决策时，当内含报酬率高于资本成本时，投资项目可行。

净现值法、现值指数法和内含报酬率法具有相同点和不同点。

（1）相同点表现在：均考虑了资金时间价值；均考虑了项目期限内全部的增量现金流量；均受到建设期的长短、回收额的有无以及现金流量的大小的影响；在评价单一方案可行与否的时候，结论一致。

当净现值＞0时，现值指数＞1，内含报酬率＞资本成本率。

当净现值=0时，现值指数=1，内含报酬率=资本成本率。

当净现值<0时，现值指数<1，内含报酬率<资本成本率。

（2）不同点主要体现在指标性质、是否受设定折现率的影响和是否反映项目投资方案本身报酬率几个方面。从指标性质来看，净现值是绝对指标，现值指数和内含报酬率是相对指标；从指标反映的收益特性来看，

现值衡量投资的效益，现值指数和内含报酬率衡量投资的效率；内含报酬率反映项目投资方案本身报酬率，而净现值和现值指数不能反映项目投资方案本身的报酬率。

3种指标之间的区别和联系可用图5-2来反映。

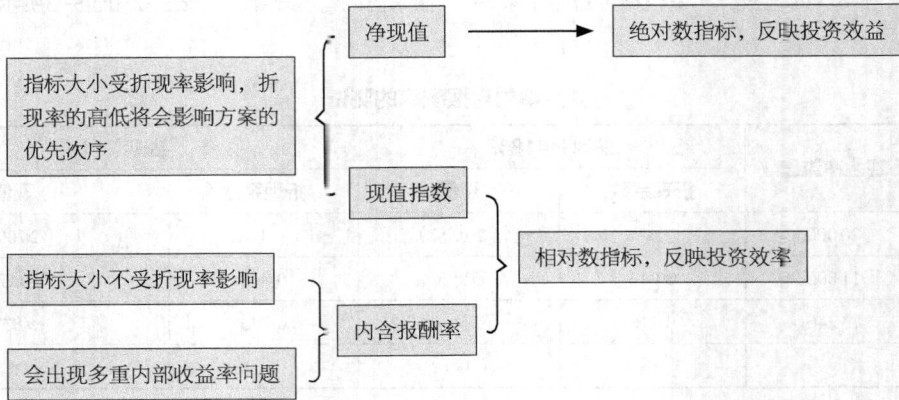

图5-2　3种指标之间的区别和联系

【例题2·多选题】 对互斥方案进行优选时，下列说法正确的有（　　　）。

A. 投资项目评价的现值指数法和内含报酬率法结论可能不一致

B. 投资项目评价的现值指数法和内含报酬率法结论一定一致

C. 投资项目评价的净现值法和现值指数法结论一定一致

D. 投资项目评价的净现值法和内含报酬率法结论可能不一致

【解析】 由于现值指数和净现值的大小受折现率高低的影响，折现率高低甚至会影响方案的优先次序，而内含报酬率不受折现率高低的影响，所以选项B、C不正确。

【答案】 AD

【例题3·单选题】 一般情况下，使某投资方案的净现值小于零的折现率（　　　）。

A. 一定小于该投资方案的内含报酬率

B. 一定大于该投资方案的内含报酬率

C. 一定等于该投资方案的内含报酬率

D. 可能大于也可能小于该投资方案的内含报酬率

【解析】 在其他条件不变的情况下，折现率越大净现值越小，所以使某投资方案的净现值小于零的折现

率，一定大于该投资方案的内含报酬率。

【答案】 B

三、回收期法（★★）

1. 定义

回收期（Payback Period）也称为静态回收期、非折现回收期，是指投资引起的现金流入累计到与投资额相等所需要的时间。它代表收回投资所需要的年限。

2. 特点

回收期法指标的优点是回收期法计算简便，并且容易为决策人所理解，可以大体上衡量项目的流动性和风险；缺点是不仅忽视了时间价值，而且没有考虑回收期以后的收益。

3. 判断标准

判断标准为回收期越短　项目越有利。

🔊 **名师点拨** ┈┈┈┈┈┈┈┈┈┈┈┈┈┈┈┈┈

回收期法主要用来测定方案的流动性而非营利性。

4. 回收期的计算

折现回收期也称为动态回收期，是指在考虑资金时间价值的情况下，以项目现金流量流入抵偿全部投资所需要的时间。

回收期的计算根据现金流的不同，计算方法稍有不同：

①在原始投资一次支出，每年现金流入量相等时：

$$投资回收期=\frac{原始投资额}{每年现金净流量}$$

②如果现金流入量每年不等，或原始投资是分几年投入时：

设 M 是收回原始投资的前一年

$$投资回收期=M+\frac{第 M 年的尚未回收额}{第 M+1 年的现金净流量}$$

根据【案例5-1】的资料：乙项目的净现金流量如表5-4所示，折现率为10%。

表5-4 乙项目的净现金流量 单位：万元

时　间	0	1	2	3
净现金流量	−900	120	600	600
折现系数	1	0.909 1	0.826 4	0.751 3
净现金流量现值	−900	109.092	495.84	450.78
累计净现金流量现值	−900	−790.908	−295.068	155.712

折现回收期=2+295.068÷450.78=2.65（年）

◀)) 名师点拨 ••••••••••••••••••••••••

动态投资回收期法考虑了资金的时间价值，克服了静态投资回收期法的缺陷，因而优于静态投资回收期法。但它仍然具有主观性，同样忽略了回收期以后的净现金流量。当未来年份的净现金流量为负数时，动态投资回收期可能变得无效，甚至做出错误的决策。因此，动态投资回收期法计算投资回收期限并非是一个完善的指标。

【例题4·多选题】（2013年真题）动态投资回收期法是长期投资项目评价的一种辅助方法，该方法的缺点有（　　）。

A. 忽视了资金的时间价值

B. 忽视了折旧对现金流的影响

C. 没有考虑回收期以后的现金流

D. 促使放弃有战略意义的长期投资项目

【解析】动态投资回收期考虑了资金的时间价值，选项A错误；投资回收期是以现金流量为基础的指标，在考虑所得税的情况下，是要考虑折旧对现金流的影响的，选项B错误。

【答案】CD

四、会计报酬率法（★★）

1. 定义

会计报酬率这种方法计算简便，应用范围很广。它在计算时使用会计报表上的数据，以及普通会计的收益和成本观念。

其计算公式为：会计报酬率=年平均净收益÷原始投资额×100%

2. 特点

会计报酬率是一种衡量盈利性的简单方法，使用的概念易于理解；使用财务报告的数据，容易取得；考虑了整个项目寿命期的全部利润；可以使经理人员知道业绩的预期，也便于项目的后续评价。

但会计报酬率在使用时也具有其局限性，表现在使用账面收益而非现金流量，忽视了折旧对现金流量的影响；忽视了净收益的时间分布对于项目经济价值的影响。

◀)) 名师点拨 ••••••••••••••••••••••••

由于这种计算方法很简单所，计算时使用的是会计报表上的数据，以及普通会计的收益和成本概念，所以应用范围很广。

【例题5·计算分析题】某企业拟进行一项固定资产投资，投资额为2 000万元，分两年投入，该项目的现金流量表（部分），如表5-5所示。

表5-5   现金流量表（部分）   单位：万元

项　目	建设期		经营期					合计
	0	1	2	3	4	5	6	
净收益			−300	600	1 400	600	600	2 900
净现金流量	−1 000	−1 000	100	1 000	（B）	1 000	1 000	2 900
累计净现金流量	−1 000	−2 000	−1 900	（A）	900	1 900	2 900	—
折现净现金流量（资本成本率6%）	−1 000	−943.4	89	839.6	1 425.8	747.3	705	1 863.3

【要求】

（1）计算表5-5中用英文字母表示的项目的数值。

（2）计算或确定下列指标。

①静态回收期。

②会计报酬率。

③动态回收期。

④净现值。

⑤现值指数。

⑥内含报酬率。

【答案】

（1）计算表中用英文字母表示的项目：

（A）=−1 900+1 000=−900

（B）=900−（−900）=1 800

（2）计算或确定下列指标：

①静态回收期=3+｜−900｜÷1 800=3.5（年）

②会计报酬率=2 900÷5÷2 000=29%

③动态回收期计算如表5-6所示。

表5-6   动态回收期   单位：万元

项　目 t	建设期		经营期					合　计
折现	0	1	2	3	4	5	6	
折现净现金流量（资本成本率6%）	−1 000	−943.4	89	839.6	1 425.8	747.3	705	1 863.3
累计折现净现金流量	−1 000	−1 943.4	−1 854.4	−1 014.8	411	1 158.3	1 863.3	—

动态回收期=3+1 014.8÷1 425.8=3.71（年）

④净现值=1 863.3（万元）

⑤现值指数=（89+839.6+1 425.8+747.3+705）

÷1 943.4=1.96

⑥内含报酬率相关计算如表5-7和表5-8所示。

表5-7   设利率28%   单位：万元

年　限	0	1	2	3	4	5	6	合　计
净现金流量	−1 000	−1 000	100	1 000	1 800	1 000	1 000	2 900
折现系数（28%）	1	0.7813	0.6104	0.4768	0.372 5	0.291	0.227 4	
折现净现金流量	−1 000	−781.3	61.04	476.8	670.5	291	227.4	−54.56

表5-8   设利率26%   单位：万元

年　限	0	1	2	3	4	5	6	合　计
净现金流量	−1 000	−1 000	100	1 000	1 800	1 000	1 000	2 900
折现系数（26%）	1	0.7937	0.6299	0.4999	0.3968	0.3149	0.2499	
折现净现金流量	−1 000	−793.7	62.99	499.9	714.24	314.9	249.9	48.23

（i−26%）÷（28%−26%）=（0−48.23）÷ i=26.94%

（−54.56−48.23）

【例题6·多选题】下列关于投资项目评估方法的

表述中，正确的有（　　　　）。

A. 现值指数法克服了净现值法不能直接比较投资额不同的项目的局限性，它在数值上等于投资项目的净现值除以初始投资额

B. 动态回收期法克服了静态回收期法不考虑货币时间价值的缺点，但是仍然不能衡量项目的盈利性

C. 计算内含报酬率时，如果用试的折现率得到的净现值大于零，说明项目的内含报酬率小于该试算的折现率

D. 内含报酬率法不能直接评价两个投资规模不同的互斥项目的优劣

【解析】现值指数是未来现金流入现值与现金流出现值的比率，选项A错误；无论动态回收期还是静态回收期都没有考虑回收期满以后的现金流量，所以不能衡量盈利性，选项B正确；计算内含报酬率时，如果用试算的折现率得到的净现值大于零，说明项目的内含报酬率高于该试算的折现率，选项C错误；对于互斥项目应当净现值法优先，因为净现值大可以给股东带来的财富就大，股东需要的是实实在在的报酬而不是报酬的比率。

【答案】BD

五、互斥项目的优选问题（★★）

互斥项目是指接受一个项目就必须放弃另一个项目的情况。

如果两个互斥项目寿命相同，而且投资额相同，在利用净现值和内含报酬率进行选优时结论是一致的。

如果两个互斥项目寿命相同，但是投资额不同，利用净现值和内含报酬率进行选优时结论可能有矛盾，此时应当优先使用净现值法结论。

当两个互斥项目的项目寿命不相同时，有两种解决方法，一种是共同年限法，另一种是等值年金法。

（一）共同年限法

共同年限法也被称为重置价值链法，其原理是：假设投资项目可以在终止时进行重置，通过重置使两个项目达到相同的年限，然后比较其净现值。

共同年限法有一个相对困难问题就是共同比较的时间可能很长，通常选最小公倍寿命为共同年限，最终选择调整后净现值最大的方案为优。因此，会导致对预计计量未来的数据缺乏信心，尤其是重置的原始投资，实在是难以预计。

【案例5-3】假设甲公司资本成本是10%，有A和B两个互斥的投资项目，A项目的年限为6年，净现值为12 441万元，内含报酬率19.73%；B项目的年限为3年，净现值为8 324万元，内含报酬率32.67%。重置B项目现金流量如图5-3所示，各项目现金流量如表5-9所示。

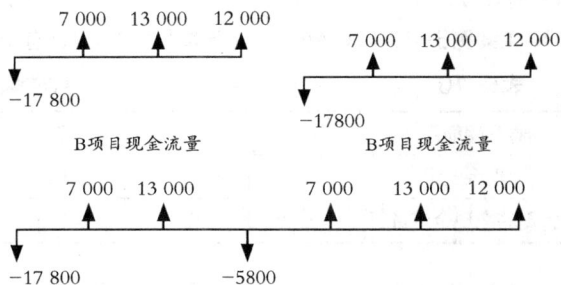

图5-3　重置B项目现金流量

表5-9　　　　　　　　　　　　　　　　各项目现金流量

项　目		A		B		重置B	
时间	折现系数（10%）	现金流	现值	现金流	现值	现金流	现值
0	1	−40 000	−40 000	−17 800	−17 800	−17 800	−17 800
1	0.909 1	13 000	11 818	7 000	6 364	7 000	6 364
2	0.826 4	8 000	6 612	13 000	10 774	13 000	10 774
3	0.751 3	14 000	10 518	12 000	9 016	−5 800	−4 358
4	0.683 0	12 000	8 196			7 000	4 781
5	0.620 9	11 000	6 830			13 000	8 072
6	0.564 5	15 000	8 467			12 000	6 774
净现值			12 441		8 324		14 577
内含报酬率		19.73%		32.67%			

◀)) **名师点拨** •••••••••••••••••••••••••

通过重复净现值计算共同年限法下的调整后净现值速度可以更快。

（二）等额年金法

等额年金法是比较两个不同年限项目的另一种方法，它比共同年限法要简单。其计算步骤为：

（1）计算两项目的净现值；

（2）计算净现值的等额年金额＝该方案净现值/$(P/A,i,n)$；

（3）假设项目可以无限重置，且在项目的终止期重置，则等额年金的资本化就是项目的净现值：永续净现值＝等额年金额/资本成本i。

最终选择永续净现值最大的方案为优。

◀)) **名师点拨** •••••••••••••••••••••••••

等额年金法的最后一步即永续净现值的计算，并非总是必要的。在资本成本相同时，等额年金大的项目永续净现值肯定大，根据等额年金大小就可以直接判断项目的优劣。

【案例5-4】假设ABC公司资本成本是10%，有甲和乙两个互斥的投资项目，甲项目的年限为6年，净现值12 441万元，内含报酬率19.73%；乙项目的年限为3年，净现值为8 324万元，内含报酬率为32.67%。

【要求】利用等额年金法进行优选。

甲项目的净现值的等额年金＝12 441÷4.355 3＝2 857（万元）

甲项目的永续净现值＝2 857÷10%＝28 570（万元）

乙项目的净现值的等额年金＝8 324÷2.486 9＝3 347（万元）

乙项目的永续净现值＝3 347÷10%＝33 470（万元）

比较永续净现值，乙项目优于甲项目。

◀)) **名师点拨** •••••••••••••••••••••••••

通常在实务中，只有重置概率很高的项目才适宜采用上述分析方法。对于预计项目年限差别不大的项目，可直接比较净现值，不需要做重置现金流的分析。

【例题7·计算分析题】某企业准备投资一个项目，其资本成本率为10%，分别有A、B、C 3个方案可供选择。

（1）A方案的有关资料如表5-10所示。

表5-10　A方案的相关资料　　　　　　　　　　　　　　　　　　　　　单位：元

寿命期项目	0	1	2	3	4	5	6	合计
净现金流量	−60 000	0	30 000	30 000	20 000	20 000	30 000	—
折现的净现金流量	−60 000	0	24 792	22 539	13 660	12 418	16 935	30 344

（2）B方案的项目计算期为8年，净现值为50 000元。

（3）C方案的项目寿命期为12年，净现值为70 000元。

【要求】

（1）计算或指出A方案的净现值。

（2）计算A、B、C 3个方案的等额年金永续净现值（计算结果保留整数）。

（3）按共同年限法计算A、B、C 3个方案重置净现值（计算结果保留整数）。

（4）分别用等额年金法和共同年限法做出投资决策。部分时间价值系数，如表5-11所示。

表5-11　部分时间价值系数

t	6	8	12	16	18
10%的复利现值系数	0.564 5	0.466 5	0.318 6	0.217 6	0.179 9
10%的年金现值系数	4.355 3	5.334 9	—		
10%的回收系数	0.229 6	0.187 4	0.146 8		

【答案】

（1）A方案净现值＝折现的净现金流量之和＝30 344（元）

（2）A方案净现值的等额年金＝30 344÷$(P/A,10\%,6)$＝6 967（元）

A方案等额年金永续净现值＝6 967÷10%＝69 670（元）

B方案净现值的等额年金＝50 000÷$(P/A,10\%,8)$＝9 372（元）

B方案等额年金永续净现值＝9 372÷10%＝93 720（元）

C方案净现值的等额年金=净现值×（P/A,10%,12）=70 000×0.146 8=10 276（元）

C方案等额年金永续净现值=10 276÷10%=102 760（元）

（3）最小公倍寿命期为24年。

A方案调整后的净现值=30 344×[1+（P/F,10%,6）+（P/F,10%,12）+（P/F,10%,18）]

=62 600（元）

B方案调整后的净现值=50 000×[1+（P/F,10%,8）+（P/F,10%,16）]=84 205（元）

C方案调整后的净现值=70 000×[1+（P/F,10%,12）]=92 302（元）

（4）按照等额年金法，因为C方案的等额年金净现值最大，B方案次之，A方案最小，所以C方案最优，其次是B方案，A方案最差。

按共同年限法计算C方案调整后的净现值最大，B方案次之，A方案最小，所以C方案最优，其次是B方案，A方案最差。

（三）共同年限法和等额年金法区别与缺点（见表5-12）

表5-12　　　　　　　共同年限法和等额年金法区别与缺点

比较项目	区 别	共同缺点
共同年限法	比较直观，易于理解，但是预计现金流的工作很困难	①有的领域技术进步快，目前就可以预期升级换代不可避免，不可能原样复制 ②如果通货膨胀比较严重，必须考虑重置成本的上升，这是一个非常具有挑战性的任务，对此两种方法都没有考虑 ③从长期来看，竞争会使项目净利润下降，甚至被淘汰，对此分析时没有考虑
等额年金法	应用简单，但不便于理解	

六、总量有限时的资本分配（★）

（一）独立项目

所谓独立项目是指被选项目之间是相互独立的，采用一个项目时不会影响另外项目的采用或不采用。

（二）资本分配问题

资本分配问题是指在企业投资项目有总量预算约束的情况下，如何选择相互独立的项目。

在资本总量不受限制的情况下，独立投资项目的决策原则是：凡是净现值为正数的项目或者内含报酬率大于资本成本的项目，都可以增加股东财富，都应当被采用。

在资本总量受到限制时，独立投资项目的决策原则是：现值指数排序并寻找净现值最大的组合就成为有用的工具，有限资源的净现值最大化成为具有一般意义的原则。

通常的做法是：首先将全部项目排列出不同的组合，各个组合的投资需要不超过资本总量；计算各项目的净现值以及各组合的净现值合计；选择净现值最大的组合作为采纳的项目。

值得注意的是，这种资本分配方法仅适用于单一期间的资本分配，不适用于多期间的资本分配问题。多期资本分配是指资本的筹集和使用涉及多个期间。例如，今年的筹资限额是1 000万元，明年又可以筹资1 000万元，与此同时，已经投资的项目可不断收回资金并及时用于另外的项目。此时，需要进行更复杂的多期间规划分析，不能用现值指数排序这一简单方法解决。

【案例5-5】A公司可以投资的资本总量为100 000元，资本成本为10%。现有3个投资项目，有关数据，如表6-13所示。

表5-13　　　　　　　　　　　3个投资项目相关数据　　　　　　　　　　　单位：元

项　目	时间（年末）	0	1	2	现金流入现值	净现值	现值指数
	现值因数（10%）	1	0.909 1	0.826 4			
甲	现金流量	−100 000	90 000	50 000			
	现值	−100 000	81 820	41 320	123 140	23 140	1.23
乙	现金流量	−50 000	50 570	20 000			
	现值	−50 000	46 000	16 530	62 530	12 530	1.25
丙	现金流量	−50 000	50 000	18 810			
	现值	−50 000	45 460	15 550	61 000	11 000	1.22

【解析】首先，计算项目的现值指数并排序，其优先顺序为乙、甲、丙。在资本限额内优先安排现值指数高的项目，即优先安排乙，用掉50 000元；下一个应当是甲项目，但是资金剩余50 000元，甲项目投资是100 000元，无法安排；接下来安排丙，全部资本使用完毕。因此，应当选择乙和丙，放弃甲项目。

【例题8·单选题】对于多个投资组合方案，当资金总量受到限制时，应在资金总量范围内选择（　　　）。

A. 使累计净现值最大的方案进行组合

B. 累计会计收益率最大的方案进行组合

C. 累计现值指数最大的方案进行组合

D. 累计内部收益率最大的方案进行组合

【解析】在主要考虑投资效益的条件下，多方案比较决策的主要依据，就是能否保证在充分利用资金的前提下，获得尽可能多的净现值总量。

【答案】A

第三节　投资项目现金流量的估计

考情分析：对于本节内容，题型主要为主观题，分值在8分左右。考点主要集中在项目净现值的计算、对投资项目进行评价、固定资产更新决策等。

学习建议：理解现金流量的概念、现金流量的估计、固定资产更新项目的现金流量；熟练掌握运用所得税和折旧对现金流量的影响、互斥项目的排序问题、总量有限时的资本分配问题；理解关于通货膨胀的处置。

一、投资项目现金流量的构成（★）

所谓现金流量，在投资决策中是指一个项目引起的企业现金支出和现金收入增加的数量。这时的"现金"是广义的现金，它不仅包括各种货币资金，而且包括项目需要投入的企业现有的各种非货币资源的变现价值。

新建项目的现金流量包括现金流出量、现金流入量和现金净流量3个具体概念。具体内容如表5-14所示。

表5-14　　　　　　　　　**现金流量表包括的3个具体概念**

现金流量	内　容
现金流出量	现金流出量是指该方案引起的企业现金支出的增加额。如增加一条生产线，现金流出包括： （1）增加生产线的价款 （2）垫支营运资本
现金流入量	现金流入量是指该方案引起的企业现金收入的增加额。如增加一条生产线，现金流入包括： （1）营业现金流入（假设不考虑所得税） 营业现金流入=销售收入-付现成本=销售收入-（成本-折旧）=利润+折旧 其中，成本中不需要每年支付现金的部分称为非付现成本，其中主要是折旧费，有时包括其他摊销费用 故，付现成本=成本-折旧 （2）该生产线出售时的残值收入 （3）收回的营运资本
现金净流量	现金净流量是指项目引起的、一定期间现金流入量和现金流出量的差额。流入量大于流出量时，净流量为正值；反之，净流量为负值

新建项目的项目计算期是指从投资建设开始到最终清理结束整个过程的全部时间如图5-4所示。

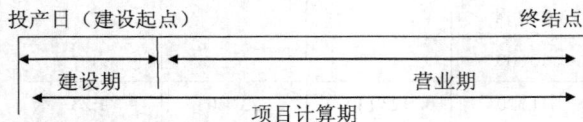

图5-4　项目计算期

二、投资项目现金流量的估计方法（★★★）

估计投资方案所需的净经营性长期资产总投资，

以及该方案每年能产生的现金净流量，会涉及很多变量，并且需要企业有关部门的参与。

（一）投资项目现金流量的影响因素

在确定投资方案的相关现金流量时，应遵循的最基本的原则是：只有增量现金流量才是与项目相关的现金流量。

在项目不同期间，应根据项目进展确定相应现金流量，具体计算为：

建设期现金流量=-原始投资额=-（长期资产投资+垫支营运资本）

营业现金流量＝营业收入－付现成本＝利润＋非付现成本

终结现金流量＝回收长期资产余值（或变价收入）＋回收垫支营运资本

1. 在确定现金流量时遵从时点化假设

①第一笔现金流出的时间为"现在"时间，即"零"时点。不管它的日历时间是几月几日。在此基础上，一年为一个计息期。

②对于原始投资，如果没有特殊指明，均假设现金在每个"计息期期初"支付；如果特别指明支付日期，如3

个月后支付100万元，则要考虑在此期间的时间价值。

③对于收入、成本、利润，如果没有特殊指明，均假设在"计息期期末"取得。

2. 垫支营运资本的估算

垫支营运资本，是指增加的经营性流动资产与增加的经营性流动负债之间的差额，即增加的经营营运资本。

在计算投资方案的增量现金流量时，需要争取判断哪些支持引起企业总现金流量的变动，造成增量变动的才是项目的现金流，具体需要注意以下4个方面的问题，如表5-15所示。

表5-15　　计算投资方案的增量现金流量需注意的4个方面

注意4个方面的问题	要点说明
区分相关成本和非相关成本	相关成本是指与决策相关的，在分析评价时必须考虑的成本，反之与特定决策无关的即为非相关成本，不应考虑
不要忽视机会成本	在投资方案时，当选择了一个投资方案，则必须放弃其他的投资机会，而其他机会获得的收益就是选择此方案而付出的代价，其他方案的收益就是这项投资方案的机会成本
要考虑投资方案对公司其他项目的影响	投资一个新项目时，可能对公司的其他项目造成影响，应该予以考虑
对营运资本的影响	一般情况下，进行项目投资分析时，假定开始投资时投入营运资本，而在项目结束时收回，故在项目的起点和终点需要考虑营运资本形成的现金流

3. 净现金流量、净现值的计算

采用净现值法进行项目投资决策需要掌握以下3个关键方面的计算。

一是折现率的计算，用资本成本来表示。

二是各期间净现金流量的确定，包括项目投资建设期、经营期和终结期净现金流量的计算。

三是掌握净现值法，项目净现值（NPV）＝未来现金净流量现值－原始投资额现值。

计算净现值时，要按预定的贴现率对投资项目的未来现金流量进行贴现，预定贴现率是投资者所期望的最低投资报酬率。净现值为正，方案可行，说明方案的实际报酬率高于所要求的报酬率；净现值为负，方案

不可取，说明方案的实际投资报酬率低于所要求的报酬率。当净现值为零时，说明方案的投资报酬刚好达到所要求的投资报酬。所以，净现值的经济实质是投资方案报酬超过基本报酬后的剩余收益。

【例题9·计算分析题】某公司技术部研发一种新产品，预计每台定价3万元，销售量每年可以达到1万台，销售量不会逐年上升，但价格可以每年提高2%。生产该产品需要的营运资本随销售额而变化，预计为销售额的10%。假设这些营运资本在年初投入，项目结束时收回，若产品的适销期为5年，则第5年年末回收的营运资本为多少？

【答案】具体计算过程如表5-16所示。

表5-16　　第5年年末回收的营运资本　　　　　　　　　单位：万元

年　份	0	1	2	3	4	5
销售收入		10 000×3=30 000	10 000×3×（1+2%）=30 600	31 212	31 836.24	32 472.964 8
营运资本需要量（需要占用量流动资金）	30 000×10%=3 000	30 600×10%=3 060	31 212×10%=3 121.2	3 183.624	3 247.296 48	
营运资本增量	3 000	60	61.2	62.424	63.672 48	

则第5年年末回收的流动资金＝3 000+60+61.2+62.424+63.672 48=3 247.30（万元）

【例题10·计算分析题】E公司是一家民营医药企业，专门从事药品的研发、生产和销售。公司自主研发

并申请发明专利的BJ注射液自上市后销量快速增长，目前生产已达到满负荷状态。E公司正在研究是否扩充BJ注射液的生产能力，有关资料如下。

BJ注射液目前的生产能力为400万支/年。E公司经过市场分析认为，BJ注射液具有广阔的市场空间，拟将其生产能力提高到1 200万支/年。由于公司目前没有可用的厂房和土地用来增加新的生产线，只能拆除当前生产线，新建一条生产能力为1 200万支/年的生产线。

当前的BJ注射液生产线于2009年年初投产使用，现已使用2年半，目前的变现价值为1 127万元，生产线的原值为1 800万元，税法规定的折旧年限为10年，残值率为5%，按照直线法计提折旧。公司建造该条生产线时计划使用10年，项目结束时的变现价值预计为115万元。

新建生产线的预计支出为5 000万元，税法规定的折旧年限为10年，残值率为5%，按照直线法计提折旧。新生产时计划使用7年，项目结束时的变现价值预计为1 200万元。

BJ注射液目前的年销售量为400万支，销售价格为每支10元，单位变动成本为每支6元，每年的固定付现成本为100万元。扩建完成后，第1年的销量预计为700万支，第2年的销量预计为1 000万支，第3年的销量预计为1 200万支，以后每年稳定在1 200万支。由于产品质量稳定、市场需求巨大，扩产不会对产品的销售价格、单位变动成本产生影响。扩产后，每年的固定付现成本将增加到220万元。

项目扩建需用半年时间，停产期间预计减少200万支BJ注射液的生产和销售，固定付现成本照常发生。

生产BJ注射液需要的营运资本随销售额的变化而变化，预计为销售额的10%。

扩建项目预计能在2011年年末完成并投入使用。为简化计算，假设扩建项目的初始现金流量均发生在2011年年末（零时点），营业现金流量均发生在以后各年年末，垫支的营运资本在各年年初投入，在项目结束时全部收回。

E公司目前的资本结构（负债/权益）为1/1，税前债务成本为9%，β权益为1.5，当前市场的无风险报酬率为6.25%，权益市场的平均风险溢价为6%。公司拟采用目前的资本结构为扩建项目筹资，税前债务成本仍维持9%不变。E公司适用的企业所得税税率为25%。

【要求】

（1）计算公司当前的加权平均资本成本。公司能

否使用当前的加权平均资本成本作为扩建项目的折现率？请说明原因。

（2）计算扩建项目的初始现金流量（零时点的增量现金净流量）、第1年至第7年的增量现金净流量、扩建项目的净现值（计算过程和结果填入答题卷中给定的表格中），判断扩建项目是否可行并说明原因。

（3）计算扩建项目的静态回收期。如果类似项目的静态回收期通常为3年，E公司是否应当采纳该扩建项目？请说明原因。

【答案】

（1）权益资本成本=6.25%+1.5×6%=15.25%

加权平均资本成本=9%×（1-25%）×1÷2+15.25%×1÷2=11%

由于项目的风险与企业当前资产的平均风险相同，公司继续采用相同的资本结构为新项目筹资，所以，可以使用当前的加权平均资本成本作为扩建项目的折现率。

（2）旧生产线的年折旧额=1 800×（1-5%）÷10=171（万元）

目前旧生产线的折余价值=1 800-171×2.5=1 372.5（万元）

目前变现净损失抵税=（1 372.5-1 127）×25%=61.375（万元）

旧生产线变现净流量=1127+61.375=1188.375（万元）

扩建期间减少的税后收入=200×10×（1-25%）=1500（万元）

减少的税后变动成本=200×6×（1-25%）=900（万元）

减少的折旧抵税=171×0.5×25%=21.375（万元）

第1年年初增加的营运资本投资=（700-400）×10×10%=300（万元）

扩建项目的初始现金流量=-5000+1188.375-1500+900-21.375-300=-4733（万元）

新生产线的年折旧额=5 000×（1-5%）÷10=475（万元）

每年增加的折旧抵税=（475-171）×25%=76（万元）

第2年年初的营运资本投资=（1000-700）×10×10=300（万元）

第3年年初的营运资本投资=（1 200-1 000）×10×10%=200（万元）

第7年年末收回的营运资本投资=300+300+200=

800（万元）

每年增加的固定付现成本

=220-100=120（万元）

继续使用旧生产线第7年年末的变现净流量

=115-（115-1800×5%）×25%=108.75（万元）

新生产线第7年年末的折余价值

=5 000-475×7=1 675（万元）

新生产线第7年年末的变现净损失抵税

=（1 675-1 200）×25%=118.75（万元）

新生产线第7年年末的变现净流量

=1 200+118.75=1 318.75（万元）

第7年年末的增量变现净流量

=1 318.75-108.75=1 210（万元）

第1年年末的增量现金流量

=（700-400）×（10-6）×（1-25%）-120×

（1-25%）+76-300=586（万元）

第2年年末的增量现金流量

=（1 000-400）×（10-6）×（1-25%）-120×

（1-25%）+76-200=1 586（万元）

第3～6年年末的增量现金流量

=（1 200-400）×（10-6）×（1-25%）-120×

（1-25%）+76=2 386（万元）

第7年年末的增量现金流量2 386+800+1 210=4 396

（万元）

扩建项目的净现值

=586×（P/F，11%，1）+1 586×（P/F，11%，2）+

2 386×（P/A，11%，4）×（P/F，11%，2）+4 396×

（P/F，11%，7）-4 733

=586×0.900 9+1 586×0.811 6+2 386×3.102 4×

0.811 6+4 396×0.481 7-4 733

=5 207.41（万元）

由于扩建项目的净现值大于0，因此，扩建项目可行。

（3）扩建项目的静态回收期=3+（4 733-586-

1 586-2 386）÷2 386=3.07（年）

静态回收期代表收回投资需要的年限，它可以粗略地衡量项目的流动性和风险，但没有考虑回收期以后的现金流量，即没有衡量盈利性。虽然计算出的静态回收期为3.07年，略大于类似项目的通常回收期3年，但由于扩建项目的净现值较大，E公司仍应采纳扩建项目。

【例题11·多选题】某公司正在开会讨论是否投产一种新产品，对以下收支发生争论。你认为不应列入

该项目评价的现金流量有（　　　　）。

A. 新产品投产需要占用营运资金80万元，它们可在公司现有周转资金中解决，不需要另外筹集

B. 该项目利用现有未充分利用的厂房和设备，如将该设备出租可获收益200万元，但公司规定不得将生产设备出租，以防止对本公司产品形成竞争

C. 新产品销售会使本公司同类产品减少收益100万元，如果本公司不经营此产品，竞争对手也会推出此新产品

D. 动用为其他产品储存的原料约200万元

【解析】选项B、C所述现金流量无论方案采纳与否，流量均存在，所以选项B、C均为非相关成本。

【答案】BC

（二）投资项目现金流量的估计方法

现以固定资产更新项目为例。

固定资产更新是对技术上或经济上不宜继续使用的旧资产，用新的资产更换，或用先进的技术对原有设备进行局部改造。

固定资产更新决策主要研究两个问题：

（1）决定是否更新，即继续使用旧资产还是更换新资产。

（2）决定选择什么样的资产来更新。

两个问题是结合一起考虑的，若市场上没有比现在更适用的设备，那么就继续使用旧设备，由于旧设备总可以通过修理继续使用，所以更新决策是继续使用旧设备与购置新设备的选择。

1. 更新决策的现金流量分析

更新决策的现金流量主要是现金流出。即使有少量的残值变现收入，也属于支出抵减，而非实质上的流入增加。由于只有现金流出，而没有现金流入，就给采用折现现金流量分析带来了困难。由于没有适当的现金流入，无论哪个方案都不能计算其净现值和内含报酬率，通常收入相同时，我们认为成本较低的方案是好方案。

但由于旧设备和新设备的尚可使用年限不同，比较两个方案的总成本来判断的方法不妥。除非新、旧设备未来使用年限相同（这种情况十分罕见），或者能够确定继续使用旧设备时报废时选择何种设备，根据实际现金流量进行分析会碰到困难。因此，较好的分析方法是比较继续使用和更新的年成本，以较低者作为好方案。

确定相关现金流量时应注意两个方面的问题，一是旧设备的初始投资额应以其变现价值考虑；二是设备

的使用年限应按尚可使用年限考虑。

2. 固定资产平均年成本

固定资产平均年成本是指该资产引起的现金流出的年平均值。其计算分为下面两种。

（1）不考虑时间价值，即现金流加总和分摊时不考虑资金的时间价值。

（2）如果考虑货币的时间价值，则需计算现金流出的总现值，然后分摊给每一年。

$$固定资产的平均年成本 = \frac{现金流出总现值}{(P/A,i,n)}$$

【案例5-6】某企业有一旧设备，工程技术人员提出更新要求，有关数据如表5-17所示。

表5-17　　　　　　　　　　　相关数据　　　　　　　　　　单位：万元

	旧设备	新设备
原值	4 400	4 800
预计使用年限	10	10
已经使用年限	4	0
最终残值	400	600
变现价值	1 200	4 800
年运行成本	1 400	800

继续使用与更新设备的现金流量如图5-5所示。

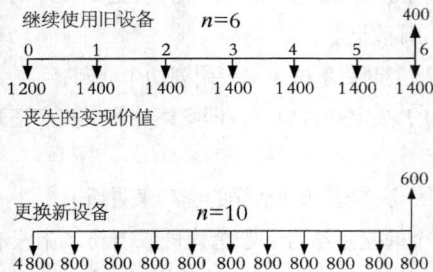

继续使用旧设备　　　$n=6$　　　　　　400
0　　1　　2　　3　　4　　5　　6
1 200　1 400　1 400　1 400　1 400　1 400　1 400
丧失的变现价值

更换新设备　　　$n=10$　　　　　　600
4 800　800　800　800　800　800　800　800　800　800

图5-5　继续使用与更新设备的现金流量

继续使用旧设备的平均年成本

$$= \frac{1\,200 + 1\,400 \times (P/A,15\%,6) - 400 \times (P/A,15\%,6)}{(P/A,15\%,6)}$$

$= 1\,672$（万元）

更新新设备的平均年成本

$$= \frac{4\,800 + 800 \times (P/A,\ 15\%,\ 10) - 600 \times (P/A,\ 15\%,\ 10)}{(P/A,15\%,6)}$$

$= 1\,726$（万元）

使用旧设备的平均年成本更低，应选择继续使用旧设备。

使用平均年成本法需要注意的问题如下。

（1）平均年成本法的假设前提是将来设备再更新时，可以按原来的平均年成本找到可代替的设备。

（2）平均年成本法是把继续使用旧设备和购置新设备看成是两个互斥的方案，而不是一个更换设备的特定方案。因此，不能将旧设备的变现价值作为购置新设

备的一项现金流入。对于更新决策来说，除非未来使用年限相同，否则，不能根据实际现金流动分析的净现值或内含报酬率法解决问题。

🔊 **名师点拨** ················

更新决策可能涉及互斥方案选择或售旧购新。互斥方案选择是指在两个互相排斥的方案中选择其一；售旧购新决策采用差量分析法，即购新方案与售旧方案的差量现金流分析，注意此时要求新旧设备尚可使用年限一致。

（3）固定资产的经济寿命。固定资产最经济的使用年限是指使固定资产的平均年成本最小的那一使用年限，如图5-6所示，即使UAC=

$$\left[C - \frac{S_n}{(1+i)^n} + \sum_{t=1}^{n} \frac{C_t}{(1+i)^t} \right] \div (P/A,i,n)$$ 最小的使用年限。

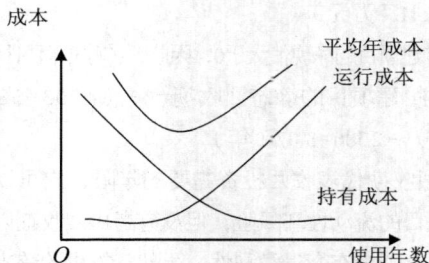

成本

图5-6　固定资产的平均年成本

式中　C——固定资产原值；

S_n——第n年固定资产余值；

C_t——第t年运行成本；

n——预计使用年限；

i——投资必要报酬率；

UAC——固定资产平均年成本。

【案例5-7】设某设备原值为14 000元，运行成本逐年增加，折余价值逐年下降。有关数据如表5-18所示。

表5-18　　　　　　　　　　　　　固定资产的经济寿命　　　　　　　　　　　　　单位：元

更新年限	原值①	余值②	折现系数③（$i=8\%$）	余值现值④=②×③	运行成本⑤	运行成本现值⑥=⑤×③	更新时运行成本现值⑦=∑⑥	现值总成本⑧=①-④+⑦	年金现值系数（$i=8\%$）⑨	平均年成本⑩=⑧÷⑨
1	14 000	10 000	0.926	9 260	2 000	1 850	1 850	6 590	0.926	7 117
2	14 000	7 600	0.857	6 513.2	2 200	1 890	3 740	11 230	1.783	6 298
3	14 000	6 000	0.794	4 764	2 500	1 990	5 730	14 970	2 577	5 809
4	14 000	4 600	0.735	3 381	2 900	2 130	7 860	18 480	3.312	5 880
5	14 000	3 400	0.681	2 315.4	3 400	2 320	10 180	21 860	3.993	5 475
6	14 000	2 400	0.63	1 512	4 000	2 520	12 700	25 190	4.623	5 449
7	14 000	1 600	0.583	932.8	4 500	2 620	15 320	28 390	5.206	5 453
8	14 000	1 000	0.541	541	5 000	2 710	18 030	31 490	5.749	5 478

使用1年时：

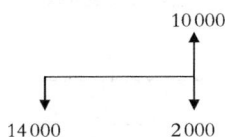

$$UAC=\frac{14\,000+2\,000\times(1+8\%)^{-1}-10\,000\times(1+8\%)^{-1}}{(P/A,8\%,1)}$$
$$=7\,117（元）$$

使用2年时：

$$UAC=\frac{14\,000+2\,000\times(1+8\%)^{-1}-2\,200\times(1+8\%)^{-2}-7\,600\times(1+8\%)^{-2}}{P/A,8\%,2}$$
$$=6\,298（元）$$

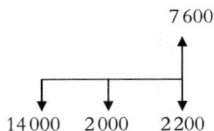

使用6年时：

$$UAC=[14\,000+2\,000\times(1+8\%)^{-1}+2\,200\times(1+8\%)^{-2}+2\,500\times(1+8\%)^{-3}+2\,900\times(1+8\%)^{-4}+3\,400\times(1+8\%)^{-5}+4\,000\times(1+8\%)^{-6}-2\,400\times(1+8\%)^{-6}]\div(P/A,8\%,6)=5\,449（元）$$

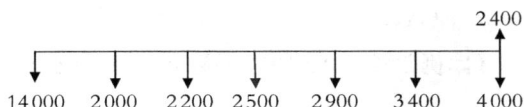

该项资产如果使用6年后更新，每年的平均成本是5 449元，比其他时间更新的成本低，因此，6年是其经济寿命。

3. 所得税和折旧对现金流量的影响

所得税是企业的一种现金流出，它取决于利润大小和税率高低，而折旧方法会影响利润大小。故讨论所得税问题必然会涉及折旧问题，折旧对投资决策产生影响，实际是由所得税引起的，故我们同时讨论所得税和折旧对现金流量的影响。

（1）税后成本和税后收入

税后成本是指扣除了所得税影响后的费用净额，其一般公式为：

税后成本=支出金额×（1-所得税税率）

税后收入是与税后成本对应的概念，即考虑所得税影响后实际得到的现金流入，其一般公式为：

税后收入=收入金额×（1-所得税税率）

这里所说的"收入金额"是指根据税法规定需要纳税的收入，不包括项目结束时收回垫支资金等现金流入。

（2）折旧的抵税作用

如果加大成本，会减少利润，从而所得税也会减少。从折旧角度来说，如果折旧增加，利润减少，所得税也会减少，故折旧有抵税的作用，对税费的影响表示为：

折旧抵税＝折旧×所得税税率

这里所说的折旧包括固定资产折旧和长期资产摊销等非付现成本。

【案例5-8】戊公司的损益状况如表6-19所示。该公司正为这项广告做计划，假设每月支付200元，所得税税率为25%，该项广告的税后成本是多少？

表5-19 损益状况表 单位：元

项 目	目前（不做广告）	做广告方案
销售收入	1 500	1 500
成本和费用	500	500
新增广告		200
税前净利	1 000	800
所得税费用（25%）	250	200
税后净利	750	600
新增广告税后成本		150

税后成本＝实际付现成本×（1-税率）

税后收入＝收入金额×（1-税率）

【案例5-9】P集团旗下两个子公司A公司和B公司，全年销货收入、付现费用均相同，所得税税率为25%。两者的区别是A公司有一项设备计提折旧，每年折旧额相同。A、B两家公司的现金流量如表5-20所示。

表5-20 折旧对税负的影响 单位：元

项 目	A公司	B公司
销售收入	2 000	2 000
费用：		
付现营业费用	1 000	1 000
折旧	300	0
合计	1 300	1 000
税前净利	700	1 000
所得税费用（25%）	175	250
税后净利	525	750
营业现金流入：		
税后净利	525	750
折旧	300	0
合计	825	750
A公司比B公司拥有较多现金	75	

折旧抵税＝折旧×税率

4. 考虑所得税后的现金流量

在之前未考虑所得税的现金流量基础上考虑所得税，可能产生影响的地方表现在建设期的原有资产变现净损益对所得税的影响，营业期所得税影响和终结期回收固定资产净残值损益对所得税的影响。故各期现金流可表示为如图5-7所示。

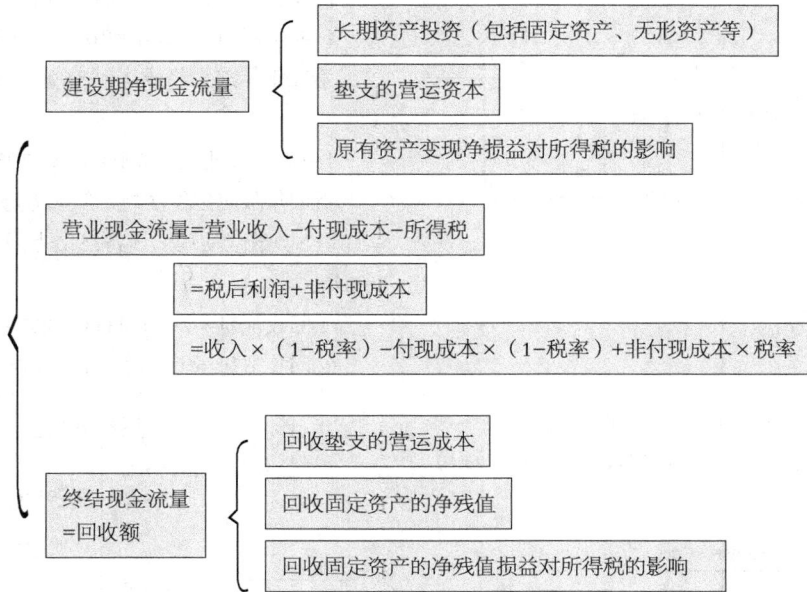

图5-7 各期现金流

【案例5-10】 ABC公司有1台设备，购于3年前，现在考虑是否需要更新。该公司所得税税率为25%，其他有关资料如表5-21所示。

表5-21　　　　　　　　　　　　　ABC公司相关资料　　　　　　　　　　　　单位：元

项　目	旧设备	新设备
原价	60 000	50 000
税法规定残值（10%）	6 000	5 000
税法规定使用年限/年	6	4
已用年限	3	0
尚可使用年限	4	4
每年操作成本	8 600	5 000
两年末大修支出	28 000	
最终报废残值	7 000	10 000
目前变现价值	10 000	
每年折旧额	（直线法）	（年数总和法）
第一年	9 000	18 000
第二年	9 000	13 500
第三年	9 000	9 000
第四年	0	4 500

（1）继续使用旧设备初始现金流量分析如图5-8所示。

继续使用旧设备丧失变现流量=-（10 000+ 23 000×25%）=-15 750（元）

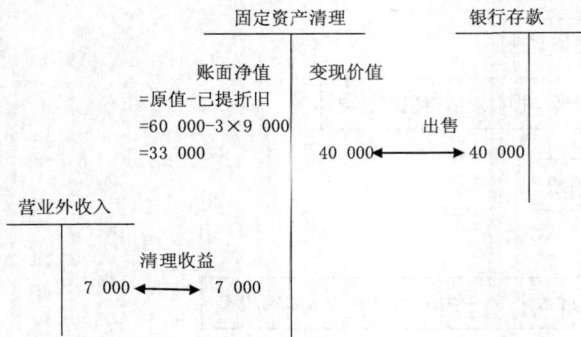

出售设备流量=40 000-7 000×25%=38 250（元）

继续使用旧设备丧失变现流量=-（40 000-7 000×25%）=-38 250（元）

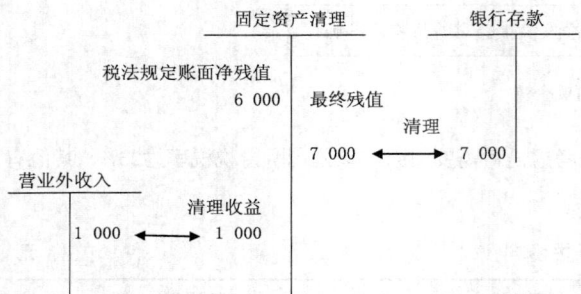

图5-8　继续使用旧设备初始现金流量分析

初始现金流量=丧失的固定资产变现流量

=-[变现价值+ 变现净损失抵税（或-变现净收入纳税）]

=-[10 000+23 000×25%]=-15 750（元）

变现净损失（或净收入）是指变现值与账面净值的差额。

（2）继续使用旧设备营业现金流量的分析

营业现金流量=税后收入-税后付现成本+折旧抵税

1~4年税后付现成本=8 600×（1-25%）=6 450（元）

第二年年末大修成本=28 000×（1-25%）=21 000（元）

1~3年折旧抵税=9 000×25%=2 250（元）

折旧年限应按税法规定年限考虑

（3）继续使用旧设备终结点回收流量的分析如图5-9所示。

①回收流量=7 000-1 000×25%=675（元）

②回收流量=4 000+2 000×25%=4 500（元）

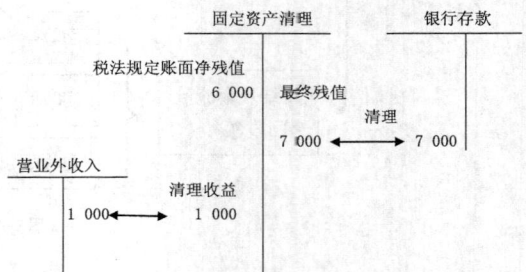

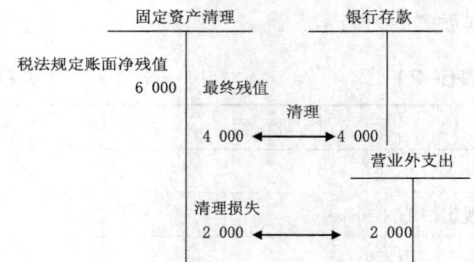

图5-9　继续使用旧设备终结点回收流量的分析

【答案】ABC公司继续使用旧设备和更换新设备的净现值如表5-22和表5-23所示。

表5-22　　　　　　　　　继续使用旧设备的净现值　　　　　　　　　单位：元

项　目	现金流量	时间（年次）	系数（10%）	现　值
继续用旧设备：				
旧设备变现价值	-10 000	0	1	-10 000
旧设备变现损失减税	（10 000-33 000）×0.25=-5 750	0	1	-5 750
每年付现操作成本	-8 600×（1-0.25）=-6 450	1~4	3.170	-20 446.5
每年折旧抵税	9 000×0.25=2 250	1~3	2.487	5 595.75
两年末大修成本	-28 000×（1-0.25）=-21 000	2	0.826	-17 346
残值变现收入	7 000	4	0.683	4 781
残值变现净收入纳税	-（7 000-6 000）×0.25=-250	4	0.683	-170.75
合计				-43 336.5

表5-23	更换新设备的净现值			单位：元
更换新设备	现金流量	时间（年次）	系数（10%）	现　值
设备投资	−50 000	0	1	−50 000
每年付现操作成本	−5 000×（1−0.25）=−3 750	1~4	3.170	−11 887.5
每年折旧抵税：				
第一年	18 000×0.25=4 500	1	0.909	4 090.5
第二年	13 500×0.25=3 375	2	0.826	2 787.75
第三年	9 000×0.25=2 250	3	0.751	1 689.75
第四年	4 500×0.25=1 125	4	0.683	768.38
残值收入	10 000	4	0.683	6 830
残值净收入纳税	−（10 000−5 000）×0.25=−1 250	4	0.683	−853.75
合计				−46 574.88

故两种方案的净现值进行比较，使用旧设备的净现值大于更换新设备的净现值，应选择使用旧设备。

🔊 **名师点拨**

1. 初始净现金流NCF

利用原有旧资产，考虑丧失的变现价值及变现损益对税的影响。

其中变现损益是指将变现价值与账面净值的差额。

2. 营业净现金流量

（1）固定成本——考虑是否为付现成本，是否为现金流。

（2）折旧计算方法：始终按税法的规定来确定。按照税法规定计提折旧，即按照税法规定的折旧年限、折旧方法、净残值等数据计算各年的折旧额。表5-24

所示为双倍余额递减法和年数总和法。

（3）折旧抵税的年限——孰短法

①税法规定尚可使用年限5年，企业估计尚可使用年限4年。（提前报废状况）所以抵税年限为4年。

②税法规定尚可使用年限5年，企业估计尚可使用年限6年。（超龄使用问题）所以抵税年限为5年。

（4）支出处理：需要考虑是资本支出还是费用支出。

3. 终结流量

当最终残值与税法规定的账面净残值不一致时，要考虑对所得税的影响。

如果遇到提前报废，则需要计算税法规定的账面净残值，账面净残值=原值−已提折旧。

折旧计算方法及计算公式如表5-24所示。

表5-24	折旧计算方法及计算公式
折旧计算方法	计算公式
双倍余额递减法	年折旧率=2÷预计使用年限×100% 年折旧额=固定资产账面净值×年折旧率 最后两年平均摊销=（固定资产账面净值−预计净残值）÷2
年数总和法（年限合计法）	年折旧率=尚可使用年限÷预计使用寿命的年数总和×100% 年折旧额=（固定资产原价−预计净残值）×年折旧率

🔊 **名师点拨**

关键要会计算使用旧设备和更换新设备两种方案的现金流，包括初始期、营业期和终结点，其中需要注意折旧和所得税的影响；再使用净现值法对两种方案的净现值进行比较，最后做出决策。

【例题12·综合题】 B公司目前生产一种产品，该产品的适销期预计还有6年，公司计划6年后停产该产

品。生产该产品的设备已经使用5年，比较陈旧，运行成本（人工费、维修费和能源消耗等）和残次品率较高。目前市场上出现了一种新设备，其生产能力、生产产品的质量与现有设备相同。新设备虽然购置成本较高，但运行成本较低，并且可以减少存货占用资金、降低残次品率。除此以外的其他方面，新设备与旧设备没有显著差别。

B公司正在研究是否应将现有旧设备更换为新设备，有关的资料如表5-25所示。

表5-25 B公司相关资料 单位：元

继续使用旧设备		更换新设备	
当初购买和安装成本	200 000		
旧设备当前市值	50 000	新设备购买和安装成本	300 000
税法规定折旧年限/年	10	税法规定折旧年限/年	10
税法规定折旧方法	直线法	税法规定折旧方法	直线法
税法规定残值率	10%	税法规定残值率	10%
已经使用年限/年	5	运行效率提高减少半成品存货占用资金	15 000
预计尚可使用年限/年	6	计划使用年限/年	6
预计6年后残值变现净收入	0	预计6年后残值变现净收入	150 000
年运行成本（付现成本）	110 000	年运行成本（付现成本）	85 000
年残次品成本（付现成本）	8 000	年残次品成本（付现成本）	5 000

B公司更新设备投资的资本成本为10%，所得税税率为25%；固定资产的会计折旧政策与税法有关规定相同。

【要求】

（1）计算B公司继续使用旧设备的相关现金流出总现值（计算过程及结果填入表5-26内）。

（2）计算B公司更换新设备方案的相关现金流出总现值（计算过程及结果填入表5-26内）。

（3）计算两个方案的净差额，并判断应否实施更新设备的方案。

表5-26 两个方案的净差额

项 目	现金流量/元	时 间	系 数	现值/元
流出现值合计				

【答案】

①继续使用旧设备的现金流出总现值如表5-27所示。

旧设备年折旧额=200 000×（1-10%）÷10=18 000（元）

旧设备账面净值=200 000-18 000×5=110 000（元）

旧设备变现损失=110 000-50 000=60 000（元）

表5-27 继续使用旧设备的现金流出总现值

项 目	现金流量/元	时间/年	系 数	现值/元
丧失的变现流量	-（50 000+60 000×25%）=-65 000	0	1	-65 000
税后付现成本	-（110 000+8 000）（1-25%）=-88 500	1~6	4.355 3	-385 444.05
折旧抵税	18 000×25%=4 500	1~5	3.790 8	17 058.6
回收最终残值	0	6		
残值净损失抵税	200 000×10%×25%=5 000	6	0.564 5	2 822.5
流出现值合计				-430 562.95

②更换新设备的现金流出总现值如表5-28所示。

新设备年折旧额=300 000×（1-10%）÷10=27 000（元）

第6年年末账面净残值=300 000-27 000×6=138 000（元）

残值净收益=150 000-138 000=12 000（元）

表5-28　　　　　　　　**更换新设备的现金流出总现值**

项　目	现金流量/元	时　间	系　数	现值/元
购置成本	-300 000	0	1	-300 000
少占用营运资金	15 000	0	1	15 000
税后付现成本	-（85 000+5 000）×（1-25%）=-67 500	1～6	4.355 3	-293 982.75
折旧抵税	27 000×25%=6 750	1～6	4.355 3	29 398.275
营运资金回收	-15 000	6	0.564 5	-8 467.5
回收残值	150 000	6	0.564 5	84 675
残值净收益纳税	-12 000×25%=-3 000	6	0.564 5	-1 693.5
现金流量合计				-475 070.48

③两个方案的净差额：

新-旧=-475 070.48-（-430 562.95）=-44 507.53（元）

不应更新。

第四节　投资项目的风险衡量与敏感性分析

考情分析：对于本节内容，题型主要为客观题，分值在2分左右。考点主要集中在风险调整折现率等。

学习建议：掌握项目现金流量和风险的估计方法及其应用，包括项目风险分析的主要概念、项目系统风险的衡量和处置；理解项目特有风险的衡量和处置。

一、投资项目的风险衡量（★★★）

【要点提示】重点掌握加权平均成本与权益资本成本、投资项目系统风险的衡量。

（一）加权平均成本与权益资本成本

1. 计算项目净现值的两种方法

计算项目净现值的方法有实体现金流量法和股权现金流量法，各自的特点和使用的折现率如表5-29所示。

表5-29　　　　**实体现金流量法和股权现金流量法的特点及使用的折现率**

方　法	现金流量的特点	折现率
实体现金流量法	以企业实体为背景，确定项目对企业实体现金流量的影响 确定现金流量时不考虑利息和偿还本金	以企业的加权平均资本成本作为折现率
股权现金流量方法	以股东为背景，确定项目对股权现金流量的影响 利息和偿还本金为相关的现金流出量	以股权资本成本为折现率

【案例5-11】甲公司的资本结构为负债60%，股东权益40%；税后负债资本成本为5%，权益资本成本为20%，其加权平均成本为：

加权平均成本=5%×60%+20%×40%=11%

该公司正在考虑一个投资项目，该项目需要投资1 000万元，预计每年产生税后（息前）现金流量110万元，其风险与公司现有资产的平均风险相同。该项目可以不断地持续下去，即可以得到一个永续年金。公司计划筹集60万元的债务资本，税后的利息率仍为5%，企业为此每年流出现金30万元；筹集400万元的权益资本，要求的报酬率仍为20%。

按照实体现金流量法税后（息前）现金流量为：

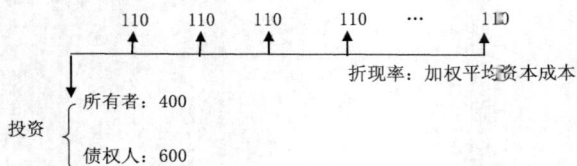

净现值＝税后息前现金流量÷加权平均资本成本
－股东投资－债权人投资＝110÷11%－400－60)＝0

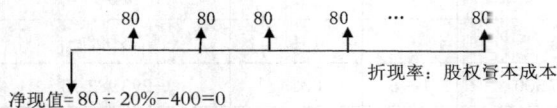

净现值＝股权现金流量÷股东要求报酬率－股东
投资＝80÷20%－400＝0

2. 两种方法比较

（1）两种方法计算的净现值没有实质区别。不能用股东要求的报酬率去折现企业实体的现金流量，也不能用企业加权平均的资本成本折现股权现金流量。

（2）折现率应当反映现金流量的风险。股权现金流量的风险比实体现金流量大，它包含了公司的财务风险。实体现金流量不包含财务风险，比股东的现金流量风险小。

（3）增加债务不一定会降低加权平均成本。

（4）实体现金流量法比股权现金流量法简洁。

◄))) 名师点拨 ••••••••••••••••••••••••••••••

在计算投资项目的净现值时，可以采用实体现金流量法或股权现金流量法。需要掌握两种方法的特点和各自折现率的选择，理解两种方法的异同。

【例题13·多选题】 计算投资项目的净现值可以采用实体现金流量法或股权现金流量法。关于这两种方法的下列表述中，正确的有（　　）。

A. 计算实体现金流量和股权现金流量的净现值，应当采用相同的折现率

B. 如果数据的假设相同，两种方法对项目的评价结论是一致的

C. 实体现金流量的风险小于股权现金流量的风险

D. 股权现金流量不受项目筹资结构变化的影响

【解析】 计算实体现金流量的净现值时，应当使用企业的加权平均资本成本作为折现率，计算股权现金流量的净现值时，应当使用股权资本成本作为折现率，所以选项A错误；采用实体现金流量法或股权现金流量法计算的净现值没有实质的区别，二者对于同一项目的

判断结论是相同的，所以选项B正确；股权现金流量中包含财务风险，而实体现金流量中不包含财务风险，所以实体现金流量的风险小于股权现金流量，即选项C正确；在计算股权现金流量时需要将利息支出和偿还的本金作为现金流出处理，所以，股权现金流量的计算受到筹资结构的影响，所以选项D错误。

【答案】 BC

（二）使用加权平均资本成本的条件

使用企业当前的资本成本作为项目的资本成本，应同时具备两个条件：一是项目的经营风险与企业当前资产的平均风险相同；二是公司继续采用相同的资本结构为新项目筹资。

用当前的资本成本作为折现率，隐含了一个重要假设，即新项目是企业现有资产的复制品，它们的系统风险相同，要求的报酬率才会相同。这种情况经常会出现，如固定资产更新、现有生产规模的扩张等。如果新项目与现有项目的风险有很大差别，如某钢铁公司是个传统行业企业风险较小，最近新进入了信息产业，则在评价信息产业项目时，就不能使用目前的资本成本作为折现率了，因为新项目的风险与现有资产的平均风险有显著差别。

所谓企业的加权平均资本成本，通常是根据当前的数据计算的，包括了资本结构因素。如果承认资本市场是不完善的，筹资结构就会改变企业的平均资本成本。如新项目筹资时采用了更多债务筹资，由于负债资本比重上升，股权现金流量的风险增加，他们要求的报酬率会迅速上升，引起企业平均资本成本上升；同时扩大了成本较低的债务筹资，会引起企业平均资本成本下降。这两种因素共同作用，使得企业平均资本成本发生变动。因此，继续使用当前的平均资本成本折现率就不合适了。

总之，在等风险假设和资本结构不变假设明显不能成立时，不能使用企业当前的平均资本成本作为新项目的资本成本。

【例题14·单选题】 在采用风险调整折现率法评价投资项目时，下列说法中错误的是（　　）。

A. 项目风险与企业当前资产的平均风险相同，只是使用企业当前资本成本作为折现率的必要条件之一，而非全部条件

B. 评价投资项目的风险调整折现率法会缩小远期现金流量的风险

C. 采用实体现金流量法评价投资项目时应以加权平

均资本成本作为折现率,采用股权现金流量法评价投资项目时应以股权资本成本作为折现率

D. 如果净财务杠杆大于零,股权现金流量的风险比实体现金流量大,应使用更高的折现率

【解析】风险调整折现率法采用单一的折现率同时完成风险调整和时间调整,这种做法意味着风险随时间推移而加大,可能与事实不符,夸大远期现金流量风险。

【答案】B

表5-30　　可比公司法的适用范围、调整方法和计算步骤

适用范围	若目标公司待评估项目经营风险与公司原有经营风险不一致(不满足等风险假设)
调整方法	寻找一个经营业务与待评估项目类似的上市公司,以该上市公司的β值替代待评估项目的β值
计算步骤	①卸载可比企业财务杠杆 $\beta_{资产}$=类比上市公司的$\beta_{权益}$÷[1+(1-类比上市公司适用所得税税率)×类比上市公司的产权比率] ②加载目标企业财务杠杆 目标公司的$\beta_{权益}$=$\beta_{资产}$×[1+(1-目标公司适用所得税税率)×目标公司的产权比率] ③根据目标企业的$\beta_{权益}$计算股东要求的报酬率 股东要求的报酬率=无风险报酬率+$\beta_{权益}$×市场风险溢价 ④计算目标企业的加权平均资本成本 加权平均资本成本=债务税前成本×(1-所得税税率)×负债比重+权益成本×权益比重

◀)) 名师点拨 ••••••••••••••••••••••••

β资产不含财务风险,β权益既包含了项目的经营风险,也包含了目标企业的财务风险。

【案例5-12】某大型联合企业甲公司,拟开始进入飞机制造业。甲公司目前的资本结构为负债/权益为2/3,进入飞机制造业后仍维持该目标结构。在该目标资本结构下,债务税前成本为6%。飞机制造业的代表企业是乙公司,其资本结构为债务÷权益成本=7÷10,权益的β值为1.4。已知无风险报酬率为5%,市场风险溢价为8%,两个公司的所得税税率均为30%。

(1)将乙公司的$\beta_{权益}$转换为无负债的$\beta_{资产}$。

$\beta_{资产}$=1.4÷[1+(1-30%)×(7÷10)]=0.9396

(2)将无负债的β值转换为甲公司含有负债的股东权益β值。

$\beta_{权益}$=0.9396×[1+(1-30%)×2÷3]=1.3781

(3)根据$\beta_{权益}$计算甲公司的权益成本。

权益成本=5%+1.3781×8%=5%+11.0248%=16.02%

如果采用股东现金流量计算净现值,16.02%是适合的折现率。

(4)计算加权平均资本成本。

加权平均资本成本=6%×(1-30%)×2÷5+16.02%×3÷5=1.68%+9.61%=11.29%

(三)投资项目系统风险的衡量

如果投资项目的风险与现有资产的平均风险显著不同,就不能使用公司当前的加权平均资本成本,而应当估计项目的系统风险,并计算项目的资本成本即投资人对于项目要求的必要报酬率。

1.可比公司法

可比公司法的适用范围、调整方法和计算步骤如表5-30所示。

如果采用实体现金流量法,11.29%是适合的折现率。

尽管可比公司不是一个完美的方法,但它在估算项目的系统风险时还是比较有效的。

◀)) 名师点拨 ••••••••••••••••••••••••

可比公司法是寻找一个经营业务与待评估项目类似的上市公司,在估计债务成本时,应选择若干信用级别相同的上市公司债券。

【例题15·单选题】(2013年真题)甲公司采用风险调整法估计债务成本,在选择若干已上市公司债券以确定本公司的信用风险补偿率时,应当选择(　　)。

A. 与本公司债券期限相同的债券

B. 与本公司信用级别相同的债券

C. 与本公司所处行业相同的公司的债券

D. 与本公司商业模式相同的公司的债券

【解析】信用风险的大小可以用信用级别来表示,因此应选择若干信用级别与本公司相同的上市公司的债券。

【答案】B

【例题16·计算分析题】(2013年真题)甲公司主营电池生产业务,现已研发出一种新型锂电池产品,

准备投向市场。为了评价该锂电池项目，需要对其资本成本进行估计。有关资料如下。

（1）该锂电池项目拟按照资本结构（负债/权益）30/70进行筹资，税前债务资本成本预计为9%。

（2）目前市场上有一种还有10年到期的已上市政府债券面值为1 000元，票面利率6%，每年付息一次，到期一次归还本金，当前市价为1 120元，刚过付息日。

（3）锂电池行业的代表企业是乙、丙公司，乙公司的资本结构（负债/权益）为40/60，股东权益的β系数为1.5；丙公司的资本结构（负债/权益）为50/50，股东权益的β系数为1.54。权益市场风险溢价为7%。

（4）甲、乙、丙3个公司适用的企业所得税税率均为25%。

【要求】

（1）计算无风险报酬率。

（2）使用可比公司法计算锂电池行业代表企业的平均$\beta_{资产}$、该锂电池项目的$\beta_{权益}$与权益资本成本。

（3）计算该锂电池项目的加权平均资本成本。

【答案】

（1）设无风险报酬率为i，

NPV$=1 000×6%×(P/A, i, 10)+1 000×(P/F, i, 10)-1 120$

设利率为5%，

$1 000×6%×(P/A, 5\%, 10)+1 000×(P/F, 5\%, 10)-1 120=60×7.721 7+1 000×0.613 9-1 120=-42.80$

设利率为4%，

$1 000×6%×(P/A, 4\%, 10)+1 000×(P/F, 4\%, 10)-1 120=60×8.110 9+1 000×0.675 6-1 120=42.25$

$(i-4\%)÷(5\%-4\%)=(0-42.25)÷(-42.8-42.25)$

所以无风险报酬率i=4.5%

（2）乙企业$\beta_{资产}$=1.5÷[1+（1-25%）×（4/6）]=1

丙企业$\beta_{资产}$=1.54÷[1+（1-25%）×（5/5）]=0.88

平均$\beta_{资产}$=（1+0.88）÷2=0.94

该锂电池项目的$\beta_{权益}$=0.94×[1+（1-25%）×3/7]=1.24

权益资本成本=4.5%+1.24×7%=13.18%

（3）加权平均资本成本=9%×（1-25%）×3÷10+13.18%×7÷10=11.25%

2. 资本结构不同时的可比公司法

若目标公司待评估项目经营风险与公司原有经营风险一致，但资本结构与公司原有资本结构不一致，即满足等风险假设，但不满足等资本结构假设。资本结构不同时的可比公司法调整方法及计算步骤如表5-31所示。

表5-31　　　　资本结构不同时的可比公司法调整方法及计算步骤

调整方法	以本公司的原有β替代待评估项目的β值
计算步骤	①卸载原有企业财务杠杆 $\beta_{资产}$=原有公司的$\beta_{权益}$/[1+（1-公司原适用所得税税率）×公司原有的产权比率] ②加载投资新项目后企业新的财务杠杆 公司新的$\beta_{权益}=\beta_{资产}×$[1+（1-公司新适用所得税税率）×公司新的产权比率] ③根据新的$\beta_{权益}$计算股东要求的报酬率 股东要求的报酬率=无风险报酬率+$\beta_{权益}$×市场风险溢价 ④计算新的加权平均资本成本 加权平均资本成本=负债税前成本×（1-所得税税率）×新负债比重+权益成本×新权益比重

【例题17·计算分析题】A公司是一家上市公司，目前资产总额为7 400万元，资产负债率为50%，负债平均利息率为12%，其股票的β值为2。若决定增加产品生产能力50%，预计税前初始支出金额会达到1 850万元（假设没有建设期，资金预计均来源于银行借款，借款利息率保持与目前负债利息率一致），若公司适用的所得税税率为40%，目前无风险收益率为6%，股票市场的平均风险附加率为9.77%。

假设扩充能力不改变企业经营风险，计算采用扩充能力决策的方案折现率。

【答案】

追加投资前公司产权比率=1

追加投资后公司产权比=（7 400×50%+1 850）÷（7 400×50%）=1.5

$\beta_{资产}$=公司原有$\beta_{权益}$÷[1+（1-40%）×原产权比率]=2÷[1+0.6×1]=1.25

追加投资后公司新$\beta_{权益}=\beta_{资产}×$[1+（1-40%）×新产权比率]=1.25×[1+（1-40%）×1.5]=2.375

追加投资后股权资本成本=6%+2.375×9.77%=29.20%

追加投资后加权平均资本成本=12%×(1-40%)×(7 400×50%+1 850)÷(7 400+1 850) +29.2%×(7 400×50%)÷(7 400+1 850)=12%×60%×60%+ 29.2%×40%=16%

二、投资项目的敏感性分析(★★)

(一)敏感性分析的含义

敏感性分析是投资项目评价中常用的一种研究不确定性的方法。它在确定性分析的基础上,进一步分析不确定因素对投资项目的最终经济效果指标影响及影响程度。

敏感性因素一般可选择主要参数(如销售收入、经营成本、生产能力、初始投资、寿命期、建设期、达产期等)进行分析。若某参数的小幅度变化能导致经济效果指标的较大变化,则称此参数为敏感性因素,反之则称其为非敏感性因素。

(二)敏感性分析的作用

(1)确定影响项目经济效益的敏感因素。寻找出影响最大、最敏感的主要变量因素,进一步分析、预测或估算其影响程度,找出产生不确定性的根源,采取相应有效措施。

(2)计算主要变量因素的变化引起项目经济效益评价指标变动的范围,使决策者全面了解建设项目投资方案可能出现的经济效益变动情况,以减少和避免不利因素的影响,改善和提高项目的投资效果。

(3)通过各种方案敏感度大小的对比,区别敏感度大或敏感度小的方案,选择敏感度小的,即风险小的项目作为投资方案。

(4)通过可能出现的最有利与最不利的经济效果变动范围的分析,为决策者预测可能出现的风险程度,并对原方案采取某些控制措施或寻找可替代方案,为最后确定可行的投资方案提供可靠的决策依据。

(三)敏感性分析的方法

投资项目的敏感性分析,通常是在假定其他变量不变的情况下,测定某一个变量发生特定变化时对净现值(或内含报酬率)的影响。

敏感性分析主要包括最大最小法和敏感程度法两种分析方法。

1. 最大最小法

最大最小法的主要步骤如下。

(1)给定计算净现值的每个变量的预期值。

(2)根据变量的预期值计算净现值,由此得出的净现值称为基准净现值。

(3)选择一个变量并假设其他变量不变,令净现值等于零,计算选定变量的临界值。

(4)选择第二个变量,并重复(3)过程。

通过上述步骤,可以得出使基准净现值由正值变为负值(或相反)的各变量最大(或最小)值,可以帮助决策者认识项目的特有风险。

【案例5-13】ABC公司拟投产一个新产品,预期每年增加税后营业现金流入100万元,增加税后营业现金流出69万元;预计需要初始投资90万元,项目寿命为4年;公司的所得税税率为20%。有关数据如表6-32的"基准状况"栏所示,根据各项预期值计算的净现值为22.53万元。

假设主要的不确定性来自营业现金流,因此只分析营业流入和流出变动对净现值的影响。

表5-32　　　　　　　　　　　　最大最小法敏感性分析　　　　　　　　　　　　单位:万元

项　　目	预期值	税后营业流入最小值	税后营业流出最大值
每年税后营业现金流入	100	92.89	100
每年税后营业现金流出	69	69	76.11
折旧抵税(20%)	4.5	4.5	4.5
每年税后营业现金净流量	35.5	28.39	28.39
年金系数(10%,4年)	3.169 9	3.169 9	3.169 9
营业现金净流入总现值	112.53	90.00	90.00
初始投资	90.00	90.00	90.00
净现值	22.53	0.00	0.00

该数据表示，如果每年税后营业现金流入下降到92.89万元，则净现值变为零，该项目不再具有价值。

税后营业现金流出上升至76.11万元，则项目不再具有价值。

如果决策者对于上述最小营业流入和最大营业流出有信心，则项目是可行的。如果相反，决策者认为现金流入很可能低于上述最小值，或者现金流出很可能超出上述最大值，则项目风险很大，应慎重考虑是否应承担该风险。

2. 敏感程度法

敏感程度法的主要步骤如下。

（1）计算项目的基准净现值（方法与最大最小法相同）。

（2）选定一个变量，如每年税后营业现金流入，假设其发生一定幅度的变化，而其他因素不变，重新计算净现值。

（3）计算选定变量的敏感系数。

敏感系数=目标值变动百分比/选定变量变动百分比

（4）根据上述分析结果，对项目特有风险做出判断。

依照前例数据，先计算税后营业现金流入增减5%和增减10%的净现值，以及税后营业现金流入变动净现值的敏感系数（计算过程见表5-33）。然后按同样方法，分别计算税后营业现金流出和初始投资变动对净现值的影响（见表5-34和表5-35）。

敏感程度法的计算过程简单，也易于理解。其局限性表现如下。

（1）在进行敏感性分析时，只允许一个变量发生变动，而假设其他变量保持不变。

（2）没有给出每一个数值发生的可能性。

表5-33   **敏感程度法：每年税后营业现金流入变化**   单位：万元

变动百分比	−10%	−5%	基准情况	+5%	+10%
每年税后营业现金流入	90	95	100	105.00	110.00
每年税后营业现金流出	69	69	69	69	69
每年折旧抵税（20%）	4.5	4.5	4.5	4.5	4.5
每年税后营业现金净流量	25.5	30.5	35.5	40.5	45.5
年金系数（10%，4年）	3.1699	3.1699	3.1699	3.1699	3.1699
现金流入总现值	80.83	96.68	112.53	128.38	144.23
初始投资	90.00	90.00	90.00	90.00	90.00
净现值	−9.17	6.68	22.53	38.38	54.23
营业现金流入的敏感程度	[（54.23−22.53）÷22.53]÷10%=140.7%÷10%=14.07				

表5-34   **敏感程度法：每年税后营业现金流出变化**   单位：万元

变动百分比	−10%	−5%	基准情况	+5%	+10%
每年税后营业现金流入	100	100	100	100	100
每年税后营业现金流出	62.1	65.55	69	72.45	75.9
每年折旧抵税（20%）	4.50	4.50	4.50	4.50	4.50
每年税后营业现金净流量	42.40	38.95	35.50	32.05	28.60
年金系数（10%，4年）	3.1699	3.1699	3.1699	3.1699	3.1699
现金流入总现值	134.40	123.47	112.53	101.60	90.66
初始投资	90.00	90.00	90.00	90.00	90.00
净现值	44.40	33.47	22.53	11.60	0.66
税后营业现金流出的敏感程度	[（0.66−22.53）÷22.53]÷10%=−97.07%÷10%=−9.71				

表5-35 敏感程度法：初始投资变化 单位：万元

变动百分比	−10%	−5%	基准情况	+5%	+10%
每年税后营业现金流入	100	100	100	100	100
每年税后营业现金流出	69	69	69	69	69
每年折旧抵税（20%）	4.05	4.275	4.5	4.725	4.95
每年税后营业现金净流量	35.05	35.275	35.5	35.275	35.95
年金系数（10%，4年）	3.169 9	3.169 9	3.169 9	3.169 9	3.169 9
现金流入总现值	111.1	111.82	112.53	113.24	113.96
初始投资	81	85.5	90.00	94.5	99
净现值	30.1	26.32	22.53	18.74	14.96
营业现金流出的敏感程度	[（14.96−22.53）÷22.53]÷10%=−33.6%÷10%=−3.36				

过关测试题

一、单选题

1. 甲投资方案的寿命期为一年，初始投资额为6 000万元，预计第一年年末扣除通货膨胀影响后的实际现金流为7 200万元，投资当年的预期通货膨胀率为5%，名义折现率为11.3%，则该方案能够提高的公司价值为（ ）。

　A. 469万元

　B. 668万元

　C. 792万元

　D. 857万元

2. 年末ABC公司正在考虑卖掉现有的一台闲置设备。该设备于8年前以50 000元购入，税法规定的折旧年限为10年，按直线法计提折旧，预计净残值率为10%；目前可以按10 000元价格卖出，假设所得税率为25%，卖出现有设备对本期现金流量的影响是（ ）。

　A. 减少1 000元

　B. 增加1 000元

　C. 增加9 000元

　D. 增加11 000元

3. 甲公司有一投资方案，相关资料如下：NCF0=−30000元，NCF1=9000元，NCF2=10000元，NCF3=11000元，每年折旧费4 000元，则该投资方案的会计报酬率为（ ）。

　A. 35.56% 　　　B. 20%

　C. 25% 　　　D. 30%

4. 下列有关固定资产更新决策的平均年成本法的表述中，错误的是（ ）。

　A. 随着时间的递延，运行成本和持有成本呈反方向变化

　B. 平均年成本法把继续使用旧设备和购置新设备看成是更换设备的特定方案

　C. 平均年成本法的假设前提是将来设备再更换时，可以按照原来的平均年成本找到可代替的设备

　D. 一般来说，更新决策导致的设备更换并不增加企业的现金流入

5. 某企业拟按15%的资本成本进行一项固定资产投资决策，所计算的净现值指标为100万元，无风险报酬率8%。假定不考虑通货膨胀因素，则下列表述中正确的是（ ）。

　A. 该项目的现值指数小于1

　B. 该项目的内含报酬率小于8%

　C. 该项目要求的风险报酬率为7%

　D. 该企业不应进行此项投资

6. 基本变量的概率信息难以取得的风险分析方法是（ ）。

　A. 敏感分析

　B. 情景分析

　C. 因素分析

　D. 模拟分析

7. 某投资项目的项目期限为5年，初始期为1年，投产后每年的净现金流量均为1 500万元，原始投资2 500万元，资金成本为10%，$(P/A，10\%，4)=3.169\,9$，$(P/A，10\%，5)=3.790\,8$，则该项目净现值的等额年金为（　　　　）万元。

A. 574.97　　　　　　B. 840.51

C. 594.82　　　　　　D. 480.79

8. 下列关于风险调整折现率法的表述中，正确的是（　　　　）。

A. 基本思路是对高风险的项目应当采用较高的折现率计算其净现值率

B. 对风险价值进行调整，没有调整时间价值

C. 用无风险报酬率作为折现率

D. 存在夸大远期风险的缺点

9. 某百货公司拟开始进入电子商务行业，该公司目前的资产负债率为40%，加权平均资本成本为10%；预计进入电子商务行业后负债/权益为1/1，债务税前成本为6%。电子商务行业的代表企业为A公司，其资本结构为负债/股东权益为4/5，权益的β值为1.8，已知无风险报酬率为4%，市场风险溢价为4%，两个公司的所得税税率为25%。则下列说法不正确的是（　　　　）。

A. 目标$\beta_{权益}$1.97

B. 该项目股东要求的报酬率为11.2%

C. 项目资本成本为8.19%

D. $\beta_{资产}$为1.125

10. ABC公司对某投资项目的分析与评价资料如下：该投资项目适用的所得税税率为30%，年税后营业收入为500万元，税后付现成本为350万元，税后净利润80万元。那么，该项目年营业现金净流量为（　　　　）万元。

A. 100　　　　　　B. 180

C. 80　　　　　　D. 150

11. 某企业正在考虑卖掉现有设备，该设备于5年前购置，买价为50 000元，税法规定的折旧年限为10年，按照直线法计提折旧，预计净残值为5 000元；目前该设备可以20 000元的价格出售，该企业适用的所得税税率为30%，则出售该设备引起的现金流量为（　　　　）。

A. 20 000元　　　　　　B. 17 750元

C. 22 250元　　　　　　D. 5 000元

二、多选题

1. 下列有关项目特有风险衡量和处置的方法的叙述中，正确的有（　　　　）。

A. 利用情景分析法允许多个变量同时变动，并给出不同情景发生的可能性

B. 在进行敏感性分析时，只允许一个变量发生变动，并给出每一个数值发生的可能性

C. 蒙特卡洛模拟是敏感分析和概率分布原理结合的产物

D. 模拟分析比情景分析是一个进步，它不是只考虑有限的几种结果，而是考虑了无限多的情景

2. 在投资项目风险处置的调整现金流量法下，关于项目变化系数与肯定当量系数的说法正确的有（　　　　）。

A. 变化系数为1，肯定当量系数为0

B. 变化系数为0，肯定当量系数为1

C. 变化系数越大，肯定当量系数越大

D. 变化系数越大，肯定当量系数越小

3. 下列关于营业现金流量的计算公式的表述中，正确的有（　　　　）。

A. 营业现金流量＝营业收入－付现成本－所得税

B. 营业现金流量＝税后净利润＋折旧

C. 营业现金流量＝税后收入－税后付现成本＋折旧抵税

D. 营业现金流量＝收入×（1－所得税税率）－付现成本×（1－所得税税率）＋折旧

4. 在固定资产更新项目的决策中，下列说法正确的有（　　　　）。

A. 一般来说，设备更换并不改变企业的生产能力，更新决策的现金流量主要是现金流出

B. 平均年成本法把继续使用旧设备和购置新设备看成是更换设备的特定方案

C. 平均年成本法的假设前提是将来设备再更换时，可以按照原来的平均年成本找到可代替的设备

D. 平均年成本法把继续使用旧设备和购置新设备看成是两个互斥的方案

5. 关于投资项目的风险分析，下列说法正确的有（　　　　）。

A. 任何投资项目都是有风险的

B. 通常，项目特有风险不宜作为资本预算时风险的度量

C. 一个新的投资项目与公司现有资产的平均风险相同，则该项目没有公司风险

D. 项目风险中影响股东预期收益的只有项目的系统风险

6. 某企业投资100万元购买一台无需安装的设备，投产后每年增加营业收入48万元，增加付现成本13万元，预计项目寿命5年，按直线法提折旧，期满无残值。企业适用的所得税税率为25%，项目的资本成本为10%，则该项目（　　　　）。

A. 静态回收期2.86年　B. 会计报酬率11.25%

C. 净现值18.46万元　D. 现值指数1.18

7. 对于投资资本总量受限情况的独立方案投资决策，下列说法正确的有（　　　　）。

A. 在投资总额不超过资本总量的项目组合中选择净现值最大的投资组合

B. 各项目按照现值指数从大到小进行投资排序

C. 在投资总额不超过资本总量的项目组合中选择现值指数最大的投资组合

D. 各项目按照净现值从大到小进行投资排序

8. 关于通货膨胀对于投资项目的影响，下列各项不正确的有（　　　　）。

A. 通货膨胀既影响现金流量又影响资本成本

B. 名义现金流量＝实际现金流量×（1+通货膨胀率）

C. 名义资本成本＝实际资本成本×（1+通货膨胀率）

D. 名义现金流量使用实际资本成本折现的现值等于实际现金流量使用名义资本成本折现的现值

9. 下列有关可比公司法的表述中，错误的有（　　　　）。

A. 根据公司股东收益波动性估计的贝塔值不含财务杠杆

B. β资产是假设全部用权益资本融资的贝塔值，此时没有财务风险

C. 根据可比企业的资本结构调整贝塔值的过程称为"加载财务杠杆"

D. 如果使用股权现金流量法计算净现值，股东要求的报酬率是适宜的折现率

10. 下列关于投资项目评估方法的表述中，正确的有（　　　　）。

A. 现值指数法克服了净现值法不能直接比较投资额不同的项目的局限性，它在数值上等于投资项目的净现值除以初始投资额

B. 动态回收期法克服了静态回收期法不考虑货币时间价值的缺点，但是仍然不能衡量项目的盈利性

C. 内含报酬率是项目本身的投资报酬率，不随投资项目预期现金流的变化而变化

D. 内含报酬率法不能直接评价两个投资规模不同的互斥项目的优劣

债券、股票价值评估

第 **6** 章

从近几年考试看，本章考查客观题、主观题都有可能性，主要考点包括债券价值和股票价值的计算、影响债券价值的因素、债券投资和股票投资收益率的计算、债券实际周期利率与票面利率的关系等；计算分析题的考点主要是债券价值和到期收益率的确定。预计考试分数在4分左右。

【本章考点概览】

债券、股票价值评估	一、债券价值评估	1. 债券的类型	★
		2. 债券价值的评估方法	★★
		3. 债券的到期收益率	★★
	二、普通股价值评估	1. 普通股价值的评估方法	★
		2. 普通股的期望报酬率	★★
	三、混合筹资工具价值评估	1. 优先股的特殊性	★
		2. 优先股价值的评估方法	★★

第一节　债券价值评估

考情分析：对于本节内容，题型可能为客观题和主观题，分值在2分左右，计算分析题的考点主要是债券价值和到期收益率的确定。

学习建议：了解债券的概念和类别，掌握债券的价值、债券的到期收益率的确定。

一、债券的类型（★）

1. 债券的概念

债券是发行者为筹集资金发行的，在约定时间支付一定比例利息，并在到期时偿还本金的一种有价证券。

债券的基本要素有面值、票面利率、付息方式、到期日。其中，面值也是到期还本额；债券利息的计算用面值乘上票面利率；付息方式规定了付息的时点，到期日即债券持有期限。债券的基本要素如表6-1所示。

表6-1　　　　　　　　　　　　　　**债券的基本要素**

相关概念	解　释
债券面值	到期还本额
债券票面利率	利息=面值×票面利率
付息方式	付息时点
债券到期日	持有期限

2. 分类

根据不同分类标准，债券可分为如下类别，如表6-2所示。

表6-2　　　　　　　　　　　　　　债券的分类及分类标准

分类标准	分 类
按债券是否记名分类	记名债券和无记名债券
按债券能否转换为股票分类	可转换债券和不可转换债券
按有无财产抵押分类	抵押债券和信用债券
按能否上市分类	上市债券和非上市债券
按偿还方式分类	到期一次债券和分期债券
按债券的发行人分类	政府债券、地方政府债券、公司债券、国际债券

二、债券价值的评估方法（★★）

【要点提示】掌握债券估价的基本模型、债券估价的其他模型、债券价值的影响因素。

债券的价值是发行者按照合同规定从现在至债券到期日所支付的款项的现值。计算现值时使用的折现率，取决于当前的市场利率和现金流量的风险水平。

（一）债券估值模型

1. 债券估价的基本模型

典型的债券是固定利率、每年计算并支付利息、到期归还本金。债券的价值包括未来各期利息收入的现值和未来到期本金或提前出售的售价的现值。现金流示意图如下所示。

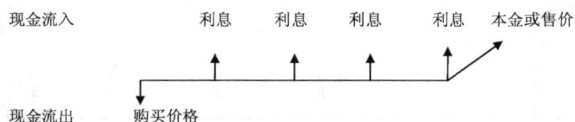

这种模式下，债券价值计算的基本模型是：

$$PV = I_1 \div (1+i)^1 + I_2 \div (1+i)^2 + \cdots + I_n \div (1+i)^n + M \div (1+i)^n$$

式中　PV——债券价值；

I——每年的利息；

M——到期的本金；

i——折现率，一般采用当时的市场利率或投资的必要报酬率；

n——债券到期前的年数。

🔊 **名师点拨** ●●●●●●●●●●●●●●●●●●●●

按市场利率或投资人要求的必要报酬率进行折现。

2. 其他模型

除了上面介绍的基本模型之外，下面介绍几种常用的其他模型。

（1）平息债券

平息债券是指利息在到期时间内平均支付的债券。支付的频率可能是一年一次、半年一次或每季度一次等。

基本公式：$PV = 利息 \times (P/A, i, n) + 本金 \times (P/F, i, n)$

式中　PV——债权价值；

i——折现率；

n——债券到期前的年数（下同）。

【案例6-1】某公司拟于20×4年4月1日发行面额为100元的债券，其票面利率为9%，每年4月1日计算并支付一次利息，并于5年后的3月31日到期。同等风险投资的必要报酬率为10%，则债券的价值为：

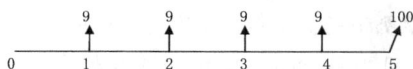

$$PV = 9 \times (P/A, 10\%, 5) + 100 \times (P/F, 10\%, 5)$$
$$= 9 \times 3.791 + 100 \times 0.621$$
$$= 96.219（元）$$

【案例6-2】某一债券面值为100元，票面利率为9%，每半年支付一次利息，5年到期。假设年折现率为10%。

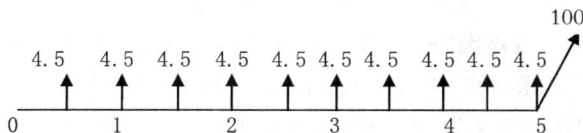

🔊 **名师点拨** ●●●●●●●●●●●●●●●●●●●●

凡是利率都可以分为报价利率和有效年利率。当一年内要复利几次时，给出的利率是报价利率，报价利率除以年内复利次数得出计息周期利率，根据计息周期利率可以换算出有效年利率。对于这一规则，利率和折现率都要遵守，否则就破坏了估价规则的内在统一性，也就失去了估价的科学性。

债券的价值$=4.5×（P/A，5%，10）+100（P/F，5%，$
$10）=96.149（元）$

【例题1·单选题】（2013年真题）甲公司平价发行5年期的公司债券，债券票面利率为10%，每半年付息一次，到期一次偿还本金。该债券的有效年利率是（　　）。

A. 9.5%

B. 10%

C. 10.25%

D. 10.5%

【解析】 计息期利率$=10%÷2=5%$，有效年利率$=（1+5%）^2-1=10.25%$。

【答案】 C

（2）纯贴现债券

纯贴现债券是指承诺在未来某一确定日期作某一单笔支付的债券。这种债券在到期日前购买人不能得到任何现金支付，因此也称为"零息债券"。

基本公式：

①到期一次还本付息债券：

$PV=$ 到期本利和 $×（P/F，i，n）$

②零息债券：

$PV=$ 本金 $×（P/F，i，n）$

【案例6-3】 某企业发行纯贴现债券，面值100元，20年期。假设折现率为10%，其价值为：

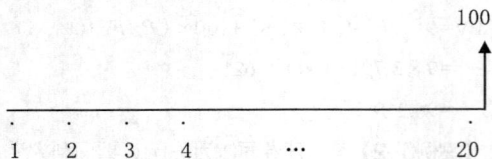

$PV=100×（P/F，10%，20）$
$\quad=100÷（1+10%）^{20}=14.86（元）$

【案例6-4】 某企业发行5年期国债，面值100元，票面利率12%，单利计息，到期时一次还本付息。假设折现率为10%（复利、按年计息），其价值为：

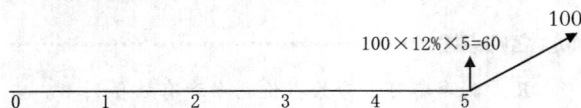

$PV=160×（P/F，10%，5）$
$\quad=160÷（1+10%）^5=99.35（元）$

（3）永久债券

永久债券是指没有到期日，永不停止定期支付利息的债券。

基本公式：$PV=$ 利息 $÷i$

【案例6-5】 有一优先股，承诺每年支付优先股息300元。假设折现率为10%，则其价值为：

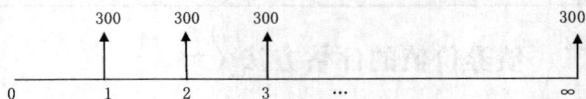

$PV=300÷10%=3\,000（元）$

（4）流通债券

流通债券是指已发行并在二级市场上流通的债券。

流通债券特点有：①到期时间小于债券发行在外的时间；②估价的时点不在发行日，可以是任何时点，会产生"非整数计息期"问题。

【案例6-6】 丙企业发行面值为100元的债券，票面利率为8%，每年付息一次，20×1年7月1日发行，20×6年6月30日到期。现在是20×4年6月1日，假设投资的折现率为10%，问该债券的价值是多少？

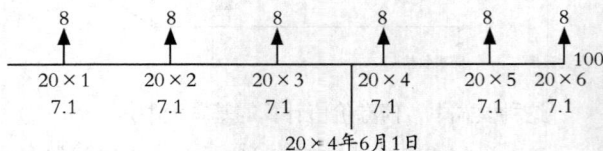

$$PV=\frac{8+8×（P/A，10%，2）+100×（P/F，10%，2）}{（1+10%）^{1/12}}=103.7（元）$$

（二）债券价值的影响因素

通过上述模型可以看出，影响债券价值的因素主要有面值、票面利率、计息期、折现率和到期时间，如表7-3所示。

表6-3　　　　　　　　　　　**债券的影响因素**

影响因素	解　释
面值	面值与债券价值同向变化，面值越大，债券价值越大。面值不仅影响到期本金的流入，还会影响未来利息

影响因素	解　释			
票面利率	票面利率与债券价值同向变化，票面利率越大，债券价值越大			
折现率	折现率与债券价值反向变化，折现率越大，债券价值越小 债券定价的基本原则是：折现率等于债券利率时，债券价值就是其面值；如果折现率高于债券利率，债券的价值就低于面值；如果折现率低于债券利率，债券的价值就高于面值			
到期时间	平息债券	对于平息债券，当折现率一直保持至到期日不变时，随着到期时间的缩短，债券价值逐渐接近其票面价值。如果付息期无限小则债券价值表现为一条直线		
		付息期无限小	付息期无限小则不考虑付息期间债券价值的变化，此时溢价发行的债券，随着到期时间的缩短，债券价值逐渐下降；平价发行的债券，随着到期时间的缩短，债券价值不变；折价发行的债券，随着到期时间的缩短，债券价值逐渐上升。即最终都向面值靠近	
		流通债券	流通债券需要考虑付息期之间债券价值的变化，流通债券的价值在两个付息日之间呈周期性变动	
	零息债券	随着到期时间的缩短，债券价值逐渐上升，向面值接近		
	到期一次还本付息债券	到期一次还本付息债券，随着到期时间的缩短，债券价值逐渐上升		
利息支付频率	债券付息期越短价值越低的现象，仅出现在折价出售的状态。如果债券溢价出售，则情况正好相反。即对于折价发行的债券，加快付息频率，价值下降；对于溢价发行的债券，加快付息频率，价值上升；对于平价发行的债券，加快付息频率，价值不变			

🔊 **名师点拨** ●●●●●●●●●●●●●●●●●

　　其他条件相同情况下，对新发债券来说：溢价发行的债券，期限越长，价值越高；折价发行的债券，期限越长，价值越低；平价发行的债券，期限长短不影响价值。

　　利息连续支付债券（或付息期无限小的债券）：当折现率一直保持至到期日不变时，随着到期日的接近，债券价值向面值回归。溢价发行的债券，随着到期日的接近，价值逐渐下降；折价发行的债券，随着到期日的接近，价值逐渐上升；平价发行的债券，随着到期日的接近，价值不变。

　　【例题2·多选题】 下列关于债券价值的说法中，正确的有（　　　　）。

　　A. 当市场利率高于票面利率时，债券价值高于债券面值

　　B. 当市场利率不变时，随着债券到期时间的缩短，溢价发行债券的价值逐渐下降，最终等于债券面值

　　C. 当市场利率发生变化时，随着债券到期时间的缩短，市场利率变化对债券价值的影响越来越小

　　D. 当票面利率不变时，溢价出售债券的计息期越短，债券价值越大

　　【解析】 当市场利率高于票面利率时，债券价值低于债券面值，此时债券应该折价发行，所以选项A的说法不正确。

　　【答案】 BCD

　　【例题3·多选题】 假设其他因素不变，下列事项中，会导致折价发行的平息债券价值下降的有（　　　　）。

　　A. 提高付息频率

　　B. 延长到期时间

　　C. 提高票面利率

　　D. 等风险债券的市场利率上升

　　【解析】 对于折价发行的平息债券而言，在其他因素不变的情况下，付息频率越高（即付息期越短）价值越低，所以，选项A的说法正确；对于折价发行的平息债券而言，债券价值低于面值，在其他因素不变的情况下，到期时间越短，债券价值越接近面值，即债券价值越高，所以，选项B的说法正确；债券价值等于未来现金流量现值，提高票面利率会提高债券利息，在其他因素不变的情况下，会提高债券的价值，所以，选项

C的说法不正确；等风险债券的市场利率上升，会导致折现率上升，在其他因素不变的情况下，会导致债券价值下降，所以，选项D的说法正确。

【答案】ABD

【例题4·多选题】 债券A和债券B是两只刚发行的平息债券，债券的面值和票面利率相同，票面利率均高于必要报酬率，以下说法中，正确的有（　　　）。

- A. 如果两债券的必要报酬率和利息支付频率相同，偿还期限长的债券价值低
- B. 如果两债券的必要报酬率和利息支付频率相同，偿还期限长的债券价值高
- C. 如果两债券的偿还期限和必要报酬率相同，利息支付频率高的债券价值低
- D. 如果两债券的偿还期限和利息支付频率相同，必要报酬率与票面利率差额大的债券价值高

【解析】 本题主要考查的是债券价值的主要影响因素的分析。因为债券的面值和票面利率相同，若同时满足两债券的必要报酬率和利息支付频率相同，对于平息溢价发行债券（即分期付息债券），偿还期限越长，表明未来获得的高于市场利率的利息机会越多，则债券价值越高，所以选项A错误，选项B正确；对于溢价发行的债券，加快付息频率，债券价值会上升，所以选项C错误；对于溢价发行债券，票面利率高于必要报酬率，所以当必要报酬率与票面利率差额越大，（因债券的票面利率相同）即表明必要报酬率越低，则债券价值应越大。当其他因素不变时，必要报酬率与债券价值是呈反向变动的，所以选项D正确。

【答案】BD

三、债券的到期收益率（★★）

到期收益率是指以特定价格购买债券并持有至到期日所能获得的收益率。它是能使未来现金流量现值等于债券购入价格的折现率。

计算到期收益率的方法是求解含有折现率的过程，即购进价格=每年利息×年金现值系数+面值×复利现值系数

$$P = I \times (P/A, i, n) + M \times (P/F, i, n)$$

式中　P——债券的价格；

　　　I——每年的利息；

　　　M——面值；

　　　n——到期的年数；

　　　i——折现率。

🔊 **名师点拨** ⋯⋯⋯⋯⋯⋯⋯⋯⋯⋯⋯⋯⋯⋯

平价发行的债券，其到期收益率等于票面利率；溢价发行的债券，其到期收益率低于票面利率；折价发行的债券，其到期收益率高于票面利率。

【例题5·计算分析题】 资料：2007年7月1日发行的某债券，面值100元，期限3年，票面年利率8%，每半年付息一次，付息日为6月30日和12月31日。

【要求】

（1）假设等风险证券的市场利率为8%，计算该债券的有效年利率和全部利息在2007年7月1日的现值。

（2）假设等风险证券的市场利率为10%，计算2007年7月1日该债券的价值。

（3）假设等风险证券的市场利率为12%，2008年7月1日该债券的市价是85元，试问该债券当时是否值得购买？

（4）某投资者2009年7月1日以97元购入，试问该投资者持有该债券至到期日的收益率是多少？

【答案】

（1）多次计息时，计息期利率=报价利率/年内计息次数=r/m；有效年利率（i）=$[1+(r/m)]^m-1$，则该债券的有效年利率=$(1+8\%\div2)^2-1=8.16\%$

利用年金现值公式，该债券全部利息的现值=

$4 \times (P/A, 4\%, 6) = 4 \times 5.2421 = 20.97$（元）

（2）债券的价值等于未来所有现金流入的现值，包括每期的利息收入和到期的本金收入折现，2007年7月1日该债券的价值：

$4 \times (P/A, 5\%, 6) + 100 \times (P/F, 5\%, 6) = 4 \times 5.0757 + 100 \times 0.7462 = 94.92$（元）

（3）需要先计算出债券的价值，再与市价比较，若价值高于市价，则值得赎买。2008年7月1日该债券的市价是85元，该债券的价值为：$4 \times (P/A, 6\%, 4) + 100 \times (P/F, 6\%, 4) = 4 \times 3.4651 + 100 \times 0.7921 = 93.07$（元）。该债券价值高于市价，故值得

购买。

（4）计算到期收益率的方法是求解含有折现率的过程，即购进价格=每年利息×年金现值系数+面值×复利现值系数，$P=I×(P/A, i, n)+M×(P/F, i, n)$

该债券的到期收益率：

$97=4×(P/A, i_半, 2)+100×(P/F, i_半, 2)$

先用$i_半=5\%$试算：$4×(P/A, 5\%, 2)+100×(P/F, 5\%, 2)=4×1.8594+100×0.9070=98.14$（元）

再用$i_半=6\%$试算：$4×(P/A, 6\%, 2)+100×(P/F, 6\%, 2)=4×1.8334+100×0.8900=96.33$（元）

用插值法计算：$i_半=5\%+(98.14-97)÷(98.14-96.33)×(6\%-5\%)=5.63\%$

年到期收益率=$5.63\%×2=11.26\%$

即该债券的到期收益率为11.26%。

【例题6·计算分析题】 甲公司有一笔闲置资金，可以进行为期1年的投资，市场上有3种债券可供选择，相关资料如下。

（1）3种债券的面值均为1000元，到期时间均为5年，到期收益率均为8%。

（2）甲公司计划1年后出售购入的债券，1年后3种债券到期收益率仍为8%。

（3）3种债券票面利率及付息方式不同。A债券为零息债券，到期支付1000元；B债券的票面利率为8%，每年年末支付80元利息，到期支付1000元；C债券的票面利率为10%，每年年末支付100元利息，到期支付1000元。

（4）甲公司利息收入适用所得税税率为30%，资本利得适用的企业所得税税率为20%，发生投资损失可以按20%抵税，不抵销利息收入。

【要求】

（1）计算每种债券当前的价格。

（2）计算每种债券一年后的价格。

（3）计算甲公司投资于每种债券的税后收益率。

【答案】

（1）A债券当前的价格=$1000×(P/F, 8\%, 5)=680.6$（元）

B债券当前的价格=$80×(P/A, 8\%, 5)+1000×(P/F, 8\%, 5)=1000$（元）

C债券当前的价格=$100×(P/A, 8\%, 5)+1000×(P/F, 8\%, 5)=1079.87$（元）

（2）A债券一年后的价格=$1000×(P/F, 8\%, 4)=735$（元）

B债券一年后的价格=$80×(P/A, 8\%, 4)+1000×(P/F, 8\%, 4)=1000$（元）

C债券一年后的价格=$100×(P/A, 8\%, 4)+1000×(P/F, 8\%, 4)=1066.21$（元）

（3）①投资于A债券的税后收益率=收益/投资额=$(735-680.6)×(1-20\%)÷680.6×100\%=6.39\%$

②投资于B债券的税后收益率=$[80×(1-30\%)+(1000-1000)×(1-20\%)]÷1000=5.6\%$

③投资于C债券的税后收益率=$[100×(1-30\%)+(1066.21-1079.87)×(1-20\%)]÷1079.87=5.47\%$

相关数据对比如表6-4所示。

表6-4	相关数据对比		单位：元
一年后出售售价	735	0	1066.21
一年后的利息收入	0	80	100
所得税	（735-680.6）×0.2=10.88	80×0.3=24	（1066.21-1079.87)×0.2+100×0.3=27.27
一年后税后现金流量	735-10.88=724.12	1000+（80-24）=1056	1066.21+100-27.27=1138.94
税后收益率i	680.6=724.12÷（1+i） i=724.12÷680.6-1=6.39%	1000=1056÷（1+i） i=1056÷1000-1=5.6%	1079.87=1138.94÷（1+i） i=1138.94÷1079.87-1=5.47%

第二节　普通股价值评估

考情分析：对于本节内容，题型主要为客观题，也可能涉及计算分析题，分值一般在3分左右。

学习建议：了解普通股价值评估，普通股的期望报酬率，掌握并能够估计股票的价值和收益率。

股票是股份公司发给股东的所有权凭证，是股东借以取得股利的一种证券，股票持有者即为该公司的股东，对该公司财产有要求权。

股票可以按不同的方法和标准分类：按股东所享有的权利，分为普通股和优先股；按票面是否标明持有者姓名，分为记名股票和不记名股票；按股票票面是否记明入股金额，分为有面值股票和无面值股票；按能否向股份公司赎回自己的财产，分为可赎回股票和不可赎回股票。

一、普通股价值的评估方法（★）

股票价值，即股票本身的内在价值，是指股票预期能够提供的所有未来现金流量的现值。股票带给持有者的现金流入包括两部分：股利收入和出售时的售价。股票的内在价值由一系列的股利和将来出售股票时售价的现值所构成。未来的现金流入图如下所示。

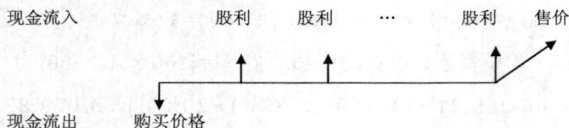

1. 有限期持有

有限期持有的股票价值的计算类似于债券价值计算，即有限期持有，未来准备出售。

股票价值（P）包括未来各期股利收入的现值和未来售价的现值；按资本成本或投资人要求的必要报酬率为折现率R_s。

$$P=I_1 \div (1+i)^1+I_2 \div (1+i)^2+\cdots+I_n \div (1+i)^n+M \div (1+i)^n$$

式中　P——股票价值；

　　　I——每年的股利收入；

　　　M——未来售价；

　　　i——折现率，一般采用当时的市场利率或投资的必要报酬率；

　　　n——股票有限期的年数。

2. 无限期持有

无限期持有股票价值的计算，其中未来现金流入只有股利收入。

（1）零增长股票价值

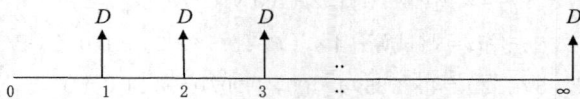

零增长股票，是假设未来股利不变，其支付过程是永续年金，其计算公式为：

$$P=D \div R_s$$

式中　D——股利；

　　　R_s——必要报酬率。

（2）固定增长股票价值

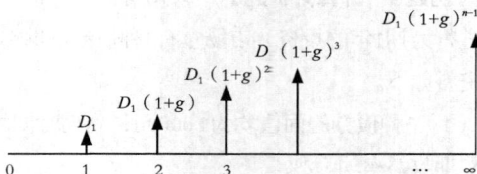

固定增长股票，假设股利按固定的增长率增长，其股票价值的计算公式为：

$$P = \frac{D_0 \times (1+g)}{R_s-g} = \frac{D_1}{R_s-g}$$

式中　D_0——最近刚支付的股利（当前股利）；

　　　D_1——预计第一年的股利（第一年股利）；

　　　R_s——折现率，一般采用资本成本率或投资的必要报酬率；

　　　g——股利固定增长率。

📢 **名师点拨** ••••••••••••••••••••••

（1）公式的通用性。

必须同时满足以下两条：①现金流是逐年稳定增长；②无穷期限。

（2）区分D_1和D_0

D_0是当前的股利，它与P_0在同一会计期，D_1是固定增长第一期的股利。

（3）R_s的确定通过资本资产定价模型。

（4）g的确定有以下两种情况。

1）固定股利支付率政策，$g=$净利润增长率。

2）不发股票、经营效率、财务政策不变时，g=可持续增长率。

（5）股利增长率可以结合第2章中可持续增长率的计算。在满足未来经营效率、财务政策不变的特定条件下，股利增长率可以用上年可持续增长率来确定。

（3）非固定成长股票价值

非固定成长股票的价值计算，采用分段计算的方法。

【案例6-7】 某投资人持有甲公司的股票，它的投资必要报酬率为15%。预计甲公司未来3年股利将高速增长，增长率为20%。在此以后转为正常增长，增长率为12%。公司最近支付的股利是20元。现计算该公司股票的内在价值。

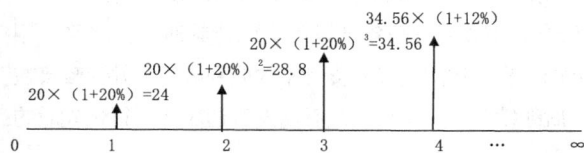

1～3年的股利收入现值$=24\times(P/F, 15\%, 1)+28.8\times(P/F, 15\%, 2)+34.56\times(P/F, 15\%, 3)=65.39$（元）

4～∞年的股利收入现值$=D_4\div(R_s-g)\times(P/F, 15\%, 3)=848.31$（元）

$V=65.39+848.31=913.7$（元）

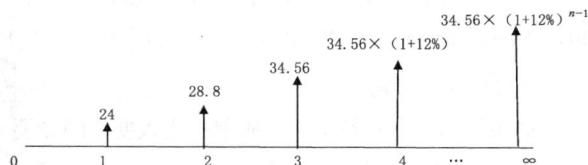

【例题7·单选题】 现有两只股票，A股票的市价为15元，B股票的市价为7元，某投资人经过测算得出A股票的价值为12元，B股票的价值为8元，则下列表达正确的是（　　）。

A. 股票A比股票B值得投资

B. 股票B和股票A均不值得投资

C. 应投资A股票

D. 应投资B股票

【解析】 A股票价值低于股票市价，不值得投资。B股票价值高于股票市价，值得投资。

【答案】 D

二、普通股的期望报酬率（★★）

股票的期望报酬率是股票投资的一个重要指标。

只有股票的期望报酬率高于投资人要求的最低报酬率（即必要报酬率)时，投资人才肯投资。最低报酬率是该投资的机会成本，即用于其他投资机会可获得的报酬率，通常可用市场利率来代替。

（一）计算方法

股票的期望报酬率的计算，即找到使未来的现金流入现值等于现金流出现值的折现率。

1. 零增长股票期望报酬率

零增长股票期望报酬率的计算公式为：$R=D/P$

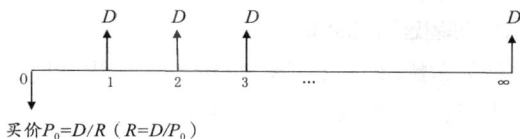

买价$P_0=D/R$（$R=D/P_0$）

2. 固定增长股票期望报酬率

固定增长股票期望报酬率的计算公式：$R=D_1/P_0+g$；

式中　　D_1/P_0——股利报酬率；

　　　　g——股利增长率。

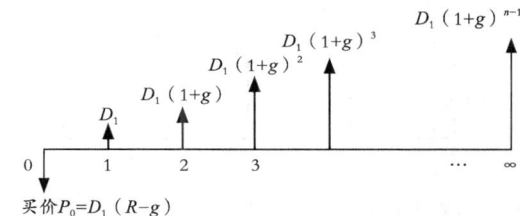

买价$P_0=D_1（R-g）$

◄)) 名师点拨 ••••••••••••••••••••••••

g可以理解为股价增长率或资本利得收益率；同样道理，找到使未来的现金流入现值等于现金流出现值的贴现率。

【例题8·单选题】 在其他条件不变的情况下，下列事项中能够引起股票期望报酬率上升的是（　　）。

A. 当前股票价格上升

B. 资本利得收益率上升

C. 预期现金股利下降

D. 预期持有该股票的时间延长

【解析】 股票期望报酬率$=D_1/P_0+g$，第一部分D_1/P_0叫做股利收益率，第二部分g叫做股利增长率。由于股利的增长速度也就是股票价值的增长速度，因此g可以解释为股价增长率或资本利得收益率。故选择B。

【答案】 B

【例题9·单选题】（2013年真题）假设资本市场有效，在股利稳定增长的情况下，股票的资本利得收益率等于该股票的（　　　）。

A. 股利增长率　　　B. 期望报酬率

C. 风险收益率　　　D. 股利收益率

【解析】根据固定增长模型，$P_0=D_1/(R_S-g)$，$P_1=D_1(1+g)/(R_S-g)$，假设资本市场有效，在股利稳定增长的情况下，股票的资本利得收益率=$(P_1-P_0)/P_0=g$。

【答案】 A

3. 非固定增长股票

非固定增长的股票期望收益率计算方法类似于债券到期收益率，用逐步测试内插法来求。

【案例6-8】某投资人持有甲公司的股票，它的投资必要报酬率为15%。预计甲公司未来3年股利将高速增长，增长率为20%。在此以后转为正常增长，增长率为12%。公司最近支付的股利是20元。设股票的市价目前为800元。

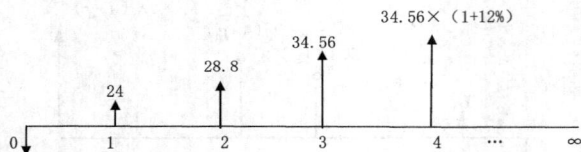

$800=24×（P/F,R,1）+28.8×（P/F,R,2）+34.56×（P/F,R,3）+[34.56×（1+12%）÷（R-12%）]（P/F,R,3）$

逐步测试：

设$R=15\%$，未来现金流入的现值=$24×（P/F,15\%,1）+28.8×（P/F,15\%,2）+34.56×（P/F,15\%,3）+[34.56×（1+12\%）÷（15\%-12\%）]（P/F,$

$15\%,3）=913.7（元）$。

设$R=16\%$，未来现金流入的现值=$24×（P/F,16\%,1）+28.8×（P/F,16\%,2）+34.56×（P/F,16\%,3）+[34.56×（1+12\%）÷（16\%-12\%）]（P/F,16\%,3）=6842.0（元）$。

采用内插法：

$（R-15\%）÷（16\%-15\%）=（800-913.7）÷（684.2-913.7）$

求得：

$R=15.5\%$

【例题10·计算分析题】甲上市公司本年度实现净收益为30 000万元，支付每股股利3元。预计未来三年进入成长期，净收益第1年增长13%，第2年增长13%，第3年增长8%。第4年及以后将保持其净收益水平。甲公司一直采用固定股利支付率的股利政策，并该政策在今后继续实行。甲公司没有增发普通股和发行优先股的计划。

【答案】预计第1年的股利=$3×（1+13\%）=3.39$（元）

预计第2年的股利=$3.39×（1+13\%）=3.83$（元）

预计第3年及以后的股利=$3.83×（1+8\%）=4.14$（元）

股票的价值=$3.39×（P/F,10\%,1）+3.83×（P/F,10\%,2）+4.14÷10\%×（P/F,10\%,2）=40.44（元）$

（二）决策原则

如果股票预期收益率高于股票投资人要求的必要报酬率，则值得投资。

【例题11·计算分析题】ABC公司20×1年12月31日有关资料如表6-5所示。

表6-5　　　　ABC公司20×1年12月31日有关资料　　　　单位：元

项　目	金　额	项　目	金　额
流动资产（经营）	240	短期借款	46
长期资产（经营）	80	应付职工薪酬	18
		应付账款	32
		长期借款	32
		股本（100万股）	100
		资本公积	57
		留存收益	35
合计	320	合计	320

20×1年度公司销售收入为4 000万元，所得税税率为30%，实现净利润100万元，分配股利60万元。

假设公司不打算发行股票，并维持20×1年销售净利率、股利支付率、资产周转率和资产负债率。

【要求】

（1）计算20×2年预期销售增长率为多少？

（2）计算20×2年预期股利增长率为多少？

（3）若该公司20×1年年末股价为20元，股东预期报酬率是多少？

【答案】

（1）销售净利率=100÷4 000=2.5%

资产周转率=4 000÷320=12.5

权益乘数=320÷192=1.666 7

留存收益比率=（1−60÷100）=40%

由于满足可持续增长的5个假设，20×2年销售增长率=20×1年可持续增长率=（2.5%×12.5×1.666 7×40%）÷（1−2.5%×12.5×1.666 7×40%）=26.31%。

（2）由于满足可持续增长的5个假设，所以预期股利增长率=可持续增长率=26.31%。

（3）D_0=60÷100=0.6

R=0.6×（1+26.31%）÷20+26.31%=30.10%

第三节 混合筹资工具价值评估

考情分析：本节内容为2015年考纲新增内容，题型主要为客观题，也可能涉及计算分析题。

学习建议：理解优先股的特殊性和优先股价值的评估方法。

优先股是指在一般规定的普通种类股份之外，另行规定的其他种类股份，其股份持有人优先于普通股东分配公司利润和剩余财产，但参与公司决策管理等权利受到限制。

一、优先股的特殊性（★）

相对普通股而言，优先股有如下特殊性：

1. 优先分配利润

优先股股东按照约定的票面股息率，优先于普通股股东分配公司利润。公司应当以现金的形式向优先股股东支付股息，在完全支付约定的股息之前，不得向普通股股东分配利润。

公司应当在公司章程中明确以下事项：①优先股股息率是采用固定股息率还是浮动股息率，并相应明确固定股息率水平或浮动股息率计算方法；②公司在有可分配税后利润的情况下是否必须分配利润；③如果公司因本会计年度可分配利润不足而未向优先股股东足额派发股息，差额部分是否累积到下一会计年度；④优先股股东按照约定的股息率分配股息后，是否有权同普通股股东一起参加剩余利润分配；⑤优先股利润分配涉及的其他事项。

2. 优先分配剩余财产

公司因解散、破产等原因进行清算时，公司财产在按照公司法和破产法有关规定进行清偿后的剩余财产，应当优先向优先股股东支付未派发的股息和公司章程约定的清算金额，不足以支付的按照优先股股东持股比例分配。

3. 表决权限制

除以下情况外，优先股股东不出席股东大会会议，所持股份没有表决权：①修理公司章程中与优先股相关的内容；②一次或累计减少公司注册资本超过10%；③公司合并、分立、解散或变更公司形式；④发行优先股；⑤公司章程规定的其他情形。上述事项的决议，除须经出席会议的普通股股东（含表决权恢复的优先股股东）所持表决权的2/3以上通过之外，还须经出席会议的优先股股东（不含表决权恢复的优先股股东）所持表决权的2/3以上通过。

其中，表决权恢复是指公司累计3个会计年度或连续2个会计年度未按约定支付优先股股息的，优先股股东有权出席股东大会，每股优先股股份享有公司章程规定的表决权；对于股息可累积到下一会计年度的优先股，表决权恢复直至公司全额支付所欠股息。对于股息不可累积的优先股，表决权恢复直至公司全额支付当年股息。公司章程可规定优先股表决权恢复的其他情形。

二、优先股价值的评估方法（★★）

优先股按照约定的票面股息率支付股利，其票面股息率可以是固定股息率或浮动股息率。公司章程中规定优先股采用固定股息率的，可以在优先股存续期内采取相同的固定股息率，或明确每年的固定股息率，各年度的股息率可以不同；公司章程中规定优先股采用浮动股息率的，应当明确优先股存续期内票面股息率的计算方法。

无论优先股采用固定股息率还是浮动股息率，优先股价值均可通过对未来优先股股利的折现进行估计，即采用股利的现金流量折现模型估值。其中，当优先股存续期内采用相同的固定股息率时，每期股息就形成了无限期定额支付的年金，即永续年金，优先股则相当于永久债券。其估值公式如下：

$$V_P = D_P / R_P$$

式中 V_P——优先股的价值；

D_P——优先股每期股息；

R_P——折现率，一般采用资本成本率或投资的必要报酬率。

【例题12·多选题】（2015年真题）属于优先股特殊性的有（　　　　）。

A. 当分现利润时，优先股股息优先于普通股股利支付

B. 选举董事会成员时，优先股股东优先于普通股东当选

C. 破产清算时，优先股股东优先于普通股股东求偿

D. 决定合并分立时，优先股股东取决权优先于普通股股东。

【解析】本题主要考查的是有关优先股的特殊性。优先股具有的特殊性：（1）优先分配利润。优先于普通股股东分配公司利润；（2）优先分配剩余财产。公司因解散、破产等原因进行清算时，公司财产在按照公司法和破产法有关规定进行清偿后的剩余财产，应当优先向优先股股东支付未派发的股息和公司章程约定的清算金额；（3）表决权限制。不出席股东大会会议，不具有表决权（除规定的情况外）。因此，选项A、C正确。

【答案】AC

过关测试题

一、单选题

1. 当市场利率上升时，长期固定利率债券价格的下降幅度（　　　　）短期债券的下降幅度。

　　A. 大于　　　　　　　　B. 小于

　　C. 等于　　　　　　　　D. 不确定

2. 当必要报酬率不变的情况下，对于分期付息的债券，当市场利率小于票面利率时，随着债券到期日的接近，当付息期无限小时，债券价值将相应（　　　　）。

　　A. 增加　　　　　　　　B. 减少

　　C. 不变　　　　　　　　D. 不确定

3. 某企业于2009年4月1日以10 000元购得面值为10 000元的新发行债券，票面利率10%，两年后一次还本，每年支付一次利息，该公司若持有该债券至到期日，其2009年4月1日到期收益率为（　　　　）。

　　A. 12%　　　　　　　　B. 16%

　　C. 8%　　　　　　　　 D. 10%

4. 某企业于2006年4月1日以950元购得面额为1000元的新发行债券，票面利率12%，每年付息一次，到期还本，该公司若持有该债券至到期日，其到期收益率为（　　　　）。

　　A. 高于12%　　　　　　B. 低于12%

　　C. 等于12%　　　　　　D. 难以确定

5. 某股票的未来股利不变，当股票市价低于股票价值时，则预期报酬率（　　　　）投资人要求的最低报酬率。

　　A. 高于　　　　　　　　B. 低于

　　C. 等于　　　　　　　　D. 可能高于也可能低于

6. 某投资人准备投资于A公司的股票，A公司没有发放优先股，20×1年的有关数据如下。

每股账面价值为10元，每股盈余为1元，每股股利为0.4元，现行A股票市价为15元，该公司预计未来不增发股票，并且保持经营效率和财务政策不变，目前国库券利率为4%，证券市场平均收益率为9%，A公司普通股预期收益的标准差为10.27%，整个股票市场组合收益的标准差为2.84%，公司普通股与整个股票市场间的相关系数为0.27；则A股票的价值为（　　　　）元。

　　A. 16.89　　　　　　　 B. 15

　　C. 15.87　　　　　　　 D. 14.26

7. 下列有关证券市场线表述正确的是（　　　　）。

A. 证券市场线的斜率表示了系统风险程度

B. 它测度的是证券或证券组合每单位系统风险的超额收益

C. 证券市场线比资本市场线的前提窄

D. 反映了每单位整体风险的超额收益

8. 如果债券不是分期付息，而是到期时一次还本付息，那么平价发行债券，其到期收益率（　　　　）。

A. 与票面利率相同

B. 与票面利率也有可能不同

C. 高于票面利率

D. 低于票面利率

9. 某种股票为固定增长股票，年增长率为4%，预期一年后的股利为0.6元，现行国库券的收益率为3%，平均风险股票的风险收益率等于5%，而该股票的贝塔系数为1.2，那么，该股票的价值为（　　　　）元。

A. 9　　　　　　　　　　B. 12

C. 12.68　　　　　　　　D. 15

10. 债券A和债券B是两只刚发行的平息债券，债券的面值和票面利率相同，票面利率均低于折现率（必要报酬率），以下说法中，正确的有（　　　　）。

A. 如果两债券的必要报酬率和利息支付频率相同，偿还期限长的债券价值低

B. 如果两债券的必要报酬率和利息支付频率相同，偿还期限长的债券价值高

C. 如果两债券的偿还期限和必要报酬率相同，利息支付频率高的债券价值高

D. 如果两债券的偿还期限和利息支付频率相同，必要报酬率与票面利率差额大的债券价值高

11. 两种债券的面值、到期时间和票面利率相同（　　　　）。

A. 一年内复利次数多的债券实际周期利率较高

B. 一年内复利次数多的债券实际周期利率较低

C. 债券实际周期利率也相同

D. 债券实际周期利率与年内复利次数没有直接关系

二、多选题

1. 对于分期付息债券，下列表述正确的有（　　　　）。

A. 当投资者要求的收益率高于债券票面利率时，债券的市场价值会低于债券面值

B. 当投资者要求的收益率低于债券票面利率时，债券的市场价值会高于债券面值

C. 当债券接近到期日时，债券的市场价值向其面值回归

D. 当投资者要求的收益率等于债券票面利率时，债券的市场价值会等于债券面值

2. 下列表述中正确的有（　　　　）。

A. 如果等风险债券的市场利率不变，那么随着时间向到期日靠近，溢价发行债券的价值会随时间的延续而逐渐下降

B. 从长期来看，公司股利的固定增长率（扣除通货膨胀因素）不可能超过公司的资本成本率

C. 一种10年期的债券，票面利率为10%；另一种5年期的债券，票面利率亦为10%。两种债券的其他方面没有区别，在市场利息率急剧上涨时，前一种债券价格下跌得更多

D. 如果等风险债券的市场利率不变，那么随着时间向到期日靠近，折价发行债券的价值会随时间的延续而逐渐上升

3. 下列有关平息债券价值表述正确的是（　　　　）。

A. 如果等风险利率不变，平价债券，债券付息期长短对债券价值没有影响

B. 如果等风险利率不变，折价债券，债券付息期越短，债券价值越高

C. 随着到期时间缩短，必要报酬率变动对债券价值的影响越来越小

D. 在债券估价模型中，折现率实际上就是必要报酬率，折现率越大，债券价值越低

4. 下列说法中正确的是（　　　　）。

A. 即使票面利率相同的两种债券，由于付息方式不同，投资人的实际经济利益亦有差别

B. 如不考虑风险，债券价值大于市价时，买进该债券是合算的

C. 债券以何种方式发行最主要是取决于票面利率与市场利率的一致程度

D. 债券到期收益率是能使未来现金流入现值等于买入价格的折现率

5. 下列哪些因素变动会影响债券到期收益率（　　　　）。

A. 债券面值   B. 票面利率

C. 市场利率   D. 债券购买价格

6. 投资者要求的报酬率是进行股票评价的重要标准。可以作为投资者要求报酬率的有（   ）。

A. 股票的长期平均收益率

B. 债券收益率加上一定的风险报酬率

C. 市场利率

D. 债券利率

7. 与股票内在价值呈反方向变化的因素有（   ）。

A. 股利年增长率

B. 年股利

C. 预期的报酬率

D. β 系数

8. 下列表述中正确的有（   ）。

A. 投资者购进被低估的资产，会使资产价格上升，回归到资产的内在价值

B. 市场越有效，市场价值向内在价值的回归越迅速

C. 如果市场不是完全有效的，一项资产的内在价值与市场价值会在一段时间里不相等

D. 股票的价值是指其实际股利所得和资本利得所形成的现金流入量的现值

9. 债券的价值会随着市场利率的变化而变化，下列表述中正确的有（   ）。

A. 若到期时间不变，当市场利率上升时，债券价值下降

B. 当债券票面利率大于市场利率时，债券发行时的价格低于债券的面值

C. 若到期时间缩短，市场利率对债券价值的影响程度会降低

D. 若到期时间延长，市场利率对债券价值的影响程度会降低

三、计算分析题

1. 有一面值为1 000元的债券，票面利率为4%，20×3年5月1日发行，20×8年5月1日到期，三个月支付一次利息（1日支付），假设投资的必要报酬率为8%。

【要求】

（1）计算该债券在发行时的价值。

（2）计算该债券在20×8年4月1日的价值。

（3）计算该债券在20×7年5月1日（支付利息之前）的价值。

（4）计算该债券在20×7年5月1日（支付利息之后）的价值。

（5）如果该债券在20×7年5月1日（支付利息之后）的市场价格为950元，计算此时购买该债券的季度到期收益率和有效年到期收益率。（所有的计算结果均保留两位小数）

2. 某公司预计来年的每股收益是4元。要求回答下列问题。

（1）假设在可预见的将来，公司可以削减其股利支付率到80%，并用留存收益投资，保持目前的股价低于30元，假设公司的股权资本成本为16%，计算预期投资的报酬率的最低值。

（2）假设公司来年的每股股利为3.5元，公司决定从未来的第2年开始，将所有收益进行再投资以扩大经营，期望以后每年的收益增长率为10%，直到未来的第4年年末。到那时，其他公司很可能也推出有竞争力的类似产品。分析师预计，在未来的第4年年末，公司将削减投资，开始将60%的收益作为股利发放，于是公司的收益增长将放缓，在未来的第5～6年，收益增长率每年下降2个百分点，从第7年开始收益增长率可以长期不变。假设公司的股权资本成本为16%，计算目前的每股价值。

3. 有一个投资组合包括甲、乙两种股票，甲股票的数量为1 000股，乙股票的数量为2 000股，购买价格分别为8元/股和6元/股，甲股票的收益率的波动率为20%，乙股票的收益率的方差为6.25%。甲股票的预期报酬率为15%，乙股票的预期报酬率为30%，要求回答下列问题（不考虑购买股票的手续费）：

（1）计算该投资组合的期望报酬率。

（2）如果甲、乙股票收益率的相关系数为1时，计算投资组合的标准差。

（3）如果甲、乙股票收益率的相关系数为-1时，计算投资组合的标准差。

（4）根据（2）、（3）的计算结果，说明相关系数对投资组合的标准差的影响、对风险分散效应的影响以及对机会集曲线的影响。

（5）如果甲、乙股票收益率的协方差为4%，计算甲、乙股票收益率的相关系数。

期权价值评估

本章属于重点章节，主要介绍了期权估价原理和主要的实物期权估价方法。内容相对独立，从历年的考试情况来看，客观题、主观题都有可能出现，近几年主要是进行客观题的考查。本章的主要考点包括期权的概念与类型、金融期权价值评估，考试中如果涉及主观题，其落脚点通常都在教材中的例题上，近几年考试分值在6分左右。

【本章考点概览】

期权价值评估	一、期权的概念、类型和投资策略	1. 期权的概念	★
		2. 期权的类型	★★
		3. 期权的投资策略	★★
	二、金融期权价值评估	1. 金融期权价值的影响因素	★★
		2. 金融期权价值的评估方法	★★★

第一节 期权的概念、类型和投资策略

考情分析：对于本节内容，题型主要为客观题，分值在2分左右。考点主要集中在期权的基本概念和期权价值、期权的投资策略、期权的影响因素。

学习建议：对于本节内容的学习，重在理解期权的基本概念和期权的到期日价值，掌握运用期权的投资策略和期权价值的影响因素。

一、期权的概念（★）

期权是指一种合约，该合约赋予持有人在某一特定日期或该日之前的任何时间以固定价格购进或售出一种资产的权利。

期权的定义包含了以下几个要点。

1. 期权是一种权利

期权合约至少涉及购买人和出售人两方。获得期权的一方称为期权购买人，出售期权的一方称为期权出售人。交易完成后，购买人称为期权持有人。

其中需注意的问题是，持有人只享有权利而不承担相应的义务。

2. 期权的标的物

期权的标的物是指选择购买或出售的资产。它包括股票、政府债券、货币、股票指数、商品期货等。期权是这些标的物"衍生"的，因此又称为衍生金融工具。

其中值得注意的是，期权出售人不一定拥有标的资产。期权是可以"卖空"的。期权购买人也不一定真的想要购买资产标的物。因此，期权到期时双方不一定进行标的物的实物交割，而只需按价差补足价款即可。

3. 到期日

双方约定的期权到期的那一天称为"到期日"。需注意的问题是，那一天后，期权失效。

4. 期权的执行

依据期权合约购进或售出标的资产的行为称为"执行"。

需注意的问题是，在期权合约中约定的、期权持有人据以购进或售出标的资产的固定价格，称为"执行价格"。

二、期权的类型（★★）

按照期权执行时间分为欧式期权和美式期权，按照合约授予期权持有人权利的类别分为看涨期权和看跌期权。

欧式期权只能在到期日执行，美式期权可以在到期日或到期日之前的任何时间执行。

看涨期权是指期权赋予持有人在到期日或到期日之前，以固定价格购买标的资产的权利。其授予权利的特征是"购买"。因此也可以称为"择购期权""买入期权"或"买权"。

看跌期权是指期权赋予持有人在到期日或到期日前，以固定价格出售标的资产的权利。其授予权利的特征是"出售"。因此也可以称为"择售期权""卖出期权"或"卖权"。

🔊 **名师点拨** ....

认股权证与看涨期权。两者都有一个固定的行权价格；看涨期权执行时，其股票来自二级市场，不存在稀释每股收益问题，而认股权证的执行会增加股票数量，稀释每股收益；认股权证不能用布莱克—斯科尔斯模型定价；认股权证有筹资工具的作用，看涨期权没有。

【例题1·多选题】（2013年真题）下列关于认股权证与看涨期权的共同点的说法中，错误的有（   ）。

A. 都有一个固定的行权价格

B. 行权时都能稀释每股收益

C. 都能使用布莱克—斯科尔斯模型定价

D. 都能作为筹资工具

【解析】看涨期权执行时，其股票来自二级市场，不存在稀释每股收益问题，当认股权证执行时，股票是新发股票，会引起股份数的增加，从而稀释每股收益和股价，选项B错误；认股权证期限长，可以长达10年，甚至更长，不能用布莱克—斯科尔斯模型定价，选项C错误；认股权证与公司债券同时发行，用来吸引投资者购买票面利率低于市场要求的长期债券，具有筹资工具的作用，但是看涨期权没有筹资工具的作用，选项D错误。

【答案】BCD

为了评估期权的价值，需要先知道期权的到期日价值。期权的到期日价值，是指到期时执行期权可以取得的净收入，它依赖于标的股票的到期日价格和执行价格。

期权分为看涨期权和看跌期权两类。

（一）看涨期权

看涨期权又称买进期权，买方期权，买权，延买期权或"敲进"，是指期权的购买者拥有在期权合约有效期内按执行价格买进一定数量标的物的权利。

买入看涨期权形成的金融头寸，被称为"多头看涨头寸"。看涨期权的出售者收取期权费，成为或有负债的持有人，处于空头状态，持有看涨期权空头头寸。

看涨期权的到期日价值，即执行净收入，其计算公式为：

多头看涨期权到期日价值=MAX（股票市价-执行价格，0）

空头看涨期权到期日价值=-MAX（股票市价-执行价格，0）

看涨期权的净损益计算公式为：

多头看涨期权净损益=多头看涨期权到期日价值-期权价格

空头看涨期权净损益=空头看涨期权到期日价值+期权价格

🔊 **名师点拨** ....

理解看涨期权的3个要点：①多头和空头彼此是零和博弈。②多头是主动的，空头是被动的。③多头是投资成本，空头是出售收入。

【例题2·计算分析题】某期权交易所2014年4月20日对X公司的期权报价如表7-1所示。

表7-1 　　　　　　　　　　　某期权交易所对X公司的期权报价

到期日和执行价格		看涨期权价格	看跌期权价格
7月	37元	3.80元	5.25元

【要求】针对以下互不相干的几个问题进行回答。

（1）若甲投资人购买一份看涨期权，标的股票的到期日市价为45元，其期权到期价值为多少，投资净损益为多少。

（2）若乙投资人卖出一份看涨期权，标的股票的到期日市价为45元，其空头看涨期权到期价值为多少，投资净损益为多少。

（3）若甲投资人购买一份看涨期权，标的股票的到期日市价为30元，其期权到期价值为多少，投资净损益为多少。

（4）若乙投资人卖出一份看涨期权，标的股票的到期日市价为30元，其空头看涨期权到期价值为多少，投资净损益为多少。

【答案】

（1）甲投资人购买看涨期权到期价值=45-37=8（元）

甲投资人投资净损益=8-3.8=4.2（元）

（2）乙投资人空头看涨期权到期价值=-8（元）

乙投资净损益=-8+3.8=-4.2（元）

（3）甲投资人购买看涨期权到期价值=0

甲投资人投资净损益=0-3.8=-3.8（元）

（4）乙投资人空头看涨期权到期价值=0

乙投资净损益=0+3.8=3.8（元）

总结

①若市价大于执行价格，看涨期权多头与空头期权到期日价值的金额绝对值相等，符号相反。

②若市价小于执行价格，多头与空头看涨期权到期日价值均为0。

看涨期权到期日价值如图7-1所示。

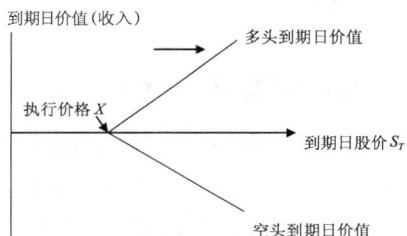

图7-1 看涨期权到期日价值

多头：净损失有限（最大值为期权价格），而净收益却潜力巨大。

空头：净收益有限（最大值为期权价格），而净损失不确定。

看涨期权净损益如图7-2所示。

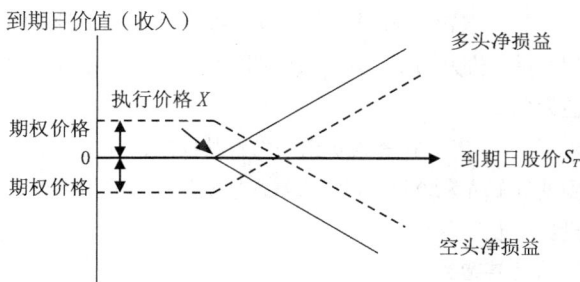

图7-2 看涨期权净损益

（二）看跌期权

看跌期权又称卖权选择权、卖方期权、卖权、延卖期权或敲出。看跌期权是指期权的购买者拥有在期权合约有效期内按执行价格卖出一定数量标的物的权利，但不负担必须卖出的义务。

看跌期权的到期日价值，即执行净收入的计算公式为：

多头看跌期权到期日价值= MAX（执行价格-股票市价，0）

空头看涨期权到期日价值=-MAX（执行价格-股票市价，0）

看跌期权的净损益计算公式为：

多头看跌期权净损益=多头看跌期权到期日价值-期权价格

空头看涨期权净损益=空头看涨期权到期日价值+期权价格

🔊 **名师点拨** ●●●●●●●●●●●●●●●●●●●●●●●●

看跌期权空头净损益的最大值为执行价格减期权价格。

【例题3·计算分析题】某期权交易所2014年4月20日对X公司的期权报价如表7-2所示。

表7-2　　　　　　　　**某期权交易所对X公司的期权报价**

到期日和执行价格		看涨期权价格	看跌期权价格
7月	37元	3.80元	5.25元

【要求】针对以下互不相干的几个问题进行回答。

（1）若丙投资人购买一份看跌期权，标的股票的到期日市价为45元，其期权到期价值为多少，投资净损益为多少。

（2）若丁投资人卖出一份看跌期权，标的股票的到期日市价为45元，其空头看跌期权到期价值为多少，投资净损益为多少。

（3）若丙投资人购买一份看跌期权，标的股票的到期日市价为30元，其期权到期价值为多少，投资净损益为多少。

（4）若丁投资人卖出一份看跌期权，标的股票的到期日市价为30元，其空头看跌期权到期价值为多少，投资净损益为多少。

【答案】

（1）丙投资人购买看跌期权到期价值=0

丙投资人投资净损益=0-5.25=-5.25（元）

（2）丁投资人空头看跌期权到期价值=0

丁投资人投资净损益=0+5.25=5.25（元）

（3）丙投资人购买看跌期权到期价值=37-30=7（元）

丙投资人投资净损益=7-5.25=1.75（元）

（4）丁投资人空头看跌期权到期价值=-（37-30）=-7（元）

丁投资人投资净损益=-7+5.25=-1.75（元）

🔊 **名师点拨** ••••••••••••••••••••••••••••

①若市价小于执行价格，多头与空头看跌期权到期价值金额绝对值相等，符号相反。

②若市价大于执行价格，多头与空头看跌期权到期价值均为0。

多头和空头彼此是零和博弈，即"空头期权到期日价值=-多头期权到期日价值"，"空头期权净损益=-多头期权净损益"。

看跌期权到期价值如图7-3所示。

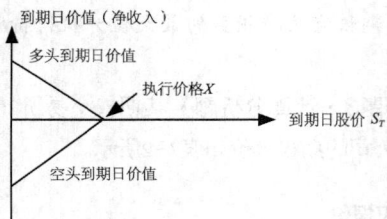

图7-3 看跌期权到期价值

多头： 净损失有限（最大值为期权价格），净收益不确定；最大值为执行价格-期权价格。

空头： 净收益有限（最大值为期权价格），净损失不确定；最大值为执行价格-期权价格。

看跌期权净损益如图7-4所示。

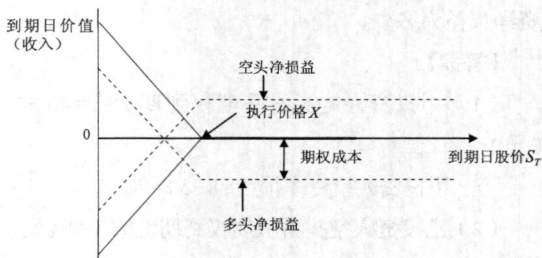

图7-4 看跌期权净损益

看涨期权和看跌期权有以下区别：

一是作为期权的买方（无论是看涨期权还是看跌期权）只有权利而无义务。它的风险是有限的（亏损最大值为权利金），但在理论上获利是无限的；多头是期权的购买者，其净损失有限（最大值为期权价格）。

二是作为期权的卖方（无论是看涨期权还是看跌期权）只有义务而无权利，在理论上它的风险是无限的，但收益是有限的（收益最大值为权利金）；空头是期权的出售者，收取期权费，成为或有负债的持有人，负债的金额不确定。

三、期权的投资策略（★★）

前面我们讨论了单一股票期权的损益状态。买入期权的特点是最小的净收入为零，不会发生进一步损失。因此，具有构造不同损益的功能。从理论上说，期权可以帮助我们建立任意形式的损益状态，用于控制投资风险。这里我们介绍3种投资策略。

（一）保护性看跌期权

股票加看跌期权组合，称为保护性看跌期权。是指购买1份股票，同时购买该股票1份看跌期权。

组合净损益由执行日的组合收入减去初始的投资成本构成，即：

组合净损益=执行日的组合收入-初始投资

（1）当股价<执行价格时：保护性看跌期权损益=执行价格-（股票投资买价+期权购买价格）。

（2）当股价>执行价格时：保护性看跌期权损益=股票售价-（股票投资买价+期权购买价格）。

保护性看跌期权锁定了最低净收入和最低净损益。但是，同时净损益的预期也因此降低了。

【案例7-1】 购入1股X公司的股票，购入价格S_0=1000元；同时购入该股票的1股看跌期权，执行价格

$X=1\,000$元，期权成本$P=50$元，1年后到期。在不同股票市场价格下的净收入和损益，如表7-3和图7-5所示。

表7-3　　　　　　　　　　　　　保护性看跌期权的损益　　　　　　　　　　　　　　单位：元

项　目	股价小于执行价格			股价大于执行价格		
	符号	下降20%	下降50%	符号	上升20%	上升50%
股票净收入	S_T	800	500	S_T	1 200	1 500
期权净收入	$X-S_T$	200	500	0	0	0
组合净收入	X	1 000	1 000	S_T	1 200	1 500
股票净损益	S_T-S_0	−200	−500	S_T-S_0	200	500
期权净损益	$X-S_T-P$	150	450	$0-P$	−50	−50
组合净损益	$X-S_0-P$	−50	−50	S_T-S_0-P	150	450

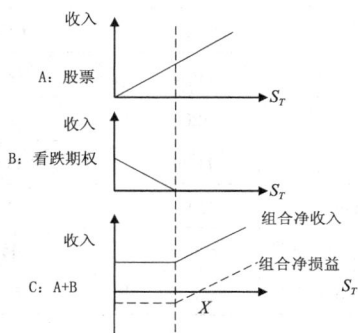

图7-5　保护性看跌期权

保护性看跌期权锁定了最低净收入（1 000元）和最低净损益（−50元）。但是，净损益的预期也因此降低了，上述4种情景下，投资股票最好时能取得500元的净收益，而投资于组合最好时只能取得450元的净收益。

【例题4·计算分析题】某投资人购入1份X公司的股票，购入时价格为40元；同时购入该股票的1份看跌期权，执行价格为40元，期权费2元，一年后到期。该投资人预测一年后股票市价变动情况如7-4所示。

表7-4　　　　　　　　　　　　　　预测股票市价变动情况

股价变动幅度	−20%	−5%	5%	20%
概率	0.1	0.2	0.3	0.4

【要求】

（1）判断该投资人采取的是哪种投资策略，其目的是什么？

（2）确定该投资人的预期投资组合收益为多少？

【答案】

（1）股票加看跌期权组合，称为保护性看跌期权。单独投资于股票风险很大，同时增加一个看跌期权，情况就会有变化，可以降低投资的风险。

（2）X公司保护性看跌期权收益如表7-5所示。

表7-5　　　　　　　　　　　　　　X公司保护性看跌期权收益

股价变动幅度	下降20%	下降5%	上升5%	上升20%
概率	0.1	0.2	0.3	0.4
股票收入	32	38	42	48
期权收入	8	2	0	0
组合收入	40	40	42	48
股票净损益	32−40=−8	38−40=−2	42−40=2	48−40=8
期权净损益	8−2=6	2−2=0	0−2=−2	0−2=−2
组合净损益	−2	−2	0	6

预期投资组合收益$=0.1×(-2)+0.2×(-2)+0.3×0+0.4×6=1.8$（元）

（二）抛补看涨期权

抛补看涨期权是指股票加空头看涨期权组合，购买1份股票，同时出售该股票1份看涨期权。

组合净损益=执行日组合收入-初始投资

（1）当股价<执行价格时：抛补看涨期权损益=股票售价+期权（出售）价格-股票投资买价。

（2）当股价>执行价格时：抛补看涨期权损益=执行价格+期权（出售）价格-股票投资买价。

抛补期权组合锁定了（最高）净收入即到期日价值，最多是执行价格。

【案例7-2】依前例数据，购入1股X公司的股票，购入价格$S_0=1\,000$（元），同时出售该股票的1股股票的看涨期权，期权价格$C=50$（元），执行价格$X=1\,000$（元），1年后到期。在不同股票市场价格下的收入和损益，如表7-6和图7-6所示。

表7-6 抛补看涨期权的损益 单位：元

项 目	股价小于执行价格			股价大于执行价格		
	符号	下降20%	下降50%	符号	上升20%	上升50%
股票净收入	S_T	800	500	S_T	1 200	1 500
看涨期权净收入	$-(0)$	0	0	$-(S_T-X)$	-200	-500
组合净收入	S_T	800	500	X	1 000	1 000
股票净损益	S_T-S_0	-200	-500	S_T-S_0	200	500
期权净损益	$C-0$	50	50	$-(S_T-X)+C$	-150	-450
组合净损益	S_T-S_0+C	-150	-450	$X-S_0+C$	50	50

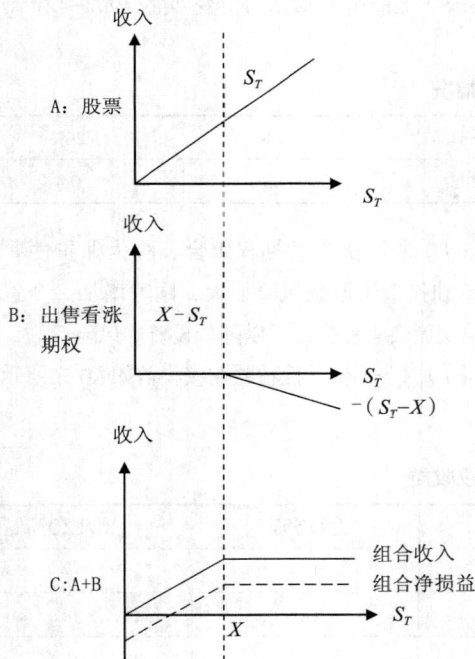

图7-6 抛补看涨期权

抛补期权组合缩小了未来的不确定性。如果到期日股价超过执行价格，则锁定了收入和净收益，净收入最多是执行价格（1000元），由于不需要补进股票也就

锁定了净损益。相当于"出售"了超过执行价格部分的股票价值，换取了期权收入。如果到期日股价低于执行价格，净损失比单纯购买股票要小一些，减少的数额相当于期权价格。

（三）对敲

对敲策略分为多头对敲和空头对敲，我们以多头对敲来说明该投资策略。多头对敲是指同时买进一只股票的看涨期权和看跌期权，它们的执行价格、到期日都相同。

多头对敲策略对于预计市场价格将发生剧烈变动，但是不知道升高还是降低的投资者非常有用。

组合净损益=执行日组合收入-初始投资

（1）当股价<执行价格时：多头对敲损益=（执行价格-股票售价）-两种期权（购买）价格。

（2）当股价>执行价格时：（股票售价-执行价格）-两种期权（购买）价格。

【案例7-3】依前例数据，同时购入X公司股票的1股看涨期权和1股看跌期权。在不同股票市场价格下，多头对敲组合的净收入和损益如表7-7和图7-7所示。

表7-7	多头对敲的损益						单位：元
项 目	股价小于执行价格			股价大于执行价格			
	符 号	下降20%	下降50%	符 号	上升20%	上升50%	
看涨期权净收入	0	0	0	S_T-X	200	500	
看跌期权净收入	$X-S_T$	200	500	+0	0	0	
组合净收入	$X-S_T$	200	500	S_T-X	200	500	
看涨期权净损益	$0-C$	−50	−50	S_T-X-C	150	450	
看跌期权净损益	$X-S_T-P$	150	450	$0-P$	−50	−50	
组合净损益	$X-S_T-P-C$	100	400	$S_T-X-P-C$	100	400	

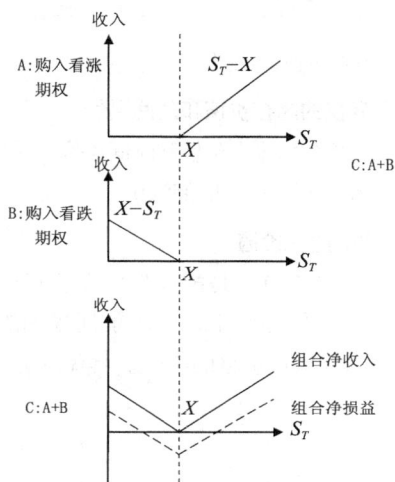

图7-7 多头对敲

多头对敲的最坏结果是到期股价与执行价格一致，白白损失了看涨期权和看跌期权的购买成本。股价偏离执行价格的差额必须超过期权购买成本，才能给投资者带来净收益。

◄)) 名师点拨 ••••••••••••••••••••••••

（1）多头对敲锁定最低净收入（0）和最低净损益[−（$P+C$）]。

（2）扩展：空头对敲。

①空头对敲是同时出售一只股票的看涨期权和看跌期权，它们的执行价格、到期日都相同；②空头对敲策略对于预计市场价格比较稳定，股价没有变化。

（3）空头对敲的最好结果是到期股价与执行价格一致，可以得到看涨期权和看跌期权的出售价格。股价偏离执行价格的差额只要不超过期权价格，能给投资者带来净收益。

◄)) 名师点拨 ••••••••••••••••••••••••

掌握不同期权投资策略的特点：保护性看跌期权锁定最低到期净收入和最低净损益；抛补看涨期权锁定最高到期净收入和最高净损益；多头对敲锁定最低到期净收入和最低净损益；空头对敲锁定最高到期净收入和最高净收益。

【例题5·单选题】下列关于期权投资策略的表述中，正确的是（ ）。

A. 保护性看跌期权可以锁定最低净收入和最低净损益，但不改变净损益的预期值

B. 抛补看涨期权可以锁定最低净收入和最低净损益，是机构投资者常用的投资策略

C. 多头对敲组合策略可以锁定最低净收入和最低净损益，其最坏的结果是损失期权的购买成本

D. 空头对敲组合策略可以锁定最低净收入和最低净损益，其最低收益是出售期权收取的期权费

【解析】保护性看跌期权可以锁定最低净收入和最低净损益，但净损益的预期也因此降低了，选项A错误；抛补看涨期权可以锁定最高净收入和最高净损益，选项B错误；空头对敲组合策略可以锁定最高净收入和最高净损益，其最高收益是出售期权收取的期权费，选项D错误。

【答案】C

◄)) 名师点拨 ••••••••••••••••••••••••

多头对敲由于主动，所以被锁定的是最低的收入和收益；空头对敲由于被动，所以被锁定的是最高的收入和收益。

不同期权类型和不同期权投资策略的特点如表7-8所示。

表7-8 不同期权类型和不同期权投资策略的特点

		特 点
期权	多头期权	锁定最低到期净收入（0）和最低净损益（－期权价格）
	空头期权	锁定最高到期净收入（0）和最高净收益（期权价格）
投资策略	保护性看跌期权	锁定最低到期净收入（X）和最低净损益（$X-S_0-P_跌$）
	抛补看涨期权	锁定最高到期净收入（X）和最高净损益（$X-S_0+C_涨$）
	多头对敲	锁定最低到期净收入（0）和最低净损益（$-C_涨-P_跌$）
	空头对敲	锁定最高到期净收入（0）锁定最高净收益（$C_涨+P_跌$）

第二节　金融期权价值评估

考情分析：对于本节内容，题型主要为客观题，可能涉及计算分析题，分值在2分左右，考点主要集中在风险中性原理和套期保值原理。

学习建议：对于本节内容的学习，重在能够理解期权的估价方法，能够对简单的金融期权进行分析评价，具体掌握期权股价原理、二叉树期权定价模型和布莱克—斯科尔斯期权定价模型。

一、金融期权价值的影响因素（★★）

【要点提示】重点把握期权的内在价值和时间溢价以及影响期权价值的因素。

（一）期权的内在价值和时间溢价

期权的价值包括内在价值和时间溢价。

期权价值=内在价值+时间溢价

1. 期权的内在价值

期权的内在价值，是指期权立即执行产生的经济价值。内在价值的大小，取决于期权标的资产的现行市价与期权执行价格的高低。具体内容如表7-9所示。

表7-9 期权的内在价值

价值状态	看涨期权	看跌期权	执行状况
"实值期权"（溢价期权）	市价高于执行价格时	市价低于执行价格时	有可能被执行，但也不一定被执行
"虚值期权"（折价期权）	市价低于执行价格时	市价高于执行价格时	不会被执行
"平价期权"	市价等于执行价格时	市价等于执行价格时	不会被执行

【例题6·单选题】（2013年真题）甲公司股票当前市价为20元，有一种以该股票为标的资产的6个月到期的看涨期权，执行价格为25元，期权价格为4元，该看涨期权的内在价值是（　　）元。

A. 1　　　　　　　　B. 4

C. 5　　　　　　　　D. 0

【解析】期权的内在价值是指期权立即执行产生的经济价值。对于看涨期权，如果资产的现行市价等于或低于执行价格时，立即执行不会给持有人带来净收入，持有人也不会去执行期权，此时看涨期权的内在价值为0。

【答案】D

【例题7·单选题】（2016年真题）在其他条件不变的情况下，下列关于股票的欧式看涨期权内在价值的说法中，正确的是(　　)。

A. 股票市价越高，期权的内在价值越大

B. 期权到期期限越长，期权的内在价值越大

C. 期权执行价格越高，期权的内在价值越大

D. 股票波动率越大，期权的内在价值越大

【解析】本题考查的是期权的内在价值和时间溢价。如果看涨期权在将来某一时间执行，其价值是股票价格与执行价格的差额，在其他因素不变的情况下，股票价格越高，看涨期权的价值越高，选项A正确；到期期限对欧式期权的影响不确定，选项B不正确；看涨期

权的执行价格越高，价值越低，选项C不正确；内在价值是指执行价格与股票当前价格的差额，与股价波动无关，选项D不正确。

【答案】A

2. 期权的时间溢价

期权的时间溢价是指期权价值超过内在价值的部分，具体计算公式为：

时间溢价＝期权价值－内在价值

时间溢价是时间带来的"波动的价值"，是未来不确定性产生的价值，不确定性越强，期权时间价值越大。而货币的时间价值是时间"延续的价值"，时间延续的越强，货币的时间价值越大。

（二）影响期权价值的主要因素

期权价值是指期权的现值，不同于期权的到期日价值。影响期权价值的主要因素有股票市价、执行价格、到期期限、股价波动率、无风险报酬率和预期红利。一个变量增加（其他变量不变）对期权价格的影响如表7-10所示。

表7-10　　　　　　　　　　　影响期权价值的因素

影响因素	影响方向
股票市价	与看涨期权价值同向变动，与看跌期权价值反向变动
执行价格	与看涨期权价值反向变动，与看跌期权价值同向变动
到期期限	对于美式期权来说，到期期限越长，其价值越大；对于欧式期权来说，较长的时间不一定能增加期权价值
股价波动率	股价的波动率增加会使期权价值增加
无风险报酬率	无风险报酬率越高，执行价格的现值越低。所以，无风险报酬率与看涨期权价值同向变动，与看跌期权价值反向变动
预期红利	预期红利发放，会降低股价。所以，预期红利与看涨期权价值成反方向变动，与看跌期权价值成正方向变动

【例题8·多选题】在其他因素不变的情况下，下列事项中，会导致欧式看涨期权价值增加的有（　　）。

A. 期权执行价格提高

B. 期权到期期限延长

C. 股票价格波动率增加

D. 无风险报酬率提高

【解析】看涨期权的价值＝MAX（股票市价－执行价格，0），由此可知，选项A不正确；欧式期权只能在到期日行权，对于欧式期权来说，较长的时间不一定能增加期权价值，所以，选项B不正确；股票价格的波动率越大，股票上升或下降的机会越大，对于看涨期权持有者来说，股价高于执行价格与期权价值之和时可以获利，股价低于执行价格与期权价值之和时最大损失以期权费为限，两者不会抵销。因此，股价的波动率增加会使看涨期权价值增加，选项C正确；一种简单而不全面地解释是，假设股票价格不变，高利率会导致执行价格的现值降低，从而增加看涨期权的价值。因此，无风险报酬率越高，看涨期权的价格越高，即选项D正确。

【答案】CD

【例题9·单选题】（2014年真题）对股票期权价值影响最重要的因素是（　　）。

A. 股票价格

B. 无风险报酬率

C. 执行价格

D. 股票价格的波动性

【解析】在期权估价过程中，价格的变动性是最重要的因素，而股票价格的波动率代表了价格的变动性。

【答案】D

【例题10·多选题】（2014年真题）在其他条件不变的情况下，下列变化中能够引起看涨期权上升的有（　　）。

A. 预计红利发放率提高

B. 无风险报酬率提高

C. 股价波动加剧

D. 标的资产价值上升

【解析】选项A：预期红利与看涨期权价值成反方向变动，故错误；选项B：无风险报酬率与看涨期权价值同向变动，故正确；选项C：股价的波动率增加；选项D：标的资产价值上升会引起股票价格上升，因此能够引起看涨期权价值上升。

【答案】BCD

◀)) **名师点拨** ••••••••••••••••••••

预期红利发放，会降低股价。所以，预期红利与看涨期权价值成反方向变动，与看跌期权价值成正方向变动。

【例题11·单选题】（2013年真题）假设其他因素不变，期权有效期内预计发放的红利增加时，（   ）。

A. 美式看涨期权价格降低

B. 欧式看跌期权价格降低

C. 欧式看涨期权价格不变

D. 美式看跌期权价格降低

【解析】 假设其他因素不变，期权有效期内预计发放的红利增加时，会使看涨期权价格降低，看跌期权价格上涨。以上变量对于期权价格的影响，如表7-11所示。

表7-11　　　变量对于期权价格的影响

变量	欧式看涨期权	欧式看跌期权	美式看涨期权	美式看跌期权
股票价格	+	−	+	−
执行价格	−	+	−	+
到期期限	不一定	不一定	+	+
股价波动率	+	+	+	+
无风险报酬率	+	−	+	+
红利	−	+	−	+

这些变量之间的关系，如图7-8所示。

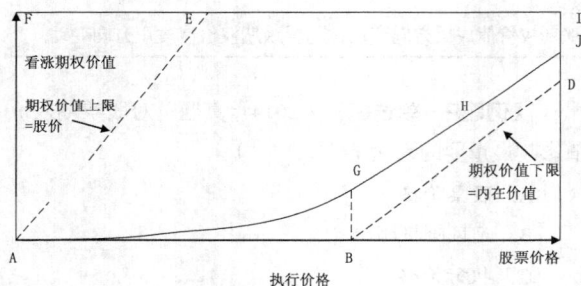

图7-8　影响期权价值的因素

【答案】 A

◀)) **名师点拨** ••••••••••••••••••••

看跌期权的价值上限是执行价格。股票价格为0，期权价值为0；期权价值下限为内在价值。在执行日之前，期权价值永远不会低于最低价值线；看涨期权的价值上限是股价，看跌期权的价值上限是执行价格。

【例题12·单选题】 对于看涨期权来说，期权价格随着股票价格的上涨而上涨，当股价足够高时（   ）。

A. 期权价格可能会等于股票价格

B. 期权价格可能会超过股票价格

C. 期权价格不会超过股票价格

D. 期权价格会等于执行价格

【解析】 期权价格如果等于股票价格，无论未来股价高低（只要它不为零），购买股票总比购买期权有

利。在这种情况下，投资人必定抛出期权，购入股票，迫使期权价格下降。所以，期权的价值不会超过股价。

【答案】 C

二、金融期权价值的评估方法（★★★）

（一）期权估价原理

【要点提示】 重点掌握复制原理、套期保值原理、风险中性原理。

1. 复制原理

复制原理是指构造一个股票和借款的适当组合，使得无论股价如何变动，投资组合的损益都与期权相同，那么，创建该投资组合的成本就是期权的价值。即构造借款买股票的投资组合，作为期权等价物，从而通过投资组合来进行期权估价。

这个投资组合的到期日净收入分布与购入看涨期权一样。

【案例7-4】 假设甲公司的股票现在的市价为25元。有1股以该股票为标的资产的看涨期权，执行价格为26.04元，到期时间是6个月。6个月以后股价有两种可能：上升33.33%，或者降低25%。无风险报酬率为每年4%。拟建立一个投资组合，包括购进适量的股票以及借入必要的款项，使得该组合6个月后的价值与购进该看涨期权相等。

【解析】 设当前股票价格为S_0，上升后股价为

$S_u=u\times S_0$，下降后股价为$S_d=d\times S_0$，其中u为上行乘数，d为下行乘数，$u=1.3333$，$d=0.75$，$S_0=25$。由于执行价格$X=26.04$元，到期日看涨期权的价值分布为，

$C_u=\text{MAX}（0，S_u-X）=\text{MAX}（0，25\times1.3333-26.04）=7.29$

$C_d=\text{MAX}（0，S_d-X）=\text{MAX}（0，26.04\times0.75-26.04）=0$

根据复制原理，假设购买H股股票，则：

$H\times S_u-$借款$\times（1+r）=C_u$ （1）

$H\times S_d-$借款$\times（1+r）=C_d$ （2）

则联立（1）和（2），则$H=（C_u-C_d）\div（S_u-S_d）$

$=（7.29-0）\div25\times（1.3333-0.75）=0.5$

借款数额=价格下行时股票收入的现值=（$0.5\times18.75）\div1.02=9.19$（元）

期权价值=投资组合成本=购买股票支出-借款=$H\times S_0-$借款$=0.5\times25-9.19=3.31$（元）

【验证】

该投资组合为：购买0.5股的股票，同时以2%的利息借入9.19元。这个组合的收入同样也依赖于年末股票的价格，如表7-12所示。

表7-12 投资组合的收入 单位：元

股票到期日价格	33.33	18.75
组合中股票到期日收入	$33.33\times0.5=16.67$	$18.75\times0.5=9.37$
组合中借款本利和偿还	$9.19\times1.02=9.37$	9.37
到期日收入合计	7.29	0

根据复制原理，则每份期权的价值可以用投资组合的价值来估计，计算公式为：

每份期权价值=借钱买若干股股票的投资支出=购买股票支出-借款数额

2. 套期保值原理

通过复制原理，我们了解可以通过复制的方式找到与期权到期净收入分布一致的投资组合，但如何确定复制组合的股票数量和借款数量，使投资组合的到期日价值与期权相同，是需要解决的问题。

这个比率称为套期保值比率，用H表示，其公式为：

套期保值比率$H=\dfrac{C_u-C_d}{S_u-S_d}=\dfrac{C_u-C_d}{S_0\times（u-d）}$

其计算步骤为：

（1）确定可能的到期日股票价格S_u和S_d。

上行股价S_u=股票现价$S_0\times$上行乘数u

下行股价S_d=股票现价$S_0\times$上行乘数d

（2）根据执行价格计算确认到期日期权价值C_u和C_d。

股价上行时期权到期日价值$C_u=\text{MAX}（上行股价-执行价格，0）$

股价下行时期权到期日价值$C_d=\text{MAX}（0，下行股价-执行价格）$

（3）计算套期保值率。

套期保值比率H=期权价值变化÷股价变化=（C_u-C_d）$\div（S_u-S_d）$

（4）计算投资组合的成本，即期权价值。

损资组合的成本（期权价值）=购买股票支出-借款数额

购买股票支出=套期保值比率×股票现价$=H\times S_0$

借款数额=（到期日下行股价×套期保值率-股价下行时期权到期日价值）$\div（1+r）$

$=\dfrac{H\times S_d-C_d}{1+r}$

【例题13·计算分析题】假设甲公司的股票现在的市价为20元。有1份以该股票为标的资产的看涨期权，执行价格为21元，到期时间是1年。1年以后股价有两种可能：上升40%，或者降低30%。无风险报酬率为每年4%。拟利用复制原理，建立一个投资组合，包括购进适量的股票以及借入必要的款项，使得该组合1年后的价值与购进该看涨期权相等。

【要求】

（1）计算利用复制原理所建组合中股票的数量为多少？

（2）计算利用复制原理所建组合中借款的数额为多少？

（3）期权的价值为多少？

（4）若期权价格为4元，建立一个套利组合。

（5）若期权价格为3元，建立一个套利组合。

【答案】

（1）上行股价=20×（1+40%）=28（元）

下行股价=20×（1-30%）=14（元）

股价上行时期权到期价值=28-21=7（元）

股价下行时期权到期价值=0

组合中股票的数量（套期保值率）

$$=\frac{期权价值变化}{股价变化}=\frac{7-0}{28-14}=0.5（股）$$

（2）借款数额=

$$\frac{到期日下行股价×套期保值比率}{1+持有期无风险报酬率}=\frac{14×0.5}{1+4\%}=6.73（元）$$

（3）期权价值=投资组合成本=购买股票支出-借款=0.5×20-6.73=3.27（元）

（4）由于目前看涨期权价格为4元高于3.27元，所以存在套利空间。套利组合应为：出售一份看涨期权，借入6.73元，买入0.5股股票，可套利0.73元。

（5）由于目前看涨期权售价为3元低于3.27元，所以存在套利空间。套利组合应为：卖空0.5股股票，买入无风险债券6.73元，买入1股看涨期权进行套利，可套利0.27元。

3．风险中性原理

风险中性原理是假设投资者对待风险的态度是中性的，所有证券的预期报酬率都应当是无风险报酬率。在风险中性的世界里，将期望值用无风险报酬率折现，可以获得现金流量的现值。

用无风险报酬率折现，相关公式为：

到期日价值的期望值=上行概率×C_u+下行概率×C_d

期权价值=到期日价值的期望值÷（1+持有期无风险报酬率）

期望报酬率（无风险报酬率）=（上行概率×上行时收益率）+下行概率×下行时收益率

假设股票不派发红利，股票价格的上升百分比就是股票投资的报酬率。

期望报酬率（无风险报酬率）=上行概率×股价上升时股价变动百分比+下行概率×股价下降时股价变动百分比=P×股价上升时股价变动百分比+（1+P）×股价下降时股价变动百分比。

🔊 名师点拨 ••••••••••••••••••••••••••

当股价下降时股价变动百分比为负值。

故利用风险中性原理确定期权价值的计算公式为：

$$期权价值=\frac{上行概率×上行期权价值+下行概率×下行期权价值}{1+持有期无风险报酬率}$$

$$=\frac{上行概率×C_u+下行概率×C_d}{1+r}$$

具体计算步骤如下：

（1）确定可能的到期日股票价格S_u和S_d（同复制原理）。

（2）根据执行价格计算确认到期日期权价值C_u和C_d（同复制原理）。

（3）计算上行概率和下行概率。

期望报酬率=上行概率×股价上升百分比+下行概率×（-股价下降百分比）

（4）计算期权价值。

期权价值=（上行概率×C_u+下行概率×C_d）÷（1+r）

式中　r——无风险期报酬率。

【案例7-5】假设X公司的股票现在的市价为25元。有1股以该股票为标的资产的看涨期权，执行价格为26.04元，到期时间是6个月。6个月以后股价有两种可能：上升33.33%，或者降低25%。无风险报酬率为每年4%。

【解析】

期望报酬率=2%=上行概率×33.33%+下行概率×（-25%）

2%=上行概率×33.33%+（1-上行概率）×（-25%）

上行概率=0.4629

下行概率=1-0.4629=0.5371

期权6个月后的期望价值

=0.4629×7.29+0.5371×0≈3.38（元）

期权的现值=3.38÷1.02≈3.31（元）

【例题14·计算分析题】假设甲公司的股票现在的市价为20元。有1份以该股票为标的资产的看涨期权，执行价格为21元，到期时间是1年。1年以后股价有两种可能：上升40%或者降低30%。无风险报酬率为每年4%。

【要求】利用风险中性原理确定期权的价值。

【答案】

期望报酬率=4%=上行概率×40%+（1-上行概率）×（-30%）

上行概率=0.4857

下行概率=1-0.4857=0.5143

股价上行时期权到期价值 $C_u=20×$ （ $1+40\%$ ）－$21=7$ （元）

股价下行时期权到期价值 $C_d=0$

期权价格＝（上行概率×上行期权价值+下行概率×下行期权价值）÷（ $1+$ 持有期无风险报酬率）

$=$ （ $7×0.4857+0×0.5143$ ）÷（ $1+4\%$ ）

$=3.3999÷1.04=3.27$ （元）

（二）二叉树期权定价模型

【要点提示】重点掌握单期二叉树期权定价模型、两期二叉树模型和多期二叉树模型。

1. 单期二叉树定价模型

（1）单期二叉树模型的原理与假设

单期二叉树模型是风险中性原理的应用，其建立在以下一些假设之上：①市场投资没有交易成本；②投资者都是价格的接受者；③允许完全使用卖空所得款项；④允许以无风险报酬率借入或贷出款项；⑤未来股票的价格将是两种可能值中的一个。

（2）单期二叉树模型的计算公式

二叉树模型的推导需要建立一个投资组合：①一定数量的股票多头头寸；②该股票的看涨期权的空头头寸。股票的数量能使头寸足以抵御资产价格在到期日的波动风险，即该组合能实现完全套期保值，产生无风险报酬率。

初始投资＝股票投资－期权收入＝ HS_0-C_0

投资到期日终值＝（ HS_0-C_0 ）×（ $1+r$ ），由于无论价格上升还是下降，该投资组合的收入都一样。价格上升后的收入是用股票出售收入减去期权买方执行期权的支出：

投资组合到期日价值＝ uHS_0-C_u

则（ HS_0-C_0 ）×（ $1+r$ ）＝ uHS_0-C_u

而套期保值比例 $H=\dfrac{C_u-C_d}{S_0×(u-d)}$ ，故代入后化简得：

期权价格 $C_0=\left(\dfrac{1+r-d}{u-d}\right)×\dfrac{C_u}{1+r}+\left(\dfrac{u-1-r}{u-d}\right)×\dfrac{C_d}{1+r}$

其中 $u=$ 股价上行乘数＝ $1+$ 股价上升百分比；

$d=$ 股价下行乘数＝ $1-$ 股价下降百分比；

上行概率＝ $\dfrac{1+r-d}{u-d}$ ；

下行概率＝ $\dfrac{u-1-r}{u-d}$ 。

即

期权的价格＝上行概率× $\dfrac{C_u}{1+r}$ ＋（ $1-$ 上行概率）×

$\dfrac{C_d}{1+r}$ ＝（上行概率× C_u +下行概率× C_d ）÷（ $1+r$ ）

根据案例8-5中的数据代入公式，可直接得：

$C_0=\dfrac{1+2\%-0.75}{1.3333-0.75}×\dfrac{7.29}{1+2\%}+\dfrac{1.3333-1-2\%}{1.3333-0.75}×\dfrac{0}{1+2\%}$

$=\dfrac{0.27}{0.5833}×\dfrac{7.29}{1.02}$

$=3.31$ （元）

【例题15•计算分析题】假设甲公司的股票现在的市价为20元。有1份以该股票为标的资产的看涨期权，执行价格为21元，到期时间是1年。1年以后股价有两种可能：上升40%或者降低30%。无风险报酬率为每年4%。

【要求】利用单期二叉树定价模型确定期权的价值。

【答案】

期权价格 $=\left(\dfrac{1+r-d}{u-d}\right)×\dfrac{C_u}{1+r}+\left(\dfrac{u-1-r}{u-d}\right)×\dfrac{C_d}{1+r}$

$=\left(\dfrac{1+4\%-0.7}{1.4-0.7}\right)×\dfrac{7}{1+4\%}$

$=3.27$ （元）

2. 两期二叉树模型

单期的定价模型假设本来股价只有两个可能，对于时间较长的期权就可能与事实相去甚远，故改善的方法是将到期时间分割成两部分。两期二叉树模型，是把到期时间分成两期，由单期模型向两期模型的扩展，实际上是单期模型的两次应用。

其计算过程首先：利用单期定价模型，计算 C_u 和 C_d ：

$C_u=$ 上行概率× $\dfrac{C_{uu}}{1+r}$ ＋（ $1-$ 上行概率）× $\dfrac{C_{ud}}{1+r}$

$C_d=$ 上行概率× $\dfrac{C_{ud}}{1+r}$ ＋（ $1-$ 上行概率）× $\dfrac{C_{dd}}{1+r}$

其次，再根据单期定价模型计算出期权价格 C_0 ：

$C_0=$ 上行概率× $\dfrac{C_u}{1+r}$ ＋（ $1-$ 上行概率）× $\dfrac{C_d}{1+r}$

【案例7-6】继续采用【案例7-5】中的数据，把6个月的时间分为两期，每期3个月。变动以后的数据如下：X公司的股票现在的市价为25元，看涨期权的执行价格为26.04元，每期股价有两种可能：上升22.56%或下降18.4%；无风险报酬率为每3个月1%。

先利用单期定价模型，根据 C_{uu} 和 C_{ud} 计算节点 C_u 的价值，利用 C_{ud} 和 C_{dd} 计算 C_d 的价值；然后，再次利用单期定价模型，根据 C_u 和 C_d 计算 C_0 的价值。从后向前推进，如图7-9所示。

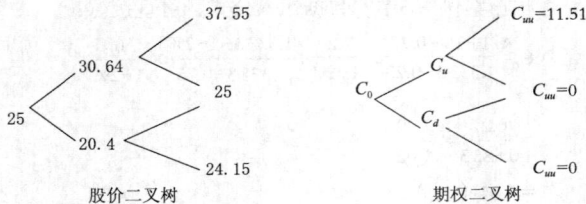

图7-9　X公司股票的两期二叉树示意图

3. 多期二叉树模型

多期二叉树模型从原理上看，与两期模型一样，从后向前逐级推进，只不过多了一个层次。

期数增加以后带来的主要问题是如何确定股价上升与下降的百分比。期数增加以后，要调整价格变化的升降幅度，以保证年收益率的标准差不变。

把年收益率标准差和升降百分比联系起来的公式是：

$u = 1 + 上升百分比 = e^{\sigma\sqrt{t}}$

$d = 1 - 下降百分比 = 1/u$

式中　　e——自然常数，约等于2.718 3；

σ——标的资产连续复利收益率的标准差；

t——以年表示的时段长度。

🔊 **名师点拨** ••••••••••••••••••••

计算中注意t必须为年数，这里由于每期为1个月，所以$t = 1/12$年。

运用风险中性原理的关键是计算概率。概率的计算有两种方法。

（1）直接按照风险中性原理计算。

期望报酬率＝（上行概率×股价上升百分比）＋（下行概率×股价下降百分比）

（2）概率的计算也可以采用下式。

上行概率：$P = \dfrac{1+r-d}{u-d}$

下行概率：$1 - P = \dfrac{u-1-r}{u-d}$

【例题16·计算分析题】 假设无风险报酬率为每年4%，某公司的股票的市价为40元。有1份以该股票为标的资产的看涨期权，执行价格均为40.5元，到期时间均是1年。根据股票过去的历史数据所测算的连续复利收益率的标准差为0.518 5，无风险报酬率为每年4%。

【要求】

（1）建立两期股价二叉树图。

（2）建立两期期权二叉树图。

（3）利用两期二叉树模型确定看涨期权的价格。

【答案】

上行乘数$u = e^{\sigma\sqrt{t}} = e^{0.518\,5 \times \sqrt{0.5}} = e^{0.366\,6} = 1.442\,8$

下行乘数$d = 1 \div 1.442\,8 = 0.693\,1$

（1）股价二叉树图如图7-10所示。

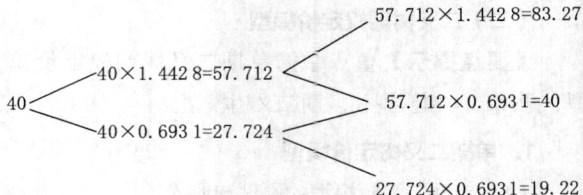

图7-10　A公司股价二叉树图

（2）期权二叉树图如图7-11所示。

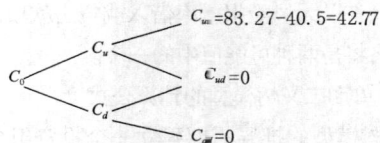

图7-11　A公司期权二叉树图

（3）

解法1：

上行概率$= \dfrac{1+无风险报酬率-下行乘数}{上行乘数-下行乘数} = \dfrac{1+2\%-0.693\,1}{1.442\,8-0.693\,1} = 0.436\,0$

解法2：

2%＝上行概率×44.28%＋（1－上行概率）×（－30.69%）

上行概率＝0.436 0

下行概率＝1－0.436 0＝0.564 0

C_u＝（上行概率×上行期权价值＋下行概率×下行期权价值）÷（1＋持有期无风险报酬率）

＝（0.436 0×42.77＋0.564 0×0）÷（1＋2%）＝18.28（元）

C_d＝（上行概率×上行期权价值＋下行概率×下行期权价值）÷（1＋持有期无风险报酬率）＝0

期权价格C_0＝（0.436×18.28＋0.564 0×0）÷（1＋2%）＝7.81（元）

（三）布莱克—斯科尔斯期权定价模型（BS模型）

布莱克—斯科尔斯期权定价模型（简称BS模型）

是理财学中最复杂的公式之一，其证明和推导过程涉及复杂的数学问题，但使用起来并不困难。该公式有非常重要的意义，它对理财学具有广泛的影响，是近代理财学不可缺少的内容。该模型具有实用性，被期权交易者广泛使用，实际的期权价格与模型计算得到的价格非常接近。

1. 布莱克—斯科尔斯期权定价模型的假设

（1）在期权寿命期内，买方期权标的股票不发放股利，也不做其他分配。

（2）股票或期权的买卖没有交易成本。

（3）短期的无风险报酬率是已知的，并且在期权寿命期内保持不变。

（4）任何证券购买者能以短期的无风险报酬率借得任何数量的资金。

（5）允许卖空，卖空者将立即得到所卖空股票当天价格的资金。

（6）看涨期权只能在到期日执行。

（7）所有证券交易都是连续发生的，股票价格随机游走。

2. 布莱克—斯科尔斯模型的公式

$$C_0 = S_0[N(d_1)] - Xe^{-r_c t}[N(d_2)]$$
或 $S_0[N(d_1)] - PV(X)[N(d_2)]$

$$d_1 = \frac{\ln\left(\frac{S_0}{X}\right) + \left[r_c + \left(\frac{\sigma^2}{2}\right)\right]t}{\sigma\sqrt{t}} \text{ 或} = \frac{\ln[S_0 \div PV(X)]}{\sigma\sqrt{t}} + \frac{\sigma\sqrt{t}}{2}$$

$$d_2 = d_1 - \sigma\sqrt{t}$$

式中 C_0——看涨期权的当前价值；

S_0——标的股票的当前价格；

$N(d)$——标准正态分布中离差小于d的
概率；

X——期权的执行价格；

e——自然对数的底数，约等于2.7183；

r_c——连续复利的年度的无风险报酬率；

$\ln\left(\frac{S_0}{X}\right)$——$S_0/X$的自然对数；

σ^2——连续复利的以年计的股票回报率的方差。

可理解为：

看涨期权价格=最终股票价格的期望现值-期权执行价格的期望现值

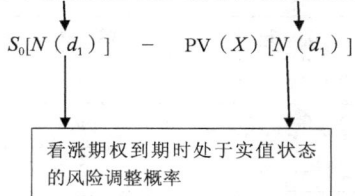

看涨期权价格示意图如图7-12所示。

看涨期权价格=最终股票价格的期望现值-期权执行价格的期望现值

$$S_0[N(d_1)] \quad - \quad PV(X)[N(d_1)]$$

看涨期权到期时处于实值状态的风险调整概率

图7-12 看涨期权价格示意图

【案例7-7】 若某股票当前价格为50元，执行价格为52.08元，期权到期日前的时间为0.5年。每年复利一次的无风险报酬率为4%，相当连续复利的无风险报酬率$r_c = \ln(1.04) = 3.9221\%$，连续复利的标准差$\sigma = 0.4068$，即方差$\sigma^2 = 0.1655$。

【要求】

（1）计算期权的价格。

（2）利用敏感分析法分析股价、股价的标准差、利率、执行价格和到期时间对于期权价值的影响。

【解析】

根据以上资料计算期权价格如下：

（1）$d_1 = \dfrac{\ln(50 \div 52.08) + [0.039221 + (0.1655 \div 2)] \times 0.5}{0.4068 \times \sqrt{0.5}}$
    $= 0.07$

$d_2 = 0.07 - 0.4068 \times \sqrt{0.5} = -0.2177$

$N(d_1) = N(0.070) = 0.5280$

$N(d_2) = N(-0.2177) = 0.4140$

$C_0 = 50 \times 0.5280 - 52.08 \times e^{-3.9221\% \times 0.5} \times 0.4140$

$= 26.40 - 52.08 \times 0.9806 \times 0.4140$

$= 26.40 - 21.14$

$= 5.26$（元）

（2）根据前例的资料，采用单期二叉树模型计算的期权价值是6.62元，采用两期二叉树模型计算的期权价值是5.06，采用6期二叉树模型计算的期权价值是5.30元，采用BS模型计算的期权价值是5.26元。

🔊)) **名师点拨** ··

随着二叉树模型设置期数的增加，其计算结果不断逼近BS模型。

通过该模型可以看出，决定期权价值的因素有5个：股价、股价的标准差、利率、执行价格和到期时间。它们对于期权价值的影响，可以通过敏感分析表来观察，如表7-13所示。

表7-13   **期权价值的敏感分析**

项　目	基　准	股价提高	标准差增大	利率提高	执行价格提高	时间延长
当前股价（S）	50	60	50	50	50	50
标准差，年	0.4068	0.4068	0.4882	0.4068	0.4068	0.4068
连续复利率，年（r）	3.9221%	3.9221%	3.9221%	4.7065%	3.9221%	3.9221%
执行价格，（X）	52.08	52.08	52.08	52.08	62.50	52.08
到期时间，年（t）	0.50	0.50	0.50	0.50	0.50	0.60
d_1	0.0703	0.7041	0.1113	0.0839	−0.5637	0.1029
d_2	−0.2173	0.4165	−0.2339	−0.2037	−0.8514	−0.2122
$N(d_1)$	0.5280	0.7593	0.5443	0.5334	0.2865	0.5410
$N(d_2)$	0.4140	0.6615	0.4075	0.4193	0.1973	0.4160
期权价值（C）	5.26	11.78	6.40	5.34	2.23	5.89
期权价值增长率		123.92%	21.73%	1.58%	−57.55%	11.95%

①当前股票价格：如果当前股票价格提高20%，由50元提高到60元，期权价值由5.26元提高到11.78元，提高123.92%。可见，期权价值的增长率大于股价增长率。

②标准差：如果标准差提高20%，期权价值提高21.73%。可见，标的股票的风险越大，期权的价值越大。

③利率：如果利率提高20%，期权价值提高1.58%。可见，虽然利率的提高有助于期权价值的提高，但是期权价值对于无风险报酬率的变动并不敏感。

④执行价格：执行价格提高20%，期权价值降低57.55%。可见，期权价值的变化率大于执行价格的变化率。值得注意的是，此时期权价值的下降额（5.26−2.23=3.03）小于执行价格的上升额（62.50−52.08=10.42）。

⑤期权期限：期权期限由0.5年延长到0.6年，期权价值由5.26元提高到5.89元。

3. 模型参数的估计

（1）无风险报酬率的估计

①期限要求：无风险报酬率应选择与期权到期日相同的国库券利率。如果没有相同时间的，应选择时间最接近的国库券利率。

②这里所说的国库券利率是指其市场利率，而不是票面利率。

③模型中的无风险报酬率是按连续复利计算的利率，而不是常见的年复利。

连续复利假定利息是连续支付的，利息支付的频率比每秒1次还要频繁。

如果用F表示终值，P表示现值，r_c表示无风险报酬率，t表示时间（年）：

则：$F = P \times e^{r_c t}$

即：$r_c = [\ln(F/P)]/t$

【案例7-8】假设t=1年，F=106（元），P=100（元），则连续复利收益率为多少？

【答案】

$r_c = \ln(106 \div 100) \div 1$

$\quad = \ln(1.06) \div 1$

$\quad = 5.8268\%$

◀)) 名师点拨 ········

严格来说，期权估价中使用的利率都应当是连续复利，包括二叉树模型和BS模型。即使在资本预算中，使用的折现率也应当是连续复利。

为了简便，手工计算时往往使用年复利作为近似值。使用年复利时，也有两种选择。

①按有效年利率折算：例如，假设年有效利率为4%，则半年复利率为$\sqrt{1 + 4\%} - 1 = 1.98\%$。

②按报价利率折算：例如，假设年报价利率为4%，则半年复利率为$4\% \div 2 = 2\%$。

【例题17·计算分析题】2009年8月15日，甲公司股票价格为每股50元，以甲公司股票为标的的代号为"甲49"的看涨期权的收盘价格为每股5元，甲49表示此项看涨期权的行权价格为每股49元。截至2009年8月15日，看涨期权还有199天到期。甲公司股票收益的波动率预计为每年30%，资本市场的无风险有效年利率7%。

【要求】

①使用布莱克—斯科尔斯模型计算该项期权的价值（d_1和d_2的计算结果取两位小数，其他结果取四位小数，一年按365天计算）。

②如果你是一位投资经理并相信布莱克—斯科尔斯模型计算出的期权价值的可靠性，简要说明如何作出投资决策。

【答案】

①执行价格的现值为$PV(X)=49/(1+7\%)^{199\div365}=47.2244$

$$d_1=\frac{1n[S_0/PV(X)]}{\sigma\sqrt{t}}+\frac{\sigma\sqrt{t}}{2}$$

$$=\frac{1n[50\div47.2244]}{0.3\times\sqrt{\frac{199}{365}}}+\frac{0.3\times\sqrt{\frac{199}{365}}}{2}=\frac{0.05711}{0.2215}+\frac{0.2215}{2}=0.37$$

$$d_2=d_1-\sigma\cdot\sqrt{t}=0.37-0.3\sqrt{\frac{199}{365}}=0.15$$

将以上参数代入布莱克—斯科尔斯公式中得到，

$C=S_0\times N(d_1)-PV(X)\times N(d_2)=50\times0.6443-47.2244\times0.5596=5.79$（元）

②由于该看涨期权的收盘价格为每股5元，小于计算得出的期权的价值5.79元，因此可以买入该项看涨期权。

（2）收益率标准差的估计

股票收益率的标准差可以使用历史收益率来估计。

$$\sigma=\sqrt{\frac{1}{n-1}\sum_{t=1}^{n}(R_t-\bar{R})^2}$$

式中　R_t——收益率的连续复利值。

连续复利的股票收益率：$R_t=1n\left(\frac{P_t+D_t}{P_{t-1}}\right)$

式中　R_t——股票在t时期的收益率；

　　　P_t——t期的价格；

　　　P_{t-1}——$t-1$期的价格；

　　　D_t——t期的股利。

4. 看跌期权估价

前面的讨论主要针对看涨期权，那么，如何对看涨期权股价呢？

在套利驱动的均衡状态下，看涨期权价格、看跌期权价格和股票价格之间存在一定的依存关系。对于欧

式期权，假定看涨期权和看跌期权有相同的执行价格和到期日，则下述等式成立：

看涨期权价格（C）－看跌期权价格（P）=标的资产的价格（S）－执行价格的现值［$PV(X)$］

这种关系，被称为看涨期权—看跌期权平价定理，利用该等式中的4个数据中的3个，就可以求出另外1个。

$C=S+P-PV(X)$

$P=-S+C+PV(X)$

$PV(X)=S-C+P$

【案例7-9】 两种期权的执行价格均为50元，6个月到期，6个月的无风险报酬率为4%，股票的现行价格为55元，看涨期权的价格为9.20元，则看跌期权的价格为：

$P=-S+C+PV(X)$

$=-55+9.20+50\div(1+4\%)$

$=-55+9.20+48.08$

$=2.28$（元）

【例题18·单选题】 某股票的现行价格为20元，以该股票为标的资产的欧式看涨期权和欧式看跌期权的执行价格均为24.96。都在6个月后到期。年无风险报酬率为8%，如果看涨期权的价格为10元，看跌期权的价格为（　　　）元。

A. 6.89　　B. 13.11　　C. 14　　D. 6

【解析】 20+看跌期权价格=10+24.96÷（1+4%），所以看跌期权价格=14（元）。

【答案】 C

【例题19·计算分析题】 A公司的普通股最近一个月来交易价格变动很小，投资者确信3个月后其价格将会有很大变化，但是不知道它是上涨还是下跌。股票现价为每股100元，执行价格为100元的3个月看涨期权售价10元（预期股票不支付红利）。

【要求】

（1）如果无风险有效年利率为10%，执行价格100元的3个月的A公司股票的看跌期权售价是多少（精确到0.0001元）？

（2）投资者对该股票价格未来走势的预期，会构建一个什么样的简单期权策略？价格需要变动多少（精确到0.01元），投资者的最初投资才能获利？

【答案】

（1）根据看涨—看跌期权平价定理可知：

看跌期权价格=看涨期权价格-股票现价+

执行价格÷（1+r）^t

$$=10-100+100÷1.10^{0.25}$$

$$=-90+97.645\,4$$

$$=7.645\,4（元）$$

（2）购买一对敲组合，即1股看跌期权和1股看涨期权。

总成本=10+7.645 4=17.645 4（元）

股票价格移动=17.645 4×1.10^{0.25}=18.07（元）

5. 派发股利的期权定价

股利的现值是股票价值的一部分，但是只有股东可以享有该收益，期权持有人不能享有。因此，在期权估价时要从股价中扣除期权到期日前所派发的全部股利的现值。也就是说，把所有到期日前预期发放的未来股利视同已经发放，将这些股利的现值从现行股票价格中扣除。此时，模型建立在调整后的股票价格而不是实际价格的基础上。

考虑派发股利的期权定价公式如下：

$$C_0=S_0e^{-\delta t}N（d_1）-Xe^{-r_ct}N（d_2）$$

其中$d_1=\dfrac{\ln（S_0/X）+[r_c-\delta+（\sigma^2/2）]t}{\sigma\sqrt{t}}$或$=\dfrac{\ln\left[\dfrac{s_c}{PV（X）}\right]}{\sigma\sqrt{t}}+\dfrac{\sigma\sqrt{t}}{2}$

$$d_2=d_1-\sigma\sqrt{t}$$

式中　C_0——看涨期权的当前价值；

　　　S_0——标的股票的当前价格；

　　　$N（d）$——标准正态分布中离差小于d的概率；

　　　X——期权的执行价格；

　　　e——自然对数的底数，约等于2.7183；

　　　r_c——连续复利的年度的无风险报酬率；

　　　t——期权到期日前的时间（年）；

　　　$\ln（S_0/X）$——S_0/X的自然对数；

σ^2——连续复利的以年计的股票回报率的方差。

在期权估价时要从股价中扣除期权到期日前所派发的全部股利的现值。

🔊 名师点拨 ••••••••••••••••••••

δ表示标的股票的年股利收益率（假设股利连续支付，而不是离散分期支付），如果标的股票的年股利收益率δ为零，则与前面介绍的布莱克—斯科尔斯期权定价模型相同。

6. 美式期权估价

布莱克—斯科尔斯期权定价模型假设看涨期权只能在到期日执行，即模型仅适用于欧式期权，那么，美式期权如何估价呢？

美式期权在到期前的任意时间都可以执行，除享有欧式期权的全部权利之外，还有提前执行的优势。因此，美式期权的价值应当至少等于相应欧式期权的价值，在某种情况下比欧式期权的价值更大。

【例题20·多选题】下列有关期权估价模型的表述中正确的有（　　　　）。

A. BS期权定价模型中的无风险报酬率应选择与期权到期日相同的国库券到期收益率

B. 利用BS模型进行期权估价时应使用的利率是连续复利

C. 利用二叉树模型进行期权估价使用的利率可以是年复利

D. 对于不派发股利的美式看涨期权，可以直接使用布莱克—斯科尔斯模型进行估价

【解析】由于布莱克—斯科尔斯期权定价模型的假设条件之一是看涨期权只能在到期日执行，故美式期权不能直接使用该模型。

【答案】AB

过关测试题

一、单选题

1. 下列有关期权的说法中，正确的是（　　　　）。

A. 期权是一种合约，持有期权的人既享有权利，也要承担相应的义务

B. 期权合约与远期合约和期货合约相同

C. 期权属于衍生金融工具

D. 购买期权合约的行为称为期权执行

2. 有一份以X公司股票为标的资产的看涨期权，允许其持有人在到期日前的任意一天以80元的价格购入X公司的股票，下列有关该期权的说法中，正确的是（　　　　）。

A. 该期权是欧式期权

B. 该期权的执行价格是80元

C. 当X公司的股票价格高于80元时，其持有人一定不会执行期权

D. 如果期权未被执行，其价值永远存在

3. 看涨期权是指期权赋予持有人在到期日或到期日之前（   ）。

A. 以固定价格购买或出售标的资产的权利

B. 以固定价格购买标的资产的权利

C. 以固定价格出售标的资产的权利

D. 以较低价格购买或出售标的资产的权利

4. 下列有关多头看涨期权的表述中，不正确的是（   ）。

A. 看涨期权的到期日价值，随标的资产价值的上升而上升

B. 如果在到期日，股票价格低于执行价格，则看涨期权没有价值

C. 期权到期日价值没有考虑当初购买期权的成本

D. 期权到期日价值也称为期权购买人的"损益"

5. 在其他条件相同的情况下，下列说法不正确的是（   ）。

A. 空头看跌期权净损益+多头看跌期权净损益=0

B. 空头看跌期权到期日价值+多头看跌期权到期日价值=0

C. 空头看跌期权损益平衡点=多头看跌期权损益平衡点

D. 对于空头看跌期权而言，股票市价高于执行价格时，净收入小于0

6. 下列有关期权价值的表述错误的是（   ）。

A. 看涨期权的价值上限是股价

B. 看跌期权的价值上限是执行价格

C. 如果一个项目在时间上不能延迟，只能立即投资或者永远放弃，那么它就是马上到期的看涨期权

D. 在标的股票派发股利的情况下，对欧式看涨期权估价时要在股价中加上期权到期日前所派发的全部股利的现值

7. 某期权交易所2012年3月20日对X公司的每份看涨期权报价如表7-14所示。

表7-14   看涨期权报价   单位：元

到期日和执行价格		看涨期权价格
6月	57	5.80

假设某投资人购买了10份X公司的看涨期权，标的股票的到期日市价为45元。根据上述资料计算的多头看涨期权净损益为（   ）元。

A. −58   B. 58   C. 120   D. 120

8. 某期权交易所2012年3月20日对X公司每份看跌期权报价如表7-15所示。

表7-15   看跌期权报价   单位：元

到期日和执行价格		看跌期权价格
6月	57	3.25

假设某投资人卖出了10份X公司的看跌期权，标的股票的到期日市价为45元。根据上述资料计算的该投资人空头看跌期权净损益为（   ）元。

A. −58   B. 58   C. −87.5   D. 87.5

9. 当预计标的股票市场价格将发生剧烈变动，但无法判断是上升还是下降时，则最适合的投资组合是（   ）。

A. 购进看跌期权与购进股票的组合

B. 购进看涨期权与购进股票的组合

C. 售出看涨期权与购进股票的组合

D. 购进看跌期权与购进看涨期权的组合

10. 某公司股票看涨期权和看跌期权的执行价格均为55元，期权均为欧式期权，期限1年，目前该股票的价格是44元，期权费（期权价格）为5元。在到期日该股票的价格是58元。则购进股票、购进看跌期权与购进看涨期权组合的到期收益为（   ）元。

A. 7   B. 6   C. −7   D. −5

11. 某公司股票看跌期权的执行价格是55元，期权为欧式期权，期限1年，目前该股票的价格是44元，期权费（期权价格）为5元。如果到期日该股票的价格是34元。则购进看跌期权与购进股票组合的到期收益为（　　）元。

A. 8　　　　B. 6　　　　C. −5　　　　D. 0

12. 下列有关期权时间溢价的表述不正确的是（　　）。

A. 期权的时间溢价是指期权价值超过内在价值的部分，时间溢价＝期权价值−内在价值

B. 在其他条件确定的情况下，离到期时间越远，美式期权的时间溢价越大

C. 如果已经到了到期时间，期权的价值就只剩下内在价值

D. 时间溢价是"延续的价值"，时间延续的越长，时间溢价越大

13. 某股票的现行价格为100元，看涨期权的执行价格为100元，期权价格为11元，则该期权的时间溢价为（　　）元。

A. 0　　　　B. 1　　　　C. 11　　　　D. 100

14. 下列有关看涨期权价值的表述中，不正确的是（　　）。

A. 期权价值的上限是执行价格

B. 只要尚未到期，期权的价格就会高于其价值的下限

C. 股票价格为零时，期权的价值也为零

D. 股价足够高时，期权价值线与最低价值线的上升部分平行

15. 下列说法，错误的是（　　）。

A. 看涨期权的价值上限是股价

B. 在到期前看涨期权的价格高于其价值的下限

C. 股价足够高时，看涨期权价值线与最低价值线的上升部分逐步接近

D. 看涨期权的价值下限是股价

16. 无论美式期权还是欧式期权、看涨期权还是看跌期权，（　　）均与期权价值正相关变动。

A. 标的资产价格波动率

B. 无风险报酬率

C. 预期股利

D. 到期期限

17. 假设影响期权价值的其他因素不变，则（　　）。

A. 股票价格上升时以该股票为标的资产的欧式看跌期权价值上升

B. 股票价格下降时以该股票为标的资产的美式看跌期权价值上升

C. 股票价格上升时以该股票为标的资产的美式看跌期权价值上升

D. 股票价格下降时以该股票为标的资产的欧式看跌期权价值下降

18. 下列有关期权价格影响因素中，表述正确的是（　　）。

A. 到期期限越长，期权价格越高

B. 股价波动率越大，期权价格越高

C. 无风险报酬率越高，看涨期权价值越低，看跌期权价值越高

D. 预期红利越高，看涨期权价值越高，看跌期权价值越低

19. 假设X公司的股票现在的市价为60元。有1股以该股票为标的资产的看涨期权，执行价格为62元，到期时间是6个月。6个月以后股价有两种可能：上升33.33%，或者下降25%。无风险报酬率为每年4%，则利用复制原理确定期权价格时，下列关于复制组合表述正确的是（　　）。

A. 购买0.4536股的股票

B. 以无风险报酬率借入28.13元

C. 购买股票支出为30.86元

D. 以无风险报酬率借入30.26元

20. 假设X公司的股票现在的市价为56.26元。有1股以该股票为标的资产的看涨期权，执行价格为62元，到期时间是6个月。6个月以后股价有两种可能：上升42.21%，或者下降29.68%。无风险报酬率为每年4%，则利用风险中性原理所确定的期权价值为（　　）元。

A. 7.78　　B. 5.93　　C. 6.26　　D. 4.37

21. 在布莱克—斯科尔斯期权定价模型中涉及无风险报酬率的估计，下列关于该模型中无风险报酬率的说法不正确的是（　　）。

A. 无风险报酬率应该用无违约风险的固定收益的国债利率来估计

B. 无违约风险的固定收益的国债利率是指其市场利率

C. 无违约风险的固定收益的国债利率是指其票面利率

D. 无风险报酬率是指按连续复利计算的利率

22. 利用布莱克—斯科尔斯期权定价模型计算期权价值时，需要用到的指标不包括（　　　）。

A. 标的股票的当前价格

B. 期权的执行价格

C. 标准正态分布中离差大于d的概率

D. 期权到期日前的时间

23. 某公司股票看涨期权和看跌期权的执行价格均为40元，期权均为欧式期权，期限4个月，4个月的无风险报酬率为2%，目前该股票的价格是48元，看跌期权价格为6元。则看涨期权价格为（　　　）元。

A. 14.78　　B. 7.96　　C. 12.18　　D. 10.52

二、多选题

1. 下列关于期权的说法中，不正确的有（　　　）。

A. 对于看涨期权，只有当标的股票的价格高于执行价格时，持有人才可能会执行期权

B. 看涨期权购买人的损益=期权费-看涨期权的到期日价值

C. 多头看跌期权的到期日价值随标的资产价值下降而下降

D. 多头看跌期权的到期日价值=MAX（股票价格-执行价格，0）

2. 期权按照合约授予期权持有权利的类别划分，包括（　　　）。

A. 看涨期权　　　　B. 看跌期权

C. 欧式期权　　　　D. 美式期权

3. 若某种期权赋予持有人在到期日或到期日之前，以固定价格购买标的资产的权利，则此期权为（　　　）。

A. 看涨期权　　　　B. 看跌期权

C. 择购期权　　　　D. 买入期权

4. 如果用S表示标的资产市价，X表示执行价格，则下列表达式中正确的有（　　　）。

A. 多头看涨期权的到期日价值=MAX（$S-X$，0）

B. 空头看涨期权的到期日价值=MIN（$S-X$，0）

C. 多头看跌期权的到期日价值=MAX（$X-S$，0）

D. 空头看跌期权的到期日价值=MIN（$X-S$，0）

5. 对于买入看跌期权来说，投资净损益的特点有（　　　）。

A. 净损失不确定

B. 净损失最大值为期权价格

C. 净收益最大值为执行价格减期权价格

D. 净收益潜力巨大

6. 下列表述正确的有（　　　）。

A. 看涨期权买方损益的特点是：净损失有限（最大值为期权价格），而净收益却潜力巨大

B. 看涨期权卖方损益的特点是：净收益有限（最大值为期权价格），而净损失却不确定

C. 看跌期权买方损益的特点是：净收益有限（最大值为期权价格），而净损失却不确定

D. 看跌期权卖方损益的特点是：净收益有限（最大值为期权价格），净损失有限（最大值为执行价格-期权价格）

7. 下列说法中，不正确的有（　　　）。

A. 对于买入看涨期权而言，到期日股票市价高于执行价格时，净损益大于0

B. 买入看跌期权，获得在到期日或之前按照执行价格购买某种资产的权利

C. 多头看涨期权的最大净收益为期权价格

D. 空头看涨期权的最大净收益为期权价格

8. 有一项看涨期权，标的股票的当前市价为20元，执行价格为20元，到期日为1年后的同一天，期权价格为2元，若到期日股票市价为23元，则下列计算正确的有（　　　）。

A. 空头看涨期权到期日价值为-1元

B. 多头看涨期权到期日价值为3元

C. 买方看涨期权净损益为1元

D. 卖方看涨期权净损失为-3元

9. 下列投资组合中，可以实现规避风险意图的有（　　　）。

A. 购进看跌期权与购进股票的组合

B. 购进看涨期权与购进股票的组合

C. 售出看涨期权与购进股票的组合

D. 购进看跌期权、购进看涨期权与购进股票的组合

10. 下列有关期权投资策略表述正确的有（　　　）。

A. 保护性看跌期权锁定了最低净收入为执行价格

B. 保护性看跌期权锁定了最低净收入和最高净损益

C. 抛补看涨期权组合锁定了最高收入和最高收益

D. 抛补看涨期权组合锁定了最高收入为期权价格

11. 下列有关对敲策略的表述中，正确的有

（　　　　）。

A. 对敲策略分为多头对敲和空头对敲

B. 多头对敲是同时买进一只股票的看涨期权和看跌期权，它们的执行价格、到期日都相同

C. 空头对敲是指卖出一只股票的看涨期权同时买进一只股票的看跌期权，它们的执行价格、到期日都相同

D. 多头对敲对于预计市场价格将发生剧烈变动，但是不知道升高还是降低的投资者非常有用

12. 若股票目前市价10元，执行价格为12元，则下列表述正确的有（　　　　）。

A. 对于以该股票为标的物的看涨期权来说，该期权处于实值状态

B. 对于以该股票为标的物的看跌期权来说，该期权处于实值状态

C. 对于以该股票为标的物的看涨期权的多头来说，内在价值为0

D. 对于以该股票为标的物的看涨期权的空头来说，内在价值为0

13. 下列有关期权内在价值的表述中，正确的有（　　　　）。

A. 期权价值=内在价值+时间溢价

B. 内在价值的大小，取决于期权标的资产的现行市价与期权执行价格的高低

C. 期权的内在价值取决于"到期日"标的股票市价与执行价格的高低

D. 如果现在已经到期，则内在价值与到期日价值相同

14. 出现下列（　　　　）情形时，期权为虚值期权。

A. 当看涨期权的执行价格低于当时标的资产的现行市价

B. 当看涨期权的执行价格高于当时标的资产的现行市价

C. 当看跌期权的执行价格高于当时标的资产的现行市价

D. 当看跌期权的执行价格低于当时标的资产的现行市价

15. 下列关于期权时间溢价的表述，正确的有（　　　　）。

A. 时间溢价有时也称为"期权的时间价值"

B. 期权的时间溢价与资金时间价值是相同的概念

C. 时间溢价是"波动的价值"

D. 如果期权已经到了到期时间，则时间溢价为0

16. 下列与看涨期权价值正相关变动的因素有（　　　　）。

A. 标的资产市场价格

B. 标的资产价格波动率

C. 无风险报酬率

D. 预期股利

17. 对于欧式期权，下列说法正确的有（　　　　）。

A. 股票价格上升，看涨期权的价值增加

B. 执行价格越大，看跌期权价值越大

C. 股价波动率增加，看涨期权的价值增加，看跌期权的价值减少

D. 期权有效期内预计发放的红利越多，看跌期权价值越大

18. 其他变量不变的情况下，下列表述正确的有（　　　　）。

A. 看涨期权股价波动率越高，期权的价格越高

B. 看跌期权股价波动率越高，期权的价格越高

C. 看涨期权股价波动率越高，期权的价格越低

D. 看跌期权股价波动率越高，期权的价格越低

19. 如果其他因素不变，下列有关影响期权价值的因素表述正确的有（　　　　）。

A. 随着股票价格的上升，看涨期权的价值增加，看跌期权的价值下降

B. 看涨期权的执行价格越高，其价值越小，看跌期权的执行价格越高，其价值越大

C. 较长的到期时间，能增加期权的价值

D. 股价的波动率增加会使期权价值增加

20. 下列关于美式看涨期权的说法正确的有（　　　　）。

A. 对于买入看涨期权而言，到期日股票市价高于执行价格时，净损益大于0

B. 买入看涨期权，将获得在到期日或之前按照执行价格出售某种资产的权利

C. 多头看涨期权的价值上限为标的资产的市场价格

D. 多头看涨期权的价值下限为期权的内在价值

21. 下列属于二叉树期权定价模型假设条件的有

（　　　　）。

A. 市场投资没有交易成本

B. 投资者都是价格的接受者

C. 允许以无风险报酬率借入或贷出款项

D. 未来股票的价格将是两种可能值中的一个

22. 布莱克—斯科尔斯期权定价模型涉及的参数有（　　　　）。

A. 标的资产的现行价格

B. 看涨期权的执行价格

C. 连续复利计算的标的资产年收益率的标准差

D. 连续复利的短期无风险年报酬率

23. 实物资产投资与金融资产投资不同，表现为（　　　　）。

A. 金融资产投资属于被动性投资资产

B. 实物资产投资属于被动性投资资产

C. 金融资产投资属于主动性投资资产

D. 实物资产投资属于主动性投资资产

24. 对于欧式期权，假定看涨期权和看跌期权有相同的执行价格和到期日，则下述等式成立的有（　　　　）。

A. 看涨期权价格C－看跌期权价格P＝标的资产的价格S－执行价格的现值$PV(X)$

B. 看涨期权价格C－看跌期权价格P＋执行价格的现值$PV(X)$＝标的资产的价格S

C. 看涨期权价格C＋看跌期权价格P＝标的资产的价格S＋执行价格的现值$PV(X)$

D. 看涨期权价格C＋看跌期权价格P－标的资产的价格S＝执行价格的现值$PV(X)$

三、计算分析题

某期权交易所2012年3月1日对X公司的期权报价如表7-16所示。

表7-16　　　　　　　　　　　　　X公司的期权报价

执行价格	到期日期	看涨期权价格	看跌期权价格
50元	一年后到期	3元	5元

股票当前市价为52元，预测一年后股票市价变动情况如表7-17所示。

表7-17　　　　　　　　　　　　一年后股票市价变动

股价变动幅度	−30%	−10%	10%	30%
概率	0.2	0.25	0.25	0.3

【要求】

（1）若甲投资人购入1股X公司的股票，购入时价格为52元；同时购入该股票的1份看跌期权，判断该甲投资人采取的是哪种投资策略，并确定该投资人的预期投资组合收益为多少？

（2）若乙投资人购入1股X公司的股票，购入时价格为52元；同时出售该股票的1份看涨期权，判断该乙投资人采取的是哪种投资策略，并确定该投资人的预期投资组合收益为多少？

（3）若丙投资人同时购入1份X公司的股票的看涨期权和1份看跌期权，判断该投资人采取的是哪种投资策略，并确定该投资人的预期投资组合收益为多少？

（4）若丁投资人同时出售1份X公司的股票的看涨期权和1份看跌期权，判断该投资人采取的是哪种投资策略，并确定该投资人的预期投资组合收益为多少？

四、综合题

A公司拟投产一个新产品，预计投资需要900万元，每年现金净流量为150万元（税后，可持续），项目的资本成本为16%（其中，无风险报酬率为6%）。

【要求】

（1）计算立即进行该项目的净现值。

（2）如果每年的现金流量150万元是平均的预期，并不确定。如果新产品受顾客欢迎，预计现金流量为180万元；如果不受欢迎，预计现金流量为125万元。利用风险中性原理，计算上行项目价值和下行项目价值、现金流量上行时期权价值和现金流量下行时期权价值、上行报酬率和下行报酬率以及上行概率和下行概率。

（3）计算期权到期日价值和期权现值，并判断是否应该立即进行该项目。

企业价值评估

第 8 章

本章属于重点章，从历年考试情况来看，主要以主观题的形式考查，企业价值评估的现金流量折现法几乎是每年必考的内容，经常在综合题中出现，要求考生除了会计算现值以外，还要会计算实体现金流量、债务现金流量和股权现金流量；相对价值法经常会在计算分析题中涉及，考查的内容主要是市盈率、市净率和市销率的驱动因素，修正的市价比率法以及3种估价模型各自的应用。预计本章的分值为5分左右。

【本章考点概览】

企业价值评估	一、企业价值评估的目的和对象	1. 企业价值评估的目的	★
		2. 企业价值评估的对象	★★
	二、企业价值评估方法	1. 现金流量折现模型	★★★
		2. 相对价值评估方法	★★★

掌握企业价值评估的一般原理，能够运用折现现金流量法和相对价值法对企业价值进行评估。

第一节　企业价值评估的目的和对象

考情分析：对于本节内容，题型主要为客观题，分值在2分左右。考点主要集中在企业价值评估的对象、企业价值的理解。

学习建议：了解价值评估的目的，理解企业价值评估的对象，了解企业价值评估的步骤。

企业价值评估简称价值估价或企业估值，目的是分析和衡量一个企业或一个经营单位的公平市场价值，并提供有关信息以帮助投资人和管理当局改善决策。

价值评估是一种"分析"方法，要通过符合逻辑的分析来完成。好的分析来源于好的理解，好的理解建立在正确的概念框架基础上。

一、企业价值评估的目的（★）

价值评估的目的是帮助投资人和管理当局改善决策。它的主要用途表现在以下3个方面。

（一）价值评估可以用于投资分析

价值评估是基本分析的核心内容。相信基础分析的人认为企业价值与财务数据之间存在函数关系，这种关系在一定时间内是稳定的，证券价格与价值的偏离经过一段时间的调整会向价值回归。从而可以购进被市场低估的证券或企业，获得高于必要报酬率的收益。

（二）价值评估可以用于战略分析

价值评估在战略分析中起核心作用。战略是指一整套的决策和行动方式，包括刻意安排的有计划的战略和非计划的突发应变战略。企业的战略分析是指使用定价模型清晰地说明经营设想和发现这些设想可能创造的价值，目的是评价企业目前和今后增加股东财富的关键因素是什么。

（三）价值评估可以用于以价值为基础的管理

如果把企业的目标设定为增加股东财富，而股东财富就是企业的价值，那么，企业决策正确性的根本标志是能否增加企业价值。不了解一项决策对企业价值的影响，就无法对决策进行评价，因此，也可以说价值评估是改进企业一切重大决策的手段。

价值评估提供的信息不仅仅是企业价值一个数字，还包括评估过程产生的大量信息。价值评估提供的是有关"公平市场价值"的信息。企业价值受企业状况和市场状况的影响，是不断变化的，因此，企业价值评估提供的结论有很强的时效性。

二、企业价值评估的对象（★★）

企业价值评估的首要问题是明确"要评估的是什么"，也就是价值评估的对象是什么。

企业价值评估的一般对象是企业整体的经济价值。企业整体的经济价值是指企业作为一个整体的公平市场价值。以下进一步理解整体价值和经济价值的含义。

（一）企业的整体价值

企业的整体价值观念主要体现在以下4个方面。

（1）整体不是各部分的简单相加。企业作为整体是由部分构成，但是它不是各部分的简单相加，而是有机的结合。企业单项资产的总和不等于企业整体价值。企业整体能够具有价值，在于它可以为投资人带来现金流量，但这些现金流量是所有资产联合起来运用的结果，而不是资产分别出售获得的现金流量。

（2）企业整体价值来源于企业各要素的结合方式。企业的整体价值来源于各部分之间的联系。只有整体内各部分之间建立有机联系时，才能使企业成为一个有机整体。

（3）部分只有在整体中才能体现出其价值。企业是整体和部分的统一，部分依赖于整体，整体支配部分。部分只有在整体中才能体现出它的价值，一旦离开整体，这个部分就失去了作为整体中一部分的意义。

（4）整体价值只有在运行中才能体现出来。企业的整体功能，只有在运行中才能得以体现。如果企业停止运营，则整体功能丧失，只剩下机器、存货和厂房，这时的企业价值就是财产的变现价值。

（二）企业的经济价值

经济价值是指一项资产的公平市场价值，通常用该资产所产生的未来现金流量的现值来计量。需要注意的是提到企业的经济价值时要与企业的会计价值区分。会计价值是指资产、负债和所有者权益的账面价值。由于财务报告采用历史成本报告资产价值，其符合逻辑的结果之一是否认资产收益和股权成本，只承认已实现收益和已发生费用。经济学家认为，未来现金流量的现值是资产的一项最基本的属性，是资产的经济价值。只有未来售价计价符合企业价值评估的目的。因此，除非特别指明，企业价值评估的"价值"是指未来现金流量现值。

另外，要区分现时市场价值与公平市场价值，现时市场价格是指按现行市场价格计量的资产价值，它可能是公平的，也可能是不公平的。

（三）企业整体经济价值的类别

在了解了企业的总体价值后，还必须了解企业整体的经济价值。

1. 实体价值与股权价值

实体价值是指企业全部资产的总体价值；股权价值是指股权的公平市场价值。两者的关系可以用一个等式来体现：

企业实体价值=股权价值+净债务价值

我们可以通过资产负债表对应来理解实体价值与股权价值的关系。

资产　　　　负债　　　所有者权益

企业实体价值=净债务价值+股权价值

但股权价值在这里不是所有者权益的会计价值（账面价值），而是股权的公平市场价值。净债务价值也不是它们的会计价值（账面价值），而是债务的公平市场价值。

2. 持续经营价值与清算价值

我们还需要理解持续经营价值与清算价值。持续经营价值（简称续营价值）是指由营业所产生的未来现金流量的现值。清算价值是指停止经营，即出售资产产生的现金流。

一个企业的公平市场价值，应当是其持续经营价值与清算价值中较高的一个，如图8-1所示。

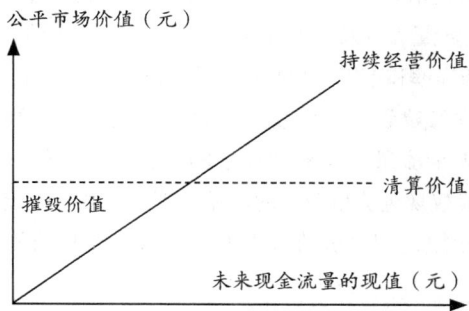

图8-1 持续经营价值与清算价值下的公平市场价值

🔊 **名师点拨** ∙∙∙∙∙∙∙∙∙∙∙∙∙∙∙∙∙∙∙∙∙∙∙∙∙∙∙∙

一个企业的持续经营价值已经低于其清算价值，本应当进行清算。但是控制企业的人拒绝清算，企业得以持续经营。这种持续经营，摧毁了股东本来可以通过清算得到的价值。

3. 少数股权价值与控股权价值

（1）所有权和控制权关系。企业的所有权和控制权是两个极为不同的概念。只有拥有控制权的人才能决定企业的重大事务，改变企业生产经营方式；而少数股权对于企业事务发表的意见无足轻重，被动接受现有的管理和战略。

（2）少数股权价值与控股权价值关系。在股票市场上交易的是少数股权，少数股权价值（$V_{当前}$）是指现有管理和战略条件下企业能够给股票投资人带来的现金流量现值。

对于谋求控股权的投资者来说，控股权价值（$V_{新}$）是企业股票的公平市场价值，是企业进行重组，改进管理和经营战略后可以为投资人带来的未来现金流量的现值。

故获得控股权不仅获得未来现金流量的索取权，同时获得了改组企业的特权，这个特权具有独有的价值，即：控股权溢价=$V_{新}$−$V_{当前}$。

🔊 **名师点拨** ......

企业的价值是该企业预期自由现金流量以其加权平均资本成本为贴现率折现的现值，企业价值评估对象需要分清企业实体价值、企业股权价值、企业净债务值之间的关系。分清会计价值、公平市场价值、现时市场价值之间的区别。

【例题1·多选题】 下列关于企业价值的说法中，错误的有（　　　　）。

A. 企业的实体价值等于各单项资产价值的总和

B. 企业的实体价值等于企业的现时市场价格

C. 企业的实体价值等于股权价值和净债务价值之和

D. 企业的股权价值等于少数股权价值和控股权价值之和

【解析】 企业虽然是由部分组成的，但是它不是各个部分的简单相加，而是有机的结合，所以选项A的说法不正确；企业价值评估的目的是确定一个企业的公平市场价值，而不是现时市场价格，所以选项B的说法不正确；在评估企业价值时，必须明确拟评估的对象是少数股权价值还是控股权价值，两者是不同的概念，所以选项D的说法不正确。

【答案】 ABD

第二节　企业价值评估方法

考情分析：对于本节内容，题型主要以主观题，分值在8分左右。考点主要集中在企业价值评估的现金流量折现法、计算实体现金流量、债务现金流量和股权现金流量，以及用相对价值法对企业进行评估，市盈率、市净率和市销率3种模型的驱动因素。

学习建议：了解现金流量模型的参数和种类；掌握现金流量折现模型参数的估计、企业价值的计算、股权现金流量模型的应用；理解实体现金流量模型的应用，相对价值模型的原理和相对价值模型的应用。

3种相对价值模型的驱动因素及优缺点。

一、现金流量折现模型（★★★）

现金流量折现模型是企业价值评估使用最广泛、理论上最健全的模型，主导着当前实务和教材。它的基本思路是增量现金流量原则和时间价值原则，也就是任何资产的价值是其产生的未来现金流量按照含有风险的折现率计算的现值。

企业价值评估和项目价值评估既有区别又有联系，具体表现如表8-1所示。

表8-1　　　　　　　　　　企业价值评估与项目价值评估的联系与区别

联系	1. 都可以给投资主体带来现金流量 2. 现金流都具有不确定性，其价值计量都使用风险概念 3. 现金流都是陆续产生的，其价值计量都使用现值概念		
区别		寿命期	现金流量分布	现金流量归属
	项目价值评估	投资项目的寿命是有限的	稳定的或下降的现金流	项目产生的现金流量属于投资人
	企业价值评估	企业的寿命是无限的	增长的现金流	企业产生的现金流量仅在决策层决定分配时才流向所有者

（一）现金流量折现模型的参数和种类

1. 现金流量折现模型的参数

现金流量折现模型是企业价值评估使用最广泛、理论上最健全的模型。

$$价值=\sum_{t=1}^{n}\frac{现金流量_t}{(1+资本成本)^t}$$

该模型的3个参数：现金流量、资本成本、时间序列（n）。

现金流量是指各期的预期现金流量。包括股利现金流量、股权现金流量和实体现金流量3种。

资本成本是指计算现值使用的折现率。

时间序列（n）是指产生现金流量的时间，通常以"年"为单位。

🔊 名师点拨 ••••••••••••••••••••••••••••

企业价值包括预测期价值和后续期价值两部分，后续期价值也被称为"永续价值"或"残值"。其表示为：

后续期价值＝现金流量$_{t+1}$÷资本成本×$(P/F, i, t)$

2. 现金流量折现模型的种类

现金流量折现模型主要包括股利现金流量模型、股权现金流量模型和实体现金流量模型。

（1）股利现金流量模型

股利现金流量模型的计算公式为：

$$股权价值=\sum_{t=1}^{\infty}\frac{股利现金流量_t}{(1+股权资本成本)^t}$$

其中，股利现金流量是指企业分配给股权投资人的现金流量。

（2）股权现金流量模型

股权现金流量模型的计算公式为：

$$股权价值=\sum_{t=1}^{\infty}\frac{股权现金流量_t}{(1+股权资本成本)^t}$$

其中，股权现金流量是指一定期间企业可以提供给股权投资人的现金流量。

（3）实体现金流量模型

实体现金流量模型的计算公式为：

$$实体价值=\sum_{t=1}^{\infty}\frac{实体自由现金流量_t}{(1+加权平均资本成本)^t}$$

$$净负债价值=\sum_{t=1}^{\infty}\frac{偿还债务现金流量_t}{(1+等风险债务成本)^t}$$

股权价值＝实体价值－净债务价值

其中，实体现金流量是指企业全部现金流入扣除成本费用和必要的投资后的剩余部分，它是企业一定期间可以提供给所有投资人的税后现金流量。

如果把股权现金流量全部作为股利分配，股利现金流量模型和股权现金流量模型相同。为避免对股利政策进行估计的麻烦，大多数的企业估价使用股权现金流量模型或实体流量模型。

各种现金流量、折现率和价值之间的相互关系如图8-2所示。

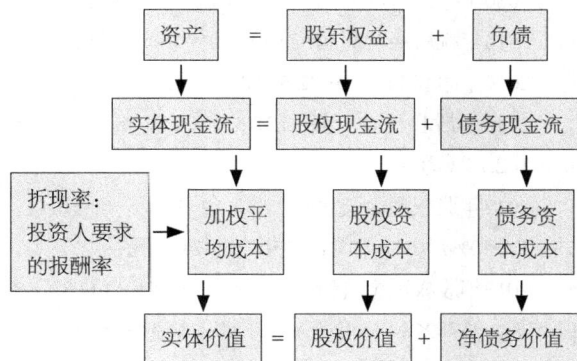

图8-2 各种现金流量、折现率和价值之间的相互关系

其中，计算实体价值和股权价值时涉及折现率，通常要结合第6章的相关知识确定资本成本。

🔊 名师点拨 ••••••••••••••••••••••••••••

股利现金流量是企业分配给股权投资人的现金流量。股利现金流量模型来估计股权价值，公式为：

$$股权价值=\sum_{t=1}^{\infty}\frac{股利现金流量_t}{(1+股权资本成本)^t}$$

从公式出发，确定股利现金流量和股权资本成本是关键。

【例题2·计算分析题】C公司是2010年1月1日成立的高新技术企业。为了进行以价值为基础的管理，该公司采用股权现金流量模型对股权价值进行评估。评估所需的相关数据如下。

（1）C公司2010年的销售收入为1 000万元。根据目前市场行情预测，其2011年、2012年的增长率分别为10%、8%；2013年及以后年度进入永续增长阶段，增长率为5%。

（2）C公司2010年的经营性营运资本周转率为4，净经营性长期资产周转率为2，净经营资产净利率为20%，净负债/股东权益＝1/1。公司税后净负债成本为

6%，股权资本成本为12%。评估时假设以后年度上述指标均保持不变。

（3）公司未来不打算增发或回购股票。为保持当前资本结构，公司采用剩余股利政策分配股利。

【要求】

（1）计算C公司2011～2013年的股权现金流量。

（2）计算C公司2010年12月31日的股权价值。

【答案】

（1）净经营资产销售百分比=1/4+1/2=75%

2010年净经营资产=1 000×75%=750（万元）

2010年税后经营利润=750×20%=150（万元）

2010年净利润=150-22.5=127.5（万元）

2011年股权现金流量=127.5×（1+10%）-375×10%=102.75（万元）

2012年股权现金流量=127.5×（1+10%）×（1+8%）-375×（1+10%）×8%=151.47-33=118.47（万元）

2013年股权现金流量=127.5×（1+10%）×（1+8%）×（1+5%）-375×（1+10%）×（1+8%）×5%=159.0 435-22.275=136.77（万元）

（2）股权价值=102.75×（P/F，12%，1）+118.47×（P/F，12%，2）+136.77÷（12%-5%）×（P/F，12%，2）=102.75×0.892 9+118.47×0.797 2+1 953.857×0.797 2=91.745+94.444+1 557.615=1 743.80（万元）

（二）现金流量折现模型参数的估计

现金流量模型的参数包括预测期的年数、各期的现金流量和资本成本。这些参数是相互影响的，需要整体考虑，不可以完全孤立地看待和处理。资本成本的估计在前面的章节已经介绍过，这里主要说明现金流量的估计和预测期的确定。

1. 预测销售收入

预测销售收入是全面预测的起点，大部分的财务数据与销售收入都有内在联系。企业外部的报表使用人直接预测销售收入的增长率，然后根据基期销售收入和预计增长率计算出预测期的销售收入。

【知识拓展】销售增长率的预测以历史增长率为基础，主要根据未来的变化进行修正。修正时需要考虑宏观经济、经营战略和行业状况这3个因素。如果预计未来一段时间内，这3个因素都不会产生明显的变化，则可以按照上年的增长率进行预测；相反，若任一因素发生了较大变化，就需要根据其主要影响因素来调节销售增长率。

2. 无限期寿命

（1）无限期寿命的划分

①预测的基期即作为预测期的起点，一般会作为已知条件给出。

②详细预测期和后续期的划分

"详细预测期"或称"预测期"，在该段期间，需要对每年的现金流量进行详细预测，并根据现金流量折现模型计算其预测期价值。

"后续期"或称为"永续期"，在该段期间，是假设企业进入稳定状态，有一个稳定的增长率，可以用简便的方法直接估计后续期价值。

（2）判断企业进入稳定状态的标志

企业进入稳定状态的主要标志有以下两个。

①具有稳定的销售增长率，它大约等于宏观经济的名义增长率。

②具有稳定的净投资资本报酬率，它与资本成本接近。

🔊 **名师点拨** ·······························

（1）根据"竞争均衡理论"，竞争在最终达到均衡状态，此时企业进入稳定状态。

（2）"净投资资本报酬率"，就是第2章的"净经营资产净利率"，只不过这里的投资资本用的是期初数。从投资资本的来源来看：投资资本=净金融负债+所有者权益；从投资资本的占用来看：投资资本=净经营资产=经营资产-经营负债。

3. 现金流量的确定

（1）预测方法

预测方法包括单项预测和全面预测。

单项预测的主要缺点是容易忽视财务数据之间的联系，不利于发现预测假设的不合理之处。

全面预测是指编制成套的预计财务报表，通过预计财务报表获取需要的预测数据。由于计算机的普遍应用，人们越来越多地使用全面预测。

（2）预测步骤

1）确定基期数据（实际或修正）。

【案例8-1】ABC公司正处于高速增长的阶段，20×0年的销售增长了12%。预计20×1年可以维持12%的增长率，20×2年开始逐步下降，每年下降2个百分点，20×5年下降1个百分点，即增长率为5%，20×6年及以后各年按5%的比率持续增长，如表8-2所示。

表8-2 ABC公司的销售预测

年 份	基期	20×1	20×2	20×3	20×4	20×5	20×6	20×7	20×8	20×9	2×10
销售增长率	12%	12%	10%	8%	6%	5%	5%	5%	5%	5%	5%

2）确定预测期间（5~7年，不超过10年）。

3）预测销售收入。

以历史为基础，结合未来变化（宏观经济、行业状况、企业发展战略）进行修正。

🔊 **名师点拨** ·······························

一般"预计增长率"为已知条件，可在基期数据上进行预测。

4）预计财务报表的编制

①预计利润表（与第2章结构一致）

预计利润表如表8-3所示。

表8-3 预计利润表 单位：万元

年 份	基 期	20×1	20×2	20×3	20×4	20×5	20×6
预测假设							
销售增长率（%）	12	12	10	8	6	5	5
销售成本率（%）	72.8	72.8	72.8	72.8	72.8	72.8	72.8
销售、管理费用／销售收入（%）	8	8	8	8	8	8	8
折旧与摊销/销售收入（%）	6	6	6	6	6	6	6
短期债务利率（%）	6	6	6	6	6	6	6
长期债务利率（%）	7	7	7	7	7	7	7
平均所得税率（%）	30	30	30	30	30	30	30
利润表项目							
经营损益：							
一、销售收入	400	448	492.8	532.22	564.16	592.37	621.98
减：销售成本	291.2	326.14	358.76	387.46	410.71	431.24	452.8
销售和管理费用	32	35.84	39.42	42.58	45.13	47.39	49.76
折旧与摊销	24	26.88	29.57	31.93	33.85	35.54	37.32
二、税前经营利润	52.8	59.14	65.05	70.25	74.47	78.19	82.10
减：经营利润所得税	15.84	17.74	19.51	21.08	22.34	23.46	24.63
三、税后经营利润	36.96	41.40	45.53	49.18	52.13	54.73	57.47
金融损益：							
四、短期借款利息	3.84	4.30	4.73	5.11	5.42	5.697	5.97
加：长期借款利息	2.24	2.51	2.76	2.98	3.16	3.32	3.48
五、利息费用合计	6.08	6.81	7.49	8.09	8.58	9.00	9.45
减：利息费用抵税	1.82	2.04	2.25	2.43	2.57	2.70	2.84
六、税后利息费用	4.26	4.77	5.24	5.66	6.00	6.30	6.62
七、税后利润合计	32.70	36.63	40.29	43.51	46.13	48.43	50.85
加：年初未分配利润	20.00	24.00	50.88	75.97	98.05	115.93	131.72
八、可供分配的利润	52.70	60.63	91.17	119.48	144.17	164.36	182.58
减：应付普通股股利	28.70	9.75	15.20	21.44	28.24	32.64	34.27
九、未分配利润	24.00	50.88	75.97	98.05	115.93	131.72	148.31

②预计资产负债表（与第2章结构一致）

管理用资产负债表如表8-4所示。预计资产负债表如表8-5所示。

表8-4　　　　　　　　　　　　　　管理用资产负债表

净经营资产		净负债+所有者权益	
经营营运资本	经营流动资产 － 经营流动负债	金融负债 － 金融资产	净负债
净经营长期资产	经营性长期资产 － 经营性长期负债	所有者权益	

表8-5　　　　　　　　　　　　　　预计资产负债表　　　　　　　　　　　　　单位：万元

年　份	基　期	20×1	20×2	20×3	20×4	20×5	20×6
预测假设：							
销售收入	400	448	492.80	532.22	564.16	592.37	621.98
经营现金（%）	1	1	1	1	1	1	1
其他经营流动资产（%）	39	39	39	39	39	39	39
经营流动负债（%）	10	10	10	10	10	10	10
长期资产/销售收入（%）	50	50	50	50	50	50	50
短期借款/投资资本（%）	20	20	20	20	20	20	20
长期借款/投资资本（%）	10	10	10	10	10	10	10
项　目							
净经营资产：							
经营现金	4.00	4.48	4.93	5.32	5.64	5.92	6.22
其他经营流动资产	156.00	174.72	192.19	207.57	220.02	231.02	242.57
减：经营流动负债	40.00	44.80	49.28	53.22	56.42	59.24	62.20
经营营运资本	120.00	134.40	147.84	159.67	169.25	177.71	186.60
经营性长期资产	200.00	224.00	246.40	266.11	282.08	296.18	310.99
减：经营性长期负债	0	0	0	0	0	0	0
净经营长期资产	200.00	224.00	246.40	266.11	282.08	296.18	310.99
净经营资产总计	320.00	358.40	394.24	425.78	451.33	473.89	497.59
金融负债：							
短期借款	64.00	71.68	78.85	85.16	90.27	94.78	99.52
长期借款	32.00	35.84	39.42	42.58	45.13	47.39	49.76
金融负债合计	96.00	107.52	118.27	127.73	135.40	142.17	149.28
金融资产	0	0	0	0	0	0	0
净负债	96.00	107.52	118.27	127.73	135.40	142.17	149.28
股本	200.00	200.00	200.00	200.00	200.00	200.00	200.00
年初未分配利润	20.00	24.00	50.88	75.97	98.05	115.93	131.72
本年净利润	32.70	36.63	40.29	43.51	46.13	48.43	50.85
本年股利	28.70	9.75	15.20	21.44	28.24	32.64	34.27
年末未分配利润	24.00	50.88	75.97	98.05	115.93	131.72	148.31
股东权益合计	224.00	250.88	275.97	298.05	315.93	331.72	348.31
净负债及股东权益总计	320.00	358.40	394.24	425.78	451.33	473.89	497.59

已知条件： ABC公司存在一个目标资本结构，即净负债/投资资本为30%，其中短期金融负债/投资资本为20%，长期金融负债/投资资本为10%。企业采用剩余股利政策，需要筹集资金时按照目标资本结构配置留存利润（权益资本）和借款（债务资本），剩余利润分配给股东。如果当期利润小于需要筹集的权益资本，在"应付股利"项目中显示为负值，表示需要向股东筹集的现金（增发新股）数额。

4．预计现金流量表

（1）企业实体现金流量

预计企业实体现金流量的方法有3种：剩余现金流量法、融资流量法和净投资扣除法，分别从现金流量的形成、从企业的角度、从投资人的角度来分析。

①剩余现金流量法。

剩余现金流量法即从现金流量形成角度来确定。现金流量关系示意图，如图8-3所示。

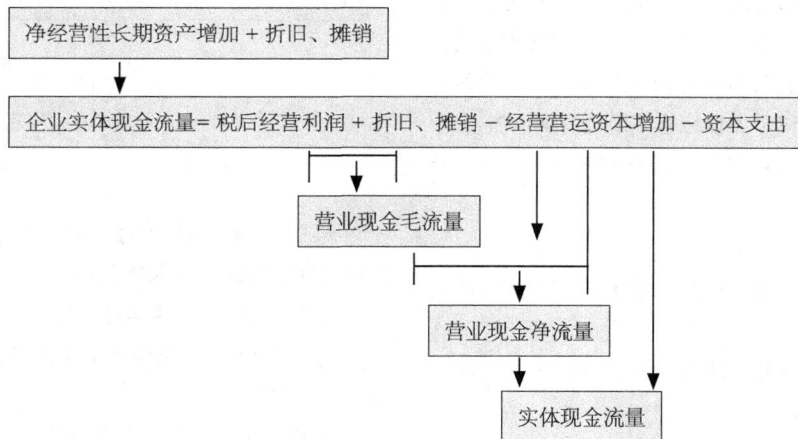

图8-3　现金流量关系示意图

续【案例8-1】。ABC公司的预计现金流量表如表8-6所示。

表8-6　　　　　　　　　　　　**ABC公司的预计现金流量表**　　　　　　　　　　　单位：万元

年　份	基　期	20×1	20×2	20×3	20×4	20×5	20×6
税后经营利润	36.96	41.40	45.53	49.18	52.13	54.73	57.47
加：折旧与摊销	24.00	26.88	29.57	31.93	33.85	35.54	37.32
营业现金毛流量	60.96	68.28	75.10	81.11	85.98	90.28	94.79
减：经营营运资本增加		14.40	13.44	11.83	9.58	8.46	8.89
营业现金净流量		53.88	61.66	69.28	76.40	81.81	85.90
减：净经营性长期资产增加		24.00	22.40	19.71	15.97	14.10	14.81
折旧与摊销		26.88	29.57	31.93	33.85	35.54	37.32
实体现金流量		3.00	9.69	17.64	26.58	32.17	33.78
债务现金流量：							
税后利息费用		4.77	5.24	5.66	6.00	6.30	6.62
减：短期借款增加		7.68	7.17	6.31	5.11	4.51	4.74
长期借款增加		3.84	3.58	3.15	2.55	2.26	2.37
债务现金流量合计		−6.75	−5.51	−3.80	−1.66	−0.47	−0.49
股权现金流量：							
股利分配		9.75	15.20	21.44	28.24	32.64	34.27

续表

年　份	基　期	20×1	20×2	20×3	20×4	20×5	20×6
减：股权资本发行		0.00	0.00	0.00	0.00	0.00	0.00
股权现金流量合计		9.75	15.20	21.44	28.24	32.64	34.27
融资现金流量合计		3.00	9.69	17.64	26.58	32.17	33.78

②融资流量法。

"融资现金流量"是从投资人角度观察的实体现金流量，投资人得到现金用正数表示，投资人提供现金则用负数表示；"实体现金流量"是从企业角度观察的，企业产生剩余现金用正数表示，企业吸收投资人的现金则用负数表示；实体现金流量应当等于融资现金流量。

实体现金流量=融资现金流量=债务现金流量+股权现金流量

其中：

债务现金流量=税后利息-新借债务（或+归还债务）

股权现金流量=股利-股权资本发行（或+股票回购）

③净投资扣除法。

净投资扣除法是一种简便算法，其原理是企业的实体现金流量，可以用税后经营利润流入扣除净经营资产净投资后的余额。基本公式示意图如图8-4所示。

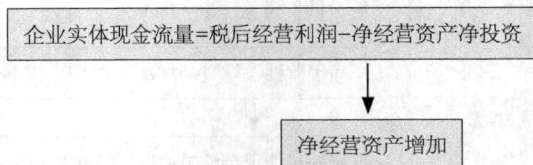

企业实体现金流量=税后经营利润-净经营资产净投资

↓

净经营资产增加

图8-4　净投资扣除法基本公式示意图

其中，净经营资产净投资由净经营资产总投资减去折旧摊销构成，基本公式为：

净经营资产总投资=经营营运资本增加+资本支出

净经营资产净投资=经营营运资本增加+资本支出-折旧摊销

则最终的企业实体现金流量示意图如图8-5所示。

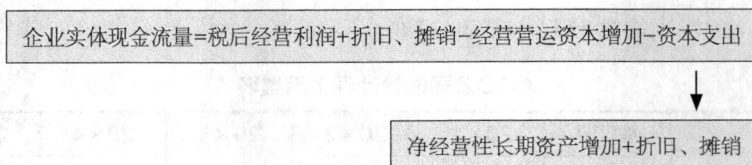

企业实体现金流量=税后经营利润+折旧、摊销-经营营运资本增加-资本支出

↓

净经营性长期资产增加+折旧、摊销

图8-5　企业实体现金流量示意图

根据表8-3"预计利润表"和表8-5"预计资产负债表"计算可得实体现金流量，如表8-7所示。

表8-7　　　　　　　　　　　　　ABC公司实体现金流量　　　　　　　　　　　　　单位：万元

年　份	基　期	20×1	20×2	20×3	20×4	20×5	20×6
税后经营利润（表7-5）	36.96	41.4	45.53	49.18	52.13	54.73	57.47
净经营资产（表7-7）	320.00	358.40	394.24	425.78	451.33	473.89	497.59
净经营资产增加=本年净经营-上年净经营资产		38.4	35.84	31.54	25.55	22.56	23.7
实体现金流量=税后经营净利润-净经营资产的增加		3	9.69	17.64	26.58	32.17	33.77

（2）股权现金流量的确定

股权现金流量的确定也有3种方法：剩余现金流量法、融资现金流量法和净投资扣除。

①剩余现金流量法。

剩余现金流量法是从现金流量形成角度来确定。

企业实体的现金流量减去支付给债权人的现金流量之后剩余的即为归属于股东权益的现金流量。用公式表示为：

股权现金流量=企业实体现金流量-债务现金流量

续前例，ABC公司股权现金流量，如表8-8所示。

表8-8   **ABC公司的股权现金流量**   单位：万元

年 份	基 期	20×1	20×2	20×3	20×4	20×5	20×6
实体现金流量		3.00	9.69	17.64	26.58	32.17	33.78
债务现金流量：							
税后利息费用		4.77	5.24	5.66	6.00	6.30	6.62
减：短期借款增加		7.68	7.17	6.31	5.11	4.51	4.74
长期借款增加		3.84	3.58	3.15	2.55	2.256	2.37
债务现金流量合计		−6.75	−5.51	−3.80	−1.66	−0.47	−0.49
股权现金流量：							
股权分配		9.75	15.20	21.44	28.24	32.64	34.27
减：股权资本发行		0.00	0.00	0.00	0.00	0.00	0.00
股权现金流量合计		9.75	15.20	21.44	28.24	32.64	34.27

②融资现金流量法。

融资现金流量法是从投资人角度观察的股权现金流量，股东得到现金用正数表示，股东提供现金则用负数表示，股东从企业得到股利是现金流入，而购买企业股票为现金流出。用公式表示为：

股权现金流量=股利-股票发行（或+股票回购）

③净投资扣除法。

净投资扣除法是一种简便算法，用股东得到的税后利润减去股东负担支付的净投资，剩余的部分称为股权现金流量。用公式表示为：

股权现金流量=税后净利润-股权净投资

🔊 **名师点拨** ·········

净投资扣除法是从主体出发，用归属于主体的收益现金流入扣除主体支付的现金流出。可用公式表示为：

主体现金流量=归属主体的收益-应由主体承担的净投资

企业实体现金流量=税后经营利润-实体净投资

$\downarrow$

净经营资产净投资=净经营资产的增加

股权现金流量=税后利润-股权净投资

$\downarrow$

=净经营资产净投资×（1-负债率）

=股东权益的增加

债权现金流量=税后利息-债权净投资

$\downarrow$

=净经营资产净投资×负债率

=净负债的增加

【例题3·多选题】甲公司2011年的税后经营净利润为250万元，折旧和摊销为55万元，经营营运资本净增加80万元，分配股利50万元，税后利息费用为65万元，净负债增加50万元，公司当年未发行权益证券。下列说法中，正确的有（   ）。

A. 公司2011年的营业现金毛流量为225万元

B. 公司2011年的债务现金流量为50万元

C. 公司2011年的实体现金流量为65万元

D. 公司2011年的资本支出为160万元

【解析】营业现金毛流量=250+55=305（万元），选项A不正确；债务现金流量=65-50=15（万元），选项B不正确；实体现金流量=50+15=65（万元），选项C正确；资本支出=305-80-65=160（万元），选项D正确。

【答案】CD

5. 后续期现金流量增长率的估计

在稳定状态下，实体现金流量、股权现金流量的增长率和销售收入的增长率相同，因此可以根据销售增长率估计现金流量增长率。

我们仍以ABC公司为例，它在20×6年进入永续增长阶段。如果我们把预测期延长到2×10年，就会发现后续期的销售增长率、实体现金流量增长率和股权现金流量增长率是相同的，如表9-9所示。

表8-9 　　　　　　　　ABC公司20×6～2×10年的现金流量增长率 　　　　　　单位：万元

年　份	20×6	20×7	20×8	20×9	2×10
税后经营利润	57.47	60.34	63.36	66.53	69.86
加：折旧与摊销	37.32	39.18	41.14	43.20	45.36
=营业现金毛流量	94.79	99.53	104.51	109.73	115.22
减：净经营资产增加	23.69	24.88	26.12	27.43	28.80
折旧与摊销	37.32	39.18	41.14	43.20	45.36
=实体现金流量	33.78	35.47	37.24	39.10	41.06
税后利息费用	6.62	6.95	7.30	7.66	8.04
减：短期借款增加	4.74	4.98	5.22	5.49	5.76
减：长期借款增加	2.37	2.49	2.61	2.74	2.88
=债务现金流量	−0.49	−0.52	−0.54	−0.57	−0.60
股利分配	34.27	35.98	37.78	39.67	41.65
减：股权资本发行	0.00	0.00	0.00	0.00	0.00
=股权现金流量	34.27	35.98	37.78	39.67	41.65
融资现金流量合计	33.78	35.47	37.24	39.10	41.06
现金流量增长率：					
实体现金流量增长率（%）	5	5	5	5	5
债务现金流量增长率（%）	5	5	5	5	5
股权现金流量增长率（%）	5	5	5	5	5

🔊 **名师点拨** ••••••••••••••••••••••••

根据竞争均衡理论，后续期的销售增长率大体上等于宏观经济的名义增长率。这里的"宏观经济"是指该企业所处的宏观经济系统，如果一个企业的业务范围仅限于国内市场，宏观经济增长率是指国内的预期经济增长率；如果一个企业的业务范围是世界性的，宏观经济增长率则是指世界的经济增长速度。

【例题4·多选题】 下列关于企业价值评估的表述中，正确的有（　　　　）。

A. 现金流量折现模型的基本思想是增量现金流量原则和时间价值原则

B. 实体现金流量是企业可提供给全部投资人的税后现金流量之和

C. 在稳定状态下实体现金流量增长率一般等于国内经济的预期增长率

D. 在稳定状态下股权现金流量增长率一般等于世界的经济增长率

【解析】 选项C、D的前提不明确，如果一个企业的业务范围仅限于国内市场，宏观经济增长率是指国内的预期经济增长率；如果一个企业的业务范围是世界性的，宏观经济增长率则是指世界的经济增长速度。所以选项C、D不正确。

【答案】 AB

【例题5·多选题】 （2014年真题）下列关于实体现金流量计算的公式中，正确的有（　　　　）。

A. 实体现金流量=税后经营利润−经营性营运资本增加−资本成本

B. 实体现金流量=税后经营利润−净经营资产净投资

C. 实体现金流量=税后经营利润−经营性资产增加−经营性负债增加

D. 实体现金流量=税后经营利润−经营性营运资本增加−经营性长期资产增加

【解析】 实体现金流量=税后经营净利润+折旧与摊销−经营性营运资本增加−净经营长期资产增加−折旧与摊销=税后经营净利润−（经营营运资本增加+净经营长期资产增加）=税后经营净利润−净经营性资产净投资，故选择B、D。

【答案】 BD

（三）股权现金流量模型的应用

1. 股权现金流量模型

根据现金流量分布的特征，股权现金流量模型分为两种类型：永续增长模型和两阶段增长模型。

（1）永续增长模型

永续增长模型适用于企业处于永续状态，即企业的各种财务比率都是不变的，企业有永续的增长率和净投资资本报酬率。其估计模型的表达式为：

$$股权价值 = \frac{下期股权现金流量值}{股权资本成本 - 永续增长率}$$

（2）两阶段增长模型

两阶段增长模型适用于增长呈现两个阶段的企业。第一阶段是超常增长阶段；第二阶段有永续增长的阶段，增长率比较低，是正常的增长率。其估计模型的表达式为：

股权价值=预测期股权现金流量现值+后续期价值的现值

🔊 **名师点拨** ••••••••••••••••••••

（1）估计不同主体的价值时，采用对应的现金流量和对应的折现率。实体价值等于实体现金流量的现值，折现率为加权平均资本成本；股权价值等于股权现金流量的现值，折现率为股权资本成本。

（2）利用实体现金流量模型时，如果要求计算股权价值，则分两步完成，第一步计算实体流量并以加权资本成本为折现率计算实体价值；第二步计算股权价值，其公式为：股权价值=实体价值-净债务价值。

（3）股权现金流量模型的应用举例

【案例8-2】 A公司是一个规模较大的跨国公司，目前处于稳定增长状态。20×1年每股净利润为25.4元。根据全球经济预期，长期增长率为6%。预计该公司的长期增长率与宏观经济相同。为维持每年6%的增长率，需要每股股权本年净投资20.4元。据估计，该企业的股权资本成本为10%。请计算该企业20×1年每股股权现金流量和每股股权价值。

每股股权现金流量=每股收益-每股股权本年净投资=25.4-20.4=5（元/股）

每股股权价值=（5×1.06）÷（10%-6%）=132.5（元/股）

【案例8-3】 甲公司是一家高技术企业，具有领先同业的优势。20×1年每股销售收入20元，预计20×2年~20×6年的销售收入增长率维持在20%的水平上，到20×7年增长率下滑到3%并将持续下去。目前，该公司经营营运资本占销售收入的40%，销售增长时可以维持不变。20×1年每股资本支出是3.7元，每股折旧费1.7元，每股经营营运资本比上年增加1.33元。为支持销售每年增长20%，资本支出和营运资本需求同比增长，折旧费也会同比增长。企业的目标资本结构是净负债占10%，股权资本成本是12%。目前每股收益4元，预计与销售同步增长。

【要求】 计算目前的每股股权价值。

计算过程和结果显示如表8-10所示。

表8-10　　　　　　　　　　甲企业的每股股权价值　　　　　　　　　　单位：万元

年 份	20×1	20×2	20×3	20×4	20×5	20×6	20×7
每股经营营运资本增加：							
收入增长率（%）		20	20	20	20	20	3
每股收入	20	24	28.8	34.56	41.47	49.77	51.26
经营营运资本/收入（%）	40	40	40	40	40	40	40
经营营运资本	8	9.6	11.52	13.82	16.59	19.91	20.50
经营营运资本增加	1.33	1.6	1.92	2.3	2.76	3.32	0.6
股权本年净投资：							
资本支出	3.7	4.44	5.33	6.39	7.67	9.21	9.48
减：折旧	1.7	2.04	2.45	2.94	3.53	4.23	4.36
加：经营营运资本增加	1.33	1.6	1.92	2.3	2.76	3.32	0.6
=实体本年净投资	3.33	4.00	4.80	5.76	6.91	8.29	5.72

年　份	20×1	20×2	20×3	20×4	20×5	20×6	20×7
×（1−负债比例）	90%	90%	90%	90%	90%	90%	90%
=股权本年净投资	3.00	3.60	4.32	5.18	6.22	7.46	5.15
每股股权现金流量：							
每股收益	4.00	4.80	5.76	6.91	8.29	9.95	10.25
减：股权本年净投资	3.00	3.60	4.32	5.18	6.22	7.46	5.15
=股权现金流量	1.00	1.20	1.44	1.73	2.07	2.49	5.10
折现系数（12%）		0.8929	0.7972	0.7118	0.6355	0.5674	
预测期现值	6.18	1.07	1.15	1.23	1.32	1.41	
后续期价值	32.16					56.68	
股权价值合计	38.34						

2. 实体现金流量模型

实体现金流量模型和股权现金流量模型一样，也可以分为以下两种类型。

（1）永续增长模型

永续增长模型适用于企业处于永续状态，即企业的各种财务比率都是不变的，企业有永续的增长率和净投资资本报酬率。其估计模型的表达式为：

$$实体价值 = \frac{下期实体现金流量值}{加权平均资本成本 - 永续增长率}$$

（2）两阶段增长模型

两阶段增长模型适用于增长呈现两个阶段的企业。第一阶段是超常增长阶段；第二阶段有永续增长阶段，特征为增长率比较低，是正常的增长率。其估计模型的表达式为：

实体价值=预测期实体现金流量现值+后续期价值的现值

（3）企业实体现金流量模型的应用举例

在实务中，大多使用实体现金流量模型，主要原因是股权成本受资本结构的影响大，估计起来比较复杂；加权资本成本受资本结构的影响较小，比较容易估计。

【例题6·综合题】（2013年真题）甲公司是一家火力发电上市企业，2012年12月31日的股票价格为每股5元。为了对当前股价是否偏离价值进行判断，公司拟对企业整体价值进行评估，有关资料如下。

（1）甲公司2012年的主要财务报表数据如表8-11所示。

表8-11　　　　　　　　甲公司2012年的主要财务报表数据　　　　　　　　单位：万元

资产负债表项目（年末）	2012年
货币资金	750
应收款项	4000
存货	2250
固定资产	41250
资产总计	48250
应付款项	3000
长期借款	3625C
股本（普通股8000万股）	8000
留存利润	1000

续表

资产负债表项目（年末）	2012年
负债及股东权益总计	48 250
一、销售收入	50 000
减：销售成本	40 000
管理费用	1 000
财务费用（利息费用）	2 892
二、营业利润	6 108
加：营业外收入	220
减：营业外支出	100
三、利润总额	6 228
减：所得税费用	1 557
四、净利润	4 671

（2）对甲公司2012年度的财务数据进行修正，作为预测基期数据。甲公司货币资金中经营活动所需的货币资金额为销售收入的1%，应收款项、存货、固定资产均为经营性资产，应付款项均为自发性无息负债。营业外收入和营业外支出均为偶然项目，不具有持续性。

（3）预计甲公司2013年度的售电量将增长2%，2014年及以后年度售电量将稳定在2013年的水平。不再增长。预计未来电价不变。

（4）预计甲公司2013年度的销售成本率可降至75%，2014年及以后年度销售成本率维持75%不变。

（5）管理费用、经营资产、经营负债与销售收入的百分比均可稳定在基期水平。

（6）甲公司目前的负债率较高，计划将资本结构（净负债/净投资资本）逐步调整到65%，资本结构高于65%之前不分配股利，多余现金首先用于归还借款。

企业采用剩余股利政策分配股利，未来不打算增发或回购股票。净负债的税前资本成本平均预计为8%，以后年度将保持不变。财务费用按照期初净负债计算。

（7）甲公司适用的企业所得税税率为25%，加权平均资本成本为10%。

（8）采用实体现金流量折现模型估计企业价值，债务价值按账面价值估计。

【要求】

（1）编制修正后基期及2013年度、2014年度的预计资产负债表和预计利润表（结果填入表8-12和表8-13中，不用列出计算过程），并计算甲公司2013年度及2014年度的实体现金流量。

（2）计算甲公司2012年12月31日的实体价值和每股股权价值，判断甲公司的股价是被高估还是被低估。

表8-12 预计资产负债表 单位：万元

资产负债表项目（年末）	基期（修正）	2013年度	2014年度
经营营运资本			
净经营性长期资产			
净经营资产总计			
净负债			
股东权益合计			
净负债及股东权益总计			

表8-13　　　　　　　　　　　　　　　　　预计利润表　　　　　　　　　　　　　　　　　单位：万元

利润表项目（年度）	基期（修正）	2013年度	2014年度
一、销售收入			
减：销售成本			
管理费用			
二、税前营业利润			
减：经营利润所得税			
三、税后经营净利润			
利息费用			
减：利息费用抵税			
四、税后利息费用			
五、净利润合计			

【答案】（1）

表8-14　　　　　　　　　　　　　　　　　预计资产负债表　　　　　　　　　　　　　　　　单位：万元

项　　目	基期（修正）	2013年度	2014年度
资产负债表项目（年末）			
经营营运资本	=50 000×1%+4 000+2 250-3 000=3 750	3 825	3 825
净经营性长期资产	41 250	42 075	42 075
净经营资产总计	3 750+41 250=45 000	45 900	45 900
净负债	36 250-250=36 000	30 262.5	29 835
股东权益合计	9 000	15 637.5	16 065
净负债及股东权益总计	45 000	45 900	45 900

表8-15　　　　　　　　　　　　　　　　　预计利润表　　　　　　　　　　　　　　　　　单位：万元

利润表项目（年度）	基期（修正）	2013年度	2014年度
一、销售收入	50 000	51 000	51 000
减：销售成本	40 000	38 250	38 250
管理费用	1 000	1 020	1 020
二、税前营业利润	9 000	11 730	11 730
减：经营利润所得税	2 250	2 932.5	2 932.5
三、税后经营净利润	6 750	8 797.5	8 797.5
利息费用	2 892	2 880	2 421
减：利息费用抵税	723	720	605.25
四、税后利息费用	2 169	=36 000×6%=2 160	1 815.75
五、净利润合计	4 581	6 637.5	6 981.75

2013年度实体现金流量=税后经营净利润-净投资
=8 797.5-（45 900-45 000）=7 897.5（万元）

2014年度实体现金流量=8 797.5-（45 000-45 000）
=8 797.5（万元）

（2）

2012年12月31日的实体价值=7 897.5×（P/F，10%，1）+8 797.5÷10%×（P/F，10%，1）
=7 897.5×0.909+8 797.5÷10%×0.909
=87 148.10（万元）

股权价值=87 148.10-36 000=51 148.10（万元）

每股股权价值=51 148.10÷8 000=6.39（元）

每股股权价值大于每股市价，股价被低估。

二、相对价值评估方法（★★★）

现金流量折现法在概念上很健全，但是在应用时会碰到较多的技术问题。有一种相对容易的估价方法，就是相对价值法，也称价格乘数法或可比交易价值法等。

◀)) 名师点拨 ··············

（1）相对价值法是利用类似企业的市场定价来估计目标企业价值的一种方法。

（2）估算的结果是相对价值而不是内在价值。

（一）相对价值模型的原理

【要点提示】掌握相对价值模型原理、常用的股权市价比率模型、相对价值估价模型的适用性。

相对价值模型分为两大类，一类是以股票市价为基础的模型，包括每股市价/每股收益、每股市价/每股净资产、每股市价/每股销售收入等模型。另一类是以企业实体价值为基础的模型，包括实体价值/息税折旧摊销前利润、实体价值/税后经营净利润、实体价值/实体现金流量、实体价值/投资资本、实体价值/销售收入等模型。我们在这里只讨论3种常用的股票市价模型，如表8-16所示。

表8-16 　　　　　　　　　　　　　**3种常用的股票市价模型**

种　类	公　式
市盈率模型（每股市价/每股收益）	目标企业每股股权价值=可比企业市盈率×目标企业每股收益
市净率模型（每股市价/每股净资产）	目标企业每股股权价值=可比企业市净率×目标企业每股净资产
市销率模型（每股市价/每股销售收入）	目标企业每股股权价值=可比企业市销率×目标企业每股销售收入

市盈率指普通股每股股价与每股收益的比率。同类企业有类似的市盈率，所以目标企业的每股价值可以用每股收益乘以可比企业市盈率计算。

1. 市盈率模型

（1）市盈率模型的驱动因素

市盈率指普通股每股股价与每股收益的比率。同类企业有类似的市盈率，所以目标企业的每股价值可以用每股收益乘以可比企业市盈率计算。

市盈率模型的驱动因素有增长潜力、股利支付率和风险（股权资本成本的高低与风险有关），其中关键因素是增长潜力。根据股利折现模型，处于稳定状态企业的每股价值为：

$$每股价值（P_0）=\frac{每股股利_1}{股权成本-增长率}$$

两边同时除以当前每股收益：

$$\frac{P_0}{每股收益}=\frac{\dfrac{每股股利_1}{每股收益}}{股权成本-增长率}$$

$$=\frac{每股收益×（1+增长率）×\dfrac{股利支付率}{每股收益}}{股权成本-增长率}$$

$$=\frac{股利支付率×（1+增长率）}{股权成本-增长率}$$

$$=本期市盈率$$

则股利市盈率相关计算公式为：

$$本期市盈率=\frac{股利支付率×（1+增长率）}{股权成本-增长率}$$

若把同时除以当前每股收益，换成预期下期"每股收益"，则成为"内在市盈率"或"预期市盈率"。

$$内在市盈率（或预期市盈率）=\frac{股利支付率}{股权成本-增长率}$$

（2）市盈率模型的适用性

利用市盈率模型计算，数据容易取得，并且计算简单；市盈率把价格和收益联系起来，能直观地反映投入和产出的关系；市盈率涵盖了风险补偿率、增长率、股利支付率的影响，具有很高的综合性。

但市盈率模型也具有一定的局限性，如果收益是负值，则市盈率就失去了意义，故市盈率模型最适合连续盈利，并且β值接近于1的企业。

（3）市盈率模型的应用举例

【案例8-4】B企业今年的每股收益是0.5元，分配股利0.45元/股，该企业净利润和股利的增长率都是6%，β值为0.65。政府长期债券利率为7%，股票的风险附加率为5.5%。问该企业的本期净利市盈率和预期净利市盈率各是多少？

D企业与B企业是类似企业,今年实际净利为1元,根据B企业的本期净利市盈率对D企业估价,其股票价值是多少?D企业预期明年净利是1.06元,根据B企业的预期净利市盈率对D企业估价,其股票价值是多少?

B企业股利支付率=每股股利÷每股收益= 0.45÷0.5=90%

B企业股权成本=无风险报酬率+β×风险补偿率

$$=7\%+0.65×5.5\%$$

$$=10.575\%$$

B企业本期市盈率=[股利支付率×(1+增长率)]÷(资本成本-增长率)

$$=[90\%×(1+6\%)]÷(10.575\%-6\%)$$

$$=20.85$$

B企业预期市盈率=股利支付率÷(资本成本-增长率)

$$=90\%÷(10.575\%-6\%)$$

$$=19.67$$

D企业股票价值=目标企业本期每股净利×可比企业本期市盈率

$$=1×20.85$$

$$=20.85(元/股)$$

D企业股票价值=目标企业预期每股收益×可比企业预期市盈率

$$=1.06×19.67$$

$$=20.85(元/股)$$

◀)) **名师点拨** ••••••••••••••••••••••••••••••••

在估值时目标企业本期净利必须要乘以可比企业本期市盈率,目标企业预期净利必须要乘以可比企业预期市盈率,两者必须匹配。这一原则对市盈率、市净率和市销率都适用,同时也适用于未修正的价格乘数以及修正后的价格乘数。

【例题7·单选题】(2013年真题)甲公司2012年每股收益0.8元。每股分配现金股利0.4元。如果公司每股收益增长率预计为6%,股权资本成本为10%。股利支付率不变,公司的预期市盈率是( )。

A. 11.79　　B. 12.50　　C. 13.25　　D. 8.33

【解析】股利支付率=0.4÷0.8=50%,预期市盈率=股利支付率÷(股权资本成本-增长率)=50%÷(10%-6%)=12.5

【答案】B

2. 市净率模型

(1)市净率模型的驱动因素

市净率模型的驱动因素有股东权益收益率、股利支付率、增长率和股权成本,其中关键因素是股东权益收益率。如果把股利折现模型的两边同时除以同期股权账面价值,就可以得到市净率:

$$\frac{P_0}{每股净资产_0}=\frac{\frac{每股股利_0×(1+增长率)}{每股净资产_0}}{股权成本-增长率}=\frac{\frac{每股股利_0}{每股收益_0}×\frac{每股收益_0}{每股净资产_0}×(1+增长率)}{股权成本-增长率}=\frac{权益净利率×股利支付率×(1+增长率)}{股权成本-增长率}=本期市净率$$

则市净率相关计算公式为:

①本期市净率=$\dfrac{股东权益收益率_0×股利支付率_0×(1+增长率)}{股权成本-增长率}$

若把同时除以当前股权账面价值,换成预期下期"股权账面价值",则成为"内在市盈率"或"预期市盈率"。

②内在市净率(或预期市净率)=$\dfrac{股利支付率×股东权益收益率_1}{股权成本-增长率}$

◀)) **名师点拨** ••••••••••••••••••••••••••••••••

可比企业应当是这4个比率类似的企业,而同业企业不一定都具有这种类似性;股东权益收益率即为第2章的权益净利率。

(2)市净率模型的适用性

利用市盈率模型计算时,市净率极少为负值,可用于大多数企业;净资产账面价值的数据容易取得,并且容易理解;净资产账面价值比净利稳定,也不像利润那样经常被人为操纵;如果会计标准合理并且各企业会计政策一致,市净率的变化可以反映企业价值的变化。

但市净率模型也具有一定的局限性,账面价值会受会计政策选择的影响,如果各企业执行不同的会计标准或会计政策，市净率会失去可比性；固定资产很少的服务性企业和高科技企业，净资产与企业价值的关系不大，其市净率比较没有实际意义；少数企业的净资产是负值，市净率没有意义，无法用于比较。

故市净率模型，主要适用于需要拥有大量资产、净资产为正值的企业。

【案例8-5】在表8-17中，列出了20×0年汽车制造业6家上市企业的市盈率和市净率，以及全年平均实际股价。请你用这6家企业的平均市盈率和市净率评价江铃汽车的股价，哪一个更接近实际价格？为什么？

表8-17   **汽车制造业6家上市企业相关财务数据**

公司名称	每股收益/元	每股净资产/元	平均价格/元	市盈率	市净率
上海汽车	0.53	3.43	11.98	22.60	3.49
东风汽车	0.37	2.69	6.26	16.92	2.33
一汽四环	0.52	4.75	15.40	29.62	3.24
一汽金杯	0.23	2.34	6.10	26.52	2.61
天津汽车	0.19	2.54	6.80	35.79	2.68
长安汽车	0.12	2.01	5.99	49.92	2.98
平均				30.23	2.89
江铃汽车	0.08	1.90	6.03		

按市盈率估价=0.08×30.23=2.42（元/股）

按市净率估价=1.90×2.89=5.49（元/股）

市净率的评价更接近实际价格。因为汽车制造业是一个需要大量资产的行业。由此可见，合理选择模型的种类对于正确估价是很重要的。

【例题8·单选题】（2016年真题）甲公司进入可持续增长状态，股利支付率50%，权益净利率20%，股利增长率5%，股权资本成本10%，则甲公司内在市净率为（　　）。

A. 2   B. 10.5   C. 10   D. 2.1

【解析】本题考查的是市净率模型。内在市净率=（股利支付率×权益净利率）÷（股权资本成本－股利增长率）=50%×20%÷(10%−5%)=2。

【答案】A

3．市销率模型

（1）市销率模型的驱动因素

市销率模型的驱动因素有销售净利率、股利支付率、增长率和股权成本，其中关键因素是销售净利率。如果把股利折现模型的两边同时除以每股销售收入，就可以得到市销率：

$$\frac{P_0}{每股收入_0}=\frac{\dfrac{每股股利_0\times(1+增长率)}{每股收入_0}}{股利成本－增长率}=\frac{\dfrac{每股股利}{每股收益}\times\dfrac{每股收益_0}{每股收入_0}\times(1+增长率)}{股权成本－增长率}=\frac{销售净利率_0\times股利支付率\times(1+增长率)}{股权成本－增长率}=本期市销率$$

则市净率相关计算公式为：

①本期市销率=$\dfrac{销售净利率_0\times股利支付率\times(1+增长率)}{股权成本－增长率}$

若把同时除以当前每股收入，换成下期预期的"每股收入"，则成为"内在市销率"或"预期市销率"。

②内在市销率（或预期市销率）=$\dfrac{销售净利率_1\times股利支付率}{股权成本－增长率}$

🔊 **名师点拨** ●●●●●●●●●●●●●

可比企业应当是这4个比率类似的企业，同业企业不一定都具有这种类似性。

（2）市销率模型的适用性

使用市销率模型时，市销率不会出现负值，对于亏损企业和资不抵债的企业，也可以计算出一个有意义的价值乘数；它比较稳定、可靠，不容易被操纵；市销率对价格政策和企业战略变化敏感，可以反映这种变化的后果。

市销率模型也有其局限性，如不能反映成本的变化，而成本是影响企业现金流量和价值的重要因素之一；只能用于同行业对比，不同行业的市销率对比没有意义；目前上市公司关联销售较多，该指标也不能剔除关联销售的影响。

故市销率模型主要适用于销售成本率较低的服务类企业，或者销售成本率趋同的传统行业的企业。

【例题9·单选题】（2013年真题）下列关于相对价值估价模型适用性的说法中，错误的是（　　）。

A. 市净率估价模型不适用于资不抵债的企业

B. 市净率估价模型不适用于固定资产较少的企业

C. 市销率估价模型不适用于销售成本率较低的企业

D. 市盈率估价模型不适用于亏损的企业

【解析】市净率估价模型适用于需要拥有大量资产，净资产为正值的企业，资不抵债说明所有者权益为负值，选项A、B表述正确；市销率模型适用于销售成本率较低的服务类企业，或者销售成本率趋同的传统行业的企业，选项C表述错误；市盈率模型最适合连续盈利，并且贝塔值接近1的企业，选项D正确。

【答案】C

【例题10·计算分析题】（2014年真题）甲公司拟采用相对价值评估模型对股权价值进行评估。资料如下：

（1）甲公司2013年实现净利润3 000万元，年初股东权益总额为200 000万元，年末为218 000万元，2013年股东权益增加全部来源于利润留存，不存在优先股。2013年末普通股100 000万股，当年没有增发新股和回购股票。预计2013年及以后年度利润增长率为9%，权益净利率保持不变。

（2）甲公司选择了3家同行业上市公司作为可比公司，收集数据如表8-18所示。

表8-18　　　　　　　　　　　　　3家同行业市公司相关数据

可比公司	每股收益/元	每股净资产/元	权益净利率	每股市价/元	预期利润增长率
A公司	0.4	2	21.2%	8	8%
B公司	0.5	3	17.5%	8.1	6%
C公司	0.5	2.2	24.3%	11	10%

【要求】

（1）使用市盈率模型下的股价平均法计算甲公司的每股股权价值。

（2）使用市净率模型下的股价平均法计算甲公司的每股股权价值。

【答案】

（1）目标企业甲公司每股收益=3 000÷100 000=0.03（元/股）

市盈率模型下股价平均法计算的甲公司每股股权价值如表8-19所示。

表8-19　　　　　　　市盈率模型下股价平均法计算的甲公司每股股权价值

可比公司	每股收益/元	每股市价/元	实际市盈率	预期利润增长率	修正市盈率	甲公司每股价值/元
A公司	0.4	8	8÷0.4=20	8%	20÷（8%×100）=2.5	2.5×9%×100×0.03=0.675
B公司	0.5	8.1	8.1÷0.5=16.2	6%	16.2÷（6%×100）=2.7	2.7×9%×100×0.03=0.729
C公司	0.5	11	11÷0.5=22	10%	22÷（10%×100）=2.2	2.2×9%×100×0.03=0.594
平均数						0.666

（2）目标企业甲公司每股净资产=218 000÷100 000=2.18（元/股）

权益净利率=3 000÷[（200 000+218 000）÷2]=1.44%

市净率模型下股价平均法计算的甲公司每股股权价值如表8-20所示。

表8-20　　　　　市净率模型下股价平均法计算的甲公司每股股权价值

可比公司	每股净资产/元	每股市价/元	实际市净率	权益净利率	修正市净率	甲公司每股价值/元
A公司	2	8	8÷2=4	21.2%	4÷(21.2%×100)=0.19	0.19×1.44%×100×2.18=0.6
B公司	3	8.1	8.1÷3=2.7	17.5%	2.7÷(17.5%×100)=0.15	0.15×1.44%×100×2.18=0.47
C公司	2.2	11	11÷2.2=5	24.3%	5÷(24.3%×100)=0.21	0.21×1.44%×100×2.18=0.66
平均数						0.58

（二）相对价值模型的应用

1．可比企业的选择

相对价值法应用的主要困难是选择可比企业。通常的做法是选择一组同业的上市企业，计算出他们的平均市价比率，作为估计目标企业价值的乘数。

根据前面的分析可知，市盈率取决于增长潜力、股利支付率和风险（股权成本）。选择可比企业时，需要先估计目标企业的这3个比率，然后按此条件选择可比企业。在3个因素中，最重要的驱动因素是增长率，应格外重视。处于同一生命周期的同业企业，大体有类似增长率，可以作为判断增长率的主要依据。如果符合条件的企业较多，可以进一步根据规模的类似性筛选，以提高可比性的质量。

2．模型的修正

选择可比企业时，往往找不到符合条件的可比企业。尤其是要求的可比条件较严格，或者同行业的上市企业很少的时候，经常找不到足够的可比企业。解决的办法之一是采用修正的市价比率。

（1）市盈率模型的修正

1）修正平均市盈率法

影响市盈率的驱动因素中，关键变量是增长率，故可以用增长率修正实际的市盈率，把增长率不同的同业企业纳入可比范围。采用修正平均市盈率法，首先对可比企业的市盈率进行平均，再用平均增长率进行修正。计算步骤为：

①可比企业平均市盈率=$\dfrac{\sum 各可比企业的市盈率}{n}$。

②可比企业平均增长率=$\dfrac{\sum 各可比企业的增长率}{n}$。

③可比企业修正平均市盈率

$$=\dfrac{可比企业的平均市盈率}{可比企业的平均增长率×100}。$$

④目标企业每股股权价值=可比企业修正平均市盈率×目标企业预期增长率×100×目标企业每股收益。

2）股价平均法

股价平均法与修正平均市盈率法相反，先对可比企业的市盈率利用增长率进行修正，分别计算出目前企业的每股股权价值，再对分别估计的企业每股价值进行平均。

计算步骤为：

①修正市盈率=$\dfrac{可比企业的修正市盈率}{可比企业的增长率×100}$。

②目标企业每股价值$_i$=修正市盈率×目标企业预期增长率×100×目标企业每股收益，其中$i=1\sim n$。

③目标企业每股股权价值

$$=\dfrac{\sum\limits_{i=1}^{n}目标企业的每股价值}{n}。$$

【例题11·单选题】使用股权市价比率模型进行企业价值评估时，通常需要确定一个关键因素，并用此因素的可比企业平均值对可比企业的平均市价比率进行修正。下列说法中，正确的是（　　　　）。

A．修正市盈率的关键因素是每股收益

B．修正市盈率的关键因素是股利支付率

C．修正市净率的关键因素是股东权益净利率

D．修正市销率的关键因素是增长率

【解析】修正市盈率的关键因素是增长率，修正市净率的关键因素是股东权益净利率，修正收入乘数的关键因素是销售净利率。

【答案】C

【案例8-6】D企业是一个制造业企业，其每股收益为0.5元/股，股票价格为15元。假设制造业上市企业中，增长率、股利支付率和风险与D企业类似的有6家，它们的市盈率如表8-21所示。用市盈率法评估，D企业的股价被市场高估了还是低估了？

表8-21   各可比公司的相关数据

企业名称	价格/收益
A	20.4
B	24.3
C	16.2
D	49.3
E	30.1
F	33.3
平均数	28.9

由于： 股票价值=0.5×28.9=14.45（元/股），实际股票价格是15元，所以D企业的股票被市场高估了。

【案例8-7】 依前【案例8-6】数据。各可比企业的预期增长率如表8-22所示。

表8-22   各可比企业的预期增长率

企业名称	本期市盈率	预期增长率（%）
A	20.4	7
B	24.3	11
C	16.2	12
D	49.3	22
E	30.1	17
F	33.3	18
平均数	28.9	14.5

D企业的每股收益是0.5元/股，假设预期增长率是15.5%。

方法1：修正平均市盈率法。

修正平均市盈率=可比企业平均市盈率÷（平均预期增长率×100）

　　　　　　　=28.9÷14.5=1.99

D企业每股价值=修正平均市盈率×目标企业增长率×100×目标企业每股收益

　　　　　　　=1.99×15.5%×100×0.5=15.42（元/股）

方法2：股价平均法。

这种方法是根据各可比企业的修正市盈率估计D企业的价值：

目标企业每股价值=可比企业修正市盈率×目标企业预期增长率×100×目标企业每股收益

然后，将得出股票估价进行算术平均。计算过程如表8-23所示。

表8-23   股价平均法计算过程

企业名称	实际市盈率	预期增长率（%）	修正市盈率	D企业每股收益/元	D企业预期增长率（%）	D企业每股价值/元
A	20.4	7	2.91	0.5	15.5	22.553
B	24.3	11	2.21	0.5	15.5	17.1275
C	16.2	12	1.35	0.5	15.5	10.463
D	49.3	22	2.24	0.5	15.5	17.36

企业名称	实际市盈率	预期增长率（%）	修正市盈率	D企业每股收益/元	D企业预期增长率（%）	D企业每股价值/元
E	30.1	17	1.77	0.5	15.5	13.718
F	33.3	18	1.85	0.5	15.5	14.3375
平均数						15.93

（2）市净率模型的修正

1）修正平均市净率法

影响市净率的驱动因素中，关键变量是股东权益收益率，故可以用股东权益收益率修正实际的市净率，把股东权益收益率不同的同业企业纳入可比范围。采用修正平均市净率法，首先对可比企业的市净率进行平均，再用平均股东权益收益率进行修正。

计算步骤为：

①可比企业平均市净率=$\dfrac{\sum 各可比企业的市盈率}{n}$。

②可比企业平均股东权益收益率=$\dfrac{\sum 各可比企业的增长率}{n}$。

③可比企业修正平均市盈率=$\dfrac{可比企业的平均市盈率}{可比企业的平均增长率 \times 100}$。

④目标企业每股股权价值=可比企业修正平均市净率×目标企业股东权益收益率×100×目标企业每股净资产。

2）股价平均法

股价平均法与修正平均市净率法顺序相反，先对可比企业的市净率利用股东权益收益率进行修正，分别计算出目前企业的每股股权价值，再对分别估计的企业每股价值进行平均。

计算步骤为：

①可比企业$_i$修正市净率=$\dfrac{可比企业的修正市盈率}{可比企业的增长率 \times 100}$，其中$i=1 \sim n$。

②目标企业每股股权价值$_i$=可比企业$_i$修正市净率×目标企业股东权益收益率×100×目标企业每股净资产，其中$i=1 \sim n$。

③目标企业每股股权价值=$\dfrac{\sum\limits_{i=1}^{n} 目标企业的每股价值}{n}$。

【例题12·计算分析题】（2010年真题）A公司是一家制造医疗设备的上市公司，每股净资产是4.6元，预期股东权益净利率是16%，当前股票价格是48元。为了对A公司当前股价是否偏离价值进行判断，投资者收集了以下4个可比公司的有关数据，如表8-24所示。

表8-24　　　　　　　　　　　　4个可比公司的有关数据

可比公司名称	市净率	预期股东权益净利率
甲	8	15%
乙	6	13%
丙	5	11%
丁	9	17%

【要求】

（1）使用市净率（市价/净资产比率）模型估计目标企业股票价值时，如何选择可比企业？

（2）使用修正市净率的股价平均法计算A公司的每股价值。

（3）分析市净率估价模型的优点和局限性。

【答案】

（1）使用市净率（市价/净资产比率）模型估计目标企业股票价值时，选择可比企业关键看股利支付率、股权资本成本（风险）、增长率和权益净利率4个比率是否相同，其中权益净利率是关键因素。

（2）利用甲企业修正后股价$=\dfrac{8}{15\% \times 100} \times 16\% \times 100 \times 4.6 = 39.25$（元）

利用乙企业修正后股价$=\dfrac{6}{13\% \times 100} \times 16\% \times 100 \times 4.6 = 33.97$（元）

利用丙企业修正后股价$=\dfrac{5}{11\% \times 100} \times 16\% \times 100 \times 4.6 = 33.45$（元）

利用丁企业修正后股价$=\dfrac{9}{17\% \times 100} \times 16\% \times 100 \times 4.6 = 38.96$（元）

平均股价$=$（$39.25+33.97+33.45+38.96$）$\div 4 = 36.41$（元）

3）市净率估价模型的优点

首先，净利润为负值的企业不能用市盈率进行估价，而市净率极少为负值，可用于大多数企业；其次，净资产账面价值的数据容易取得，并且容易理解；再次，净资产账面价值比净利稳定，也不像利润那样经常被人为操纵；最后，如果会计标准合理并且各企业会计政策一致，市净率的变化可以反映企业价值的变化。

4）市净率估计模型的局限性

首先，账面价值受会计政策选择的影响，如果各企业执行不同的会计标准或会计政策，市净率会失去可比性；其次，固定资产很少的服务性企业和高科技企业，净资产与企业价值的关系不大，其市净率比较没有什么实际意义；最后，少数企业的净资产是负值，市净率没有意义，无法用于比较。

（3）市销率模型的修正

1）修正平均市销率法

影响市销率的驱动因素中，关键变量是销售净利率，故可以用销售净利率修正实际的市销率，把销售净利率不同的同业企业纳入可比范围。采用修正平均市销率法时，首先应对可比企业的市销率进行平均，再用平均销售净利率进行修正。

计算步骤：

①可比企业平均市销率$=\dfrac{\sum \text{各可比企业}_i\text{的市销率}}{n}$。

②可比企业平均销售净利率$=\dfrac{\sum \text{各可比企业销售净利率}}{n}$

③可比企业修正平均市销率$=\dfrac{\text{可比企业的平均市销率}}{\text{可比企业的平均销售净利率} \times 100}$。

④目标企业每股股权价值$=$可比企业修正平均市销率$\times$目标企业销售净利率$\times 100 \times$目标企业每股销售收入。

2）股价平均法

股价平均法与修正平均市销率法相反，先对可比企业的市销率利用销售净利率进行修正，分别计算出目前企业的每股股权价值，再对分别估计的企业每股价值进行平均。

计算步骤：

①可比企业$_i$修正市销率$=\dfrac{\text{可比企业}_i\text{的市销率}}{\text{可比企业}_i\text{的销售净利率} \times 100}$，其中$i=1 \sim n$。

②目标企业每股股权价值$_i=$可比企业$_i$修正市销率$\times$目标企业销售净利率$\times 100 \times$目标企业每股销售收入，其中$i=1 \sim n$。

③目标企业每股股权价值$=\dfrac{\sum_{i=1}^{n} \text{目标企业的每股价值}_i}{n}$

【例题13·计算分析题】XYZ公司是一家尚未上市的玩具设计与制作企业。目前公司发行在外的普通股股数为8 000万股，预计2016年的销售收入为36 000万元，净利润为18 000万元。公司在对股权价值进行评估时准备采用相对价值评估模型中的市销率（市价/收入比率）估价模型，通过比较分析，选择了3个可比公司，其相关数据如表8-25所示。

表8-25 　　　　　　　　　　　　　　**3个可比公司相关数据**

可比公司名称	预计销售收入/万元	预计净利润/万元	普通股股数/万股	当前股票价格/（元/股）
A公司	40 000	18 000	10 000	20.00
B公司	60 000	31 200	16 000	19.50
C公司	70 000	35 000	14 000	27.00

【要求】

（1）计算3个可比公司的市销率，使用修正平均市销率法计算XYZ公司的股权价值。

（2）分析市销率估价模型的优点和局限性，该种估价方法主要适用于哪类企业？

【答案】（1）3个可比公司相关财务比率如表8-26所示。

表8-26 　　　　　　　　　　　　　　**3个可比公司相关财务比率**

可比公司名称	每股销售收入/元	市销率	预计销售净利率
A公司	4.0	5.00	45.00%
B公司	3.75	5.20	52.00%
C公司	5.0	5.40	50.00%
平均值		5.20	49.00%
甲公司	4.5		50.00%

修正平均市销率=平均市销率÷（平均预计销售净利率×100）=5.2÷（49%×100）=10.61%

甲公司每股价值=修正平均市销率×甲公司预计销售净利率×100×甲公司每股销售收入

=10.61%×50%×100×4.5=23.87（元）

甲公司股权价值=每股价值×普通股股数=23.87×4000=95 480（万元）

或者：甲公司股权价值=5.2÷49×50×4.5×4000=95 510（万元）

（2）市销率估价模型的优点是：市销率估价模型不会出现负值，对于亏损企业和资不抵债的企业，也可以计算出一个有意义的价值乘数。

市销率估价模型比较稳定、可靠，不容易被操纵。市销率对价格政策和企业战略变化敏感，可以反映这种变化的后果。

市销率估价模型的局限性是：市销率估价模型不能反映成本的变化，而成本是影响企业现金流量和价值的重要因素之一。

市销率估价方法主要适用于销售成本率较低的服务类企业，或者销售成本率趋同的传统行业的企业。

过关测试题

一、单选题

1. 下列有关价值评估的表述中，不正确的是（　　）。

A. 企业价值评估的对象是企业整体的经济价值

B. 企业整体价值是企业单项资产价值的总和

C. 价值评估认为市场只在一定程度上有效，即并非完全有效

D. 在完善的市场中，市场价值与内在价值相等，价值评估没有什么实际意义

2. 下列有关表述不正确的是（　　）。

A. 经济价值是指一项资产的公平市场价值，通常用该资产所产生的未来现金流量的现值来计量

B. 现时市场价格可能是公平的，也可能是不公平

的，所以它和公平市场价值不同

C. 公平市场价值是指在公平的交易中，熟悉情况的双方，自愿进行资产交换或债务清偿的金额

D. 会计价值与市场价值是一回事

3. 有关企业实体现金流量表述不正确的是（   ）。

A. 如果企业没有债务，企业实体现金流量就是可以提供给股东的现金流量

B. 企业实体现金流量是企业全部现金流入扣除付现费用的剩余部分

C. 企业实体现金流量，是可以提供给股东和债权人的全部税后现金流量

D. 实体现金流量等于股权现金流量加债务现金流量

4. 企业的实体价值等于预期实体现金流量的现值，计算现值的折现率是（   ）。

A. 加权平均资本成本

B. 股权资本成本

C. 市场平均收益率

D. 等风险的债务成本

5. 若企业未来打算保持目标资本结构，即负债率为40%，预计2012年的净利润为200万元，需增加的经营营运资本为50万元，需要增加的经营性长期资产为100万元，折旧摊销为40万元，不存在经营性长期负债，则未来的股权现金流量为（   ）万元。

A. 127   B. 110   C. 50   D. 134

6. 利用市价/净资产法所确定的企业价值是企业的（   ）。

A. 账面价值   B. 内在价值

C. 相对价值   D. 清算价值

7. 利用可比企业的市盈率估计目标企业价值应该满足的条件为（   ）。

A. 处于稳定状态的企业

B. 连续盈利，并且 β 值接近于1的企业

C. 销售成本率较低的服务类企业或者销售成本率趋同的传统行业的企业

D. 需要拥有大量资产、净资产为正值的企业

8. 收入乘数的关键驱动因素是（   ）。

A. 增长潜力   B. 销售净利率

C. 权益净利率   D. 股利支付率

9. 某公司本年的所有者权益为500万元，净利润为100万元，留存收益比例为40%，预计下年的所有者

权益、净利润和股利的增长率都为6%。该公司的 β 值为2，国库券利率为5%，市场平均股票要求的收益率为10%，则该公司的内在市净率为（   ）。

A. 1.25   B. 1.2   C. 1.33   D. 1.4

10. 某公司2011年的利润留存率为60%。净利润和股利的增长率均为6%，2012年的预期销售净利率为10%。该公司的 β 值为2.5，国库券利率为4%，市场平均股票收益率为8%。则该公司的内在收入乘数为（   ）。

A. 1.1   B. 1.2   C. 0.6   D. 0.5

二、多选题

1. 价值评估的一般对象是企业整体的经济价值，而企业整体的经济价值具备的特征有（   ）。

A. 整体价值是各部分的有机结合

B. 整体价值来源于要素的结合方式

C. 部分只有在整体中才能体现其价值

D. 整体价值只有在运行中才能体现出来

2. 下列关于持续经营价值与清算价值的说法中，正确的有（   ）。

A. 企业的公平市场价值应当是持续经营价值与清算价值中较高的一个

B. 一个企业继续经营的基本条件，是其继续经营价值超过清算价值

C. 依据理财的"自利原则"，当未来现金流量的现值大于清算价值时，投资人通常会选择持续经营

D. 如果现金流量下降，或者资本成本提高，使得未来现金流量现值低于清算价值，则企业必然要进行清算

3. 现金流量模型的基本思想有（   ）。

A. 增量现金流量原则

B. 资本市场有效原则

C. 时间价值原则

D. 风险——报酬权衡原则

4. 在进行企业价值评估时，判断企业进入稳定状态的主要标志有（   ）。

A. 现金流量是一个常数

B. 投资额为零

C. 有稳定的净投资资本报酬率并且与资本成本趋于一致

D. 具有稳定的销售增长率，它大约等于宏观经济的名义增长率

5. 下列关于企业实体现金流量的计算式中，正确的有（　　　）。

A. 实体现金流量=营业现金毛流量-经营营运资本增加

B. 实体现金流量=营业现金净流量-净经营长期资产总投资

C. 实体现金流量=税后经营利润-净经营资产净投资

D. 实体现金流量=股权现金流量+债务现金流量

6. 利用可比企业市盈率估计企业价值的说法中，正确的有（　　　）。

A. 它考虑了时间价值因素

B. 它能直观地反映投入和产出的关系

C. 它具有很高的综合性，能体现风险、增长率、股利分配的问题

D. 根据可比企业的本期市盈率和内在市盈率计算出的目标企业的股票价值不同

7. 应用市盈率模型评估企业的股权价值，在确定可比企业时需要考虑的因素有（　　　）。

A. 收益增长率　　　　B. 销售净利率

C. 未来风险　　　　　D. 股利支付率

8. 利用市净率模型估计企业价值，在考虑可比企业时，相比收入乘数模型共同应考虑的因素包括（　　　）。

A. 增长率　　　　　　B. 股利支付率

C. 风险　　　　　　　D. 股东权益收益率

9. 下列有关市净率的修正方法表述不正确的有（　　　）。

A. 用增长率修正实际的市净率，把增长率不同的同业企业纳入可比范围

B. 用股东权益收益率修正实际的市净率，把股东权益收益率不同的同业企业纳入可比范围

C. 用销售净利率修正实际的市净率，把销售净利率不同的同业企业纳入可比范围

D. 用股权资本成本修正实际的市净率，把股权资本成本不同的同业企业纳入可比范围

10. 下列计算式中正确的有（　　　）。

A. 经营营运资本增加=Δ经营流动资产-Δ经营流动负债

B. 股权现金流量=税后利润-（净经营资产净投资-净负债增加）

C. 股权现金流量=股利分配-股权资本发行

D. 投资资本=经营营运资本+经营长期资产-经营长期负债

三、计算分析题

1. B公司是一家化工企业，其2010年和2011年的财务资料如表8-27所示。

表8-27　　　　　　　　　B公司2010年和2011年财务资料　　　　　　　　　单位：万元

项　目	2010年	2011年
流动资产合计	1 144	1 210
长期投资	0	102
固定资产原值	3 019	3 194
累计折旧	340	360
固定资产净值	2 679	2 834
其他长期资产	160	140
长期资产合计	2 839	3 076
总资产	3 983	4 286
股本（每股1元）	3 641	3 877
未分配利润	342	409
所有者权益合计	3 983	4 286
主营业务收入	2 174	2 300
主营业务成本	907	960
主营业务利润	1 267	1 340

续表

项　目	2010年	2011年
销业费用	624	660
其中：折旧	104	110
长期资产摊销	20	20
利润总额	643	680
所得税费用（30%）	193	204
净利润	450	476
年初未分配利润	234	342
可供分配利润	684	818
股利	342	409
未分配利润	342	409

B公司2011年的销售增长率为5.8%，预计今后的销售增长率可稳定在6%左右，且净经营性长期资产总投资、折旧与摊销、经营营运资本以及利润等均将与销售同步增长，当前的国库券利率为8%，平均风险溢价为2%，公司的股票β值为1.1。

【要求】

（1）计算公司2011年的股权现金流量。

（2）计算公司的股票价值。

2．B公司是一个高新技术公司，具有领先同业的优势。2011年每股营业收入为10元，每股经营营运资本为3元，每股净利润为4元，每股净经营性长期资产总投资为2元，每股折旧费为1元。

目前国库券的利率为3%，市场组合的预期报酬率为8%，该企业预计投资资本中始终维持净负债占40%的比率，假设该公司的净经营性长期资产总投资、经营营运资本、折旧费、净利润与营业收入始终保持同比例增长。其未来销售增长率及预计风险系数如表8-28所示。

表8-28　　　　　　　　　B公司未来销售增长率及预计风险系数

年　份	2012年	2013年	2014年及以后
销售增长率	10%	10%	2%
β系数	1.6	1.6	1.4

【要求】以2012～2014年为预测期，填写表8-29所示内容。（要求中间步骤保留4位小数，计算结果保留两位小数）

表8-29　　　　　　　　　B公司2012～2014年相关预测数据　　　　　　　　　单位：元

年　份	2011年（基期）	2012年	2013年	2014年
	—			
	—			
	—			
	—			
每股股权现金流量	—			
股权资本成本	—			
折现系数	—			
预测期每股现金流量现值合计				
后续期每股价值				
每股股权价值合计				

3. 甲公司是一家制造公司，其每股收益为0.5元，每股股票价格为25元。甲公司预期增长率为10%，假设制造业上市公司中，增长率、股利支付率和风险与甲公司类似的有6家，它们的市盈率如表8-30所示。

表8-30 　　　　　　　**6家可比公司的市盈率和预期增长率**

公司名称	市盈率	预期增长率
A	40	10%
B	44.8	8%
C	37.9	12%
D	28	15%
E	45	6%
F	25	15%

【要求】

（1）确定修正的平均市盈率。

（2）利用修正平均市盈率法确定甲公司的股票价值。

（3）利用股价平均法确定甲公司的股票价值。

（4）请问甲公司的股价被市场高估了还是低估了？

四、综合题

1. A公司刚刚收购了另一家公司，由于收购借入巨额资金，使得财务杠杆很高。2011年年底发行在外的股票有1 000万股，股票市价为每股20元，账面总资产10 000万元。2011年销售额12 300万元，税前经营利润2 597万元，净经营性长期资产总投资507.9万元，折旧250万元，年初经营营运资本为200万元，年底经营营运资本220万元。目前公司净债务价值为3 000万元，平均净负债利息率为10%，公司目前加权平均资本成本为12%；公司平均所得税税率为25%。

【要求】

（1）计算2011年实体现金流量。

（2）预计2012～2014年销售收入增长率为10%，税后经营净利润、净经营性长期资产总投资、经营营运资本、折旧与销售同步增长。预计2015年进入永续增长，销售增长率为2%，2015年偿还到期债务后，加权平均资本成本降为10%，通过计算分析，说明该股票被市场高估还是低估了？（计算过程保留三位小数，最后结果保留两位小数）

2. D公司刚刚收购了另一个公司，2011年年底投资资本总额1 000万元，其中净负债为100万元，股东权益为900万元，目前发行在外的股票有500万股，股价为每股4元。预计2012～2014年销售增长率为7%，2015年销售增长率减至5%，并且可以持续。预计税后经营净利润、固定资产净值、经营营运资本对销售的百分比维持2011年的水平。净债务利息按上年年末净债务余额和预计利息率计算。

企业的融资政策：在归还借款以前不分配股利，全部多余现金用于归还借款。归还全部借款后，剩余的现金全部发放股利。

当前的加权平均资本成本为11%，偿还到期债务后（假设还款在期末），资本成本降为10%。

公司平均所得税税率为25%，净债务的税后利息率为4%。净债务的市场价值按账面价值计算。

【要求】

（1）编制下列预计报表，如表8-31和表8-32所示。

表8-31 　　　　　　　　　　　　　　D公司预计利润表　　　　　　　　　　　　　单位：万元

年　份	2011年	2012年	2013年	2014年	2015年
销售收入	2 000				
税前经营利润	200				
税后经营净利润	150				
税后净债务利息	20				
净利润	130				
减：应付普通股股利	0				
本期利润留存	130				

表8-32 　　　　　　　　　　　　　　D公司预计资产负债表　　　　　　　　　　　　单位：万元

年　份	2011年	2012年	2013年	2014年	2015年
经营营运资本	400				
固定资产净值	600				
投资资本总计	1 000				
净负债	100				
股本	600				
年初未分配利润	170				
本期利润留存	130				
年末未分配利润	300				
所有者权益合计	900				
净负债及股东权益	1 000				

（2）用实体现金流量模型计算分析，说明该股票被市场高估还是低估了？（计算过程保留3位小数，最后结果保留两位小数）

资本结构

第 **9** 章

从历年考试情况来看，本章内容在考试中所占分数较少，题型主要为客观题。本章的考点主要集中在杠杆系数的计算、影响杠杆系数的因素分析、资本结构理论及资本结构的决策方法。本章独立出综合题的可能性不大，可以与其他章节结合出综合题，也可以单独出计算分析题。近几年考试中，所占分值为3分左右。

【本章考点概览】

资本结构	一、资本结构理论	1. 资本结构的MM理论	★★★
		2. 资本结构的其他理论	★★
	二、资本结构决策分析	1. 资本结构的影响因素	★
		2. 资本结构决策分析方法	★★
	三、杠杆系数的衡量	1. 经营杠杆系数的衡量	★★★
		2. 财务杠杆系数的衡量	★★
		3. 联合杠杆系数的衡量	★★

第一节　资本结构理论

考情分析：对于本节内容，题型主要为客观题，分值在1分左右，考点主要集中在资本结构理论法。

学习建议：对于本节内容的学习，重在理解资本结构的MM理论和资本结构的其他理论。

资本结构是指企业各种长期资本来源的构成和比例关系。通常情况下，企业的资本由长期债务资本和权益资本构成，资本结构指的就是长期债务资本和权益资本各占多大比例。一般来说，在资本结构概念中不包含短期负债。短期资本的需要量和筹集是经常变化的，且在整个资本总量中所占的比重不稳定，因此不列入资本结构管理范围，而作为营运资金管理。

资本结构和财务结构是两个不同的概念。资本结构一般只考虑长期资本的来源、组成及相互关系，而财务结构考虑的是所有资金的来源、组成及相互关系，即是资产负债表中负债与所有者权益的所有内容的组合结构。

一、资本结构的MM理论（★★★）

【要点提示】重点掌握资本结构的MM理论的直接及隐含的假设条件、无税MM理论、有税MM理论。

现代资本结构理论是由莫迪格利安尼与米勒（简称

MM）基于完美资本市场的假设条件提出的，MM的资本结构理论所依据的直接及隐含的假设条件如下：

（1）经营风险可以用息前税前利润的方差来衡量，具有相同经营风险的公司称为风险同类。

（2）投资者等市场参与者对公司未来的收益与风险的预期是相同的。

（3）完美资本市场，即在股票与债券进行交易的市场中没有交易成本，且个人与机构投资者的借款利率与公司相同。

（4）借债无风险。即公司或个人投资者的所有债务利率均为无风险报酬率，与债务数量无关。

（5）全部现金流是永续的。即公司息前税前利润具有永续的零增长特征，债券也是永续的。

在上述假设的基础上，MM首先研究"没有企业所得税"情况下的资本结构理论，其后又研究了"有企业所得税"情况下的资本结构理论。因此，MM的资本结构理论可以分为"无税MM理论"和"有税MM理论"。

（一）无税MM理论

在不考虑企业所得税的情况下，MM理论研究了两个命题，具体内容如表9-1所示。

表9-1　　　　　　　　　　　　　　　　　　无税MM理论

命题Ⅰ	基本观点	企业的资本结构与企业价值无关，企业加权平均资本与其资本结构无关
	表达式	$V_L = \dfrac{\text{EBIT}}{K_{\text{WACC}}^0} = V_U = \dfrac{\text{EBIT}}{K_e^U}$ 式中，V_L表示有负债企业的价值；V_U表示无负债企业的价值；EBIT表示企业全部资产的预期收益（永续）；K_{WACC}^0表示有负债企业的加权资本成本；K_e^U表示既定风险等级无负债企业的权益资本
	相关结论	（1）有负债企业的价值V_L=无负债企业的价值V_U （2）有负债企业的加权平均资本成本=经营风险等级相同的无负债企业的权益资本成本，即：$K_{\text{WACC}}^0 = K_e^U$
命题Ⅱ	基本观点	有负债企业的权益资本成本随着财务杠杆的提高而增加
	表达式	$K_e^L = K_e^U + 风险溢价 = K_e^U + \dfrac{D}{E}(K_e^U - K_d)$ 式中：K_e^L表示有负债企业的权益资本成本；K_e^U表示无负债企业的权益资本成本；D表示有负债企业的债务市场价值；E表示其权益的市场价值；K_d表示税前债务资本或成本 风险报酬是对负债企业财务风险的补偿，其大小由无负债企业的股权资本成本与债务资本成本之差以及债务权益价值比决定
	相关结论	（1）有负债企业的权益资本成本=无负债企业的权益资本成本+风险溢价 （2）风险溢价与以市值计算的财务杠杆（债务／权益）成正比例

无税条件下的MM理论两个命题如图9-1所示。

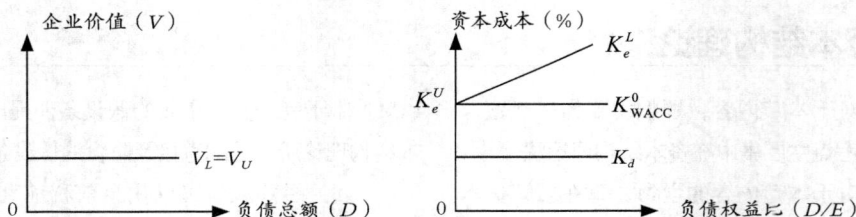

图9-1　无企业所得税条件下MM的命题Ⅰ和命题Ⅱ

（二）有税MM理论

有税MM理论也研究两个基本命题。命题Ⅰ：有负债企业的价值等于具有相同风险等级的无负债企业的价值加上债务利息抵税的现值。命题Ⅱ：有债务企业的权益资本成本等于相同风险等级的无负债企业的权益资本成本加上与以市值计算的债务与权益比例成比例的风险报酬，且风险报酬取决于企业的债务比例以及所得税税率。具体内容如表9-2所示。

表9-2　　　　　　　　　　　　　　　　　　有税MM理论

命题Ⅰ	基本观点	随着企业负债比例提高，企业价值也随之提高，在理论上全部融资来源于负债时，企业价值达到最大
	表达式	$V_L = V_U + T + D$
	相关结论	有负债企业的价值V_L=具有相同风险等级的无负债企业的价值V_U+债务利息抵税收益的现值
命题Ⅱ	基本观点	有负债企业的权益资本成本随着财务杠杆的提高而增加
	表达式	$K_e^L = K_e^U + 风险报酬 = K_e^U + \dfrac{D}{E}(1-T)(K_e^U - K_d)$
	相关结论	（1）有负债企业的权益资本成本=相同风险等级的无负债企业的权益资本成本+以市值计算的债务与权益比例成比例的风险报酬 （2）风险报酬取决于企业的债务比例以及所得税税率

有税条件下的MM理论两个命题如图10-4所示。

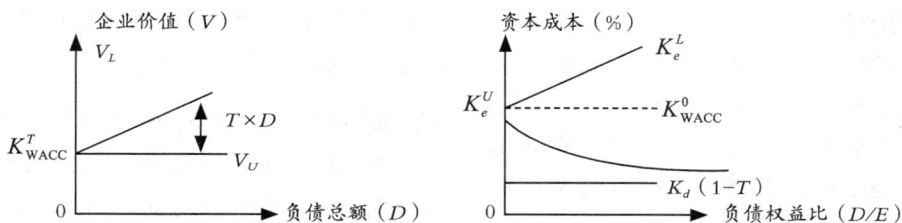

图9-2　考虑企业所得税条件下MM的命题Ⅰ和命题Ⅱ

【例题1·多选题】下列关于MM理论的说法中，正确的有（　　　）。

A. 在不考虑企业所得税的情况下，企业加权平均资本成本的高低与资本结构无关，仅取决于企业经营风险的大小

B. 在不考虑企业所得税的情况下，有负债企业的权益成本随负债比例的增加而增加

C. 在考虑企业所得税的情况下，企业加权平均资本成本的高低与资本结构有关，随负债比例的增加而增加

D. 一个有负债企业在有企业所得税情况下的权益资本成本要比无企业所得税情况下的权益资本成本高

【解析】无企业所得税条件下的MM理论认为：企业的资本结构与企业价值无关，企业加权平均资本成本与其资本结构无关，有负债企业的权益资本成本随着财务杠杆的提高而增加。选项A、B正确；有企业所得税条件下的MM理论认为：企业加权平均资本成本的高低与资本结构有关，随负债比例的增加而降低，所以选项C错误；有负债企业的权益资本成本比无税时的要小。所以选项D错误。

【答案】AB

【例题2·单选题】（2013年真题）根据有税的MM理论，当企业负债比例提高时，（　　　）。

A. 债务资本成本上升

B. 加权平均资本成本上升

C. 加权平均资本成本不变

D. 股权资本成本上升

【解析】根据有税的MM理论，当企业负债比例提高时，债务资本成本不变，加权资本成本下降，但股权资本成本会上升。有债务企业的权益成本等于相同风险等级的无负债企业的权益资本成本加上与市值计算的债务与权益比例成比例的风险报酬。

【答案】D

二、资本结构的其他理论（★★）

【要点提示】重点掌握权衡理论、代理理论、优序融资理论

现代资本结构研究的起点是MM理论。在完美资本市场的一系列严格假设条件下，得出资本结构与企业价值无关的结论。在现实世界中，这些假设是难以成立的，最初MM理论推导出的结论并不完全符合现实情况，但已成为资本结构研究的基础。此后，在MM理论的基础上不断放宽假设，从不同的视角对资本结构进行了大量研究，推动了资本结构理论的发展。这其中具有代表性的理论有权衡理论、代理理论与优序融资理论。

（一）权衡理论

未来现金流不稳定以及对经济冲击高度敏感的企业，如果使用过多的债务，会导致其陷入困境，出现财务危机甚至破产。企业陷入财务困境后所引发的成本分为直接成本与间接成本，权衡理论强调在平衡债务利息的抵扣收益与财务困境成本的基础上，实现企业价值最大化时的最佳资本结构。此时所确定的债务比率是债务抵税收益的边际价值等于增加的财务困境成本的现值。表达式为：$V_L = V_U + PV$（利息抵税）$- PV$（财务困境成本）。

具体财务困境成本中的直接成本是指企业因破产、进行清算或重组所发生的法律费用和管理费用等；间接成本是指企业资信状况恶化以及持续经营能力下降而导致的企业价值损失。

◀)) 名师点拨

权衡理论有助于解释有关企业债务的难解之谜。财务困境成本的存在有助于解释为什么有的企业负债水平很低而没有充分利用债务抵税收益。财务困境成本的大小和现金流的波动性有助于解释不同行业之间的企业杠杆水平差异。

（二）代理理论

在资本结构的决策中，不完全契约、信息不对称以及经理、股东与债权人之间的利益冲突将影响投资项目的选择，特别是在企业陷入财务困境时，更容易引起过度投资的问题与投资不足的问题，导致发生债务代理成本。债务代理成本损害了债权人的利益，降低了企业价值，最终将由股东承担这种损失。

即需要权衡债务代理成本与收益，其表达式为：

$$V_L= V_U+PV（利息抵税）-PV（财务困境成本）-PV（债务的代理成本）+PV（债务的代理收益）$$

1. 代理成本

债务的代理成本既可以表现为因过度投资使经理和股东受益而发生债权人价值向股东转移，也可以表现为因投资不足问题而发生股东为避免价值损失而放弃给债权人带来的价值增值。

过度投资问题是指因企业采用不盈利项目或高风险项目而产生的损害股东以及债权人的利益并降低企业价值的现象。一般发生以下情况。

（1）当企业经理与股东之间存在利益冲突时，经理的自利行为产生的过度投资问题。

（2）在企业遭遇财务困境时，即使投资了净现值为负的投资项目，股东仍可能从企业的高风险投资中获利。股东有动机投资于净现值为负的高风险项目，并伴随着风险从股东向债权人的转移。

投资不足问题是指企业因放弃净现值为正的投资项目而使债权人利益受损并进而降低企业价值的现象。一般发生在企业陷入财务困境且有比例较高的债务时（即企业具有风险债务），股东如果预见采纳新投资项目会以牺牲自身利益为代价补偿了债权人，股东就缺乏积极性选择该项目进行投资。

2. 代理收益

债务的代理收益将有利于减少企业的价值损失或增加企业价值，具体表现为债权人保护条款引入、对经理提升企业业绩的激励措施以及对经理随意支配现金流浪费企业资源的约束等。

（三）优序融资理论

优序融资理论是当企业存在融资需求时，首先选择内源融资，其次选择债务融资，最后选择股权融资。优序融资理论解释了当企业内部现金流入不足以满足净经营性长期资产总投资的资金需求时，更倾向于债务融资

而不是股权融资。优序融资理论揭示了企业筹资时对不同筹资方式选择的顺序偏好。

🔊 **名师点拨** ∙∙∙

遵循先内源融资后外源融资的基本顺序。在需要外源融资时，按照风险程度的差异，优先考虑债权融资（先普通债券后可转换债券），不足时再考虑权益融资。

【例题3·单选题】 甲公司目前存在融资需求。如果采用优序融资理论，管理层应当选择的融资顺序是（　　　　）。

A. 内部留存收益、公开增发新股、发行公司债券、发行可转换债券

B. 内部留存收益、公开增发新股、发行可转换债券、发行公司债券

C. 内部留存收益、发行公司债券、发行可转换债券、公开增发新股

D. 内部留存收益、发行可转换债券、发行公司债券、公开增发新股

【解析】 优序融资理论遵循先内源融资后外源融资的基本顺序。在需要外源融资时，按照风险程度的差异，优先考虑债权融资（先普通债券后可转换债券），不足时再考虑权益融资。

【答案】 C

【例题4·多选题】 下列关于资本结构理论的表述中，正确的有（　　　　）。

A. 根据MM理论，当存在企业所得税时，企业负债比例越高，企业价值越大

B. 根据权衡理论，平衡债务利息的抵税收益与财务困境成本是确定最优资本结构的基础

C. 根据代理理论，当负债程度较高的企业陷入财务困境时，股东通常会选择投资净现值为正的项目

D. 根据优序融资理论，当存在外部融资需求时，企业倾向于债务融资而不是股权融资

【解析】 按照有税的MM理论，有负债企业的价值等于具有相同风险等级的无负债企业的价值加上债务利息抵税收益的现值，因此负债越多企业价值越大，选项A正确；权衡理论就是强调在平衡债务利息的抵税收益与财务困境成本的基础上，实现企业价值最大化时的最佳资本结构，选项B正确；根据代理理论，在企业陷入财务困境时，更容易引起过度投资问题与投资不足问题，导致发生债务代理成本，过度投资是指企业采用

不盈利项目或高风险项目而产生的损害股东以及债权人的利益并降低企业价值的现象，投资不足问题是指企业放弃净现值为正的投资项目而使债权人利益受损并进而降低企业价值的现象，所以选项C错误；根据优序融资理论，当企业存在融资需求时，首先是选择内源融资，其次会选择债务融资，最后选择股权融资，所以选项D正确。

【答案】 ABD

第二节　资本结构决策分析

考情分析：对于本节内容，题型主要为客观题，分值在1分左右，考点主要集中在资本结构决策。

学习建议：对于本节内容的学习，重在理解资本结构的影响因素和资本结构决策方法。

一、资本结构的影响因素（★）

长期债务与权益资本的组合形成了企业的资本结构。债务融资虽然可以实现抵税收益，但在增加债务的同时也会加大企业的风险，并最终要由股东承担风险成本。因此，企业资本结构决策的主要内容是权衡债务的收益与风险，实现合理的目标资本结构，从而实现企业价值最大化。

影响资本结构的因素较为复杂，大体可以分为企业的内部因素和外部因素。内部因素通常有营业收入、成长性、资产结构、盈利能力、管理层偏好、财务灵活性以及股权结构等。外部因素通常有税率、利率、资本市场、行业特征等。具体影响如表9-3所示。

表9-3 资本结构的影响因素

企业类型	负债水平
收益与现金流量波动大的企业	负债水平低
成长性好的企业	负债水平高
盈利能力强的企业	负债水平高
一般用途资产比例高，特殊用途资产比例低	负债水平高
财务灵活性大的企业	负债能力强

◀)) 名师点拨

企业实际资本结构往往受企业自身状况、政策条件及市场环境多种因素的共同影响，并同时伴随着企业管理层的偏好与主观判断，使资本结构的决策难以形成统一的原则与模式。

二、资本结构决策分析方法（★★）

【要点提示】 掌握资本成本比较法、每股收益无差别点法、企业价值比较法。

适当利用负债可以降低企业资本成本，但当债务比率过高时，杠杆利益会被债务成本抵销，企业面临较大财务风险。因此，企业应该确定其最佳的债务比率（资本结构）使加权平均资本成本最低，企业价值最大。由于每个企业都处于不断变化的经营条件和外部经济环境中，使得确定最佳资本结构十分困难。资本结构决策有不同的方法，常用的方法有资本比较法与每股收益无差别点法。

（一）资本成本比较法

资本成本比较法是指在不考虑各种融资方式在数量与比例上的约束以及财务风险差异时，通过计算各种基于市场价值的长期融资组合方案的加权平均资本成本，并根据计算结果选择加权平均资本成本最小的融资方案，确定为相对最优的资本结构。

【案例9-1】 甲公司的一项新项目需要资本总额为7 000万元，有以下3种筹资方案，如表9-4所示。

表9-4 各种筹资方案基本数据 单位：万元

筹资方式	方案一		方案二		方案三	
	筹资金额	资本成本	筹资金额	资本成本	筹资金额	资本成本
长期借款	50	4.5%	80	5.25%	50	4.5%
长期债券	100	6%	120	6%	200	6.75%
优先股	50	10%	50	10%	50	10%
普通股	500	15%	450	14%	400	13%
资本合计	700		700		700	

其他资料：表中债务资本成本均为税后资本成本，所得税税率为25%。

将表中的数据代入计算3种不同筹资方案的加权平均资本成本。

方案一：

$$K_{WACC}^A = \frac{50}{700} \times 4.5\% + \frac{100}{700} \times 6\% + \frac{50}{700} \times 10\% + \frac{500}{700} \times 15\% = 12.61\%$$

方案二：

$$K_{WACC}^A = \frac{80}{700} \times 5.25\% + \frac{120}{700} \times 6\% + \frac{50}{700} \times 10\% + \frac{450}{700} \times 14\% = 11.34\%$$

方案三：

$$K_{WACC}^A = \frac{50}{700} \times 4.5\% + \frac{200}{700} \times 6.75\% + \frac{50}{700} \times 10\% + \frac{400}{700} \times 13\% = 10.39\%$$

通过比较不难发现，方案三的加权平均资本成本最

低。因此，在适度的财务风险条件下，企业应按照方案三的各种资本比例筹集资金，由此形成的资本结构为相对最优的资本结构。

资本成本比较法的缺点：难以区别不同融资方案之间的财务风险因素差异，在实际中有时也难以确定各种融资方式的资本成本。

（二）每股收益无差别点法

每股收益无差别点法是在计算不同融资方案下企业的每股收益（EPS）相等时所对应的盈利水平（EBIT）基础上，通过比较在企业预期盈利水平下的不同融资方案的每股收益，进而选择每股收益较大的融资方案。显然，基于每股收益无差别点法的判断原则是比较不同融资方式能否给股东带来更大的净收益，如表9-5所示。

表9-5 每股收益无差别点法

要 点	内 容
基本观点	能提高每股收益的资本结构是合理的，反之则不够合理
关键指标	每股收益无差别点是指每股收益不受融资方式影响的EBIT水平 【相关链接】有时考试中会特指用销售收入来表示，则此时每股收益无差别点，是指每股收益不受融资方式影响的销售水平
每股收益的无差别点的计算公式	$$\frac{(EBIT-I_1)(1-T)-PD_1}{N_1} = \frac{(EBIT-I_2)(1-T)-PD_2}{N_2}$$
决策原则	当息税前利润大于每股收益无差别点的息税前利润时，运用负债筹资可获得较高的每股收益；反之运用权益筹资可获得较高的每股收益
方法的缺点	没有考虑风险因素

🔊 **名师点拨** ••••••••••••••••••

有时考试中会特指用销售收入来表示，则此时每股收益无差别点，是指每股收益不受融资方式影响的销售水平。

每股收益的无差别点的计算公式为：

$$\frac{(EBIT-I_1)(1-T)-PD_1}{N_1} = \frac{(EBIT-I_2)(1-T)-PD_2}{N_2}$$

式中 EBIT——每股收益无差别时的息税前利润；

　　 I ——年利息支出；

　　 T ——企业所得税税率；

　　 PD——支付的优先股股利；

　　 N ——筹资后发行在外的普通股股数。

【案例9-2】甲公司目前已有1 000万元长期资本，均为普通股，股价为10元/股。现企业希望再实现

500万元的长期资本融资以满足扩大经营规模的需要。有3种筹资方案可供选择。

方案一：全部通过年利率为10%的长期债券融资。

方案二：全部是优先股股利为12%的优先股筹资。

方案三：全部依靠发行普通股股票筹资，按照目前的股价，需增发50万股新股。企业所得税税率为25%。

【要求】

（1）计算长期债务和普通股筹资方式的每股收益无差别点。

（2）计算优先股和普通股筹资的每股收益无差别点。

（3）假设企业预期的息前税前利润为210万元，若不考虑财务风险，该公司应当选择哪一种筹资方式？

（4）若追加投资前公司的息税前利润为100万元，追加投资后预期的息前税前利润为210万元，计算筹资前的财务杠杆和按3个方案筹资后的财务杠杆。

（5）若追加投资前公司的息税前利润为100万元，如果新投资可提供100万元或200万元的新增息税前利润，在不考虑财务风险的情况下，公司应选择哪一种筹资方式？

【答案】

（1）方案一与方案三，即长期债务和普通股方式的每股收益无差别点，$EPS_1=EPS_3$：

$$\frac{(EBIT-I_1)(1-T)-PD_1}{N_1}=\frac{(EBIT-I_3)(1-T)-PD_3}{N_3}$$

$$=\frac{(EBIT-50)(1-25\%)-0}{100}=\frac{(EBIT-0)(1-25\%)-0}{150}$$

解方程得方案一与方案三的每股收益无差别点所对应的EBIT=150（万元）。

（2）方案二与方案三，即优先股和普通股筹资的每股收益无差别点，$EPS_2=EPS_3$：

$$\frac{(EBIT-I_2)(1-T)-PD_2}{N_2}=\frac{(EBIT-I_3)(1-T)-PD_3}{N_3}$$

$$=\frac{(EBIT-50)(1-25\%)-500\times12\%}{100}$$

$$=\frac{(EBIT-0)(1-25\%)-0}{150}$$

解方程得方案二与方案三的每股收益无差别点所对应的EBIT=240（万元）。

（3）因为税前优先股股利80高于利息，所以利用每股收益法决策优先应排除优先股；又因为预测的210万元高于无差别点150万元，所以若不考虑财务风险应采用负债筹资，其每股收益高，如图9-3所示。

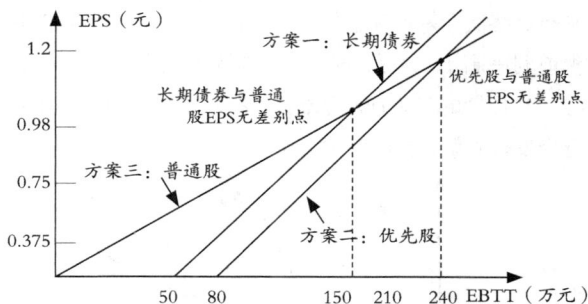

图9-3 EBIT—EPS分析

（4）财务杠杆的计算。

筹资前的财务杠杆=100÷（100-0）=1

发行债券筹资的财务杠杆=210÷（210-50）=1.31

优先股筹资的财务杠杆=210÷（210-500×12%÷0.75）=1.62

普通股筹资的财务杠杆=210÷（210-0）=1

（5）当项目新增营业利润为100万元，公司总营业利润=100+100=200（万元）。

当新增营业利润为200万元，公司总营业利润=100+200=300（万元）。

均高于无差别点150，应选择债券筹资方案。

【例题5·单选题】甲公司因扩大经营规模需要筹集长期资本，有发行长期债券、发行优先股、发行普通股3种筹资方式可供选择。经过测算，发行长期债券与发行普通股的每股收益无差别点为120万元，发行优先股与发行普通股的每股收益无差别点为180万元。如果采用每股收益无差别点法进行筹资方式决策，下列说法中，正确的是（　　）。

A. 当预期的息税前利润为100万元时，甲公司应当选择发行长期债券

B. 当预期的息税前利润为150万元时，甲公司应当选择发行普通股

C. 当预期的息税前利润为180万元时，甲公司可以选择发行普通股或发行优先股

D. 当预期的息税前利润为200万元时，甲公司应当选择发行长期债

【解析】因为增发普通股的每股收益线的斜率低，增发优先股和增发债券的每股收益线的斜率相同，由于发行优先股与发行普通股的每股收益无差别点（180万元）高于发行长期债券与发行普通股的每股收益无差别点（120万元），可以肯定发行债券的每股收益线在发行优先股的每股收益线上，即本题按每股收益

判断始终债券筹资优于优先股筹资。因此，当预期的息税前利润高于120万元时，甲公司应当选择发行长期债券，当预期的息税前利润低于120万元时，甲公司应当选择发行股票，如图9-4所示。

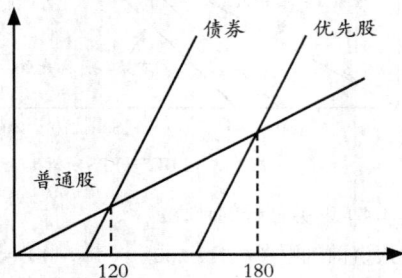

图9-4　每股收益无差别点分析

从图9-4中可以看出，当预计息税前利润小于120时，发行普通股筹资的每股收益最大；当预计息税前利润大于120时发行长期债券筹资的每股收益最大。

【答案】D

【**例题6·计算分析题**】A公司目前资本结构为：总资本3 500万元，其中债务资本1 400万元（年利息140万元）；普通股资本210万元（210万股，面值1元，市价5元），资本公积1 000万元，留存收益890万元。企业由于扩大经营规模，需要追加筹资2 800万元，所得税税率25%，不考虑筹资费用因素。有以下3种筹资方案。

甲方案： 增发普通股400万股，每股发行价6元；同时向银行借款400万元，利率保持原来的10%。

乙方案： 增发普通股200万股，每股发行价6元；同时溢价发行1 600万元面值为1 000万元的公司债券，票面利率15%。

丙方案： 不增发普通股，溢价发行2 500万元面值为2 300万元的公司债券，票面利率15%；由于受债券发行数额的限制，需要补充向银行借款300万元，利率10%。

【**要求**】

（1）计算甲方案与乙方案的每股收益无差别点息税前利润。

（2）计算乙方案与丙方案的每股收益无差别点息税前利润。

（3）计算甲方案与丙方案的每股收益无差别点息税前利润。

（4）判断企业应如何选择筹资方式。

【**答案**】

（1）
$$\frac{(EBIT-140-400\times10\%)\times(1-25\%)}{210+400}=$$
$$\frac{(EBIT-140-1\ 000\times15\%)\times(1-25\%)}{210+200}$$

EBIT=515.5（万元）

（2）
$$\frac{(EBIT-140-1\ 000\times15\%)\times(1-25\%)}{210+200}=$$
$$\frac{(EBIT-140-2\ 300\times15\%-300\times10\%)\times(1-25\%)}{210}$$

EBIT=751.25（万元）

（3）
$$\frac{(EBIT-140-400\times10\%)\times(1-25\%)}{210+400}=$$
$$\frac{(EBIT-140-2\ 300\times15\%-300\times10\%)\times(1-25\%)}{210}$$

EBIT=690.88（万元）

（4）当企业预计的息税前利润小于515.5万元时应采用甲方案，当企业预计的息税前利润大于515.5万元但小于751.25万元时应采用乙方案，当企业预计的息税前利润大于751.25万元时应采用丙方案。

（三）企业价值比较法

以上每股收益的高低作为衡量标准对筹资方式进行了选择。这种方法的缺点在于没有考虑风险因素。从根本上讲，财务管理的目标在于追求股东财富最大化。然而，只有在风险不变的情况下，每股收益的增长才会直接导致股东财富上升，实际上经常是随着每股收益增长，风险也会加大。如果每股收益的增长不足以补偿风险增加所需报酬时，尽管每股收益增加，股东财富仍然会下降。所以，公司的最佳资本结构应当是可使公司的总价值最高，而不一定是每股收益最大的资本结构。同时，在公司总价值最大的资本结构下，公司的资本成本也是最低的。

1. 判断最优资本结构的标准

最佳资本结构应当是可使公司的总价值最高，而不一定是每股收益最大的资本结构。同时，在公司总价值最大的资本结构下，公司的资本成本也是最低的。

2. 确定方法

（1）公司市场总价值=权益资本的市场价值+债务资本的市场价值。

$V=S+B$

$B=$长期借款+长期债券+优先股

为使计算简便，设长期债务（长期借款和长期债券）的现值等于其面值；股票的现值则等于企业未来的净收益按股东要求的报酬率贴现。假设企业的经营利润永续，股东要求的回报率（权益资本成本）不变，则股票的市场价值为：

$$S=\frac{(EBIT-I)(1-T)-PD}{K_e}$$

式中　EBIT——息税前利润；

　　　 I ——年利息额；

　　　 T ——公司所得税税率；

　　　 K_e ——权益资本成本；

　　　 PD——优先股股息。

采用资本资产定价模型计算股票的资本成本 K_e ：

$$K_e=R_F+\beta(R_M-R_F)$$

式中　 R_F ——无风险报酬率；

　　　 β ——股票的贝塔系数；

　　　 R_M ——平均风险股票必要报酬率。

（2）通过上述公式计算出企业的总价值和加权平均资本成本，以企业价值最大化为标准确定最佳资本结构。此时的加权平均资本成本最小。

而公司的资本成本，则应用加权平均资本成本 K_{WACC} 来表示。其公式为：

加权平均资本成本=税前债务资本成本×债务额占总资本比重×（1-所得税税率）+权益资本成本×股票额占总资本比重

$$K_{WACC}=K_d×(1-T)×D/V+K_e×S/V$$

式中　 K_d ——税前的债务资本成本。

【案例9-3】 甲公司的长期资本构成均为普通股，无长期债务资本和优先股资本，股票的账面价值为3 000万元。预计未来每年EBIT为600万元，所得税税率为25%。该企业认为目前的资本结构不够合理，准备通过发行债券回购部分股票的方式，调整资本结构，提高企业价值。经咨询调查，目前的长期债务利率和权益资本的成本情况如表9-6所示。

表9-6　　　　　　　不同债务水平下公司债务资本成本和权益资本成本

债券的市场价值 B /万元	0	300	600	900	1200	1500
税前债务资本成本 K_d （%）	—	10	10	12	14	16
股票 β 价值	1.2	1.3	1.4	1.55	1.7	2.1
无风险报酬率 R_f （%）	8	8	8	8	8	8
市场证券组合必要报酬率 R_m （%）	12	12	12	12	12	12
权益资本成本 K_e （%）	12.8	13.2	13.6	14.2	14.8	16.4

根据表9-6的资料，即可计算出不同长期债务规模下的企业价值和加权平均资本成本，计算结果如表9-7所示。

表9-7　　　　　　　　　　公司市场价值和资本成本

公司的市场价值 V /万元	3 515.63	3 538.64	3 577.94	3 498.59	3 389.19	3 146.34
债券的市场价值 B /万元	0	300	600	900	1200	1500
股票的市场价值 S /万元	3 515.63	3 538.64	2 977.94	2 598.59	2 189.19	1 646.34
税前债务资本成本 K_d （%）	—	10	10	12	14	16
权益资本成本 K_e （%）	12.8	13.2	13.6	14.2	14.8	16.4
加权平均资本成本 K_{WACC} （%）	12.8	12.72	12.58	12.86	13.28	14.3

◀)) 名师点拨 ••••••••••••••••••••••

在每股收益无差别点法的基础上考虑风险因素，最佳资本结构应当是可使公司的总价值最高，而不一定是每股收益最大的资本结构。同时，在公司总价值最大的资本结构下，公司的资本成本也是最低的。故计算出不同资本结构下的企业价值和加权平均资本成本，选择企业价值最大和加权平均资本成本最低的资本结构。

【例题7·综合题】 ABC公司正在考虑改变它的资本结构，有关资料如下。

（1）公司目前债务的账面价值1 000万元，利息率为5%，债务的市场价值与账面价值相同；普通股4 000万股，每股价格1元，所有者权益账面金额4 000万元（与市价相同）；每年的息税前利润为500万元。该公司的所得税税率为15%。

（2）公司将保持现有的资产规模和资产息税前利润率，每年将全部税后净利分派给股东，因此预计未来增长率为零。

（3）为了提高企业价值，该公司拟改变资本结构，举借新的债务，替换旧的债务并回购部分普通股。可供选择的资本结构调整方案有两个：①举借新债务的总额为2 000万元，预计利息率为6%；②举借新债务的总额为3 000万元，预计利息率7%。

（4）假设当前资本市场上无风险报酬率为4%，市场风险溢价为5%。

【要求】

（1）计算该公司目前的权益成本和贝塔系数（计算结果均保留小数点后4位）。

（2）计算该公司无负债的贝塔系数和无负债的权益成本(提示：根据账面价值的权重调整贝塔系数，下同)。

（3）计算两种资本结构调整方案的权益贝塔系数、权益成本和实体价值（实体价值计算结果保留整数，以万元为单位）。

（4）判断企业应否调整资本结构并说明依据，如果需要调整应选择哪一个方案？

【答案】

（1）计算负债1 000万元时的权益成本和贝塔系数。

由于净利润全部发放股利：

股利=净利润=（息税前利润-利息）×（1-所得税税率）

=（500-1 000×5%）×（1-15%）=382.5（万元）

根据股利折现模型：

权益资本成本=股利÷市价=382.5÷4 000=9.56%

由于：

权益资本成本=无风险报酬率+β×市场风险溢价

所以：

β=（权益资本成本-无风险报酬率）÷市场风险溢价

β=（9.56%-4%）÷5%=1.112 0

（2）贝塔资产=贝塔权益÷[1+产权比率×（1-所得税税率）]

=1.112 0÷（1+1÷4×0.85）=0.917 1

权益成本=4%+5%×0.917 1=8.59%

（3）①计算负债水平为2 000万元的贝塔系数、权益成本和实体价值。

贝塔系数=贝塔资产×[1+负债÷权益×（1-所得税税率）]=0.917 1×（1+2÷3×0.85）=1.436 8

权益成本=4%+5%×1.436 8=11.18%

权益价值=股利÷权益成本=（500-2 000×6%）×（1-15%）÷11.18%=323÷11.18%=2 889（万元）

债务价值=2 000万元

公司实体价值=2 889+2 000=4 889（万元）

②计算负债3 000万元的贝塔系数、权益成本和实体价值。

贝塔系数=0.917 1×（1+3÷2×0.85）=2.086 4

权益成本=4%+5%×2.086 4=14.43%

权益价值=（500-3 000×7%）×（1-15%）÷14.43%

=246.5÷14.43%

=1 708（万元）

实体价值=1 708+3 000=4 708（万元）

（4）企业不应调整资本结构。企业目前的价值大，加权成本低。

第三节　杠杆系数的衡量

考情分析： 对于本节内容，题型主要为客观题，分值在2分左右，考点主要集中在杠杆系数的计算、影响杠杆系数的因素分析。

学习建议： 对于本节内容的学习，重在理解经营杠杆、财务杠杆和总杠杆系数。

杠杆效应是指固定成本提高公司期望收益，同时也增加公司风险的现象。经营杠杆是由与产品生产或提供劳务有关的固定性经营成本所引起的，而财务杠杆则是由债务利息等固定性融资成本所引起的。两种杠杆具有放大盈利波动性的作用，从而影响企业的风险与收益。

财务管理中常用的利润指标及相互的关系如表9-8所示。

表9-8 财务管理中常用的利润指标及相互的关系

利润指标	公　式
边际贡献（M）	边际贡献（M）=销售收入–变动成本
息税前利润（EBIT）	息税前利润（EBIT）=销售收入–变动成本–固定经营成本 关系公式：EBIT=$M-F$
税前利润	税前利润=EBIT–I
净利润	净利润=（EBIT–I）×（1–T）
归属于普通股的收益	归属于普通股的收益=净利润–优先股股利

在财务管理中杠杆的含义是指由于存在固定性成本费用，使得某一财务变量发生较小变动，会引起另一变量较大的变动。

杠杆的种类有经营杠杆、财务杠杆和总杠杆。

经营杠杆是指与产品生产或提供劳务有关的固定性经营成本所引起的杠杆效应。

财务杠杆是指债务利息等固定性融资成本所引起的杠杆效应。

总杠杆是指由于固定经营成本和固定性融资成本的存在，所引起的杠杆效应。

一、经营杠杆系数的衡量（★★★）

经营杠杆是指在某一固定成本比重的作用下，由于营业收入一定程度的变动引起营业利润产生更大程度变动的现象。

（一）息税前利润与盈亏平衡分析

息前税前利润的计算公式为：

$$EBIT=Q(P-V)-F$$

式中　EBIT——息前税前利润；

Q——产品销售数量；

P——单位销售价格；

V——单位变动成本；

F——固定成本总额。

当企业的营业收入总额与成本总额相等时，即单息税前利润等于零时，达到盈亏平衡点，此时的产品销售数量为Q_{BE}。因此：

$$EBIT=Q_{BE}(P-V)-F=0$$

$$Q_{BE}=\frac{F}{P-V}$$

【提示】 当超过盈亏点以上的额外销售量时，企业处于盈利状态，当跌到盈亏点以下时，企业处于亏损状态。

（二）经营风险

经营风险是指企业未使用债务时经营的内在风险。影响企业经营风险的因素很多，主要有以下几个方面。

（1）产品需求。市场对企业产品的需求稳定，则经营风险小；反之，经营风险大。

（2）产品售价。产品售价稳定，则经营风险小；反之，经营风险大。

（3）产品成本。产品成本是收入的抵减，成本不稳定，会导致利润不稳定，因此，产品成本变动大，则经营风险大；反之，经营风险小。

（4）调整价格的能力。但产品成本变动时，若企业具有较强的调整价格的能力，则经营风险小，反之，经营风险就大。

（5）固定成本比重。在企业全部成本中，固定成本所占比重较大时，单位产品分摊的固定成本额较多，若产品数量发生变动则单位产品分摊的固定成本会随之变动，最后会导致利润更大的变动，经营风险就大，反之，经营风险就小。

（三）经营杠杆系数

经营杠杆作用是用经营杠杆系数（DOL）来衡量的。

定义公式为：

DOL=息税前利润变化的百分比÷营业收入变化的百分比=（$\Delta EBIT/EBIT$）÷（$\Delta S/S$）

式中　DOL——经营杠杆系数；

$\Delta EBIT$——息税前利润变动额；

EBIT——变动前息前税前利润；

ΔS——营业收入（销售量）变动量；

S——变动前营业收入（销售量）。

计算公式的推导过程如下：

基期：$EBIT=(P-V)Q-F$

预计：$EBIT_1=(P-V)Q_1-F$

$\Delta \text{EBIT}=(P-V)\Delta Q$

计算公式1：

$$\begin{aligned}\text{DOL}&=(\Delta \text{EBIT}/\text{EBIT})\div(\Delta Q/Q)\\&=[(P-V)\Delta Q/\text{EBIT}]\div(\Delta Q/Q)\\&=(P-V)Q\div \text{EBIT}\\&=(P-V)Q\div[(P-V)Q-F]\end{aligned}$$

式中　DOL——经营杠杆系数；

P——单位销售价格；

V——单位变动成本；

F——总固定成本。

计算公式2：

$$\text{DOL}=\frac{S-\text{VC}}{S-\text{VC}-F}=\frac{\text{EBIT}+F}{\text{EBIT}}$$

式中　DOL——经营杠杆系数；

S——营业收入；

VC——变动成本总额。

🔊)) **名师点拨** ••••••••••••••••••••••••

对于分母营业收入百分比也可以用销售量变化百分比代替，即DOL=$(\Delta \text{EBIT}/\text{EBIT})\div(\Delta Q/Q)$，这也是销量的敏感系数计算的方法。两种计算公式如表9-9所示。

表9-9　　　　　　　　　　　两种计算公式

种　类		公　式	用　途
定义公式		DOL=$(\Delta \text{EBIT}/\text{EBIT})\div(\Delta Q/Q)$	用于预测
简化公式	记忆公式	DOL=$\dfrac{\text{基期边际贡献}}{\text{基期息税前利润}}=\dfrac{M}{\text{EBIT}}=\dfrac{M}{M-F}$ M为基期边际贡献 【链接】DOL=$Q/(Q-Q_0)$=1/安全边际率	用于计算

【例题8·单选题】下列关于经营杠杆的说法中，错误的是（　　　　）。

A. 经营杠杆反映的是营业收入的变化对每股收益的影响程度

B. 如果没有固定性经营成本，则不存在经营杠杆效应

C. 经营杠杆的大小是由固定性经营成本和息税前利润共同决定的

D. 如果经营杠杆系数为1，表示不存在经营杠杆效应

【解析】经营杠杆反映的是营业收入变化对息税前利润的影响程度，所以选项A不正确，选项A表述的是总杠杆；经营杠杆系数=（息税前利润+固定性经营成本）÷息税前利润，可以看出选项C的说法是正确的。如果没有固定性经营成本，则经营杠杆系数为1，此时不存在经营杠杆效应。所以，选项B、D的说法是正确的。

【答案】A

【例题9·计算分析题】根据以下条件，计算销量为10000件时的经营杠杆系数，如表9-10所示。

表9-10　　　　　　　　　　　相关资料

项　目	基　期	预计期
单价（P）	10元/件	10元/件
单位变动成本（V）	5元/件	5元/件
销量（Q）	10000件	20000件
固定成本	20000元	20000元

【答案】

（1）利用计算公式。

基期$M=(P-V)\times Q=(10-5)\times 10000=50000$（元）

$$\text{DOL}=\frac{\text{基期边际贡献}}{\text{基期息税前利润}}=\frac{M}{\text{EBIT}}=\frac{M}{M-F}=\frac{50000}{50000-20000}=1.67$$

（2）利用定义公式。

基期：EBIT=$50000-20000=30000$（元）

预计期：$M=(10-5)\times 20000=100000$（元）

EBIT=$100000-20000=80000$（元）

则：DOL=$(\Delta \text{EBIT}/\text{EBIT})\div(\Delta Q/Q)$

$$=\frac{(80000-30000)\div 30000}{(20000-10000)\div 10000}=1.67$$

（3）相关结论如表9-11所示。

表9-11   相关结论

存在前提	只要企业存在固定性经营成本，就存在营业收入较小变动引起息前税前利润较大变动的经营杠杆的放大效应
与经营风险的关系	经营杠杆放大了市场和生产等因素变化对利润波动的影响。经营杠杆系数越高，表明经营风险也就越大
影响因素	固定成本（同向变动）、变动成本（同向变动）、产品销售数量（反向变动）、销售价格水平（反向变动） 【提示】可以根据计算公式来判断
控制方法	企业一般可以通过增加营业收入、降低产品单位变动成本、降低固定成本比重等措施使经营杠杆系数下降，降低经营风险

二、财务杠杆系数的衡量（★★）

财务杠杆是指在某一固定的债务与权益融资结构下由于息税前利润的变动引起每股收益产生更大变动程度的现象被称为财务杠杆效应。其中每股收益

$$EPS = \frac{(EBIT - I) \times (1-T) - PD}{N}$$

（一）财务风险

财务风险是指由于企业运用了债务筹资方式而产生的丧失偿付能力的风险，而这种风险最终是由普通股股东承担的。企业在经营中经常会发生借入资本进行负债经营，不论经营利润多少，债务利息是不变的。当企业在资本结构中增加了债务这类具有固定性筹资成本的比例时，固定的现金流出量就会增加，特别是在利息费用的增加速度超过息税前利润增加速度的情况下，企业则因负担较多的债务成本将引发对净收益减少的冲击作用，发生丧失偿债能力的概率也会增加，导致财务风险增加，反之，但债务成本比率较低时，财务风险就小。

（二）财务杠杆系数

（1）财务杠杆作用的衡量。

财务杠杆作用用财务杠杆系数（DFL）来衡量。

根据定义，财务杠杆系数的定义表达式为：

$$DFL = \frac{每股收益变化的百分比}{息前税前利润变化的百分比} = \frac{\Delta EPS/EPS}{\Delta EBIT/EBIT}$$

式中   DFL——财务杠杆系数；

    ΔEPS——普通股每股收益变动额；

    EPS——变动前的普通股每股收益；

    ΔEBIT——息前税前利润变动额；

    EBIT——变动前的息前税前利润变动额。

根据上述定义表达式，可以推导出财务杠杆系数的

两个计算公式。

推导过程如下：

①基期：$EPS = \frac{(EBIT - I) \times (1-T) - PD}{N}$

②预计期：$EPS_1 = \frac{(EBIT_1 - I) \times (1-T) - PD}{N}$

②-①= $\Delta EPS = \frac{\Delta EBIT \times (1-T)}{N}$

计算公式1：

$$DFL = \frac{\Delta EPS/EPS}{\Delta EBIT/EBIT} = \frac{[\Delta EBIT \times (1-T)/N]/EPS}{\Delta EBIT/EBIT}$$

$$= \frac{EBIT \times (1-T)/N}{EPS} = \frac{EBIT(1-T)/N}{[(EBIT-I) \times (1-T) - PD]/N}$$

$$= \frac{EBIT}{EBIT - I - PD/(1-T)}$$

式中 I——债务利息；

    PD——优先股股利；

    T——所得税税率。

进一步展开可以得到另外一个计算公式2：

$$DFL = \frac{Q(P-V) - F}{Q(P-V) - F - I - PD/(1-T)}$$

在实际运用中，定义公式用于预测；两个计算公式用于计算财务杠杆系数。

（2）财务杠杆相关结论。财务杠杆的存在前提是只要在企业的筹资方式中有固定性融资费用的债务或优先股，就会存在息税前利润的较小变动引起每股收益较大变动的财务杠杆效应。

财务杠杆与财务风险的关系表现为，财务杠杆放大了息税前利润变化对普通股收益的影响，财务杠杆系数越高，表明普通股收益的波动程度越大，财务风险也就越大。

财务杠杆的影响因素有：企业资本结构中债务资本比重；息税前利润水平；所得税税率水平。债务成本比重越高、固定性融资费用额越高、息税前利润水平越低，财务杠杆效应越大，反之亦然。实际运用时可以根据计算公式来判断。

财务杠杆可通过负债比率来控制。企业可以通过合理安排资本结构，适度负债，使财务杠杆利益抵销风险增大所带来的不利影响。

【例题10·多选题】下列关于财务杠杆的说法中，正确的有（　　　　）。

A. 财务杠杆系数越大，财务风险越大

B. 如果没有利息和优先股利，则不存在财务杠杆效应

C. 财务杠杆的大小是由利息、优先股利和税前利润共同决定的

D. 如果财务杠杆系数为1，表示不存在财务杠杆效应

【解析】所得税税率也会影响财务杠杆系数，故选项C不正确；财务杠杆系数反映财务风险，系数越大，财务风险越大，故选项A正确；如果不存在利息和优先股股利，或者财务杠杆系数为1，则不会导致息税前利润变动对每股收益的放大效应，即不存在财务杠杆效应，故选项B和D正确。

【答案】ABD

三、联合杠杆系数的衡量（★★）

总杠杆效应是指由于固定经营成本和固定融资费用的存在，导致普通股每股收益变动率大于营业收入变动率的现象。

总杠杆效应用总杠杆系数来衡量。

根据定义，总杠杆系数的定义公式为：

$$DFL = \frac{每股收益变化的百分比}{营业收入变化的百分比} = \frac{\Delta EPS/EPS}{\Delta S/S}$$

根据经营杠杆系数和财务杠杆系数的定义表达式，总杠杆系数与它们的关系公式为：DTL=DOL×DFL

总杠杆系数经简化后的公式为：

$$DTL = \frac{EBIT+F}{EBIT-I-PD/(1-T)}$$

或：

$$DFL = \frac{Q(P-V)}{Q(P-V)-F-I-PD/(1-T)}$$

总杠杆的存在前提是只要企业同时存在固定性经营成本和固定性融资费用的债务或优先股，就存在营业收入较小变动引起每股收益较大变动的总杠杆效应。

总杠杆与总风险的关系是，总杠杆放大了销售收入变动对普通股收益的影响，总杠杆系数越高，表明普通股收益的波动程度越大，整体风险也就越大。

🔊 名师点拨••••••••••••••••••••••••••••

影响经营杠杆和影响财务杠杆的因素都会影响总杠杆。经营杠杆、财务杠杆及总杠杆的总结：

（1）定义公式——用于预测，如图9-5所示。

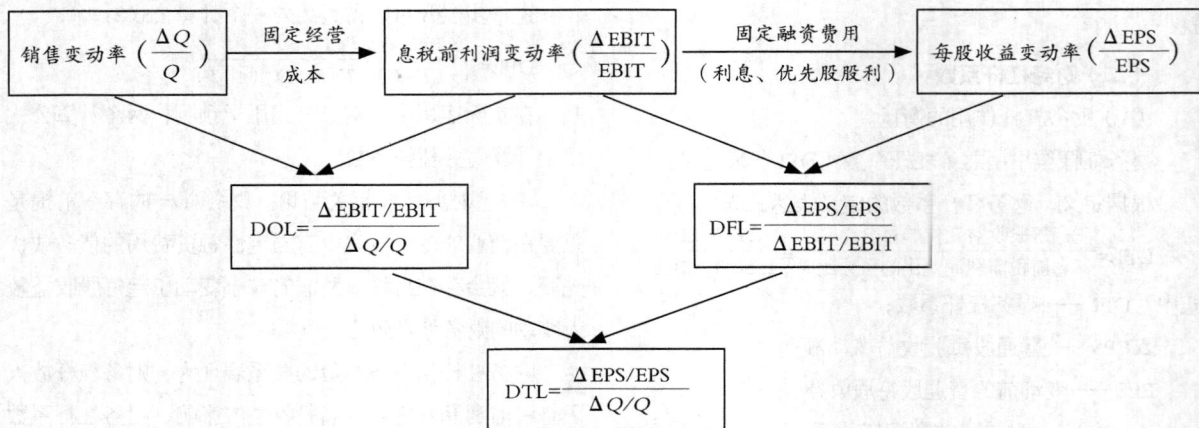

图9-5　定义公式——用于预测

（2）简化计算公式——用于计算，如图9-6所示。

```
┌─────────────────────────┐
│ 销售收入 P×Q             │
├─────────────────────────┤
│ 减：变动成本 V×Q         │
├─────────────────────────┤
│ （1）边际贡献 M          │
├─────────────────────────┤
│ 减：固定成本 F           │
├─────────────────────────┤
│ （2）息税前利润 EBIT     │
├─────────────────────────┤
│ 减：利息I+税前优先股利   │
│ PD/（1-T）               │
├─────────────────────────┤
│ （3）归属于普通股股东的  │
│ 税前利润盈余             │
│ EBIT-I-PD/（1-T）        │
└─────────────────────────┘
```

$$DOL=（1）/（2）=M/（M-F）$$

$$DFL=（2）/（3）=\frac{EBIT}{EBIT-I-PD/（1-T）}$$

$$DTL=（1）/（3）=\frac{M}{M-F-I-PD/（1-T）}$$

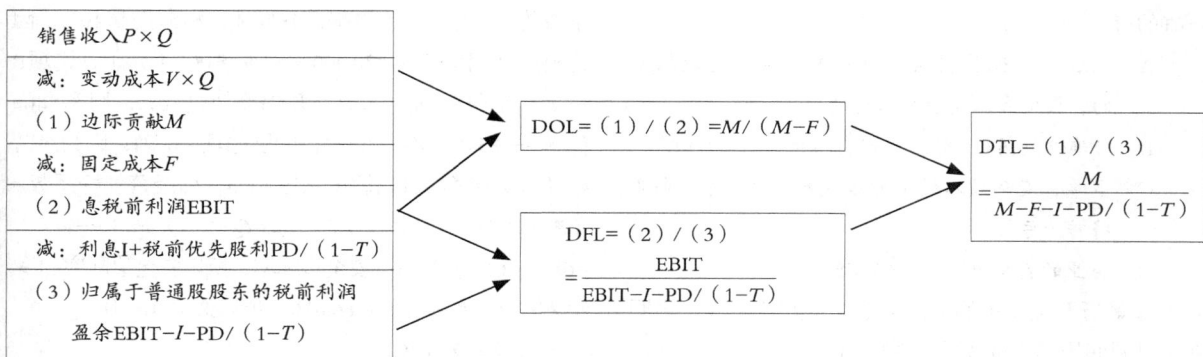

图9-6　简化计算公式——用于计算

（3）税前经营利润对销量的敏感系数=税前经营利润变动率/销量变动率=经营杠杆系数。

【例题11·单选题】（2013年真题）总杠杆可以反映（　　　）。

A. 营业收入变化对息税前利润的影响程度

B. 营业收入变化对每股收益的影响程度

C. 息税前利润变化对每股收益的影响程度

D. 营业收入变化对边际贡献的影响程度

【解析】选项A反映的是经营杠杆，选项C反映的是财务杠杆。总杠杆系数=每股收益变动率/营业收入变动率，所以选项B正确。

【答案】B

【例题12·单选题】（2017年真题）甲公司2016年销售收入1 000万元，变动成本率60%，固定成本200万元，利息费用40万元。假设不存在资本化利息且不考虑其他因素，该企业联合杠杆系数是（　　　）。

A. 1.25

B. 2.5

C. 2

D. 3.7

【解析】本题考查的是联合杠杆系数的衡量。边际贡献=销售收入×（1-变动成本率）=1 000×（1-60%）=400（万元）；税前利润=边际贡献-固定成本-利息费用=400-200-40=160（万元）；联合杠杆系数=边际贡献÷税前利润=400÷160=2.5，故本题正确答案为选项B。

【答案】B

【例题13·单选题】（2016年真题）甲公司2015年每股收益1元，经营杠杆系数1.2，财务杠杆系数1.5。假设公司不进行股票分割，如果2016年每股收益想达到1.9元，根据杠杆效应，其营业收入应比2015年增加（　　　）。

A. 50%

B. 90%

C. 75%

D. 60%

【解析】本题考查的是联合杠杆系数的衡量。根据公式：DTL（联合杠杆系数）=每股收益的变化百分比÷营业收入的变化百分比，每股收益增长率=（1.9-1）÷1=90%，联合杠杆系数=1.2×1.5=1.8，营业收入增长率=每股收益增长率÷1.8=90%÷1.8=50%。

【答案】A

【例题14·计算分析题】A企业全部固定成本和费用为300万元，企业资产总额为5 000万元，资产负债率为40%，负债平均利息率为5%，净利润为750万元，公司适用的所得税税率为25%。

【要求】

（1）计算DOL、DFL、DTL。

（2）预计销售增长20%，公司每股收益增长多少？

【答案】

（1）税前利润=750÷（1-25%）=1 000（万元）

利息=5 000×40%×5%=100（万元）

EBIT=1 000+100=1 100（万元）

固定经营成本=300-100=200（万元）

边际贡献=1 100+200=1 300（万元）

DOL=1 300÷1 100=1.18

DFL=1 100÷1 000=1.1

DTL=1 300÷1 000=1.3

（2）每股收益增长率=1.3×20%=26%

【例题15·多选题】某企业只生产一种产品，当年的税前利润为20 000元。运用本量利关系对影响税前利润的各因素进行敏感分析后得出，单价的敏感系数为4，单位变动成本的敏感系数为-2.5，销售量的敏感系数为1.5，固定成本的敏感系数为-0.5。下列说法中，正确的有（　　　　）。

A. 上述影响税前利润的因素中，单价是最敏感的，固定成本是最不敏感的

B. 当单价提高10%时，税前利润将增长8 000元

C. 当单位变动成本的上升幅度超过40%时，企业将转为亏损

D. 企业的安全边际率为66.67%

【解析】某变量的敏感系数的绝对值越大，表明变量对利润的影响越敏感，选项A正确；由于单价敏感系数为4，因此当单价提高10%时，利润提高40%，因此税前利润增长额=20 000×40%=8 000（元），选项B正确；单位变动成本的上升幅度超过40%，则利润降低率=−2.5×40%=−100%，所以选项C正确；因为经营杠杆系数=销售量的敏感系数=1.5，而经营杠杆系数=$(P-V)Q÷[(P-V)Q-F]=Q÷[Q-F/(P-V)]$ $=Q÷(Q-Q_0)=1÷$安全边际率，所以安全边际率=$1÷$销量敏感系数=$1÷1.5=66.67\%$。所以选项D正确。

【答案】ABCD

过关测试题

一、单选题

1. 某企业预计2013年的销售增长率为20%，同时预计可实现息税前利润增长率为25%，普通股每股收益增长率为45%，则预计该企业2013年的财务杠杆系数将达到（　　　　）。

　　A. 1.25　　B. 1.8　　C. 2.25　　D. 3

2. 某公司2010年营业收入为750万元，变动成本率为40%。2011年经营杠杆系数为1.5，除固定成本增加75万元外，其他因素与上年相同。那么，该公司2012年经营杠杆系数为（　　　　）。

　　A. 2　　B. 2.4　　C. 5　　D. 6

3. 某公司2011年实现税后净利润为108万元，固定经营成本为216万元，2012年的财务杠杆系数为1.5，所得税税率为25%。则该公司2012年的总杠杆系数为（　　　　）。

　　A. 1.5　　B. 1.8　　C. 2.5　　D. 3

4. 某企业固定经营成本为100万元，全部资本均为自有资本，其中优先股占12%，则该企业（　　　　）。

A. 不存在杠杆效应

B. 只存在经营杠杆效应

C. 只存在财务杠杆效应

D. 存在经营杠杆效应和财务杠杆效应

5. 当企业息税前利润大于0时，只要企业存在固定经营成本，那么经营杠杆系数（　　　　）。

A. 恒大于1

B. 趋近于0

C. 与固定成本成反向变动

D. 与经营风险成反向变动

6. 下列有关代理理论的表达式，正确的是（　　　　）。

A. $V_L=V_U+$PV（利息抵税）−PV（债务的代理成本）

B. $V_L=V_U+$PV（利息抵税）−PV（财务困境成本）−PV（债务的代理成本）

C. $V_L=V_U+$PV（利息抵税）−PV（财务困境成本）−PV（债务的代理成本）+PV（债务的代理收益)

D. $V_L=V_U−$PV（财务困境成本）−PV（债务的代理成本）+PV（债务的代理收益）

7. 下列资本结构理论中，认为筹资决策无关紧要的是（　　　　）。

　　A. 代理理论　　　　B. 无税MM理论

　　C. 有税MM理论　　D. 权衡理论

8. 下列资本结构理论中，认为债务利息的抵税收益与财务困境成本达到平衡时的资本结构为最佳资本结构的是（　　　　）。

　　A. 有税的MM理论　　B. 权衡理论

　　C. 代理理论　　　　　D. 优序融资理论

9. 某公司设立于2011年12月31日，预计2012年年底投产。假定目前的证券市场属于成熟市场，根据优序融资理论的基本观点，该公司2012年进行筹资时，应当优先考虑的筹资方式是（　　　　）。

　　A. 内部筹资　　　　B. 向银行借款

　　C. 增发普通股股票　D. 增发优先股股票

10. 下列有关最佳资本结构的表述中，最准确的是（　　　　）。

A. 使企业资产流动性最佳的资本结构

B. 实现企业价值最大化的资本结构

C. 每股收益最高的资本结构

D. 总风险最小的资本结构

二、多选题

1. 下列属于导致企业经营风险的因素的有（　　　）。

A. 市场对产品的需求

B. 生产成本因素产生的风险

C. 企业调整价格的能力

D. 企业资产结构

2. 在边际贡献大于固定成本的情况下，下列措施中有利于降低企业总风险的有（　　　）。

A. 提高优先股股息率

B. 提高产品单价

C. 降低资产负债率

D. 节约固定成本支出

3. 下列有关有税的MM理论的说法中，正确的有（　　　）。

A. 考虑了债务利息抵税对企业价值的影响

B. 考虑了财务困境成本对企业价值的影响

C. 认为全部融资来源于负债时，企业价值达到最大

D. 风险报酬与以市值计算的债务与权益比例成比例

4. 下列有关"投资不足问题"的表述中，正确的有（　　　）。

A. 投资不足是指企业放弃净现值为正的投资项目

B. 投资不足是指企业放弃净现值为负的投资项目

C. 表现为股东为避免价值损失而放弃债权人带来的价值增值

D. 发生在企业陷入财务困境且有比例较高的债务情况下

5. 下列有关优序融资理论的表述正确的有（　　　）。

A. 优序融资理论考虑了逆向选择的影响

B. 优序融资理论考虑了信息不对称的影响

C. 将发行新股作为最后的选择

D. 企业筹资的优序模式首先是内源融资，其次是增发股票，最后是债务筹资

6. 下列因素中，会影响企业资本结构的有（　　　）。

A. 企业管理层的主观判断

B. 企业适用的税率

C. 资本市场利率

D. 企业自身的成长性

7. 下列关于追加筹资的每股收益无差别点法的说法正确的有（　　　）。

A. 考虑了资本结构对每股收益的影响

B. 假定每股收益最大，每股价格也就最高

C. 没有考虑资本结构对风险的影响

D. 没有考虑货币的时间价值

8. 在确定企业资本结构时，下列处理正确的有（　　　）。

A. 如果企业的销售不稳定，则可较多地筹措负债资金

B. 为了保证原有股东的绝对控制权，一般应尽量避免普通股筹资

C. 若预期市场利率会下降，企业应尽量利用短期负债

D. 如果企业现金流量波动较大，一般应尽量避免负债筹资

三、计算分析题

某企业2011年销售收入为40万元，变动成本率为25%，固定成本为24万元。计划2012年销售收入将在2011年基础上增加40%，变动成本率和固定成本保持上年水平。经测算，2011年的总杠杆系数为7.5。

【要求】

（1）计算该企业2012年的每股收益的增长率。

（2）分别计算2011年和2012年的边际贡献。

（3）分别计算2011年和2012年的息税前利润。

（4）分别计算该企业2011年的经营杠杆系数和财务杠杆系数。

（5）已知该企业总股数保持10 000股，且没有优先股，企业适用所得税税率25%，分别计算2011年和2012年每股收益。

股利分配、股票分割与股票回购　第**10**章

本章难度不大，为非重点章。从历年考试情况来看，出题方式以客观题为主，出题点主要体现为股利理论、股利政策、制定股利分配政策应考虑的因素、股票分割与回购等。剩余股利政策、股票分割与回购等内容可能涉及计算分析题，近几年考试分值在3分左右。

【本章考点概览】

股利分配、股票分割与股票回购	一、股利理论与股利政策	1. 股利理论	★★
		2. 股利政策的类型	★★
		3. 股利政策的影响因素	★★
	二、股利种类、支付程序与分配方案	1. 股利的种类	★
		2. 股利的支付程序	★★
		3. 股利分配方案	★
	三、股票分割与股票回购	1. 股票分割	★
		2. 股票回购	★

第一节　股利理论与股利政策

考情分析：对于本节内容，题型主要为客观题，分值在1分左右。考点主要集中在股利理论、股利分配政策、制定股利分配政策应考虑的因素。

学习建议：对于本节内容的学习，重在理解股利理论、制定股利分配政策应考虑的因素及股利分配政策。

一、股利理论（★★）

股利分配的核心问题是如何权衡公司股利支付决策与未来长期增长之间的关系，以实现公司价值最大化的财务管理目标。围绕着公司股利政策是否影响公司价值这一问题，主要有两类不同股利理论：股利无关论和股利相关论，如表10-1所示。

表10-1　　　　　　　　　　　　　　　　股利无关和股利相关论

股利理论	观点阐述
股利无关论	股利无关论认为股利分配对公司的市场价值（或股票价格）不会产生影响。这一理论是米勒与莫迪利安尼于1961年提出的，该理论的提出是建立在一些假设之上的： （1）公司的投资政策已确定并且已经为投资者所理解 （2）不存在股票的发行和交易费用（即不存在股票筹资费用） （3）不存在个人或公司所得税 （4）不存在信息不对称 （5）经理与外部投资者之间不存在代理成本 股利无关论的观点如下： （1）投资者并不关心公司股利的分配 若公司留存较多的利润用于再投资，会导致公司股票价格上升；此时尽管股利较低，但需用现金的投资者可以出售股票换取现金 （2）股利的支付比率不影响公司的价值 既然投资者不关心股利的分配，公司的价值就完全由其投资政策及其获利能力所决定，公司的盈余在股利和保留盈余之间的分配并不影响公司的价值，既不会使公司价值增加，也不会使公司的价值降低

续表

股利理论	观点阐述
股利无关论	股利无关理论是在完美资本市场的一系列假设下提出的，如果放宽这些假设条件，股利政策就会显现出对公司价值（或股票价格）产生影响
股利相关论	**1. 税差理论** 税差理论强调了税收在股利分配中对股东财富的重要作用 如果不考虑股票交易成本，分配股利的比率越高，股东的股利收益纳税负担会明显高于资本利得纳税负担，企业应采取低现金股利比率的分配政策 如果存在股票的交易成本，甚至当资本利得税与交易成本之和大于股利收益税时，偏好定期取得股利收益的股东自然会倾向于企业采用高现金股利 🔊 **名师点拨** ······· *税差理论说明了当股利收益税率与资本利得税率存在差异时，将使股东在继续持有股票以期取得预期资本利得与立即实现股利收益之间进行权衡* **2. 客户效应理论** 客户效应理论是对税差效应理论的进一步扩展，研究处于不同税收等级的投资者对待股利分配态度的差异，认为投资者不仅仅是对资本利得和股利收益有偏好，即使是投资者本身，因其所处不同等级的边际税率，对企业股利政策的偏好也是不同的。客户效应理论的具体观点有： 边际税率较高的投资者（高收入阶层和风险偏好投资人，税负高，偏好资本增长）偏好低股利支付率的股票，偏好少分现金股利、多留存 边际税率较低的投资者（低收入阶层和风险厌恶投资人，税负低，偏好现金股利）喜欢高股利支付率的股票 **3. "一鸟在手"理论** 股东的投资收益来自于当期股利和资本利得两个方面，利润分配决策的核心问题是在当期股利收益与未来预期资本利得之间进行权衡 其基本观点是：一鸟在手，强于二鸟在林，即股东更偏好于现金股利而非资本利得，倾向于选择股利支付率高的股票。为实现股东价值最大化目标，企业应实行高股利分配率的股利政策 🔊 **名师点拨** ······· *在手之鸟：当期现金股利。在林之鸟：未来的资本利得。* *该理论依据：企业权益价值=分红总额÷权益资本成本；当股利支付率提高时，股东承担的收益风险会降低，权益资本成本也会降低，则企业价值提高* **4. 代理理论** 企业中的股东、债权人、经理人员等诸多利益相关者的目标并非完全一致，在追求自身利益最大化的过程中有可能会以牺牲另一方的利益为代价，这种利益冲突关系反映在公司股利分配决策过程中表现为不同形式的代理成本 常见的代理冲突表现如下。 股东与债权人之间的代理冲突。债权人为保护自身利益，希望企业采取低股利支付率 经理人员与股东之间的代理冲突。高股利支付率政策，有利于抑制经理人员随意支配自由现金流的代理成本，也有利于满足股东取得股利收益的愿望 控股股东与中小股东之间的代理冲突。对处于外部投资者保护程度较弱环境的中小股东希望企业采用多分配少留存的股利政策，以防控股股东的利益侵害 **5. 信号理论** 信号理论的基本观点是，在信息不对称的情况下，公司可以通过股利政策向市场传递有关公司未来盈利能力的信息。股利政策所产生的信息效应会影响股票的价格 🔊 **名师点拨** ······· *鉴于投资者对股利信号信息的理解不同，所做出的对企业价值的判断也不同。针对信号"高股利支付率"，则可能认为是好信号"未来业绩大幅增长"，也可能是差信号"企业没有前景好的投资项目"；针对信号"低股利支付率"，则可能认为是好信号"企业有前景看好的投资项目"，也可能是差信号"企业未来出现衰退"*

【例题1·单选题】下列关于股利分配理论的说法中，错误的是（   ）。

A. 税差理论认为，当股票资本利得税与股票交易成本之和大于股利收益税时，应采用高现金股利支付率政策

B. 客户效应理论认为，对于高收入阶层和风险偏

C. "一鸟在手"理论认为，由于股东偏好当期股利收益胜过未来预期资本利得，应采用高现金股利支付率政策

D. 代理理论认为，为解决控股股东和中小股东之间的代理冲突，应采用高现金股利支付率政策

【解析】客户效应理论认为，对于低收入阶层和风险厌恶投资者，由于其税负低，并且偏好现金股利，他们希望公司多发放现金股利，所以公司应该实施高现金分红比例的股利政策。对于高收入阶层和风险偏好投资者，由于其税负高，并且偏好资本增长，他们希望公司少发放现金股利，并且通过获得资本利得适当避税，因此，公司应实施低现金分红比例，甚至不分红的股利政策。

【答案】B

二、股利政策的类型（★★）

在进行股利分配的实务中，公司经常采用的股利政策如下。

（一）剩余股利政策

剩余股利政策是指在公司有着良好的投资机会时，根据一定的目标资本结构，测算出投资所需的权益资本，先从盈余当中留用，然后将剩余的盈余作为股利予以分配。

剩余股利政策的优点是采用剩余股利政策的根本理由在于保持理想的资本结构，使加权平均资本成本最低。其缺点是不利于投资者安排收入和支出；不利于公司树立良好形象。

采用剩余股利政策时，应遵守的4个步骤是：①设定目标资本结构，即确定权益资本与债务资本的比率，在此资本结构下，加权平均资本成本将达到最低水平；②确定目标资本结构下投资所需的股东权益数额；③最低限度地使用保留盈余来满足投资方案所需的权益资本数额；④投资方案所需权益资本已经满足后若有剩余盈余，再将其作为股利发放给股东。

利用剩余股利政策时需要注意的问题如下。

（1）关于财务限制

资本结构是长期有息负债和所有者权益的比率，不是资产负债率不变。

分配股利的现金问题，是营运资金管理问题，如果

现金存量不足，可以通过短期借款解决，与筹集长期资本无直接关系。

（2）关于法律限制

法律的这条规定，实际上只是对本年利润"留存"数额的限制，而不是对股利分配的限制。

（3）限制动用以前年度未分配利润分配股利

限制动用以前年度未分配利润分配股利的真正原因，来自财务限制和采用的股利分配政策。只有在资金有剩余的情况下，才会超本年盈余进行分配。超量分配，然后再去借款或向股东要钱，不符合经济原则。因此，该公司不会动用以前年度未分配利润，只能分配本年利润的剩余部分给股东。

（4）注意是针对事后的利润分配还是事前的利润分配规划

事后利润分配是指已经实现的利润的分配，用上年的净利润减去上年的股利得出上年增加的留存收益，再扣除预计今年投资需求×目标权益比重后，剩余的作为股利分配。

事前的利润分配是指预计的利润分配规划，即针对预计利润的分配，用预计年度的净利润减去预计年度的股利得出预计年度增加的留存收益，再扣除预计同年投资需求×目标权益比重后，剩余的作为股利分配。

◀)) **名师点拨** ••••••••••••••••••••••••••

剩余股利分配政策下，计算股利分配额是根据一定的目标资本结构，测算出投资所需的权益资本，先从盈余当中留用，然后将剩余的盈余作为股利予以分配，股利＝净利润－投资所需自有资金＝净利润－投资所需资金×目标资金结构中自有资金的比例，跟现金充足与否无关。

【例题2·多选题】以下关于剩余股利分配政策的表述中，错误的有（　　　　）。

A. 主要依靠股利维持生活的股东和养老基金管理人会不太赞同剩余股利分配政策

B. 采用剩余股利政策时，公司的资产负债率要保持不变

C. 所谓剩余股利政策，就是在公司有着良好的投资机会时，公司的盈余首先应满足投资方案的需要。在满足投资方案需要后，如果还有剩余，再进行股利分配

D. 采用剩余股利政策时，公司不能动用以前年度的未分配利润

【解析】本题的主要考查点是剩余股利分配政策

中需注意的问题。剩余股利政策是依靠股利维持生活的股东和养老基金管理人最不赞成的公司股利分配政策，所以选项A是正确表述；保持目标资本结构，不是指保持全部资产的负债比例不变，无息负债和短期借款不可能也不需要保持某种固定比率，所以选项B是错误表述；选项C是错误表述，错误在于没有强调出满足目标结构下的权益资金需要，只有在资金有剩余的情况下，才会超本年盈余进行分配，超量分配，然后再去借款或向股东要钱，不符合经济原则，因此在剩余股利分配政策下，公司不会动用以前年度未分配利润，只能分配本年利润的剩余部分，选项D是正确表述。

【答案】BC

【例题3·单选题】（2014年真题）甲公司2013年税后利润1 000万元，年初未分配利润200万元，按10%计提法定盈余公积，预计2014年需要新增筹资500万元，目标资本结构债务/权益为4/6，公司执行剩余股利分配政策，2013年可供分配现金股利（ ）万元。

A．700

B．600

C．800

D．900

【解析】留存收益=500×60%=300（万元），股利分配=1 000-300=700（万元）。

【答案】A

【例题4·多选题】（2014年真题）公司基于不同考虑会采用不同的股利分配政策，采用剩余股利政策的公司更多地关注（ ）。

A．公司的流动性

B．投资机会

C．资本成本

D．收益的稳定性

【解析】剩余股利政策就是在公司有着良好投资机会时，根据一定的目标资本结构（最佳资本结构），推算出投资所需的权益资金，先从盈余当中留用，然后将剩余的盈余作为股利予以分配。可见，更多关注的是投资机会和资本成本。

【答案】BC

【例题5·单选题】某公司采用剩余股利政策分配股利，董事会正在制订2009年度的股利分配方案。在计算股利分配额时，不需要考虑的因素是（ ）。

A．公司的目标资本结构

B．2009年年末的货币资金

C．2009年实现的净利润

D．2010年需要的投资资本

【解析】分配股利的现金问题，是营运资金管理问题，如果现金存量不足，可以通过短期借款解决，与筹集长期资本无直接关系。

【答案】B

（二）固定股利政策

固定股利政策是指将每年发放的股利固定在一个固定的水平上并在较长的时期内不变，只有当公司认为未来盈余将会显著地、不可逆转地增长时，才提高年度的股利发放额。

固定股利政策的优点有：①稳定的股利向市场传递公司正常发展的信息，有利于树立公司良好的形象，增强投资者对公司的信心，稳定股票的价格；②有利于投资者安排股利收入和支出。

固定股利政策的缺点有：①股利支付与盈余脱节；②不能像剩余股利政策那样保持较低的资本成本。

【例题6·单选题】以下股利分配政策中，最有利于股价稳定的是（ ）。

A．剩余股利政策

B．固定股利政策

C．固定股利支付率政策

D．低正常股利加额外股利政策

【解析】本题的主要考点是固定股利政策的特点。虽然固定股利政策和低正常股利加额外股利政策均有利于保持股价稳定，但最有利于股价稳定的应该是固定股利政策。

【答案】B

（三）固定股利支付率政策

固定股利支付率政策是公司确定一个股利占盈余的比率，长期按此比率支付股利的政策。

其优点： 能使股利与公司盈余紧密地配合，以体现多盈多分，少盈少分，无盈不分的原则。

其缺点： 各年的股利变动较大，极易造成公司不稳定的感觉，对稳定股票价格不利。

（四）低正常股利加额外股利政策

低正常股利加额外股利政策是指公司一般情况下每年只支付固定的、数额较低的股利；在盈余较多的年份，再根据实际情况向股东发放额外股利。但额外股利并不固定化，不意味着公司永久地提高了规定的股利率。

采用该政策的理由：具有较大灵活性；使一些依靠股利度日的股东每年至少可以得到虽然较低但比较稳定的股利收入，从而吸引住这部分股东。

【例题7·单选题】（2012年真题）下列关于股利分配政策的说法中，错误的是（　　　）。

A. 采用剩余股利分配政策，可以保持理想的资本结构，使加权平均资本成本最低

B. 采用固定股利支付率分配政策，可以使股利和公司盈余紧密配合，但不利于稳定股票价格

C. 采用固定股利分配政策，当盈余较低时，容易导致公司资金短缺，增加公司风险

D. 采用低正常股利加额外股利政策，股利和盈余不匹配，不利于增强股东对公司的信心

【解析】采用低正常股利加额外股利政策，使得

一些依靠股利度日的股东每年至少可以得到虽然较低但比较稳定的股利收入，从而吸引住这部分股东。

【答案】D

三、股利政策的影响因素（★★）

在现实生活中，公司的股利分配是在种种制约因素下进行的，采取何种股利政策虽然是由管理层决定的，但是实际上在其决策过程中会受到诸多主观与客观因素的影响。影响股利分配政策应考虑的主要因素有法律因素、股东因素、公司因素和其他因素。

（一）法律因素

为了保护债权人和股东的利益，有关法规对公司的股利分配通常作出了限制，如表10-2所示。

表10-2　　　　　　　　　　制定股利分配政策应该考虑的因素

限制因素	要点阐述
资本保全的限制	公司不能用资本（包括股本和资本公积）发放股利
企业积累的限制	按照法律规定，公司税后利润必须先提取法定公积金。此外，还鼓励公司提取任意公积金，只有当提取的法定公积金达到注册资本的50%时，才可以不再提取
净利润的限制	规定公司年度累计净利润必须为正数时才可发放股利，以前年度亏损必须足额弥补
超额累积利润的限制	许多国家规定公司不得超额累积利润，一旦公司的保留盈余超过法律认可的水平，将被加征额外税额。我国法律对公司累积利润尚未作出限制性规定
无力偿付的限制	基于对债权人的利益保护，如果一个公司已经无力偿付负债，或股利支付会导致公司失去偿债能力，则不能支付股利

【例题8·单选题】我国上市公司不得用于支付股利的权益资金是（　　）。

A. 资本公积

B. 任意公积金

C. 法定公积金

D. 上年未分配利润

【解析】按照资本保全原则不能用股本和资本公积金发放股利。

【答案】A

（二）股东因素

公司的股利政策最终由代表股东利益的董事会决定，股东从自身经济利益需要出发，制定股利分配政策时考虑如下几个方面的因素。

（1）应考虑稳定的收入和避税因素，依靠股利维持生活的股东要求支付稳定的股利。

（2）应考虑避税因素，高股利收入的股东出于避税考虑，往往反对发放较多的股利。

（3）应考虑防止控制权稀释因素，为防止控制权的稀释，持有控股权的股东希望少募集权益资金，少分股利。

【例题9·多选题】股东往往希望公司提高股利支付率原因有以下哪些因素？（　　　）

A. 规避风险

B. 稳定股利收入

C. 防止公司控制权旁落

D. 避税

【解析】股东为防止控制权稀释，为了避税往往希望公司降低股利支付率。公司提高股利支付率，那么股东就要支付更多的所得税，起不到避税的作用。

【答案】AB

（三）公司因素

公司的经营情况和经营能力，影响其股利政策，具体限制因素有盈余的稳定性、公司的流动性、举债能力、投资机会、资本成本和债务需要。

（1）盈余相对稳定的公司有可能支付较高的股利，盈余不稳定的公司一般采取低股利政策。

（2）公司的流动性较低时往往支付较低的股利。

（3）具有较强的举债能力的公司往往采取较宽松的股利政策，而举债能力弱的公司往往采取较紧的股利政策。

（4）有良好投资机会的公司往往少发股利，缺乏良好投资机会的公司，倾向于支付较高的股利，保留盈余（不存在筹资费用）的资本成本低于发行新股。

（5）从资本成本考虑，如果公司有扩大资金的需要，也应当采取低股利政策。

（6）具有较高债务偿还需要的公司一般采取低股利政策。

【例题10·多选题】下列情形中会使企业减少股利分配的有（　　　　）。

A. 市场竞争加剧，企业收益的稳定性减弱

B. 市场销售不畅，企业库存量持续增加

C. 经济增长速度减慢，企业缺乏良好的投资机会

D. 为保证企业的发展，需要扩大筹资规模

【解析】选项A、B、D都会导致企业资金短缺，所以为了增加可供使用资金，应尽量多留存，少发股利；但是当经济增长速度减慢，企业缺乏良好的投资机

会时，企业会出现资金剩余，所以会提高股利分配。

【答案】ABD

（四）其他因素

除了上述的因素外，还有其他一些因素也会影响公司的股利政策选择，如债务合同约束和通货膨胀。

（1）债务合同约束。如果债务合同限制现金股利支付，公司只能采取低股利政策。

（2）通货膨胀。通货膨胀时期，公司计提的折旧不能满足重置固定资产的需要，需要动用盈余补足重置固定资产的需要，通货膨胀时期股利政策往往偏紧。

【例题11·多选题】下列关于股利分配政策的表述中，错误的有（　　　　）。

A. 企业处于衰退期在制定收益分配政策时，应当优先考虑企业积累

B. 金融市场利率走势下降时，公司一般不应采用高现金股利政策

C. 基于控制权的考虑，股东会倾向于较高的股利支付水平

D. 债权人不会影响公司的股利分配政策

【解析】处于衰退期的企业在制定收益分配政策时，应当优先考虑将利润发放给股东，而不是企业积累；金融市场利率下降时，外部资金来源的资本成本降低，企业可以采取高股利支付率政策；基于控制权的考虑，股东倾向于较低的股利支付水平；债权人会影响公司的股利分配政策。

【答案】ABCD

第二节　股利种类、支付程序与分配方案

考情分析：对于本节内容，题型主要为客观题，近几年基本没有题目涉及。

学习建议：本节内容的学习重在了解股利支付的程序和股利支付的方式。

一、股利的种类（★）

股利支付方式主要有现金股利、股票股利、财产股利和负债股利几种形式，如表10-3所示。

表10-3　　　　　　　　　　股利支付的方式

股利支付方式	特点
现金股利	现金股利是以现金支付的股利，它是股利支付的主要方式。公司支付现金股利除了要有累计盈余外，还要有足够的现金

续表

股利支付方式	特点
股票股利	股票股利是公司以增发的股票作为股利的支付方式
财产股利	财产股利是以现金以外的资产支付的股利，主要是以公司所拥有的其他企业的有价证券，如债券、股票，作为股利支付给股东
负债股利	负债股利是公司以负债支付的股利，通常以公司的应付票据支付给股东，不得已情况下也有发行公司债券抵付股利的

🔊 **名师点拨** ·······················

　　财产股利和负债股利实际上是现金股利的替代，这两种股利方式目前在我国公司实务中很少使用，但并非法律所禁止。

二、股利的支付程序（★★）

　　【要点提示】重点掌握股利支付过程中的重要日期。

（一）决策程序

　　上市公司股利分配的基本程序是：首先由公司董事会根据公司盈利水平和股利政策，制定股利分派方案，提交股东大会审议，通过后方能生效。然后，由董事会依股利分配方案向股东宣布，并在规定的股利发放日以约定的支付方式派发。在经过上述决策程序之后，公司方可对外发布股利分配公告、具体实施分配方案。我国股利分配政策权属于股东大会。我国上市公司的现金分红一般是按年度进行，也可以进行中期现金分红。

（二）分配信息披露

　　根据有关规定，股份有限公司利润分配方案、公积金转增股本方案须经股东大会批准，董事会应当在股东大会召开后两个月内完成股利派发或股份转增事项。在此期间，董事会必须对外发布股利分配公告，以确定分配的具体程序与时间安排。

　　股利分配公告一般在股权登记前3个工作日发布。如果公司股东较少，股票交易又不活跃，公告日可以与股利支付日在同一天。公告内容包括：

　　（1）利润分配方案；

　　（2）股利分配对象，为股权登记日当日登记在册额全体股东；

　　（3）股利发放方法。我国上市公司的股利分配程序应当按登记的证券交易所的具体规定进行。

（三）分配程序

　　以深圳证券交易所的规定为例：对于流通股份，其现金股利由上市公司于股权登记日前划入深交所账户，再由深交所于登记日后第3个工作日划入各托管证券经营机构账户，托管证券经营机构于登记日后5个工作日划入股东资金账户。红股则于股权登记日后第3个工作日直接计入股东的证券账户并自即日起开始上市交易。

（四）股利支付过程中的重要日期

　　股利支付过程中通常有如表10-4所示的4个重要日期，它们分别为：股利宣告日、股权登记日、除息日和股利支付日。

表10-4　　　　　　　　　　　　　股利支付过程中的重要日期

股利宣告日	股利宣告日是指公司董事会将股东大会通过本年度利润分配方案的情况以及股利支付情况予以公告的日期
股权登记日	股权登记日指有权领取股利的股东资格登记截止日期。凡在股权登记日这一天登记在册的股东才有资格领取本期股利，而在这一天以后登记在册的股东，即使是在股利支付日之前买入的股票，也无权领取本期分配的股利
除息日	除息日也称除权日，是指股利所有权与股票本身分离的日期，将股票中含有的股利分配权予以解除，即在除息日当日及以后买入的股票不再享有本次股利分配的权利。我国上市公司的除息日通常是在登记日的下一个交易日
股利支付日	指向股东正式发放股利的日期

【例题12·单选题】（2016年真题）如果甲公司以所持有的乙公司股票作为股利支付给股东，这种股利属于（ ）。

A. 现金股利

B. 负债股利

C. 财产股利

D. 股票股利

【解析】本题考查的是股利的种类。财产股利是指以现金以外的资产支付的股利，主要是将公司所拥有的有价证券，如债券、股票，作为股利支付给股东，因此，选项C正确。

【答案】C

三、股利分配方案（★）

支付给股东的盈余与留存在企业的保留盈余，存在此消彼长的关系。所以，股利分配既决定给股东分配多少红利，也决定有多少净利留在企业，减少股利分配，会增加保留盈余，相当于把股东投资的报酬作为对企业的再投资，从而减少了外部筹资需求，股利决策也是内部筹资决策。

企业的股利分配政策一般包括以下几个方面。

（1）股利支付形式。决定是以现金股利、股票股利还是其他某种形式支付股利。

（2）股利支付率。股利支付率是指股利与净利润的比率。

（3）股利政策的类型。决定采取固定股利的政策，还是稳定增长股利政策，或是剩余股利政策等。

（4）股利支付程序。确定股利宣告日、股权登记日、除权除息日和股利支付日等具体事宜。

🔊 **名师点拨** ••••••••••••••••••••••••••••••

按年度计算的股利支付率非常不可靠。由于累积的以前年度盈余也可以用于股利分配，有时股利支付率甚至会大于100%。作为一种财务政策，股利支付率应当是若干年度的平均值。

第三节 股票分割与股票回购

考情分析：对于本节内容，题型主要为客观题，分值在1分左右。考点主要集中在股票股利、股票分割与回购。

学习建议：对于本节内容的学习，重在了解股票股利、理解股票分割和股票回购。

一、股票分割（★）

股票分割是指将面额较高的股票交换成面额较低的股票的行为。例如，将原来的一股股票交换成两股股票。股票分割不属于某种股利方式，但其所产生的效果与发放股票股利近似，故而在此一并介绍。

（1）其主要目的在于通过增加股票股数降低每股市价，从而吸引更多的投资者。

（2）此外，股票分割往往是成长中公司的行为，所以宣布股票分割后容易给人一种"公司正处于发展之中"的印象，这种利好信息会在短时间内提高股价。

【案例10-1】某公司原发行面额2元的普通股2 000 000股，若按1股换成2股的比例进行股票分割，分割前、后的每股收益计算，如表10-5和表10-6所示。

表10-5　　　　　　　　　　　**股票分割前的股东权益**　　　　　　　　　　单位：元

项　目	金　额
普通股（面额2元，已发行2 000 000股）	4 000 000
资本公积	8 000 000
未分配利润	40 000 000
所有者权益合计	52 000 000

表10-6 　　　　　　　　　　　　　　股票分割后的股东权益 　　　　　　　　　　　　　　　单位：元

项 目	金 额
普通股（面额1元，已发行4 000 000股）	4 000 000
资本公积	8 000 000
未分配利润	40 000 000
所有者权益合计	52 000 000

假定公司本年净利润4 400 000元，那么股票分割前的每股收益为2.2元（4 400 000÷2 000 000）。

假定股票分割后净利润不变，分割后的每股收益为

1.1元，如果市盈率不变，每股市价也会因此下降。

股票股利和股票分割的相同点和不同点如表10-7所示。

表10-7 　　　　　　　　　　　　　　股票股利和股票分割的异同

内 容	股票股利	股票分割
不同点	（1）面值不变 （2）股东权益内部结构变化 （3）属于股利支付方式 （4）在公司股价上涨幅度不大时，往往通过发放股票股利将股价维持在理想的范围之内	（1）面值变小 （2）股东权益结构不变 （3）不属于股利支付方式 （4）在公司股价暴涨且预期难以下降时，才采用股票分割的办法降低股价
相同点	（1）普通股股数增加 （2）每股收益和每股市价下降 （3）资本结构不变（资产总额、负债总额、股东权益总额不变） （4）往往给人们传递一种"公司正处于发展中"的信息，从纯粹经济的角度看，二者没有区别	

【例题13·单选题】（2013年真题）实施股票分割与发放股票股利产生的效果相似，它们都会（ 　　 ）。

A. 增加股东权益总额

B. 降低股票每股价格

C. 降低股票每股面值

D. 改变股东权益结构

【解析】股票分割与发放股票股利不会影响股东权益总额，选项A错误；股票分割会降低股票每股面值，但股票股利的发放不影响股票面值，选项C错误；股票股利会改变股东权益结构，但股票分割不影响股东权益的结构，选项D错误。

【答案】B

【提示】股票反分割：可以使股价上升。股票分割的相反行为，即将数股面额较低的股票合并为一股面额较高的股票。

二、股票回购（★）

股票回购是指公司在有多余现金时，向股东回购自

己的股票，以此来代替现金股利。

（一）股票回购的意义

股票回购是指公司出资购回自身发行在外的股票，公司以多余现金购回股东所持有的股份，使流通在外的股份减少，每股股利增加，从而会使股价上升，股东能因此获得资本利得，这相当于公司支付给股东现金股利，所以可以将股票回购看做是一种现金股利的替代方式。

然而，股票回购却有着与发放现金股利不同的意义。

对股东的意义：股票回购后股东得到的资本利得，当资本利得税率小于现金股利税率时，股东将得到纳税上的好处。且股票回购相比现金股利对股东利益具有不确定的影响。

对公司的意义：对公司而言，股票回购有利于增加公司的价值。具体表现在以下几个方面。

（1）向市场传递了股价被低估的信号。

（2）用自由现金流进行股票回购，有助于增加每股盈利水平。

（3）避免股利波动带来的负面影响。

（4）发挥财务杠杆的作用。

（5）在一定程度上降低了公司被收购的风险。

（6）调节所有权结构。

股票回购与现金股利的比较如表10-8所示。

表10-8　　　　　　　　　　股票回购与现金股利的比较

内　容	股票回购	现金股利
不同点	（1）股东得到的是资本利得，需缴纳资本利得税，税赋低 （2）股票回购对股东利益具有不稳定的影响 （3）不属于股利支付方式 （4）可配合公司资本运作需要	（1）发放现金股利后股东则需缴纳股息税，税赋高 （2）稳定到手的收益 （3）属于股利支付方式
相同点	（1）所有者权益减少 （2）现金减少	

股票股利、股票分割和股票回购的比较如表10-9所示。

表10-9　　　　　　　　股票股利、股票分割和股票回购的比较

内　容	股票回购	股票分割及股票股利
股数	减少	增加
每股市价	提高	降低
每股收益	提高	降低
资本结构	改变，提高财务杠杆水平	不影响
控制权	巩固既定控制权或转移公司控制权	不影响

【例题14·多选题】 下列关于股票股利、股票分割和股票回购的表述中，正确的有（　　　　）。

A. 发放股票股利会导致股价下降，因此股票股利会使股票总市场价值下降

B. 如果发放股票股利后股票的市盈率增加，则原股东所持股票的市场价值增加

C. 发放股票股利和进行股票分割对企业的所有者权益各项目的影响是相同的

D. 股票回购本质上是现金股利的一种替代选择，但是两者带给股东的净财富效应不同

【解析】 若盈利总额和市盈率不变，股票股利发放不会改变股东持股的市场价值总额，所以选项A错误；发放股票股利会使权益内部结构改变，股票分割不改变权益的内部结构，所以选项C错误。

【答案】 BD

（二）股票回购的方式

股票回购的方式按照不同的分类标准主要有以下几种，具体如表10-10所示。

表10-10　　　　　　　　　　　　股票回购的方式

分类标准	分类及要点
按照股票回购的地点不同	分为场内公开收购和场外协议收购
按照股票回购面向的对象不同	分为在资本市场上进行随机回购、向全体股东招标回购和向个别股东协商回购
按照筹资方式不同	分为举债回购（向银行等金融机构举债来回购本公司股票）、现金回购（利用剩余资金来回购本公司股票）和混合回购（既动用剩余资金，又向银行等金融机构举债来回购本公司股票）
按照回购价格的确定方式不同	分为固定价格要约回购和荷兰式拍卖回购 固定价格要约回购赋予所有股东向公司出售其所持股票的均等机会，而且通常情况下公司享有在回购数量不足时取消回购计划或延长要约有效期的权利 荷兰式拍卖回购指首先公司指定回购价格的范围和计划回购的股票数量，然后股东进行投标并说明愿意回购的价格和数量，公司在汇总股东的意愿后确定此次股票回购的"价格—数量曲线"，并根据实际回购数量确定最终的回购价格，该方法在回购价格确定方面给予了公司更大的灵活性

【例题15·单选题】在回购价格确定方面给予了公司更大的灵活性的回购方式为（　　　）。

A. 举债回购

B. 现金回购

C. 固定价格要约回购

D. 荷兰式拍卖回购

【解析】荷兰式拍卖回购在回购价格确定方面给予了公司更大的灵活性。

【答案】D

过关测试题

一、单选题

1. 假定某公司的税后利润为500 000元，按法律规定，至少要提取50 000元的公积金。公司的目标资本结构为长期有息负债：所有者权益＝1:1，该公司第二年投资计划所需资金600 000元，当年流通在外普通股为100 000股，若采用剩余股利政策，该年度股东可获每股股利为（　　　）元。

A. 3　　　B. 2　　　C. 4　　　D. 1.5

2. 如果不考虑股票交易成本，下列股利理论中，认为少发股利较好的是（　　　）。

A. 税差理论

B. "一鸟在手"理论

C. 客户效应理论

D. 股利无关论

3. 假定甲公司本年盈余为110万元，某股东持有10 000股普通股（占总股数的1%），目前每股市价为22元。股票股利发放率为10%，假设市盈率不变，则下列表述中，不正确的是（　　　）。

A. 发放股票股利之后每股收益为1元

B. 发放股票股利之后每股价格为20元

C. 发放股票股利之后该股东持股比例为1.1%

D. 发放股票股利之后该股东持股总价值不变

4. 下列情形中，会使企业提高股利支付水平的是（　　　）。

A. 市场竞争加剧，企业收益的稳定性减弱

B. 企业财务状况不好，无力偿还负债

C. 经济增长速度减慢，企业缺乏良好的投资机会

D. 企业的举债能力不强

5. 在积累与消费关系的处理上，企业应贯彻积累优先的原则，合理确定提取盈余公积金和分配给投资者利润的比例。这样的处理体现的利润分配基本原则是（　　　）。

A. 依法分配的原则

B. 资本保全的原则

C. 充分保护债权人利益的原则

D. 多方及长短期利益兼顾的原则

6. 下列关于股利理论的表述中，正确的是（　　　）。

A. 股利无关论认为股利分配对公司的股票价格不会产生影响

B. 税差理论认为，由于股东的股利收益纳税负担会明显高于资本利得纳税负担，企业应采取高现金股利比率的分配政策

C. 客户效应理论认为，边际税率高的投资者会选择实施高股利支付率的股票

D. 代理理论认为，在股东与债权人之间存在代理冲突时，债权人为保护自身利益，希望企业采取高股利支付率

7. 下列股利分配政策中，最有利于股价稳定的是（　　　）。

A. 剩余股利政策

B. 固定或持续增长的股利政策

C. 固定股利支付率政策

D. 低正常股利加额外股利政策

8. 某公司目标资本结构为权益资本与债务资本各占50%，明年将继续保持。已知今年实现税后利润600万元，预计明年需要增加投资资本800万元，假设流通在外普通股为200万股，如果采取剩余股利政策，明年股东可获每股股利为（　　　）元。

A. 1　　　B. 2

C. 3　　　D. 5

9. 下列关于制定股利分配政策应考虑因素的表述中，错误的是（　　　）。

A. 按照资本保全的限制，股本和资本公积都不能发放股利

B. 按照企业积累的限制，法定公积金达到注册资本的50%时可以不再提取

C. 按照净利润的限制，五年内的亏损必须足额弥补，有剩余净利润才可以发放股利

D. 按照无力偿付的限制，如果股利支付会影响公司的偿债能力，则不能支付股利

10. 如果上市公司以其应付票据作为股利支付给股东，则这种股利的方式称为（　　　　）。

A. 现金股利

B. 股票股利

C. 财产股利

D. 负债股利

二、多选题

1. 某公司于2011年3月16日发布公告："本公司董事会在2011年3月15日的会议上决定，2010年发放每股为3元的股利；本公司将于2011年4月8日将上述股利支付给已在2011年3月26日（周五）登记为本公司股东的人士。"以下说法中不正确的有（　　　　）。

A. 2011年3月15日为公司的股利宣告日

B. 2011年3月29日为公司的除息日

C. 2011年3月25日为公司的除息日

D. 2011年3月27日为公司的除权日

2. 下列关于客户效应理论说法不正确的有（　　　　）。

A. 对于投资者来说，因其税收类别不同，对公司股利政策的偏好也不同

B. 边际税率较高的投资者偏好高股利支付率的股票，因为他们可以利用现金股利再投资

C. 边际税率较低的投资者偏好低股利支付率的股票，因为这样可以减少不必要的交易费用

D. 较高的现金股利满足不了高边际税率阶层的需要，较低的现金股利又会引起低税率阶层的不满

3. 为了保护债权人和股东的利益，我国有关法规对公司股利分配作出的限制有（　　　　）。

A. 资本保全限制

B. 企业积累的限制

C. 净利润的限制

D. 超额累积利润的限制

4. 某公司目前的普通股100万股（每股面值1元，市价25元），资本公积400万元，未分配利润500万元。如果按1股换成2股的比例进行股票分割，则下列表述中，正确的有（　　　　）。

A. 股本为100万元

B. 股本为200万元

C. 资本公积增加240万元

D. 股东权益总额为1000万元

5. 某企业2010年实现销售收入2 480万元，全年固定成本570万元（含利息），变动成本率55%，所得税税率为25%。年初未分配利润借方余额为49.5万元（已超过5年的亏损弥补期），按15%提取盈余公积金，向投资者分配利润的比率为可供投资者分配利润的40%，不存在纳税调整事项。则下列表述正确的有（　　　　）。

A. 2010年提取的盈余公积金为54万元

B. 2010年可供投资者分配的利润为355.5万元

C. 2010年向投资者分配利润122.4万元

D. 2010年年末未分配利润183.6万元

6. 下列做法中遵循了利润分配的基本原则的有（　　　　）。

A. 缴纳所得税后的净利润，企业对此有权自主分配

B. 企业在分配中不能侵蚀资本

C. 企业必须在利润分配之前偿清所有债权人的到期债务

D. 企业分配利润的时候必须兼顾投资者、经营者、职工等多方面的利益

7. 下列关于剩余股利政策的表述中，正确的有（　　　　）。

A. 说明公司一年中始终保持同样的资本结构

B. 公司可以保持理想的资本结构

C. 公司统筹考虑了资本预算、资本结构和股利政策等财务基本问题

D. 保持目标资本结构是指保持全部资产的负债比率

三、计算分析题

1. 某公司年终利润分配前的股东权益项目资料如下：

股本-普通股（每股面值2元，1000万股）2000万元

资本公积 800万元。

未分配利润 4200万元。

所有者权益合计 7000万元。

公司股票的每股现行市价为35元。

【要求】计算回答下述3个互不关联的问题：

（1）计划按每10股送1股的方案发放股票股利并按发放股票股利后的股数派发每股现金股利0.2元，股票股利的金额按现行市价计算。计算完成这一方案后的股东权益各项目数额。

（2）如若按1股换2股的比例进行股票分割，计算股东权益各项目数额、普通股股数。

（3）假设利润分配不改变市净率，公司按每10股送1股的方案发放股票股利，股票股利按现行市价计算并按新股数发放现金股利，且希望普通股市价达到每股30元，计算每股现金股利应是多少。

2. 某公司本年实现的净利润为250万元，年初累计未分配利润为400万元。上年实现净利润200万元，分配的股利为120万元。

【要求】计算回答下列互不关联的问题：

（1）如果预计明年需要增加投资资本200万元，公司的目标资本结构为权益资本占60%，债务资本占40%。公司采用剩余股利政策，公司本年应发放多少股利？

（2）如果公司采用固定股利政策，公司本年应发放多少股利？

（3）如果公司采用固定股利支付率政策，公司本年应发放多少股利？

（4）如果公司采用正常股利加额外股利政策，规定每股正常股利为0.1元，按净利润超过正常股利部分的30%发放额外股利，该公司普通股股数为400万股，公司本年应发放多少股利？

长期筹资

第11章

本章属于长期筹资，从历年考试情况来看，本章考点主要集中在普通股的发行定价、股权再融资、普通股融资的特点、长期借款的保护性条款、长期借款筹资的特点、债券发行价格、债券的偿还、债券筹资的优缺点、租赁、认股权证和可转换债券内容等，尤其是租赁，基本是每年必考的内容，经常在计算分析题中出现。本章的题型主要是客观题，也可能涉及综合题，对于本章的学习，以理解记忆为主。近几年考试分值在8分左右。

【本章考点概览】

长期筹资	一、普通股筹资	1. 普通股筹资的特点	★
		2. 普通股的首次发行	★
		3. 股权再融资	★
	二、长期债务筹资	1. 长期债务筹资的特点	★
		2. 长期借款筹资	★★
		3. 长期债券筹资	★★
	三、混合筹资	1. 优先股筹资	★
		2. 附认股权证债券筹资	★★
		3. 可转换债券筹资	★★
	四、租赁筹资	1. 租赁存在的原因	★★
		2. 租赁的主要概念	★★
		3. 经营租赁和融资租赁	★★
		4. 售后回租	★

第一节 普通股筹资

考情分析： 对于本节内容，题型主要为客观题，分值在2分左右。考点主要集中在普通股的发行定价、股票上市、股权再融资、普通股融资的特点等。

学习建议： 对于本节内容的学习，重在了解股票的概念和种类，理解普通股的首次发行、定价与上市，理解股权再融资和普通股融资的特点，掌握普通股筹资的程序和方法。

权益资本融资构成了企业的原始资本，也是实现债务资本融资以及进行资产投资的基础。通过资本市场进行的权益资本筹资方式主要有普通股和优先股两种方式。普通股融资通常不需要归还本金且没有固定的股利负担，相对于债券和借款的固定性利息现金流支付所承担的财务风险而言，权益融资的融资成本较高。股权融资包括内部股权融资和外部股权融资，反映在资产负债表上，前者是指留存收益的增加，后者则体现为股本或实现资本的增加（通常伴随资本公积的增加）。本节重点说明普通股筹资的形式与特点。

一、普通股筹资的特点（★）

与其他筹资方式相比，普通股筹措资本具有如下优点和缺点，如表11-1所示。

表11-1　　　　　　　　　　　　　　　　普通股融资的优缺点

普通股融资的优点	普通股融资的缺点
（1）没有固定利息负担。公司有盈余，并认为适合分配股利，就可以分给股东；公司盈余较少，或虽有盈余但资金短缺或有更有利的投资机会，就可以支付或不支付股利 （2）没有固定到期日。利用普通股筹集的是永久性的资金，除非公司清算才需偿还 （3）筹资风险小。由于普通股没有固定到期日，不用支付固定的利息，因此风险小 （4）能增加公司的信誉。普通股本与留存收益构成公司所借入一切债务的基础。有了较多的自有资金，就可以为债权人提供较大的损失保障，因而，普通股筹资既可以提高公司的信用价值，同时也为使用更多的债务资金提供了强有力的支持 （5）筹资限制较少。利用优先股或债券筹资，通常有许多限制，这些限制往往会影响公司经营的灵活性，而利用普通股筹资则没有这种限制	（1）普通股的资本成本较高。首先，从投资者的角度讲，投资于普通股风险较高，相应地要求有较高的投资报酬率。其次，对于筹资公司来讲，普通股股利从净利润中支付，不像债券利息那样作为费用从税前支付，因而不具有抵税作用 （2）可能会分散公司的控制权。以普通股筹资会增加新股东，这可能会分散公司的控制权，削弱原有股东对公司的控制 （3）信息披露成本大，也增加了公司保护商业秘密的难度。如果公司股票上市，需要履行严格的信息披露制度，接受公众股东的监督，会带来较大的信息披露成本，也增加了公司保护商业秘密的难度 （4）股票上市会增加公司被收购的风险。公司股票上市后，其经营状况会受到社会的广泛关注，一旦公司经营或是财务方面出现问题，可能面临被收购的风险
另外，由于普通股的预期收益较高并可在一定程度上抵消通货膨胀的影响。在通货膨胀时普通股筹资容易吸收资金	此外，新股东分享公司未来发行新股前积累的盈余，会降低普通股的每股收益，从而可能引起股价的下跌

二、普通股的首次发行（★）

股票发行具体应执行的管理规定主要包括股票发行条件、发行程序和方式、销售方式等。其具体内容如表11-2所示。

表11-2　　　　　　　　　　　　　　股票发行具体应执行的管理规定

内　容		要点说明
股票初次发行的程序		（1）提出募集股份申请 （2）公告招股说明书，制作认股书、签订承销协议和代收股款协议 （3）招认股份，缴纳股款 （4）召开创立大会，选举董事会、监事会 （5）办理设立登记，交割股票
股票的发行方式	公开间接发行	公开间接发行是指通过中介机构，公开向社会公众发行股票。其优点是发行范围广，发行对象多，易于足额筹集资本；股票的变现性强，流通性好；还有助于提高发行公司的知名度和扩大影响；其缺点是手续繁杂，发行成本高
	不公开直接发行	不公开直接发行是指不公开对外发行股票，只向少数特定的对象直接发行，因而不需经中介机构承销。其优点是弹性较大，发行成本低；其缺点是发行范围小，股票变现性差
销售方式	自行销售	自行销售方式的优点是发行公司可直接控制发行过程，实现发行意图，并节省发行费用；其缺点是筹资时间较长，发行公司要承担全部发行风险，并需要发行公司有较高的知名度、信誉和实力
	委托销售	委托销售方式又分为包销和代销。包销是根据承销协议商定的价格，证券经营机构一次性全部发行公司公开募集的全部股票，然后以较高的价格出售给社会上的认购者，对发行公司来说其优点是可及时筹足资本，不承担发行风险；其缺点是损失部分溢价，发行成本高。代销是指证券经营机构代替发行公司代售股票，只获得佣金不承担股款未募足的风险，其优点是可获部分溢价收入，降低发行费用；其缺点是承担发行风险

【例题1·多选题】（2017年真题）与公开间接发行股票相比，下列关于不公开直接发行股票的说法中，正确的有（　　　）。

A．发行成本低　　　　　B．股票变现性差

C．发行范围小　　　　　D．发行方式灵活性小

【解析】本题考查的是普通股的首次发行。不公开直接发行，是指不公开对外发行股票，只向少数特定的对象直接发行，因而不需经中介机构承销。不公开直

接发行的弹性较大（选项D错误），发行成本低（选项A正确），但是发行范围小（选项C正确），股票变现性差（选项B正确）。

【答案】 ABC

【例题2·多选题】 对于发行公司来讲，采用自销方式发行股票的特点有（　　　　）。

A. 可及时筹足资本　　B. 免于承担发行风险

C. 节省发行费用　　D. 直接控制发行过程

【解析】 自销方式发行股票筹资时间较长，发行公司要承担全部发行风险。采用包销方式才具有及时筹足资本，免于承担发行风险等特点。

【答案】 CD

三、股权再融资（★）

【要点提示】 重点掌握配股、增发新股的相关内容。

上市公司利用证券市场进行再融资是国际证券市场的通行做法，是其能够持续发展的重要动力源泉之一，也是发挥证券市场资源配置功能的基本方式。再融资包含股权再融资、债权再融资和混合证券再融资等几种形式，其中股权再融资的方式包括向现有股东配股和增发新股融资。

配股是指向原普通股股东按其持股比例、以低于市价的某一特定价格配售一定数量新发行股票的融资行为。增发新股可分为公开增发和非公开增发。公开增发是指面向不特定对象的公开增发；非公开增发也称定向增发，是面向特定对象的非公开增发。

（一）配股

按照惯例，公司配股时新股的认购权按照原有股权比例在原股东之间分配。配股赋予企业现有股东配股权，使得现有股东拥有合法的优先购买新发股票的权利。配股的相关概念如表11-3所示。

表11-3　　　　　　　　　　　　配股的相关概念

项　目	要点阐述
配股权	配股权是指向原普通股股东按其持股比例、以低于市价的某一特定价格配售一定数量新发行股票的融资行为 配股权的目的有：不改变老股东对公司的控制权和享有的各种权利；因发行新股将导致短期内每股收益稀释，通过折价配售的方式可以给老股东一定的补偿，鼓励老股东认购新股，以增加发行量 配股权的特征，是普通股股东的优惠权，实际上是一种短期的看涨期权。配股价格确定一般采取网上定价的方式，由主承销商和发行人协商确定
配股条件	上市公司向原股东配股的，除了要符合公开发行股票的一般规定外，还应当符合下列规定： （1）拟配售股份数量不超过本次配售股份前股本总额的30% （2）控股股东应当在股东大会召开前公开承诺认配股份的数量 （3）采用证券法规定的代销方式发行
配股价格	配股一般采取网上定价发行的方式，配股价格由主承销商和发行人协商确定
除权价格	通常配股股权登记日后要对股票进行除权处理。除权后股票的理论除权基准价格为： 配股除权价格=（配股前股票市值+配股价格×配股数量）÷（配股前股数+配股数量） =（配股前每股价格+配股价格×股份变动比例）÷（1+股份变动比例）
配股权价值	一般来说，老股东可以以低于配股前股票市价的价格购买所发配的股票，即配股权的执行价格低于当前股票价格，此时配股权是实值期权，因此配股权具有价值 配股权价值=（配股后的股票价格−配股价格）÷（购买一股新股所需的认股权数）

◀)) 名师点拨 ••••••••••••••••••

如果除权后股票交易市价高于该除权基准价格，这种情形使得参与配股的股东财富较配股前有所增加，一般称之为"填权"；反之股价低于除权基准价格则会减少参与配股股东的财富，一般称之为"贴权"。若配股后交易价格等于理论除权价格：则参与配股后股东财富不变，放弃参与配股后股东财富减少。

【例题3·单选题】（2016年真题）甲公司采用配股方式进行融资，拟每10股配1股，配股前价格是每股

9.1元，配股价格每股8元。假设所有股东均参与配股，则配股除权价格是（　　　　）元。

A. 8　　　　B. 10.1　　　C. 9　　　D. 8.8

【解析】 本题考查的是配股。配股除权价格=（配股前每股价格+配股价格×股份变动比例）÷（1+股份变动比例）=（9.1+8×10%）÷（1+10%）=9（元）。

【答案】 C

【案例11-1】 A公司采用配股的方式进行融资。2010年3月21日为配股除权登记日，以公司2009年12月

31日总股本1 000 000股为基数，拟每10股配2股。配股价格为配股说明书公布前20个交易日公司股票收盘价平均值的5元/股的80%，即配股价格为4元/股。

假定在分析中不考虑新募集投资的净现值引起的企业价值的变化，计算并分析：

【要求】

（1）在所有股东均参与配股的情况下，配股后的每股价格。

（2）计算每一份优先配股权的价值。

（3）假设某股东拥有100 000股A公司股票，若配股后的股票市价与配股的除权价格一致，计算若该股东参与配股，对该股东财富的影响。

（4）假设某股东拥有100 000股A公司股票，若配股后的股票市价与配股的除权价格一致，计算只有该股东未参与配股，该股东财富有何变化。

【答案】

（1）由于不考虑新投资的净现值引起的企业价值的变化，配股后股票的价格应等于配股除权价格。

配股后每股价格=（5 000 000+200 000×4）÷（1 000 000+200 000）=4.833（元/股）

（2）在股票的市场价值正好反映新增资本的假设下，新的每股市价为4.833元。

由于原有股东每拥有10份股票将得到2份配股权，故为了得到一股新股份配股权，需要5份认股权数。因此：

配股权的价值=（4.833-4）÷5=0.167（元）

（3）假设某股东拥有100 000股A公司股票，配股前价值为500 000元。

参与配股投资额=4×20 000=80 000（元）

股东配股后拥有股票总价值为=4.833×120 000=579 960（元）

股东财富的情况没有变化。

（4）如果该股东没有参与配股，配股前价值为500 000元。

配股后股票的价格=（5 000 000+180 000×4）÷（1 000 000+180 000）=4.847（元/股）

股东配股后股票价值=4.847×100 000=484 700（元）

股东财富损失=500 000-484 700=15 300（元）

【例题4·多选题】 A公司采用配股的方式进行融资。2014年3月25日为配股除权登记日，以公司2013年

12月31日总股本1 000 000股为基数，拟每10股配1股。配股价格为配股说明书公布前20个交易日公司股票收盘价平均值的8元/股的85%，若除权后的股票交易市价为7.8元，若所有股东均参与了配股，则（　　　　）。

A. 配股的除权价格为7.89元/股

B. 配股的除权价格为8.19元/股

C. 配股使得参与配股的股东"贴权"

D. 配股使得参与配股的股东"填权"

【解析】 配股的除权价格=（8×1 000 000+100 000×6.8）÷（1 000 000+100 000）=7.89（元/股），由于除权后股票交易市价低于除权基准价格，则会减少参与配股股东的财富，一般称之为"贴权"。

【答案】 AC

【例题5·单选题】 配股是上市公司股权再融资的一种方式。下列关于配股的说法中，正确的是（　　　　）。

A. 配股价格一般采取网上竞价方式确定

B. 配股价格低于市场价格，会减少老股东的财富

C. 配股权是一种看涨期权，其执行价格等于配股价格

D. 配股权价值等于配股后股票价格减配股价格

【解析】 配股一般采取网上定价的方式，配股价格由主承销商和发行人协商确定，选项A错误；配股权是一种看涨期权，执行价格等于配股价格，若配股价格低于市场价格，则配股权是实值期权，对股东有利，所以选项B错误；配股权价值=（配股后价格-配股价格）÷购买一股新股所需的认股权数，所以选项D错误。

【答案】 C

（二）增发新股

增发新股的方式分为公开增发和非公开增发。两者在增发对象、增发新股的特别规定、增发新股的定价和增发新股的认购方式方面存在区别。

1. 新股增发的对象

从增发对象来看，公开增发与首次公开发行一样，没有特定的发行对象，股票市场上的投资者均可以认购。而非公开增发（也称定向增发）的对象主要针对机构投资者与大股东及关联方（指上市公司的控股股东或关联方）。机构投资者大体可以划分为财务投资者和战略投资者。

①财务投资者：通常以获利为目的，通过短期持有上市公司股票适时套现，实现获利的法人，他们一般不参与公司的重大的战略决策。

②战略投资者：他们与发行公司业务联系紧密且欲长期持有发行公司股票。上市公司通过非公开增发引入战略投资者不仅获得战略投资者的资金，还有助于引入其管理理念与经验，改善公司治理。

2. 新投增发的特别规定

从增发新股的特别规定来看，公开增发要求如下。

（1）最近3个会计年度连续盈利（扣除非经营性损益后的净利润与扣除前的净利润相比，以低者作为计算依据）。

（2）最近3个会计年度加权平均净资产收益率平均不低于6%（扣除非经营性损益后的净利润与扣除前的净利润相比，以低者作为加权平均净资产收益率的计算依据）。

（3）最近3年以现金方式累计分配的利润不少于最近3年实现的年均可分配利润的30%。

（4）除金融企业外，最近1期期末不存在持有金额较大的交易性金融资产和可供出售的金融资产、借予他人款项、委托理财等财务性投资的情形。

非公开增发没有过多发行条件上的限制，一般只要发行对象符合要求，并且不存在一些严重损害投资者合法权益和社会公共利益的情形均可申请非公开发行股票。

3. 增发新股的定价

从增发新股的定价来看，公开增发按照"发行价格应不低于公告招股意向书前20个交易日公司股票均价或前1个交易日的均价"的原则确定增发价格。非公开增发的发行价格应不低于定价基准日前20个交易日公司股票均价的90%。

4. 增发新股的认购方式

从增发新股的认购方式来看，公开增发通常为现金认购；非公开增发不限于现金，还包括权益、债权、无形资产、固定资产等非现金资产。

【例题6·单选题】下列关于普通股筹资定价的说法中，正确的是（　　　　）。

A. 首次公开发行股票时，发行价格应由发行人与承销的证券公司协商确定

B. 上市公司向原有股东配股时，发行价格可由发行人自行确定

C. 上市公司公开增发新股时，发行价格不能低于公告招股意向书前20个交易日公司股票均价的90%

D. 上市公司非公开增发新股时，发行价格不能低于定价基准日前20个交易日公司股票的均价

【解析】配股一般采取网上定价发行的方式。配股价格由主承销商和发行人协商确定，选项B错误；上市公司公开增发新股的定价通常按照"发行价格应不低于公开招股意向书前20个交易日公司股票均价或前1个交易日的均价"的原则确定增发价格，选项C错误；上市公司非公开增发新股时，发行价格应不低于定价基准日前20个交易日公司股票均价的90%，选项D错误。

【答案】A

【案例11-2】MC上市公司2007～2010年度部分财务数据如表11-4所示。

表11-4　　　　　　MC上市公司2007～2010年度部分财务数据

项　目	2007年	2008年	2009年	2010年
归属于上市公司股东的净利润/万元	17 600	55 000	19 000	31 000
归属于上市公司股东的扣除非经常性损益的净利润/万元	17 600	53 000	17 000	25 000
加权平均净资产收益率	18.87%	31.75%	8.57%	12.46%
扣除非经常性损益后的加权平均净资产收益率	18.88%	30.96%	7.91%	10.28%
每股现金股利（含税）/元	0.1	0.1	0.04	0.06
当年股利分配股本基数/万元	20 000	60 000	60 000	60 000
当年实现可供分配利润/万元	15 900	49 600	18 400	29 600

【要求】依据上述财务数据判断MC上市公司是否满足公开增发股票的基本条件：

（1）依据中国证券监督管理委员会2006年5月8日发布的《上市公司证券发行管理办法》，上市公司公开增

发对公司盈利持续性与盈利水平的基本要求：①最近3个会计年度连续盈利（扣除非经营性损益后的净利润与扣除前的净利润相比，以低者作为计算依据）；②最近3个会计年度加权平均净资产收益率平均不低于6%（扣除非

经营性损益后的净利润与扣除前的净利润相比,以低者作为加权平均净资产收益率的计算依据)。

MC上市公司2008～2010年3个会计年度连续盈利,且加权平均净资产收益率均高于6%。

(2)依据中国证券监督管理委员会令第57号《关于修改上市公司现金分红若干规定的决定》(自2008年10月9日起实施),上市公司公开增发对公司现金股利分配水平的基本要求是:最近3年以现金方式累计分配的利润不少于最近3年实现的年均可分配利润的30%。

MC上市公司2008～2010年3个会计年度累积分配现金股利=∑(各年度每股现金股利×当年股利分配的股本基数)=(0.1+0.04+0.06)×60 000=12 000(万元)

MC上市公司2008～2010年3个会计年度实现的年均可分配利润=(49600+18400+29600)÷3=32533.33(万元)

MC上市公司2008～2010年3个会计年度以现金方式

累计分配的利润占最近3年实现的年均可分配利润的比重=12 000÷32 533.33=36.89%>30%

依据上述条件,2011年MC上市公司满足了公开增发再融资的基本财务条件。

【案例11-3】假设ABC公司总股本的股数为100 000股,现采用公开增发方式发行20 000股,增发前一交易日股票市价为6元/股。老股东和新股东各认购了10 000股。假设不考虑新募集资金投资的净现值引起的企业价值的变化,在增发价格分别为6.5元/股、6元/股、5.5元/股的情况下,老股东或新股东的财富将分别有什么变化?

【解析】

(1)以每股6.5元的价格发行了20 000股新股:

增发后每股价格=(600 000+20 000×6.5)÷(100 000+20 000)=6.083 333 333 3(元/股)

以6.5元价格增发股票前后新老股东相关数据如表11-5所示。

表11-5　以6.5元价格增发股票前后新老股东相关数据

项　目	老股东财富			新股东财富		
	股票	现金	合计	股票	现金	合计
增发前	100 000×6=600 000	6.5×10 000=65 000	665 000	0	6.5×10 000=65 000	65 000
增发后	110 000×6.083 333 333 3 =669 166.67	0	669 166.67	10 000×6.083 333 333 3 =60 833.33		60 833.33
差　额			4 166.67			−4166.67

可见,如果增发价格高于市价,老股东的财富增加,并且老股东财富增加的数量等于新股东财富减少的数量。

(2)增发价格为6元/股时:

增发后每股价格=(600 000+20 000×6)÷

(100 000+20 000)=6(元/股)

以6元价格增发股票前后新老股东相关数据如表11-6所示。

表11-6　以6元价格增发股票前后新老股东相关数据

项　目	老股东财富			新股东财富		
	股票	现金	合计	股票	现金	合计
增发前	100 000×6=600 000	6×10 000=60 000	660 000	0	6×10 000=60 000	60 000
增发后	110 000×6=660 000	0	660 000	10 000×6=60 000		60 000
差　额			0			0

(3)增发价格为5.5元/股时:

增发后每股价格=(600 000+20 000×5.5)÷(100 000+20 000)=5.916 666 666 7(元/股)

以5.5元价格增发股票前后新老股东相关数据如表11-7所示。

表11-7　　　　　　　　　　　以5.5元价格增发股票前后新老股东相关数据

项 目	老股东财富			新股东财富		
	股票	现金	合计	股票	现金	合计
增发前	100 000×6=600 000	5.5×10 000=55 000	655 000	0	5.5×10 000=55 000	55 000
增发后	110 000×5.916 666 666 7 =650 833.3	0	650 833.3	10 000×5.916 666 666 7 = 59 166.7		59 166.7
差 额			−4 166.7			4 166.7

【结论】若不考虑新募集资金投资的净现值引起的企业价值的变化。

（1）如果增发价格高于增发前市价，老股东的财富增加，并且老股东财富增加的数量等于新股东财富减少的数量。

（2）如果增发价格低于增发前市价，老股东的财富减少，并且老股东财富减少的数量等于新股东财富增加的数量。

（3）如果增发价格等于增发前市价，老股东和新股东的财富不变。

【例题7·计算分析题】M公司是一家经营电子产品的上市公司。公司目前发行在外的普通股为10 000万股，每股价格为10元，没有负债。为了投资液晶显示屏项目，公司现在急需筹集资金16 000万元，有以下4个备选筹资方案：

方案一：以目前股本10 000万股为基数，每10股配2股，配股价格为8元/股。

方案二：按照目前市价公开增发股票1 600万股。

方案三：发行10年期的公司债券，债券面值为每份1 000元，票面利率为9%，每年年末付息一次，到期还本，发行价格拟定为950元/份。目前等风险普通债券的市场利率为10%。

方案四：按面值发行10年期的附认股权证债券，债券面值为每份1 000元，票面利率为9%，每年年末付息一次，到期还本。每份债券附送20张认股权证，认股权证只能在第5年年末行权，行权时每张认股权证可按15元的价格购买1股普通股。公司未来仅靠利润留存提供增长资金，不打算增发或回购股票，也不打算增加新的债务筹资，项目投资后公司总价值年增长率预计为12%。目前等风险普通债券的市场利率为10%。

假设上述各方案的发行费用均可忽略不计。

【要求】

（1）如果要使方案一可行，企业应在盈利持续性、现金股利分配水平和拟配售股份数量方面满足什么条件？假设该方案可行并且所有股东均参与配股，计算配股除权价格及每份配股权价值。

（2）如果要使方案二可行，企业应在净资产收益率方面满足什么条件？应遵循的公开增发新股的定价原则是什么？

【答案】

（1）①最近3个会计年度连续盈利（扣除非经常性损益后的净利润与扣除前的净利润相比，以低者作为计算依据）。

②拟配售股份数量不超过本次配售股份前股本总额的30%。

③最近3年以现金方式累计分配的利润不少于最近3年实现的年均可分配利润的30%。

配股除权价格=（10+8×20%）÷（1+20%）=9.67（元/股）

配股权价值=（9.67−8）÷5=0.33（元）

（2）最近3个会计年度加权平均净资产收益率平均不低于6%（扣除非经常性损益后的净利润与扣除前的净利润相比，以低者作为加权平均净资产收益率的计算依据）。"发行价格应不低于公告招股意向书前20个交易日公司股票均价或前1个交易日的均价"的原则确定增发价格。

（三）股权再融资对企业的影响

股权融资对企业产生的影响主要包括：

（1）对公司资本结构的影响。一般来说，权益资本成本高于债务资本成本，采用股权再融资会降低资产负债率，并可能会使资本成本增大；但如果股权再融资有助于企业目标资本结构的实现，降低债务违约风险，就会一定程度上降低企业的加权平均资本成本，增加企业的整体价值。

（2）对企业财务状况的影响。在企业运营及盈利状况不变的情况下，采用股权再融资的形式筹集资金会降低企业的财务杠杆水平，并降低净资产收益率。但企业如果能将股权再融资筹集的资金投资于具有良好发展前景的项目，获得正的投资活动净现值，或者能够改善企业的资本结构，降低资本成本，就有利于增加企业的价值。

（3）对控制权的影响。就配股而言，控股股东只要不放弃认购的权利，就不会削弱控制权。公开增发会引入新股东，股东的控制权受到增发认购数量的影响；非公开增发相对复杂，若对财务投资者和战略投资者增发，则会降低控股股东的控股比例，但财务投资者和战略投资者大多与控股股东有良好的合作关系，一般不会对控股股东的控制权形成威胁；若面向控股股东的增发是为了收购其优质资产或实现集团整体上市，则会提高控股股东的控股比例，增强控股股东对上市公司的控制权。

第二节　长期债务筹资

考情分析： 对于本节内容，题型主要为客观题，可能涉及综合题，分值在2分左右。考点主要集中在长期借款的保护性条款、长期借款筹资的特点、债券发行价格、债券的偿还、债券筹资的优缺点等。

学习建议： 对于本节内容的学习，重在理解长期负债筹资的特点、长期借款筹资和长期债券筹资，掌握长期负债筹资的程序和方法。

一、长期债务筹资的特点（★）

（一）债务筹资的含义、特点和分类

债务筹资是指通过负债筹集资金。负债是企业一项重要的资金来源，几乎没有一家企业是只靠自有资本，而不运用负债就能满足资金需要的。债务筹资是与普通股筹资性质不同的筹资方式，它们在资本成本、公司控制权、筹资风险和资金使用的限制方面存在区别。

债务筹资的资本成本低，因为利息可抵税，相应投资人风险小，要求回报低；普通股筹资本成本高，因为股利不能抵税，相应股票投资人风险大，要求回报高。

债务筹资不分散控制权，普通股筹资会分散控制权。

债务筹资的筹资风险高，因为需要到期偿还并支付固定利息；普通股筹资的筹资风险低，因为无到期日，且没有固定的股利负担。

债务筹资资金使用的限制条款多；普通股筹资资金使用的限制少。

（二）长期债务筹资的优点和缺点

债务筹资是指期限超过1年的负债。长期债务筹资优点和缺点如表11-8所示。

表11-8　　　　　　　　　　　长期债务筹资的优点和缺点

优　点	缺　点
（1）可以解决企业长期资金的不足，满足长期固定资产的需要 （2）长期负债筹资的归还期长，债务人可对债务归还作长期安排，还债压力和风险较小	（1）长期负债的成本较高，长期负债的利率一般要比短期利率高 （2）长期负债的限制较多，债权人经常会向债务人提出一些限制性条件来保证其能够及时、足额偿还债务本金和支付利息

我国目前的长期债务筹资主要有长期借款和长期债券两种方式。

【例题8·多选题】 发行股票筹集资金对企业而言的有利之处在于（　　　）。

　A．增强公司筹资能力

　B．降低公司财务风险

　C．降低公司资本成本

　D．筹资限制较少

【解析】 股票筹资的资本成本一般较高，故答案C

错误；发行股票筹集资金能增强公司的筹资能力，相对负债比例降低，故能降低公司财务风险。利用优先股或债券筹资，通常有许多限制，这些限制往往会影响公司经营的灵活性，而利用普通股筹资则没有这种限制，故答案A、B、D正确。

【答案】 ABD

二、长期借款筹资（★★）

【要点提示】 重点掌握长期借款筹资与长期债券

筹资的比较、长期借款的保护性条款、长期借款筹资的优点和缺点。

长期借款是指企业向银行或其他非银行金融机构借入的使用期超过1年的借款，主要用于购建固定资产和满足长期流动资金占用的需要。

（一）长期借款的种类

长期借款的种类很多，各企业可根据自身的情况和各种借款条件选用。我国目前各金融机构的长期借款主要有以下几种。

（1）按用途，分为固定资产投资借款、更新改造借款、科技开发和新产品试制借款等。

（2）按照提供贷款的机构，分为政策性银行贷款、商业银行贷款等。

（3）按照有无担保，分为信用贷款和抵押贷款。

长期负债与短期负债相比，短期负债的资本成本低，长期负债的资本成本高；短期负债的筹资风险高（期限短，还本付息压力大），长期负债的筹资风险低；短期负债资金使用的限制相对宽松，长期负债资金使用的限制条款多；短期负债的筹资速度快且容易取得，长期负债的筹资速度慢。

银行借款与债券融资相比，银行借款的资本成本低（利息率低，筹资费低），债券融资的资本成本高；银行借款的筹资速度快（手续比发行债券简单），债券融资的筹资速度慢；银行借款的筹资弹性大（可协商，可变更性比债券好），债券融资的筹资弹性小；银行借款。

筹资对象窄，范围小，债券融资对象广，范围大。

【例题9·多选题】长期债券筹资与短期债券筹资相比（　　　）。

A．筹资风险大

B．筹资风险小

C．成本高

D．速度快

【解析】长期债券与短期债券相比，长期负债的资本成本高，筹资风险较小，速度慢，长期负债资金使用的限制条款多。

【答案】BC

【例题10·单选题】长期借款筹资与长期债券筹资相比，其特点是（　　　）。

A．利息能节税

B．筹资弹性大

C．筹资费用大

D．债务利息高

【解析】借款时企业与银行直接交涉，有关条件可谈判确定，用款期间发生变动，也可与银行再协商。而债券融资面对的是社会广大投资者，协商改善融资条件的可能性很小。

【答案】B

（二）取得长期借款的条件

金融机构对企业发放贷款的原则是：按计划发放、择优扶植、有物资保证、按期归还。企业申请贷款一般应具备的条件如下。

（1）独立核算、自负盈亏、有法人资格。

（2）经营方向和业务范围符合国家产业政策，借款用途属于银行贷款办法规定的范围。

（3）借款企业具有一定的物资和财产保证，担保单位具有相应的经济实力。

（4）具有偿还贷款的能力。

（5）财务管理和经济核算制度健全，资金使用效益及企业经济效益良好。

（6）在银行设有账户，办理结算。

具备上述条件的企业欲取得贷款，先要向银行提出申请，陈述借款原因与金额、用款时间与计划、还款的期限与计划。银行根据企业的借款申请，针对企业的财务状况、信用情况、盈利的稳定性、发展前景、借款投资项目的可行性等进行审查。银行审查同意贷款后，再与借款企业进一步协商贷款的具体条件，明确贷款的种类、用途、金额、利率、期限、还款的资金来源及方式、保护性条件、违约责任，等等，并以借款合同的形式将其法律化。借款合同生效后，企业便可取得借款。

（三）长期借款的保护性条款

由于长期借款的期限长、风险大，按照国际惯例，银行通常对借款企业提出一些有助于保证贷款按时足额偿还的条件。将这些条件写进贷款合同中，就形成了合同的保护性条款，归纳起来，保护性条款大致有如下两类。

1．一般性保护条款

一般性保护条款应用于大多数借款合同，但根据具体情况会有不同内容，主要包括以下几项。

（1）对借款企业流动资金保持量的规定，其目的在于保持借款企业资金的流动性和偿债能力。

（2）对支付现金股利和再购入股票的限制，其目的在于限制现金外流。

（3）对净经营性长期资产总投资规模的限制，其目的在于减小企业日后不得不变卖固定资产以偿还贷款的可能性，仍着眼于保持借款企业资金的流动性。

（4）限制其他长期债务，其目的在于防止其他贷款人取得对企业资产的优先求偿权。

（5）借款企业定期向银行提交财务报表，其目的在于及时掌握企业的财务情况。

（6）不准在正常情况下出售较多资产，以保持企业正常的生产能力。

（7）如期缴纳税费和清偿其他到期债务，以防被罚款而造成现金流流失。

（8）不准以任何资产作为其他承诺的担保或抵押，以免企业负担过重。

（9）不准贴现应收票据或出售应收账款，以避免或有负债。

（10）限制租赁固定资产的规模，其目的在于防止企业负担巨额租金以致削弱其偿债能力，还在于防止企业以租赁固定资产的办法摆脱对其净经营性长期资产总投资和负债的约束。

2. 特殊性保护条款

特殊性保护条款是针对某些特殊情况而出现在部分借款合同中的，主要包括以下几项。

（1）贷款专款专用。

（2）不准企业投资于短期内不能收回资金的项目。

（3）限制企业高级职员的薪金和奖金总额。

（4）要求企业主要领导人在合同有效期担任领导职务。

（5）要求企业主要领导人购买人身保险，等等。

此外，"短期借款筹资"中的周转信贷协定、补偿性余额等条件，也同样适用于长期借款。

（四）长期借款的成本

长期借款的利息率通常高于短期借款，但信誉好或抵押品流动性强的借款企业，仍然可以争取到较低的长期借款利率。长期借款利率有固定利率和浮动利率两种。浮动利率通常有最高、最低限，并在借款合同中明确。对于借款企业来讲，若预测市场利率将上升，应与银行签订固定利率合同；反之，则应签订浮动利率合同。

除了利息之外，银行还会向借款企业收取其他费用，如实行周转信贷协定所收取的承诺费、要求借款企业在本银行中保持补偿余额所形成的间接费用。这些费用会增大长期借款的成本。

（五）长期借款的偿还方式

长期借款的偿还方式不统一，包括定期支付利息、到期一次性偿还本金的方式；如同短期借款那样的定期等额偿还方式；平时逐期偿还小额本金和利息、期末偿还余下的大额部分的方式。第一种偿还方式会加大企业借款到期时的还款压力，而定期等额还又会提高企业使用贷款的有效年利率。

（六）长期借款筹资的优点和缺点

长期借款筹资的优点和缺点如表11-9所示。

表11-9　　　　　　　　　长期借款筹资的优点和缺点

优　点	缺　点
（1）筹资速度快 （2）借款弹性好	（1）财务风险较大 （2）限制条款较多

【例题11·多选题】（2015年真题）下列各项中，属于企业长期借款合同一般保护性条款的有（　　　）。

A. 限制企业股权再融资

B. 限制企业高级职员的薪金和奖金总额

C. 限制企业租入固定资产的规模

D. 限制企业增加优先求偿权的其他长期债务

【解析】本题主要考查的是有关长期借款的保护性条款。一般性保护条款应用于大多数借款合同，但根据具体情况会有不同内容，主要包括：（1）对借款企业流动资金保持量的规定，其目的在于保持借款企业资金的流动性和偿债能力；（2）对支付现金股利和再购入股票的限制，其目的在于限制现金外流；（3）对净经营性长期资产投资规模的限制，其目的在于减小企业日后不得不变卖固定资产以偿还贷款的可能性，仍着眼于保持借款企业资金的流动性；（4）限制其他长期债务，其目的在于防止其他贷款人取得对企业资产的优先求偿权；（5）借款企业定期向银行提交财务报表，其目的在于及时掌握企业的财务情况；（6）不准在正常情况下出售较多资产，以保持企业正常的生产经营能力；（7）如期缴纳税费和清偿其他到期债务，以防被罚款而造成现金流失；（8）不准以任何资产作为其他承诺的担保或抵押，以避免企业负担过重；（9）不准贴现应收票据或出售应收账款，以避免或有负债；（10）限制租赁固定资产的规模，其目的在于防止企业负担巨额租金以致削弱其偿债能力，还在于防止企业以租赁固定资产的办法摆脱对其净经营性长期资产总投资和负债的约束。

由此可见，选项C、D符合正确选项。

【答案】CD

三、长期债券筹资（★★）

【要点提示】重点掌握债券的发行价格、债券的偿还、债券筹资的优点和缺点。

表11-10   票面利率与市场利率的关系

类 型	票面利率与市场利率的关系
溢价发行（发行价格>面值）	票面利率>市场利率
平价发行（发行价格=面值）	票面利率=市场利率
折价发行（发行价格<面值）	票面利率<市场利率

债券发行价格的计算公式为：

$$债券发行价格=\frac{票面金额}{(1+市场利率)^n}+\sum_{t=1}^{n}\frac{票面金额×票面利率}{(1+市场利率)^t}$$

式中　n——债券期限；

t——付息期数。

市场利率是指债券发行时的市场利率。

上述债券发行价格的计算公式的基本原理是将债券的全部现金流按照债券发行时的市场利率进行贴现并求和。债券的全部现金流包括债券持续期间内各期的利息现金流与债券到期支付的面值现金流。

【案例11-4】东方公司发行面值为10 000元，票面利率为10%，期限为10年，每年年末付息的债券。在公司决定发行债券时，认为10%的利率是合理的。如果到债券正式发行时，市场上的利率发生变化，那么就要调整债券的发行价格。现按以下3种情况分别讨论。

（1）资金市场上的利率保持不变，南华公司的债券利率为10%仍然合理，则可采用平价发行。

债券的发行价格=10000×（P/F，10%，10）+10000×10%×（P/A，10%，10）=10 000×0.385 5+ 1 000×

债券是发行人依照法定程序发行，约定在一定期限内还本付息的有价证券。债券的发行人是债务人，投资于债券的人是债权人。这里所说的债券，指的是期限超过1年的公司债券，其发行的目的通常是为建设大型项目筹集大笔长期资金。

（一）债券发行价格

债券的发行价格是债券发行时使用的价格，亦即投资者购买债券时所支付的价格。公司债券的发行价格通常有3种：平价、溢价和和折价。

债券发行价格=未来支付的利息现值+到期本金的现值。

◄)) 名师点拨 ·········

折现率按债券发行时的市场利率确定。票面利率与市场利率的关系如表11-10所示。

6.144 6=9 999.6（元）

（2）资金市场上的利率有较大幅度的上升，达到12%，则采用折价发行。

债券的发行价格=10 000×（P/F，12%，10）+10 000×10%×（P/A，12%，10）=10 000×0.322+1 000×5.650 2=8 870.2（元）

也就是说，只有按8 870.2元的价格出售，投资者才会购买此债券，并获得12%的报酬。

（3）资金市场上的利率有较大幅度的下降，达到8%，则采用溢价发行。

债券的发行价格=10 000×（P/F，8%，10）+ 10 000×10%×（P/A，8%，10）=10 000×0.4 632+ 1 000×6.710 1=11342.1（元）

也就是说，投资者把11 342.1元的资金投资于东方公司面值为10 000元的债券，便可获得8%的报酬。

【例题12·计算分析题】M公司是一家经营电子产品的上市公司。公司目前发行在外的普通股10 000万股，每股价格为10元，没有负债。为了投资液晶显示屏项目，公司现在急需筹集资金16 000万元，有如下4个备选筹资方案。

方案一：以目前股本10 000万股为基数，每10股配2股，配股价格为8元/股。

方案二：按照目前市价公开增发股票1 600万股。

方案三：发行10年期的公司债券，债券面值为每份1 000元，票面利率为9%，每年年末付息一次，到期还本，发行价格拟定为950元/份。目前等风险普通债券的市场利率为10%。

【要求】

如果要使方案三可行，企业应在净资产、累计债券余额和利息支付能力方面满足什么条件？计算每份债券价值，判断拟定的债券发行价格是否合理并说明原因。

【答案】

股份有限公司的净资产不低于人民币3 000万元，有限责任公司的净资产不低于人民币6 000万元，累计债券余额不超过公司净资产的40%。最近3年平均可分配利润足以支付公司债券1年的利息。

$1\,000 \times 9\% \times (P/A, 10\%, 10) + 1\,000 \times (P/F, 10\%, 10) = 90 \times 6.144\,6 + 1\,000 \times 0.385\,5 = 938.51$（元）

债券价格950元不合理，因为高于内在价值，投资人不会接受。

（二）债券评级

公司公开发行债券通常需要由债券评信机构评定等级。债券的信用等级对于发行公司和购买人都有重要影响。因为：①债券评级是度量违约风险的一个重要指标，债券的等级对于债务融资的利率以及公司债务成本有着直接的影响；②债券评级方便投资者进行债券投资决策。

国际上流行的债券等级是3等9级。AAA级是最高级，AA级为高级，A级为上中级，BBB级为中级，BB级为中下级，B级为投机级，CCC级为完全投机级，CC级为最大投机级，C级为最低级。我国的债券评级工作正在开展，但尚无统一的债券等级标准和系统评级制度。根据中国人民银行的有关规定，凡是向社会公开发行的企业债券，需要由经中国人民银行认可的资信评级机构进行评级。这些机构对发行债券企业的企业素质、财务质量、项目状况、项目前景和偿债能力进行评分，由此评定信用级别。

（三）债券的偿还

1. 债券偿还时间

债券偿还的方式根据偿还时间的不同分为到期偿还、提前偿还和滞后偿还。到期偿还分为分批偿还和一次偿还；滞后偿还分为转期偿还和转换偿还，转期偿还是指将较早到期的债券换成到期日较晚的债券，转换偿还是指可以按一定的条件转换成本公司股票的债券。

一般在当企业资金有结余时或当预测年利息率下降时选择提前偿还。

2. 债券的偿还形式

债券的偿还形式是指在偿还债券时使用什么样的支付手段。可使用的手段包括现金、新发行的本公司债券（简称新债券）、本公司的普通股股票（简称普通股）和本公司持有的其他公司发行的有价证券（简称有价证券）。

3. 债券的付息

债券的付息方式主要表现在利息率的确定、付息频率和付息方式3个方面。

利息率的确定有固定利率和浮动利率两种形式。浮动利率一般是指由发行人选择一个基准利息率，按基准利息率水平在一定时间间隔中对债务的利率进行调整。

付息频率越高，资金链发生的次数越多，对投资人的吸引力越大。债券付息频率主要有按年付息、按半年付息、按季付息、按月付息和一次性付息（利随本清、贴现发行）5种。

付息方式有两种：一种是采取现金、支票或汇款的方式；另一种是采用息票债券的方式。

（四）债券筹资的优点和缺点

与其他长期负债筹资相比，长期债券的优缺点如下。

1. 债券筹资的优点

（1）筹资规模较大。债券属于直接融资，发行对象分布广泛，市场容量相对较大，且不受金融中介机构自身资产规模及风险管理的约束，可以筹集的资金数量也较多。

（2）具有长期性和稳定性。债券的期限可以比较长，且债券的投资者一般不能在债券到期之前向企业索取本金，因而债券筹资方式具有长期性和稳定性的特点。金融机构对较长期限借款的比例往往会有一定的限制。

（3）有利于资源优化配置。由于债券是公开发行的，是否购买债券取决于市场上众多投资者自己的判断，并且投资者可以方便地交易并转让所持有的债券，有助于加速市场竞争，优化社会资金的资源配置效率。

2. 债券筹资的缺点

（1）发行成本高。企业公开发行公司债券的程序复杂，需要聘请保荐人、会计师、律师、资产评估机构以及资信评级机构等中介，发行的成本较高。

（2）信息披露成本高。发行债券需要公开披露募集说明书及其引用的审计报告、资产评估报告、资信评级报告等多种文件。债券上市后也需要披露定期报告和临时报告，信息披露成本较高。同时也对保守企业的经营、财务等信息及其他商业机密不利。

（3）限制条件多。发行债券的契约书的限制条款通常比优先股及短期债务更为严格，可能会影响企业的政策发展和以后的筹资能力。

【例题13·单选题】如果企业在发行债券的契约中规定了允许提前偿还的条款（　　　　）。

A. 当预测年利息率下降时，一般应提前赎回债券

B. 当预测年利息率上升时，一般应提前赎回债券

C. 当债券投资人提出申请时，才可提前赎回债券

D. 当债券价格下降时，一般应提前赎回债券

【解析】预测年利息率下降时，如果提前赎回债券，而后以较低的利率来发行新债券，可以降低利息费用，对企业有利。

【答案】A

第三节　混合筹资

考情分析：对于本节内容，题型可能涉及客观题和主观题，可能单独或与其他章节结合出综合题，分值在6分左右。考点主要集中在附认股权证和可转换债券成本内容上。

学习建议：对于本节内容的学习，重在理解优先股和可转换债券，包括可转换债券的成本，掌握运用认股权证的筹资方式。

一、优先股筹资（★）

【要点提示】优先股的优先权、优先股的筹资成本、优先股筹资的特点。

（一）上市公司发行优先股的一般条件

上市公司发行优先股的一般条件如下。

（1）最近3个会计年度实现的年均可分配利润应当不少于优先股1年的股息。

（2）最近3年现金分红情况应当符合公司章程及中国证监会的相关监管规定。

（3）报告期不存在重大会计违规事项。

①公开发行优先股，最近3年财务报表被注册会计师出具的审计报告应当为标准审计报告或带强调事项段的无保留意见的审计报告；②非公开发行优先股，最近1年财务报表被注册会计师出具的审计报告为非标准审计报告的，所涉及事项对公司无重大不利影响或者在发行前重大不利影响已经消除。

（4）上市公司已发行的优先股不得超过公司普通股股份总数的50%，且筹资金额不得超过发行前净资产的50%，已回购、转换的优先股不纳入计算。

（二）上市公司公开发行优先股的特别规定

（1）上市公司公开发行优先股，应当符合以下情形之一。

1）其普通股为上证50指数成份股。

2）以公开发行优先股作为支付手段收购或吸收合并其他上市公司。

3）以减少注册资本为目的回购普通股的，可以公开发行优先股作为支付手段，或者在回购方案实施完毕后，可公开发行不超过回购减资总额的优先股。

中国证监会核准公开发行优先股后不再符合本条第1）项情形的，上市公司仍可实施本次发行。

（2）上市公司最近3个会计年度应当连续盈利。扣除非经常性损益后的净利润与扣除前的净利润相比，以孰低者作为计算依据。

（3）上市公司公开发行优先股应当在公司章程中规定以下事项。

1）采取固定股息率。

2）在有可分配税后利润的情况下必须向优先股股东分配股息。

3）未向优先股股东足额派发股息的差额部分应当累计到下一会计年度。

4）优先股股东按照约定的股息率分配股息后，不再同普通股股东一起参加剩余利润分配。

商业银行发行优先股补充资本，可就第2）项和第3）项事项另行约定。

（4）上市公司公开发行优先股的，可以向原股东优先配售。

（5）最近36个月内因违反工商、税收、土地、环保、海关法律、行政法规或规章，受到行政处罚且情节严重的，不得公开发行优先股。

（6）上市公司公开发行优先股，公司及其控股股东或实际控制人最近12个月内应当不存在违反向投资者做出的公开承诺的行为。

（三）其他规定

（1）优先股每股票面金额为100元。发行价格不得低于优先股票面金额。

（2）除商业银行外，上市公司不得发行可转换为普通股的优先股。

（3）上市公司非公开发行优先股仅向本办法规定的合格投资者发行，每次发行对象不得超过200人，且相同条款优先股的发行对象累计不得超过200人。

（四）交易转让、登记结算及成本

（1）优先股发行后可以申请上市交易或转让，不设限售期。

（2）优先股交易或转让环节的投资者适当性标准应当与发行环节保持一致；非公开发行的相同条款优先股经交易或转让后，投资者不得超过200人。

（3）中国证券登记结算公司为优先股提供登记、存管、清算、交收等服务。

◀)) **名师点拨** ••••••••••••••••••••••••

同一公司的优先股股东的必要报酬率比债权人高；优先股股东的必要报酬率比普通股股东低。

（五）优先股的筹资成本

1. 优先股成功发行需要同时具备以下两个条件

（1）投资人投资于优先股的预期报酬率高于债券投资的预期报酬。

（2）发行人的优先股筹资成本低于债券筹资成本。

2. 优先股存在的税务环境

优先股存在的税务环境（即优先股筹资成本低于债券筹资成本的前提）如下。

（1）投资人的税率高，且存在对投资人的优先股股利有减免税优惠的条件。

（2）发行人的税率较低。

◀)) **名师点拨** ••••••••••••••••••••••••

各国对于企业、机构投资者分得的税后优先股利，都有不同程度的减免税规定。因此，优先股的购买者主要是高税率的机构投资者。

【案例11-5】 筹资公司的所得税税率为8%；投资公司的所得税税率为22%；债务筹资设定税前利息率为10%，优先股设定股利率为8.1%（税后）；根据税法规定，对于企业源于境内的税后利润免于重复征收所得税。

（1）筹资人的分析

债务筹资成本=10%×（1-8%）=9.2%

优先股税后筹资成本=8.1%

（2）投资人的分析

债务投资税后报酬率=10%×（1-22%）=7.8%

优先股投资税后报酬率=8.1%

【例题14·多选题】 下列关于优先股的表述中正确的有（ ）。

A. 优先股的购买者主要是税率低的个人投资者

B. 优先股的购买者主要是高税率的机构投资者

C. 优先股存在的税务环境是筹资公司的税率比较低，投资人的税率比较高，并且优先股股利可以减税或免税

D. 优先股存在的税务环境是筹资公司的税率比较高，并且优先股股利可以减税或免税，投资人的税率比较低

【解析】 优先股存在的税务环境是对投资人的优先股利有减免税的优惠，可以提高优先股的投资报酬率，使之超过债券投资，以抵补较高的风险；投资人的税率越高，获得的税收利益越大。各国对于企业、机构投资者分得的税后优先股股利，都有不同程度的减免税规定。通常情况，这些优惠政策不适用于个人投资者。因此，优先股的购买者主要是高税率的机构投资者。

【答案】 BC

（六）优先股筹资的优缺点

1. 优先股筹资的优点

优先股筹资的优点：①与债券相比，不支付股利不会导致公司破产；②与普通股相比，发行优先股一般不会稀释股东权益；③无期限的优先股没有到期期限，不会减少公司现金流，不需要偿还本金。

2. 优先股筹资的缺点

优先股筹资的缺点：①优先股股利不可以税前扣

除，其税后成本高于负债筹资；②优先股的股利通常被视为固定成本，与负债筹资没有什么差别，会增加公司的财务风险并进而增加普通股的成本。

二、附认股权证债券筹资（★★）

【要点提示】重点掌握认股权证与看涨期权的共同点与区别、认股权证的用途和优缺点、认股权证的筹资成本。

认股权证是公司向股东发放的一种凭证，授权其持有者在一个特定期间以特定价格购买特定数量的公司股票。

（一）认股权证与看涨期权的共同点与区别

认股权证与看涨期权的共同点与区别如表11-11所示。

表11-11 认股权证与看涨期权的共同点与区别

共同点	他们在标的资产、选择权和执行价格上存在相同点： （1）两者均以股票为标的资产，其价值随股票价格变动 （2）在到期前均可以选择执行或不执行，具有选择权 （3）均有一个固定的执行价格
区 别	（1）在行权时股票来源方面，看涨期权执行时，其股票来自二级市场；当认股权执行时，股票是新发股票。 （2）对每股收益和股价的影响方面，看涨期权不存在稀释问题，且标准化的期权合约，在行权时只是与发行方结清价差，根本不涉及股票交易；认股权证的执行会引起股份数的增加，从而稀释每股收益和股价 （3）期限方面，看涨期权时间短，通常只有几个月；认股权证期限长，可以长达10年，甚至更长 （4）看涨期权的定价可以用布莱克—斯科尔斯模型，因为其期限短，可以假设没有股利支付；认股权证不能用布莱克—斯科尔斯模型定价，因为不能假设有效期限内不分红，5～10年不分红很不现实

【例题15·多选题】（2013年真题）下列关于认股权证与看涨期权的共同点的说法中，错误的有（　　　）。

A. 行权时都能稀释每股收益

B. 都能使用布莱克—斯科尔斯模型定价

C. 都能作为筹资工具

D. 都有一个固定的行权价格

【解析】看涨期权执行时，其股票来自二级市场，不存在稀释每股收益问题，当认股权证执行时，股票是新发股票，会引起股份数的增加，从而稀释每股收益和股价，选项A错误；认股权证期限长，可以长达10年，甚至更长，不能用布莱克—斯科尔斯模型定价；认股权证与公司债券同时发行，用来吸引投资者购买票面利率低于市场要求的长期债券，具有筹资工具的作用，但是看涨期权没有筹资工具的作用。

【答案】ABC

（二）认股权证的用途和优缺点

1. 发行认股权证的用途

（1）在公司发行新股时，为避免原有股东每股收益和股价被稀释，给原有股东配发一定数量的认股权证，使其可以按优惠价格认购新股，或直接出售认股权证，以弥补新股发行的稀释损失。

（2）作为奖励发给本公司的管理人员。

（3）作为筹资工具，认股权证与公司债券同时发行，用来吸引投资者购买票面利率低于市场要求的长期债券。

2. 认股权证筹资的优缺点

认股权证筹资的主要优点是可以降低相应债券的利率。通过发行附有认股权证的债券，是以潜在的股权稀释为代价换取较低的利息。

认股权证筹资的主要缺点有以下两点。

（1）灵活性较少。附带认股权证的债券发行者，主要目的是发行债券而不是股票，是为了发债而附带期权。认股权证的执行价格，一般比发行时的股价高出20%～30%。如果将来公司发展良好，股票价格会大大超过执行价格，原有股东会蒙受较大损失。

（2）附带认股权证债券的承销费用高于债务融资。

◁)) 名师点拨 ·················

认股权证不能用布莱克—斯科尔斯模型定价，其主要优点是可以降低相应债券的利率，认股权证执行时会稀释股价和每股收益，其内含报酬率介于债务市场利率和普通股成本之间。

【例题16·多选题】某公司是一家生物制药企业，目前正处于高速成长阶段。公司计划发行10年期限的附认股权债券进行筹资。下列说法中，正确的有（　　　）。

A. 认股权证是一种看涨期权，可以使用布莱克—斯科尔斯模型对认股权证进行定价

B. 使用附认股权债券筹资的主要目的是当认股权证执行时，可以以高于债券发行日股价的执行价格给公司带来新的权益资本

C. 使用附认股权债券筹资的缺点是当认股权证执行时，会稀释股价和每股收益

D. 为了使附认股权债券顺利发行，其内含报酬率应当介于债务市场利率和普通股成本之间

【解析】布莱克—斯科尔斯模型假设没有股利支付，看涨期权可以适用。认股权证不能假设有效期限内不分红，5～10年不分红很不现实，不能用布莱克—斯科尔斯模型定价，选项A错误；认股权证筹资的主要优点是可以降低相应债券的利率，选项B不对。

【答案】CD

（三）认股权证的筹资成本

由于认股权证的期限长，在此期间的分红情况很难估计，所以认股权证的估价十分麻烦。通常的做法是请投资银行机构协助定价，他们会邀请有兴趣购买这种证券组合的投资机构经理人员报价，了解他们在不同价格上愿意购买的数量。这实际上是一次发行前的拍卖会，让市场去决定认股权的价值。

虽然可以请专业机构协助，但是财务经理还是要知道其定价原理如何确定筹资成本。发行公司是否接受银行的建议，还需要自己做决策。

1. 认股权证的价值

认股权证价值的基本公式是：

债券附带的总认股权证的价值=附带认股权证债券的发行价格-纯债券的价值

每份认股权证的价值=债券附带的总认股权证的价值÷债券附带的认股权证张数

【案例11-6】T公司是一个高成长的公司，目前公司总价值20 000万元，没有长期负债，发行在外的普通股1 000万股，目前股价20元/股。该公司的资产（息税前）利润率13.5%，所得税税率为40%。

现在急需筹集债务资金4 000万元，准备发行20年期限的公司债券。投资银行认为，目前长期公司债的市场利率为10%，T公司风险较大，按此利率发行债券并无售出的把握。经投资银行与专业投资机构联系后，建议债券面值为每份1 000元，期限20年，票面利率设定为8%，同时附送20张认股权证，认股权证在10年后到期，在到期前每张认股权证可以按22元的价格购买1股普通股。

假设总资产的市价等于账面价值，预计债券发行后公司的总资产的年增长率9%

【要求】确定每份认股权证的价值。

【答案】

每张纯债券价值=70×（P/A，10%，20）+1 000×（P/F，10%，20）=70×8.513 6+1 000×0.148 6=592.952+148.6=742（元）

债券附带的总认股权证的价值=1 000-742=258（元）

每张认股权证价值=258÷20=12.9（元）

2. 认股权证的稀释作用

认股权证的稀释作用体现在3个方面：所有权百分比稀释、市价稀释和每股收益稀释。只要发行新的股份，所有权百分比的稀释就会发生。投资人更关心的是市价稀释和每股收益的稀释。

【案例11-7】续【案例11-6】。

【要求】分别计算10年后，行权前后的每股收益和每股市价。

计算过程如表11-12所示。

表11-12　　　　　　　　　　股价和每股收益的稀释　　　　　　　　　单位：万元

	发行前	发行后	10年后行权前	行　权	10年后行权后
公司总价值	20 000	24 000	56 816.73	1 760	58 576.73
债务价值		3 320	3 508.43		3 508.43
认股权价值		680			
权益价值	20 000		53 308.30		55 068.29
股数	1 000		1 000	80	1 080

	发行前	发行后	10年后行权前	行 权	10年后行权后
股价/（元/股）	20		53.31		50.99
总资产	20000	24000	56816.73		58576.73
息税前利润（13.5%）	2700		7670.26		7907.86
利息			320.00		320.00
税前利润	2700		7350.26		7587.86
税后利润（税率40%）	1620		4410.15		4552.71
每股收益	1.62		4.41		4.22

续【案例11-7】，补充数据如表11-13所示，计算过程如下。

表11-13   **案例11-6的补充数据**

每张债券面值	1000元
票面利率	8%
每张债券年利息（1000×8%）	80元
债券数量（4000万元÷1000元/张=4万张）	4万张
债券总面值	4000万元
每年利息（4万张×80元/张）	320万元
每张债券初始价值	830元
债务总价值（830元/张×4万张）	3320万元
每张债券认股权	20份
认股权总数量（4万张×20份/张）	80万份
每张认股权证初始价值	8.5元
份股权证总价值（8.5元/份×80万份）	680万元
债券和认股权价值合计（3320万元+680万元）	4000万元
执行价格	22元
公司行权收入（22元份×80万份）	1760万元
预期增长率	9%

【解析1】 计算10年后行权前的每股收益和每股市价。

【答案】

公司总价值=24000×（1+9%）^{10}=56816.73（万元）

每张债券价值=利息现值+本金现值=80×（P/A, 10%, 10）+1000×（P/F, 10%, 10）=877.1087（元）

债务总价值=877.1087×4=3508.43（万元）

权益价值=公司总价值−债务价值=56816.73−3508.43=53308.30（万元）

股价=权益价值÷股数=53308.30÷1000=53.31（元/股）

总资产=公司总价值=56816.73（万元）

息税前利润=56816.73×13.5%=7670.26（万元）

税后利润=（息税前利润−利息）×（1−所得税税率）=（7670.26−320）×（1−40%）=4410.15（万元）

每股收益=税后利润÷股数=4410.15÷1000=4.41（元/股）

【解析2】 计算10年后行权后的每股市价和每股收益。

【答案】 执行股权收入现金1760万元，与此同时股份增加80万股。

公司总价值=行权前价值+行权收入=56 816.73+1 760=58 576.73（万元）

权益价值=公司总价值-债务价值=58 576.73-3 508.43=55 068.30（万元）

股数=行权前股数+行权股数=1 000+80=1 080（万股）

股价=权益价值÷股数=55 068.30÷1 080=50.99（元/股）

每股收益=税后利润÷股数=4 552.72÷1 080=4.22（元/股）

3. 认股权证要素的成本

（1）计算方法。

附带认股权债券的资本成本，可以用投资人的内含报酬率来估计。

购买1组认股权证和债券组合的现金流量=80×（P/A, i, 20）+1 000×（P/F, i, 20）+（50.99-22）×20×（P/F, i, 10）-1 000=0

（2）成本范围。

计算出的内含报酬率必须处在债务的市场利率和（税前）普通股成本之间，才可以被发行人和投资人同时接受。

如果它的税后成本高于权益成本，则不如直接增发普通股；如果它的税前成本低于普通债券的利率则对投资人没有吸引力。

续【案例11-7】【要求】

（1）附带认股权证债券的税前资本成本。

（2）判断投资人是否接受此投资。

（3）如果投资人认为0.59%的差额不足以平衡所承担的风险，为了提高投资人的报酬率，发行公司可采取哪些措施调整附带认股权证的条款。

【解析】

购买1组认股权证和债券组合的现金流量如下：

第1年年初：流出现金1 000元，购买债券和认股权证。

第1~20年，每年利息流入80元；

第10年年末，行权价差收入=（50.99-22）×20=579.8（元）。

第20年年末，取得归还本金1 000元。

【答案】

（1）根据上述现金流量计算内含报酬率（内插法或用计算机的函数功能），可得内含报酬率为10.59%。

（2）因为内含报酬率高于普通债券利息率10%，投资可以接受。

（3）为了提高投资人的报酬率，发行公司需要降低执行价格、提高债券的票面利率或者延长赎回保护期。

【扩展】

如果投资人要求的报酬率为11%，发行公司应如何调整票面利率？请大家自己计算一下。

【例题17·计算分析题】（2012年真题）甲公司是一家高科技上市公司，目前正处于高速成长时期。公司为了开发新的项目，急需筹资10 000万元，甲公司拟采取发行附送认股权证债券的方式筹资并初拟了筹资方案，相关资料如下。

（1）发行10年期附认股权证债券10万份，每份债券面值为1 000元，票面利率为7%，每年年末付息一次，到期还本。债券按面值发行，每份债券同时附送20张认股权证，认股权证只能在第5年年末行权，行权时每张认股权证可以按25元的价格购买1股普通股。

（2）公司目前发行在外的普通股为1 000万股，每股价值22元，无负债。股东权益账面价值与其市值相同。公司未来仅依靠利润留存提供增长资金，不打算增发或回购股票，也不打算增加新的债务筹资，债券发行后公司总资产的预计年增长率为8%。

（3）当前等风险普通债券的平均利率为8%，发行费用可以忽略不计。由于认股权证和债券组合的风险比普通债券风险大，投资所要求的必要报酬率为9%。

【要求】

（1）计算拟发行的每份纯债券的价值。

（2）计算拟附送的每张认股权证的价值。

（3）计算第5年年末认股权证行权前及行权后的股票价格。

（4）计算投资人购买1份附送认股权证债券的净现值，判断筹资方案是否可行并说明原因。

【答案】

（1）每份纯债券价值=1 000×7%×（P/A, 8%, 10）+1 000×（P/F, 8%, 10）=70×6.710 1+1 000×0.463 2=932.91（元）

（2）每张认股权证的价值=（1 000-932.91）÷20=3.35（元）

（3）行权前的公司总价值=（1 000×22+10 000）×（1+8%）^{5}=47 017.6（万元）

每张债券价值=1 000×7%×（P/A，8%，5）+ 1 000×（P/F，8%，5）=70×3.9927+1000×0.6806=960.089（元）

债务总价值=960.089×10=9 600.89（万元）

权益价值=47 017.6-9 600.89=37 416.71（万元）

股票价格=37 416.71÷1 000=37.42（元）

行权后的权益价值=37 416.71+10×20×25=42 416.71（万元）

股票价格=42 416.71÷（1 000+10×20）=35.35（元）

（4）净现值=70×（P/A，9%，10）+20×（35.35-25）×（P/F，9%，5）+1 000×（P/F，9%，10）-1 000=70×6.417 7+20×（35.35-25）×0.649 9+1 000×0.422 4-1 000=6.17（元）

由于净现值大于0，所以，筹资方案可行。

三、可转换债券筹资（★★）

【要点提示】重点掌握可转换债券的特征、可转换债券的估价和成本计算、可转换债券筹资的优缺点、可转换债券和认股权证的区别。

可转换债券是可以转换为特定公司的普通股的债券。

（一）可转换债券的特征

（1）可转换债券的转换，在资产负债表上只是负债转换为普通股，并不增加额外的资本。而认股权证与之不同，认股权证会带来新的资本。

（2）这种转换是一种期权，证券持有人可以选择转换，也可选择不转换而继续持有债券。

可转换债券的主要要素如表11-14所示。

表11-14 **可转换债券的主要要素**

主要要素	要 点
转换价格	转换价格是指转换发生时投资者为取得普通股每股所支付的实际价格。转换价格通常比发行时的股价高出20%~30%
转换比率	转换比率是债权人通过转换可获得的普通股股数。转换比率=债券面值÷转换价格
转换期	可转换债券的转换期可以与债券的期限相同，也可以短于债券的期限。超过转换期后的可转换债券，不再具有转换权，自动成为不可转换债券（或普通债券）
赎回条款	赎回条款是指可转换债券的发行企业可以在债券到期日之前提前赎回债券的规定。设置赎回条款的目的：①可以促使债券持有人转换股份；②可以使发行公司避免市场利率下降后，继续向债券持有人支付较高的债券票面利率所蒙受的损失；③限制债券持有人过分享受公司收益大幅度上升所带来的回报
回售条款	回售条款是在可转换债券发行公司的股票价格达到某种恶劣程度时，债券持有人有权按照约定的价格将可转换债券卖给发行公司的有关规定。设置回售条款可以保护债券投资人的利益；可以使投资者具有安全感，因而有利于吸引投资者
强制性转换条款	强制性转换条款是指在某些条件具备之后，债券持有人必须将可转换债券转换为股票，无权要求偿还本金的规定。设置强制性转换条款，是为了保证可转换债券顺利地转换成股票，实现发行公司扩大权益筹资的目的

【例题18·多选题】以下关于可转换债券的说法中，正确的有（ ）。

A. 在转换期内逐期降低转换比率，不利于投资人尽快进行债券转换

B. 在转换期内逐期提高转换价格，不利于投资人尽快进行债券转换

C. 设置赎回条款主要是为了保护发行企业与原有股东的利益

D. 设置回售条款可能会加大公司的财务风险

【解析】在转换期内逐期降低转换比率，说明越往后转换的股数越少，促使投资人尽快进行债券转换。

【答案】CD

（二）可转换债券的估价和成本计算

1. 可转换债券的估价

可转换债券可以看做是普通债券和认股权证的投资组合，只是如果执行看涨期权则必须放弃债券。

（1）债券的价值

债券的价值是其不能被转换时的售价。债券的价值=利息的现值+本金的现值。

（2）债券的转换价值

债券转换价值是债券必须立即转换时的债券售价，转换价值=股价×转换比例。

（3）可转换债券的底线价值

可转换债券的最低价值，应当是债券价值和转换价值两者中的较高者。

2. 可转换债券的税前成本

（1）计算方法

计算可转换债券的税后成本即求投资人内含报酬率的过程，一般在比较时更多采用税前成本，根据公式：

买价=利息现值+可转换债券的底线价值（通常是转换价值）现值

求出的折现率，就是可转换债券的税前成本。

（2）合理的范围

可转换债券的税前筹资成本应在普通债券利率与税前股权成本之间。

【案例11-8】甲公司拟发行可转换债券筹资5000万元，有关资料如表11-15所示。

表11-15　　　　　　　　　　　　　　　**A公司筹资情况表**　　　　　　　　　　　　　　　单位：元

每张可转换债券售价	1000
期限/年	20
票面利率	10%
转换比率	20
转换价格（可转换债券价值/转换比率=1000/20）	50
年增长率	6%
当前期望股利/（元/股）	2.8
当前股票市场价格/（元/股）	35
等风险普通债权的市场利率（折现率）	12%
公司的股权成本（期望股利÷股价+增长率=2.8÷35+6%）	14%
不可赎回期/年	10
赎回价格（10年后1050元，此后每年递减5元）	1050

【要求】

（1）计算发行日和各年年末纯债券的价值。

（2）计算发行日和各年年末的股价。

（3）计算发行日和各年年末的转换价值。

（4）分析可转债的市场价值。

（5）计算发行日和各年年末的底线价值。

（6）如果第10年年末公司行使赎回权，投资者应当如何选择？

（7）计算可转换债券的筹资成本（税前），并判断目前的可转换债券的发行方案是否可行，并解释原因。

（8）如果可转换债券的发行方案不可行，有哪些修改途径？

（9）转换比率应如何修改，修改的范围？

（10）票面利率修改的范围。

（11）赎回保护期如何修改，最短的赎回保护期为多少？

【答案】相关计算如表11-16所示。

表11-16　　　　　　　　　　　　　　　　**可转换债券价值计算**　　　　　　　　　　　　　　　单位：元

时间	每年利息	纯债券价值	股价	转换价值	到期价值	市场价值	底线价值
0		850.61	35.00	700.00	1000	1000	850.61
1	100	852.68	37.10	742.00	1000		852.68
2	100	855.01	39.33	786.52	1000		855.01
3	100	857.61	41.69	833.71	1000		857.61
4	100	860.52	44.19	883.73	1000		883.73
5	100	863.78	46.84	936.76	1000		936.76
6	100	867.44	49.65	992.96	1000		992.96
7	100	871.53	52.63	1052.54	1000		1052.54

续表

时　间	每年利息	纯债券价值	股　价	转换价值	到期价值	市场价值	底线价值
8	100	876.11	55.78	1 115.69	1 000		1 115.69
9	100	881.25	59.13	1 182.64	1 000		1 182.64
10	100	887.00	62.68	1 253.59	1 000	1 235.59	1 253.59
11	100	893.44	66.44	1 328.81	1 000	1 328.81	1 328.81
12	100	1 000.00	112.25	2 244.99	1 000	2 244.99	2 244.99

（1）分析纯债券部分的价值。

$$发行日纯债券价值 = \sum_{t=1}^{20} \frac{每年利息}{(1+i)^t} + \frac{到期值}{(1+i)^{20}} =$$

$$\sum_{t=1}^{20} \frac{100}{(1+12)^t} + \frac{1000}{(1+i)^{20}} = 850.61（元）$$

此后债券价值逐年递增，至到期时其面值为1 000元。具体数字列在表13-6的"债券价值"栏目中。

（2）计算发行日和各年末的股价。

股价 $= P_0 \times (1+g)^t$

（3）分析期权部分的转换价值。

转换价值 = 股价 × 转换比例

（4）分析底线价值。

可转换债券的最低价值，应当是债券价值和转换价值两者中较高者。

（5）分析市场价值。

我们不知道具体的可转换债券的市场价值变化情况。但是，我们知道它不会低于底线价值。在可以提前赎回期前它的价值高于转换价值，也高于票面利率相同的纯债券价值。到达赎回期时，市场价值被转换价值曲线替代。

（6）赎回价值。

可转换债券设置有赎回保护期，在此以前发行者不可以赎回。本债券的保护期为10年。在10年后，赎回价格是1 050元。如果10年后的债券价值同预期值一样为887元，转换价值为1 253.59元。可转换债券的底线价值为两者较高者即1 253.59元。公司要用1 050元将其赎回，这时正确的选择是转换为普通股。

（7）分析筹资成本。

假设可转换债券的持有人在10年后转换，它的现金流量分布为：

零时点购买可转换债券支出1 000元；第1～10年持有债券并每年取得利息100元；第10年年底进行转换，取得转换价值1 253.59元。

转换价值 = 股价 × 转换比例 $= 35 \times (1+6\%)^{10} \times 20 = 35 \times 1.790\ 848 \times 20 = 1\ 253.59$（元）

根据上述现金流量计算内含报酬率为11.48%。

$$1000 = \sum_{t=1}^{10} \frac{100}{(1+i)^t} + \frac{1253.59}{(1+i)^{10}}$$

$i = 11.48\%$

这个投资人的报酬率，就是筹资人的税前成本。如果它的税后成本高于权益成本（14%），则不如直接增发普通股。如果它的税前成本低于普通债券利率（12%）则对投资人没有吸引力。目前方案，对于投资人缺乏吸引力，需要修改。

（8）筹资方案的修改。

修改的途径包括：提高每年支付的利息，提高转换比例或延长赎回保护期间。

（9）转换比例应如何修改，修改的范围是多少？

如果企业的所得税税率为25%，股权的税前成本是14% ÷（1-25%）= 18.67%，修改目标是使得筹资成本处于12%和18.67%之间。

$100 \times (P/A, 12\%, 10) + 35 \times (1+6\%)^{10} \times$ 转换比例 $\times (P/F, 12\%, 10) - 1000 = 0$

转换比例 = 21.55

$100 \times (P/A, 18.67\%, 10) + 35 \times (1+6\%)^{10} \times$ 转换比例 $\times (P/F, 18.67\%, 10) - 1000 = 0$

转换比例 = 49.58

（10）票面利率修改的范围。

$1\ 000 \times$ 票面利率 $\times (P/A, 12\%, 10) + 35 \times (1+6\%)^{10} \times 20 \times (P/F, 12\%, 10) - 1000 = 0$

票面利率 = 10.55%

$1000 \times$ 票面利率 $\times (P/A, 18.67\%, 10) + 35 \times (1+6\%)^{10} \times 20 \times (P/F, 18.67\%, 10) - 1000 = 0$

票面利率 = 17.63%

（11）赎回保护期如何修改，最短的赎回保护期为多少？

$1\ 000 \times 10\% \times (P/A, 12\%, n) + 35 \times (1+6\%)^n \times 20 \times (P/F, 12\%, n) - 1000 = 0$

设期限为19年：

$1000 \times 10\% \times (P/A, 12\%, 19) + 35 \times (1+6\%)^{19} \times 20 \times (P/F, 12\%, 19) - 1000 = -17.59$

设期限为20年：

$1000 \times 10\% \times (P/A, 12\%, 20) + 35 \times (1+6\%)^{20} \times 20 \times$

（P/F，12%，20）－1000＝7.58

内插法：n＝19.7（年）

🔊 名师点拨 ••••••••••••••••••••••••••••

可转换债券的纯债券价值是其不能被转换时的售价，债券的价值＝利息的现值＋本金的现值；债券转换价值是债券必须立即转换时的债券售价，转换价值＝股价×转换比例；可转换债券的最低价值，应当是债券价值和转换价值两者中较高者。根据公式：买价＝利息现值＋可转换债券的底线价值（通常是转换价值）现值，求出的折现率，就是可转换债券的税前成本，与税前权益成本和税前普通债券利率比较后，做出筹资决策。

【例题19·计算分析题】 某公司目前因项目扩建急需筹资1亿元，拟按面值发行可转换债券，每张面值1000元，票面利率5%，每年年末付息一次，期限5年，转换价格为25元，该公司股价目前为22元每股，预期股利0.715元每股，预计未来年增长率为8%。公司设定了可赎回条款，若4年后当股票价格连续20个交易日不低于转换价格的120%时，公司有权以1050元的价格赎回该债券。市场上类似的普通债券税前资本成本为10%。为方便计算，假定转股必须在年末进行，赎回在达到赎回条件后可立即执行。

【要求】

（1）计算发行日每份可转换债券的纯债券价值。

（2）计算第4年年末每份可转换债券的底线价值。

（3）该可转换债券能否被投资者接受？为什么？

（4）若要该可转换债券能够被投资者接受，则可转换债券票面利率的变动范围（票面利率的变动以1%为单位）为多少？

【答案】

（1）发行日每份纯债券的价值＝1000×5%×（P/A，10%，5）＋1000×（P/F，10%，5）＝50×3.7908＋1000×0.6209＝810.44（元）

（2）第4年年末债券价值＝1000×5%×（P/A，10%，1）＋1000×（P/F，10%，1）＝50×0.9091＋1000×0.9091＝954.56（元）

第4年年末股票价格＝22×（1＋8%）^{4}＝29.93（元）

转换比率＝1000÷25＝40

第4年年末转换价值＝股价×转换比率＝29.93×40＝1197.20（元）

可转换债券的底线价值是债券价值和转换价值两者之中较高者，即1197.20元。

（3）第4年年末的转换价值为1197.20元，赎回价格为1050元，投资人应当选择在第4年年末转股。

设可转换债券的税前资本成本为K，则有：

1000＝1000×5%×（P/A，K，4）＋1197.20×（P/F，K，4）

当K＝10%时，未来流入现值＝50×3.1699＋1197.20×0.6830＝976.18（元）

当K＝9%时，未来流入现值＝50×3.2397＋1197.20×0.7084＝1010.08（元）

（K－9%）÷（10%－9%）＝（1000－1010.08）÷（976.18－1010.08）

K≈9.30%

由于低于普通债券市场利率，所以投资人不接受。

（4）股票的资本成本＝0.715÷22＋8%＝11.25%

股票的税前资本成本＝11.25%÷（1－25%）＝15%

可转换债券的税前资本成本应处于10%～15%。

设票面利率为R，当税前资本成本为10%时：

1000＝1000×R×（P/A，10%，4）＋1197.20×（P/F，10%，4）

1000＝1000×R×3.1699＋1197.20×0.6830

R＝5.75%≈6%

筹资方案可行的最低票面利率为6%。

当税前资本成本为15%时，

1000＝1000×R×（P/A，15%，4）＋1197.20×（P/F，15%，4）

1000＝1000×R×2.855＋1197.20×0.5718

R＝11.05%≈11%

筹资方案可行的最高票面利率为11%。

（三）可转换债券筹资的优缺点

1. 可转换债券筹资的优点

（1）与普通债券相比，可转换债券使得公司能够以较低的利率取得资金。降低了公司前期的筹资成本。

（2）与普通股相比，可转换债券使得公司取得了以高于当前股价出售普通股的可能性。有利于稳定公司股票价格。

2. 可转换债券筹资的缺点

（1）股价上涨风险。公司只能以较低的固定转换价格换出股票，会降低公司的股权筹资额。

（2）股价低迷风险。发行可转换债券后，如果股价没有达到转换所需的水平，可转换债券持有者没有如期转换普通股，则公司只能继续承担债务。在订有回售条款的情况下，公司短期内集中偿还债务的压力会更明显。

（3）筹资成本高于纯债券。尽管可转换债券的票面利率比纯债券低，但是加入转股成本之后的总筹资成本比纯债券要高。

【例题20·多选题】下列有关发行可转换债券的特点表述正确的有（　　　）。

A. 在股价降低时，会降低公司的股权筹资额

B. 在股价降低时，会有财务风险

C. 可转换债券资本成本低，原因是可转换债券的票面利率比纯债券低

D. 可转换债券使得公司取得了以高于当前股价出售普通股的可能性

【解析】在股价上扬时，公司只能以较低的固定转换价格换出股票，会降低公司的股权筹资额。尽管可转换债券的票面利率比纯债券低，但是加入转股成本之后的总筹资成本比纯债券要高。

【答案】BD

【例题21·多选题】（2016年真题）在其他条件不变的情况下，关于单利计息，到期一次还本付息的可转换

债券的内含报酬率，下列各项中正确的有（　　　）。

A. 债券期限越长，债券内含报酬率越高

B. 票面利率越高，债券内含报酬率越高

C. 转换比率越高，债券内含报酬率越高

D. 转换价格越高，债券内含报酬率越高

【解析】本题考查的是可转换债券的成本。可转换债券的内含报酬率指的是使得可转换债券的现金流入的现值等于投资额的折现率，在其他条件不变的情况下，可转换债券的内含报酬率的高低取决于持有期间获得的现金流入的高低，与债券期限无关，故选项A错误；本题的可转换债券是到期一次还本付息，在到期前没有转股的话，投资人将在到期日收到全部利息，因此，在其他条件不变的情况下，票面利率越高，债券内含报酬率越高，故选项B正确；若在到期前转股，则投资人只能收到按照转换价值计算的现金流入，不能收到利息，而转换价值=股价×转换比率，所以，在其他条件不变的情况下，转换比率越高，债券内含报酬率越高，转换价格越高，转换比率越低，故选项C正确，选项D错误。

【答案】BC

（四）可转换债券和认股权证的区别

可转换债券和认股权证的区别如表11-17所示。

表11-17　　　　　　　　　　　可转换债券和认股权证的区别

项　目	可转换债券	认股权证
权益资本	在转换时只是报表项目之间的变化，没有增加新的资本	认股权证在认购股份时给公司带来新的权益资本
灵活性不同	可转换债券的类型繁多，千姿百态。它允许发行者规定可赎回条款、强制转换条款等	认股权证的灵活性较少
适用情况不同	可转换债券的发行者，主要目的是发行股票而不是债券，只是因为当前股价偏低，希望通过将来转股以实现较高的股票发行价	公司规模小、风险更高，往往是新的公司启动新的产品。附带认股权证的债券发行者，主要目的是发行债券而不是股票，是为了发债而附带期权，只是因为当前利率要求高，希望通过捆绑期权吸引投资者以降低利率
发行费用不同	可转换债券的承销费用与纯债券类似	而附带认股权证债券的承销费用介于债务融资和普通股之间

第四节　租赁筹资

考情分析：对于本节内容题型可能涉及客观题和主观题，租赁的内容经常在计算分析题中出现，分值在6分左右。考点主要集中在租赁分类、租赁的原因等方面。

学习建议：对于本节内容的学习，重在理解租赁的主要概念和租赁的原因，了解经营租赁和融资租赁、租赁

的税务处理。

一、租赁存在的原因（★★）

租赁存在的主要原因有3个：节税、降低交易成本和减少不确定性。

（1）如果租赁双方有效税率不同，则折旧和利息

费用抵税额不同。节税是长期租赁存在的重要原因。

（2）通过租赁降低交易成本，交易成本的差别是短期租赁存在的主要原因。

（3）通过租赁合同减少不确定性。

【例题22·单选题】 短期租赁存在的主要原因在于（　　）。

A. 租赁双方的实际税率不同，通过租赁可以减税

B. 能够降低承租方的交易成本

C. 能够使承租人降低资本成本

D. 能够降低出租方的资本成本

【解析】 租赁公司可以大批量购置某种资产，从而获得价格优惠，对于租赁资产的维修，租赁公司可能更内行更有效率，对于旧资产的处置，租赁公司更有经验。由此可知，承租人通过租赁可以降低交易成本，交易成本的差别是短期租赁存在的主要原因。

【答案】 B

二、租赁的主要概念（★）

【要点提示】 重点掌握租赁的分类。

租赁是指在约定的期间内，出租人将资产使用权让与承租人以获取租金的合同。租赁涉及的主要概念如下。

（一）租赁的当事人

租赁合约的当事人至少包括出租人和承租人两方，出租人是租赁资产的所有者，承租人是租赁资产的使用者。

租赁可按不同分类标准进行分类，具体分类如表11-18所示。

◄)) 名师点拨 ·········

杠杆租赁形式下出租人身份有了变化，既是资产的出租者，同时又是款项的借入人。因此杠杆租赁是一种涉及三方面关系人的租赁形式。

【例题23·单选题】 甲公司2009年3月5日向乙公司购买了一处位于郊区的厂房，随后出租给丙公司。甲公司以自有资金向乙公司支付总价款的30%，同时甲公司以该厂房作为抵押向丁银行借入余下的70%价款。这种租赁方式是（　　）。

A. 经营租赁　　　B. 售后回租租赁

C. 杠杆租赁　　　D. 直接租赁

【解析】 在杠杆租赁形式下，出租人引入资产时只支付引入所需款项（如购买资产的货款）的一部分（通常为资产价值的20%～40%），其余款项则以引入的资产或出租权等为抵押，向另外的贷款者借入；资产租出后，出租人以收取的租金向债权人还贷。

【答案】 C

表11-18 租赁的分类

分类标准		要点说明
根据当事人之间的关系	直接租赁	直接租赁是指出租方（租赁公司或生产厂商）直接向承租人提供租赁资产的租赁形式，直接租赁只涉及出租人和承租人两方
	杠杆租赁	杠杆租赁是指出租人引入资产时只支付引入所需款项（如购买资产的货款）的一部分（通常为资产价值的20%～40%），其余款项则以引入的资产或出租权等为抵押，向另外的贷款者借入；资产租出后，出租人以收取的租金向债权人还贷
	售后租回	售后租回是指承租人先将某资产卖给出租人，再将该资产租回的一种租赁形式
根据租赁期的长短	短期租赁	短期租赁的时间明显少于租赁资产的经济寿命
	长期租赁	长期租赁的时间接近租赁资产的经济寿命
根据全部租赁费是否超过资产的成本	不完全补偿租赁	不完全补偿租赁是指租赁费不足以补偿租赁资产的全部成本的租赁
	完全补偿租赁	完全补偿租赁是指租赁费超过资产全部成本的租赁
根据承租人是否可以随时解除租赁	可以撤销租赁	可以撤销租赁是指合同中注明承租人可以随时解除租赁。通常，提前终止合同，承租人要支付一定的赔偿额
	不可撤销租赁	不可撤销租赁是指在合同到期前不可以单方面解除的租赁。如果经出租人同意或者承租人支付一笔足够大的额外款项，不可撤销租赁也可以提前终止
根据出租人是否负责租赁资产的维护	毛租赁	毛租赁是指由出租人负责资产维护的租赁
	净租赁	净租赁是指由承租人负责维护的租赁

【例题24·多选题】下列有关租赁分类表述正确的有（　　　　）。

A. 短期租赁的时间不超过1年，超过1年期的为长期租赁

B. 合同中注明出租人可以随时解除的租赁为可撤销租赁

C. 出租人负责资产维护的租赁为毛租赁

D. 承租人负责维护的租赁为净租赁

【答案】CD

（二）租赁资产

租赁合约涉及的资产称为租赁资产。早期租赁涉及的资产主要是土地和建筑物，20世纪50年代以后各种资产都进入了租赁领域，大到一个工厂，小到一部电话。企业生产经营使用的资产，既可以通过购买取得其所有权，也可以通过租赁取得其使用权，他们都可以达到使用资产的目的。

（三）租赁期

租赁期是指租赁开始日至终止日的时间。根据租赁期的长短分为短期租赁和长期租赁，短期租赁的时间明显少于租赁资产的经济寿命，而长期租赁的时间接近租赁资产的经济寿命。

（四）租赁费用

租赁的基本特征是承租人向出租人承诺提供一系列的现金支付。租赁费用的报价形式和支付形式双方可以灵活安排，是协商一致的产物，没有统一的标准。

1. 租赁费用的经济内容

包括出租人的全部出租成本和利润。出租成本包括租赁资产的购置成本、营业成本以及相关的利息。如果出租人收取的租赁费用超过其成本，剩余部分则成为利润。

2. 租赁费用的报价形式

（1）合同分别约定租金、利息和手续费。

（2）合同分别约定租金和手续费。

（3）合同只约定一项综合租金，没有分项的价格。

3种报价形式的举例如下。

（1）租赁资产购置成本100万元，分10年偿付，每年租赁费10万元，在租赁开始日首付；尚未偿还的租赁资产购置成本按年利率6%计算利息，在租赁开始日首付；租赁手续费10万元，在租赁开始日一次付清。

（2）租赁费110万元，分10年支付，每年11万元，在租赁开始日首付；租赁手续费10万元，在租赁开始日一次付清。

（3）租赁费120万元，分10年支付，每年12万元，在租赁开始日首付。

（五）租赁的撤销

根据租赁是否可以随时解除分为可以撤销租赁和不可撤销租赁。可以撤销租赁是指合同中注明承租人可以随时解除的租赁。通常，提前终止合同，承租人要支付一定的赔偿额，不可撤销租赁是指合同到期前不可以单方面解除的租赁。如果经出租人同意或者承租人支付一笔足够大的额外款项从而得到对方认可，不可撤销租赁也可以提前终止。

（六）租赁资产的维修

租赁资产的维修，也可以单独签订一个维修合同，与租赁合同分开处理。

三、经营租赁和融资租赁（★★）

根据承租人的目的，租赁可以分为经营租赁和融资租赁，经营租赁的目的是取得经营活动需要的短期使用的资产；融资租赁的目的是取得拥有长期资产所需要的资本。它们各自的特点对比如表11-19所示。

表11-19　　　　　　　　　　　　经营租赁和融资租赁的比较

比较项目	经营租赁	融资租赁
目的	取得经营活动需要的短期使用的资产	取得拥有长期资产所需要的资本
时间	短期的	长期的
合同	可撤销的	不可撤销的
租赁资产成本	不完全补偿的毛租赁，承租人不关心租赁资产的寿命的维护和保养	完全补偿的净租赁，承租人会关心租赁资产的寿命的维护和保养
租期满后租赁物的归属	届时期满后出租人可以将其出租给其他出租人，或作二手设备出售	合同约定期满后租赁物的处理方法

损益平衡租金是出租人可以接受的最低租金，是承租人可以接受的最高租金。

【例题25·多选题】从财务角度看，下列关于租赁的说法中，正确的有（　　　）。

A. 经营租赁中，只有出租人的损益平衡租金低于承租人的损益平衡租金，出租人才能获利

B. 融资租赁中，承租人的租赁期预期现金流量的风险通常低于期末资产预期现金流量的风险

C. 经营租赁中，出租人购置、维护、处理租赁资产的交易成本通常低于承租人

D. 融资租赁最主要的财务特征是租赁资产的成本可以完全补偿

【解析】损益平衡租金是出租人可以接受的最低租金，是承租人可以接受的最高租金，因此，选项A的说法正确；通常，持有资产的经营风险要大于借款的风险（财务风险），因此，选项B的说法正确。出租人可以成批量购置租赁资产，因此获得较低的购置成本；专业的租赁资产维修，可以降低营运成本；经常处置租赁资产，使出租人更清楚何时以及用什么价格出售残值更有利等。由此可知，选项C的说法正确。融资租赁最主要的财务特征是不可撤销，所以，选项D的说法不正确。

【答案】ABC

【例题26·单选题】从财务管理的角度看，融资租赁最主要的财务特征是（　　　）。

A. 租赁期长

B. 租赁资产的成本可以得到完全补偿

C. 租赁合同在到期前不能单方面解除

D. 租赁资产由承租人负责维护

【解析】典型的融资租赁是长期的、完全补偿的、不可撤销的租赁。其中最主要的财务特征是不可撤销。

【答案】C

过关测试题

一、单选题

1. A公司拟采用配股的方式进行融资。2011年3月15日为配股除权登记日，以该公司2010年12月31日总股数1000万股为基数，每10股配2股。配股说明书公布之前20个交易日平均股价为5元/股，配股价

四、售后回租（★）

售后回租是一种特殊形式的租赁业务，是指卖主（承租人）将自制或外购的资产出售后，又将该项资产从买主（出租人）租回。

1. 售后回租的特点

（1）在出售回租的交易过程中，出售/承租人可以毫不间断地使用资产。

（2）资产的售价与租金是相互联系的，且资产的出售损益通常不得计入当期损益。

（3）出售/承租人将承担所有的契约执行成本（如修理费、保险费及税金等）。

（4）出售/承租人可从出售回租交易中得到纳税的财务利益。

2. 会计处理

由于资产的出售和回租实质是同一笔业务，资产的售价和资金需一起计算。在承租人（卖方）看来，如租约符合融资租赁的某一条件，就应将回租作为融资租赁处理，否则作为经营租赁处理。按融资租赁处理时，出售资产的利润应予递延，并按资产折旧的比例予以分摊。倘若交易发生时，资产的公允价值低于其成本或账面价值，按照谨慎原则，其差额应即确认为损失。

3. 售后回租形成融资租赁的税务处理

融资性售后回租业务中，承租人出售资产的行为，不确认为销售收入，对融资性租赁的资产，仍按承租人出售前原账面价值作计税基础计提折旧。租赁期间，承租人支付的属于融资利息的部分作为企业财务费用的税前扣除。对于出租人的租金收入，企业所得税法并未就如何计算应纳税所得额作出专门规定。

【知识拓展】计算所得税时，如果有法律法规规定的则依照法律法规；如果没有法律法规的规定，则可以按照财务、会计处理办法的规定确认收入与支出。

格为4元/股。假定在分析中不考虑新募集投资的净现值引起的企业价值的变化，该配股权的价值为（　　　）元/股。

A. 0.83　　　　　B. 0.17

C. 1.5　　　　　D. 4

2. 下列关于债券的表述中，不正确的是（　　　）。

A. 当票面利率高于市场利率时，溢价发行债券

B. 提前偿还所支付的价格通常要高于债券的面值，并随到期日的临近而逐渐下降

C. 当预测利率下降时，可以提前赎回债券

D. 用发行新债券得到的资金来赎回旧债券属于提前偿还常用的办法

3. 相对于普通股筹资而言，不属于长期债务筹资特点的是（　　）。

A. 筹集的资金具有使用上的时间性

B. 不会形成企业的固定负担

C. 需固定支付债务利息

D. 资本成本比普通股筹资成本低

4. 从公司理财的角度看，与长期借款筹资相比较，普通股筹资的优点是（　　）。

A. 筹资速度快

B. 筹资风险小

C. 筹资成本小

D. 筹资弹性大

5. 下列关于长期借款筹资的表述中，正确的是（　　）。

A. 企业采取定期等额归还借款的方式，既可以减轻借款本金到期一次偿还所造成的现金短缺压力，又可以降低借款的实际利率

B. 按照国际惯例，大多数长期借款合同中，为了防止借款企业偿债能力下降，都严格限制借款企业净经营长期资产总投资规模，而不限制借款企业租赁固定资产的规模

C. 按照国际惯例，大多数长期借款合同中，为了防止借款企业偿债能力下降，不准企业投资于短期内不能收回资金的项目

D. 若预测市场利率将上升，应与银行签订固定利率合同

6. 某公司于 2009 年 1 月 1 日发行票面年利率为 5%，面值为 100 万元，期限为 5 年的长期债券，每年支付一次利息，当时市场年利率为 3%。公司所发行债券的发行价格为（　　）万元。

A. 109.159

B. 105.115

C. 100.545

D. 100.015

7. 下列关于普通股的说法中，错误的是（　　）。

A. 面值股票是在票面上标有一定金额的股票

B. 普通股按照有无记名分为记名股票和不记名股票

C. 无面值股票的价值随公司财产的增减而变动，股东对公司享有的权利和承担义务的大小，不能直接依股票标明的比例而定

D. A 股是供我国内地个人或法人买卖的，以人民币标明票面金额并以人民币认购和交易的股票

8. 假设 ABC 公司总股本的股数为 200 000 股，现采用公开方式发行 20 000 股，增发前一交易日股票市价为 10 元／股。老股东和新股东各认购了 10 000 股，假设不考虑新募集资金投资的净现值引起的企业价值的变化，在增发价格为 8.02 元／股的情况下，老股东和新股东的财富变化是（　　）。

A. 老股东财富增加 18 000 元，新股东财富也增加 18 000 元

B. 老股东财富增加 18 000 元，新股东财富减少 18 000 元

C. 老股东财富减少 18 000 元，新股东财富也减少 18 000 元

D. 老股东财富减少 18 000 元，新股东财富增加 18 000 元

9. A 公司上年属于普通股净利润为 4 000 万元，经股东大会决议，计划 8 月末发行股票 3 000 万股，发行前总股数为 5 000 万股，注册会计师审核后预测本年度属于普通股净利润为 5 000 万元，经考查，公司的发行市盈率为 30，则公司的股票发行价格应为（　　）元。

A. 20.00

B. 25.00

C. 24.00

D. 25.50

10. 下列关于股权再融资的表述中，不正确的是（　　）。

A. 股权再融资的方式包括向现有股东配股和增发新股融资

B. 配股一般采用网上定价发行的方式，配股价格由主承销商和发行人协商确定

C. 公开增发有特定的发行对象，而首次公开发行没有特定的发行对象

D. 在企业运营及盈利状况不变的情况下，采用股权再融资的形式筹集资金会降低企业的财务杠杆水平，并降低净资产收益率

11. 下列关于会计准则对于租赁分类的说法中，不正确的是（　　　）。

A. 租赁的会计分类，主要着眼于租赁资产的主要风险和报酬是否转移

B. 会计角度区分经营租赁和融资租赁的主要目的，是分别规定计入损益的方式

C. 准确地说，会计上的租赁应该称为"费用化租赁"和"资本化租赁"

D. 资本化租赁是指出租人承担租赁资产主要风险和报酬的租赁方式

12. 下列关于租赁的表述中，不正确的是（　　　）。

A. 经营租赁属于经营活动

B. 混合租赁合约既有经营租赁的特征，也有融资租赁的特征

C. 融资租赁是长期的、可撤销的净租赁

D. 将租赁分为经营租赁和融资租赁主要是出于财务上的考虑

13. 下列不属于租赁存在的主要原因的是（　　　）。

A. 节税

B. 通过租赁降低交易成本

C. 通过租赁合同减少不确定性

D. 租赁资本成本低

14. 下列关于租赁的表述中，正确的是（　　　）。

A. 从出租人的角度来看，杠杆租赁与直接租赁并无区别

B. 典型的经营租赁是指短期的、不完全补偿的、可撤销的净租赁

C. 长期租赁的主要优势在于能够使租赁双方得到抵税上的好处，而短期租赁的主要优势则在于能够降低承租方的交易成本

D. 如果租赁合同约定了租金和手续费，则租金包括租赁资产购置成本、相关利息和营业成本

15. 筹资公司的所得税税率为20%，投资公司的所得税税率为40%，债务筹资设定税前利息率为10%，优先股设定税前股利率为8%，税法规定，对于企业源于境内的税后利润免于重复征收所得税。则下列计算结果正确的是（　　　）。

A. 债务投资税后报酬率为8%

B. 债务筹资成本为8%

C. 优先股投资税后报酬率为3.84%

D. 优先股税后筹资成本为3.84%

16. 如果债券面值为每份1 000元，期限15年，票面利率设定为10%，同时附送20张认股权证，认股权证在8年后到期，在到期前每张认股权证可以按20元的价格购买1股普通股。若目前长期公司债的市场利率为12%，则每张认股权证价值为（　　　）元。

A. 6.811

B. 8.657

C. 9.154

D. 11.346

17. 王某欲投资A公司以发行的可转换债券，该债券期限为5年，面值为1 000元，票面利率为8%，发行价格为1 100元，市场上相应的可转换债券利率为10%，转换比率为40，目前A公司的股价为20元，以后每年增长率为5%，预计该债券到期后，王某将予以转换，则投资该可转换债券的报酬率为（　　　）。

A. 3.52%　　　　B. 6%

C. 8%　　　　D. 8.37%

18. ABC公司年初租赁了一项大型设备，租赁期为10年，租赁方案计算出的租赁期第5年的现金流量为−100，有担保债券的利率为8%，项目的必要报酬率为10%，企业的所得税税率为25%，则对现金流量−100折现所用的折现率为（　　　）。

A. 8%　　　　B. 10%

C. 6%　　　　D. 7.5%

二、多选题

1. 下列关于普通股的说法中，正确的有（　　　）。

A. 公司向法人发行的股票，应当为记名股票

B. 始发股是公司第一次发放的股票

C. 无记名股票转让无须办理过户手续

D. 无面值股票不在票面上标出金额和股份数

2. 下列属于非公开增发新股认购方式的有（　　　）。

A. 现金认购

B. 债权认购

C. 无形资产认购

D. 固定资产认购

3. 以公开间接方式发行股票的特点包括（   ）。

A. 发行范围广，易募足资本

B. 股票变现性强，流通性好

C. 有利于提高公司知名度

D. 发行成本低

4. 长期借款的偿还方式有（   ）。

A. 定期支付利息、到期一次偿还本金

B. 定期等额偿还

C. 平时逐期偿还小额本金和利息、期末偿还余下的大额部分

D. 先归还利息，后归还本金

5. 与其他筹资方式相比，普通股筹资的特点包括（   ）。

A. 筹资风险小

B. 筹资限制较多

C. 增加公司信誉

D. 可能会分散公司的控制权

6. 在我国，配股的目的主要体现在（   ）。

A. 不改变老股东对公司的控制权

B. 由于每股收益的稀释，通过折价配售对老股东进行补偿

C. 增加发行量

D. 鼓励老股东认购新股

7. 下列关于债券付息的说法中，正确的有（   ）。

A. 付息频率越高，对投资人吸引力越大

B. 债券的利息率一经确定，不得改变

C. 如果债券贴现发行，则不发生实际的付息行为

D. 付息方式多随付息频率而定

8. 现金流量折现法是确定股票发行价格的一种方法，下列表述中正确的有（   ）。

A. 运用该方法的公司，实际的发行价格通常比计算出来的每股净现值低20% ～ 30%

B. 运用该方法的公司，其市盈率往往低于市场平均水平

C. 该方法主要适用于前期投资大、初期回报不高的公司

D. 该方法能比较准确地反映公司的整体和长远价值

9. 相对于普通股筹资而言，属于负债筹资特点的是（   ）。

A. 筹集的资金具有使用上的时间性

B. 不会形成企业的固定负担

C. 需固定支付债务利息

D. 资本成本比普通股筹资成本低

10. 下列关于认股权证筹资的表述中，不正确的有（   ）。

A. 发行附认股权证的债券，认股权证筹资可以降低相应债券的利率

B. 发行价格比较容易确定

C. 认股权证筹资灵活性较高

D. 附带认股权证的债券发行者，主要目的是发行债券

11. 下列关于租赁的表述中，不正确的有（   ）。

A. 在杠杆租赁中，出租人具有双重身份，既是资产的出租者，又是款项的借入者

B. 根据全部租金是否超过资产的成本，租赁可分为不完全补偿租赁和完全补偿租赁

C. 如果合同分别约定租金和手续费，则租金包括租赁资产的购置成本、相关的利息以及出租人的利润

D. 如果合同分别约定租金、利息和手续费，则租金指租赁资产的购置成本以及出租人的利润

12. 按照我国的会计准则，满足下列哪些标准之一，即应认定为融资租赁（   ）。

A. 在租赁期届满时，租赁资产的所有权转移给承租人

B. 租赁期占租赁资产使用寿命的70%以上

C. 承租人租赁开始日的最低租赁付款额的现值等于或大于租赁开始日资产公允价值的85%

D. 租赁资产性质特殊，如果不做重新改制，只有承租人才能使用

13. 下列关于租赁的表述中，不正确的有（   ）。

A. 净租赁是指由承租人负责维护的租赁

B. 承租方的"租赁资产购置成本"仅指租赁资产的买价

C. 租赁评价时不使用公司的加权平均资本成本作折现率

D. 损益平衡租金是指双方的租赁净现值相等的租金

14. 关于可转换债券的下列各项规定中，其目的在于保护债券投资人利益的有（   ）。

A. 设置不可赎回期

B. 设置回售条款

C. 设置强制性转换条款

D. 设置转换价格

15. ABC公司是一家制造企业，拟添置一台设备，该设备预计需要使用10年，正在研究是通过自行购置还是融资租赁取得。如果已知ABC公司的所得税税率为25%，税前借款（有担保）利率为8%，权益资本成本率为14%，则下列表述正确的有（　　　　）。

A. 租赁期现金流量的折现率为8%

B. 期末资产余值的折现率为14%

C. 期末资产余值的折现率为10.5%

D. 租赁期现金流量的折现率为6%

16. 甲公司（承租方）与乙公司（出租方）签订了一份租赁协议。协议规定，租赁资产是一台使用年限为10年的设备，租赁期为6年，租赁期满时，该设备所有权转让给甲公司。按照我国税法规定，该租赁属于（　　　　）。

A. 经营租赁

B. 融资租赁

C. 租金可直接扣除租赁

D. 租金不可直接扣除租赁

17. 优先股存在的税务环境包括（　　　　）。

A. 投资人的所得税税率较高

B. 发行人的所得税税率较低

C. 投资人能获得优先股股利的税收减免

D. 优先股投资的投资报酬率高于债券投资

三、计算分析题

1. 某公司拟发行债券，面值1000元，票面利率8%，期限10年，每半年支付利息一次。

【要求】

请回答下列问题：

（1）如果市场利率为8%，发行价格为多少？

（2）如果市场利率为10%，发行价格为多少？

（3）如果市场利率为6%，发行价格为多少？

（4）请根据计算结果（保留整数），指出债券发行价格种类及各种价格下票面利率和市场利率的关系。

$(P/F，3\%，20)=0.5537$

$(P/F，4\%，20)=0.4564$

$(P/F，5\%，20)=0.3769$

$(P/A，3\%，20)=14.8775$

$(P/A，4\%，20)=13.5903$

$(P/A，5\%，20)=12.4622$

2. 甲公司拟发行普通股在上海证券交易所上市，发行当年预计净利润为3500万元，目前普通股为5000万股，计划发行新股2500万股，发行日期为当年5月31日。

【要求】 回答下列互不相关的问题：

（1）假定公司期望发行股票后市盈率达到30，计算合理的新股发行价。

（2）假设经过资产评估机构评估，该公司拟募股资产的每股净资产为5元，目前市场所能接受的溢价倍数为3.5倍。计算新股发行价格。

（3）假设注册会计师经过分析认为，该公司未来5年每股产生的净现金流量均为1.2元，以后可以按照2%的增长率长期稳定增长，市场公允的折现率为8%，确定发行价格时对每股净现值折让20%，计算新股发行价格。

3. A公司计划平价发行可转换债券，该债券每张售价为1000元，期限20年，票面利率为10%，转换比率为25，不可赎回期为10年，10年后的赎回价格为1120元，市场上等风险普通债券的市场利率为12%。A公司目前的股价为25元/股，预计以后每年的增长率为5%。刚刚发放的现金股利为1.5元/股，预计股利与股价同比例增长。公司的所得税税率为25%。

【要求】

（1）计算该公司的股权资本成本。

（2）分别计算该债券第3年年末和第8年年末的底线价值。

（3）假定甲公司购入1000张，请确定第10年年末甲公司是选择转换还是被赎回。

（4）假设债券在第10年年末被赎回，请计算确定A公司发行该可转换债券的税前筹资成本。

（5）假设债券在第10年年末被赎回，判断目前的可转换债券的发行方案是否可行。如果不可行，只调整赎回价格，请确定至少应调整为多少元？（四舍五入取整数）

4. A公司是一个制造企业，拟添置一台设备，有关资料如下。

（1）如果自行购置该设备，预计购置成本1 300万元。该项固定资产的税法折旧年限为7年，残值率为购置成本的5%。预计该设备每年可以增加收入280万元，降低生产成本100万元/年，至少可以持续5年。预计该设备5年后变现价值为350万元。设备每年营运成本（包括维修费、保险费和资产管理成本等）60万元。

（2）B租赁公司表示可以为此项目提供融资，并提供了以下租赁方案：每年租金260万元，在每年年末支付；租期5年，租金租赁期内不得撤租，租赁期满设备所有权不转让，设备每年的营运成本由承租人承担。

（3）A公司的所得税税率为30%，税前借款（有担保）利率10%。项目资本成本为12%。

【要求】

（1）计算设备投资净现值。

（2）计算租赁净现值。

（3）评价设备投资的可行性。

营运资本管理　第**12**章

　　本章是财务管理中比较重要的一章,从历年考试情况看,本章主要的题型是主观题,还可能出现客观题或计算分析题,考点集中在以下:信用政策的确定、存货经济订货批量的确定、相关总成本的计算、保险储备量的确定、涉及营运资本筹资政策、借款利息的支付方式、易变现率、放弃现金折扣决策、短期借款有效利率的确定等。客观题的考点主要是确定最佳现金持有量、经济订货批量需要考虑的成本及计算公式、确定信用标准的"5C"系统等。在近几年考试中,所占分值在7分左右。

【本章考点概览】

营运资本管理	一、营运资本管理策略	1. 营运资本投资策略	★
		2. 营运资本筹资策略	★★★
	二、现金管理	1. 现金管理的目标及方法	★
		2. 最佳现金持有量分析	★★★
	三、应收款项管理	1. 应收账款的产生原因及管理方法	★
		2. 信用政策分析	★★★
	四、短期债务筹资	1. 短期债务筹资的特点	★
		2. 商务信用筹资	★★
		3. 短期借款筹资	★★★

第一节　营运资本管理策略

　　考情分析:对于本节内容,题型主要为客观题,分值在1分左右。考点主要集中在营运资本的有关概念、流动资产投资政策的主要类型等内容上。

　　学习建议:对于本节内容的学习,重在了解营运资本的有关概念,理解影响流动资产投资需求的因素和流动资产投资政策的主要类型。

一、营运资本投资策略(★)

　　财务管理可以划分为投资和筹资两个主要方面。前面各章讨论的投资和筹资是作为长期财务问题讨论的。本部分的营运资本管理是短期财务问题,也包括投资和筹资两个方面。短期财务和长期财务的划分,通常以1年作为分界。短期财务通常涉及1年或1年以内的现金流入和流出。

　　营运资本管理是一个越来越受到重视的领域。由于竞争加剧和环境动荡,营运资本管理对于企业盈利能力以及生存能力的影响越来越大。财务经理的大部分时间被用于营运资本管理,而不是长期决策。营运资本管理比较复杂,涉及企业的所有部门,尤其需要采购,生产、销售和信息处理等部门的配合与努力。

　　本章讨论营运资本投资管理问题,下一章讨论营运资本筹资管理问题。

(一)适中型投资政策

　　在销售额不变情况下,企业安排较少的流动资产投资,可以缩短流动资产周转天数,节约投资成本。但是,投资不足可能会引发经营中断,增加短缺成本,给企业带来损失。企业为了减少经营中断的风险,在销售不变的情况下安排较多的营运资本投资,会延长流动资产周转天数。但是,投资过量会出现闲置的流动资产,白白浪费了投资,增加持有成本。因此,需要权衡得失,确定其最佳投资需要量,也就是短缺成本和持有成本之和最小化的投资额。这种投资成果要求短缺成本和持有成本大体相等称为适中型投资政策，如表12-1所示。

适中的流动资产投资政策，就是按照预期的流动资产周转天数、销售额及其增长、成本水平和通货膨胀等因素确定的最优投资规模，安排流动资产投资。

表12-1 　　　　　　　　　　**适中型流动资产投资政策的要素**

	要　点
短缺成本	短缺成本是指随着流动资产投资水平降低而增加的成本。例如，因投资不足发生现金短缺，需要出售有价证券并承担交易成本。或因投资不足出现存货短缺，需要紧急订货并承担较高的交易成本；若不能及时补充存货就会失去销售机会，甚至失去客户
持有成本	流动资产持有成本是指随着流动资产投资上升而增加的成本。持有成本主要是与流动资产相关的机会成本。这些投资如果不用于流动资产，可用于其他投资机会并赚取收益。这些失去的等风险投资的期望收益，就是流动资产投资的持有成本。它低于企业加权平均的资本成本，也低于总资本的平均收益率，因为流动性越高的资产，其收益率越低。一般情况下，流动资产的流动性强，收益率就低
最优投资规模	流动资产最优的投资规模，取决于持有成本和短缺成本总计的最小化，企业持有成本随投资规模增加而增加，短缺成本随投资规模而减少，在两者相等时达到最佳的投资规模

（二）保守型投资政策

如果上述影响流动资产投资的诸多因素都是确定并已知的，我们不难计算出特定企业所需要的流动资产投资。这些流动资产可以满足经营活动的平稳进行，保证企业按时支付到期债务，及时供应生产用材料，准时向客户提供产品。

问题在于现实世界中的流动资产周转天数、销售额及其增长和成本水平都是不确定的。因此，流动资产的需求是不稳定的。

面对这种不确定性，企业应如何确定流动资产投资呢？是多投资一些还是少投资一些呢？这就需要权衡与之相关的收益和成本。流动资产投资管理的核心问题就是如何应对投资需求的不确定性。

保守型流动资产投资政策，就是企业持有较多的现金和有价证券，充足的存货，提供给客户宽松的付款条件并保持较高的应收账款水平。保守型流动资产投资政策，表现为安排较高的流动资产/收入比率。

这种政策需要较多的流动资产投资，承担较大的流动资产持有成本，主要是资金的机会成本，有时还包括其他的持有成本。但是，充足的现金、存货和宽松的信用条件，使企业中断经营的风险很小，其短缺成本较小。

（三）激进型投资政策

激进型流动资产投资政策，就是公司持有尽可能低的现金和小额的有价证券投资；在存货上作少量投资；采用严格的销售信用政策或者禁止赊销。激进型流动资产投资政策，表现为较低的流动资产/收入比率。

该政策可以节约流动资产的持有成本，例如节约资金的机会成本。与此同时，公司要承担较大的风险，例如经营中断和丢失销售收入等短缺成本。

◀)) 名师点拨 ·········

短缺成本和持有成本大体相等称为适中型投资政策。保守型流动资产投资政策，就是企业持有较多的现金和有价证券，充足的存货，其持有成本较高短缺成本较小。激进型流动资产投资政策，可以节约流动资产的持有成本，但其短缺成本较高。

【例题1·单选题】（2013年真题）企业采用保守型流动资产投资政策时，流动资产的（　　　）。

A. 短缺成本较高

B. 管理成本较低

C. 机会成本较低

D. 持有成本较高

【解析】保守型流动资产投资政策，表现为安排较高的流动资产/收入比率，承担较大的持有成本，但短缺成本较小。

【答案】D

二、营运资本筹资策略（★★★）

营运资本筹资政策，是指在总体上如何为流动资产筹资，采用短期资金来源还是长期资金来源，或者兼而有之。

制定营运资本筹资政策，就是确定流动资产所需资金中短期来源和长期来源的比例。

$$易变现率=\frac{（股东权益+长期债务+经营性流动负债）-长期资产}{经营性流动资产}$$

名师点拨

经营性流动负债也称为自发性流动负债。

本章也将"所有者权益+长期债务+经营性流动负债"称为长期资金来源，则易变现率=$\frac{长期资金来源-长期资产}{经营性流动资产}$

易变现率高，资金来源的持续性强，偿债压力小，管理起来比较容易的财务政策称为保守型筹资政策。易变现率低，资金来源的持续性弱，偿债压力大的财务政策称为激进型筹资政策。从最保守型筹资政策到最激进型筹资政策之间，分布着一系列风险程度不同的筹资政策。他们大体上分为3类：适中型筹资政策、保守型筹资政策和激进型筹资政策。

（一）适中型筹资政策

适中型筹资政策的特点是：尽可能贯彻筹资的匹配原则，即长期投资由长期资金支持，短期投资由短期资金支持。筹资的匹配原则，不仅适用于流动资金筹集，也适用于长期资本筹资，具有普遍适用性。

按照投资持续时间结构去安排筹资的时间结构，有利于降低利率风险和偿债风险，因此要遵循匹配原则。

只要企业存在，只要企业还在营业，流动资产就不会为零。一方面，流动资产是不断周转的，一些流动资产被出售并形成现金，与此同时，企业用现金购入另外一些流动资产。另一方面，正常的企业是不断成长的，长期上升的销售收入，需要在流动资产上进行不断投资，因此流动资产不会下降为零，而应不断增长。

流动资产按照投资需求的时间长短分为波动性流动资产和稳定性流动资产，流动负债分为临时性流动负债和自发性流动负债。

波动性流动资产是指受季节性、周期性影响的流动资产所需的资金；稳定性流动资产是指即使处于经营淡季也仍然需要保留、用于满足企业长期稳定运行的流动资产所需的资金；临时性流动负债是指金融性流动负债；自发性流动负债是指经营性流动负债。

适中型筹资政策的特点是：对于波动性流动资产，用临时性负债筹集资金，也就是利用短期银行借款等短期金融负债工具取得资金，对于稳定性流动资产需求和长期资产，用长期负债和权益资本筹集，该政策可以用

流动资产的筹资结构，可以用经营性流动资产中长期筹资来源的比重来衡量，该比率称为易变现率。

以下公式表示：

波动性流动资产=短期金融负债

长期资产+稳定性流动资产=股东权益+长期债务+自发性流动负债

适中型筹资政策要求企业的短期金融负债筹资计划严密，实现现金流动与预期安排相一致。企业应根据波动性流动资产需求时间和数量与之配合短期金融负债。

【案例12-1】 甲公司在生产经营的淡季，需占用4 000万元的流动资产和6 000万元的长期资产；在生产经营的高峰期，会额外增加1 000万元的季节性存货需求；假设该企业没有自发性流动负债。按照适中型筹资政策，公司只在生产经营的高峰期才借入1 000万元的短期借款。10 000万元长期性资产（即4 000万元稳定性流动资产和6 000万元长期资产之和）均由长期负债、自发性负债和权益资本解决其资金需要。

在营业高峰期其易变现率为：

易变现率

$$=\frac{（股东权益+长期债务+经营性流动负债）-长期资产}{经营性流动资产}$$

$$=\frac{10000-6000}{4000+1000}=80\%$$

在营业低谷时其易变现率为：

易变现率=$4\,000÷4\,000=100\%$

资金来源有效期和资产有效期的匹配，是一种战略性的匹配，而不要求完全匹配。实际上，企业也做不到完全匹配。其原因是：①企业不可能为每一项资产按其有效期配置单独的资金来源，只能分成短期来源和长期来源两类来统筹安排筹资。②企业必须有股东权益筹资，它是无限期的资本来源，而资产总是有期限的，不可能完全匹配。③资产的实际有效期是不确定的，而还款期是确定的，必然会出现不匹配。例如，预计销售没有实现，无法按原计划及时归还短期借款，导致匹配失衡。

资金来源有效期结构和资产需求有效期结构的匹配，并非是所有企业在所有时间里的最佳筹资策略。有时预期短期利率会下降，那么，在整个投资有效期中，短期负债的成本比长期负债成本低。有些企业会愿意承担利率风险和偿债风险，较多地使用短期负债。另外一些企业与此相反，宁愿让贷款的有效期超过资产的有效

期，以求减少利率风险和偿债风险。因此，出现了激进型筹资政策和保守型筹资政策。

【例题2·单选题】下列关于适中型营运资本筹资政策的说法中，正确的是（　　　　）。

A．波动性流动资产通过自发性流动负债筹集资金

B．长期资产和稳定性流动资产通过权益、长期债务和自发性流动负债筹集资金

C．部分波动性流动资产通过权益、长期债务和自发性流动负债筹集资金

D．部分波动性流动资产通过自发性流动负债筹集资金

【解析】适中型营运资本筹资政策下，波动性流动资产均通过短期金融负债筹集解决，选项A、C、D错误。

【答案】B

（二）保守型筹资策略

保守型筹资政策的特点：短期金融负债只融通部分波动性流动资产的资金需要，另一部分波动性流动资产和全部稳定性流动资产，则由长期资金来源支持，极端保守的筹资政策完全不使用短期借款，全部资金都来自于长期资金来源。

波动性流动资产>短期金融负债

长期资产+稳定性流动资产<股东权益+长期债务+自发性流动负债

保守型筹资政策资本成本高，但风险收益均低。保守型筹资政策的易变现率较高，在营业低谷时其易变现率大于1。

（三）激进型筹资策略

激进型筹资政策的特点是：短期金融负债不但融通临时性流动资产的资金需要，还解决部分长期性资产的资金需要。极端激进的筹资政策是全部稳定性流动资产都采用短期借款。

波动性流动资产<短期金融负债

长期资产+稳定性流动资产>股东权益+长期债务+自发性流动负债

激进型筹资政策的资本成本低，但风险收益均高。

激进型筹资政策的易变现率较低，在营业低谷时其易变现率小于1。

🔊 **名师点拨** ••••••••••••••••

激进型筹资政策下临时性负债在企业全部资金来源中所占比重大于适中型筹资政策，即使在季节性低谷

也可能存在临时性负债，它是一种收益性和风险性均较高的营运资本筹资政策。

一方面，由于短期金融负债的资本成本一般低于长期负债和权益资本的资本成本，而激进型筹资政策下短期金融负债所占比重较大，所以，该政策下企业的资本成本较低。另一方面，为了满足长期性资产的长期资金需要，企业必然要在短期金融负债到期后重新举债或申请债务展期，这样企业便会更为经常地举债和还债，从而加大筹资困难和风险；还可能面临由于短期负债利率的变动而增加企业资本成本的风险，所以，激进型筹资政策是一种收益性和风险性均较高的营运资本筹资政策。

【例题3·单选题】下列关于激进型营运资本筹资政策的表述中，正确的是（　　　　）。

A．激进型筹资政策的营运资本小于0

B．激进型筹资政策是一种风险和收益均较低的营运资本筹资政策

C．在营业低谷时，激进型筹资政策的易变现率小于1

D．在营业低谷时，企业不需要短期金融负债

【解析】流动资产分为波动性流动资产和稳定性流动资产，流动负债分为短期金融负债和自发性流动负债，激进型营运资本筹资政策的临时性流动负债大于临时性流动资产，但是还有稳定性流动资产存在，所以激进型筹资政策的营运资本不一定小于0，选项A错误；激进型筹资政策是一种风险和收益均较高的营运资本筹资政策，选项B错误；激进型筹资政策即使是在营业低谷时，企业也会有短期金融负债的存在，选项D错误。

【答案】C

🔊 **名师点拨** ••••••••••••••••

临时性负债属于短期负债，筹资风险大，但资金成本低；3种政策中激进型筹资政策临时性负债占比重最大；保守型筹资政策临时性负债占比重最小。在经营淡季时，存在金融资产，易变现率>1。

这种做法，一方面，由于短期金融负债所占比重较小，所以企业无法偿还到期债务的风险较低，同时蒙受短期利率变动损失的风险也较低。然而，另一方面，却会因长期负债资本成本高于短期金融负债的资本成本，以及经营淡季时资金有剩余但仍需负担长期负债利息，从而降低企业的收益。所以，保守型筹资政策是一种风

险和收益均较低的营运资本筹资政策。

流动资金筹资政策的稳健程度，可以用易变现率的高低识别。在营业低谷期的易变现率为1，是适中的流动资金筹资政策，大于1时比较稳健，小于1则比较激进。营业高峰期的易变现率，可以反映随营业额增加而不断增长的流动性风险，数值越小风险越大。

【知识拓展】3种营运资本筹资政策的比较，如表12-2所示。

表12-2　3种营运资本筹资政策的比较

筹资政策	适中型	激进型	保守型
匹配关系	（1）波动性流动资产=短期性金融负债（临时性负债） （2）长期资产+稳定性流动资产=权益+长期债务+自发性流动负债	（1）波动性流动资产<短期性金融负债 （2）长期资产+稳定性流动资产>权益+长期债务+自发性流动负债	（1）波动性流动资产>短期性金融负债 （2）长期资产+稳定性流动资产<权益+长期债务+自发性流动负债
易变现率	居中 （营业低谷为1，营业高峰小于1）	最小 （小于1）	最大 （营业低谷大于1，营业高峰小于1）
临时性负债	比重居中	比重最大	比重最小
风险收益特征	资本成本居中，风险收益适中	资本成本低，风险收益均高	资本成本高，风险收益均低

🔊 名师点拨

掌握适中型、保守型和激进型3种营运资本筹资政策的特点。3种政策在经营高峰时易变现率均小于1。保守型筹资政策营业低谷时的易变现率大于1。

【例题4·多选题】（2013年真题）甲公司的生产经营存在季节性，公司的稳定性流动资产为300万元，营业低谷时的易变现率为120%。下列各项说法中，正确的有（　　）。

A. 公司采用的是激进型筹资政策
B. 波动性流动资产全部来源于短期资金
C. 稳定性流动资产全部来源于长期资金
D. 营业低谷时，公司有60万元的闲置资金

【解析】营业低谷时的易变现率为120%，说明公司采取的是保守型筹资政策，所以选项A、B错误。闲置资金=300×120%-300=60（万元），故选项C、D正确。

【答案】CD

【例题5·多选题】某企业的波动性流动资产为120万元，经营性流动负债为20万元，短期金融负债为100万元。下列关于该企业营运资本筹资政策的说法中，正确的有（　　）。

A. 该企业采用的是适中型营运资本筹资政策
B. 该企业在营业低谷时的易变现率大于1
C. 该企业在营业高峰时的易变现率小于1
D. 该企业在生产经营淡季，可将20万元闲置资金投资于短期有价证券

【解析】由于短期金融负债小于波动性流动资产，该企业采用的是保守型营运资本筹资政策，选项A错误；在营业低谷时保守型营运资本筹资政策的易变现率大于1，适中型营运资本筹资政策的易变现率等于1，激进型营运资本筹资政策的易变现率小于1，选项B正确。在经营高峰时易变现率均小于1，选项C正确；由于在经营季节性需要时企业临时性流动资产120万元，短期金融负债100万元，所以在经营淡季，企业会有闲置资金20万元，可投资于短期有价证券，选项D正确。

【答案】BCD

第二节　现金管理

考情分析：对于本节内容，题型主要为客观题，分值在2分左右。考点主要集中在确定最佳现金持有量、现金决策和控制等方面。

学习建议：对于本节内容的学习，重在了解现金管理的目标，理解现金收支管理和确定最佳现金持有量，掌握现金决策和控制方法。

流动资产投资需求主要来自持有现金、有价证券、存货和应收账款，有时还包括预付账款的需求。

现金是可以立即投入流动的交换媒介。它的首要特点是普遍的可接受性，即可以有效地立即用来购买商

品、货物、劳务或偿还债务。因此，现金是企业中流动性最强的资产。属于现金内容的项目，包括企业的库存现金、各种形式的银行存款和银行本票、银行汇票。

有价证券是企业现金的一种转换形式。有价证券变现能力强，可以随时兑换成现金。企业有多余现金时，常将现金兑换成有价证券；现金流出量大于流入量需要补充现金时，再出让有价证券换回现金。在这种情况下，有价证券就成了现金的替代品，是"现金"的一部分。

一、现金管理的目标及方法（★）

（一）现金管理的目标

企业置存现金的原因主要是满足交易性需要、预防性需要和投机性需要。

交易性需要是指置存现金以满足日常业务的现金支付需要；预防性需要是指置存现金以防发生意外的支付；投机性需要是指置存现金用于不寻常的购买机会。

其中预防性需要受到3个方面因素的影响：①企业愿意承担风险的程度；②企业临时举债能力的强弱；③企业对现金流量预测的可靠程度。

短缺现金成本是指企业缺乏必要的现金，将不能应付业务开支，使企业蒙受损失。短缺现金成本不考虑企业其他资产的变现能力，仅就不能以充足的现金支付购买费用而言，内容大致包括：丧失购买机会（甚至会因缺乏现金不能及时购买原材料，而使生产中断造成停工损失）、造成信用损失和得不到折扣好处。其中失去信用而造成的损失难以准确计量，但其影响往往很大，甚至导致供货方拒绝或拖延供货，债权人要求清算等。如果企业置存过量的现金，又会因这些资金不能投入周转无法取得盈利而遭受另一些损失。

【例题6·多选题】企业预防性现金数额大小（　　　）。

A. 与企业现金流量的可预测性成反比

B. 与企业借款能力成反比

C. 与企业业务交易量成反比

D. 与企业偿债能力成正比

【解析】预防性需要是指置存现金以防发生意外的支付。现金流量的不确定性越大，预防性现金的数额也越大。此外，预防性现金数额还与企业的借款能力有关。

【答案】AB

（二）现金管理的方法

现金收支管理的目的在于提高现金使用效率，为达到这一目的，应当注意做好以下几方面工作。

（1）力争现金流量同步。如果企业能尽量使它的现金流入与现金流出发生的时间趋于一致，就可以使其所持有的交易性现金余额降到最低水平。

（2）使用现金浮游量。从企业开出支票，收票人收到支票并存入银行，至银行将款项划出企业账户，中间需要一段时间。现金在这段时间的占用称为现金浮游量。不过，在使用现金浮游量时，一定要控制好使用的时间，否则会发生银行存款的透支。

（3）加速收款。这主要是指缩短应收账款的时间。做到既利用应收账款吸引顾客，又缩短收款时间，从两者之间找到适当的平衡点。

（4）推迟应付账款的支付。这主要是指企业在不影响自己信誉的前提下，尽可能地推迟应付款的支付期，充分运用供货方所提供的信用优惠。

【例题7·单选题】企业为了使其持有的交易性现金余额降到最低，可采取（　　　）。

A. 力争现金流量同步

B. 使用现金浮游量

C. 加速收款

D. 推迟应付款的支付

【解析】力争现金流量同步可使其持有的交易性现金余额降到最低。

【答案】A

二、最佳现金持有量分析（★★★）

【要点提示】重点掌握最佳现金持有量的成本分析模式、最佳现金持有量确定的存货模式、最佳现金持有量的随机模型、存货模式和随机模式的比较。

现金的管理除了做好日常收支，加速现金流转速度外，还需控制好现金持有规模，即确定适当的现金持有量。下面是几种确定最佳现金持有量的方法。

（一）成本分析模式

最佳现金持有量又称为最佳现金余额，是指现金满足生产经营的需要，又使现金使用的效率和效益最高时的现金最低持有量。成本分析模式下企业持有的现金，将会有3种成本：机会成本、管理成本和短缺成本。成本分析模式是通过分析持有现金的成本，寻找持有成本最低的现金持有量。

机会成本与现金持有量呈正比例变动；管理成本与现金持有量无明显的比例关系（一般为固定成本）；短缺成本与现金持有量呈反向变动关系。

最佳现金持有量是使上述三项成本之和最小的现金持有量。

【案例12-2】XYZ公司有4种现金持有方案，它们各自的机会成本、管理成本、短缺成本如表12-3所示。

表12-3　　　　　　　　　　　XYZ公司现金持有方案　　　　　　　　　　　单位：元

方案项目	甲	乙	丙	丁
现金平均持有量	250 000	500 000	750 000	1 000 000
机会成本	30 000	60 000	90 000	120 000
管理成本	200 000	200 000	200 000	200 000
短缺成本	120 000	67 500	25 000	0

注：机会成本率即该企业的资本收益率为12%。

这4种方案的总成本计算结果如表12-4所示。

表12-4　　　　　　　　　　　现金持有总成本　　　　　　　　　　　单位：元

方案项目	甲	乙	丙	丁
机会成本	30 000	60 000	90 000	120 000
管理成本	200 000	200 000	200 000	200 000
短缺成本	120 000	67 500	25 000	0
总成本	350 000	327 500	315 000	320 000

将以上各方案的总成本加以比较可知，丙方案的总成本最低，也就是说当企业平均持有750 000元现金时，各方面的总代价最低，对企业最合算，故750 000元是该企业的最佳现金持有量。

【例题8·多选题】（2016年真题）企业采用成本分析模式管理现金，在最佳现金持有量下，下列各项中正确的有（　　　　）。

A. 机会成本等于短缺成本

B. 机会成本与管理成本之和最小

C. 机会成本与短缺成本之和最小

D. 机会成本等于管理成本

【解析】本题考查的是成本分析模式。在成本分析模式下，最佳现金持有量是机会成本、管理成本、短缺成本之和最小的现金持有量。管理成本是一种固定成本，基本不会有较大变动，因此最佳现金持有量为机会成本和短缺成本之和最小时的现金持有量，此时机会成本等于短缺成本，因此正确答案为选项A、C。

【答案】AC

（二）存货模式

将存货经济订货批量模型用于确定目标现金持有量。如果平时企业只持有较少的现金，在有现金需要

时，可以通过出售有价证券的方式换回现金，则这样既能满足现金的需要，避免短缺成本，又能减少机会成本。但企业每次以有价证券换回现金是要付出代价的，称为交易成本。在一定时期现金使用量确定的情况下，企业平时现金持有量越多，则转换的次数越少，交易成本越少，即交易成本与持有量成反比。另外，企业平时现金持有量越多，则机会成本越高，即机会成本与持有量成正比。当机会成本和交易成本之和最小时的现金持有量为最佳持有量。

1. 假设前提

（1）现金的支出过程比较稳定，波动较小，而且每当现金余额降至零时，均通过变现部分证券得以补足，即不允许短缺。

（2）企业预算期内现金需要总量可以预测。

（3）证券的利率或报酬率以及每次固定性交易费用可以获悉。

2. 决策原则

找出现金管理相关总成本最小的那一现金持有量。相关总成本包括机会成本和交易成本，机会成本与持有量成正比，交易成本与持有量成反比。

如果假设现金持有量为C，一定时期内的现金需求

量为T，每次出售有价证券以补充现金所需的交易成本为F。则一定时期内出售有价证券的总交易成本为：

$$交易成本=交易次数\times每次交易成本=\frac{T}{C}\times F$$

假设持有现金的机会成本率为K，则一定时期内持有现金的总机会成本为：

$$机会成本=平均现金持有量\times有价证券利息率$$

$$=\frac{C}{2}\times K$$

3. 计算公式

最佳现金持有量是使总成本最低等的数额，即求出C^*使得总成本最小。

$$总成本=交易成本+机会成本=\frac{T}{C}\times F+\frac{C}{2}\times K$$

当交易成本=机会成本时，即$\frac{T}{C}\times F=\frac{C}{2}\times K$时，$C$为最佳持有额。整理后得出：

$$最佳现金持有额C^*=\sqrt{\frac{2\times T\times F}{K}}$$

$$最小相关总成本T_C=\sqrt{2\times T\times F\times K}$$

式中　T——一定期间内的现金需求量；

　　　C——现金持有量；

　　　K——持有现金的机会成本率；

　　　F——每次交易成本；

　　　C^*——最佳现金持有量。

【例题9·计算分析题】某公司现金收支平衡，预计全年（按360天计算）现金需要量为250000元，现金与有价证券的转换成本为每次500元，有价证券年利率为10%。

【要求】

（1）计算最佳现金持有量。

（2）计算最佳现金持有量下的全年现金管理总成本、全年现金交易成本和全年现金持有机会成本。

（3）计算最佳现金持有量下的全年有价证券交易次数和有价证券交易间隔期。

【答案】

（1）最佳现金持有量$=\sqrt{\frac{2\times250\,000\times500}{10\%}}$

$$=50\,000（元）$$

（2）全年现金管理总成本$=\sqrt{2\times250\,000\times500\times10\%}$

$$=5\,000（元）$$

全年现金交易成本$=（250\,000\div50\,000）\times500$

$$=2\,500（元）$$

全年现金持有机会成本$=（50\,000\div2）\times10\%$

$$=2\,500（元）$$

（3）全年有价证券交易次数$=250\,000\div50\,000=5$（次）

有价证券交易间隔期$=360\div5=72$（天）

【例题10·单选题】某公司根据鲍曼模型确定的最佳现金持有量为100000元，有价证券的年利率为10%。在最佳现金持有量下，该公司与现金持有量相关的现金使用总成本为（　　　）元。

A. 5000　　　　　B. 10000

C. 15000　　　　　D. 20000

【解析】本题的主要考查点是最佳现金持有量确定的存货模式，也称为鲍曼模型。在存货模式下，达到最佳现金持有量时，机会成本等于交易成本，即与现金持有量相关的现金使用总成本应为机会成本的2倍，机会成本$=C\div2\times K=100\,000\div2\times10\%=5\,000$（元），所以，与现金持有量相关的现金使用总成本$=2\times5\,000=10\,000$（元）。

【答案】B

4. 存货模式的优缺点

现金持有量的存货模式是一种简单、直观地确定最有现金持有量的方法。

存货模式的缺点有：①该模型假设现金需要量恒定；②该模型假定现金的流出量稳定不变，假设计划期内未发生其他净现金流入，需要现金靠变现证券满足，未考虑现金安全库存。但实际上这很少出现。

（三）随机模式

随机模式是在现金需求量难以预知的情况下进行现金持有量控制的方法。

1. 基本原理

企业根据历史经验和现实需要，测算出一个现金持有量的控制范围，即制定出现金持有量的上限和下限，将现金量控制在上下限之内。当现金流达到控制上限时，用现金购入有价证券，使现金量下降；当现金流降到控制下限时，即抛售有价证券换回现金，使现金持有量回升。

2. 计算公式

（1）现金返回线（R）的计算公式。

$$R=\sqrt[3]{\frac{3b\delta^2}{4i}}+L$$

式中　b——每次有价证券的固定转换成本；

　　　i——有价证券的日利息率；

　　　δ——预期每日现金余额变化的标准差；

L——现金存量的下限。

（2）现金存量的上限（H）的计算公式：$H=3R-2L$。

（3）下限的确定：受到企业每日的最低现金需要量、管理人员的风险承受倾向等因素的影响。

【案例12-3】 假定某公司有价证券的年利率为9%，每次固定转换成本为25元，公司认为任何时候其银行活期存款及现金余额均不能低于500元，又根据以往经验测算出现金余额波动的标准差为400元。最优现金返回线R、现金控制上限H的计算为：

有价证券日利率$=9\%\div360=0.025\%$

$$R=\sqrt[3]{\frac{3b\delta^2}{4i}}+L=\sqrt[3]{\frac{3\times25\times400^2}{4\times0.025\%}}+500\approx2790（元）$$

$$H=3R-2L=3\times2790-2\times500=7370（元）$$

当公司的现金余额达到7370元时，即应以4580元（7370-2790=4580）的现金去投资于有价证券，使现金持有量回落为2790元；当公司的现金余额降至500元时，则应转让2290元（2790-500=2290）的有价证券，使现金持有量回升为2790元，如图12-1所示。

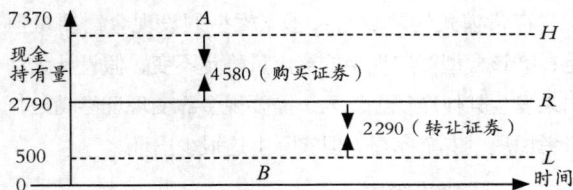

图12-1　随机模式示例

【例题11·多选题】 某企业采用随机模式控制现金的持有量。下列事项中，能够使最优现金返回线上升的有（　　　　）。

A. 有价证券的收益率提高

B. 管理人员对风险的偏好程度提高

C. 企业每日的最低现金需要量提高

D. 企业每日现金余额变化的标准差增加

【解析】 有价证券的收益率提高会使现金返回线下降，选项A错误；管理人员对风险的偏好程度提高，现金最低持有量L会下降，则最优现金返回线R会下降，选项B错误。

【答案】 CD

【例题12·单选题】 某公司持有有价证券的平均年利率为5%，公司的现金最低持有量为1500元，现金余额的最优返回线为8000元。如果公司现有现金20000元，根据现金持有量随机模型，此时应当投资于有价证券的金额是（　　　　）元。

A. 0 　　　　　　　　B. 6500

C. 12000 　　　　　D. 18500

【解析】 $H=3R-2L=3\times8000-2\times1500=21000$（元），根据现金管理的随机模式，如果现金量在控制上下限之间，可以不必进行现金与有价证券转换。

【答案】 A

（四）存货模式和随机模式的比较

确定最佳现金持有量的随机模式与存货模式的比较，包括相同点和不同点，如表12-5所示。

表12-5　　　　　　　　　　　　存货模式和随机模式的比较

相同点	不同点
随机模式与存货模式的相关成本都是机会成本和交易成本	（1）适用范围不一样 ①存货模式下假设未来的需要量恒定，用T表示 ②随机模式建立在企业的未来现金需求总量和收支不可预测的前提下，因此计算出来的现金持有量比较保守 （2）现金安全储备考虑不一样 ①存货模式下不考虑现金安全储备 ②随机模式下考虑最低现金需要量L

🔊 名师点拨 ···

3种模式相关成本的比较如下。

（1）成本分析模式下相关成本为3种成本：机会成本、管理成本和短缺成本。

（2）存货模式下相关成本为两种成本：机会成本和交易成本（或转换成本）。

（3）随机模式下相关成本为两种成本：机会成本和交易成本（或转换成本）。

【例题13·多选题】 存货模式和随机模式是确定最佳现金持有量的两种方法。对这两种方法的以下表述中，正确的有（　　　　）。

A. 两种方法都考虑了现金的交易成本和机会成本

B. 存货模式简单、直观，比随机模式有更广泛的适用性

C. 随机模式可以在企业现金未来需要总量和收支不可预测的情况下使用

D. 随机模式确定的现金持有量，更易受到管理人员主观判断的影响

【解析】存货模式假设未来的现金需求量恒定，在实务中很困难，所以适用范围更窄。

【答案】ACD

【例题14·多选题】（2014年真题）该公司最优现金返回线水平位于7 000元，现金存量下限为2 000元，财务人员下列做法中，正确的有（　　　）。

A. 当持有的现金金额为5 000元时，购进2 000元的有价证券

B. 当持有的现金金额为12 000元时，转让5 000元的有价证券

C. 当持有的现金余额为1 000元时，购进6 000元的有价证券

D. 当持有的现金余额为18 000元时，转让11 000元的有价证券

【解析】$H-R=2\times(R-L)$，所以$H=2\times(7\,000-2\,000)+7000=17\,000$（元），现金余额为5 000元和12 000元时，均介于17 000和2 000之间，不必采取任何措施，所以选项A、B不正确，选项C、D正确。

【答案】CD

第三节　应收款项管理

考情分析：对于本节内容，题型主要为主观题，分值在6分左右。考点主要集中在现金折扣政策、信用政策的确定、确定信用标准的"5C"系统、应收账款决策和控制方法等方面。

学习建议：对于本节内容的学习，重在了解应收账款管理的目标、理解应收账款的收账、掌握运用信用政策的确定、掌握应收账款决策和控制方法。

这里所说的应收账款是指因对外销售产品、材料、供应劳务及其他原因，应向购货单位或接受劳务的单位及其他单位收取的款项，包括应收销售款、其他应收款、应收票据等。

一、应收账款的产生原因及管理方法（★）

（一）应收账款的产生原因

发生应收账款的原因，主要有以下两种。

1. 商业竞争

它是发生应收账款的主要原因。在市场经济的条件下，存在着激烈的商业竞争。企业除了依靠产品质量、价格、售后服务、广告等手段扩大销售外，赊销也是销售的手段之一。因为赊销可以带给顾客好处，于是就产生了应收账款。由竞争引起的应收账款，是一种商业信用。

2. 销售和收款的时间差距

由于商品成交的时间和收到货款的时间经常不一致，所以导致了应收账款。由于发货的时间和收到货款的时间往往不同，结算需要时间，造成企业会垫付大量资金。由于销售和收款的时间差而造成的应收账款，不属于商业信用，也不是应收账款的主要内容，仅属于商业信用的应收账款的管理。

应收账款是企业的一项资金投放，是为了扩大销售和盈利而进行的投资。而投资肯定要发生成本（包括承担风险），这就需要在应收账款信用政策所增加的盈利和这种政策的成本之间作出权衡，只有当应收账款所增加的盈利超过所增加的成本时，才应当实施应收账款赊销。

（二）应收账款的管理方法

应收账款发生后，企业应采取各种措施，尽量争取按期收回款项。这些措施包括对应收账款回收情况的监督、对坏账损失的事先准备和制定适当的收账政策。

1. 应收账款回收情况的监督

企业已发生的应收账款时间有长有短，一般来讲，拖欠时间越长，款项收回的可能性越小，形成坏账的可能性越大。对此，企业应实施对应收账款回收情况的监督，可通过编制账龄分析表进行。通过账龄分析表企业可以了解到有多少欠款尚在信用期内，有多少欠款超过了信用期，超过时间长短的款项各占多少，有多少可能会成为坏账。

【知识拓展】账龄分析表是一张能显示应收账款在外天数（账龄）长短的报告，如表12-6所示。

表12-6 账龄分析表

项 目	期末数		期初数	
	金额	比例（%）	金额	比例（%）
1年以内				
1～2年				
2～3年				
3年以上				
…				
合计				

2. 收账政策的制定

企业对各种不同过期账款的催收方式，包括准备为此付出的代价，就是它的收账政策。例如，对过期较短的顾客，不过多地打扰，以免将来失去这一市场；对过期稍长的顾客，可在催款时措辞严厉，必要时提请有关部门仲裁或提起诉讼等。

催收账款要发生费用，某些催款方式的费用还会很高（如诉讼费）。一般来说，收账的花费越大，收账措施越有力，可收回的账款应越多，坏账损失也就越小。因此制定收款政策，又要在收账费用和所减少坏账损失之间作出权衡。

二、信用政策分析（★★★）

企业的信用政策决定了应收账款赊销的效果。信用政策包括：信用期间、信用标准和现金折扣政策。

（一）信用期间

信用期间是企业允许顾客从购货到付款之间的时间，或者说是企业给予顾客的付款期限。

信用期的确定，主要是分析改变现行信用期对收入和成本的影响。延长信用期，会使销售额增加，产生有利影响；与此同时，应收账款、收账费用和坏账损失增加，会产生不利影响。当前者大于后者时，可以延长信用期，否则不宜延长，如果缩短信用期，情况与此相反。

（二）信用标准

信用标准是指顾客获得企业的交易信用所应具备的条件。如果顾客达不到信用标准，便不能享受企业的信用或只能享受较低的信用优惠。

企业在设定某一顾客的信用标准时，往往先要评估其赖账的可能性。这可以通过"5C"系统来进行。"5C"系统就是评估顾客信用品质的5个方面，品质

（Character）、能力（Capacity）、资本（Capital）、抵押（Collateral）和条件（Conditions）。

品质是指顾客的信誉 即履行偿债义务的可能性；能力是指顾客的偿债能力，即其流动资产的数量和质量以及与流动负债的比例；资本是指顾客的财务实力和财务状况，表明顾客可能偿还债务的背景；抵押是指顾客拒付款项或无力支付款项时能被用作抵押的资产；条件是指可能影响顾客付款能力的经济环境。

【例题15·单选题】（2017年真题）应用"5C"系统评估顾客信用标准时，客户"能力"是指（ ）。

A. 偿债能力

B. 盈利能力

C. 营运能力

D. 发展能力

【答案】A

【解析】本题考查的是信用政策分析。"5C"系统就是评估顾客信用品质的5个方面，即：品质、能力、资本、抵押和条件。其中，能力指顾客的偿债能力，即其流动资产的数量和质量以及与流动负债的比例。故本题正确答案为选项A。

（三）现金折扣政策

现金折扣是企业对顾客在商品价格上所做的扣减。向顾客提供这种价格上的优惠，主要目的在于吸引顾客为享受优惠而提前付款，缩短企业的平均收款期。另外，现金折扣也能招揽一些视折扣为减价出售的顾客前来购货，借此扩大销售量。折扣的表示常采用如5/10、3/20、n/30这样一些符号形式。这3种符号的含义为：5/10表示10天内付款，可以享受5%的价格优惠，即只需要支付原价的95%，如原价为10 000元，只支付9 500元；3/20表示20天内付款，可享受3%的价格优惠，

即只需支付原价的97%，若原价为10 000元，只支付9 700元；n/30表示付款的最后期限为30天，此时付款无优惠。

企业采用什么程度的现金折扣，要与信用期间结合起来考虑。不论是信用期间还是现金折扣，都可能给企业带来收益，但也会增加成本。因此，当企业给予顾客某种现金折扣时，应当考虑折扣所能带来的收益与成本孰高孰低，权衡利弊，抉择决断。

由于现金折扣是与信用期间结合使用的，所以确定折扣程度的方法与程序实际上与确定信用期间的方法与程序一致，只不过要把所提供的延期付款时间和折扣综合起来，看各方案的延期与折扣能取得多大的收益增量，再计算各方案带来的成本变化，最终确定最佳方案。决策方法有总额分析法和差额分析法两种。

1. 总额分析法

（1）计算各方案的收益。

各方案的收益=销售收入-变动成本=边际贡献=销售量×单位边际贡献

注意：固定成本如有变化应予以考虑。

（2）计算各方案实施信用政策的成本。

第一，计算占用资金的应计利息。

第二，计算收账费用和坏账损失。

第三，计算折扣成本（若提供现金折扣时）。

（3）计算各方案税前损益。

各方案税前损益=收益-成本费用。

总额分析法的决策原则是选择税前损益最大的方案为优。

2. 差额分析法

（1）计算收益的增加。

收益的增加=增加的销售收入-增加的变动成本-增加的固定成本=增加的边际贡献-增加的固定成本

（2）计算实施信用政策成本的增加。

第一，计算占用资金的应计利息增加。

第二，计算收账费用和坏账损失增加。

第三，计算折扣成本的增加（若提供现金折扣时）。

（3）计算改变信用期的增加税前损益。

改变信用期的增加税前损益=收益增加-成本费用增加。

差额分析法决策原则是如果改变信用期增加的税前损益大于0，可以改变。

①应收账款占用资金的应计利息=应收账款占用资金×资本成本=应收账款平均余额×变动成本率×资本成本=日销售额×平均收现期×变动成本率×资本成本

②存货占用资金的应计利息=存货占用资金×资本成本

其中：存货占用资金=存货平均余额

③应付账款抵减占用资金的应计利息=-应付账款占用资金×资本成本

其中：应付账款占用资金=应付账款平均余额

◄)) **名师点拨** ••••••••••••••••••••••••••

信用期变动的分析，一方面要考虑对利润表的影响（包括收入、成本和费用）；另一方面要考虑对资产负债表的影响（包括应收账款、存货、应付账款），并且要将对资金占用的影响用"资本成本"转化为"应计利息"，以便进行统一的得失比较。

【案例12-4】某公司现在采用30天按发票金额付款的信用政策，拟将信用期放宽至60天，仍按发票金额付款，即不给折扣。假设等风险投资的最低报酬率为15%，其他有关的数据如表12-7所示。

表12-7 某公司信用期放宽的有关资料表

信用期项目	30天	60天
销售量/件	100 000	120 000
销售额/元（单价6元）	600 000	720 000
销售成本/元		
变动成本（每件4元）	400 000	480 000
固定成本/元	50 000	50 000
毛利/元	150 000	190 000
可能发生的收账费用/元	3 000	4 000
可能发生的坏账损失/元	5 000	9 000

（1）计算收益的增加。

收益的增加=增加的销售收入−增加的变动成本−增加的固定成本=120 000−80 000=40 000（元）

（2）计算占用资金的应计利息。

①计算应收账款占用资金的应计利息增加

30天信用期应计利息=（600 000÷360）×30×（400 000÷600 000）×15%=5 000（元）

60天信用期应计利息=（720 000÷360）×60×（480 000÷720 000）×15%=12 000（元）

应计利息增加=12 000−5 000=7 000（元）

②存货占用资金的应计利息=存货占用资金×资本成本

其中：存货占用资金=存货平均余额

【案例12-5】 续【案例12-4】资料，现假定信用期由30天改为60天时，由于销售量的增加，平均存货水平将从9 000件上升到21 000件，每件存货成本按变动成本4元计算，其他情况依旧。

存货增加而多占用资金的利息=（21 000−9 000）×4×15%=7 200（元）

③应付账款占用资金的应计利息减少=−应付账款占用资金×资本成本

其中：应付账款占用资金=应付账款平均余额

（3）收账费用和坏账损失增加。

收账费用增加=4 000−3 000=1 000（元）

坏账损失增加=9 000−5 000=4 000（元）

（4）改变信用期的税前损益。

收益增加−成本费用增加=40 000−（7 000+7 200+1 000+4 000）=20 800（元）

（5）现金折扣政策。

折扣成本=赊销额×折扣率×享受折扣的客户比率

本例中未提供现金折扣，故不考虑此成本。由于可获得税前收益，故应当放宽信用期。

【案例12-6】 续【案例12-4】资料，假定该公司在放宽信用期的同时，为了吸引顾客尽早付款，提出了0.8/30，n/60的现金折扣条件，估计会有一半的顾客（按60天信用期所能实现的销售量计）将享受现金折扣优惠，如表12-8所示。

表12-8 考享受现金折扣的情况

项　　目	30天	0.8/30、n/60
销售量/件	100 000	120 000
销售额/元（单价6元）	600 000	720 000
销售成本/元		
变动成本（每件4元）	400 000	576 000
固定成本/元	50 000	50 000
毛利/元	150 000	190 000
可能发生的收账费用/元	3 000	4 000
可能发生的坏账损失/元	5 000	9 000
可能发生的折扣		720 000×0.8%×50%

（1）收益的增加。

收益的增加=增加的销售收入−增加的变动成本−增加的固定成本=（720 000−600 000）−80 000=40 000（元）

（2）应收账款占用资金的应计利息增加。

30天信用期应计利息=600 000÷360×30×400 000÷600 000×15%=5 000（元）

平均收现期=30×50%+60×50%=45（天）

提供现金折扣的应计利息=（720 000÷360）×45×

80%×15%=10 800（元）

应计利息增加=10 800−5 000=5 800（元）

（3）收账费用和坏账损失增加。

收账费用增加=4 000−3 000=1 000（元）

坏账损失增加=9 000−5 000=4 000（元）

（4）估计现金折扣成本的变化。

现金折扣成本增加=新的销售水平×新的现金折扣率×享受现金折扣的顾客比例−旧的销售水平×旧的现金折扣率×享受现金折扣的顾客比例=720 000×0.8%×

50%−600 000×0×0=2 880（元）

（5）提供现金折扣后的税前损益。

提供现金折扣后的税前损益=收益增加−成本费用增加=40000−（5800+1000+4000+2880）=26320（元）

由于可获得税前收益，故应当放宽信用期，提供现金折扣。

🔊 **名师点拨** •••••••••••••••••••

决策方法有总额分析法和差额分析法两种。总额分析法的决策原则是选择税前损益最大的方案为优。差额分析法决策原则是如果改变信用期增加的税前损益大于0，则可以改变。关键要掌握信用政策变化时，收入、成本和收益的变动计算。

【例题16·单选题】 甲公司全年销售额为30 000元（一年按300天计算），信用政策是1/20，n/30，平均有40%的顾客（按销售额计算）享受现金折扣优惠，没有顾客逾期付款。甲公司应收账款的年平均余额是（ ）元。

A. 2000　　　　　　B. 2400

C. 2600　　　　　　D. 3000

【解析】 平均收现期=20×40%+30×60%=26（天），应收账款年平均余额=日销售额×平均收现期=30 000÷300×26=2 600（元）。

【答案】 C

【例题17·计算分析题】（2013年真题）甲公司生产并销售某种产品，目前采用现金销售政策，年销售量180 000件，产品单价10元，单位变动成本6元，年平均存货周转次数（按销售成本计算）为3次，为了扩大销售量，甲公司拟将目前的现销政策改为赊销并提供一定的现金折扣，信用政策为2/10，n/30，改变信用政策后，年销售量预计提高12%，预计50%的客户（按销售量计算，下同）会享受现金折扣优惠，40%的客户在30天内付款，10%的客户平均在信用期满后20天付款，收

回逾期应收账款发生的收账费用为逾期金额的3%，存货周转次数保持不变，应付账款年平均余额将由目前的90 000元增加至110 000元。

假设风险投资的必要报酬率为15%，一年按360天计算。

【要求】

（1）计算改变信用政策引起的以下项目的变动额：边际贡献、现金折扣成本、应收账款占用资金的应计利息、收账款费、存货占用资金的应计利息、应付账款占用资金的应计利息。

（2）计算改变信用政策引起的税前损益变化，并说明该信用政策改变是否可行。

【答案】

（1）边际贡献变动额=180 000×12%×（10−6）=86 400（元）

现金折扣成本变动额=180 000×（1+12%）×10×2%×50%=20160（元）

平均收账天数=10×50%+30×40%+50×10%=22（天）

应收账款占用资金的应计利息变动额=[180 000×（1+12%）×10÷360]×22×60%×15%=11088（元）

增加的收账费用=180 000×（1+12%）×10×10%×3%=6048（元）

增加的存货余额=180 000×12%×6÷3=43200（元）

增加的存货占用资金应计利息=43 200×15%=6 480（元）

增加的应付账款占用资金应计利息=（110 000−90000）×15%=3 000（元）

（2）改变信用政策引起的税前损益变化=86 400−20160−11088−6 048−6 480+3 000=45 624（元）

该信用政策改变是可行的。

第四节　短期债务筹资

考情分析： 对于本节内容题型主要为客观题，也可能涉及主观题，分值在5分左右。考点主要集中在补偿性余额、借款利息的支付方式、易变现率、放弃现金折扣决策等内容上。

学习建议： 对于本节内容的学习，重在了解短期负债筹资的特点，理解商业信用和短期借款中涉及的

相关概念，掌握商业信用和短期银行借款的决策和控制方法。

一、短期负债筹资的特点（★）

短期负债筹资所筹资金的可使用时间较短，一般不超过1年。短期负债筹资具有如下特点。

（1）筹资速度快，容易取得。长期负债的债权人出于保护自身利益，往往要对债务人进行全面的财务调查，因而筹资时间较长且不易取得，短期负债在较短时间内即可归还，故债权人顾虑较少，容易取得。

（2）筹资富有弹性。长期负债的债权人常常会向债务人提出很多限定性条件或管理规定；而短期负债的限制则相对宽松些，使筹资企业的资金使用较为灵活、富有弹性。

（3）筹资成本较低。一般来讲，短期负债的利率低于长期负债，短期负债筹资的成本也就较低。

（4）筹资风险高。短期负债需要在短期内偿还，因而要求筹资企业在短期内拿出足够的资金偿还债务，若企业届时资金安排不当，就会陷入财务危机。此外，短期负债利率的波动较大，短时高于长期负债的水平也是可能的。

二、商业信用筹资（★★）

商业信用是指在商品交易中由于延期付款或预收货款所形成的企业间的借贷关系。商业信用产生于商品交换之中，是所谓的"自发性筹资"。虽然按照惯例，经常把它们归入自发性负债，但严格说来它是企业主动选择的一种筹资行为，并非完全不可控的自发行为。商业信用运用广泛，在短期负债筹资中占有相当大的比重。

商业信用筹资最大的优越性在于容易取得。首先，对于多数企业来说，商业信用是一种持续性的信贷形式，且无须正式办理筹资手续。其次，如果没有现金折扣或使用不带息票据，商业信用筹资不负担成本。其缺点在于放弃现金折扣时所付出的成本较高。

商业信用的具体形式有应付账款、应付票据、预收账款。

（一）应付账款

应付账款是企业购买货物暂未付款而欠对方的账项，即卖方允许买方在购货后一定时期内支付货款的一种形式。卖方利用这种方式促销，而对买方来说，延期付款则等于向卖方借用资金购进商品，可以满足短期的资金需要。

与应收账款相对应，应付账款也有付款期、折扣等信用条件。应付账款可以分为：免费信用，即买方企业在规定的折扣期内享受折扣而获得的信用；有代价信用，即买方企业放弃折扣付出代价而获得的信用；展期

信用，即买方企业超过规定的信用期推迟付款而强制获得的信用。

1. 应付账款的成本

倘若买方企业购买货物后在卖方规定的折扣期内付款，便可以享受免费信用，这种情况下企业没有因为享受信用而付出代价。

【例题18·计算分析题】某企业赊购商品100万元，卖方提出付款条件"2/10，n/30"，判断企业应如何付款。

方案一： 折扣期内付款（免费信用）。

利：享受折扣。

弊：少占用20天资金。

方案二： 超过折扣期但不超过信用期（有代价信用）。

利：多占用20天资金且保持信用。

弊：丧失折扣。

方案三： 超过信用期，长期拖欠（展期信用）。

利：长期占用对方资金。

弊：丧失信用。

【案例12-7】甲企业按"3/10，n/30"的条件购入货物100万元。如果该企业在10天内付款，便享受了10天的免费信用期，并获得折扣0.3万元（10×3%），免费信用额为99.7万元（100-0.3）。

倘若买方企业放弃折扣，在10天后（不超过30天）付款，该企业便要承受因放弃折扣而造成的隐含利息成本，一般而言，放弃现金折扣的成本可由下式求得：

放弃现金折扣成本

$$= \frac{折扣百分比}{1-折扣百分比} \times \frac{360}{信用期-折扣期}$$

若展延付款：

放弃现金折扣成本

$$= \frac{折扣百分比}{1-折扣百分比} \times \frac{360}{付款期-折扣期}$$

运用上式，该企业放弃折扣所负担的成本为：

$$\frac{3\%}{1-3\%} \times \frac{360}{30-10} = 55.67\%$$

公式表明，放弃现金折扣的成本与折扣百分比的大小、折扣期的长短同方向变化，与信用期的长短反方向变化。可见，如果买方企业放弃折扣而获得信用，其代价是较高的。然而，企业在放弃折扣的情况下，推迟付款的时间越长，其成本便会越小。例如，如果企业延至50天付款，其成本则为：

$$\frac{3\%}{1-3\%} \times \frac{360}{50-10} = 27.84\%。$$

2. 利用现金折扣的决策

在附有信用条件的情况下，因为获得不同信用要负担不同的代价，买方企业便要在利用哪种信用之间做出决策。一般来说，决策原则为

若放弃现金折扣成本率>短期贷款率或短期投资收益率，则选择折扣期内付款。

若放弃现金折扣成本率<短期贷款率或短期投资收益率，则选择信用期付款。

展延付款所降低的折扣成本>展延付款的信用损失，则选择展期信用。

如果面对两家以上提供不同信用条件的卖方，应通过衡量放弃折扣成本的大小，选择信用成本最小（或所获利益最大）的一家。

【例题19·单选题】（2013年真题）甲公司按2/10、n/40的信用条件购入货物，该公司放弃现金折扣的年成本（一年按360天计算）是（　　　）。

A. 18.37%　　　　　B. 24%

C. 24.49%　　　　　D. 18%

【解析】放弃现金折扣的年成本＝［2%÷（1－2%）］×［360÷（40－10）］=24.49%

【答案】C

【例题20·计算分析题】某公司拟采购一批零件，供应商规定的付款条件：如果在10天之内付款只需98万元，20天之内付款需99万元，30天之内付款则需全额100万元。

【要求】

（1）假设银行短期贷款利率为15%，计算放弃现金折扣的成本率，并确定对该公司最有利的付款日期和价格。

（2）假设目前有一短期投资报酬率为40%，确定对该公司最有利的付款日期和价格。

【答案】

（1）根据放弃现金折扣成本的公式，可知：

$$放弃现金折扣成本 = \frac{折扣百分比}{1-折扣百分比} \times \frac{360}{信用期-折扣期}$$

放弃（第10天）折扣的成本率＝[2%÷（1－2%）]×[360÷（30－10）]=36.7%

放弃（第20天）折扣的资金成本＝[1%÷（1－1%）]×[360÷（30－20）]=36.4%

放弃折扣的资金成本大于短期贷款利率，所以应享受折扣，且选择折扣成本（享有收益）较大的一个，应选择在第10天付款，付款98万元。

（2）短期投资报酬率大于放弃折扣成本，应放弃折扣，选择第30天付款，付款100万元。

（二）应付票据

应付票据是企业进行延期付款商品交易时开具的反映债权债务关系的票据。根据承兑人的不同，可分为商业承兑汇票和银行承兑汇票两种。支付期限最长不超过6个月。应付票据可以带息，也可以不带息。应付票据到期必须归还，若延期则需要交付罚金，故风险较大。

（三）预收账款

预收账款是卖方企业在交付货物之前向买方预先收取部分或全部货款的信用形式。对于卖方来讲，预收账款相当于向买方借用资金后用货物抵偿，是一种商业信用模式。一般用于生成周期长，资金需要量大的货物销售。

三、短期借款筹资（★★★）

【要点提示】重点掌握短期借款的信用条件、短期借款利率及其支付方法。

短期借款是指企业向银行和其他非银行金融机构借入的期限在1年以内的借款。在短期负债筹资中，短期借款的重要性仅次于商业信用。短期借款可以随企业的需要安排，便于灵活使用，且取得亦较简便。但其突出的缺点是短期内要归还，特别是在带有诸多条件的情况下更使风险加剧。

（一）短期借款的种类

我国目前的短期借款按照目的和用途分为若干种，主要有生产周转借款、临时借款、结算借款等。按照国际通行做法，短期借款还可依偿还方式的不同，分为一次性偿还借款和分期偿还借款；依利息支付方法的不同，分为收款法借款、贴现法借款和加息法借款；依有无担保，分为抵押借款和信用借款等。

企业在申请借款时，应根据各种借款的条件和需要加以选择。

（二）借款的取得

企业举借短期借款，首先必须提出申请，经审查同意后借贷双方签订借款合同，注明借款的用途、金额、利率、期限、还款方式、违约责任等；然后企业根据借

款合同办理借款手续，借款手续办理完毕，企业便可取得的借款。

（三）借款的信用条件

按照国际通行做法，银行发放短期借款往往带有一些信用条件，主要有信贷限额、周转信贷协定、补偿性余额、借款抵押、偿还条件和其他承诺。

1. 信贷限额

信贷限额是指银行规定无担保的贷款最高限额，其特点是无法律效应，银行并不承担必须提供信贷限额的义务。信贷限额的有效期限通常为1年，可以根据情况延期1年。

2. 周转信贷协定

周转信贷协定是指银行具有法律义务地承诺提供不超过某一最高限额的贷款协定。其特点是有法律效应，银行必须满足企业不超过最高限额的借款；但贷款限额未使用的部分，企业需要支付承诺费。

3. 补偿性余额

补偿性余额是指银行要求借款企业保持按贷款限额或实际借款额一定百分比的最低存款额。其特点是企业实际使用的借款金额小于名义借款金额，而支付利息时按照名义借款金额支付，即提高实际借款的有效年利率。补偿性余额条件下有效年利率的计算公式为：

$$有效年利率 = \frac{实际支付的年利息}{实际可用的借款额}$$

4. 借款抵押

借款抵押是指银行发放贷款时要求企业有抵押品担保。银行向信誉好的客户提供非抵押借款，而抵押借款对银行来说是一种风险投资，贷款利率较非抵押借款高。

5. 偿还条件

短期借款的偿还有到期一次偿还和贷款期内定期等额偿还两种方式。贷款期内定期等额偿还会导致实际使用的借款金额变少，提高了实际利率，故贷款期内定期等额偿还的有效年利率高于到期一次偿还。

6. 其他选择

银行有时还要求企业为取得贷款而作出其他承诺，如及时提供财务报表、保持适当的财务水平等。如企业违背所作出的承诺，银行可要求企业立即偿还贷款。

【例题21·单选题】企业与银行签订了为期1年的

周转信贷协定，周转信贷额为1 000万元，年承诺费率为0.5%，借款企业年度内使用了600万元（使用期为半年），借款年利率为6%，则该企业当年应向银行支付利息和承诺费共计（　　　）万元。

A. 20　　B. 21.5　　C. 38　　D. 39.5

【解析】利息=600×6%×1/2=18（万元），承诺费=400万元全年未使用的承诺费+600万元半年未使用的承诺费=400×0.5%+600×0.5%×1/2=3.5（万元），则该企业当年应向银行支付利息和承诺费共计21.5万元。

【答案】B

【例题22·单选题】（2013年真题）甲公司按年利率10%向银行借款1 000万元。期限1年。若银行要求甲公司维持借款金额10%的补偿性余额。该项借款的有效年利率为（　　　）。

A. 10%　　　　　　　　B. 11%

C. 11.11%　　　　　　D. 9.09%

【解析】有效年利率=10%÷（1−10%）=11.11%。

【答案】C

【例题23·单选题】（2016年真题）甲公司与银行签订周转信贷协议：银行承诺一年内随时满足甲公司最高8 000万元的贷款，承诺费按承诺贷款额度的0.5%于签订协议时支付；公司取得贷款部分已支付的承诺费在一年后返还。甲公司在签订协议的同时申请一年期贷款5 000万元，年利率8%，按年单利计息，到期一次本付息，在此期间未使用承诺贷款额度的其他贷款。该笔贷款的实际成本最接近于（　　　）。

A. 8.06%　　　　　　B. 8.80%

C. 8.37%　　　　　　D. 8.3%

【解析】本题考查的是营运资本筹资中的短期借款。该笔贷款的实际成本=5 000×（1+8%−0.5%）÷（5 000−8 000×0.5%）−1=8.37%。

【答案】C

（四）短期借款利率及其支付方法

短期借款的利率多种多样，利息支付方法也不一样，银行将根据借款企业的情况选用。

1. 借款利率

借款利率分为以下3种。

（1）优惠利率。优惠利率是银行向财力雄厚、经营状况好的企业贷款时采用的利率，为贷款利率的最低限。

（2）浮动优惠利率。浮动优惠利率是一种随其他短期利率的变动而浮动的优惠利率，即随市场条件的变化而随时调整变化的优惠利率。

（3）非优惠利率。非优惠利率是银行贷款给一般企业时收取的高于优惠利率的利率。这种利率经常在优惠利率的基础上加一定的百分比。

2. 借款利息的支付方法

一般来讲，借款企业可以用3种方法支付银行贷款利息：收款法、贴现法和加息法。

（1）收款法。收款法是在借款到期时向银行支付利息的方法。

（2）贴现法。贴现法是银行向企业发放贷款时，先从本金中扣除利息部分，而到期时借款企业则要偿还贷款全部本金的一种计息方法。

（3）加息法。加息法是银行发放分期等额偿还贷款时采用的利息收取方法。

短期借款不同利息支付方式下有效年利率的计算如下：

$$有效年利率 = \frac{实际支付的年利息}{实际可用的借款额}$$

3种支付方法下有效年利率与报价利率的关系：收款法付息下（到期一次还本付息），有效年利率=报价利率；贴现法付息（预扣利息）下，有效年利率>报价利率；加息法付息（分期等额偿还本息）下，有效年利率=2×报价利率。

【例题24·单选题】某公司拟使用短期借款进行筹资。下列借款条件中，不会导致有效年利率（利息与可用贷款额的比率）高于报价利率（借款合同规定的利率）的是（　　）。

A. 按贷款一定比例在银行保持补偿性余额

B. 按贴现法支付银行利息

C. 按收款法支付银行利息

D. 按加息法支付银行利息

【解析】按贷款一定比例在银行保持补偿性余额、按贴现法支付银行利息和按加息法支付银行利息均会使企业实际可用贷款金额降低，从而会使有效年利率高于报价利率。按收款法支付银行利息是在借款到期时向银行支付利息的方法，有效年利率和报价利率相等。

【答案】C

【例题25·单选题】某企业向银行申请短期贷款，贷款利率为10%，采用贴现法付息，银行规定补偿性余额为15%，则借款的有效年利率为（　　）。

A. 11.76%　B. 13.33%　C. 11.11%　D. 12.13%

【解析】$I_{有效年利率} = \dfrac{实际支付的年利息}{实际可用的借款额}$

$$= \frac{1\,000 \times 10\%}{1\,000 - 1\,000 \times 10\% - 1\,000 \times 15\%}$$

$$= 13.33\%$$

【答案】B

【例题26·计算分析题】某企业有1 000万元资金缺口，财务经理与多家金融机构洽谈的方案如下。

方案一：贷款5年期，每半年付息40万元，到期还本。

方案二：贷款5年期，每年年末支付250万元。

方案三：贷款5年期，每年年末付息80万元，到期还本，银行要求10%的补偿性余额，补偿余额有3%的存款利息，每年年末支付。

【要求】计算各方案的有效年利率，并判断企业应当选择哪个借款方案？

【答案】

方案一：

$1\,000 = 40 \times (P/A, i, 10) + 1\,000 \times (P/F, i, 10)$

$i = 4\%$

有效年利率 $= (1 + 4\%)^2 - 1 = 8.16\%$

方案二：

$1\,000 = 250 \times (P/A, i, 5)$

$(P/A, i, 5) = 4$，查表可得：

$(P/A, 7\%, 5) = 4.100\,2$

$(P/A, 8\%, 5) = 3.992\,7$

采用内插法：

$(i - 7\%) \div (8\% - 7\%) = (4 - 4.100\,2) \div (3.992\,7 - 4.100\,2)$

有效年利率 $i = 7.93\%$

方案三：

补偿性余额 $= 1\,000 \times 10\% = 100$（万元）

实际借款本金 $= 1\,000 - 100 = 900$（万元）

每年净利息支出 $= 80 - 100 \times 3\% = 77$（万元）

年利率 $= 77 \div 900 \times 100\% = 8.56\%$

$900 = 77 \times (P/A, i, 5) + 900 \times (P/F, i, 5)$

由于平价发行，所以到期收益率等于票面利率。

有效年利率 $i = 8.56\%$

因为方案二的有效年利率最低，甲公司应当选择方案二。

（五）企业对银行的选择

随着金融信贷业的发展，可向企业提供贷款的银行和非银行金融机构增多，企业有可能在各贷款机构之间作出选择，以对已最为有利。

选择银行时，重要的是要选用适宜的借款种类、借款成本和借款条件，此外还应考虑下列有关因素，如表12-9所示。

表12-9 企业选择银行时要考虑的因素

考虑因素	要　点
银行对贷款风险的政策	银行对其贷款风险有着不同的政策，保守型的银行只愿承担较小的贷款风险；富于开拓型的银行敢于承担较大的贷款风险
银行对企业的态度	不同银行对企业的态度不一样。有的银行有着良好的、专业的服务，积极地为企业提供建议，帮助分析企业潜在的财务问题，乐于为具有发展潜力的企业发放大量贷款；有的银行很少提供咨询服务，在企业遇到困难时一味地为清偿而施加压力
贷款的专业程度	一些大银行设有多个专业部门，分别处理不同类型、不同行业的贷款。企业与这些拥有丰富专业化贷款经验的银行合作，会更多地受益
银行的稳定性	银行的稳定性取决于它的资本规模、存款水平波动程度和存款结构。一般来讲，资本雄厚、存款水平波动小、定期存款比重大的银行稳定性好，反之，则稳定性差

过关测试题

一、单选题

1. 企业采用激进型流动资产投资策略时，流动资产的（　　）。

A. 短缺成本较高　　B. 管理成本较高

C. 机会成本较高　　D. 持有成本较高

2. 各种持有现金的原因中，属于用于应付未来不寻常的投资机会的需要是（　　）。

A. 交易性需要　　B. 预防性需要

C. 投机性需要　　D. 长期投资需要

3. 如果企业的借款能力弱，现金可预测性弱，则可适当（　　）。

A. 增加预防性现金的数额

B. 减少预防性现金的数额

C. 增加投机性现金的数额

D. 减少投机性现金的数额

4. 在确定最佳现金持有量时，成本分析模式、存货模式和随机模式均需考虑的因素是（　　）。

A. 交易成本　　B. 现金短缺成本

C. 现金管理成本　　D. 持有现金的机会成本

5. 确定建立保险储备量时的再订货点，一般不考虑的因素包括（　　）

A. 保险储备量　　B. 平均库存量

C. 平均日需求量　　D. 平均交货时间

6. 公司持有有价证券的年利率为7%，公司现金的最低持有量为2 500元，现金余额的最优返回线为9 000元，如果公司现有现金21 800元，则根据随机模型应投资证券（　　）元。

A. 0　　　　　　　　B. 2 500

C. 9 000　　　　　　D. 21 800

7. 下列关于利用现金折扣决策的表述中，不正确的是（　　）。

A. 如果能以低于放弃折扣的成本的利率借入资金，则应在现金折扣期内用借入的资金支付货款，享受现金折扣

B. 如果折扣期内将应付账款用于短期投资，所得的投资收益率高于放弃折扣的成本，则应放弃折扣而去追求更高的收益

C. 如果企业因缺乏资金而欲展延付款期，则由于展期之后何时付款的数额都一致，所以可以尽量拖延付款

D. 如果面对两家以上提供不同信用条件的卖方，应通过衡量放弃折扣成本的大小、选择信用成本最小（或所获利益最大）的一家

8. 某企业生产淡季占用流动资产20万元，长期资产140万元，生产旺季还要增加40万元的临时性存货，若企业股东权益为100万元，长期负债50万元，其余则要靠借入短期负债解决，该企业实行的是（　　）。

A. 配合型筹资政策

B. 适中型筹资政策

C. 激进型筹资政策

D. 保守型筹资政策

9. 某企业向银行借款600万元，期限为1年，名义利率为12%，按照贴现法付息，银行要求的补偿性余额比例为10%，该项借款的有效年利率为（　　）。

A. 15.38%

B. 13.64%

C. 8.8%

D. 12%

10. F公司在生产经营淡季资产为10 000万元，在生产经营旺季资产为14 000万元。企业的长期负债、自发性负债和股东权益可提供的资金为9 000万元。则该公司采取的营运资金筹资政策是（　　）。

A. 保守型筹资政策

B. 适中型筹资政策

C. 配合型筹资政策

D. 激进型筹资政策

11. 从筹资的角度，下列筹资方式中筹资风险最大的是（　　）。

A. 债券

B. 长期借款

C. 短期借款

D. 普通股

12. 某企业预计其一种主要的原料不久将会涨价。其资金来源主要是银行贷款，目前，公司需要增加存货以降低成本，满足发展需要。但银行要求公司的流动比率必须保持在1.4以上，如果甲公司目前的流动资产为650万元，流动比率为1.6，假设公司采用的是激进型营运资金筹资政策，那么它最多可增加存货（　　）万元。

A. 203.125

B. 200

C. 406.25

D. 650

13. 下列借款利息支付方式中，企业有效年利率高于报价利率大约1倍的是（　　）。

A. 收款法

B. 贴现法

C. 加息法

D. 补偿性余额法

14. 某公司2007年1月1日与银行签订的周转信贷协定额为1 000万元，期限为1年，年利率为3%，年承诺费率为2%，当年该公司实际仅使用了200万元，使用期为3个月，2007年12月31日，该公司应支付的承诺费和利息合计为（　　）。

A. 20.5万元

B. 17.5万元

C. 16万元

D. 12万元

15. 某企业以"2/20，n/40"的信用条件购进原料一批，购进之后第50天付款，则企业放弃现金折扣的机会成本为（　　）。

A. 24.49%

B. 36.73%

C. 18%

D. 36%

二、多选题

1. 下列各项因素中对存货的经济订货量有影响的有（　　）。

A. 订货提前期

B. 每日送货量

C. 每日耗用量

D. 保险储备量

2. 存货模式和随机模式是确定最佳现金持有量的两种方法。以下对这两种方法的表述中，正确的有（　　）。

A. 存货模式简单、直观，比随机模式有更广泛的适用性

B. 随机模式可以在企业现金未来需要总量和收支不可预测的情况下使用

C. 随机模式确定的现金持有量是据公式计算的，不易受到管理人员主观判断

D. 两种方法都考虑了现金的交易成本和机会成本

3. 保守型流动资产投资策略的特点有（　　）。

A. 较高的流动资产/收入比率

B. 承担较大的流动资产成本，但短缺成本较小

C. 承担较小的流动资产成本，但短缺成本较大

D. 经营风险较大

4. 为了提高企业的现金使用效率，企业应当（　　）。

A. 力争现金流量同步

B. 使用现金浮游量

C. 加速收款

D. 推迟应付账款的支付

5. 在存货的管理中，与建立保险储备量有关的因素有（　　）。

A. 缺货成本

B. 平均库存量

C. 交货期

D. 存货需求量

6. 在信用的"5C"系统中,能力是指顾客的偿债能力,对其能力的考查主要应分析的财务比率有( )。

A. 流动比率　　　B. 存货周转率

C. 产权比率　　　D. 应收账款周转率

7. 根据存货陆续供应与使用模型,下列情形中能够导致经济订货量提高的有( )。

A. 存货需求量增加

B. 每次订货的单位变动成本增加

C. 单位储存变动成本增加

D. 每日消耗量增加

8. 采用宽松的流动资产投资政策的特点不包括( )。

A. 较低水平的流动资产与销售收入比率

B. 较高的运营风险

C. 较高的投资收益率

D. 较高水平的流动资产与销售收入比率

9. 商业信用的具体形式包括( )。

A. 预收账款

B. 预付账款

C. 应付账款

D. 应收账款

10. 下列各种情况下,可以判断出是激进型筹资政策的是( )。

A. 临时性负债大于波动性流动资产

B. 临时性负债小于波动性流动资产

C. 营业低谷期的易变现率小于1

D. 营业高峰期的易变现率小于1

11. C企业在生产经营淡季,需占用1 250万元的流动资产和1 875万元的长期资产;在生产经营高峰期,会额外增加650万元的季节性存货需求。股权权益、长期债务和自发性负债始终保持在3 400万元,其余靠短期借款提供资金来源。则下列说法中正确的有( )。

A. C企业在营业低谷期的易变现率为122%

B. C企业在营业高峰期的易变现率为80%

C. C企业采用的是保守型营运资本筹资策略

D. C企业采用的是激进型营运资本筹资策略

12. 放弃现金折扣的成本受折扣百分比、折扣期和信用期的影响。下列各项中,使放弃现金折扣成本提高的情况有( )。

A. 信用期、折扣期不变,折扣百分比提高

B. 折扣期、折扣百分比不变,信用期延长

C. 折扣百分比不变,信用期和折扣期等量延长

D. 折扣百分比、信用期不变,折扣期延长

13. 在配合型筹资政策中,长期资产和稳定性流动资产的资金来源可以有( )。

A. 短期借款

B. 长期借款

C. 发行股票

D. 长期债券

14. 按复利计算负债利率时,有效年利率高于报价利率的情况有( )。

A. 设置偿债基金

B. 使用收款法支付利息

C. 使用贴现法支付利息

D. 使用加息法支付利息

15. 下列关于营运资本筹集政策的表述中,正确的有( )。

A. 采用激进型筹资政策时,企业的风险和收益均较高

B. 如果企业在季节性低谷,除了自发性负债没有其他流动负债,则其所采用的政策是配合型筹资政策

C. 配合型筹资政策下,波动性流动资产=短期金融负债

D. 采用保守型筹资政策时,企业的易变现率最高

16. 短期负债筹资的特点包括( )。

A. 筹资成本较低

B. 筹资富有弹性

C. 筹资风险较低

D. 筹资速度快

17. 下列说法中,正确的有( )。

A. 在收款法下,借款人收到款项时就要支付利息

B. 商业信用筹资没有资金成本

C. 加息法下,有效年利率大约是报价利率的2倍

D. 信贷限额的有效期限通常为1年,根据情况也可延期1年

三、计算分析题

1. 某企业每月平均现金需求量为10万元,有价证券的月利率为2%,假定企业现金管理相关总成本控制目标为800元。一年按360天计算,且公司采用存货模式

确定最佳现金持有量。

【要求】

（1）计算有价证券的每次转换成本的限额；

（2）计算每月最佳现金余额；

（3）计算最佳有价证券交易间隔。

2．某公司拟采购一批零件，价款为100万元，A供应商规定的付款条件：10天之内付款支付98万元；30天之内付款支付100万元。

【要求】对以下互不相关的3个问题进行回答：

（1）假设银行短期贷款利率为15%，请确定对该公司最有利的付款日期和价格。

（2）若目前的短期投资收益率为40%，确定对该公司最有利的付款日期和价格。

（3）如果有另外一家B供应商提供"1/10，$n/30$"的信用条件，假设银行短期贷款利率为15%，则应该选择哪家供应商？

3．某企业打算向银行申请借款500万元，期限1年，报价利率10%。

【要求】

求下列几种情况下的有效年利率：

（1）收款法付息。

（2）贴现法付息。

（3）银行规定补偿性余额为20%（不考虑补偿性余额存款的利息）。

（4）银行规定补偿性余额为20%（不考虑补偿性余额存款的利息），并按贴现法付息。

（5）银行规定本金每月月末等额偿还，不考虑资金时间价值。

产品成本计算

第**13**章

本章是成本管理中比较重要的一章，应作为学习的重点。从历年的考试情况来看，本章各种题型都有可能出现，客观题的主要考点包括完工产品和在产品的成本分配方法、成本计算的基本方法，主观题的主要考点包括完工产品和在产品的成本分配方法、平行结转分步法。在近几年考试中，所占分值在7分左右。

【本章考点概览】

产品成本计算	一、产品成本分类与变动成本法	1. 制造成本与非制造成本	★
		2. 产品成本与期间成本	★
		3. 直接成本与间接成本	★
		4. 变动成本法	★
		5. 非制造成本的计算	★
	二、产品成本的归集和分配	1. 生产费用的归集和分配	★★
		2. 辅助生产费用的归集和分配	★★
		3. 完工产品和在产品的成本分配	★★★
		4. 联产品和副产品的成本分配	★★★
	三、产品成本计算的品种法	1. 品种法的特点与情景适用条件	★
		2. 品种法下产品成本的计算	★★
	四、产品成本计算的分批法	1. 分批法的特点与适用情景条件	★
		2. 分批法下产品成本的计算	★★
	五、产品成本计算的分步法	1. 逐步结转分步法	★★★
		2. 平行结转分步法	★★

第一节　产品成本分类与变动成本法

考情分析：本节为非重点内容，如果在考试中出现，题型主要为客观题，考点主要集中在制造成本与非制造成本、产品成本与期间成本、直接成本与间接成本、变动成本法等概念。

学习建议：对于本节内容的学习，重在理解产品成本与期间成本、直接成本与间接成本的概念，重点熟悉制造成本与非制造成本、变动成本法的含义。

一、制造成本与非制造成本（★）

制造成本包括直接材料，直接人工和制造费用。

（1）直接材料成本是指直接用于产品生产的材料成本。

（2）直接人工成本是指直接用于产品生产的人工成本，包括直接参与和生产的员工的薪酬。

（3）制造费用是指除直接材料成本和直接人工成本以外的所有制造费用。包括间接材料成本、间接工工成本和其他制造费用。

【**知识拓展**】制造费用是指企业的各生产单位（车间、分厂、生产线）为生产产品或提供劳务而发生的各项间接费用，以及直接组织和管理生产所发生的各项费用和固定资产的折旧费与修理费。

◀)) **名师点拨** ••••••••••••••••••••••••

非制造成本包括销售费用、管理费用和财务费用，它们不构成产品的制造费用。

制造成本和非制造成本的区分，是产品成本计算和有关管理决策分析的重要依据。

二、产品成本与期间成本（★）

根据费用的发生与产品的关系可以将费用划分为产品成本和期间成本。

产品成本是指与产品的生产直接相关的成本，包括材料成本、人工成本和制造费用等。

期间成本是指企业经营活动中所发生的与该会计期间的销售、经营和管理等相关的成本，如管理费用、销售费用和财务费用等。

三、直接成本与间接成本（★）

从费用计入产品成本的方式来分，可将产品成本分为直接成本与间接成本。

直接计入成本是指生产费用发生时，能直接计入某一成本计算对象的费用。主要包括原材料、备品配件、外购半成品、生产工人计件工资。

间接计入成本是指生产费用发生时，不能或不便于直接计入某一成本计算对象。主要包括：车间管理人员的工资、车间房屋建筑物和机器设备的折旧、租赁费、修理费、机物料消耗、水电费、办公费以及停工损失等。

◀)) **名师点拨** ·······························

某项费用是否属于直接计入成本，取决于该项费用能否确认与某一成本计算对象直接有关和是否便于直接计入该成本计算对象。

四、变动成本法（★）

变动成本法也称直线成本法、边际成本法，是指在

组织常规的成本计算过程中，以成本性态分析为前提条件，只将变动生产成本作为产品成本的构成内容，而将固定生产成本作为期间成本，并按贡献式损益确定程序计算损益的一种成本计算模式，在变动成本法下，产品成本只包括直接材料、直接人工和变动制造费用，即变动生产成本，它与生产量成正比例变化。固定制造费用与生产成本全部作为边际贡献（销售额与变动成本的差额）的扣除项目。

变动成本法的特点如下：

（1）消除了完全成本法下，销售不变但可以通过增加生产、调节库存来调节利润的问题，便于进行更加合理的内部业绩评价，为企业内部管理提供有用的管理信息；

（2）能够提示利润与业务量之间的正比关系；

（3）便于分清各部门经济责任，有利于进行成本和业绩评价；

（4）可以简化成本计算，便于加强日常管理。

五、非制造成本的计算（★）

财政部财会〔2013〕17号文颁布了新的《企业产品核算制度（试行）》，新制度统一适用于制造业与非制造业的产品成本核算，新制度明确了各行业的成本核算对象、成本核算项目与范围，成本归集、分配等结转主要流程，确保成本核算制度适用于我国经济发展的需要，非制造业在核算成本时可参照该制度。

第二节　产品成本的归集和分配

考情分析： 对于本节内容，题型可能涉及客观题和主观题，分值在2分左右。考点主要集中在成本的归集和分配、完工产品和在产品的成本分配内容上。

学习建议： 对于本节内容的学习，重在理解生产费用的归集和分配、辅助生产费用的归集和分配，掌握和运用完工产品和在产品的成本分配及联产品和副产品的成本分配。

成本计算的过程实际上是成本的归集和分配的过程，生产经营成本通过多次的归集和分配，最终计算出

产品总成本和单位成本。

一、生产费用的归集和分配（★★）

【要点提示】 重点掌握材料费用计入产品成本和期间费用的方法和直接从事产品生产人员的职工工资计入产品成本的方法。

（一）材料费用的归集和分配

在企业的生产活动中，要消耗各种大量的材料，如各种原料及主要材料、辅助材料及燃料。它们有的用于

产品生产，有的用于维护生产设备和管理、组织生产，还有的用于非工业生产等。其中，应计入产品成本的生产用料，还应按照成本项目归集。

（1）如用于构成产品实体的原料及主要材料和有助于产品形成的辅助材料，列入"直接材料"项目。

（2）用于生产的燃料列入"燃料和动力"项目。

（3）用于维护生产设备和管理生产的各种材料列入"管理费用""销售费用"科目。

（4）用于购置和建造固定资产、其他资产方面的材料费用，则不得列入产品成本，也不得列入期间费用。

用于产品生产的原料及主要材料：①属于直接费用的，应根据领料凭证直接记入各种产品成本的"直接材料"项目。如纺织用的原棉、铸造用的生铁、冶炼用的矿石、造酒用的大麦等，通常是按照产品分别领用的。②属于间接费用的，则要采用简便的分配方法，分配计入各种产品成本。例如，某些化工生产的用料，在消耗定额比较准确的情况下，通常采用材料定额消耗量比例或材料定额成本的比例进行分配，计算公式如下：

$$分配率=\frac{材料总消耗量（或实际成本）}{各种产品材料定额消耗量（或定额成本）之和}$$

某产品应分配的材料数量（费用）=该产品的材料定额消耗量（或定额成本）×分配率

原料及主要材料费用按除以上方法分配外，还可以采用其他方法分配。例如，不同规格的同类产品，如果产品的结构大小相近，也可以按产量或重量比例分配。具体的计算可以比照上例进行。

辅助材料费计入产品成本的方法，与原材料及主要材料基本相同。凡用于产品生产、能够直接计入产品成本的辅助材料，如专用包装材料等，其费用应根据领料凭证直接计入，但在很多情况下，辅助材料是由几种产品共同耗用的，这就要求采用间接分配的方法。

上述耗用的基本生产产品的材料费用，应计入"生产成本"科目及所属明细账的借方，在明细账中还要按"直接材料""燃料和动力"项目分别反映。此外，用于辅助生产的材料费用、用于生产车间和行政管理部门为管理和组织生产所发生的材料费用，应分别计入"生产成本——辅助生产成本""制造费用""管理费用"等科目及其明细账的借方。至于用于非生产用的材料费用，则应计入其他有关科目。

（二）职工薪酬的归集和分配

职工薪酬包括企业为职工在职期间和离职后提供的全部货币性薪酬和非货币性福利。提供给职工配偶、子女或其他被赡养人的福利等，也属于职工薪酬。职工薪酬的分配要划清计入产品成本与期间费用和不计入产品成本与期间费用的职工薪酬的界限。

由于工资制度的不同，生产工人工资计入产品成本的方法也不同。在计件工资制下，生产工人工资通常是根据产量凭证计算并直接计入产品成本的；在计时工资制下，如果生产多种产品，这就要求采用一定的分配方法在各种产品间进行分配。工资费用的分配，通常采用按产品实用工时比例分配的方法，其计算公式如下：

$$分配率=\frac{生产工人工资总额}{各种产品实用工时之和}$$

某种产品应分配的工资费用=该种产品实用工时×分配率

按实用工时比例分配工资费用时，需要注意从工时上划清应计入与不应计入产品成本的工资费用界限。

按照规定工资总额的一定比例从产品成本中计提的职工福利、社会保险、工会经费和职工教育费，与工资费用一起分配。

（三）外购动力费的归集和分配

企业发生的外购动力（如电力、蒸汽），有的直接用于产品生产，有的用于照明、取暖等其他用途。动力费应按用途和使用部门分配，也可以按仪表记录、生产工时、定额消耗量比例进行分配。分配时，可编制"动力费用分配表"据以进行明细核算和总分类核算。直接用于产品生产的动力费用，列入"燃料和动力费用"成本项目，计入"生产成本"科目及其明细账；属于照明、取暖等用途的动力费用，则按照其使用部门分别计入"制造费用""管理费用"等科目。

如果企业设有供电车间这一辅助生产车间，则外购电费应计入"生产成本——辅助生产成本"科目，再加上供电车间本身发生的工资等项费用，作为辅助生产成本进行分配。

（四）制造费用的归集和分配

制造费用是指企业各生产单位为组织和管理生产而发生的各项间接费用。它包括工资和福利费、折旧费、修理费、办公费、水电费、机物料消耗、劳动保护费、租赁费、保险费、排污费、存货盘亏费（减盘盈）及其他制造费用。

企业发生的各项制造费用，是按其用途和发生地点，通过"制造费用"科目进行归集和分配的。根据管理的需要，"制造费用"科目可以按生产车间设明细账，账内按照费用项目开设专栏，进行明细核算。费用发生时，根据支出凭证借记"制造费用"科目及其所属有关明细账，但材料、工资、折旧等，要在月末时，根据汇总编制的各种费用分配表计入。材料、产品等存货的盘盈、盘亏数，则应根据盘点报告表登记。归集在"制造费用"科目借方的各项费用，月末时应全部分配转入"生产成本"科目，计入产品成本。"制造费用"科目一般月末没有余额。

在生产一种产品的车间中，制造费用可直接计入其产品成本。在生产多种产品的车间中，就要采用既合理又简便的分配方法，将制造费用分配计入各种产品成本。

制造费用分配计入产品成本的方法，常用的有按生产工时、定额工时、机器工时、直接人工费等比例分配的方法。

在具有产品实用工时统计资料的车间里，可按生产工时的比例分配制造费用。如果企业没有实用工时统计资料，而制定又比较准确的产品工时定额，也可采用按产品定额工时的比例进行分配。在机械化程度较高的车间中，制造费用可按机器工时比例分配。计算公式如下：

$$制造费用分配率=\frac{制造费用总额}{各种产品生产（或定额、机器）工时之和}$$

$$某产品应负担的制造费用=该种产品工时数×分配率×\frac{制造费用总额}{各种产品生产（或定额、机器）工时之和}$$

会计分录如下：

借：生产成本

　　贷：制造费用

制造费用的大部分支出，属于产品生产的间接费用，因而不能按照产品制定定额，而只能按照车间、部门和费用项目编制制造费用计划加以控制。通过制造费用的归集和分配，反映和监督各项费用计划的执行情况，并将其正确及时地计入产品成本。

【例题1·单选题】（2016年真题）企业在生产中为生产工人发放安全头盔所产生的费用，应计入（　　　）。

A. 直接材料　　　　B. 管理费用

C. 制造费用　　　　D. 直接人工

【解析】本题考查的是生产费用的归集和分配。为生产工人发放安全头盔产生的费用是劳动保护费，应计入"制造费用"。制造费用是指企业或生产单位为组织和管理生产而发生的各项间接费用，通常包括工资和福利费、折旧费、修理费、办公费、机物料消耗、劳动保护费、租赁费、保险费、排污费、盘亏盘盈费及其他制造费用。

【答案】C

【例题2·计算分析题】（2013年真题）甲公司有锅炉和供电两个辅助生产车间，分别对基本生产车间和行政管理部门提供蒸汽和电力，两个辅助生产车间之间也相互提供产品，2013年9月的辅助生产及耗用情况如下。

（1）辅助生产情况，如表13-1所示。

表13-1　　　　　　　　　　　辅助生产情况

项　目	锅炉车间	供电车间
生产费用	60 000元	100 000元
生产数量	15 000吨	200 000度

（2）各部门耗用辅助生产产品情况，如表13-2所示。

表13-2　　　　　　　　　　各部门耗用辅助生产产品情况

耗用部门		锅炉车间	供电车间
辅助生产车间	锅炉车间		75 000度
	供电车间	2500吨	

耗用部门	锅炉车间	供电车间
基本生产车间	12 000吨	100 000度
行政管理部门	500吨	25 000度

【要求】

（1）分别采用直接分配法和交互分配法对辅助生产费用进行分配（结果填入下方表格中，不用列出计算过程），如表13-3和表13-4所示。

表13-3　　　　　　　　　辅助生产费用分配表（直接分配法）　　　　　　　单位：元

项　　目		锅炉车间	供电车间	合　计
待分配费用				
分配	基本生产成本			
	管理费用			

表13-4　　　　　　　　　辅助生产费用分配表（交互分配法）　　　　　　　单位：元

项　　目		锅炉车间	供电车间	合　计
待分配费用				
分配	基本生产成本			
	管理费用			

（2）说明直接分配法和交互分配法各自的优缺点，并指出甲公司适合采用哪种方法对辅助生产费用进行分配。

【答案】

计算结果如表13-5和表13-6所示。

表13-5　　　　　　　　　辅助生产费用分配表（直接分配法）　　　　　　　单位：元

项　　目		锅炉车间	供电车间	合　计
待分配费用		60 000	100 000	160 000
分配	基本生产成本	57 600	80 000	137 600
	管理费用	2 400	20 000	22 400

表13-6　　　　　　　　　辅助生产费用分配表（交互分配法）　　　　　　　单位：元

项　　目		锅炉车间	供电车间	合　计
待分配费用		60 000+37 500-10 000=87 500	100 000+10 000-37 500=72 500	160 000
分配	基本生产成本	84 000	58 000	142 000
	管理费用	3 500	14 500	18 000

【解析】

（1）①直接分配法

锅炉车间蒸汽分配率=60 000÷（15 000-2 500）=4.8（元/吨）

基本生产成本分配蒸汽成本=4.8×12 000=57 600（元）

管理费用分配蒸汽成本=4.8×500=2 400（元）

供电车间电力分配率=100 000÷（200 000-75 000）=0.8（元/度）

基本生产成本分配电力成本=0.8×100 000=80 000（元）

管理费用分配电力成本=0.8×25 000=20 000（元）

②交互分配法

第一次分配：

锅炉车间蒸汽分配率=60 000÷15 000=4（元/吨）

供电车间电力分配率=100 000÷200 000=0.5（元/度）

锅炉车间分配给供电车间的蒸汽成本=4×2 500=

10 000（元）

供电车间分配给锅炉车间的电力成本=0.5×75 000＝37 500（元）

第二次分配：

锅炉车间蒸汽分配率=（60 000＋37 500－10 000）÷（15 000－2 500）=7（元/吨）

基本生产成本分配蒸汽成本=7×12 000=84 000（元）

管理费用分配蒸汽成本=7×500=3 500（元）

供电车间电力分配率=（100 000＋10 000－37 500）÷（200 000－75 000）=0.58（元/度）

基本生产成本分配电力成本=0.58×100 000=58 000（元）

管理费用分配电力成本=0.58×25 000=14 500（元）

（2）直接分配法的优点：各辅助生产费用只对外分配，计算工作简便。

直接分配法的缺点：当辅助生产车间相互提供产品或劳务量差异较大时，分配结果往往与实际不符。

交互分配法的优点：由于进行了辅助生产内部的交互分配，提高了分配结果的正确性。

交互分配法的缺点：由于各辅助生产费用要计算两个单位成本（费用分配率），进行了两次分配，因而增加了计算工作量。

因此，甲公司适合采用交互分配法进行辅助生产费用分配。

二、辅助生产费用的归集和分配（★★）

（一）辅助生产费用的归集

企业的辅助生产主要是为基本生产服务的。有的只生产一种产品或提供一种劳务，如供电、供气、运输等辅助生产；有的则生产多种产品或提供多种劳务，如从事工具、模具、备件的制造以及机器设备的修理等辅助生产。辅助生产提供的产品和劳务，有时也对外销售，但这不是辅助生产的主要目的。

辅助生产费用的归集和分配，是通过"生产成本——辅助生产成本"科目进行的。该科目应按车间和产品品种设置明细账，进行明细核算，辅助生产发生的直接材料、直接人工费用，分别根据"材料费用分配表""工资及其他职工薪酬分配汇总表"和有关凭证，计入该科目及其明细账的借方。辅助生产车间的间接费用，应先计入"制造费用"科目的借方进行归集，然后再从该科目的贷方直接转入或分配转入"生产成本——辅助生产成本"科目及其明细账的借方，辅助生产车间完工的产品或劳务成本，应从"生产成本——辅助生产成本"科目及其明细账的贷方转出。"生产成本——辅助生产成本"科目的借方余额表示辅助生产的在产品成本。

（二）辅助生产费用的分配

归集在"生产成本——辅助生产成本"科目及其明细账借方的辅助生产费用，由于所生产的产品和提供的劳务不同，其所发生的费用分配转出的程序也不一样。制造工具、模具、备件等产品所发生的费用，应计入完工工具、模具、备件等产品的成本。完工时，作为自制工具或材料入库，从"生产成本——辅助生产成本"科目及其明细账的贷方转入"原材料"科目的借方；领用时，按其用途和使用部门，一次或分期摊入成本。提供水、电、气和运输、修理等劳务所发生的辅助生产费用，大多按受益单位耗用的劳务数量在各单位之间进行分配，分配时，借记"制造费用"或"管理费用"等科目，贷记"生产成本——辅助生产成本"科目及其明细账。在结算辅助生产明细账之前，还应将各辅助车间的制造费用分配转入各辅助生产明细账，归集辅助生产成本。

辅助生产提供的产品和劳务，主要是为基本生产车间和管理部门使用和服务的，但在某些辅助生产车间之间也有相互提供产品和劳务的情况。例如，锅炉车间为供电车间供气取暖，供电车间也为锅炉车间提供电力。这样，为了计算供气成本，就要确定供电成本；这里就存在一个辅助生产费用在各辅助生产车间交互分配的问题。辅助生产费用的分配通常采用直接分配法、交互分配法。

1. 直接分配法

直接分配法的特点是不考虑辅助生产内部相互提供的劳务量，直接将各辅助生产车间发生的费用分配给辅助生产以外的各个受益单位或产品。

直接分配法的计算公式为：

辅助生产的单位成本=辅助生产费用总额÷（辅助生产提供劳务总量－对其他辅助部门提供的劳务量）

各受益车间、产品或各部门应分配的费用=辅助生产的单位成本×该车间、产品或部门的耗用量。直接分配示意图如图13-1所示。

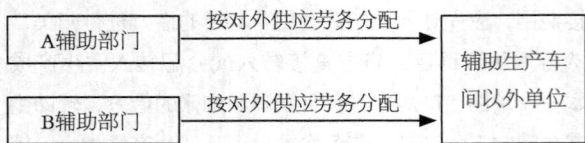

图13-1　直接分配法示意图

采用直接分配法的优点是，由于各辅助生产费用只是对外分配，计算工作简便。其缺点是，当辅助生产车间相互提供产品或劳务量差异较大时，分配结果往往与实际不符，因此，这种分配方法只适宜在辅助生产内部相互提供产品或劳务不多、不进行费用的交互分配对辅助生产成本和产品制造成本影响不大的情况下采用。

2. 交互分配法

交互分配法的特点是进行两次分配。

（1）在各辅助生产车间之间进行一次交互分配。

（2）将各辅助生产车间交互分配后的实际费用，对辅助生产车间以外的各受益单位进行分配。

交互分配法计算公式为：

对内交互分配率=辅助生产费用总额÷辅助生产提供的总产品或劳务总量

对外分配率=（交互分配前的成本费用+交互分配转入的成本费用－交互分配转出的成本费用）÷对辅助生产车间以外的其他部门提供的产品或劳务总量

交互分配法示意图如图13-2所示。

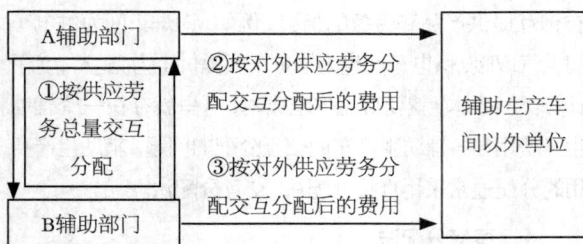

图13-2　交互分配法示意图

交互分配后的费用=交互分配前的成本费用+交互分配转入的成本费用－交互分配转出的成本费用

采用交互分配法的优点是，辅助生产内部相互提供产品或劳务全都进行了交互分配，从而提高了分配结果的正确性。其缺点是各辅助生产费用要计算两个单位成本（费用分配率），进行两次分配，因而增加了计算工作量。

【例题3·多选题】甲公司有供电、燃气两个辅助生产车间，公司采用交互分配法分配辅助生产成本。

本月供电车间供电20万度，成本费用为10万元，其中燃气车间耗用1万度电；燃气车间供气10万吨，成本费用为20万元，其中供电车间耗用0.5万吨燃气。下列计算中，正确的有（　　　　）。

A. 供电车间分配给燃气车间的成本费用为0.5万元
B. 燃气车间分配给供电车间的成本费用为1万元
C. 供电车间对外分配的成本费用为9.5万元
D. 燃气车间对外分配的成本费用为19.5万元

【解析】供电车间分配给燃气车间的成本=10÷20×1=0.5（万元），选项A正确；燃气车间分配给供电车间的成本=20÷10×0.5=1（万元），选项B正确；供电车间对外分配的成本=10-0.5+1=10.5（万元），选项C不正确；燃气车间对外分配的成本=20-1+0.5=19.5（万元），选项D正确。

【答案】ABD

三、完工产品和在产品的成本分配（★★★）

通过上述各项费用的归集和分配，基本生产车间在生产过程中发生的各项费用，已经集中反映在"生产成本——基本生产成本"科目及其明细账的借方，这些费用都是本月发生的产品的费用，并不是本月完工成品的成本。要计算出本月产成品成本，还要将本月发生的生产费用，加上月初在产品成本，然后再将其在本月完工产品和月末在产品之间进行分配，以求得本月产成品成本。

本月发生的生产费用和月初、月末在产品及本月完工产成品成本4项费用的关系可用下列公式表达：

月初在产品成本+本月发生生产费用=本月完工产品成本+月末在产品成本

或：月初在产品成本+本月发生生产费用-月末在产品成本=本月完工产品成本

（一）在产品收发结存的核算

企业的在产品是指没有完成全部生产过程、不能作为商品销售的在产品，包括正在车间加工中的产品和已经完成一个或几个生产步骤但还需继续加工的半成品两部分。对外销售的自制半成品，属于商品产品，验收入库后不应列入在产品之内。以上在产品，是从广义的或者就整个企业来说的在产品。从狭义的或者就某一车间或某一生产步骤来说，在产品不包括在内。

在产品结存的数量，同其他材料物资结存的数量一样，应同时具备账面核算资料和实际盘点资料。企业一方面要做好在产品收发结存的日常核算工作，另一方面要做好在产品的清查工作。做好这两项工作，既可以从账面上随时掌握在产品的动态，又可以清查在产品的实际数量。这不仅对正确计算产品成本、加强生产资金管理以及保护财产有着重要意义，而且对保证账实相符有着重要意义。

车间在产品收发结存的日常核算，通常是通过在产品收发结存账簿进行的。在实际工作中，这种账簿也叫作在产品台账，应分别车间并且按照产品的品种和在产品名称（如零部件的名称）设立，以便用来反映车间各种在产品的转入、转出和结存的数量。

为了核实在产品数量，保证在产品的安全完整，企业必须认真做好在产品的清查工作，在产品应定期进行清查，也可以不定期轮流清查。

在产品发生盘盈时，应按照盘盈在产品的成本（一般按计划成本计价）借记"生产成本"科目，并计入相应的生产成本明细账各成本项目，贷记"待处理财产损溢"科目。经过审批进行处理时，则借记"待处理财产损溢"科目，贷记"管理费用"等科目。

在产品发生盘亏和毁损时，应借记"待处理财产损溢"科目，贷记"生产成本"科目，并从相应的产品成本明细账各成本项目中转出，冲减在产品成本。毁损在产品的残值，应借记"原材料"科目。贷记"待处理财产损溢"科目，冲减损失。经过审批进行处理时，应根据不同的情况分别将损失从"待处理财产损溢"科目的贷方转入"管理费用""其他应收款"或"营业外支出"等有关科目的借方。

如果在产品的盘亏是由于没有办理领料或交接手续，或者由于某种产品的零件为另一种产品挪用，则应补办手续，及时转账更正。

（二）完工产品与在产品的成本分配方法

生产成本在完工产品与在产品之间的分配，在成本计算工作中是一个重要而又比较复杂的问题。企业应当根据在产品数量的多少、各月在产品数量变化的大小、各项费用比重的大小以及定额管理基础的好坏等具体条件，选择既合理又简便的分配方法。常用的方法有以下几种。

1. 不计算在产品成本

不计算在产品成本的方法适用于月末在产品数量很小的情况。此时，月末在产品成本记为零；则本月完工产品成本就等于本月发生的生产费用。

2. 在产品成本按年初数固定计算

该方法适用于月末在产品数量很小，或者在产品数量虽大但各月之间在产品数量变动不大的情况。则月末在产品成本等于年初固定数；本月完工产品成本等于本月发生的生产费用。

名师点拨 ••••••••••••••••••••••••••

年终时，应根据实地盘点的在产品数量，重新调整计算在产品成本，以避免在产品成本与实际出入过大，影响成本计算的正确性。

3. 在产品成本按其所耗用的原材料费用计算

该方法适用于原材料在产品成本中所占比重较大，而且原材料是在生产开始时一次就全部投入的情况下使用。则月末在产品成本只计算原材料费用，其他费用全部由完工产品负担。其计算公式为：

原材料分配率=（月初在产品材料成本+本月发生材料成本）÷（完工产品产量+月末在产品产量）

完工产品应分配的材料成本=完工产品产量×原材料分配率

月末在产品应分配的材料成本=月末在产品产量×原材料分配率

名师点拨 ••••••••••••••••••••••••••

由于此法适用于原材料是在生产开始时一次就全部投入的情况，所以原材料按完工和在产的数量分配。

其他费用的分配：完工产品成本=本月发生费用，而在产品不承担其他费用。

【例题4·多选题】 企业生产费用在完工产品与在产品之间进行分配方法的选择是根据（   ）。

A. 在产品数量的多少

B. 各月的在产品数量变化的大小

C. 各项费用比重的大小

D. 定额管理基础的好坏

【解析】 生产费用在完工产品与在产品之间的分配，在成本计算工作中是一个重要而又比较复杂的问题。企业应当根据在产品数量的多少、各月在产品数量变化的大小、各项费用比重的大小，以及定额管理基础的好坏等具体条件，选择既合理又简便的分配方法。

【答案】 ABCD

4. 约当产量法

约当产量法是指将在产品按其完工程度折合成完工产品的产量，再将产品应负担的全部生产费用，按照完工产品产量和在产品约当产品产量的比例进行分配的一种方法。该方法适用于月末在产品数量变动较大，原材料费用在产品成本中所占比重不大。

计算公式为：

月末在产品约当产量＝月末在产品数量×完工程度

分配率（单位成本）＝（月初在产品成本＋本月发生费用）÷（产成品产量＋月末在产品约当产量）

产成品成本＝分配率×产成品产量

月末在产品成本＝分配率×月末在产品约当产量

其中，完工程度的计算如下。

（1）分配工资、福利费和制造费用时的完工程度计算（累计工时法）

①通常假定处于某工序的在产品只完成本工序的一半：

某道工序完工程度＝（前面各道工序工时定额之和＋本道工序工时定额×50%）÷产品工时定额×100%

②如果指出在产品所处工序的完工程度时，则：

某道工序完工程度＝（前面各道工序工时定额之和＋本道工序工时定额×本道工序平均完工程度）÷产品工时定额×100%

（2）分配原材料时的完工程度计算

①若原材料在生产开始时一次投入

在产品无论完工程度如何，都应和完工产品同样负担材料，即原材料完工程度为100%。

②若原材料陆续投入

a. 分工序投入，但在每一道工序开始时一次投入：

某工序在产品完工程度＝本工序累积材料消耗定额÷产品材料消耗定额×100%

b. 分工序投入，但每一道工序随加工进度陆续投入：

某工序在产品完工程度＝（前面各工序累积材料消耗定额＋本工序材料消耗定额×50%）÷产品材料消耗定额×100%

【例题5·单选题】甲产品在生产过程中，需经过二道工序，第一道工序定额工时2小时，第二道工序定额工时3小时。期末，甲产品在第一道工序的在产品40件，在第二道工序的在产品20件。作为分配计算在产品加工成本（不含原材料成本）的依据，其期末在产品约当产量为（ ）件。

A. 18　　　B. 22　　　C. 28　　　D. 36

【解析】第一道工序的完工程度＝（2×50%）÷（2+3）×100%=20%

第二道工序的完工程度＝（2+3×50%）÷（2+3）×

100%=70%

期末在产品约当产量＝40×20%＋20×70%＝22（件）。

【答案】B

5. 在产品成本按定额成本计算

该方法适用于月末在产品数量变动较小，并且有比较准确的定额资料的情况。则，月末在产品成本＝月末在产品数量×在产品定额单位成本；本月完工产品成本＝（月初在产品成本＋本月发生的生产费用）－月末在产品成本

◄)) 名师点拨 ··

使用该方法，实际脱离定额的差异完全由完工产品承担。

6. 按定额比例分配完工产品和月末在产品成本的方法（定额比例法）

定额比例法适用于月末在产品数量变动较大，且有比较准确的定额资料。该方法将生产费用在完工产品和月末在产品之间用定额消耗量或定额费用作比例分配。

其计算公式为：

$$分配率=\frac{月初在产品成本+本月发生费用}{完工产品定额+月末在产品定额}$$

完工产品应分配的成本＝完工产品定额×分配率

月末在产品应分配的成本＝月末在产品定额×分配率

【例题6·单选题】完工和在产的划分方法中使实际成本脱离定额的差异完全由完工产品负担的是（ ）。

A. 约当产量法

B. 定额比例法

C. 在产品成本按定额成本计算

D. 在产品成本按其所耗用的原材料费用计算

【解析】在产品成本按定额成本计算时，将月初在产品成本加上本月发生费用，减去月末在产品的定额成本，就可算出产成品的总成本了。由此可知，实际成本脱离定额的差异会完全由完工产品负担。

【答案】C

【例题7·计算分析题】资料（如表13-7、表13-8所示）：B企业每月月末进行在产品的盘点，产成品和月末在产品之间分配费用的方法采用定额比例法；材料费用按定额材料费用比例分配，其他费用按定额工时比例分配。

表13-7 定额汇总表 单位：元

项　目	月初在产品		本月投入		产成品					月末在产品	
	材料费用	工时/小时	材料费用	工时/小时	单件材料定额/小时	单件工时定额	产量/件	材料费用总额	工时总定额/小时	材料费用	工时/小时
第一车间	5 000	200	18 000	1 100	100	6	200	20 000	1 200	2 800	110

表13-8 第一车间成本计算单 单位：元

项　目	产　量	直接材料定额	直接材料费用	定额工时/小时	直接人工费用	制造费用	合　计
月初在产品			5 500		200	600	6 300
本月费用			19 580		4 778	7 391	31 749
合计			25 080		4 978	7 991	38 049
分配率							
产成品							
月末在产品							

【要求】计算填列"第一车间成本计算单"。

名师点拨

若存在盘亏/盘盈会有：月初定额+本月投入定额≠完工定额+月末在产定额。

定额资料见定额汇总表，本月发生的生产费用数据已计入成本计算单。

【答案】计算结果如表13-9所示。

表13-9 第一车间甲成本计算单 单位：元

项　目	产量/件	直接材料定额	直接材料费用	定额工时/小时	直接人工费用	制造费用	合　计
月初在产品		5 000	5 500	200	200	600	6 300
本月费用		18 000	19 580	1 100	4 778	7 391	31 749
合计		23 000	25 080	1 300	4 978	7 991	38 049
分配率			25 080÷（20 000+2 800）=1.10		4 978÷（1 200+110）=3.80	7 991÷（1 200+110）=6.10	
产成品	200	20 000	22 000	1 200	4 560	7 320	33 880
月末在产品		2 800	3 080	110	418	671	4 169

【例题8·计算分析题】若B企业每月月末不进行在产品的盘点，产成品和月末在产品之间分配费用的方法采用定额比例法；材料费用按定额材料费用比例分配，其他费用按定额工时比例分配，如表13-10和表13-11所示。

表13-10 定额汇总表 单位：元

项　目	月初在产品		本月投入		产成品				
	材料费用	工时/小时	材料费用	工时/小时	单件材料定额/小时	单件工时定额/小时	产量/件	材料费用总额	工时总定额/小时
第一车间	5 000	200	18 000	1 100	100	6	200	20 000	1 200

表13-11　　　　　　　　　　　　　　　第一车间成本计算单　　　　　　　　　　　　　　单位：元

项　目	产　量	直接材料定额	直接材料费用	定额工时/小时	直接人工费用	制造费用	合　计
月初在产品			5 500		200	600	6 300
本月费用			19 580		4 778	7 391	31 749
合计			25 080		4 978	7 991	38 049
分配率							
产成品							
月末在产品							

【要求】计算填列"第一车间成本计算单"。

🔊 名师点拨 ••••••••••••••••••••••••••••••

若不考虑存在盘亏/盘盈会有：月初定额+本月投入定额=完工定额+月末在产定额。

定额资料见定额汇总表，本月发生的生产费用数据已计入成本计算单。

【答案】计算填列"第一车间成本计算单"后的列表如表13-12所示。

表13-12　　　　　　　　　　　　　　　第一车间成本计算单　　　　　　　　　　　　　　单位：元

项目	产量	直接材料定额	直接材料费用	定额工时/小时	直接人工费用	制造费用	合计
月初在产品		5 000	5 500	200	200	600	6 300
本月费用		18 000	19 580	1 100	4 778	7 391	31 749
合计		23 000	25 080	1 300	4 978	7 991	38 049
分配率			25 080÷（5 000+18 000）=1.090 4		4 978÷（200+1 100）=3.829 2	7 991÷（200+1 100）=6.146 9	
产成品	200	20 000	21 808	1 200	4 595.04	7 376.28	33 779.32
月末在产品		3 000	3 272		382.96	614.72	4 269.68

四、联产品和副产品的成本分配（★★★）

（一）联产品加工成本的分配

联产品指使用同种原料，经过同一生产过程同时生产出来的两种或两种以上的主要产品。

计算联产品成本，通常分为两个阶段：

（1）联产品分离前（分离为联产品前）发生的生产费用即为联合成本，可按一个成本核算对象设置一个成本明细账进行归集，然后讲总额按一定分配方法（售价法、实物数量法）进行分配；

（2）分离后按各种产品分别设置明细账，归集分离后所发生的加工成本。

1. 售价法

售价法下，联合成本是以分离点上每种产品的销售价格为比例进行分配的，此时要求每种产品在分离点时的销售价格能够可靠计量。

🔊 名师点拨 ••••••••••••••••••••••••••••••

"分离点"是指在联产品生产中，投入相同原料，经过同一生产过程，分离为各种联产品的时点。

2. 实物数量法

实物数量法下，联合成本是以产品的实物数量为基础分配的，"实物数量"可以是数量或重量等。实物数量法通常适用于所生产的产品的价格很不稳定或无法直接确定。

单位数量（或重量）成本=联合成本/各联产品的总数量（或总重量）

（二）副产品加工成本的分配

副产品指在同一生产过程中，使用同种原料，在生产主要产品的同时附带生产出来的非主要产品。副产品的产量取决于主产品的产量。

由于副产品价值相对较低，且在全部产品生产中所占的比重较小，因此可先确定副产品的成本，从总成本中扣除之后，得出主产品的成本。

第三节 产品成本计算的品种法

考情分析： 对于本节内容，题型可能涉及客观题和主观题，分值在2分左右。考点主要集中在品种法的基本特点方面。

学习建议： 对于本节内容的学习，重在理解产品成本计算的品种法的基本特点，掌握品种法的成本计算程序。

生产成本归集分配完毕后，应按成本计算对象编制成本计算单，并选择一定的成本计算方法，计算各种产品的总成本和单位成本。企业可以根据生产经营特点、生产经营组织类型和成本管理要求，具体确定成本计算方法。成本计算的基本方法有品种法、分批法和分步法3种。

产品成本计算的品种法，是指以产品品种为成本计算对象计算成本的一种方法。它适用于大量大批的单步骤生产的企业。在这种类型的生产中，产品的生产技术过程不能从技术上划分为步骤（如企业或车间的规模较小，或者车间是封闭式的，也就是从原材料投入到产品产出的全部生产过程都是在一个车间内进行的），或者生产是按流水线组织的，管理上不要求按照生产步骤计算产品成本，都可以按品种法计算产品成本。

一、品种法的特点与适用情景条件（★）

（1）成本计算对象是产品品种。如果企业只生产一种产品，全部生产费用都是直接费用，可以直接计入该产品成本明细账的有关成本项目中，不存在在各成本计算对象之间分配费用的问题。如果是生产多种产品，间接费用则要采用适当的方法，在各成本计算对象之间进行分配。

（2）品种法下一般定期（每月月末）计算产品成本。

（3）如果企业月末有在产品，要将生产费用在完工产品和在产品之间进行分配。

二、品种法下产品成本的计算（★★）

按照产品的品种计算成本，是成本管理对于成本计算的最一般的要求，成本计算的一般程序也就是品种法的成本计算程序。

各种成本计算方法除了成本计算单的开设和计算方法有所不同以外，其他核算程序基本相同。

本章第一节所讲的成本计算的基本步骤中，所举的例子就是按照品种法的主要计算程序来说明的，现将其所列举的各种费用的归集和分配按品种法的要求显示甲、乙两种产品的成本计算内容，如表13-13和表13-14所示。

表13-13　　　　　　　　　　　　**产品成本计算单**

产成品数量：600件　　　　产品名称：甲产品　　　　200×年5月　　　　单位：元

成本项目	月初在产品成本	本月生产费用	生产费用合计	产成品成本		月末在产品成本
				总成本	单位成本	
直接材料费	15 700	55 000	70 700	60 600	101.00	10 100
直接人工费	7 730	31 920	39 650	36 600	61.00	3 050
燃料和动力费	18 475	67 000	85 475	78 900	131.50	6 575
制造费用	6 290	22 960	29 250	27 000	45.00	2 250
合计	48 195	176 880	225 075	203 100	338.5	21 975

表13-14　　　　　　　　　　　　**产品成本计算单**

产成品数量：500件　　　　产品名称：乙产品　　　　200×年5月　　　　单位：元

成本项目	月初在产品成本	本月生产费用	生产费用合计	产成品成本		月末在产品成本
				总成本	单位成本	
直接材料费	9 468	30 000	39 468	29 900	59.80	9 568
直接人工费	2 544	18 240	20 784	17 320	34.64	3 464
燃料和动力费	8 020	41 300	49 320	41 100	82.20	8 220
制造费用	1 292	13 120	14 412	12 010	24.02	2 402
合计	21 324	102 660	123 984	100 330	200.66	23 654

第四节　产品成本计算的分批法

考情分析： 对于本节内容，题型可能涉及客观题和主观题，分值在2分左右。考点主要集中在产品成本计算的分批法的基本特点方面。

学习建议： 对于本节内容的学习，重在理解产品成本计算的分批法的基本特点，掌握分批法的成本计算程序。

产品成本计算的分批法，是按照产品批别计算产品的一种方法。它主要适用于单件小批类型的生产，如造船业、重型机器制造业等；也可用于一般企业中的新产品试制或实验的生产，在建工程以及设备修理作业。

一、分批法的特点与适用情景条件（★）

（1）成本计算对象是产品的批别。由于产品的批别大多是根据销货订单确定的，因此，这种方法又称为订单法。

（2）分批法下，产品成本的计算是与生产任务通知单的签发和生产任务的完成紧密配合的，因此产品成本计算是不定期的。成本计算与产品生产周期基本一致，而与核算报告期不一致。

（3）分批法下，由于成本计算期与产品的生产周期基本一致，因而在计算月末产品成本时，一般不存在完工产品之间分配费用的问题。但是，有时会出现同一批次产品跨越陆续完工的情况，为了提供月末未完工产品成本，需要将归集的生产费用分配计入完工产品和期末在产品。

【例题9·单选题】 造船企业最适合选择的成本计算方法是（　　　　）。

A．品种法

B．分步法

C．分批法

D．品种法与分步法相结合

【解析】 分批法适合于小批单件类型的生产，如造船业、重型机器制造业等。

【答案】 C

二、分批法下产品成本的计算（★★）

【案例13-1】 某企业按照购货单位的要求，小批生产某些产品，采用分批法计算产品成本。该厂4月份投产甲产品100件，批号为401，5月份全部完工；5月份投产乙产品600件，批号为501，当月完工400件，并交货，还有200件尚未完工。401批和501批产品成本计算单如表13-15和表13-16所示。各种费用的归集和分配过程省略。

501批产品月末部分完工，而且完工产品数量占总指标的比重较大，应采用适当的方法将产品生产费用在完工产品与在产品之间进行分配。本例由于原材料费用在生产开始时一次投入，所以原材料费用按完工产品和在产品的实际数量做比例分配，而其他费用则按约当量法进行分配。

表13-15　　　　　　　　　　　　**产品成本计算单**

开工日期：4月15日

批号：401　　　　　　　　　　　　产品名称：甲产品　　　　　　　　　　　　完工日期：5月20日

委托单位：东方公司　　　　　　　　批量100件　　　　　　　　　　　　　　单位：元

项　目	直接材料费	直接人工费	制造费用	合　计
4月末余额	120 000	9 000	34 000	163 000
5月发生费用				
据材料费用分配表	46 000			46 000
据工资费用分配表		17 000		17 000
据制造费用分配表			80 000	80 000
合计	166 000	26 000	114 000	306 000
结转产成品（100件）成本	166 000	26 000	114 000	306 000
单位成本	1 660	260	1 140	3 060

表13-16 产品成本计算单

开工日期：5月5日

批号：501　　　　　　　　　产品名称：乙产品　　　　　　　　完工日期：5月25日

委托单位：佳丽公司　　　　　　　批量600件　　　　　　　　　单位：元

项　目	直接材料费	直接人工费	制造费用	合　计
5月发生费用				
据材料费用分配表	180 000			180 000
据工资费用分配表		16 500		16 500
据制造费用分配表			48 000	48 000
合计	180 000	16 500	48 000	244 500
结转产成品（400件）成本	120 000	13 200	38 400	171 600
单位成本	300	33	96	429
月末在产品成本	60 000	3 300	9 600	72 900

1. 材料费用按完工产品产量和在产品数量做比例分配

产成品应负担的材料费用=180 000÷（400+200）×400=120 000（元）

在产品应负担的材料费用=180 000÷（400+200）×200=60 000（元）

2. 其他费用按约当产量比例分配

（1）计算501批乙产品在产品约当产量，如表13-17所示。

表13-17 乙产品约当产量计算单

工序	完工程度	在产品/件	完工产品/件		产量合计/件
	①	②	③=①×②	④	⑤=③+④
1	15%	40	6		
2	25%	40	10		
3	70%	120	84		
合计	—	200	100	400	500

（2）直接人工费用按约当产量法分配：

产成品应负担的直接人工费用=16 500÷（400+100）×400=13 200（元）

在产品应负担的直接人工费用=16 500÷（400+100）×100=3 300（元）

（3）制造费用按约当产量法分配：

产成品应负担的制造费用=48 000÷（400+100）×400=38 400（元）

在产品应负担的制造费用=48 000÷（400+100）×100=9 600（元）

将各项费用分配结果计入501批乙产品成本计算单即可计算出乙产品的产成品成本和月末在产品成本。

第五节　产品成本计算的分步法

考情分析： 对于本节内容，题型可能涉及客观题和主观题，分值在6分左右。考点主要集中在产品成本计算的分步法的基本特点方面。

学习建议： 对于本节内容的学习，重在理解产品成本计算的分步法的基本特点，掌握逐步结转分步法和平行结转分步法的成本计算程序。

产品成本计算的分步法是按照产品的生产步骤计算产品成本的一种方法。它适用于大量大批的多步骤生产，如纺织、冶金、机械制造企业。在这类企业中，产品生产可以分为若干个生产步骤的成本管理，往往不仅要求按照产品品种计算成本，而且还要求按照生产步骤计算成本，以便为考核和分析各种产品及各生产步骤的成本计划的执行情况提供资料。

在实际工作中，根据成本管理对各生产步骤成本资料的不同要求（是否要求计算半成品成本）和简化核算的要求，各生产步骤成本的计算和结转，一般采用逐步结转和平行结转两种方法，称为逐步结转分步法和平行结转分步法。关系图如图13-3所示。

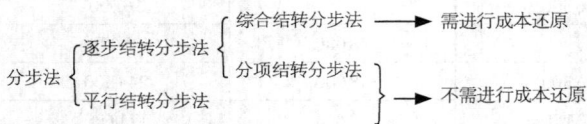

图13-3　逐步结转分步法和平行结转分步法的关系图

一、逐步结转分步法（★★★）

（一）逐步结转分步法的特点

逐步结转分步法是按照产品加工的顺序，逐步计算并结转半成品成本，直到最后加工步骤才能计算产成品成本的一种方法。它适用于大量大批连续式复杂生产的企业，这种企业除了产成品对外销售，其半成品也经常作为商品销售，故需要计算半成品成本。

该方法的优点如下。

（1）能提供各个生产步骤的半成品成本资料。

（2）为各生产步骤的在产品实物管理及资金管理提供资料。

（3）能够全面地反映各生产步骤的生产耗费水平，更好地满足各生产步骤成本管理的需要。

（二）逐步综合结转分步法

逐步结转分步法按照成本在下一步骤成本计算单中的反映方式，还可以分为综合结转法和分项结转法两种方法。

综合结转法是指上一步骤转入下一步骤的半成品成本，以直接材料或专设的"半成品"项目综合列入下一步骤的成本计算单中。

分项结转法是指上一步骤转入下一步骤的半成品成本，以直接材料、直接人工、制造费用等项目分成本项目分别列入下一步骤的成本计算单中。这里只介绍综合结转方法。

逐步综合结转分步法的计算程序如图13-4所示。

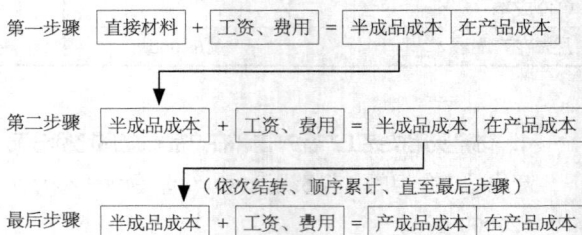

图13-4　逐步综合结转分步法的计算程序

【案例13-2】假定A产品生产分两步在两个车间内进行，甲车间为乙车间提供半成品，两个车间的月末在产品均按定额成本计价。成本计算程序如下：

（1）根据各种费用分配表、半成品产量月报和甲车间在产品定额成本资料（这些费用的归集分配同品种法一样，故过程均省略，下同），登记甲车间A产品（半成品）成本计算单，如表13-18所示。

表13-18　　　　A产品（半成品）成本计算单

甲车间　　　　　　　　　　　　　　20×5年7月　　　　　　　　　　　　　　单位：元

项　目	产量/件	直接材料费	直接人工费	制造费用	合　计
月初在产品成本（定额成本）		61 000	7 000	5 400	73 400
本月生产费用		89 500	12 500	12 500	114 500
合计		150 500	19 500	17 900	187 900
完工半成品转出	800	120 000	16 000	15 200	151 200
月末在产品定额成本		30 500	3 500	2 700	36 700

根据甲车间A产品（半成品）成本计算单（见表13-22）和半成品入库单，编制会计分录如下：

借：自制半成品　　　　　　　　151 200
　　贷：生产成本——基本生产成本

　　　　——甲车间（A产品）151 200

（2）根据甲车间A产品（半成品）成本计算单、半成品入库单，以及乙车间领用半成品的领用单，登记半成品明细账，如表13-19所示。

表13-19 半成品明细账

月份	月初余额		本月增加		合 计			本月减少	
	数量/件	实际成本/元	数量/件	实际成本/元	数量/件	实际成本/元	单位成本/元	数量/件	实际成本/元
5	300	55 600	800	151 200	1 100	206 800	188	900	169 200
6	200	37 600							

根据半成品明细账所列半成品单位成本资料和乙车间半成品领用单,编制会计分录如下:

借:生产成本——基本生产成本
——乙车间(A产品) 169 200

表13-20 A产品(产成品)成本计算单

乙车间 20×5年7月 单位:元

项 目	产量/件	直接材料费	直接人工费	制造费用	合 计
月初在产品成本(定额成本)		37 400	1 000	1 100	39 500
本月生产费用		169 200	19 850	31 450	220 500
合 计		206 600	20 850	32 550	260 000
产成品转出	500	189 000	19 500	30 000	238 500
单位成本		378	39	60	477
月末在产品定额成本		17 600	1 350	2 550	21 500

根据乙车间A产品(产成品)成本计算单和产成品入库单编制会计分录如下:

借:产成品 238 500
贷:生产成本——基本生产成本
——乙车间(A产品)238 500

(三)逐步综合结转法下成本的还原

在进行成本计算的过程中,逐步综合结转分步法需要成本还原。成本还原的方法一般是按本月所产半成品的成本结构进行还原。即从最后一个步骤起,把各步骤所耗上一步骤半成品的综合成本按照上一步骤所产半成品成本的结构,逐步分解,还原出按原始成本项目反映的产成品成本。成本还原的次数较正常生产步骤少一步。

【例题10·计算分析题】某工业企业大量生产甲产品和乙产品。生产分为两个步骤,分别由第一、第二两个车间进行。第一车间为第二车间提供半成品,第二车间将半成品加工成为产成品。

(1)第一车间领用材料16 200元,其中甲产品领

贷:自制半成品 169 200

(3)根据各种费用分配表、半成品领用单、产成品产量月报,以及乙车间在产品定额成本资料,登记乙车间A产品(产成品)成本计算单,如表13-20所示。

用材料6 200元;本月发生的职工薪酬为7 250元,制造费用为15 250元,第二车间发生的职工薪酬为7 400元,制造费用为17 700元。

(2)第一车间生产产品耗用工时为1 500小时,其中甲产品耗用600小时,第二车间生产产品耗用工时为3 200小时,其中甲产品耗用1 600小时。

该厂为了加强成本管理,采用逐步结转分步法按照生产步骤(车间)计算产品成本,各步骤在产品的完工程度为本步骤的50%,材料在生产开始时一次投入。自制半成品成本按照全月一次加权平均法结转。

该厂第一、二车间产品成本明细账部分资料如表13-21~表13-23所示。

各车间在产品之间分配人工薪酬、制造费用按实际工时分配。

【要求】根据上列资料,登记产品成本明细账和自制半成品明细账,按实际成本综合结转半成品成本,计算产成品成本,并进行成本还原(填入表13-24中)。

表13-21 产品成本明细账

产品名称：半成品甲
车间名称：第一车间　　　　　　2013年6月　　　　　　单位：元

项 目	直接材料费	直接人工费	制造费用	合 计
月初在产品成本	1 900	1 100	2 300	5 300
本月生产费用				
合 计				
完工半成品转出（700件）				
月末在产品成本（200件）				

表13-22 自制半成品明细账

产品名称：半成品甲

月份	月初余额		本月增加		合 计			本月减少	
	数量/件	实际成本/元	数量/件	实际成本/元	数量/件	实际成本/元	单位成本/元	数量/件	实际成本/元
3	300	10 300						800	
4	200								

表13-23 产品成本明细账

产品名称：产成品甲
车间名称：第二车间　　　　　　2013年6月　　　　　　单位：元

项 目	直接材料费	直接人工费	制造费用	合 计
月初在产品费用	5 940	1 200	2 550	9 690
本月生产费用				
合 计				
完工产品转出（350件）				
月末在产品成本（100件）				

表13-24 成本还原表

	半成品	原材料	工资及福利费	制造费用	合 计
还原前产成品成本					
上一步骤本月所产半成品成本					
还原率					
半成品还原					
还原后产成品成本					

【答案】按要求完成后的内容如表13-25～表13-28所示。

表13-25 产品成本明细账

产品名称：半成品甲
车间名称：第一车间　　　　　　2013年6月　　　　　　单位：元

项 目	直接材料费	直接人工费	制造费用	合 计
月初在产品成本	1 900	1 100	2 300	5 300

续表

项　目	直接材料费	直接人工费	制造费用	合　计
本月生产费用	6 200	2 900	6 100	15 200
合计	8 100	4 000	8 400	20 500
分配率	8 100÷（700+200）=9	4 000÷（700+200×50%）=5	8 400÷（700+200×50%）=10.5	—
完工半成品转出（700件）	6 300	3 500	7 350	17 150
月末在产品成本（200件）	1 800	500	1 050	3 350

表13-26　　　　　　　　　　　自制半成品明细账

产品名称：半成品甲

月份	月初余额		本月增加		合　计			本月减少	
	数量/件	实际成本/元	数量/件	实际成本/元	数量/件	实际成本/元	单位成本/元	数量/件	实际成本/元
3	300	10 300	700	17 150	1 000	27 450	27.45	800	21 960
4	200	5 490							

表13-27　　　　　　　　　　　产品成本明细账

产品名称：产成品甲
车间名称：第二车间　　　　　　　　　　　2013年6月　　　　　　　　　　　单位：元

项　目	直接材料费	直接人工费	制造费用	合　计
月初在产品费用	5 940	1 200	2 550	9 690
本月生产费用	21 960	3 700	8 850	34 510
合计	27 900	4 900	11 400	44 200
分配率	27 900÷（350+100）=62	4 900÷（350+100×50%）=12.25	11 400÷（350+100×50%）=28.5	—
完工产品转出（350件）	21 700	4 287.5	9 975	35 962.5
月末在产品成本（100件）	6 200	612.5	1 425	8 237.5

表13-28　　　　　　　　　　　成本还原表　　　　　　　　　　　单位：元

项目	半成品	原材料	工资及福利费	制造费用	合计
还原前产品成本	21 700		4 287.5	9 975	35 962.5
上一步骤本月所产半成品成本		6 300	3 500	7 350	17 150
还原率	21 700÷17 150=1.265				
半成品还原	−21 700	21 700÷17 150× 6 300=7 971.43	21 700÷17 150× 3 500=4 428.57	21 700÷17 150× 7 350=9 300	0
还原后产成品成本		7 974.43	8 716.07	19 275	35 962.5

二、平行结转分步法（★★）

【要点提示】重点掌握产品成本计算3种方法的比较。

平行结转分步法是指在计算各步骤成本时，不计算各步骤所产半成品成本，也不计算各步骤所耗上一步骤的半成品成本，而只计算本步骤发生的各项其他费用，以及这些费用中应计入产成品成本的份额。

1. 不计算半成品成本分步法

不计算半成品成本分步法如图13-5所示。

2. 平行结转分步法下的完工在产品划分

采用平行结转分步法，每一生产步骤的生产费用也要在其完工产品与月末在产品之间进行分配。

完工产品是指企业最终完工的产成品。月末在产品是指各步骤尚未加工完成的在产品和各步骤已完工但尚未最终完成的产品。

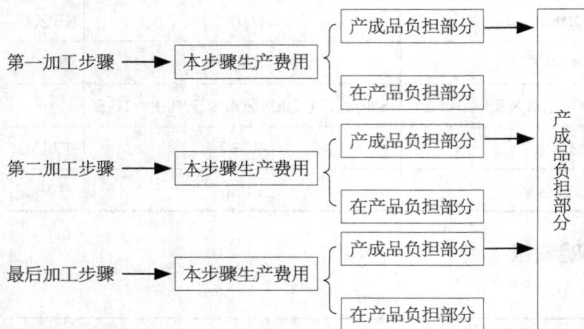

图13-5　不计算半成品成本分步法步骤

【例题11·计算分析题】（2012年真题）甲公司生产A产品，生产过程分为两个步骤，分别在两个车间进行。一车间为二车间提供半成品。二车间将半成品加工成产成品。每件产成品消耗一件半成品。甲公司用平行结转分步法结转产品成本，月末对在产品和产成品进行盘点，用约当产量比例法在产成品和在产品之间分配原材料在生产开始时一次投入，其他成本费用陆续发生。第二车间除了耗用第一车间的半成品外，还需要其他辅助材料，辅助材料在生产过程中陆续投入，其他成本费用陆续发生。两个车间的在产品相对本车间的完工度均为50%。相关资料如表13-29～表13-31所示。

表13-29	月初在产品成本余额	单位：元
车　间	第一车间	第二车间
直接材料费用	20 000	1 500
直接人工费用	4 000	3 600
制造费用	4 000	2 400
合　计	28 000	7 500

表13-30	本月产量	单位：件
车　间	第一车间	第二车间
月初	40	60
本月投入	600	590
本月完工	590	610
月末	50	40

表13-31	本月发生费用	单位：元
车　间	第一车间	第二车间
直接材料费用	120 000	30 000
直接人工费用	29 750	72 000
制造费用	29 750	48 000
合　计	179 500	150 000

【要求】

（1）编制第一车间的A产品成本计算单，如表13-32所示。

表13-32　　　　　　　　　　　　　　A产品成本计算单

第一车间　　　　　　　　　　　　　　　　　　　　　　　　　　　　　　　　　　　　　单位：元

项　目	产量/件	约当产量/件	直接材料费用	直接人工费用	制造费用	合　计
月初在产品成本	—	—				

续表

项 目	产量/件	约当产量/件	直接材料费用	直接人工费用	制造费用	合 计
本月生产费用	—	—				
合计	—	—				
产成品中本步骤份额						
月末在产品成本						

（2）编制第二车间的A产品成本计算单，如表13-33所示。

表13-33　　　　　　　　　　**A产品成本计算单**

第二车间　　　　　　　　　　　　　　　　　　　　　　　　　　　　　　单位：元

项 目	产量/件	约当产量/件	直接材料费用	直接人工费用	制造费用	合 计
月初在产品成本	—	—				
本月生产费用	—	—				
合计	—	—				
产成品中本步骤份额						
月末在产品成本						

（3）编制A产品的成本汇总计算单，如表13-34所示。

表13-34　　　　　　　　　　**A产品成本汇总计算单**　　　　　　　　　　单位：元

生产车间	产成品数量/件	直接材料费用	直接人工费用	制造费用	合 计
第一车间	—				
第二车间	—				
合计					
单位成本	—				

【答案】（1）编制第一车间的A产品成本计算单的数据如表13-35所示。

表13-35　　　　　　　　　　**A产品成本计算单**

第一车间　　　　　　　　　　　　　　　　　　　　　　　　　　　　　　单位：元

项 目	产量/件	约当产量/件	直接材料费用	直接人工费用	制造费用	合 计
月初在产品成本	—	—	20 000	4 000	4 000	28 000
本月生产费用	—	—	120 000	29 750	29 750	179 500
合计	—	—	140 000	33 750	33 750	207 500
产成品中本步骤份额	610	610	122 000	30 500	30 500	183 000
月末在产品成本	90	65	18 000	3 250	3 250	24 500

【解析】

月末材料在产品数量=50+40=90（件）

产成品负担的直接材料费用=[140 000÷（610+90）]×610=122 000（元）

在产品负担的直接材料费用=[140 000÷（610+90）]×90=18 000（元）

直接人工费用和制造费用的月末在产品约当产量=50×50%+40=65（件）

产成品负担的直接人工费用=[33 750÷（610+65）] ×610=30 500（元）

在产品负担的直接人工费用=[33 750÷（610+65）] ×65=3 250（元）

产成品负担的制造费用=[33 750÷（610+65）] ×610=30 500（元）

在产品负担的制造费用=[33 750÷（610+65）] ×65=3 250（元）

（2）编制第二车间的A产品成本计算单数据如表13-36所示。

表13-36　　　　　　　　　　　　　A产品成本计算单

第二车间　　　　　　　　　　　　　　　　　　　　　　　　　　　　　　　　　　　　　　　单位：元

项　目	产量/件	约当产量/件	直接材料费用	直接人工费用	制造费用	合　计
月初在产品成本	—	—	1 500	3 600	2 400	7 500
本月生产费用	—	—	30 000	72 000	48 000	150 000
合计	—	—	31 500	75 600	50 400	157 500
产成品中本步骤份额	610	610	30 500	73 200	48 800	152 500
月末在产品成本	40	20	1 000	2 400	1 600	5 000

【解析】

因为辅助材料在生产过程中陆续投入，所以直接材料费用、直接人工费用和制造费用均按约当产量进行比例分配。

月末在产品约当产量=40×50%=20（件）

产成品负担的直接材料费用=[31 500÷（610+20）] ×610=30 500（元）

在产品负担的直接材料费用=[31 500÷（610+20）] ×20=1 000（元）

产成品负担的直接人工费用=[75 600÷（610+20）] ×610=73 200（元）

在产品负担的直接人工费用=[75 600÷（610+20）] ×20=2 400（元）

产成品负担的制造费用=[50 400÷（610+20）] ×610=48 800（元）

在产品负担的制造费用=[50 400÷（610+20）] ×20=1 600（元）

（3）编制A产品的成本汇总计算单数据，如表13-37所示。

表13-37　　　　　　　　　　　　　A产品成本汇总计算单　　　　　　　　　　　　　　　单位：元

生产车间	产成品数量/件	直接材料费用	直接人工费用	制造费用	合　计
第一车间	—	122 000	30 500	30 500	183 000
第二车间	—	30 500	73 200	48 800	152 500
合计	610	152 500	103 700	79 300	335 500
单位成本	—	250	170	130	550

3. 平行结转分步法的优缺点

平行结转分步法的优缺点如表13-38所示。

◀)) 名师点拨 ………………………………………………………

产品成本计算的逐步结转分步法与平行结转分步法比较存在很多不同点，如表13-39所示。

表13-38 平行结转分步法的优缺点

优 点	缺 点
①各步骤可以同时计算产品成本，平行汇总计入产成品成本，不必逐步结转半成品成本 ②能够直接提供按原始成本项目反映的产成品成本资料，不必进行成本还原，因而能够简化和加速成本计算工作	①不能提供各个步骤的半成品成本资料 ②在产品的费用在产品最后完成以前，不随实物转出而转出，即不按其所在的地点登记，而按其发生的地点登记，因而不能为各个生产步骤在产品的实物和资金管理提供资料 ③各生产步骤的产品成本不包括所耗半成品费用，因而不能全面地反映该步骤产品的生产耗费水平（第一步除外），不能更好地满足这些步骤成本管理的要求

表13-39 逐步结转分步法与平行结转分步法比较

区别点	逐步结转分步法	平行结转分步法
是否计算半成品成本	计算	不计算
生产费用与半成品实物转移是否同步	同步（生产费用随半成品实物的转移而结转）	不同步（生产费用不随半成品实物的转移而结转）
完工产品的含义不同	各步骤的完工产品	最终完工的产成品
在产品的含义不同	狭义在产品（仅指本步骤尚未加工完成的半成品）	广义在产品（既包括本步骤尚未加工完成的半成品，也包括本步骤加工完毕、但尚未最终完工的产品）
是否需要进行成本还原	逐步综合结转分步法需要；逐步分项结转分步法不需要	不需要
各步骤能否同时计算产成品成本	不能，需要顺序转移逐步累计，直到最后一个步骤才能计算出产成品成本	各步骤能同时计算产品成本，平行汇总计算产成品成本

4. 产品成本计算3种方法的比较

掌握产品成本计算的3种方法的特点、计算流程及各自优缺点。他们之间的比较分析如表13-40所示。

表13-40 产品成本计算3种方法的比较

基本方法	适用范围	成本计算对象	成本计算期	完工产品与在产品成本划分
品种法	大量大批的单步骤生产的企业以及管理上不要求按照生产步骤计算产品成本的多步骤生产 【举例】发电、供水、采掘	产品品种	一般定期计算产品成本，成本计算期与会计核算报告期一致	如果月末有在产品，要将生产费用在完工产品和在产品之间进行分配
分批法	单件小批类型的生产 【举例】造船、重型机械、精密仪器、新产品试制、设备修理等	产品的批别	成本计算期与产品生产周期基本一致，而与核算报告期不一致	一般不存在完工产品与在产品之间分配费用的问题
分步法	它适用于大量大批的，管理上要求按照生产步骤计算产品成本的多步骤生产 【举例】冶金、纺织、机械制造	各种产品的生产步骤	一般定期计算产品成本，成本计算期与会计核算报告期一致	月末需将生产费用在完工产品和在产品之间进行费用分配；除了按品种计算和结转产品成本外，还需要计算和结转产品的各步骤成本

【例题12·单选题】下列关于成本计算分步法的表述中，正确的是（　　　　）。

A. 逐步结转分步法不利于各步骤在产品的实物管理和成本管理

B. 当企业经常对外销售半成品时，应采用平行结转分步法

C. 采用逐步分项结转分步法时，无须进行成本还原

D. 采用平行结转分步法时，无须将产品生产费用在完工产品和在产品之间进行分配

【解析】逐步结转分步法要计算各步骤半成品成本，所以有利于各步骤在产品的实物管理和成本管理，

选项A错误；平行结转分步法不计算各步骤半成品成本，当企业经常对外销售半成品时，应采用逐步结转分步法，选项B错误；采用平行结转分步法，每一生产步骤的生产费用也要在其完工产品与月末在产品之间进行分配，但这里的完工产品是指企业最后完工的产成品，这里的在产品是指各步骤尚未加工完成的在产品和各步骤已完工但尚未最终完成的产品，选项D错误。

【答案】 C

【例题13·单选题】 某企业只生产一种产品，生产分两个步骤在两个车间进行，第一车间为第二车间提供半成品，第二车间将半成品加工成产成品。月初两个车间均没有在产品。本月第一车间投产100件，有80件完工并转入第二车间，月末第一车间尚未加工完成的在产品相对于本步骤的完工程度为60%；第二车间完工50件，月末第二车间尚未加工完成的在产品相对于本步骤的完工程度为50%。该企业按照平行结转分步法计算产品成本，各生产车间按约当产量法在完工产品和在产品之间分配生产费用。月末第一车间的在产品约当产量为（　　　）件。

A. 12

B. 27

C. 42

D. 50

【解析】 在平行结转分步法中，"完工产品"指的是企业"最后完工的产成品"，某个步骤的"在产

品"指的是"广义在产品"，包括该步骤尚未加工完成的在产品（称为该步骤的狭义在产品）和该步骤已完工但尚未最终完成的产品（即后面各步骤的狭义在产品）。换句话说，凡是该步骤"参与"了加工，但还未最终完工形成产成品的，都属于该步骤的"广义在产品"。计算某步骤的广义在产品的约当产量时，实际上计算的是"约当该步骤完工产品"的数量，由于后面步骤的狭义在产品耗用的是该步骤的完工产品，所以，计算该步骤的广义在产品的约当产量时，对于后面步骤的狭义在产品的数量，不用乘以其所在步骤的完工程度。用公式表示如下：某步骤月末（广义）在产品约当量=该步骤月末狭义在产品数量×在产品完工程度+以后各步月末狭义在产品数量，即（100-80）×60%+（80-50）=42（件）。

【答案】 C

【例题14·单选题】 下列成本核算方法中，不利于考查企业各类存货资金占用情况的是（　　　）。

A. 品种法

B. 分批法

C. 逐步结转分步法

D. 平行结转分步法

【解析】 平行结转分步法不计算各步骤在产品的成本，因而不利于考查企业各类存货资金占用情况。

【答案】 D

过关测试题

一、单选题

1. 下列计算方法中，本月发生的生产费用就是本月完工产品的成本的是（　　　）。

A. 不计算在产品成本

B. 约当产量法

C. 在产品成本按定额成本计算

D. 按定额比例分配完工产品和月末在产品成本的方法

2. 某种产品由三个生产步骤构成，采用逐步结转分步法计算成本。本月第一生产步骤转入第二生产步骤的生产费用为4 000元，第二生产步骤转入第三生产步骤的生产费用为3 000元。本月第三生产步骤发生的费用为3 500元（不包括上一生产步骤转入的费用），第三步骤

月初在产品费用为1 000元，月末在产品费用为700元，本月该种产品的产成品成本为（　　　）元。

A. 7 500

B. 6 800

C. 6 500

D. 1 700

3. A产品在生产过程中，需经过两道工序，第一道工序定额工时4小时，第二道工序定额工时6小时。期末，A产品在第一道工序的在产品30件，在第二道工序的在产品10件。作为分配计算在产品加工成本（不含原材料成本）的依据，其期末在产品约当产量为（　　　）件。

A. 10

B. 13

C. 28

D. 36

4. 以下关于成本计算分步法的表述中，不正确的是（　　）。

A. 产品成本计算的分步法是按照产品的生产步骤计算产品成本的一种方法

B. 采用平行结转分步法时，不需要进行成本还原

C. 采用逐步分项结转分步法时，需要进行成本还原

D. 采用平行结转分步法时，需要将产品生产费用在完工产品和在产品之间进行分配

5. 辅助生产费用的计划分配法将辅助生产车间实际发生的费用与按计划单位成本分配转出的费用之间的差额采用简化计算方法全部（　　）。

A. 记入"生产成本——基本生产成本"科目

B. 直接分配给所有受益的车间、部门

C. 计入管理费用

D. 计入财务费用

6. 月末在产品数量很大但各月之间在产品数量变动不大，月初、月末在产品成本的差额对完工产品成本影响不大的情况，在完工产品与在产品之间分配费用时，适宜采用（　　）。

A. 不计算在产品成本

B. 在产品成本按年初数固定计算

C. 在产品成本按定额成本计价法

D. 约当产量法

7. 某厂的B产品单位工时定额为60小时，经过两道工序加工完成，第一道工序的工时定额为20小时，第二道工序的定额工时为40小时。假设本月月末第一道工序有在产品40件，平均完工程度为30%；第二道工序有在产品60件，平均完工程度为70%。则在产品的约当产量是（　　）件。

A. 48

B. 52

C. 36

D. 42

8. B产品月末在产品只计算原材料费用。该产品月初在产品原材料费用为2 000元；本月发生的原材料费用为3 000元。原材料均在生产开始时一次投入。本月完工产品400件，月末在产品600件。据此计算的B产品本

月末在产品的原材料费用是（　　）元。

A. 5 000

B. 2 000

C. 3 000

D. 2 400

9. 某企业生产A、B两种产品。该企业的单位电价为每度0.5元。各产品的电费按生产工时比例分配。A、B两种产品本月用电合计30 000度；生产工时共计1 500小时，其中A产品的生产工时为800小时。据此计算的B产品本月负担的电费是（　　）元。

A. 8 000

B. 7 000

C. 100

D. 1 500

二、多选题

1. 下列关于辅助生产费用的分配方法的表述中，正确的有（　　）。

A. 辅助生产费用的分配通常采用直接分配法、交互分配法和按计划成本分配法

B. 采用直接分配法，不考虑辅助生产内部相互提供的劳务量，即不经过辅助生产费用的交互分配，直接将各辅助生产车间发生的费用分配给辅助生产以外的各个受益单位或产品

C. 交互分配法，是对各辅助生产车间的成本费用进行两次分配

D. 计划分配法适用于辅助生产劳务计划单位比较准确的企业

2. 下列方法中，属于联产品联合成本分配方法的有（　　）。

A. 售价法

B. 实物数量法

C. 约当产量法

D. 不计算在产品成本法

3. 下列关于产品成本计算制度的说法正确的有（　　）。

A. 实际成本计算制度计算结果是资产负债表"存货"项目的计价依据和利润表"已销产品成本"的计量依据

B. 标准成本计算制度计算的是产品的标准成本并将其纳入财务会计的主要账簿体系

C. 产量基础成本计算制度间接成本的分配以成本动因为基础

D. 作业基础成本计算制度适用于产量是成本主要驱动因素的传统加工业

4. 用计划分配法分配辅助生产费用，具有的特点包括（　　　）。

A. 便于考查和分析各受益单位的成本

B. 计算结果最准确

C. 便于分清各单位的经济责任

D. 成本分配不够准确，适用于辅助生产劳务计划单位成本比较准确的企业

5. 采用逐步结转分步法计算成本的优点有（　　　）。

A. 能提供各个生产步骤的半成品成本资料

B. 为各生产步骤的在产品实物管理和资金管理提供资料

C. 不必逐步结转半成品成本

D. 能全面反映各步骤产品的生产耗费水平

6. 采用逐步结转分步法计算成本的特点有（　　　）。

A. 各步骤不能同时计算产品成本

B. 不必进行成本还原

C. 不必逐步结转半成品成本

D. 成本结转工作量较大

7. 下列方法中，属于完工产品和在产品的成本分配方法的有（　　　）。

A. 计划分配法

B. 在产品成本按其所耗用的原材料费用计算

C. 在产品成本按定额成本计算

D. 定额比例法

8. 下列关于产品成本计算制度的表述中，正确的有（　　　）。

A. 标准成本计算制度将产品标准成本和成本差异列入财务报表

B. 全部成本计算制度将生产制造过程的全部成本（直接材料、直接人工、制造费用）都计入产品成本

C. 变动成本计算制度可以在需要时提供产品的全部制造成本，以便对外发布的财务报告

D. 产量基础成本计算制度适用于新兴的高科技领域

三、综合题

甲企业生产A、B产品，采用品种法计算成本，本月发生的有关经济业务如下：

（1）生产领用材料编制的材料分配表如表13-41所示。

表13-41　　　　　　　　　　生产领用材料编制的材料分配情况　　　　　　　　　　单位：元

项　目		直接计入	分配计入	合　计
基本生产成本	A产品	2 000 000	600 000	2 600 000
	B产品	500 000	300 000	800 000
	小计	2 500 000	900 000	3 400 000
制造费用（基本车间）		—	5 000	5 000
合计		2 500 000	905 000	3 405 000

（2）分配的职工薪酬如表13-42所示。

表13-42　　　　　　　　　　分配的职工薪酬情况　　　　　　　　　　单位：元

项　目		直接计入	分配计入		合　计
			生产工时/小时	分配金额	
基本生产成本	A产品	30 000	20 000		
	B产品	20 000	10 000		
	小计	50 000	30 000	60 000	

项　目	直接计入	分配计入		合　计
		生产工时/小时	分配金额	
制造费用（基本车间）	10 000	—	—	
合计		—		

（3）分配的其他制造费用如表13-43所示。

表13-43　　　　　　　　　　分配的其他制造费用　　　　　　　　　　单位：元

项　目	金　额
办公费	1 000
水电费	9 000
折旧费	15 000
其他	5 000
合计	30 000

【要求】

（1）完成职工薪酬分配表。

（2）编制下列制造费用明细账，如表13-44所示。

表13-44　　　　　　　　　　制造费用明细表　　　　　　　　　　单位：元

摘　要	职工薪酬	机物料消耗	办公费	水电费	折旧费	其　他	合　计
金额							

（3）根据制造费用明细账所登数据，按生产工时的比例分配编制表13-45。

表13-45　　　　　　　　　　制造费用分配表　　　　　　　　　　单位：元

产品名称	生产工时/小时	分配率	分配金额
A产品	20 000		
B产品	10 000		
合计	30 000		

（4）A产品按所耗原材料费用计算在产品成本，原材料在生产开始时一次投入，本月完工70件，在产30件；B产品本月完工200件，在产25件。在产品成本按年初固定数计算，要求编制下列明细账，如表13-46和表13-47所示。

表13-46　　　　　　　　　　A产品成本明细账　　　　　　　　　　单位：元

月	日	摘　要	产量/件	原材料	职工薪酬	制造费用	成本合计
8	31	在产品成本		900 000			900 000
9	30	本月生产费用					
	30	生产费用累计					
	30	完工产品成本					
	30	产成品单位成本					
	30	在产品成本					

表13-47　　　　　　　　　　　　B产品成本明细账　　　　　　　　　　　　　　单位：元

月	日	摘　要	产量/件	原材料	职工薪酬	制造费用	成本合计
8	31	在产品成本		100 000	50 000	50 000	200 000
9	30	本月生产费用					
	30	生产费用累计					
	30	完工产品成本					
	30	产成品单位成本					
	30	在产品成本					

标准成本法

第14章

本章内容主要介绍标准成本的分类及特点、标准成本差异分析，学习本章要在理解的基础上掌握成本差异的有关公式、相应的账务处理。从历年的考试情况看，主要考点包括标准成本的制定、标准成本的差异分析和标准成本的账务处理。题型主要是客观题，但也有出计算分析题的可能性，计算分析题的出题点在标准成本的差异分析上。近几年考试分值在5分左右。

【本章考点概览】

标准成本法	一、标准成本及其制定	1. 标准成本的概念	★
		2. 标准成本的种类	★★
		3. 标准成本的制定	★★
	二、标准成本的差异分析	1. 变动成本的差异分析	★★★
		2. 固定制造费用的差异分析	★★★

第一节　标准成本及其制定

考情分析：对于本节内容，题型主要以客观题为主，分值在1分左右。考点主要集中在标准成本的种类和标准成本的制定方面。

学习建议：对于本节内容的学习，重在了解标准成本的概念，理解标准成本的种类，掌握标准成本的制定和计算。

标准成本系统是为了克服实际成本计算系统的缺点，尤其是不能提供有助于成本控制的确切信息的缺点而研究出来的一种会计信息系统和成本控制系统。

实施标准成本系统一般有以下几个步骤：①制定单位产品标准成本；②根据实际产量和成本标准计算产品的标准成本；③汇总计算实际成本；④计算标准成本与实际成本差异；⑤分析成本差异的发生原因，如果将标准成本纳入账簿体系，还要进行标准成本及其成本差异的账务处理；⑥向成本负责人提供成本控制报告。

一、标准成本的概念（★）

标准成本是通过精确的调查、分析与技术测定而制定的，用来评价实际成本、衡量工作效率的一种预计成本。

"标准成本"一词在实际工作中有两种含义：一种是单位产品的标准成本，它是根据单位产品的标准消耗量和标准单价计算出来的，准确地说应称为"成本标准"。

成本标准=单位产品标准成本=单位产品标准消耗量×标准单价

另一种是指实际产量的标准成本总额，是根据实际产品产量和单位产品成本标准计算出来的。标准成本（总额）=实际产量×单位产品标准成本

◄)) 名师点拨 ···

讨论标准成本制定时，"标准成本"是指单位产品标准成本；讨论成本差异计算时，"标准成本"是指实际产量下的标准成本。

二、标准成本的种类（★★）

（一）理想标准成本和正常标准成本

标准成本按其制定所根据的生产技术和经营管理水平，分为理想标准成本和正常标准成本。

理想标准成本是指在最优条件下，利用现有的规

模和设备能够达到的最低成本。其依据的是理论上的业绩标准、生产要素的理想价格和可能实现的最高生产经营能力利用水平。其主要用途是揭示实际成本下降的潜力，不能作为考核依据。

正常标准成本是指在效率良好的条件下，根据下期一般应该发生的生产要素消耗量、预计价格和预计生产经营能力利用程度制定出来的标准成本。该标准成本考虑了生产经营过程中难以避免的损耗和低效率。实际工作中广泛使用正常标准成本。

🔊 **名师点拨** ┈┈┈┈┈┈┈┈┈┈┈┈┈┈

正常标准成本从数量上看，它应大于理想标准成本，但又小于历史平均水平，是要经过努力才能达到的一种标准，因而可以调动职工的积极性。在标准成本系统中广泛使用正常标准成本。

【例题1·单选题】以设备没有故障、资源没有浪费、产出没有废品、工时都有效的假设前提为依据而制定的标准成本是（　　　　）。

A. 基本标准成本

B. 理想标准成本

C. 正常标准成本

D. 现行标准成本

【解析】理想标准成本是指在最优的生产条件下，利用现有的规模和设备能够达到的最低成本。

【答案】B

【例题2·单选题】正常标准成本从数额上看，（　　　　）。

A. 它应当大于理想标准成本，但又小于历史平均成本

B. 它应当大于理想标准成本，也大于历史平均成本

C. 它应当小于理想标准成本，但大于历史平均成本

D. 它应当小于理想标准成本，也小于历史平均成本

【解析】正常标准成本考虑了难以避免的损耗，所以大于理想标准成本，正常标准成本应低于历史平均水平以体现激励性。

【答案】A

（二）现行标准成本和基本标准成本

标准成本按其适用期，分为现行标准成本和基本标准成本。

现行标准成本是指根据其适用期间应该发生的价格、效率和生产经营能力利用程度等预计的标准成本，可以作为评价实际成本的依据，也可以用来对存货和销货成本进行计价。

该标准要求生产的基本条件无重大变化。与各期实际成本进行对比，可以反映成本变动的趋势；但不宜来直接评价工作效率和成本控制的有效性。

基本标准成本是指一经制定，只要生产的基本条件无重大变化，就不予变动的一种标准成本。所谓生产的基本条件的重大变化是指产品的物理结构的变化，重要原材料和劳动力价格的重要变化，生产技术和工艺的根本变化，只有这些条件发生变化，基本标准成本才需要修订。由于市场供求变化导致的售价变化和生产经营能力利用程度变化，由于工作方法改变而引起的效率变化等，不属于生产的基本条件的重大变化。

【例题3·多选题】（2016年真题）下列各项中，需要修订产品基本标准成本的情况有（　　　　）。

A. 产品生产能量利用程度显著提升

B. 生产工人技术操作水平明显改进

C. 产品主要材料价格发生重要变化

D. 产品物理结构设计出现重大改变

【解析】本题考查的是现行标准成本和基本标准成本。基本标准成本是指一经制定，只要生产的基本条件无重大变化，就不予变动的一种标准成本。所谓生产的基本条件的重大变化是指产品的物理结构变化，重要原材料和劳动力价格的重要变化，生产技术和工艺的根本变化等，故选项C、D正确。由于市场供求变化导致的售价变化、生产经营能力利用程度的变化和由于工作方法改变而引起的效率变化等，不属于生产的基本条件变化，不需要修订基本标准成本，故选项A、B错误。

【答案】CD

【例题4·多选题】（2014年真题）甲公司制定产品标准成本时采用现行标准成本。下列结论中，需要修订现行标准成本的有（　　　　）。

A. 订单增加导致设备利用率提高

B. 采用新工艺导致生产效率提高

C. 因工资结构调整工资率提高

D. 季节原因导致材料价格上涨

【解析】现行标准成本是指根据其适用期间应该发生的价格、效率和生产经营能力利用程度等预计的标准成本。在这些决定因素变化时，需要按照改变了的情况加以修订。

【答案】ABCD

三、标准成本的制定（★★）

制定标准成本，通常先确定直接材料和直接人工的标准成本，其次制定制造费用的标准成本，最后制定单位产品的标准成本。制定时，无论是哪一个成本项目，都需要分别确定其用量标准和价格标准，两者相乘后得出成本标准。

直接材料的用量标准是单位产品材料消耗量，价格标准是原材料单价；直接人工的用量标准是单位产品直接人工工时，价格标准是小时工资率；制造费用的用量标准是单位产品直接人工工时（或台时），价格标准是小时制造费用分配率。

（一）直接材料标准成本

直接材料的标准消耗量，是用统计方法、工业工程法或其他技术分析方法确定的。它是现有技术条件生产单位产品所需的材料数量，包括必不可少的消耗以及各种难以避免的损失。

直接材料的价格标准，是预计下一年度实际需要支付的进料单位成本，包括发票价格、运费、检验和正常损耗等成本，是取得材料的完全成本。

（二）直接人工标准成本

直接人工的用量标准是单位产品的标准工时。确定单位产品所需的直接生产工人工时，需要按产品的加工工序分别进行，然后加以汇总。标准工时是指现有生产技术条件下，生产单位产品所需要的时间，包括直接加工操作必不可少的时间，以及必要的间歇和停工，如工间休息、调整设备时间、不可避免的废品耗用工时等。标准工时应以作业研究和工时研究为基础，参考有关数据资料来确定。

直接人工的价格标准是指标准工资率。它可能是预定的工资率，也可能是正常的工资率。如果采用计件工资制，标准工资率是预定的每件产品支付的工资除以标准工时，或者是预定的小时工资，如果采用月工资制，需要根据月工资总额和可用工时总量来计算标准工资率。

（三）制造费用标准成本

制造费用的标准成本是按部门分别编制，然后将统一产品涉及的各部门单位制造费用标准加以汇总，得出整个产品制造费用标准成本。

各部门的制造费用标准成本分为变动制造费用和固定制造费用标准成本两部分。

1. 变动制造费用标准成本

变动制造费用的数量标准通常采用单位产品直接人工工时标准，它在直接人工标准成本制定时已经确定。

变动制造费用的价格标准是每一工时变动制造费用的标准分配率，它根据变动制造费用预算和直接人工工时计算求得：

$$变动制造费用标准分配率=\frac{变动制造费用预算总数}{直接人工标准总工时}$$

确定数量标准和价格标准之后，两者相乘即可得出变动制造费用标准成本：

变动制造费用标准成本=单位产品直接人工的标准工时×每小时变动制造费用的标准分配率

2. 固定制造费用标准成本

如果企业采用变动成本计算固定制造费用不计入产品成本，因此单位产品的标准成本中不包括固定制造费用的标准成本。

各部门的制造费用标准成本分为变动制造费用标准成本和固定制造费用标准成本两部分。固定制造费用的用量标准与变动制造费用的用量标准相同，包括直接人工工时、机器工时、其他用量标准等，并且两者要保持一致，以便进行差异分析。

$$固定制造费用标准分配率=\frac{固定制造费用预算总额}{直接人工标准总工时}$$

◄)) 名师点拨 ···

无论是价格标准还是用量标准，都可以是理想状态的或正常状态的，据此得出理想的标准成本或正常的标准成本。

【例题5·多选题】（2013年真题）制定正常标准成本时，直接材料价格标准应包括（　　）。

A. 仓储费

B. 入库检验费

C. 运输途中的合理损耗

D. 运输费

【解析】 直接材料的价格标准是预计下一年度实际需要支付的进料单位成本，包括发票价格、运费、检验和正常损耗等。选项A是属于储存环节的成本，不属于进料环节的成本。

【答案】 BCD

【例题6·单选题】 下列关于制定正常标准成本的表述中，正确的是（　　）。

A. 直接材料的价格标准不包括购进材料发生的检验成本

B. 直接人工标准工时包括直接加工操作必不可少的时间，不包括各种原因引起的停工工时

C. 直接人工的价格标准是指标准工资率，它可以是预定的工资率，也可以是正常的工资率

D. 固定制造费用和变动制造费用的用量标准可以相同，也可以不同。例如，以直接人工工时作为变动制造费用的用量标准，同时以机器工时作为固定制造费用的用量标准

【解析】直接材料的价格标准，是预计下一年度实际需要支付的进料单位成本，包括发票价格、运费、检验和正常损耗等成本，是取得材料的完全成本，所以选项A错误；标准工时是指在现有生产技术条件下，生产单位产品所需要的时间，包括直接加工操作必不可少的时间，以及必要的间歇和停工，如工间休息、调整设备时间、不可避免的废品耗用工时等，所以选项B错误；直接人工的价格标准是指标准工资率。它可能是预定的工资率，也可能是正常的工资率，选项C正确；固定制造费用的用量标准与变动制造费用的用量标准相同，包括直接人工工时、机器工时、其他用量标准等，并且两者要保持一致，以便进行差异分析，选项D错误。

【答案】C

第二节　标准成本的差异分析

考情分析：对本节内容，题型可能涉及客观题和主观题，分值在5分左右。考点主要集中在变动成本的差异分析、固定制造费用的差异分析方面。

学习建议：对于本节内容的学习，重在掌握标准成本差异的分析方法，包括变动成本差异的分析和固定制造费用的差异分析。

标准成本是一种目标成本，由于种种原因，产品的实际成本会与目标不符。实际成本与标准成本之间的差额，称为标准成本的差异，或称为成本差异。成本差异是反映实际成本脱离预定目标程度的信息。为了消除这种偏差，要对产生的成本差异进行分析，找出原因和对策，以便采取措施加以纠正。

一、变动成本的差异分析（★★★）

直接材料、直接人工和变动制造费用都属于变动成本，其成本差异分析的基本方法相同。由于它们的实际成本高低取决于实际用量和实际价格，标准成本的高低取决于标准用量和标准价格，所以其成本差异可以归结为价格脱离标准造成的价格差异与用量脱离标准造成的数量差异两类，如图14-1所示。

变动成本差异分析的通用模式：

成本差异＝实际成本－标准成本

价差＝实际数量×（实际价格－标准价格）

量差＝（实际数量－标准数量）×标准价格

价差＝实际数量×（实际价格－标准价格）＝ $Q_实（P_实-P_标）$

量差＝（实际数量－标准数量）×标准价格＝ $(Q_实-Q_标)P_标$

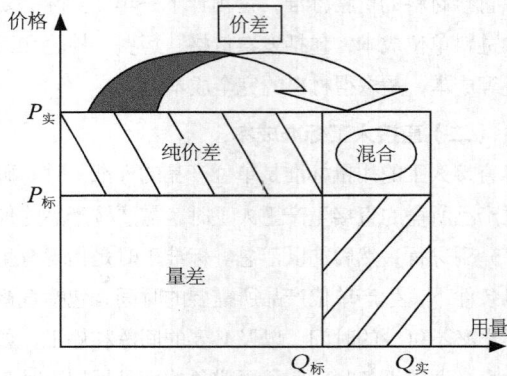

图14-1　变动差异分析

【例题7·单选题】在成本差异分析中，数量差异的大小是（　　　）决定的。

A. 由用量脱离标准的程度以及实际价格高低

B. 由用量脱离标准的程度以及标准价格高低

C. 由价格脱离标准的程度以及实际用量高低

D. 由价格脱离标准的程度以及标准数量高低

【解析】在成本差异分析中，数量差异的大小是由用量脱离标准的程度以及标准价格高低所决定的。

【答案】B

（一）直接材料成本差异分析

直接材料实际成本与标准成本之间的差额，是直接材料成本差异。该项差异形成的基本原因有两个：一是价格脱离标准；二是用量脱离标准。前者按实际用量

计算，称为价格差异；后者按标准价格计算，称为数量差异。

（1）价差：材料价格差异=实际数量×（实际价格－标准价格）。

（2）量差：材料数量差异=（实际数量－标准数量）×标准价格。

【案例14-1】 本月生产产品4 000件，使用材料25 000千克，材料单价为0.55元/千克；直接材料的单位产品标准成本为3元，即每件产品耗用6千克直接材料，每千克材料的标准价格为0.5元。根据上述公式计算。

直接材料价格差异=25 000×（0.55-0.5）=1 250（元）

直接材料数量差异=（25 000-4 000×6）×0.5=500（元）

直接材料价格差异与数量差异之和，应当等于直接材料成本的总差异。

直接材料成本差异=实际成本－标准成本=25 000×0.55-4 000×6×0.5=13 750-12 000=1 750（元）

直接材料成本差异=价格差异+数量差异=1 250+500=1 750（元）

（二）直接人工成本差异分析

直接人工成本差异是指直接人工实际成本与标准成本之间的差额。它也被区分为"价差"和"量差"两部分。价差是指实际工资率脱离标准工资率，其差额按实际工时计算确定的金额，又称为工资率差异。量差是指实际工时脱离标准工时，其差额按标准工资率计算确定的金额，又称人工效率差异。

（1）价差：工资率差异=实际工时×（实际工资率－标准工资率）。

（2）量差：人工效率差异=（实际工时－标准工时）×标准工资率。

【案例14-2】 本月生产产品4 000件，实际使用工时8 900小时，支付工资45 390元；直接人工的标准成本是10元/件，即每件产品标准工时为2小时，标准工资率为5元/小时。按上述公式计算：

工资率差异=8 900×（45 390÷8 900-5）=8 900×（5.10-5）=890（元）

人工效率差异=（8 900-4 000×2）×5=（8 900-8 000）×5=4 500（元）

工资率差异与人工效率差异之和，应当等于人工成本总差异，并可据此验算差异分析计算的正确性。

人工成本差异=实际人工成本－标准人工成本=45 390-4 000×10=5 390（元）

人工成本差异=工资率差异+人工效率差异=890+4 500=5 390（元）

（三）变动制造费用的差异分析

变动制造费用的差异是指实际变动制造费用与标准变动制造费用之间的差额。它也可分解为"价差"和"量差"两部分。价差是指变动制造费用的实际小时分配率脱离标准，按实际工时计算的金额反映耗费水平的高低，故称为耗费差异。量差是指实际工时脱离标准工时，按标准的小时费用率计算确定的金额，反映工作效率变化引起的费用节约或超支，故称为变动制造费用效率差异。

（1）价差：变动制造费用耗费差异=实际工时×（变动制造费用实际分配率－变动制造费用标准分配率）。

（2）量差：变动制造费用效率差异=（实际工时－标准工时）×变动制造费用标准分配率。

【案例14-3】 本月实际产量4 000件，使用工时8 900小时，实际发生变动制造费用19 580元；变动制造费用标准成本为4元/件，即每件产品标准工时为2小时，标准的变动制造费用分配率为2元/小时。按上述公式计算：

变动制造费用成本差异=实际变动制造费用－标准变动制造费用=19 580-4 000×4=3 580（元）

变动制造费用耗费差异=8 900×（19 580÷8 900-2）=8 900×（2.2-2）=1 780（元）

变动制造费用效率差异=（8 900-4 000×2）×2=900×2=1 800（元）

（3）变动成本项目差异分析的责任归属

用量差异包括材料用量差异、人工效率差异和变动制造费用效率差异，造成用量差异主要是生产部门的责任。但也不是绝对的，如采购材料质量差导致材料数量差异或工作效率慢是采购部门责任。

价格差异中材料价格差异的主要责任部门是采购部门；人工工资率差异的主要责任部门是人事劳动部门；变动制造费用耗费差异的主要责任是部门经理。

【例题8·多选题】 在进行标准成本差异分析时，通常把变动成本差异分为价格脱离标准造成的价格差异和用量脱离标准造成的数量差异两种类型。下列标准成本差异中，通常应由生产部门负责的有（　　　　）。

A. 直接材料的价格差异

B. 直接人工的数量差异

C. 变动制造费用的价格差异

D. 变动制造费用的数量差异

【解析】 材料价格差异是在采购过程中形成的，不应由耗用材料的生产部门负责，而应由采购部门对其作出说明，选项A错误；直接人工的数量差异，它主要是生产部门的责任，选项B正确；变动制造费用的价格差异是部门经理的责任，他们有责任将变动制造费用控制在弹性预算限额之内，选项C正确；变动制造费用数量差异，是由于实际工时脱离了标准，多用工时导致的费用增加，因此其形成原因与人工数量差异相同，选项D正确。

【答案】 BCD

【例题9·多选题】（2014年真题）下列各项原因中，属于材料价格差异形成原因的有（　　　）。

A. 运输过程中的耗损增加

B. 加工过程中的耗损增加

C. 储存过程中的耗损增加

D. 材料运输保险费率提高

【解析】 材料价格差异是在采购过程中形成的，采购部门未能按标准价格进货的原因有许多，如供应厂家价格变动、未按经济采购批量进货、未能及时订货造成的紧急订货、采购时舍近求远使运费和途耗增加、不必要的快速运输方式、违反合同被罚款、承接紧急订货造成额外采购等。

【答案】 AD

二、固定制造费用的差异分析（★★★）

固定制造费用的差异分析与各项变动成本差异分析不同，其分析方法有"二因素分析法"和"三因素分析法"两种。

固定制造费用总差异 ＝实际制造费用－实际产量的标准固定制造费用

（一）二因素分析法

二因素分析法，是将固定制造费用差异分为耗费差异和能量差异。

耗费差异是指固定制造费用的实际金额与固定制造费用预算金额之间的差额。固定费用与变动费用不同，不因业务量而变，故差异分析有别于变动费用。在考核时不考虑业务量的变动，以原来的预算数作为标准，实

际数超过预算数即视为耗费过多。其计算公式为：

（1）固定制造费用耗费差异＝固定制造费用实际数－固定制造费用预算数。

（2）固定制造费用能量差异＝固定制造费用预算数－固定制造费用标准成本。

【案例14-4】 本月实际产量40件，发生固定制造成本142元，实际工时为89小时；企业生产能量为50件即100小时；每件产品固定制造费用标准成本为3元/件，即每件产品标准工时为2小时，标准分配率为1.50元/小时。按上述公式计算：

固定制造费用成本差异＝实际固定制造费用－标准固定制造费用＝142－40×3＝22（元）

固定制造费用耗费差异＝142－100×1.5＝-8（元）

固定制造费用能量差异＝100×1.5－40×2×1.5＝150－120＝30（元）

（二）三因素分析法

三因素分析法，是将固定制造费用成本差异分为耗费差异、效率差异和闲置差异3部分。耗费差异的计算与二因素分析法相同。不同的是要将二因素分析法中的"能量差异"进一步分为两部分：一部分是实际工时未达到生产能量而形成的闲置能量差异；另一部分是实际工时脱离标准工时而形成的效率差异，其计算公式如下：

（1）耗费差异＝固定制造费用实际数－固定制造费用预算数＝固定制造费用实际数－固定制造费用标准分配

（2）闲置能量差异＝固定制造费用预算－实际工时×固定制造费用标准分配率＝（生产能量－实际工时）×固定制造费用标准分配率

（3）效率差异＝（实际工时－实际产量标准工时）×固定制造费用标准分配率

续【案例14-4】 本月实际产量40件，发生固定制造成本142元，实际工时为89小时；企业生产能量为50件即100小时；每件产品固定制造费用标准成本为3元/件，即每件产品标准工时为2小时，标准分配率为1.50元/小时。按上述公式计算：

固定制造费用耗费差异＝142－100×1.5＝-8（元）

固定制造费用闲置能量差异＝（100－89）×1.5＝11×1.5＝16.5（元）

固定制造费用效率差异＝（89－40×2）×1.5＝9×1.5＝13.5（元）

三因素分析法的闲置能量差异（16.5元）与效率差异（13.5元）之和为30元，与二因素分析法中的"能量差异"数额相同。

【例题10·单选题】（2013年真题）使用三因素分析法分析固定制造费用差异时，固定制造费用的效率差异反映（　　　　）。

A. 实际工时脱离生产能量形成的差异

B. 实际工时脱离实际产量标准工时形成的差异

C. 实际产量标准工时脱离生产能量形成的差异

D. 实际耗费与预算金额的差异

【解析】实际工时脱离生产能量形成的差异、实际耗费与预算金额的差异均表示耗费差异，故选项A、D不正确；实际产量标准工时脱离生产能量形成的差异表示能量差异，故选项C不正确。

【答案】B

【例题11·单选题】企业进行固定制造费用差异分析时可以使用三因素分析法。下列关于三因素分析法的说法中，正确的是（　　　　）。

A. 固定制造费用耗费差异=固定制造费用实际成本−固定制造费用标准成本

B. 固定制造费用闲置能量差异=（生产能量−实际工时）×固定制造费用标准分配率

C. 固定制造费用效率差异=（实际工时−标准产量标准工时）×固定制造费用标准分配率

D. 三因素分析法中的闲置能量差异与二因素分析法中的能量差异相同

【解析】固定制造费用耗费差异=固定制造费用实际成本−固定制造费用预算成本，选项A错误；固定制造费用效率差异=（实际工时−实际产量标准工时）×固定制造费用标准分配率，选项C错误；二因素分析法中的能量差异可以进一步分解为三因素法中的闲置能量差异和效率差异，选项D错误。

【答案】B

【例题12·多选题】（2013年真题）下列成本差异中，通常应由标准成本中心负责的差异有（　　　　）。

A. 直接材料价格差异

B. 直接人工数量差异

C. 变动制造费用效率差异

D. 固定制造费用闲置能量差异

【解析】材料价格差异是在采购过程中形成的，不应由耗用材料的生产部门负责，而应由采购部门对其做出说明，选项A错误；成本中心不对固定制造费用的闲置能量差异负责，他们对于固定制造费用的其他差异要承担责任。

【答案】BC

【例题13·多选题】（2013年真题）下列各项预算中，以生产预算为基础编制的有（　　　　）。

A. 直接材料预算

B. 直接人工预算

C. 销售费用预算

D. 固定制造费用预算

【解析】固定制造费用需要逐项进行预计，通常与本期产量无关；销售费用预算是以销售预算为基础编制的。

【答案】AB

【例题14·计算分析题】某企业变动制造费用的标准成本为10元/件，固定制造费用的标准成本为16元/件，甲产品单位工时标准为2小时/件。本月预算产量为10 000件，实际产量为12 000件，实际工时为21 600小时，实际变动制造费用与固定制造费用分别为110 160元和250 000元。

【要求】

计算下列指标。

（1）变动制造费用效率差异。

（2）变动制造费用耗费差异。

（3）两差异法下的固定制造费用耗费差异和能量差异。

（4）三差异法下固定制造费用的耗费差异、闲置能量差异和效率差异。

【答案】

（1）变动制造费用效率差异=（实际工时−标准工时）×变动制造费用标准分配率=（21 600−12 000×2）×5=−12 000（元）

（2）变动制造费用耗费差异=实际工时×（变动制造费用实际分配率−变动制造费用标准分配率）=（110 160÷21 600−5）×21 600=2 160（元）

（3）固定制造费用耗费差异=固定制造费用实际数−固定制造费用预算数=250 000−10 000×2×8=90 000（元）

固定制造费用能量差异=固定制造费用预算数−固定制造费用标准成本=（10 000×2−12 000×2）×8=−32 000（元）

（4）固定制造费用耗费差异＝固定制造费用实际数－固定制造费用标准分配＝250 000－10 000×2×8＝90 000（元）

固定制造费用闲置能量差异＝（生产能量－实际工时）×固定制造费用标准分配率＝10 000×2×8－21 600×8＝－12 800（元）

固定制造费用效率差异＝（实际工时－实际产量标准工时）×固定制造费用标准分配率＝（21 600－12 000×2）×8＝－19 200（元）

【例题15·计算分析题】（2011年真题）D公司只生产一种产品，采用标准成本法计算产品成本，期末对材料价格差异采用"调整销货成本与存货法"进行处理，将材料价格差异按照数量比例分配至已销产品成本和存货成本，对其他标准成本差异采用"结转本期损益法"进行处理。7月份有关资料如下。

（1）公司生产能量为1 000小时/月，单位产品标准成本如下：直接材料（6千克×26元/千克）156元，直接人工（2小时×12元/小时）24元，变动制造费用（2小时×6元/小时）12元，固定制造费用（2小时×4元/小时）8元，单位产品标准成本200元。

（2）原材料在生产开始时一次投入，其他成本费用陆续发生。公司采用约当产量法在完工产品和在产品之间分配生产费用，月初、月末在产品的平均完工程度均为50%。

（3）月初在产品存货40件，本月投产470件，本月完工450件并转入产成品库；月初产成品存货60件，本月销售480件。

（4）本月耗用直接材料2 850千克，实际成本79 800元；使用直接人工950小时，支付工资11 590元；实际发生变动制造费用5 605元，固定制造费用3 895元。

（5）月初在产品存货应负担的材料价格差异为420元，月初产成品存货应负担的材料价格差异为465元。

【要求】

（1）计算7月末在产品存货的标准成本、产成品存货的标准成本。

（2）计算7月份的各项标准成本差异（其中固定制造费用按三因素分析法计算）。

（3）计算7月末结转标准成本差异后的在产品存货成本、产成品存货成本（提示：需要结转到存货成本的成本差异应分两步进行分配，首先在本月完工产品和期末在产品存货之间进行分配，然后在本月销售产品和期

末产成品存货之间进行分配）。

【答案】

（1）月末在产品数量＝月初在产品+本月投产－本月完工＝40+470－450＝60（件）

单位产品标准成本、在产品完工程度均为50%进行计算约当产量后，月末在产品存货标准成本＝在产品标准直接材料+在产品标准直接人工+在产品标准变动制造费用+在产品标准固定制造费用＝60×156+60×50%×（24+12+8）＝10 680（元）

月末产成品数量＝月初产成品+本月完工－本月销售＝60+450－480＝30（件）

月末产成品存货标准成本＝30×200＝6 000（元）

（2）直接材料价格差异＝实际数量×（实际价格－标准价格）＝79 800－2 850×26＝5 700（元）

直接材料数量差异＝（实际数量－标准数量）×标准价格＝（2 850－470×6）×26＝780（元）

直接材料成本总差异＝5 700+780＝6 480（元）

本月投入完成的约当产量＝450+（60－40）×50%＝460（件）

直接人工工资差异＝实际工时×（实际工资率－标准工资率）＝11 590－950×12＝190（元）

直接人工效率差异＝（实际工时－标准工时）×标准工资率＝（950－460×2）×12＝360（元）

直接人工成本总差异＝190+360＝550（元）

变动制造费用耗费差异＝实际工时×（变动制造费用实际分配率－变动制造费用标准分配率）＝5 605－950×6＝－95（元）

变动制造费用效率差异＝（实际工时－标准工时）×变动制造费用标准分配率＝（950－460×2）×6＝180（元）

变动制造费用总差异＝180－95＝85（元）

固定制造费用耗费差异＝固定制造费用实际数－固定制造费用标准分配＝3 895－1 000×4＝－105（元）

固定制造费用闲置能量差异＝（生产能量－实际工时）×固定制造费用标准分配率＝（1 000－950）×4＝200（元）

固定制造费用效率差异＝（实际工时－实际产量标准工时）×固定制造费用标准分配率＝（950－460×2）×4＝120（元）

固定制造费用总差异＝200+120－105＝215（元）

（3）本期完工产品应负担的材料价格差异＝450×

[（420+5 700）÷（450+60）]=5 400（元）

期末在产品存货应负担的材料价格差异＝60×

[（420+5 700）÷（450+60）]=720（元）

期末产成品存货应负担的材料价格差异＝30×

[（465+5 400）÷（480+30）]=345（元）

结转成本差异后：

在产品存货成本=10 680+720=11 400（元）

产成品存货成本=6 000+345=6 345（元）

过关测试题

一、单选题

1. 在效率良好的条件下，根据下期一般应该发生的生产要素消耗量、预计价格和预计生产经营能力利用程度制定出来的标准成本称为（ ）。

A. 理想标准成本

B. 现行标准成本

C. 基本标准成本

D. 正常标准成本

2. 下列关于固定制造费用效率差异的说法中，正确的是（ ）。

A. 固定制造费用效率差异是实际产量标准工时未达到生产能量而形成的差异

B. 固定制造费用效率差异是实际工时未达到生产能量而形成的差异

C. 固定制造费用效率差异是实际工时脱离实际产量标准工时而形成的差异

D. 固定制造费用效率差异是固定制造费用的实际金额脱离预算金额而形成的差异

3. 下列关于标准成本的表述中，不正确的是（ ）。

A. 从具体数量上看，正常标准成本应大于理想标准成本，但小于历史平均水平

B. 现行标准成本指根据其适用期间应该发生的价格、效率和生产经营能力利用程度等预计的标准成本

C. 由于基本标准成本不按各期实际修订，不宜用来直接评价工作效率和成本控制的有效性

D. 从具体数量上看，现行标准成本应大于理想标准成本，但小于历史平均水平

4. 若人工效率差异为3 000元，标准工资率为6元/小时，变动制造费用的标准分配率为2.5元/小时，则变动制造费用的效率差异为（ ）元。

A. 1000

B. 1250

C. 1200

D. 1150

5. 制定理想标准成本的依据，是理论上的业绩标准、生产要素的理想价格和可能实现的最高生产经营能力利用水平。这里所说的理想价格是指（ ）。

A. 原材料、劳动力等生产要素在计划期间最低的价格水平

B. 原材料、劳动力等生产要素在实际期间最低的价格水平

C. 原材料、劳动力等生产要素在计划期间最高的价格水平

D. 原材料、劳动力等生产要素在实际期间平均的价格水平

6. 下列关于正常标准成本的说法中，不正确的是（ ）。

A. 应大于理想标准成本

B. 应小于历史平均水平

C. 实施以后实际成本极有可能产生顺差

D. 制定时考虑了一般难以避免的损耗和低效率等情况

7. 下列各项内容中，不属于价格标准的是（ ）。

A. 原材料单价

B. 小时工资率

C. 小时制造费用分配率

D. 单位产品直接人工工时

8. 某公司生产单一产品，实行标准成本管理，每件产品的标准工时为4小时，固定制造费用标准成本为8元，企业生产能力为每月生产产品500件。8月份实际生产产品450件，发生固定制造成本3 400元，实际工时为2 000小时。根据上述数据计算，8月份公司固定制造费用效率差异为（ ）元。

A. 0

B. −600

C. 200

D. 400

9. 本月实际产量400件，发生固定制造成本1 424元，实际工时为890小时；企业生产能量为500件（1 000小时）；每件产品固定制造费用标准成本为3元/件，每件产品标准工时为2小时。则下列说法中不正确的是（　　　　）。

A. 固定制造费用耗费差异为-76元

B. 固定制造费用闲置能量差异为165元

C. 固定制造费用效率差异为135元

D. 固定制造费用能量差异为165元

二、多选题

1. 本月生产产品400件，使用材料2 500千克，材料单价为0.55元/千克；直接材料的单位产品标准成本为3元，即每件产品耗用6千克直接材料，每千克材料的标准价格为0.5元。则（　　　　）。

A. 直接材料价格差异为120元

B. 直接材料价格差异为125元

C. 直接材料标准成本为1 200元

D. 直接材料用量差异为55元

2. 下列关于标准成本的叙述，正确的有（　　　　）。

A. 现行标准成本可以作为评价实际成本的依据，但不能用来对存货和销货成本计价

B. 现行标准成本可以作为评价实际成本的依据，也可以用来对存货和销货成本计价

C. 现行标准成本与各期实际成本对比，可以反映成本变动的趋势

D. 基本标准成本不宜用来直接评价工作效率和成本控制的有效性

3. 下列有关标准成本制定的表述中，不正确的有（　　　　）。

A. 直接材料的价格标准不包括购进材料发生的检验成本

B. 直接人工标准工时包括自然灾害造成的停工工时

C. 直接人工的价格标准是指标准工资率，它可能是预定的工资率，也可能是正常的工资率

D. 企业可以在采用机器工时作为变动制造费用的数量标准的同时，采用直接人工工时作为固定制造费用的数量标准

4. 下列关于正常的标准成本特点的表述中，正确的有（　　　　）。

A. 具有现实性

B. 需要经常修订

C. 具有激励性

D. 具有客观性和科学性

5. 材料价格差异产生的原因主要有（　　　　）。

A. 供应厂家价格变动

B. 废品、次品率的变动

C. 材料质量的变化

D. 运输方式和运输路线的变化

6. 下列有关制定正常标准成本的表述中，正确的有（　　　　）。

A. 价格标准和用量标准，必须是正常的标准成本

B. 直接材料的价格标准不包括运费

C. 直接人工标准工时包括自然灾害造成的停工工时

D. 固定制造费用的用量标准与变动制造费用的用量标准相同

7. 下列关于标准成本差异的说法中，不正确的有（　　　　）。

A. 无法从生产过程的分析中找出材料价格差异产生的原因

B. 直接人工工资率差异的具体原因会涉及生产部门或其他部门

C. 数量差异的大小是由用量脱离标准的程度以及实际价格高低所决定的

D. 变动制造费用耗费差异是实际变动制造费用支出与标准工时和变动制造费用标准分配率的乘积之间的差额

8. 某产品的单位产品标准成本为：工时消耗3小时，变动制造费用小时分配率为5元，固定制造费用小时分配率为2元，本月生产产品500件，实际使用工时1 400小时，生产能量为1 620小时，实际发生变动制造费用7 700元，实际发生固定制造费用3 500元。则下列有关制造费用差异的计算中，正确的有（　　　　）。

A. 变动制造费用耗费差异为700元

B. 变动制造费用效率差异为-500元

C. 固定制造费用耗费差异为260元

D. 固定制造费用闲置能量差异为240元

作业成本法　第15章

本章介绍了作业成本法的概念与特点、作业成本法的计算方法、作业成本管理等相关内容，主要理解作业成本法的特点，并能熟练掌握作业成本法的的计算方法与应用。

从近几年的考试情况来看，本章属于非重点章，所占分值一般在2分左右，考试题型一般为客观题，有时也会出现主观题，难度不大。

【本章考点概览】

作业成本法	一、作业成本法的概念与特点	1. 作业成本法的产生背景及其含义	★
		2. 作业成本法的核心概念	★
		3. 作业成本法的特点	★★
	二、作业成本的计算方法	1. 作业成本的计算原理	★★
		2. 作业成本的计算示例	★★
	三、作业成本管理	1. 增值作业与非增值作业的划分	★
		2. 基于作业进行成本管理	★
		3. 作业成本法的优点、局限性和适用情景条件	★★

第一节　作业成本法的概念与特点

考情分析：对于本节内容，考查题型主要为客观题，分值一般在4分左右。考点主要集中在作业成本法的含义、作业和成本动因、作业成本法的主要特点，掌握作业成本的计算方法。

学习建议：复习时，重在理解并记忆作业成本法的概念、作业和成本动因以及作业成本法的主要特点等基础内容，掌握作业成本的计算方法。

一、作业成本法的产生背景及其含义（★）

作业成本法是将间接成本和辅助费用更准确地分配到产品和服务的一种成本计算方法。依据作业成本法的观念，企业的全部经营活动是由一系列相互关联的作业组成的，企业每进行一项作业都要耗用一定的资源；与此同时，产品（包括提供的服务）被一系列的作业生产出来。产品成本是全部作业所消耗资源的总和，产品是消耗全部作业的成果；在计算产品成本时，首先按经营

活动中发生的各项作业来归集成本，计算出作业成本；然后再按各项作业成本与成本对象（产品、服务或顾客）之间的因果关系，将作业成本分配到成本对象，最终完成成本计算过程。

在作业成本法下，直接成本可以直接计入有关产品，与传统的成本计算方法并无差异，只是直接成本的范围比传统的成本计算的要大，凡是易于追溯到产品的材料、人工和其他成本都可以直接归属于特定产品，尽量减少不准确的分配。不能追溯到产品的成本，则先追溯有关作业或分配到有关作业，计算作业成本，然后再将作业成本分配到有关产品。

二、作业成本法的核心概念（★）

作业成本法的核心概念是作业、资源和成本动因，具体内容如表15-1所示。

表15-1   作业成本法的核心概念

相关概念	要点说明
作业	作业是指企业中特定组织（成本中心、部门或产品线）重复执行的任务或活动
资源	资源是指作业耗费的人工、能源和实物资产（车床和厂房等）

相关概念		要点说明
成本动因	成本动因是指作业成本或产品成本的驱动因素。在作业成本法中，成本动因分为资源成本动因和作业成本动因两类	资源成本动因是引起作业成本增加的驱动因素，用来衡量一项作业的资源消耗量。依据资源成本动因可以将资源成本分配给各有关作业
		作业成本动因是衡量一个成本对象（产品、服务或顾客）需要的作业量，是产品成本增加的驱动因素。作业成本动因计量各成本对象耗用作业的情况，并被用来作为作业成本的分配基础

🔊 **名师点拨** ••••••••••••••••••••••

　　任何一项产品的形成都要消耗一定的作业，执行任何一项作业都需要耗费一定的资源。作业是连接资源和产品的纽带，它在消耗资源的同时生产出产品。

　　【知识拓展】每一项作业，是针对加工或服务对象重复执行特定的或标准化的活动，它可能是一项非常具体的活动，如车工作业，也可能泛指一类活动，如机加工车间的车、铣、刨、磨等所有作业可以统称为机加工作业。

🔊 **名师点拨** ••••••••••••••••••••••

　　某种产品应承担的检验作业成本，等于该种产品的批次乘以每次检验发生的成本。由此可见，产品完成的批次越多，应承担的检验作业成本越多；反之，则应承担的检验作业成本越少。

三、作业成本法的特点（★★）

　　作业成本法的主要特点，是相对于以产量基础的传统成本计算方法而言的。

（一）成本计算分为两个阶段

　　作业成本法的基本指导思想是，"作业消耗资源、产品（服务或顾客）消耗作业"。根据这一指导思想，作业成本法把成本计算过程划分为两个阶段。

　　第一阶段，将作业执行中耗费的资源分配（包括追溯和间接分配）到作业，计算作业的成本。

　　第二阶段，根据第一阶段计算的作业成本分配（包括追溯和动因分配）到各有关成本对象（产品或服务）（见图15-1）。

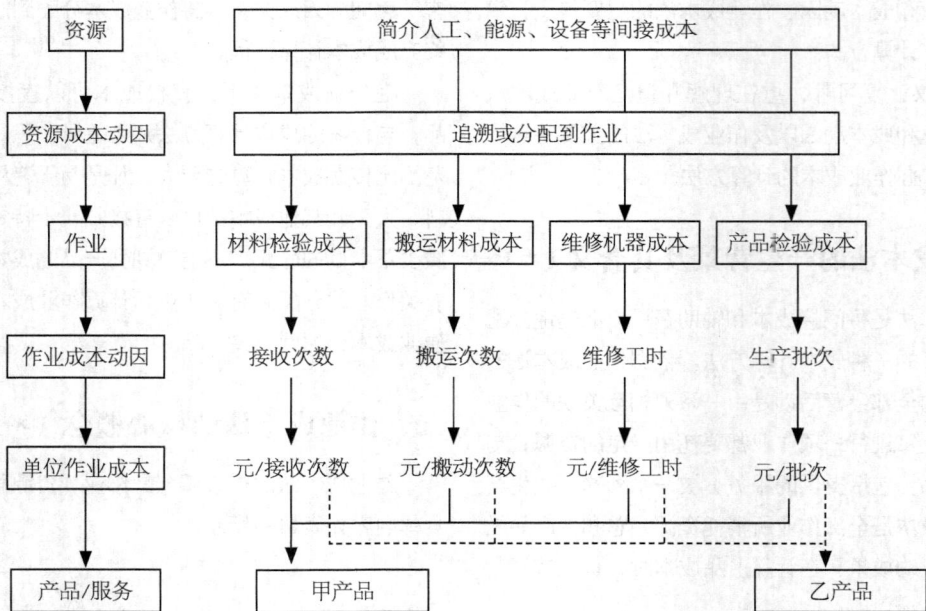

图15-1　作业成本法分两阶段分配成本

传统的成本计算方法也是分两步进行，但是中间的成本中心是按部门建立的。第一步除了把直接成本追溯到产品之外，还要把不同性质的各种间接费用按部门归集在一起；第二步是以产量为基础，将间接费用分配到各种产品。传统成本计算方法下，间接成本的分配路径是"资源→部门→产品"。作业成本法下成本计算的第一阶段，除了把直接成本追溯到产品以外，还要将各项间接费用分配到各有关作业，并把作业看成是按产品生产需求重新组合的"资源"；在第二阶段，按照作业消耗与产品之间不同的因果关系，将作业成本分配到产品。因此，作业成本法下间接成本的分配路径是"资源→作业→产品"。

（二）成本分配强调因果关系

虽然作业成本法和传统成本法都分为两步分配程序，但是如何进行成本分配，两者有很大区别。作业成本法认为，将成本分配到成本对象有3种不同的形式：追溯、动因分配和分摊。

（1）成本追溯是指把成本直接分配给相关的成本对象。一项成本能否追溯到产品，可以通过实地观察来判断。使用追溯方式得到的产品成本是最准确的。作业成本法强调尽可能扩大追溯到个别产品的成本比例，以减少成本分配引起的信息失真。传统成本计算的直接成本，通常仅限于直接人工和直接材料，其他成本都归集于制造费用进行统一分配。作业成本法认为，有些"制造费用"的项目可以直接归属于成本对象，例如特定产品的专用设备折旧费等。凡是能够追溯到个别产品、个别批次、个别品种的成本，就应追溯，而不要间接分配。

（2）动因分配是指根据成本动因将成本分配到各成本对象的过程。生产活动中耗费的各项资源，其成本不是都能追溯到成本对象的。对不能追溯的成本，作业成本法则强调使用动因（包括资源动因或作业动因）分配方式，将成本分配到有关成本对象（作业或产品）。传统成本计算，以产品数量作为间接费用唯一的成本动因，是不符合实际情况的。采用动因分配，首先必须找到引起成本变动的真正原因，即成本与成本动因之间的因果关系。动因分配虽然不像追溯那样准确，但只要因果关系建立恰当，成本分配的结果同样可以达到较高的准确程度。

有些成本既不能追溯，也不能合理、方便地找到成本动因，只好使用产量作为分配基础，将其强制分摊给成本对象。

作业成本法的成本分配主要使用追溯和动因分配，尽可能减少不准确的分摊，因此能够提供更加真实、准确的成本信息。

（三）成本分配使用众多不同层面的成本动因

在传统的成本计算方法下，产量被认为是能够解释产品成本变动的唯一动因，并以此作为分配基础进行间接费用的分配。而制造费用是一个由多种不同性质的间接费用组成的集合，这些性质不同的费用有些是随产量变动的，而多数则并不随产量变动，因此用单一的产量作为分配制造费用的基础显然是不合适的。

作业成本法的独到之处，在于它把资源的消耗首先追溯或分配到作业，然后使用不同层面和数量众多的作业动因将作业成本分配到产品。采用不同层面的、众多的成本动因进行成本分配，要比采用单一分配基础更加合理，更能保证产品成本计算的准确性。

第二节 作业成本的计算方法

考情分析：本节内容可能涉及客观题、主观题和计算分析题。作业成本法的内容容易在计算分析题中出现。客观题考点主要集中在作业成本系统的设计步骤及作业成本法的优点和局限性方面，计算分析题考点主要集中在作业成本法的计算。

学习建议：本节内容的学习重在掌握作业成本系统的设计步骤、掌握作业成本的计算方法、掌握作业成本法的优点和局限性。

一、作业成本的计算原理（★★）

（一）作业的认定

建立作业成本系统从作业认定开始，即确认每一项作业完成的工作以及执行该作业耗用的资源成本。作业的认定需要对每项消耗资源的作业进行定义，识别每项作业在生产活动中的作用、与其他作业的区别，以及每项作业与耗用资源的联系。

作业认定有两种形式：一种是根据企业总的生产流程，自上而下进行分解；另一种形式是通过与员工和经理进行交谈，自下而上地确定他们所做的工作，并逐一认定各项作业。在实务中，自上而下和自下而上这两种方式往往需要结合起来运用。经过这样的程序，就可以把生产过程中的全部作业一一识别出来，并加以认定。为了对认定的作业进一步分析和归类，在作业认定后，需按顺序列出作业清单。表15-2是一个以变速箱制造企业为背景的作业清单示例。需要说明的是，这仅仅是一个示例，实际上对一个企业在产品生产过程中认定作业数量的多少，取决于该企业自身的产品生产特点。

表15-2   **某企业作业清单**

作业名称	作业说明
材料订购	包括选择供应商、签订合同、明确供应方式等
材料检验	对每批购入的材料进行质量、数量检验
生产准备	每批产品投产前，进行设备调整等准备工作
发放材料	每批产品投产前，将生产所需材料发往各生产车间
材料切割	将管材、圆钢切割成适于加工的毛坯工件
车床加工	使用车床加工零件（轴和连杆）
铣床加工	使用铣床加工零件（齿轮）
刨床加工	使用刨床加工零件（变速箱外壳）
产品组装	人工装配变速箱
产品质量检验	人工检验产品质量
包装	用木箱将产品包装
车间管理	组织和管理车间生产、提供维持生产的条件

（二）作业成本库的设计

作业认定后，接下来的工作是设计作业成本库，作业成本库包括4类，如表15-3所示。

表15-3   **作业成本库的类型**

种 类	作业的含义	特 点
单位级作业成本库	单位级作业是指每一单位产品至少要执行一次的作业	单位级作业成本是直接成本，可以追溯到每个单位产品上，即直接计入成本对象的成本计算单
批次级作业成本库	批次级作业是指同时服务于每批产品或许多产品的作业	它们的成本取决于批次，而不是每批中单位产品的数量
产品级作业成本库	产品级作业是指服务于某种型号或样式产品的作业	产品级作业成本仅仅因为某个特定的产品线存在而发生，随产品品种数而变化，不随产量、批次数而变化
生产维持级作业成本库	生产维持级作业，是指服务于整个工厂的作业	它们是为了维护生产能力而进行的作业，不依赖于产品的数量、批次和种类

🔊 **名师点拨** ••••••••••••••••••••••••••••••••

无法追溯到单位产品，并且和产品批次、产品品种无明显关系的成本，都属于生产维持级成本。这些成本首先被分配到不同产品品种，然后再分配到成本对象（如某订单），最后分配给单位产品。这种分配顺序不是唯一选择，也可以直接依据直接人工或机器工时分配给成本对象。这是一种不准确的成本分摊。不同层级的作业成本如图15-2所示。

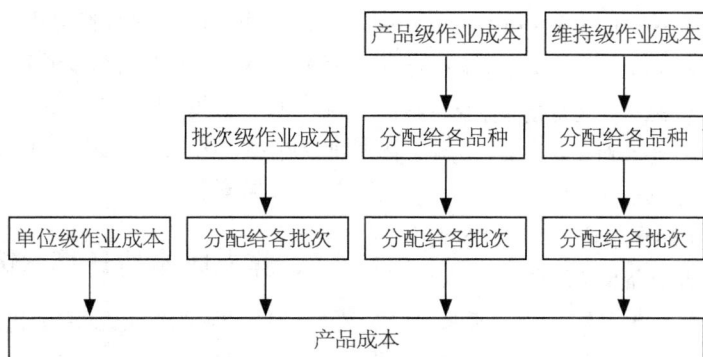

图15-2 不同层级的作业成本

（三）资源成本分配到作业

资源成本借助于资源成本动因分配到各项作业。资源成本动因和作业成本之间一定要存在因果关系。常用的资源成本动因如表15-4所示。

表15-4 　　　　　　　　　　　**作业的资源成本动因**

作　业	资源成本动因
机器运行作业	机器小时
安装作业	安装小时
清洁作业	平方米
材料移动作业	搬运次数、搬运距离、吨公里
人事管理作业	雇员人数、工作时间
能源消耗	电表、流量表、装机功率和运行时间
制作订单作业	订单数量
顾客服务作业	服务电话次数、服务产品品种数、服务的时间

（四）作业成本分配到成本对象

在确定了作业成本之后，根据作业成本动因计算单位作业成本，再根据作业量计算成本对象应负担的作业成本。

单位作业成本=本期作业成本库归集总成本／作业量

作业量的计量单位即作业成本动因有3类，即业务动因、持续动因和强度动因，其主要内容与特点如表15-5所示。

表15-5 　　　　　　　　　**作业成本动因的种类、内容与特点**

种　类	主要内容	特　点
业务动因	业务动因通常以执行的次数作为作业动因，并假定执行每次作业的成本（包括耗用的时间和单位时间耗用的资源）相等	分配率=归集期内作业成本总成本÷归集期内总作业次数 某产品应分配的作业成本=分配率×该产品耗用的作业次数 精确度最差，成本最低
持续动因	持续动因是指执行一项作业所需的时间标准	分配率=归集期内作业总成本÷归集期内总作业时间 某产品应分配的作业成本=分配率×该产品耗用的作业时间 精确度和执行成本居中
强度动因	强度动因是在某些特殊情况下，将作业执行中实际耗用的全部资源单独归集，并将该项单独归集的作业成本直接计入某一特定的产品	强度动因一般适用于某一特殊订单或某种新产品试制等，精确度高，但执行成本居中

🔊 **名师点拨** ••••••••••••••••

如同传统成本计算法一样，作业成本分配时可以采用实际分配率或者预算分配率。采用预算分配率时，发生的成本差异可以直接结转本期营业成本，也可以计算作业成本差异率并据以分配给有关产品。

【例题·单选题】（2016年真题）下列各项中，应使用强度动因作为作业量计量单位的是（　　）。

A. 产品的生产准备　　B. 产品的研究开发

C. 产品的分批质检　　D. 产品的机器加工

【解析】本题考查的是作业成本系统的设计步骤。业务动因通常以执行的次数为标准；持续动因是指执行一项作业所需的时间标准；强度动因则适用于某一特殊订单或某种新产品试制等。产品研究开发是针对特定产品来说的，因此属于强度动因；产品机器加工以时间为标准，属于持续动因，所以选项B正确。

【答案】B

二、作业成本的计算示例（★★）

现举例说明作业成本的计算方法。

作业成本分配的第一步是计算作业成本动因的单位成本，作为作业成本的分配率。作业成本分配率的计算如表15-6所示。

表15-6 　　　　　　　　　　作业成本分配率的计算

作　业	成本（元）	批次（批数）	直接人工（元）	分配率
批次级作业成本	84 000	30		2 800（元/批）
夹克产品线成本	54 000	24		2 250（元/批）
西服产品线成本	66 000	6		11 000（元/批）
生产维持级成本	10 800		107 400	10.06%

作业成本分配的第二步是根据单位作业成本的作业量，将作业成本分配到产品，表15-7所示为夹克和西服的汇总成本计算单。通过比较完全成本法和作业成本法的计算结果，可以看出：

表15-7 　　　　　　　　　　汇总成本计算单　　　　　　　　　　单位：元

型　号	夹克1	夹克2	夹克3	西服1	西服2	合　计
本月批次	8	10	6	4	2	
直接人工	26 400	34 000	21 000	17 600	8 400	107 400
直接材料	49 600	63000	38 400	28 000	16 000	195 000
制造费用：						
分配率（元/批）	28 000	28 000	28 000	28 000	28 000	
批次相关总成本	22 400	28 000	168 000	11 200	5 600	84 000
产品相关成本：						
分配率（元/批）	2 250	2 250	2 250	11 000	11 000	
产品相关总成本	18 000	22 500	13 500	44 000	22 000	120 000
生产维持成本						
分配率（元/每元直接人工成本）	10.06%	10.06%	10.06%	10.06%	10.06%	
生产维持成本	2 655	3 419	2 112	1 770	845	10 800
间接费用合计	43 055	53 919	32 412	56 970	28 445	214 800
总成本	119 055	150 919	9 812	102 570	52 845	517 200
每批成本	14 882	15 902	15 302	25 642	26 422	
单件成本（作业成本法）	148.82	159.02	153.02	256.42	264.22	
单件成本（完全成本法）	161.00	165.00	169.00	202.00	206.00	
差异（作业成本—完全成本）	−12.18	−14.08	−15.98	54.42	58.22	
差异率（差异/完全成本）	−7.57%	−8.53%	−9.46%	26.94%	28.26%	

（1）完全成本法扭曲了产品成本。例如，在完全成本法下，夹克1负担间接制造费用52 800元，而作业成本法负担间接费用43 055元。引起差别的原因是由完全成本法按直接人工的200%分配全部制造费用，而不管这些费用的驱动因素是什么。作业成本法下，制造费用归集于三类（共4个）成本库，分别按不同成本动因分配，提高了合理性。

（2）作业成本法和完全成本法都是对全部生产成本进行分配，不区分固定成本和变动成本，这与变动成本法不同。从长远来看，所有成本都是变动成本，都应当分配给产品。

（3）作业成本法下，所有夹克产品的单位成本都比完全成本法低，而西服产品的单位成本比完全成本法高。其原因是完全成本法以直接人工作为间接费用的唯一分配率，夸大了高产量产品的单位成本。例如，夹克的人工成本合计81 400元，占总人工成本107 400元的75.79%，并因此负担产品线总成本120 000元（54 000+66 000）的75.79%即90 949元。实际上，夹克的产品线成本只有54 000元。西服的产品复杂程度高，产品线成本较高，但只是因为产量小，只负担了29 051元（120 000×24.21%），低于实际的西服的产品线成本（66 000元）。

第三节　作业成本管理

一、增值作业与非增值作业的划分（★）

增值作业与非增值作业是从顾客角度划分的。最终增加顾客价值的为增值作业，否则为非增值作业。

（1）作业管理的核心是识别出不增加顾客价值的作业，从而找到进行改进的地方。

（2）有利于增加顾客的价值或者增加顾客的效用，是增值作业与非增值作业区分的标准。

（3）一个制造企业中的非增值作业通常包括无效重复作业、次品处理作业、废品清理作业、返工作业、等待作业、材料或者在产品堆积作业等。

【知识拓展】企业的一系列经济活动，如：原材料采购、运输、分拣、手工加工、库存、售后服务等等都可以被叫做"作业"，但并不是所有作业都能直接增加产品的价值，比如，直接材料、直接人工的投入可以增加产品的价值，而库存、售后服务却不能增加产品的价值，就是非增值作业。

◄》 **名师点拨** ●●●●●●●●●●●●●●●●●●●●●●●

一项作业必须同时满足下列3个条件才可断定为增值作业：

（1）该作业导致了状态的改变；

（2）该状态的变化不能由其他作业来完成；

（3）该作业使其他作业得以进行。

二、基于作业进行成本管理（★）

作业成本管理是以提高客户价值、增加企业利润为目的的，基于作业成本法的新型集中化管理方法。它通过对作业及作业成本的确认、计量，最终计算产品成本，同时将成本计算深入到作业层次，对企业所有作业活动进行追踪并动态反映。此外还要进行成本链分析，包括动因分析、作业分析等，从而为企业决策提供准确的信息，指导企业有效地执行必要的作业，消除和精简不能创造价值的作业，以达到降低成本、提高效率的目的。

（1）作业成本管理主要是从成本方面来优化企业的作业链和价值链。

（2）作业成本管理的目的是提高增加顾客价值的作业、消除或遏制不增加顾客价值的作业。

（3）作业成本管理包括确认和分析作业、作业链—价值链分析和成本动因分析、业绩评价以及报告非增值作业成本4个步骤。

三、作业成本法的优点、局限性和适用情景条件（★★）

（一）作业成本法的优点和局限性

作业成本法的优点和局限性如表15-8所示。

（二）作业成本法的应用条件

采用作业成本法的公司一般应具备以下条件。

（1）从成本结构看，这些公司的制造费用在产品成本中占有较大比重。他们若使用单一的分配率，成本信息的扭曲会比较严重。

（2）从产品品种看，这些公司的产品多样性程度高，包括产品产量的多样性，规模的多样性，原材料的多样性和产品组装的多样性。

表15-8 作业成本法的优点和局限性

作业成本法的优点	作业成本法的局限性
①可以获得更准确的产品和产品线成本 作业成本法的主要优点是减少了传统成本信息对于决策的误导。准确的成本信息，可以提高经营决策的质量 ②有助于改进成本控制 从成本动因上改进成本控制，包括改进产品设计和生产流程等，可以消除非增值作业、提高增值作业的效率，有助于持续降低成本和不断消除浪费 ③为战略管理提供信息支持 价值链分析是指企业用于评估客户价值感知重要性的一个战略分析工具。它包括确定当前成本和绩效标准，并评估整个供应链中哪些环节可以增加客户价值、减少成本费用的一整套工具和程序。作业成本法与价值链分析概念一致，可以为其提供信息支持	①开发和维护费用较高 作业成本法的成本动因多于完全成本法，成本动因的数量越大，开发和维护费用越高 ②作业成本法不符合对外财务报告的需要 采用作业成本法的企业，不仅工作量大，而且技术难度大，有可能出现混乱 ③确定成本动因比较困难 并不是所有的间接成本都特定的成本动因相关联，有时找不到与成本相关的驱动因素或者几个假设的驱动因素与成本的相关程度都很低，或者取得驱动因素的数据成本很高 ④不利于管理控制 作业成本系统的成本库与企业的组织结构不一致，不利于提供管理控制的信息

◀)) **名师点拨** ●●●●●●●●●●●●●●●●●●●●●●●

产品的多样性是引起传统成本系统在计算产品成本时发生信息扭曲的原因之一。

（3）从外部环境看，这些公司面临的竞争激烈。由于经济环境越来越动荡，竞争越来越激烈，相对于作业成本法而言，传统成本系统增加了决策失误引起的成本。

（4）从公司规模看，这些公司的规模比较大。由于大公司拥有更为强大的信息沟通渠道和完善的信息管理基础设施，并且对信息的需求更为强烈，所以他们比小公司对作业成本法更感兴趣。

◀)) **名师点拨** ●●●●●●●●●●●●●●●●●●●●●●●

企业可以根据自身经营管理的特点和条件，利用现代信息技术，采用作业成本法对不能直接归属于成本核算对象的成本进行归集和分配，通过作业成本法对产品的盈利能力、客户的获利能力、企业经营中的增值作业和非增值作业等进行分析，发挥更强大的管理作用。

过关测试题

一、单选题

1. 下列关于作业成本法的说法中，不正确的是（　　）。

A. 成本动因分为资源成本动因和作业成本动因

B. 产品成本是全部作业所消耗资源的总和，产品是消耗全部作业的成果

C. 作业成本法下，所有成本都需要先分配到有关作业，然后再将作业成本分配到有关产品

D. 在作业成本法下，直接成本的范围较传统成本计算得大

2. 作业成本法的一个特点是强调因果关系，要求在成本分配中尽量避免使用（　　）。

A. 追溯
B. 动因分配
C. 间接分配
D. 分摊

3. 按产出方式的不同，企业的作业可以分为4类。其中，随产量变动成比例变动的作业是（　　）。

A. 单位级作业
B. 品种级作业
C. 批次级作业
D. 生产维持级作业

4. 在下列将成本分配到成本对象的形式中，最能真实反映产品成本的是（　　）。

A. 追溯
B. 分摊
C. 动因分配
D. 间接分配

5. 在作业成本法下，引起产品成本增加的驱动因素是（　　）。

A. 数量动因
B. 产品动因
C. 资源成本动因
D. 作业成本动因

6. 下列关于作业认定的表述中，不正确的是（　　）。

A. 作业的认定需要对每项消耗资源的作业进行定义

B. 建立作业成本系统应从作业认定开始

C. 在实务中，作业认定是根据企业总的生产流程，自上而下进行分解

D. 为了对认定的作业进一步分析和归类，在作业认定后，需按顺序列出作业清单

7. 适用于某一特殊订单或某种新产品试制的作业计量单位是（　　　　）。

　A. 持续动因　　　　　B. 业务动因

　C. 强度动因　　　　　D. 资源动因

8. 作业成本法的主要特点不包括（　　　　）。

　A. 成本分配使用相同的成本动因

　B. 成本分配强调因果关系

　C. 成本计算分为两个阶段

　D. 成本分配使用众多不同层面的成本动因

二、多选题

1. 下列关于成本计算过程的说法中，正确的有（　　　　）。

　A. 传统成本法下间接成本的计算过程可以概括为"资源→部门→产品"

　B. 作业成本法下间接成本的计算过程可以概括为"作业→资源→产品"

　C. 作业成本法下间接成本的计算过程可以概括为"资源→作业→产品"

　D. 传统成本法下间接成本的计算过程可以概括为"资源→产品"

2. 在作业成本法下，下列说法不正确的有（　　　　）。

　A. 作业是连接资源和产品的纽带，它在消耗资源的同时生产出产品

　B. 作业成本法的核心概念是作业

　C. 一项作业指的是一项非常具体的活动

　D. 作业成本法是将间接成本和辅助费用更准确地分配到产品或服务的一种成本计算方法

3. 作业认定后，接下来的工作就是将作业组织划分为互相排斥的作业类别，这些作业类别包括（　　　　）。

　A. 批次级作业　　　　B. 产品级作业

　C. 单位级作业　　　　D. 生产维持级作业

4. 下列关于作业成本动因的说法中，不正确的有（　　　　）。

　A. 业务动因精确度最高

　B. 强度动因精确度最差

　C. 强度动因执行成本最昂贵

　D. 业务动因执行成本最低

5. 作业成本法的优点有（　　　　）。

　A. 有助于改进成本控制

　B. 为战略管理提供信息支持

　C. 有利于管理控制

　D. 可以获得更准确的产品和产品线成本

6. 下列关于作业成本法的应用的说法中，正确的有（　　　　）。

　A. 在现代会计实务中，作业成本法得到了广泛的应用

　B. 作业成本法的价值对于不同公司是不一样的

　C. 从公司规模看，采用作业成本法的公司规模比较大

　D. 制造费用在产品成本中占有较大比重的公司适宜采用作业成本法

7. 下列关于作业成本法的叙述，正确的有（　　　　）。

　A. 作业成本法下的成本计算过程可以概括为："资源→作业→产品"

　B. 按作业成本法进行成本计算，仍然可以区分品种法、分批法和分步法

　C. 在作业成本法下，直接成本可以直接计入有关产品，而其他间接成本则首先分配到有关作业，计算作业成本，然后再将作业成本分配到有关产品

　D. 在作业成本法下，运用资源动因可以将作业成本分配给有关产品

8. 下列关于作业成本计算法的说法中，正确的有（　　　　）。

　A. 作业成本计算法基于资源耗费的因果关系进行成本分配

　B. 作业成本法很好地克服了传统成本方法中间接费用责任划分不清的缺点

　C. 在作业成本法下，间接成本的分配对象是产品

　D. 在作业成本法下，对于直接费用的确认和分配与传统的成本计算方法一样

三、计算分析题

M企业生产甲、乙两种产品，有关资料如表15-9和表15-10所示。

表15-9　　　　　　　　　　　　产量及直接成本等资料表

项　目	甲产品	乙产品
产量/件	20 000	50 000
订购次数/次	4	8
机器制造工时/小时	40 000	150 000
直接材料成本/元	2 200 000	2 500 000
直接人工成本/元	300 000	750 000

表15-10　　　　　　　　　　　　制造费用明细及成本动因表

项　目	制造费用金额/元	成本动因
材料验收成本	36 000	订购次数
产品验收成本	42 000	订购次数
燃料与水电成本	43 700	机器制造工时
开工成本	21 000	订购次数
职工福利成本	25 200	直接人工成本
设备折旧	32 300	机器制造工时
厂房折旧	20 300	产量
材料储存成本	14 100	直接材料成本
车间管理人员工资	9 800	产量
合计	245 200	

【要求】

（1）分别按传统成本计算法与作业成本法求出甲、乙两种产品所应负担的制造费用。

（2）分别按传统成本计算法与作业成本法计算甲、乙两种产品的总成本和单位成本。

（3）比较两种方法计算结果的差异，并说明其原因。.

本量利分析

第16章

本章内容是管理会计部分的基础，难度不大，重点是熟悉相关基本公式。从历年的考试情况看，考试的题型主要是客观题和计算分析题，主要考点包括本量利分析的基本公式、成本性态分析、边际贡献和边际贡献率和利润敏感性分析。近几年考试中，所占分值在4分左右。

【本章考点概览】

本量利分析	一、本量利的一般关系	1. 成本性态分析	★★
		2. 本量利分析基本模型的相关假设	★★
		3. 本量利分析基本模型	★★
	二、保本分析	1. 保本量分析	★
		2. 保本额分析	★
		3. 与保本有关的指标	★★★
		4. 多品种情况下的保本分析	★★
	三、保利分析	1. 保利量分析	★
		2. 保利额分析	★
	四、利润敏感性分析	1. 利润敏感性分析的含义	★
		2. 各参数的敏感系数计算	★★

第一节 本量利的一般关系

考情分析：对于本节内容，题型主要为客观题，分值在2分左右。考点主要集中在本量利分析的基本模型和成本性态的有关概念方面。

学习建议：对于本节内容的学习，重在了解成本性态分析，掌握成本性态有关概念。

会计师把成本分为产品成本和期间成本，对于产品成本则进一步按成本的用途分为若干成本项目。对于财务经理和其他管理人员来说，更重要的是按成本与业务量的依存关系分类，也就是把成本分为随业务量增加的变动成本和不随业务量增加的固定成本，以便在他们在决定一项业务时预计它的成本和盈利。

一、成本性态分析（★★）

成本性态，是指成本总额与产量之间的依存关系。成本按其性态分类，可分为固定成本、变动成本与混合成本三大类。

固定成本的特点是特定业务范围内固定成本总额不变，单位固定成本随业务量增加而降低；变动成本的特点是特定产量范围内变动成本总额随产量增加而成正

比例增加，单位变动成本不变；混合成本可以分解为固定成本和变动成本，其总额随产量变动而变动，但不成正比例关系。

（一）固定成本

固定成本是指在特定的业务量范围内不受业务量变动影响，一定期间的总额能保持相对稳定的成本。

固定成本还可以分为约束性固定成本（承担固定成本）和酌量性固定成本。

约束性固定成本是指提供和维持生产经营所需设施和机构而支出的成本。其特点有以下几点。

（1）以前决策的结果，现在已经很难改变，即不能通过当前的管理决策行动加以改变的固定成本。

（2）约束性固定成本属于企业"经营能力"成本，是企业为了维持一定的业务量所必须负担的最低成本。

（3）要想降低约束性固定成本，只能从合理利用经营能力，降低单位固定成本入手。

典型的约束性固定成本项目有：固定资产折旧、财产保险、管理人员工资、取暖费、照明费等。

酌量性固定成本是指为完成特定活动而支出的固定成本，其发生额是根据企业的经营方针由经理人员决定

的。其特点有以下几点。

（1）可以通过管理决策行动改变其数额的固定成本。

（2）酌量性固定成本关系到企业的竞争能力，也是一种提供生产"经营能力"的成本。

典型的酌量性固定成本项目有：科研开发费、广告费、职工培训费等。

【例题1·多选题】 关于下列叙述，正确的有（　　　）。

A. 要想降低酌量性固定成本，只能从合理利用经营能力，降低单位固定成本入手

B. 管理人员工资属于约束性固定成本

C. 职工培训费属于酌量性固定成本

D. 酌量性固定成本关系到企业的竞争能力，也是一种提供生产"经营能力"的成本

【解析】 要想降低约束性固定成本，只能从合理利用经营能力、降低单位固定成本入手。所以选项A不正确。

【答案】 BCD

（二）变动成本

变动成本是指在特定的产量范围内其总额随产量变动而正比例变动的成本。变动成本可以分为技术变动成本和酌量性变动成本。

技术变动成本是指与业务量有明确的技术或实物关系的变动成本；酌量性变动成本是指发生额由经理人员决定的变动成本，称为酌量性变动成本；典型的酌量性变动成本项目有：按销售额一定百分比开支的佣金、新产品研制费、技术转让费以及可按人的意愿投入的辅料。

【例题2·单选题】 （2013年真题）下列各项中，属于酌量性变动成本的是（　　　）。

A. 直接材料成本

B. 产品销售税金及附加

C. 按销售额一定比例支付的销售代理费

D. 直接人工成本

【解析】 酌量性变动成本是指单位产品受企业管理当局决策影响的变动成本。包括按产量计酬的工人薪金、按销售收入的一定比例计算的销售佣金等。所以C正确。

【答案】 C

（三）混合成本

混合成本是指除固定成本和变动成本之外的成本，

它们因产量变动而变动，但不是成正比例关系。

混合成本的情况比较复杂，需要进一步分类。至于如何对其进一步分类，人们的看法不尽相同，一般说，可以将其分为半变动成本、阶梯式成本、延期变动成本和非线性成本。

半变动成本是指在初始基数的基础上随产量正比例增长的成本；阶梯式成本是指成本总额随产量呈阶梯式增长的成本，也称为步增成本或半固定成本；延期变动成本是指在一定产量范围内总额保持稳定，超过特定产量则开始随产量比例增长的成本；非线性成本包括变化率递减的成本和变化率递增的成本。

此外，有些成本和产量有依存关系，但不是直线关系。例如，自备水源成本，用水量越大则总成本越高，但两者不成正比例关系，而呈非线性关系。用水量越大则总成本越高，但增长越来越慢，变化率是递减的。

各种非线性成本，在相关范围内可以近似地看成是变动成本或半变动成本。在特定的产量范围内，它们的实际性态虽为非直线，但与直线的差别有限。忽略这种有限的差别，不至于影响信息的使用，却可以大大简化数据的加工过程，故我们可以用 $Y=a+bX$ 来表示这些非线性成本。

【例题3·单选题】 （2015年真题）下列各项成本费用中，属于酌量性固定成本的是（　　　）。

A. 广告费

B. 运输车辆保险费

C. 行政部门耗用水费

D. 生产部门管理人员工资

【解析】 本题主要考查的是有关成本按性态分类相关知识。酌量性固定成本是可以通过管理决策行动而改变数额的固定成本，如广告费、科研开发费、职工培训费等。故选项A正确。

【答案】 A

【例题4·单选题】 （2016年真题）甲消费者每月购买的某移动通讯公司58元套餐，含主叫长市话150分钟，超出后主叫国内长市话每分钟0.15元。该通讯费是（　　　）。

A. 变动成本　　　　B. 延期变动成本

C. 阶梯式成本　　　D. 半变动成本

【解析】 本题考查的是混合成本。变动成本是指在特定的产量范围内其总额随产量变动而正比例变动的成本；半变动成本是指在初始基数的基础上随产量正比

例增长的成本；阶梯式成本是指成本总额随产量呈阶梯式增长的成本；延期变动成本是指成本在一定的业务量范围内不变，当业务量增长超出了这个范围时与业务量的增长成正比例变动。根据题干可知该通讯费属于延期变动成本，因此答案为选项B。

【答案】 B

（四）混合成本的分解

【要点提示】 重点掌握回归直线法、工业工程法。

成本估计是探索特定成本性态的过程。如果特定的成本是一项混合成本，就需要运用一定的方法估计成本与产量之间的关系，并建立相应的成本函数模型。

总成本直线方程：$Y=a+bX$

1. 回归直线法

（1）含义

回归直线法是根据一系列历史成本资料，用数学上的最小平方法原理，计算能代表平均成本水平的直线截距和斜率，以其作为固定成本和单位变动成本的一种成本估计方法。

（2）计算公式

固定成本 $a = \dfrac{\sum X_i^2 \sum Y_i - \sum X_i \sum X_i Y_i}{n \sum X_i^2 - (\sum X_i)^2}$

单位变动成本 $b = \dfrac{n \sum X_i Y_i - \sum X_i \sum Y_i}{n \sum X_i^2 - (\sum X_i)^2}$

或利用联立方程： $\begin{cases} \sum Y_i = na + b \sum X_i \\ \sum X_i Y_i = a \sum X_i + b \sum X_i^2 \end{cases}$

（3）特点

在采用传统成本计算方法时，可以用回归直线法估计固定成本和单位变动成本数据，以便于成本计划和控制。利用回归直线法估计成本的优点是在理论上比较健全，计算结果精确，但缺点是计算过程比较烦琐。

【例题5·单选题】（2014年真题）甲公司基层维修费为半变动成本，机床运行100小时，维修费为250元，运行150小时，维修费为300元，运行80小时维修费为（　　　　）元。

A. 230　　B. 120　　C. 280　　D. 400

【解析】 如果特定的成本是一项混合成本，就需要运用一定的方法估计成本与产量之间的关系，并建立相应的成本函数模型。根据总成本直线方程：$Y=a+bx$，则有 $250=a+b \times 100$；$300=a+b \times 150$，联立方程解之得，$a=150$（元），$b=1$（元），则运行80小时的维修费为 $150+1 \times 80=230$。

【答案】 A

【案例16-1】 ABC公司的业务量以直接人工小时为计量单位，其业务量在10万～14万小时范围内变化。该公司维修成本的历史资料如表16-1所示。

表16-1　　　　　　ABC公司维修成本的历史资料

月　份	直接人工X/千小时	实际成本Y/千元	XX	XY
1	110	90	12 100	9 900
2	120	91	14 400	10 920
3	115	85	13 225	9 775
4	105	87	11 025	9 135
5	100	80	10 000	8 000
6	79	73	6 241	5 767
7	70	72	4 900	5 040
8	75	78	5 625	5 850
9	95	75	9 025	7 125
10	111	89	12 321	9 879
11	125	95	15 625	11 875
12	140	93	19 600	13 020
合计	1 245	1 008	134 087	106 286

【答案】用回归直线法计算：

代入：$a=\dfrac{\sum X_i^2 \sum Y_i - \sum X_i \sum X_i Y_i}{n\sum X_i^2 - (\sum X_i)^2}$

$b=\dfrac{n\sum X_i Y_i - \sum X_i \sum Y_i}{n\sum X_i^2 - (\sum X_i)^2}$

解得：$a=49.01$（元），$b=0.3469$（元）

维修成本的一般方程式为：

$Y=48.01+0.3469X$

用全年总产量来验证：

$Y=48.01\times12+0.3469\times1245=1008.01$

$\sum Y_i=1008$，预测值$Y=1008.01$，两者基本一致。

2. 工业工程法

（1）含义

工业工程法，在这里是指运用工业工程的研究方法，逐项研究决定成本高低的每个因素，在此基础上直接估算固定成本和单位变动成本的一种成本分解方法。

（2）基本做法

使用工业工程法估计成本的基本做法是：

①选择需要研究的成本项目。

②观察现行方法并记录全部事实，主要是投入的成本和产出的数量。

③进行全面的科学分析，研究出最实用、最有效、最经济的新的工作方法。

④把新的方法确定为标准的方法，并测定新方法的每项投入的成本，将与产量有关的部分归集为单位变动成本，将与产量无关的部分汇集为固定成本。

（3）特点

工业工程法的特点是在建立标准成本和制定预算时，比历史成本分析更加科学。这种方法可以在没有历史成本数据、历史成本数据不可靠或者需要对历史成本分析结论进行验证的情况下使用。

【案例16-2】研究ABC公司某车间的燃料成本。该燃料用于铸造工段的熔炉，具体分为点火（耗用木柴和焦炭）和熔化铁水（耗用焦炭）两项操作。对这两项操作进行观测和技术测定，寻找最佳的操作方法。按照最佳的操作方法，每次点火要使用木柴0.1吨、焦炭1.5吨，熔化1吨铁水要使用焦炭0.15吨；每个工作日点火一次，全月工作26天，点火燃料属固定成本；熔化铁水所用燃料与产量相联系，属变动成本。木柴每吨价格为1000元，焦炭每吨价格为1500元。

根据上述资料计算：

每日固定成本$=0.1\times1000+1.5\times1500=2350$（元）

每月固定成本$=2350\times26=61100$（元）

每吨铸件变动成本$=0.15\times1500=225$（元）

设燃料总成本为y，产量为x吨铸件，则每月燃料总成本为：$y=61100+225x$

【例题6·综合题】甲公司是一家多元化经营的民营企业，投资领域涉及医药、食品等多个行业。受当前经济型酒店投资热的影响，公司正在对是否投资一个经济型酒店项目进行评价，有关资料如下。

（1）经济型酒店的主要功能是为一般商务人士和工薪阶层提供住宿服务，通常采取连锁经营模式。甲公司计划加盟某知名经济型酒店连锁品牌KJ连锁，由KJ连锁为拟开设的酒店提供品牌、销售、管理、培训等支持服务。加盟KJ连锁的一次加盟合约年限为8年，甲公司按照加盟合约年限作为拟开设酒店的经营年限。加盟费用，如表16-2所示。

表16-2 加盟费用

费用内容	费用标准	支付时间
初始加盟费	按加盟酒店的实有客房数量收取，每间客房收取3000元	加盟时一次性支付
特许经营费	按加盟酒店收入的6.5%收取	加盟后每年年末支付
特许经营保证金	10万元	加盟时一次性支付，合约到期时一次性归还（无息）

（2）甲公司计划采取租赁旧建筑物并对其进行改造的方式进行酒店经营。经过选址调查，拟租用一幢位于交通便利地段的旧办公楼，办公楼的建筑面积为4200平方米，每平方米每天的租金为1元，租赁期为8年，租金在每年年末支付。

（3）甲公司需按KJ连锁的统一要求对旧办公楼进行改造、装修，配备客房家具用品，预计支出600万元。根据税法规定，上述支出可按8年摊销，期末无残值。

（4）租用的旧办公楼能改造成120间客房，每间客房每天的平均价格预计为175元，客房的平均入住率预计为85%。

（5）经济型酒店的人工成本为固定成本。根据拟开设酒店的规模测算，预计每年人工成本支出105万元。

（6）已入住的客房需发生客房用品、洗涤费用、能源费用等支出，每间入住客房每天的上述成本支出预计为29元。除此之外，酒店每年预计发生固定付现成本30万元。

（7）经济型酒店需要按营业收入缴纳营业税金及附加，税率合计为营业收入的5.5%。

（8）根据拟开设经济型酒店的规模测算，经济型酒店需要的营运资本预计为50万元。

（9）甲公司拟采用2/3的资本结构（负债/权益）为经济型酒店项目筹资。在该目标资本结构下，税前债务成本为9%。由于酒店行业的风险与甲公司现有资产的平均风险有较大不同，甲公司拟采用KJ连锁的β值估计经济型酒店项目的系统风险。KJ连锁的β权益为1.75，资本结构（负债/权益）为1/1。已知当前市场的无风险报酬率为5%，权益市场的平均风险溢价为7%。甲公司与KJ连锁适用的企业所得税税率均为25%。

（10）由于经济型酒店改造需要的时间较短，改造时间可忽略不计。为简化计算，假设酒店的改造及装修支出均发生在年初（零时点），营业现金流量均发生在以后各年年末，垫支的营运资本在年初投入，在项目结束时收回。一年按365天计算。

【要求】（1）计算经济型酒店项目的税后利润（不考虑财务费用，计算过程和结果填入表16-3中）及会计报酬率。

（2）计算评价经济型酒店项目使用的折现率。

（3）计算经济型酒店项目的初始（零时点）现金流量、每年的现金净流量及项目的净现值（计算过程和结果填入下方给定的表16-4中），判断项目是否可行并说明原因。

（4）由于预计的酒店平均入住率具有较大的不确定性，请使用最大最小法进行投资项目的敏感性分析，计算使经济型酒店项目净现值为零的最低平均入住率。

表16-3 该经济型酒店项目的税后利润

项　目	单价/元/间·天	年销量/间	金额/元
销售收入			
变动成本			
其中：			
固定成本	—	—	
其中：	—	—	
税前利润	—	—	
所得税	—	—	
税后利润	—	—	

表16-4 经济型酒店项目相关计算　　　　　　　　　　　　　　　　　　单位：元

项　目	零时点	第1~7年	第8年

续表

项　目	零时点	第1~7年	第8年
现金净流量			
折现系数			
现金净流量的现值			
净现值			

【答案】（1）计算后的结果如表16-5所示。

表16-5　　　　　　　　　　经济型酒店项目的税后利息

项　目	单价/元/间·天	年销量/间	金额/元
销售收入	175	120×365×85%=37 230	175×37 230=6 515 250
变动成本	11.375+29+9.625=50	37 230	50×37 230=1 861 500
其中：			
特许经营费	175×6.5%=11.375		
客房经费	29		
营业税金	175×5.5%=9.625		
固定成本	—	—	45 000+1 533 000+750 000+ 300 000+1 050 000=3 678 000
其中：	—	—	
初始加盟费摊销	—	—	3 000×120÷8=45 000
房屋租金	—	—	4 200×1×365=1 533 000
装修费摊销	—	—	6 000 000÷8=750 000
酒店固定付现成本	—	—	300 000
酒店人工成本	—	—	1 050 000
税前利润	—	—	6 515 250−1 861 500− 3 678 000=975 750
所得税	—	—	975 750×25%=243 937.5
税后利润	—	—	731 812.5

原始投资额 ＝加盟保证金+初始加盟费+装修费+营运资本

＝100 000+3 000×120÷6 000 000+500 000×100%

＝6 960 000（元）

会计报酬率＝731 812.50÷6 960 000×100%＝10.51%

（2）$\beta_{资产}$＝1.75÷［1+（1−25%）×（1/1）］＝1

该项目的$\beta_{权益}$＝1×［1+（1−25%）×（2/3）］＝1.5

权益成本＝无风险报酬率+$\beta_{权益}$×风险溢价＝5%+1.5×7%＝15.5%

项目折现率＝加权平均资本成本＝9%×（1−25%）×40%+15.5%×60%＝12%

（3）计算后的列表如表16-6所示。

表16-6 经济型酒店项目相关计算 单位：元

项 目	零时点	第1~7年	第8年
初始加盟费	$-120 \times 3\,000 = -360\,000$		
装修费用	$-6\,000\,000$		
初始加盟保证金	$-100\,000$		$100\,000$
营运资本	$-500\,000$		$500\,000$
净利润		$731\,812.5$	$731\,812.5$
初始加盟费摊销		$45\,000$	$45\,000$
装修费摊销		$750\,000$	$750\,000$
营业现金净流量		$1\,526\,812.5$	$1\,526\,812.5$
现金净流量	$-6\,960\,000$	$1\,526\,812.5$	$2\,126\,812.5$
折现系数	1	4.5638	0.4039
现金净流量的现值	$-6\,960\,000$	$6\,968\,066.89$	$859\,019.57$
净现值		$867\,086.46$	

因为项目的净现值大于零，项目可行。

（4）设平均入住率为y，年销售客房数量$=120 \times 365 \times y = 43\,800y$

税后利润$=[（175-50）\times 43\,800y - 3\,678\,000] \times （1-25\%）= 4\,106\,250y - 2\,758\,500$

第1~7年现金净流量为$= 4\,106\,250y - 2\,758\,500 + （45\,000+750\,000）= 4\,106\,250y - 1\,963\,500$

第8年现金净流量为$= 4\,106\,250y - 1\,963\,500 + 600\,000$

净现值$= -6\,960\,000 + （4\,106\,250y - 1\,963\,500）\times 4.5638 + （4\,106\,250y - 1\,363\,500）\times 0.4039 = 0$

解得：$y = 80.75\%$，最低平均入住率为80.75%。

二、本量利分析基本模型的相关假设（★★）

本量利分析基本模型的相关假设包括相关范围假设、模型线性假设、产销平衡假设和品种结构不变假设等，其具体内容如表16-7所示。

表16-7 本量利分析基本模型的相关假设的内容

类型	内容要点
相关范围假设	本量利分析是建立在成本按性态划分的基础上的一种分析方法，判断一项成本是变动成本还是固定成本时，均限定在一定的相关范围内，这个相关范围就是成本按性态划分的基本假设 （1）期间假设 无论是固定成本还是变动成本，它都发生在一定其间内，并且都会随着时间的变化而变化。因此，成本性态的划分应该限定在一定期间内 （2）业务量假设 业务量假设与期间假设之间是一种相互依存关系，在一定特定期间内业务量也是随着时间的不同发生变动的，特别是业务量发生较大变化时，成本性态有可能变化，这里需要重新加以计量，这就构成了新的业务量假设
模型线性假设	企业的总成本按性态可以或者可以近似地描述为$y=a+bx$，从本量利分析的立场来看，由于利润只是收入与成本之间的一个差量，因此，本假设只涉及成本与业务量两个方面，其假设的具体包括以下几个方面的内容： （1）固定成本不变假设 即用模型来表示就是$y=a+bx$中的a，在坐标图中是一条与横轴平等的直线 （2）变动成本与业务量呈成完全线性关系假设 即用模型来表示就是$y=a+bx$中的bx，b是单位变动成本，在坐标图中是一条过原点的直线，斜率就是单位变动成本 （3）销售收入与销售量呈完全线性关系 在本量利分析中，通常假设销售价格不变（即一个常数），销售收入与数量则成完全线性关系，即$s=px$（s为销售收入，p为销售单价，x为销售数量。斜率就是销售单价

续表

类型	内容要点
产销平衡假设	本量利分析的核心就是分析收入与成本之间的对比关系，产量的变动对影响固定成本和变动成本产生影响，也会影响到收入与成本之间的对比关系。因此，站在销售数量的角度进行本量利分析时，就必须假设产销关系时平衡的 提示：本量利分析中的"量"是指销售数量，而不是生产数量
品种结构不变假设	本假设是指在多品种生产和销售的企业中，假设各品种的销售收入在总收入中所占的比重不会发生变化

◀)) **名师点拨** ⋯⋯⋯⋯⋯⋯⋯⋯

在上面4个假设都是建立在企业的全部成本可以合理地或者比较准确地分解为固定成本与变动成本的假设基础之上，在4个假设中，相关满园假设是最基本的假设，是本量利分析的出发点；模型线性假设是由相关范围假设派生而来的，是相关范围假设的延伸和具体化；产销平衡假设与品种结构不变假设是对模型线性假设的进一步补充；同时，品种结构不变假设也是多品种条件下产销平衡假设的前提条件。

三、本量利分析基本模型（★★）

【要点提示】重点掌握损益方程式、产品边际贡献、本量利图。

由于传统的成本分类不能满足企业决策、计划和控制的要求，因此，人们研究成本、数量和利润之间的关系。管理人员需要一个数学模型，这个模型应当除业务量和利润之外都是常数，使业务量和利润之间建立起直接的函数关系。这样，他们就可以利用这个模型，在业务量变动时估计其对利润的影响，或者在目标利润变动时计算出完成目标所需的业务量水平。建立这样一个模型的主要障碍是成本和业务量之间的数量关系不清楚。为此，人们首先研究成本和业务量之间的关系，并确立了成本按性态的分类，然后在此基础上明确成本、数量和利润之间的相互关系。

在把成本分解成固定成本和变动成本两部分之后，将收入和利润也加进来，成本、销量和利润的关系就可以统一于一个数学模型。

（一）损益方程式

1. 基本的损益方程式

目前多数企业都使用损益法来计算利润，即首先确定一定期间的收入，然后计算与这些收入相配合的成本，两者之差为期间利润：

利润＝销售收入－总成本

由于：

总成本＝变动成本＋固定成本＝单位变动成本×产量＋固定成本

销售收入＝单价×销量

假设产量和销量相同，则有：

利润＝单价×销量－单位变动成本×销量－固定成本＝$P \times Q - V \times Q - F = (P-V) \times Q - F$

应注意的问题：①这个方程式是最基本也是最重要的方程式，要求给定其中4个，能够求出另1个变量的值；②公式中的成本是广义的：既包括付现成本也包括非付现成本，既包括制造成本也包括期间费用。

【案例16-3】某企业每月固定成本为1 000元，仅生产一种产品，单价为10元，单位变动成本为5元，本月计划销售500件，问预期利润是多少？

利润＝单价×销量－单位变动成本×销量－固定成本＝$10 \times 500 - 5 \times 500 - 1\,000 = 1\,500$（元）

这个方程是一种最基本的形式，它可以根据所需计算的问题变换成其他形式，或者根据企业具体情况增加一些变量，成为更复杂、更接近实际的方程式。损益方程式实际上是利润表的模型化表达，不同的利润表可以构造出不同的模型。

2. 包含期间成本的损益方程式

为符合多步式利润表的结构，不但要分解产品成本，而且要分解销售费用、行政管理费用等期间成本。将他们分解以后，方程式为：

税前利润＝销售收入－（变动销售成本＋固定销售成本）－（变动销售和管理费用＋固定销售和管理费用）＝单价×销量－（单位变动成本＋单位变动销售和管理费用）×销量－（固定产品成本＋固定销售和管理费用）

该损益方程式假设影响税前利润的因素只有销售收入、产品成本、管理费用和销售费用，省略了营业税金及附加、财务费用、资产减值损失、投资收益和营业外收支等因素。

3. 计算税后利润的损益方程式

所得税是根据利润总额和所得税率计算的，并从利润总额中减除，既不是变动成本也不是固定成本。

税后利润＝利润总额－所得税＝利润总额－利润总

额×所得税税率＝利润总额×（1−所得税税率）

将损益方程式代入上式的"利润总额"：

税后利润＝（单价×销量−单位变动成本×销量−固定成本）×（1−所得税税率）

此方程式经常被用来计算实现目标利润所需的销量，为此，常用下式表达：

$$销量＝\frac{固定成本＋\dfrac{税后利润}{1＋所得税税率}}{单价−单位变动成本}$$

（二）边际贡献方程式

1. 边际贡献

边际贡献是指销售收入减去变动成本以后的差额，即：

边际贡献＝销售收入−变动成本

如果用单位产品表示：单位边际贡献＝单价−单位变动成本

边际贡献具体分为制造边际贡献（生产边际贡献）和产品边际贡献（总营业边际贡献）。

制造边际贡献＝销售收入−产品变动成本

产品边际贡献＝制造边际贡献−销售和管理变动成本

◀))) 名师点拨 ••••••••••••••••••••••••••

通常，如果在"边际贡献"前未加任何定语，那么则是指"产品边际贡献"。

【例题7·单选题】 产品边际贡献是指（　　　）。

A. 销售收入与产品变动成本之差

B. 销售收入与销售和管理变动成本之差

C. 销售收入与制造边际贡献之差

D. 销售收入与全部变动成本（包括产品变动成本和期间变动成本）之差

【解析】 边际贡献分为制造边际贡献和产品边际贡献，其中，制造边际贡献＝销售收入−产品变动成本，产品边际贡献＝制造边际贡献−销售和管理变动成本＝销量×（单价−单位变动成本）。

【答案】 D

【例题8·多选题】 下列能够提高产品边际贡献的有（　　　）。

A. 提高单价

B. 降低单位管理变动成本

C. 降低单位销售变动成本

D. 增加单位产品变动成本

【解析】 边际贡献分为制造边际贡献和产品边际贡献，其中制造边际贡献是销售收入减去产品变动成本

以后的差额，而产品边际贡献是销售收入减去产品变动成本再减去销售和管理变动成本以后的差额。

【答案】 ABC

2. 边际贡献率

边际贡献率是指边际贡献在销售收入中所占的百分率。

$$边际贡献率＝\frac{边际贡献}{销售收入}×100\%$$

$$＝\frac{单位边际贡献×销量}{单价×销量}×100\%$$

$$＝\frac{单位边际贡献}{单价}×100\%$$

通常，"边际贡献率"一词是指产品边际贡献率。

边际贡献率，可以理解为每1元销售收入中边际贡献所占的比重，它反映产品给企业做出贡献的能力。

与边际贡献率相对应的概念是"变动成本率"，即变动成本在销售收入中所占的百分率。

$$变动成本率＝\frac{变动成本}{销售收入}×100\%$$

$$＝\frac{单位变动成本×销量}{单价×销量}×100\%$$

$$＝\frac{单位变动成本}{单价}×100\%$$

由于销售收入被分为变动成本和边际贡献率两部分，前者是产品自身的耗费，后者是给企业做的贡献，两者百分率之和应当为1。

变动成本率＋边际贡献率

$$＝\frac{单位变动成本}{单价}＋\frac{单位边际贡献}{单价}$$

$$＝\frac{单位变动成本＋（单价−单位变动成本）}{单价}$$

$$＝1$$

3. 边际贡献方程式

由于创造了"边际贡献"这个新概念，上面介绍的基本的损益方程式可以改写成新的形式。

因为：利润＝销售收入−变动成本−固定成本＝边际贡献−固定成本

所以：利润＝销量×单位边际贡献−固定成本

这个方程式，也可以明确表达式本量利之间的数量关系。

4. 边际贡献率方程式

上述边际贡献方程式，还可以利用"边际贡献率"

改写成下列形式。

因为：边际贡献率 $= \dfrac{\text{边际贡献}}{\text{销售收入}} \times 100\%$

边际贡献 = 销售收入 × 边际贡献率 - 固定成本

边际贡献率方程式可以用于多品种企业。由于多种产品的销售收入可以直接相加，所以，问题的关键是计算多种产品的加权平均边际贡献率。

加权平均边际贡献率 $= \dfrac{\sum \text{各产品边际贡献}}{\sum \text{各产品销售收入}} \times 100\%$

（三）本量利关系图

将成本、销量、利润的关系反映在直角坐标系中，即成为本量利关系图，因其能清晰地显示企业不盈利也不亏损时应达到的产销量，故又称为盈亏临界图或损益平衡图。用图示表达本量利的相互关系，不仅形象直观，一目了然，而且容易理解。

1. 基本的本量利关系图

（1）基本的本量利关系图绘制步骤。

选定直角坐标系，以横轴表示销售数量，纵轴表示成本和销售收入的金额。在纵轴上找出固定成本数值，以此点（0，固定成本值）为起点，绘制一条与横轴平行的固定成本线 F。以点（0，固定成本值）为起点，以单位变动成本为斜率，绘制总成本线 V。以坐标原点（0，0）为起点，以单价为斜率，绘制销售收入线 S。

（2）基本的本量利关系图表达的意义。

①固定成本线与横轴之间的距离为固定成本值，它不因产量增减而变动。

②总成本线与固定成本线之间的距离为变动成本，它随产量而呈正比例变化。

③总成本线与横轴之间的距离为总成本，它是固定成本与变动成本之和。

④销售收入线与总成本线的交点（P），是盈亏临界点。它在横轴上对应的是盈亏临界点销量。

⑤表明企业在此销售量下总收入与总成本相等，

既没有利润，也不会发生亏损。在此基础上。增加销售量，销售收入超过总成本，S 和 V 的距离为利润值，形成利润区，反之，形成亏损区，如图16-1所示。

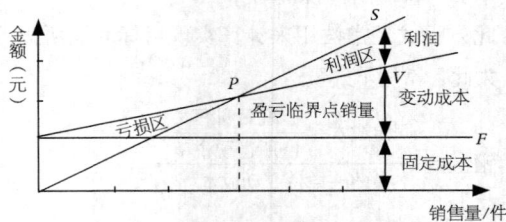

图16-1　基本的本量利关系图

2. 正方形本量利关系图

图16-2中的销售量（横轴）不仅可以使用实物量，也可以使用金额来表示，其绘制方法与上面介绍的大体相同。通常，这种图画呈正方形。

在绘制时，销售收入线 S 为原点出发的对角线，其斜率为1，总成本线 V 从点（0，固定成本值）出发，斜率为变动成本率。这种图不仅用于单一产品，还可以用于多种产品的情况，只不过需要计算加权平均的变动成本率。

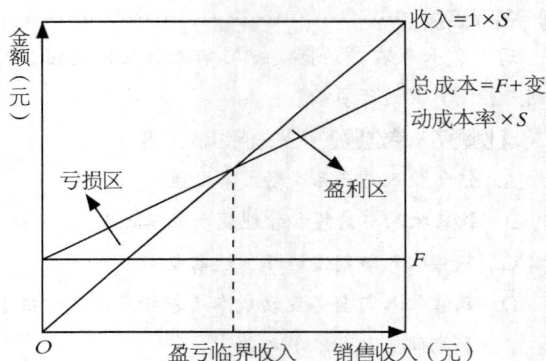

图16-2　正方形本量利关系图

🔊 **名师点拨** ••••••••••••••••••••••••••••••••••••••

两种本量利关系图的比较如表16-8所示。

表16-8　　　　　　　　　　　　两种本量利关系图的比较

种　类	横　轴	销售收入线	变动成本线
基本的本量利关系图	销售量（实物量 Q）	斜率为单价 P	斜率为单位变动成本
		销售收入 $= P \times Q$	变动成本 $= V \times Q$
正方形本量利关系图	销售收入（金额 S）	斜率为1	斜率为变动成本率
		销售收入 $= 1 \times S$	变动成本 = 变动成本率 $\times S$

3. 边际贡献式的本量利关系图

边际贡献式本量利关系图的绘制特点，是先画变动成本线V，然后在此基础上以点（0，固定成本值）为起点画一条与变动成本线V平行的总成本线T。其他部分，绘制方法与基本的本量利图相同。

这种图的主要优点是可以表示边际贡献的数值。企业的销售收入S随销售量呈正比例增长。这些销售收入首先用于弥补产品自身的变动成本，剩余的是边际贡献即SOV围成的区域。边际贡献随销售量增加而扩大，当其达到固定成本值时（到达P点）企业处于盈亏临界点状态；当边际贡献超过固定成本后，企业进入盈利状态，如图16-3所示。

利用上述损益方程式、边际贡献方程式和本量利图，可以分析产销量、成本和价格发生变动时对利润的影响，以及实现目标利润所需的产销量、收入和支出。

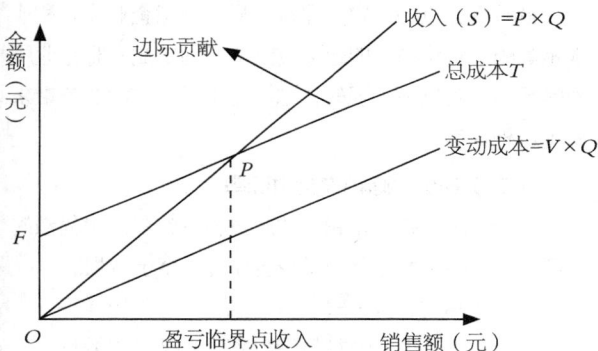

图16-3 边际贡献的大小

【例题9·多选题】 某企业只生产一种产品，单价为20元，单位变动成本为12元，固定成本为2400元，满负荷运转下的正常销售量为400件。以下说法中，正确的有（   ）。

A. 在"销售"以金额表示的边际贡献式本量利图中，该企业的变动成本线斜率为12

B. 在"销售"以销售量表示的边际贡献式本量利图中，该企业的变动成本线斜率为12

C. 在"销售"以金额表示的边际贡献式本量利图中，该企业的销售收入线斜率为20

D. 在"销售"以销售量表示的边际贡献式本量利图中，该企业的销售收入线斜率为20

【解析】 本题的主要考点是本量利分析。在"销售"以金额表示的边际贡献式本量利图中，变动成本=变动成本率×销售收入，所以该企业的变动成本线斜率为变动成本率，即60%，销售收入线斜率为1。故A、C选项错误。

【答案】 BD

【例题10·计算分析题】（2014年真题）甲公司生产A、B、C共3种产品，共用一条生产线，该生产线月生产力为128000小时，机器每小时满负荷运转，为争取公司利润最大，公司经过调研调整3种产品生产结构，资料如下。

（1）公司月固定制造费用为400000元，月管理费用为247500元，月销售费用为3000元。

（2）3种产品当前产销量如表16-9所示。

表16-9 A、B、C 3种产品当前产销量

项 目	A	B	C
月产量/件	1400	1000	1200
销售单价/元	600	900	800
单位变动成本/元	400	600	450
生产单位产品所需机器工时/小时	2	4	5

【要求】

计算当前A、B、C 3种产品的边际贡献总额、加权平均边际贡献率、盈亏临界点的销售额。

【答案】

边际贡献总额=1400×（600-400）+1000×（900-600）+1200×（800-450）=1000000（元）

加权平均边际贡献率=总的边际贡献÷总收入=1000000÷（1400×600+1000×900+1200×800）×100%=37.04%

盈亏临界点销售额=固定成本÷加权边际贡献率=（400000+247500+3000）÷37.04%=1756209.50（元）

第二节 保本分析

考情分析：本节为重点内容，考试题型主要为计算分析题，考点主要集中在保本量、保本额的分析和多品种情况下的保本分析等内容。

学习建议：对于本节内容的学习，重在在于熟练掌握保本量、保本额和加权平均边际贡献的计算。

一、保本量分析（★）

保本分析是本量利分析的基础，其基本内容是分析确定产品的保本点，从而确定企业经营的安全程度。

保本分析的关键是确定保本点。保本点是指企业达到边际贡献等于固定成本，利润为零，不亏不盈时的业务量。在该业务量水平下，企业的收入正好等于全部成本。超过该业务量水平，企业就有盈利；低于该业务量水平，企业就亏损。保本点也可称作盈亏平衡点、盈亏临界点。

通过下面步骤可以算出产品的保本量。

（1）列出计算利润的等式：

利润＝单价×销量－单位变动成本×销量－固定成本

（2）假设利润=0，此时的销售量即为保本量：

0＝单价×保本量－单位变动成本×保本量－固定成本

保本量＝固定成本/单位边际贡献

二、保本额分析（★）

在现代企业中，大多数企业同时产销多种产品。由于不同产品销售量加总没有意义，因此，多种情况下总体或综合盈亏平衡状态下销售额更有意义。

通常用下面两个步骤来计算保本额。

（1）通过利润计算公式，建立等式关系：

利润＝销售额×边际贡献率－固定成本

（2）假设利润=0，计算出保本额

假设利润=0，此时的销售额即为保本额：

0＝保本额×边际贡献率－固定成本

保本额＝固定成本/边际贡献率

三、与保本有关的指标（★★★）

（一）盈亏临界点作业率

盈亏临界点作业率是指盈亏临界点销售量占实际或预计销售量的比重。实际或预计销售量（额）是指现在

或未来的正常销售量（额）。正常销售量是指正常市场和正常开工情况下企业的销售数量，也可以用销售额来计算。

盈亏临界点作业率＝盈亏临界点销售量/实际或预计销售量×100%

这个比率表明企业保本的业务量在实际或预计业务量中所占的比重。盈亏临界点作业率同时也表明保本状态下的生产经营能力的利用程度。

【知识拓展】 盈亏临界分析是指本量利分析的一项基本内容，亦称损益平衡分析或保本分析。它主要研究如何确定盈亏临界点，有关因素变动对盈亏临界点的影响等问题，并可以为决策提供在何种业务量下企业将盈利，以及在何种业务量下企业会出现亏损等信息。

盈亏临界点的确定：盈亏临界点是指企业收入和成本相等的经营状态，即边际贡献等于固定成本时企业所处的既不盈利也不亏损的状态。通常用一定的业务量来表示这种状态。

（二）安全边际和安全边际率

安全边际是指正常销售额超过盈亏临界点销售额的差额，它表明销售额下降多少企业仍不至于亏损。

安全边际的计算公式：

安全边际＝正常销售额－盈亏临界点销售额

有时候企业为了考察当年的生产经营安全情况，还可以用本年实际订货额代替正常销售额来计算安全边际。企业生产经营的安全性，还可以用安全边际率来表示，即安全边际与正常销售额（或当年实际订货额）的比值。安全边际率的计算公式如下：

$$安全边际率=\frac{安全边际}{正常销售额（或实际订货额）}\times100\%$$

安全边际和安全边际率的数值越大，企业发生亏损的可能性越小，企业就越安全。安全边际率是相对指标，便于不同企业和不同行业的比较。

可以用实物量、金额和相对数来表示的盈亏临界点和安全边际。

（1）实物量

用实物量来表示的盈亏临界点是盈亏临界点销售量，用实物量来表示的安全边际是安全边际量。

盈亏临界点销售量（Q_0）=固定成本/（单价－单位变动成本）=$F/(P-V)$

安全边际量=正常销售量−盈亏临界点销售量=$Q-Q_0$

（2）金额

用金额来表示的盈亏临界点是盈亏临界点销售额，用金额来表示的安全边际是安全边际额。

盈亏临界点销售额（S_0）=固定成本/边际贡献率

安全边际额=正常销售额−盈亏临界点销售额=$S-S_0$

（3）相对数

用相对数来表示的盈亏临界点是盈亏临界点作业率，用相对数来表示的安全边际是安全边际率。

盈亏临界点作业率=Q_0/Q或S_0/S

安全边际率=（$Q-Q_0$）/Q或（$S-S_0$）/S

两者关系式：盈亏临界点作业率+安全边际率=1

【例题11·单选题】（2013年真题）甲公司只生产一种产品，变动成本率为40%，盈亏临界点作业率为70%。甲公司的息税前利润率是（　　　）。

A. 18%　B. 28%　C. 42%　D. 12%

【解析】 销售息税前利润率=安全边际率×边际贡献率=（1−70%）×（1−40%）=18%。

【答案】 A

【例题12·单选题】 下列关于多种产品加权平均边际贡献率的计算公式中，错误的是（　　　）。

A. 加权平均边际贡献率=$\dfrac{\sum 各产品边际贡献}{\sum 各产品销售收入}×$100%

B. 加权平均边际贡献率=$\sum$（各产品安全边际率×各产品销售息税前利润率）

C. 加权平均边际贡献率=$\dfrac{利润+固定成本}{\sum 各产品销售收入}×$

100%

D. 加权平均边际贡献率=$\sum$（各产品边际贡献率×各产品占总销售比重）

【解析】 选项A是教材正文中的表述，所以正确；因为：边际贡献=利润+固定成本，所以，选项C也是正确的，但边际贡献率=销售息税前利润率÷安全边际率，所以选项B是错误的。

【答案】 B

四、多品种情况下的保本分析（★★）

多品种下的保本点的确定采用边际贡献法。对于多个品种采用边际贡献法时，由于采用变动成本法，不需要在各种产品之间分配固定成本。由于每个产品的边际贡献率不同，这时采用加权平均边际贡献率。

边际贡献率方程式可以用多品种企业。由于多种产品的销售收入可直接相加，所以，计算多种产品的加权平均边际贡献率就很重要。

加权平均边际贡献率=$\sum$各产品边际贡献/$\sum$各产品销售收入×100%

设有n种产品，以CM表示边际贡献，S表示销售收入，则：

$$加权平均边际贡献=\frac{CM}{S}=\frac{CM_1+CM_2+\cdots+CM_n}{S_1+S_2+S_3+\cdots+S_n}$$

$$=\frac{CM_1}{S}+\frac{CM_2}{S}+\frac{CM_3}{S}+\cdots+\frac{CM_n}{S}$$

第三节　保利分析

考情分析： 本节为重点内容，考试题型主要为计算题，考点主要集中在保利量、保利额的分析。

学习建议： 对于本节内容的学习，重在在于熟练掌握保利量、保利额的计算。

一、保利量分析（★）

保利量就是使企业实现目标利润所需完成的业务量。假设在没有企业所得税的情况下，目标利润=单价×销量−单位变动成本×销量−固定成本

保利量=（固定成本+目标利润）/（单价−单位变动成本）

保利量=（固定成本+目标利润）/单位边际贡献

假设存在企业所得税，税后目标利润=（单价×销量−单位变动成本×销量−固定成本）×(1−企业所得税税率)

保利量={固定成本+［税后目标利润/（1−企业所得税税率）］}/（单价−单位变动成本）

保利量={固定成本+［税后目标利润/（1−企业所得税税率）］}/单位边际贡献

二、保利额分析（★）

保利额是企业为实现既定的目标利润所需的业务额。保利额可在保利量计算公式的基础上乘以单价加以计算，在不存在企业所得税的情况下，公式为：

保利额＝（固定成本＋目标利润）/（单价−单位变动成本）×单价

保利额＝（固定成本＋目标利润）/边际贡献率

假设存在企业所得税，计算保利额：

保利额＝{固定成本＋[税后目标利润/（1−企业所得税税率）]}/（单价−单位变动成本）×单价

保利额＝{固定成本＋[税后目标利润/（1−企业所得税税率）]}/边际贡献率

第四节　利润敏感性分析

考情分析：本节为重点内容，考试题型主要为计算题，考点主要集中在理解敏感性分析的含义和各参数的敏感系数计算。

学习建议：对于本节内容的学习，重在在于熟练掌握各参数敏感系数的计算。

一、利润敏感性分析的含义（★）

利润敏感性分析，主要研究与分析有关参数发生多大变化会使盈利转为亏损，各参数变化对利润变化影响程度，以及各因素变动时如何调整销量，以保证原目标利润的实现等问题。

影响利润的因素很多，如售价、单位变动成本、销量、固定成本等。在现实经济环境中，这些因素是经常发生变动的。有些因素增长会导致利润增长（如单价），而另一些因素降低才会使利润增长（如单位变动成本）；有些因素略有变化就会使利润发生很大的变化。

经营者通过敏感性分析，事先预知掌握有关参数可能变化的影响程度，以便在变化发生时及时采取对策，调整企业计划，能使生产经营活动始终控制在最有利的状态。

【知识拓展】单价、单位变动成本、产销量和固定成本的变化会影响利润的高低，当达到一定程度会使企业进入盈亏临界状态。盈亏分析的目的之一就是分析提供引起利润发生质变的界限，其方法也称为最大最小法。

盈亏转折分析就是找到使利润降为0的单价、单位变动成本、产销量和固定成本的临界值。

【案例16-4】A公司生产一种产品，单位变动成本为1.20元，销售单价为2元，预计明年固定成本4000元，产销量计划达10000件。

【要求】

确定有关参数发生多大变化使盈利转为亏损？

【答案】预计明年销售利润为：

利润＝$10000×（2−1.20）−4000=4000$（元）

（1）单价的最小值。

设单价为P，则：

$10000×（P−1.20）−4000=0$

$P=1.60$（元）

单价降至1.60元，即降低20%[$（2−1.6）÷2×100\%=20\%$]时企业由盈利转入亏损。

（2）单位变动成本的最大值。

设单位变动成本为V，则：

$10000×（2−V）−4000=0$

$V=1.60$（元）

单位变动成本由1.20元上升至1.60元时，企业利润由4000元降至零。此时，单位变动成本上升了33%[$（1.6−1.2）÷1.20=33\%$]。

（3）固定成本最大值。

设固定成本为F，则：

$10000×（2−1.20）−F=0$

$F=8000$（元）

固定成本增至80000元时，企业由盈利转为亏损，此时固定成本增加了100%[$（8000−4000）÷4000=100\%$]。

（4）销售量最小值（盈亏临界点销售量）。

$$Q_0=\frac{4000}{2−1.20}=5000（件）$$

销售计划如果只完成50%（$5000÷10000×100\%=50\%$），则企业利润为零。

二、各参数的敏感系数计算（★★）

各参数的变化会引起利润的变化，但它们的影响程度不同。有的发生微小变化，利润就会发生很大变动，即利润对该参数十分敏感。我们用敏感系数来反映敏感程度。

$$敏感系数=\frac{目标值变动百分比}{参量值变动百分比}$$

【案例16-5】A公司生产一种产品，单位变动成本为1.20元，销售单价为2元，预计明年固定成本4000

元，产销量计划达10 000件。

【要求】

确定有关参数发生多大变化使盈利转为亏损?

【答案】

（1）单价的敏感程度。

设单价增长20%，则：$P=2×（1+20\%）=2.40$（元）

按此单价计算，利润$=10 000×（2.4-1.20）-4 000=8 000$（元）

利润原来是4 000元，其变化率为：

目标值变动百分比$=（8 000-4 000）÷4 000=100\%$

单价的敏感系数$=100\%÷20\%=5$

经营者根据敏感系数知道，每降价1%，企业将失去5%的利润，必须格外予以关注。

（2）单位变动成本的敏感程度。

设单位变动成本增长20%，则：$V=1.20×（1+20\%）=1.44$（元）

按此单位变动成本计算，利润$=10 000×（2-1.44）-4 000=1 600$（元）

利润原来是4 000元，其变化率为：

目标值变动百分比$=（1 600-4 000）÷4 000=-60\%$

单位变动成本的敏感系数$=（-60\%）÷20\%=-3$

敏感系数绝对值大于1，说明变动成本的变化会造成利润更大的变化，属于敏感因素。

名师点拨

敏感系数为正值的，表明它与利润为同向增减；敏感系数为负值的，表明它与利润为反向增减。

（3）固定成本的敏感程度。

设固定成本增长20%，则：$F=4 000×（1+20\%）=4 800$（元）

按此固定成本计算，利润$=10 000×（2-1.20）-4 800=3 200$（元）

原来的利润为4 000元，其变化率为：

目标值变动百分比$=（3 200-4 000）÷4 000=-20\%$

固定成本的敏感系数$=（-20\%）÷20\%=-1$

这说明固定成本每上升1%，利润将减少1%。

（4）销售量的敏感程度。

设销售量增长20%，则：$Q=10 000×（1+20\%）=12 000$（件）

按此销售量计算，利润$=12 000×（2-1.20）-4 000=5 600$（元）

利润原来是4 000元，其变化率为：

目标值变动百分比$=（5 600-4 000）÷4 000=40\%$

销量的敏感系数$=40\%÷20\%=2$

就本例而言，影响利润的诸因素中最敏感的是单价（敏感系数5），其次是单位变动成本（敏感系数-3），再次是销量（敏感系数2），最后是固定成本（敏感系数-1）。

【例题13·单选题】 假设某企业只生产销售一种产品，单价80元，边际贡献率为25%，每年固定成本为300万元，预计来年产销量为30万件，则单位成本对利润影响的敏感系数为（ ）。

A. 6　　　　　　　B. -6

C. 16.67%　　　　D. -16.67%

【解析】 来年预计利润=收入-变动成本-固定成本$=30×80-30×80×（1-25\%）-300=300$（万元），假设单位成本增长10%，达到66元，单价不变还是80元。

预计利润$=30×80-30×66-300=120$（万元），利润变动率$=（120-300）÷300=-60\%$，单位变动成本的敏感系数$=-60\%÷10\%=-6$。

【答案】 B

【例题14·单选题】 （2014年真题）某产品单价为5元，单价敏感系数为5，其他条件不变，则盈亏临界状态的单价为（ ）元。

A. 3　　B. 3.5　　C. 4　　　D. 4.5

【解析】 单价敏感系数$=\dfrac{利润变动百分比}{单价变动百分比}=\dfrac{\frac{0-EBIT}{EBIT}}{\frac{单价-5}{5}}=\dfrac{-1}{\frac{单价-5}{5}}=5$

解得 单价$=4$。

【答案】 C

【例题15·计算分析题】 （2012年真题）甲公司只生产一种A产品，为了更好地进行经营决策和目标控制，该公司财务经理正在使用2011年相关数据进行本量利分析，有关资料如下。

（1）2011年产销量为8 000件，每件价格为1 000元。

（2）生产A产品需要的专利技术需要从外部购买取得，甲公司每年除向技术转让方支付50万元的固定专利使用费外，还需按销售收入的10%支付变动专利使用费。

（3）2011年直接材料费用为200万元，均为变动成本。

（4）2011年人工成本总额为180万元，其中：生产工人采取计件工资制度,全年人工成本支出为120万元,管理人员采取固定工资制度,全年人工成本支出为60万元。

（5）2011年折旧费用总额为95万元,其中管理部门计提折旧费用15万元,生产部门计提折旧费用80万元。

（6）2011年发生其他成本及管理费用87万元,其中40万元为变动成本,47万元为固定成本。

【要求】

（1）计算A产品的单位边际贡献、盈亏临界点销售量和安全边际率。

（2）计算甲公司税前利润对销售量和单价的敏感系数。

（3）如果2012年原材料价格上涨20%,其他因素不变,A产品的销售价格应上涨多大幅度才能保持2011年的利润水平?

【答案】

（1）进行成本性态分析后,专利使用费、折旧费、管理人员工资为固定成本,故固定成本=500 000+950 000+600 000+470 000=2 520 000（元）

本题中变动成本包括:销售收入10%的专利使用费、直接材料费用、生产工人工资和管理费用中的变动成本,故单位变动成本=1 000×10%+（2 000 000+1 200 000+400 000）÷8 000=100+450=550（元）

单位边际贡献=单价－单位变动成本=1 000－550 =450（元）

盈亏临界点销售量（Q_0）=固定成本÷（单价－单位变动成本）=F÷（$P-V$）=2 520 000÷（1 000－550）=5 600（件）

盈亏临界点作业率=5 600÷8 000×100%=70%

安全边际率=1－盈亏临界点作业率=30%

（2）当前税前利润=（1 000－550）×8 000－2 520 000=1 080 000（元）

当销售量增加10%时:

税前利润=（1 000－550）×8 000×（1+10%）－2 520 000=1 440 000（元）

税前利润变动百分比=（1 440 000－1 080 000）÷1 080 000=33.33%

敏感系数=目标值变动百分比÷参量值变动百分比

销售量的敏感系数=33.33%÷10%=3.33

当单价增长10%时:

单位变动专利使用费增加=100×10%=10（元）

单位变动成本=550+10=560（元）

税前利润=[1 000×（1+10%）－560]×8 000－2 520 000=1 800 000（元）

税前利润变动百分比=（1 800 000－1 080 000）÷1 080 000=66.67%

敏感系数=目标值变动百分比÷参量值变动百分比

单价的敏感系数=66.67%÷10%=6.67

（3）设单价为P:则单位变动成本=P×10%+[2 000 000×（1+20%）+1 200 000+400 000）]÷8 000=P×10%+500

因为利润不变,则:

（$P-P$×10%－500）×8 000－2 520 000=1 080 000

P=[（1 080 000+2 520 000）÷8 000+500]÷（1－10%）]

P=1 055.56（元）

价格的上涨幅度=（1 055.56－1 000）÷1 000=5.56%

过关测试题

一、单选题

1. 下列关于安全边际和边际贡献的表述中,不正确的是（ ）。

A. 边际贡献的大小,与固定成本支出的多少无关

B. 边际贡献率反映产品给企业作出贡献的能力

C. 提高安全边际或提高边际贡献率,可以提高息税前利润

D. 降低安全边际率或提高边际贡献率,可以提高销售息税前利润率

2. 某企业生产中需要的检验员同产量有着密切的关系,经验表明,每个检验员每月可检验1 200件产品,则检验员的工资成本属于（ ）。

A. 半变动成本 B. 阶梯式成本

C. 延期变动成本 D. 非线性变动成本

3. 某企业每月固定制造费用为20 000元,固定销售费用为5 000元,固定管理费用为50 000元。单位变动制造成本为50元,单位变动销售费用为9元,单位变动管理费用为1元。该企业生产一种产品,单价为100元,所得税税率为25%,如果保证本年不亏损,则至少应销售（ ）件产品。

A. 22 500 B. 1 875 C. 7 500 D. 3 750

4. C公司的固定成本（包括利息费用）为600万元，资产总额为10 000万元，资产负债率为50%，负债平均利率为8%，净利润为800万元，该公司适用的所得税税率为20%，则税前经营利润对销量的敏感系数是（　　）。

　　A. 1.43　　B. 1.2　　C. 1.14　　D. 1.08

5. 已知企业只生产一种产品，单位变动成本为30元/件，固定成本总额为200万元，产品单价为80元/件，为使销售息税前利润率达到31.25%，该企业的销售额应达到（　　）万元。

　　A. 640　　B. 1 280　　C. 1 333　　D. 2 000

6. 某企业生产销售甲、乙两种产品，已知甲产品销售收入为100万元，乙产品销售收入为400万元，固定成本为100万元，实现息税前利润为200万元，则该企业的加权平均边际贡献率为（　　）。

　　A. 40%　　　　　　B. 50%

　　C. 60%　　　　　　D. 无法确定

7. 已知某项成本的习性模型为：$y=500+3x$，当业务量x由1 000单位上升到2 000单位时，该项成本的增加量为（　　）。

　　A. 2 000　　B. 5 000　　C. 3 000　　D. 1 000

8. 下列关于敏感系数的说法，正确的是（　　）。

A. 敏感系数为正数，参量值与目标值发生同方向变化

B. 敏感系数为负数，参量值与目标值发生同方向变化

C. 只有敏感系数大于1的参量才是敏感因素

D. 只有敏感系数小于1的参量才是敏感因素

9. A产品的单位变动成本为10元，固定成本为500元，单价为15元，目标息税前利润为800元，则实现目标息税利润的销售量为（　　）件。

　　A. 100　　B. 260　　C. 160　　D. 130

二、多选题

1. 下列关于边际贡献和边际贡献率的说法中，正确的有（　　）。

A. 边际贡献=销售收入−销售成本

B. 边际贡献可以分为制造边际贡献和产品边际贡献

C. 制造边际贡献又称为生产边际贡献，产品边际贡献又称为总营业边际贡献

D. 边际贡献率可以理解为每1元销售收入中边际贡献所占的比重

2. 在相关范围内相对稳定的有（　　）。

　　A. 变动成本总额　　B. 单位变动成本

　　C. 固定成本总额　　D. 单位固定成本

3. 成本估计的方法主要是（　　）。

　　A. 变动成本法　　B. 工业工程法

　　C. 回归直线法　　D. 账户分析法

4. 本量利分析中的敏感分析主要研究的问题有（　　）。

A. 各参数变化对利润变化的影响程度

B. 安全边际和安全边际率的分析

C. 盈亏临界分析

D. 有关参数发生多大变化会使盈利转为亏损

5. 某企业生产一种产品，单价为12元，单位变动成本为8元，固定成本为300万元，销量为100万件，所得税税率为25%，欲实现目标息前税后利润为120万元。可采取的措施有（　　）。

A. 单价提高到12.6元

B. 固定成本降低到250万元

C. 单位变动成本降低到7.4元

D. 固定成本降低20万元

6. 某企业只生产一种产品，单价为20元，单位变动成本为12元，固定成本为2 400元，满负荷运转下的正常销售量为400件。以下说法中，正确的有（　　）。

A. 在以金额表示的边际贡献式本量利图中，该企业的变动成本线斜率为12

B. 在保本状态下，该企业生产经营能力的利用程度为75%

C. 安全边际中的边际贡献等于800元

D. 该企业的安全边际率为25%

7. 已知2011年某企业共计生产销售甲乙两种产品，销售量分别为10万件和15万件，单价分别为20元和30元，单位变动成本分别为12元和15元，单位变动销售成本分别为10元和12元，固定成本总额为100万元，则下列说法正确的有（　　）。

A. 加权边际贡献率为56.92%

B. 加权边际贡献率为46.92%

C. 盈亏临界点销售额为213.13万元

D. 甲产品盈亏临界点销售量为3.28万件

8. 可以通过管理决策行动改变的成本包括（　　）。

　　A. 约束性固定成本　　B. 酌量性固定成本

　　C. 技术性变动成本　　D. 酌量性变动成本

短期经营决策

第**17**章

本章内容为2017年考试大纲新增内容，为非重点章节，主要考点涉及相关成本、不相关成本、亏损产品是否停产的决策、零部件自制与外购的决策、特殊订单是否接受的决策、限制资源最佳利用决策、产品销售定价的方法、储备存货成本以及存货经济批量分析等。考试题型通常为客观题，考试分值估计在2分左右。

【本章考点概览】

短期经营决策	一、短期经营决策概述	1．短期经营决策的含义与成本分类	★
		2．相关成本与不相关成本	★★
	二、生产决策	1．生产决策的主要方法	★★
		2．亏损产品是否停产的决策	★★
		3．零部件自制与外购的决策	★★
		4．特殊订单是否接受的决策	★★
		5．限制资源最佳利用决策	★★
		6．产品是否应进一步深加工的决策	★★
	三、定价决策	1．产品销售定价决策原理	★
		2．产品销售定价的方法	★★
	四、订货决策	1．存货管理的目标	★
		2．储备存货的成本	★★
		3．存货经济批量分析	★★★

第一节　短期经营决策概述

考情分析： 本节为非重点内容，了解即可，主要内容包括短期经营决策的含义与成本分类，相关成本与不相关成本。

学习建议： 对于本节内容的学习，重在了解短期经营决策的含义，熟悉短期经营决策过程主要包括的四个步骤以及相关成本与不相关成本的类型与含义。

一、短期经营决策的含义与成本分类（★）

按照时间长短可以将企业决策分为长期决策和短期决策。长期决策是指对长期经营进行的决策。短期决策是指对企业一年或一个经营周期的经营决策。

短期决策的主要特点是企业在既定的规模条件下有效地组织现在的生产经营活动，合理利润经济资源，以期在不远的将来取得最佳的经济效益而进行的决策。短期经营决策决定企业经营实践的方向、方法和策略，侧重于从资金、成本、利润等方面对如何充分利用企业现有资源和经营环境，以取得尽可能大的经济效益。在短期决策下，判定某决策方案优劣的主要标志是看该方案能否使企业在一年内获得更多的利润。

短期经营决策过程主要包括以下4个步骤。

（1）明确决策问题和目标。

（2）收集相关资料并制定备选方案。

（3）对备选方案作出评价，选择最优方案。

（4）决策方案的实施与控制。

名师点拨

成本和经济效益是判断方案优劣的两个经济标准。成本又是影响经济效果高低的一个重要的制约因素。

二、相关成本与不相关成本（★★）

【知识拓展】决策的相关信息必须同时具备两个特点：（1）相关信息是面向未来的；（2）相关信息在各个备选方案之间有所差异。这两个特点是区分相关成本和不相关成本的标准。

成本按其发生是否与决策项目相关的分类。可分为相关成本与不相关成本。

1. 相关成本

相关成本是指与制定决策方案有关的成本，相关成本既包括生产的变动成本，也包括添置设备等所需的其他成本。机会成本、差量成本、现金支出成本、可避免成本等均属相关成本。

与相关成本相关的重要概念有很多，其具体内容如表17-1所示。

表17-1　　　　　　　　　　与相关成本相关的概念

成本概念	具体含义
边际成本	边际成本即增加一个单位的产量所带来的成本的增量，也就是产量增加或者减少一个单位所引起的成本变动
机会成本	机会成本是指在资源有限条件下，当把一定资源用于某种产品生产时所放弃的用于其他可能得到的最大收益，而一般成本是指实际支付的货币成本 机会成本实际上不是一种支出和费用，而是失去潜在的收益，而不是实际的。因此，机会成本要求在决策中全面考虑可能采取的各种方案，以便选择最佳方案
重置成本	重置成本也称为现时成本或现行成本，是指企业重新取得与其所拥有的某项资产相同或与其功能相当的资产需要支付的现金或现金等价物。一般可以采用的方法有直接法、功能价值法、物价指数法。 有些备选方案需要动用企业现有的资产，在分析评价时不能根据账面或成本来估价，而应该以重置成本为依据
付现成本	付现成本亦称"现金支出成本"，是指那些由于未来某项决策所引起的需要在将来动用现金支付的成本，是一种未来成本 在实际工作中，企业往往采纳总成本高而付现成本较低的方案。只有符合企业目前实际支付能力的方案，才能算得上最优方案
可避免成本	可避免成本是指通过某项决策行动可以改变其数额的成本。也就是说，如果某一特定方案被采用了，与其相联系的某项支出就必然发生；反之，如果某项方案没有被采用，则某项支出就不会发生。酌情性固定成本，以及那些与落选方案关联的成本都是可避免成本
可延缓成本	可延缓成本是指管理部门以决定要实施某方案，但若这一方案推迟实施，对目前的经营活动并不会发生较大的不利影响，那么，与该方案有关的成本即称为可延缓成本 可延缓成本是决策中必须考虑的相关成本，如广告费、培训费、职工培训费、管理人员奖金、研究开发费等
专属成本	专属成本是指那些能够明确归属于特定决策方案的固定成本或混合成本。没有产品或部门，就不会发生这些成本，所以专属成本是与特定的产品或部门相联系的特定的成本
差量成本	差量成本又也称差别成本或差等成本，是指两个方案的预计成本差异。在进行成本决策时，由于各个方案预计发生的成本不同，就产生了成本的差异。差量成本是进行成本决策的重要依据

2. 不相关成本

不相关成本是指与制定决策方案并无影响的成本，因而在决策时可不予考虑。固定成本、原材料成本便是非相关成本。不可避免成本、沉没成本等属于不相关成本。不相关成本的相关概念如表17-2所示。

表17-2　　　　　　　　　　不相关成本的相关概念

成本概念	具体含义
不可避免成本	不可避免成本是指某项决策行动不能改变其数额的成本。约束性固定成本、企业厂房、建筑物的年折旧费用都属于不可避免成本
沉没成本	沉没成本是指由于过去的决策已经发生了的，而不能由现在或将来的任何决策改变的成本。过去决定的而无法改变的成本都称为沉没成本
不可延缓成本	"不可递延成本"与"可延缓成本"相对应的一个成本概念，它是指已选定的某项方案，即使在企业财力负担有限的情况下，也必须在计划期实施而不能推迟执行的某项方案的成本
共同成本	与专属成本相对立的成本，共同成本是指由几种、几批或有关部门共同分担的固定成本。例如，几种产品共同的设备折旧费、辅助车间成本等，都是联合成本。

【例题1·单选题】 下列关于相关成本的论述，错误的是(　　　　)。

A. 相关成本是指与特定决策有关、在分析评价时必须加以考虑的成本

B. 差额成本、未来成本、重置成本、机会成本等都属于相关成本

C. 如果将非相关成本纳入投资方案的总成本，则一个有利(或较好)的方案可能因此变得不利(或较差)，从而造成失误。

D. 某一设备可按3 000元出售，也可对外出租且未来三年内可获租金3 200元，该设备是3年前以4 000元购置的，故出售决策的相关成本为4 000元

【解析】本题考查的是相关成本。相关成本是指与制定决策方案有关的成本，在分析评价时必须加以考虑，因此选项A正确；相关成本包括机会成本、差额成本、付现成本（即未来成本）、重置成本、可避免成本等均属相关成本，因此选项B正确；企业在进行短期经营决策时，通常必须考虑相关成本，如果考虑无关紧要的非相关成本因素，往往会浪费时间与精力而造成失误，因此选项C正确；3年前的购置成本4 000元是账面成本，非相关成本，应以目前变现价值3 000元及租金3 200元作为决策相关成本，因此选项D错误。

【答案】D

第二节　生产决策

考情分析：本节考查的主要内容包括生产决策的主要方法(差量分析法、边际贡献分析法、本量利分析法)，以及几种常见的生产决策的分析与应用（包括亏损产品是否停产的决策、亏损产品是否停产的决策、零部件自制与外购的决策、特殊订单是否接受的决策、限制资源最佳利用决策）。通常以客观题的方式出现，分值为2分左右。

学习建议：对于本节内容的学习，重点熟悉生产决策的3种主要方法，掌握亏损产品是否停产的决策、亏损产品是否停产的决策、零部件自制与外购的决策、特殊订单是否接受的决策、限制资源最佳利用决策等决策的主要特点。

生产决策是指在生产领域中，对生产什么、生产多少以及如何生产等几个方面的问题做出的决策，具体包括剩余生产能力如何运用、亏损产品如何处理、产品是否进一步加工和生产批量的确定等。

生产决策是根据企业的经营战略方案及企业内外经营环境的状况确定企业的生产方向、生产目标、生产方针及生产方案的过程或职能。

一、生产决策的主要方法（★★）

1. 差量分析法

差量分析是指在充分分析不同备选方案之间的差额收入、差额成本和差额利润的基础上，从中选择最优方案的方法。

差额收入是一个备选方案的预期收入与另一个备选方案的预期收入的差额。差额成本是一个备选方案的预期成本与另一个备选方案的预期成本的差额。如果差额收入大于差量成本，则前一个方案是较优的；反之，如果差额收入小于差额成本，则后一个方案是较优的。

◀)) **名师点拨** ••••••••••••••••••••••••

在差量分析法中，只考虑相关收入与相关成本，不考虑不相关的因素，对于两个以上的备选方案，只能两两进行比较，最终得出最优方案。

差量分析的一般步骤：（1）备选方案的差量收入；（2）计算备选方案的差量成本；（3）计算备选方案的差量利润；（4）比较最优方案。

2. 边际贡献分析法

边际贡献分析法是指通过备选方案的边际贡献的大小来确定最优方案的决策方法。边际贡献是指销售收入与变动成本的差额。

（1）在短期生产决策中，固定成本通常不会变化，只需直接比较备选方案的边际贡献额的大小即可判断最优方案。

（2）如果决策中涉及追加专属成本，则应该使用相关损益指标，相关损益大的方案则为最优方案。

【知识拓展】相关损益是指该方案的边际贡献额与专属成本之差，或者该方案的相关收入与相关成本之差。

3. 本量利分析法

本量利分析法是根据有关产品的产销数量、销售价格、变动成本和固定成本等因素同利润之间的相互关系，通过分析计量而确定企业目标利润的一种方法。

二、亏损产品是否停产的决策（★★）

对于亏损产品或者亏损部门，企业是否应该停产呢？从短期经营的决策角度，关键是看该产品或者部

门能否给企业带来正的边际贡献。

（1）如果亏损产品能够提供边际贡献额，并且不存在更加有利可图的机会，一般不应停产。

（2）亏损产品能够提供边际贡献额，并不意味该亏损产品一定要继续生产。如果存在更加有利可图的机会（如转产其他产品或将停止亏损产品生产而腾出的固定资产出租），使企业获得更多的边际贡献额，那么该亏损产品应停产，并转产。

◀)) **名师点拨** ●●●●●●●●●●●●

对于亏损产品是否要转产的决策分析，主要看转产的产品确实是利用了亏损产品停产后腾出来的生产能力，而不占用其他产品的生产能力。同时转产产品所提供的贡献毛收益总额要大于原亏损产品所提供的贡献毛收益总额，则转产方案可行。

【例题2·单选题】对于亏损产品，是否停产、转产或出租等的决策，关键是以产品的（　　　　　）为基础。

A. 变动成本

B. 固定成本

C. 目标利润

D. 边际贡献

【解析】本题考查的是亏损产品是否停产的决策。对于亏损产品或者亏损部门，企业是否应该停产的决策，关键是看该产品或者部门能否给企业带来正的边际贡献，而不是看产品的利润和成本。

【答案】D

三、零部件自制与外购的决策（★★）

零部件是自制还是外购，从短期经营的角度，需要比较两种方案的相关成本，选择成本比较低的方案即可。其具体决策由以下几个方面来决定。

（1）在决策时还需要考虑企业是否有剩余生产能力，如果有剩余生产能力，不需要追加设备投资，则只需要考虑变动成本即可。

（2）如果企业没有剩余生产能力，需要追加设备投资，则还需要考虑新增加的专属成本，此时的专属成本属于相关成本。

（3）另外，同时还需要把剩余生产能力的机会成本考虑在内。

◀)) **名师点拨** ●●●●●●●●●●●●

零部件是自制还是外购，除了要考虑相关成本以外，还要考虑外购产品的质量、供货的及时性、供货能力、以有供货商的新产品研发能力等综合因素。

【例题3·多选题】在零部件外购或自制的决策分析时，（　　　　　）。

A. 自制的成本仅包括变动成本

B. 将自制或外购中的相关成本进行对比

C. 外购的成本包括买价、运杂费、保险费等

D. 自制的成本包括变动成本和不可避免的固定成本

【解析】本题考查的是零部件自制与外购的决策。如果企业有足够的剩余生产能力，则自制只包括变动成本，如果没有剩余生产能力，则自制成本包括相关成本和机会成本等，因此选项A错误；在零部件外购或自制的决策分析时，首先将自制成本或外购中的相关成本进行对比，然后决定自制还是外购，因此选项B正确；外购的成本通常包括买价、运杂费、保险费等，而自制成本通常包括变动成本和不可避免的固定成本，因此选项C、D正确。

【答案】BCD

四、特殊订单是否接受的决策（★★）

特殊订货是指产品的订货单价不但低于产品的正常订货价格，有时还低于产品的单位成本的订货。决定是否接受这些特殊订单时，需考虑以下几个方面的情况。

（1）特殊订货的接受不影响正常订货任务的完成，也无需追加专属成本。只要特殊订单的单价大于该产品的单位变动成本，即可接受订单。

（2）如果接受追加订货不影响正常订货任务的完成，但需追加专属成本，只要该方案的边际贡献大于追加的专属成本，则可以接受订单。

（3）如果接受追加订货不影响正常订货任务的完成，但剩余能力可以转移，此时要考虑转移剩余生产能力获得的收益作为追加订货方案的机会成本，若追加订货创造的边际贡献大于机会成本时，则可以接受订货。

（4）如果追加订货影响正常销售，即因追加订货而减少正常销售，由此而减少的正常边际贡献成本作为追加订货方案的机会成本，当追加的订货的边际贡献足以补偿这部分机会成本时，则可以接受订货。

五、限制资源最佳利用决策（★★）

企业都有自己最紧缺的资源，通常也叫瓶颈资源，如何最大限度地利用这些瓶颈资源，提高企业的最大经济效益呢？决策的原则是主要考虑如何安排生产才能最大化企业总的边际贡献。

◀)) **名师点拨** ·················

在这类决策中，短期经营的情况下，固定成本对决策没有影响，或者影响很小。

六、产品是否应进一步深加工的决策（★★）

（1）在这类决策中，进一步深加工前的半成品所发生的成本，都是无关的沉没成本。

（2）在这类决策中，无论是否进行深加工，沉没成本都不会改变。相关成本只包括进行深加工所需的追加成本，而相关收入则是加工后出售和直接出售的收入之差。

（3）对这类决策采用差量分析法进行分析。

【例题4·单选题】有关产品是否进行深加工决策中，深加工前的半成品成本属于（　　　　）。

A. 沉没成本

B. 机会成本

C. 重置成本

D. 估算成本

【解析】本题考查的是产品是否应进一步深加工的决策。进一步深加工前的半成品所发生的成本，属于沉没成本，是已经发生的不能改变的成本属于不相关相关。而机会成本和重置成本和估算成本都是相关成本，因此答案是A选项。

【答案】A

第三节　定价决策

考情分析：本节考查的主要内容为产品销售定价的方法，具体包括成本加成定价法、市场定价法、新产品的销售定价法和有闲置能力条件下的定价法。通常以客观题的方式出现，分值为1分左右。

学习建议：对于本节内容的学习，只需了解产品销售定价决策原理，熟悉几种常用的定价方法的特点。

一、产品销售定价决策原理（★）

（1）产品的销售价格是由供需双方的力量对比所决定的。

（2）按照市场供应方的力量大小，可以将销售市场分为完全竞争、垄断竞争、寡头竞争和完全垄断4种类型。

（3）在完全竞争的市场中，单个厂商是无法左右价格的，每个厂商只能是市场均衡价格的被动接受者；在垄断竞争和寡头竞争的市场中，厂商可以对价格有一定控制力；在完全垄断的市场中，厂商可以自主决定商品的价格。因此，产品定价决策是针对后面3种市场类型的产品。

（4）销售定价属于企业营销战略的重要组成部分，管理会计人员主要是从产品成本与销售价格之间的关系角度为管理者提供产品定价的有用信息。

二、产品销售定价的方法（★★）

产品销售定价基本原则是：从长期发展来看，销售收入必须能够抵销全部的生产、行政管理和营销成本，并为投资者提供合理的利润，以维持企业的生存和发展。因此，产品的定价应该是成本加上一定的加成。

产品销售定价的方法很多，下面我们分别介绍几种常用的定价方法。

1. 成本加成定价法

成本加成定价法是指先计算出单位产品的成本基数，然后在此基础上加上一定的成数，以此得到产品的目标价格。成本基数既可以是完全成本计算法下的产品成本，也可以是变动成本计算下的变动成本。

下面介绍完全成本加成法和变动成本加成法的相关内容，具体内容如表17-3所示。

2. 市场定价法

市场定价法即是指对于有活跃市场的产品，可以通过市场价格来定价，或者根据市场上同类或者相似产品的价格来定价。市场定价法有利于时刻保持对市场的敏感性，对同行的敏感性。

表17-3 完全成本加成法和变动成本加成法的相关内容

类型	内容阐述
完全成本加成法	该方法下，其成本基数是单位产品的制造成本，其产品定价=制造成本+加成=制造成本+非制造成本+预期利润。这里的"加成"为销售及管理等非制造成本与合理的利润
变动成本加成法	该方法下，其成本基数是单位产品的变动成本，其产品定价=变动成本+加成=变动成本+固定成本+预期利润。这里的"加成"为全部的固定成本与合理的利润

3. 新产品的销售定价法

由于新产品没有被消费者所了解，所以新产品定价具有"不确定性"的特点。新产品通常采用通过不同几个地区进行试销的方法来获得市场反馈信息，以此来确定其最终定价。

新产品定价存在"撇脂性定价"和"渗透性定价"两种策略，其具体内容如表17-4所示。

表17-4 "撇脂性定价"和"渗透性定价"策略

定价策略	含义	特点
撇脂性定价	撇脂性定价是在新产品试销初期先定出较高的价格，以后随着市场的扩大，再逐步降低价格	这种定价策略初期可以带来高利润，但会引来大量竞争者，最终造成高价不能长期维持，往往适用产品的生命周期较短的产品
渗透性定价	渗透性定价法是在新产品试销初期以较低的价格进入市场，以期迅速获得市场份额，到市场地位已稳固后，再逐步提高销售价格	这种定价策略在销售初期利润较低，但可以有效地排除其他竞争者的进入，以建立一种长期的市场地位，因此，通常适合长期的市场定价策略

4. 有闲置能力条件下的定价法

有闲置能力条件下的定价法是指企业具有闲置生产力时，面对市场需求的变化所采用的定价方法。这种策略下，企业的产品定价应该在变动成本与目标价格之间进行选择。

变动成本=直接材料+直接人工+变动制造费用+变动销售和行政管理费用

成本加固=固定成本+预期利润

目标价格=变动成本+成本加固

【知识拓展】通常情况下，当企业参与订货会或者参与招投标时，会使用有闲置能力条件下的定价法来对产品定价。为了确保能低价中标，往往会以该投标产品的增量成本作为定价基础。当公司有剩余生产能力时，增量成本即为该批产品的变动成本。这种定价方法虽然定价会很低，但短期内可以维持企业的正常运营，还可以补偿一部分固定成本。

第四节 订货决策

考情分析： 对于本节内容，题型主要为主观题，也涉及客观题，分值在6分左右。考点主要集中在存货经济订货批量的确定、相关总成本的计算、保险储备量的确定方面。

学习建议： 对于本节内容的学习，重在了解存货管理的目标，掌握储备存货的有关成本计算，掌握存货的决策和控制方法。

一、存货管理的目标（★）

存货是指企业在生产经营过程中为销售或者耗用而储备的物资，包括材料、燃料、低值易耗品、在产品、半成品、产成品、协作件、商品等。

实际上，企业总有储存存货的需要，并因此占用或多或少的资金。这种存货的需要出自以下原因。

（1）保证生产或销售的经营需要。由于市场产品供需关系的变化会出现某种材料的市场断档，还因为企业距供货点较远而需要必要的途中运输及可能出现运输故障。一旦生产或销售所需物资短缺，生产经营将被迫停顿，造成损失。为了避免或减少出现停工待料、停业待货等事故，企业需要存储存货。

（2）出自价格的考虑。通常情况下，零购物资的价格往往比整批购买的价格高。可是存货过多，占用的资金也较多，其相应的管理成本也高。因此，存货会使利息支出增加并导致利润的损失。进行存货管理，就要尽力在各种存货成本与存货效益之间作出权衡，达到两者的最佳结合，这也就是存货管理的目标。

二、储备存货的成本（★★）

与储备存货有关的成本，包括取得成本、储存成本和缺货成本。

取得成本包括购置成本和订货成本。购置成本=年需要量×单价；订货成本=固定订货成本+变动订货成本。其中，固定订货成本与订货次数无关，变动订货成本与订货次数有关。

储存成本包括固定存储成本和变动存储成本。其中，固定存储成本与存货占用量无关，变动存储成本与存货占用量有关，变动存储成本=年平均仓库存量×单位存货的年储存成本。

（一）取得成本

取得成本是指为取得某种存货而支出的成本，通常用TC$_a$来表示。其又分为订货成本和购置成本。

1. 订货成本

订货成本是指取得订单的成本，如办公费、差旅费、邮资、电报电话费等支出。订货成本中有一部分与订货次数无关，如常设采购机构的基本开支等，称为订货的固定成本，用F_1表示，每次订货的变动成本用K表示；订货次数等于存货年需要量D与每次进货量Q之商。订货成本的计算公式为：

$$订货成本=F_1+\frac{D}{Q}K$$

2. 购置成本

购置成本是指存货本身的价值，经常用数量与单价的乘积来确定。年需要量用D表示，单价用U表示，于是购置成本为DU。

订货成本加上购置成本，就等于存货的取得成本。其公式可表达为：

取得成本=订货成本+购置成本

　　　　　=订货固定成本+订货变动成本+购置成本

即：

$$TC_a=F_1+\frac{D}{Q}K+DU$$

（二）储存成本

储存成本是指为保持存货而发生的成本，包括储存固定成本（用F_2表示）和储存变动成本。存货占用资金所应计的利息（若企业用现有现金购买存货，便失去

了现金存放银行或投资于证券本应取得的利息，视为"放弃利息"；若企业借款购买存货，便要支付利息费用，视为"付出利息"）、仓库费用、保险费用、存货破损和变质损失、存货的保险费用等，单位成本用K_c来表示。

用公式表达的储存成本为：

储存成本=储存固定成本+储存变动成本

即：

$$TC_c=F_2+K_c\frac{Q}{2}$$

（三）缺货成本

缺货成本是指由于存货供应中断而造成的损失，包括材料供应中断造成的停工损失、产成品库存缺货造成的拖欠发货损失和丧失销售机会的损失（还应包括需要主观估计的商誉损失）；如果生产企业以紧急采购代用材料解决库存材料中断之急，那么缺货成本表现为紧急额外购入成本（紧急额外购入的开支会大于正常采购的开支）。缺货成本用TC$_s$表示，则企业存货的相关总成本TC为：

$$TC=TC_a+TC_c+TC_s=F_1+\frac{D}{Q}K+DU+F_2+K_c\frac{Q}{2}+TC_s$$

企业存货的最优化，即是使上式TC值最小。

【例题5·计算分析题】（2012年真题）甲公司是一个汽车挡风玻璃批发商，为5家汽车制造商提供挡风玻璃。该公司总经理为了降低与存货有关的总成本，请你帮助他确定最佳的采购批量。有关资料如下：

（1）挡风玻璃的单位进货成本为1 300元。

（2）全年需求预计为9 900块。

（3）每次订货发出与处理订单的成本为38.2元。

（4）每次订货需要支付运费68元。

（5）每次收到挡风玻璃后需要验货，验货时外聘一名工程师，验货需要6小时，每小时支付工资12元。

（6）为存储挡风玻璃需要租用公共仓库。仓库租金每年2 800元，另外按平均存量加收每块挡风玻璃12元/年。

（7）挡风玻璃为易碎品，损坏成本为年平均存货价值的1%。

（8）公司的年资金成本为5%。

（9）从订货至挡风玻璃到货，需要6个工作日。

（10）在进行有关计算时，每年按300个工作日计算。

【要求】

（1）计算每次订货的变动成本。

（2）计算每块玻璃的变动储存成本。

（3）计算经济订货量。（详见后面内容）

（4）计算与经济订货量有关的存货总成本。（详见后面内容）

（5）计算再订货点。（详见后面内容）

【答案】

（1）每次订货的变动成本=每次处理订单成本+每次运费+每次验货费=38.2+68+6×12=178.2（元）

（2）每块玻璃的变动储存成本=单件仓储成本+单件损毁成本+单件存货占用资金成本=12+1 300×1%+1 300×5%=90（元）

三、存货经济批量分析（★★★）

【要点提示】重点掌握经济订货量基本模型、存货的陆续供应和使用模型、保险储备模型。

存货决策包括4项内容：决定进货项目、选择供应单位、决定进货时间和决定进货批量。决定进货项目和选择供应单位是销售部门、采购部门和生产部门的职责。财务部门要做的是决定进货时间和决定进货批量（分别用T和Q表示）。按照存货管理的目的，需要通过合理的进货批量和进货时间，使存货的总成本最低，这个批量叫作经济订货量或经济批量。有了经济订货量，可以很容易地找出最适宜的进货时间。

与存货总成本有关的变量（即影响总成本的因素）很多，为了解决比较复杂的问题，这需要设立一些假设，在此基础上建立经济订货量的基本模型。

（一）经济订货量基本模型

1. 经济订货量的概念

按照存货管理的目的，通过合理的进货批量和进货时间，使存货总成本最低的进货批量，叫作经济订货量或经济批量。

2. 经济订货量基本模型的假设条件

（1）能及时补充存货，即存货可瞬时补充。

（2）能集中到货，即不是陆续入库。

（3）不允许缺货，即无缺货成本。

（4）需求量稳定，并能预测。

（5）存货单价不变。

（6）企业现金充足，不会因现金短缺而影响进货。

（7）所需存货市场供应充足，可以随时买到。

3. 基本公式

在上述假设的基础上，存货总成本的公式可以简化为：

$$TC=F_1+\frac{D}{Q}K+DU+F_2+K_c\frac{Q}{2}$$

当TC为极小值时的Q即为经济订货量，经过求导推导得出以下基本公式。

（1）经济订货量（Q^*）基本模型

$$Q^*=\sqrt{\frac{2KD}{K_c}}$$

（2）基本模型演变形式

每年最佳订货次数（N^*）=$\frac{D}{Q^*}$

存货相关总成本TC（Q^*）=$\sqrt{2KDK_c}=\frac{D}{Q^*}\times K+\frac{Q}{2}\times K_c$

最佳定货周期（t^*）=$\frac{1}{N^*}$

经济订货量占用资金（I^*）=年平均库存×单位购置成本=$\frac{Q^*}{2}\times U$

【例题6·多选题】（2017年真题）根据存货经济批量模型，下列各项中，导致存货经济订货批量增加的情况有（　　　　）。

A. 单位储存成本增加

B. 存货年需求量增加

C. 订货固定成本增加

D. 单位订货变动成本增加

【解析】本题考查的是存货经济批量分析。存货经济订货批量=$\sqrt{\frac{2KD}{K_c}}$，存货年需求量、单位订货变动成本与存货经济订货批量同向变动（选项B、D正确）；单位储存成本与存货经济订货批量反向变动（选项A错误）；订货固定成本与存货经济订货批量无关（选项C错误），故本题正确答案为选项B、D。

【答案】BD

【案例17-1】某企业每年耗用某种材料3 600千克，该材料单位成本为10元，单位存储成本为2元，一次订货成本为25元，则：

$$Q^*=\sqrt{\frac{2KD}{K_c}}=\sqrt{\frac{2\times360\,000\times25}{2}}=3000（千克）$$

$$N^*=\frac{D}{Q^*}=360\,000\div3\,000=120（次）$$

$$TC（Q^*）=\sqrt{2KDK_c}=\sqrt{2\times360\,000\times250\times2}$$
$$=6000（元）$$

$$t^*=\frac{1}{N^*}=1/12（年）=1（月）$$

$$I^*=\frac{Q^*}{2}\times U=\frac{3\,000}{2}\times10=15\,000（元）$$

【例题7·计算分析题】（2012年真题）甲公司是一个汽车挡风玻璃批发商，为5家汽车制造商提供挡风玻璃。该公司总经理为了降低与存货有关的总成本，请你帮助他确定最佳的采购批量。有关资料如下：

（1）挡风玻璃的单位进货成本为1 300元。

（2）全年需求预计为9 900块。

（3）每次订货发出与处理订单的成本为38.2元。

（4）每次订货需要支付运费68元。

（5）每次收到挡风玻璃后需要验货，验货时外聘一名工程师，验货需要6小时，每小时支付工资12元。

（6）为存储挡风玻璃需要租用公共仓库。仓库租金每年2 800元，另外按平均存量加收每块挡风玻璃12元/年。

（7）挡风玻璃为易碎品，损坏成本为年平均存货价值的1%。

（8）公司的年资金成本为5%。

（9）从订货至挡风玻璃到货，需要6个工作日。

（10）在进行有关计算时，每年按300个工作日计算。

【要求】

（1）计算每次订货的变动成本。（详见前面内容）

（2）计算每块玻璃的变动储存成本。（详见前面内容）

（3）计算经济订货量。

（4）计算与经济订货量有关的存货总成本。

（5）计算再订货点。（详见后面内容）

【答案】

（3）经济订货批量 $= \sqrt{\dfrac{2 \times 9\,900 \times 178.2}{90}} = 198$（块）

（4）与经济订货批量有关的存货总成本

$= \sqrt{2 \times 9\,900 \times 178.2 \times 90}$

$= 17\,820$（元）

（二）基本模型的扩展

经济订货量基本模型是在各假设条件下成立的，但实际生活中是很少见的，因此，需要对经济订货量基本模型作一些改进，以使其具有可用性。

1. 订货提前期

一般情况下，企业的存货不能做到随用随时补充，因此需要在没有用完之前提前订货。订货提前点的确定，可以用再订货点，用 R 来表示。

（1）再订货点的含义：企业再次发出订货单时尚有存货的库存量。

$R = L \times d =$ 交货时间 × 每日需求量

例如，订货往返需要2天，企业每天耗用700件，则再订货点为1 400件。

（2）经济订货量的确定：与基本模型一致。

订货提前期对经济订货量并无影响，只是将订货的时间点提前。

【例题8·计算分析题】（2012年真题）甲公司是一个汽车挡风玻璃批发商，为5家汽车制造商提供挡风玻璃。该公司总经理为了降低与存货有关的总成本，请你帮助他确定最佳的采购批量。有关资料如下。

（1）挡风玻璃的单位进货成本为1 300元。

（2）全年需求预计为9 900块。

（3）每次订货发出与处理订单的成本为38.2元。

（4）每次订货需要支付运费68元。

（5）每次收到挡风玻璃后需要验货，验货时外聘一名工程师，验货需要6小时，每小时支付工资12元。

（6）为存储挡风玻璃需要租用公共仓库。仓库租金每年2 800元，另外按平均存量加收每块挡风玻璃12元/年。

（7）挡风玻璃为易碎品，损坏成本为年平均存货价值的1%。

（8）公司的年资金成本为5%。

（9）从订货至挡风玻璃到货，需要6个工作日。

（10）在进行有关计算时，每年按300个工作日计算。

【要求】

（1）计算每次订货的变动成本。（详见前面内容）

（2）计算每块玻璃的变动储存成本。（详见前面内容）

（3）计算经济订货量。（详见前面内容）

（4）计算与经济订货量有关的存货总成本。（详见前面内容）

（5）计算再订货点。

【答案】

（5）再订货点 = 6 × 9 900 ÷ 300 = 198（件）

2. 存货陆续供应和使用

前面的基本模型是假设存货一次全部入库，但事实上，各批存货可能陆续入库，存货陆续增加，即存货几乎是陆续供应和陆续消耗。

（1）基本原理

设每批订货数为 Q，每日送货量为 P，每日耗用

量 d，则该批存货全部送达所需日数为 Q/P，称为送货期，送货期内的存货耗用量 $=\dfrac{Q}{P}\times d$。

由于存货陆续送达陆续消耗，则每批送完时，最高库存量为：$Q-\dfrac{Q}{P}\times d$，则年平均库存量为 $\left(Q-\dfrac{Q}{P}\times d\right)\div 2$。

（2）相关成本

变动订货成本 = 年订货次数 × 每次订货成本 $=\dfrac{D}{Q}\times K$

变动储存成本 = 年平均库存量 × 单位存货的年储存成本 $=\dfrac{Q}{2}\times\left(1-\dfrac{d}{P}\right)\times K_c$

（3）基本公式

同样，当变动订货成本与变动储存成本相等时，总成本 TC 最低，对应的订货量 Q 为经济订货量，求导推导后得出：$Q^*=\sqrt{\dfrac{2KD}{K_c}\times\left(\dfrac{P}{P-d}\right)}$

存货陆续供应和使用的经济订货量总成本公式为：

$$\mathrm{TC}(Q^*)=\sqrt{2KDK_c\times\left(1-\dfrac{d}{P}\right)}$$

最佳订货次数 $N^*=D\div Q^*$

最佳订货周期 $=1\div N^*$

经济订货量占用资金 $=\dfrac{Q}{2}\times\left(1-\dfrac{d}{P}\right)\times$ 单价

【案例17-2】某企业甲零件可以外购，也可以自制。如果外购，单价4元，一次订货成本10元；如果自制，单位成本3元，每次生产准备成本600元。每日产量50件。零件的全年需求量为36件，储存变动成本为零件价值的20%，每日平均需求量为10件。

【要求】分别计算零件外购和自制的总成本，以选择较优的方案。

【答案】

（1）外购零件

$\mathrm{TC}=(Q^*)=\sqrt{2KDK_c}=\sqrt{2\times10\times36\times4\times0.2}=24$（元）

$\mathrm{TC}=DU+\mathrm{TC}(Q^*)=36\times4+24=168$（元）

（2）自制零件

$\mathrm{TC}(Q^*)=\sqrt{2KDK_c\times\left(1-\dfrac{d}{P}\right)}$

$=\sqrt{2\times600\times36\times3\times0.2\times\left(1-\dfrac{10}{50}\right)}$

$=144$（元）

$\mathrm{TC}=DU+\mathrm{TC}(Q^*)=36\times3+144=252$（元）

由于自制的总成本（252元）低于外购的总成本（168元），故以自制为宜。

3. 存货保险储备模型

（1）保险储备

按照某一订货量和再订货点发出订单后，如果需求增大或送货延迟，就会发生缺货或供货中断。为防止由此造成的损失，就需要多储备一些存货以备应急之需，称为保险储备。

（2）考虑保险储备的再订货点

再订货点（R）= 交货时间 × 平均日需求量 + 保险储备 $=L\times d+B$

（3）保险储备确定的原则

保险储备确定的原则是使保险储备的储存成本及缺货成本之和最小。

增加保险储备会使缺货成本降低，但相应储存成本会增加，故使缺货成本和储存成本之和最小的为最佳保险储备。

设单位缺货成本为 K_U，一次订货缺货量为 S，年订货次数为 N，保险储备量为 B，单位储存变动成本为 K_c，则：

$$\mathrm{TC}(S、B)=K_U\cdot S\cdot N+B\cdot K_c$$

现实中，缺货量 S 具有概率性，可以按照概率求期望值；保险储量 B，可以从0开始测，按照需要量的间隔累加，一直测到没有缺货为止。

根据不同保险储备计算对应总成本，总成本最小的方案对应的保险储备为最优。

◄)) 名师点拨 ••••••••••••••••••••••••••

（1）模型可适用于延迟交货或每日需求量变动的情况，关键是确定出交货期内需求量的概率分布。

（2）考虑保险储备时，存货的成本要多考虑两点：

①要考虑保险储备的储存成本。

基本模型：储存成本 $=(Q\div2)\times K_c+B\times K_c$

陆续模型：储存成本 $=(Q\div2)\times(1-d\div p)\times K_c+B\times K_c$

②要考虑缺货成本。

缺货成本 $=K_U\times S\times N$

即总成本的确定要考虑储有成本和缺货成本。

【提示】要掌握基本模型及订货提前期、存货陆续供应以及使用和考虑保险储备3种扩展模型的经济订货量和相关总成本的计算，同时会计算可能涉及的再订货点、最优保险储备量的确定。

（1）基本模型经济订货量 $Q^* = \sqrt{\dfrac{2KD}{K_c}}$ ；存货相关

总成本 $TC(Q^*) = \sqrt{2KDK_c} = \dfrac{D}{Q^*}K + \dfrac{Q}{2} \times K_c$ 。

（2）订货提前期对经济订货量并无影响，只是将订货的时间点提前。

（3）存货陆续供应和使用的经济订货量：$Q^* = \sqrt{\dfrac{2KD}{K_c} \times \dfrac{P}{P-d}}$ ；总成本公式为：$TC(Q^*) = \sqrt{2KDK_c \times (1 - \dfrac{d}{P})}$ 。

（4）供货单位延迟交货的概率增加会增加保险储备，但并不会影响经济订货批量。

【例题9·计算分析题】（2013年真题）甲公司是一家机械加工企业，产品生产需要某种材料，年需求量为720吨（一年按360天计算）。该公司材料采购实行供应商招标制度，年初选定供应商并确定材料价格，供应商根据甲公司指令发货，运输费由甲公司承担。目前有两个供应商方案可供选择，相关资料如下：

方案一： 选择A供应商，材料价格为每吨3 000元。每吨运费100元，每次订货还需支付返空、路桥等固定运费500元。材料集中到货，正常情况下从订货至到货需要10天，正常到货的概率为50%，延迟1天到货的概率为30%，延迟2天到货的概率为20%，当材料缺货时，每吨缺货成本为50元。如果设置保险储备，以一天的材料消耗量为最小单位。材料单位储存成本为200元/年。

方案二： 选择当地B供应商，材料价格为每吨3 300元，每吨运费20元，每次订货需要支付固定运费100元。材料在甲公司指令发出当天即可送达，但每日最大送货量为10吨。材料单位储存成本为200元/年。

【要求】

（1）计算方案一的经济订货量；分别计算不同保险储备量的相关总成本，并确定最合理的保险储备量，并计算方案一的总成本。

（2）计算方案二的经济订货量和总成本。

（3）从成本角度分析，甲公司应选择哪个方案？

【答案】

（1）经济订货量 $= \sqrt{\dfrac{2 \times 720 \times 500}{200}} = 60$ （吨）

每天平均耗用量 $= 720 \div 360 = 2$ （吨）

该材料交货期的需要量及其概率分布如表17-5所示。

表17-5 　　　　　　　　　该材料交货期的需要量及期概念分布

交货期	不延迟	延迟1天	延迟2天
交货期内的总需要量/吨	10×2=20	11×2=22	12×2=24
概率	50%	30%	20%

①不设保险储备，$B=0$，再订货点 $R = 10 \times 2 = 20$ （吨）

缺货量 $S = (22-20) \times 30\% + (24-20) \times 20\% = 1.4$ （吨）

年订货次数 $= 720 \div 60 = 12$ （次）

相关总成本 $= 1.4 \times 12 \times 50 + 0 \times 200 = 840$ （元）

②设保险储备，$B=2$，再订货点 $R = 10 \times 2 + 2 = 22$ （吨）

缺货量 $S = (24-22) \times 20\% = 0.4$ （吨）

相关总成本 $= 0.4 \times 12 \times 50 + 2 \times 200 = 640$ （元）

③设保险储备，$B=4$，再订货点 $R = 10 \times 2 + 4 = 24$ （吨）

缺货量 $S = 0$ 吨

相关总成本 $= 0 \times 12 \times 50 + 4 \times 200 = 800$ （元）

最合理的保险储备量为2吨。

方案一的总成本 $= 720 \times (3\,000 + 100) + \sqrt{2 \times 720 \times 500 \times 200} + 640 = 2\,244\,640$ （元）

（2）经济订货量 $= \sqrt{\dfrac{2 \times 720 \times 100}{200 \times (1 - \frac{2}{10})}} = 30$ （吨）

方案二的总成本 $= 720 \times (3\,300 + 20) + \sqrt{2 \times 720 \times 100 \times 200 \times (1 - \frac{2}{10})} = 2\,395\,200$ （元）

（3）因为方案一的总成本低，故应选择方案一。

【例题10·单选题】某公司生产所需的零件全部通过外购取得，公司根据扩展的经济订货量模型确定进货批量。下列情形中，能够导致零件经济订货量增加的是（　　　　）。

A. 供货单位需要的订货提前期延长

B. 每次订货的变动成本增加

C. 供货单位每天的送货量增加

D. 供货单位延迟交货的概率增加

【解析】供货单位需要的订货提前期延长不会影响经济订货批量；供货单位每天的送货量增加会使经济订货批量减少；供货单位延迟交货的概率增加会增加保险储备，但并不会影响经济订货批量。

【答案】B

【例题11·单选题】某零件年需要量16 200件，日供应量60件，一次订货成本为25元，单位储存成本为1元/年，单位生产成本为100元。假设一年为360天。需求是均匀的，不设置保险库存并且按照经济订货量进货，则下列各项计算结果中错误的是（　　　　）。

A. 经济订货量为1800件

B. 最高库存量为450件

C. 经济订货量平均占用资金为22 500元

D. 与进货批量有关的总成本为600元

【解析】

根据题目，可知是存货陆续供应和使用的模型。

日耗用量＝16 200÷360＝45（件），

$Q=\sqrt{2\times16\,200\times25\times\dfrac{1}{1-\frac{45}{60}}}=1\,800$（件），选项A正确；最

高库存＝$1\,800\times\left(1-\dfrac{45}{60}\right)=450$（件），选项B正确；

平均库存＝$\dfrac{1\,800}{2}\times\left(1-\dfrac{45}{60}\right)=225$（件），平均占用资金＝$225\times100=22\,500$（元），选项C正确；

$TC(Q)=\sqrt{2\times16\,200\times25\times1\times\left(1-\dfrac{45}{60}\right)}=450$（元），选项D不正确。

【答案】D

名师点拨

存在数量折扣的情况下，存货采购的买价和订货量发生变化，则相应成本发生变化，其决策相关总成本有：

购置成本＝年需要量×单价

变动订货成本＝年订货次数×每次订货成本

变动储存成本＝年平均库存量×单位存货的年储存成本

决策原则是使相关总成本最低的订货量为经济订货批量。

【案例17-3】某企业每年耗用某种材料36 000千克，该材料单位成本为10元，单位存储成本为2元，一次订货成本为25元。若供货商提出一次购买9 000千克以上给予5%折扣。计算经济订货批量如表17-6所示。

表17-6　　　　　　　　　　　　**供货商的供货方案**

方　案	不要折扣	要折扣
每次订货量/千克	3 000	9 000
单位进价/（元/千克）	10	10×（1-5%）=9.5
购置成本＝年需要量×单价/元	36 000×10=360 000	36 000×9.5=342 000
变动订货成本/元	600	36 000÷9 000×25=100
变动储存成本/元		9 000÷2×2=9 000
相关成本合计/元	360 600	351 100

【例题12·计算分析题】（2014年真题）某公司在对外购还是自制某产品的方案做决策。如果外购该产品，外购价格为100元/件，每次订货需发生变动成本20元/件。如果自制该产品发生的费用如下。

（1）生产该产品需要投入设备100 000元，可以使用5年。

（2）生产该产品需要4人，采用固定工资制，每人每年工资总额为24 000元。

（3）生产准备每次需要400元，每天可产出产品15件。

（4）其他产品生产留下的边角料全年1 000千克，

自制该产品每件产生边角料0.1千克，该边角料如果出售，单价为100元/千克。

（5）自制还需要发生其他变动成本50元/件。

该公司该产品的年需要量为3 600件，全年360天，资金占用费为10%。

【要求】

（1）计算外购该产品的经济订货量、相关批量的成本、总成本？

（2）计算自制该产品的经济订货量、相关批量的成本、总成本？

（3）该企业应当选择外购还是自制产品？说明理由？

【答案】

（1）外购K_c=100×10%=10（元/件）

外购K=20（元/件）

外购D=3 600件

外购该产品的经济订货量=$\sqrt{\dfrac{2\times3\,600\times20}{10}}$=120（件）

外购该产品的批量相关成本=$\sqrt{2\times3\,600\times20\times10}$=1 200（元）

外购总成本=3 600×100+1 200=361 200（元）

（2）自制K_c=（10+50）×10%=（6元/件）

自制K=400（元/次）

自制D=3 600（件）

自制P=15（件/天）

自制d=10（件/天）

外购该产品的经济订货量=$\sqrt{\dfrac{2\times3\,600\times400}{6}\div(1-10\div15)}$=1 200（件）

外购该产品的批量相关成本
=$\sqrt{2\times3\,600\times400\times6\times(1-10/15)}$=2 400（元）

外购总成本=3 600×60+100 000÷5+4×24 000+2 400=334 400（元）

（3）自制的成本小于外购成本，应选用自制方案。

过关测试题

一、单选题

1. 成本加成定价就是按照（　　　）加上一定百分比的加成来制定产品销售价格。

A. 单位成本　　　　　B. 固定成本

C. 边际成本　　　　　D. 边际可变成本

2. 在企业生产能力过剩或面临激烈竞争的情况下，一般把（　　　）作为定价目标。

A. 维持企业生存　　　B. 当期利润最大化

C. 产品质量优化　　　D. 市场占有率最大化

3. 如果企业有剩余的生产能力可供使用，或者可以利用过时老产品腾出来的生产能力，在有几种新产品可供选择时，一般采用（　　　）分析法进行决策。

A. 边际贡献　　　　　B. 变动成本

C. 固定成本　　　　　D. 利润总额

4. 相关成本是指与特定决策有关的、在分析评估时必须加以考虑的未来成本，下列各项中不属于相关成本的是（　　　）。

A. 差额成本　　　　　B. 未来成本

C. 沉没成本　　　　　D. 机会成本

5. 在变动成本加成法与完全成本加成法下，营业利润出现差异的根本原因在于两种成本计算法下计入当期损益的（　　　）水平差异。

A. 变动生产成本　　　B. 销售收入

C. 固定制造费用　　　D. 期间费用

6. 在亏损产品决策中，只要亏损产品提供的（　　　）大于0就应该继续生产。

A. 边际贡献

B. 销售收入

C. 息税前利润

D. 销售收入与固定成本的差额

7. 建立存货合同保险储备的目的是（　　　）。

A. 在过量使用存货时保证供应

B. 在进货延长时保持供应

C. 使存货的缺货成本和存储成本之和最小

D. 降低存货的储备成本

8. 基本经济进货批量模式所依据的假设不包括（　　　）。

A. 允许缺货

B. 存货单价不变

C. 所需存货市场供应充足

D. 需求量稳定，并且能够预测

二、多选题

1. N公司拟于2016年初新建一生产车间用于某种新产品的开发，则与该投资项目有关的现金流量是（　　　）。

A. 需购置新的生产流水线价值200万元，同时垫付20万元流动资金

B. 利用现有的库存材料，该材料目前的市价为20万元

C. 车间建在2010年已购入的土地上，该块土地若不使用可以300万元出售

D. 2015年公司曾支付5万元的咨询费请专家论证过此事

2. 下列各项中，属于相关成本的有（　　　　）。

A. 不可避免成本

B. 未来成本

C. 机会成本

D. 差异成本

3. 以下各项中应作为相关成本的有（　　　　）。

A. 项目可行性分析支付的咨询费6万元

B. 购置新设备支付80 000元

C. 使用企业原有的A设备，该设备的账面价值为120 000元

D. 生产某种产品使用企业原有的厂房，该厂房如果出租每年可获租金收入5 000元

4. 下列各项因素中对存货的经济订货量有影响的有（　　　　）。

A. 订货提前期　　　B. 每日送货量

C. 每日耗用量　　　D. 保险储备量

5. 存货模式和随机模式是确定最佳现金持有量的两种方法。以下对这两种方法的表述中，正确的有（　　　　）。

A. 存货模式简单、直观，比随机模式有更广泛的适用性

B. 随机模式可以在企业现金未来需要总量和收支不可预测的情况下使用

C. 随机模式确定的现金持有量是据公式计算的，不易受到管理人员主观判断

D. 两种方法都考虑了现金的交易成本和机会成本

6. 在存货的管理中，与建立保险储备量有关的因素有（　　　　）。

A. 缺货成本　　　　B. 平均库存量

C. 交货期　　　　　D. 存货需求量

7. 根据存货陆续供应与使用模型，下列情形中能够导致经济订货量提高的有（　　　　）。

A. 存货需求量增加

B. 每次订货的单位变动成本增加

C. 单位储存变动成本增加

D. 每日消耗量增加

全面预算

第**18**章

本章属于非重点章，从历年的考试情况来看，主要考点包括全面预算的编制方法、各种营业预算的编制及财务预算的编制。考试题型除客观题外，还可能出计算分析题，以往计算分析题的考点主要集中在现金预算的编制上。在近几年的考试中，所占分值在3分左右。

【本章考点概览】

全面预算	一、全面预算概述	1. 全面预算的体系	★
		2. 全面预算的作用	★
		3. 全面预算的编制程序	★★
	二、全面预算的编制方法	1. 增量预算与零基预算	★★
		2. 固定预算与弹性预算	★★
		3. 定期预算与滚动预算	★★
	三、营业预算的编制	1. 销售预算	★★
		2. 生产预算	★★
		3. 直接材料预算	★★
		4. 直接人工预算	★★
		5. 制造费用预算	★★
		6. 产品成本预算	★
		7. 销售费用和管理费用预算	★★
	四、财务预算的编制	1. 现金预算	★★★
		2. 利润表预算	★★★
		3. 资产负债表预算	★★★

第一节　全面预算概述

考情分析：对于本节内容，题型主要为客观题，分值通常为1分。考点主要集中在短期预算的意义和体系。

学习建议：对于本节内容的学习，重在了解全面预算的内容、作用和编制程序。短期计划通常以一个年度为计划期，也称为年度预算。

一、全面预算的体系（★）

1. 预算

预算是计划工作的成果，它既是决策的具体化，又是控制生产经营活动的依据。预算在传统上被看成是控制支出的工具，但新的观念将其看成"利用企业现有资源增加企业价值的一种方法"。

2. 预算体系

全面预算是由一系列预算构成的体系，各预算之间的主要联系如下。

（1）根据长期市场预测和生产能力确定本年度的销售预算，并根据企业财力确定资本支出预算；

（2）本年度销售预算是年度预算的编制起点，按照"以销定产"原则确定生产预算、销售费用预算；

（3）根据生产预算来确定直接材料、直接人工和制造费用预算；

（4）产品成本预算和现金预算是有关预算的综合；

（5）利润表预算、资产负债表预算是全面预算的综合。

3. 全面预算分类

按其涉及的预算期分为长期预算和短期预算。长期预算包括长期销售预算和资本支出预算，有时还包括长期资金筹措预算和研究与开发预算；短期预算指年度预算，或者时间更短的季度或月度预算。

按其涉及的内容分为总预算和专门预算。总预算是指利润表预算和资产负债表预算，它们反映企业的总体状况，是各种专门预算的综合；专门预算是指其他反映企业某一方面经济活动的预算。

按其涉及的业务活动领域分为业务预算和财务预算。业务预算包括销售预算和生产预算；财务预算是关于资金筹措和使用的预算，主要内容有：①短期的现金收支预算和信贷预算；②长期的资本支出预算；③长期资金筹措预算。

【例题1·单选题】下列预算中，属于财务预算的是（　　）。

A．销售预算　　　　　B．生产预算

C．产品成本预算　　　D．资本支出预算

【解析】财务预算是指关于资金筹措和使用的预算，包括短期的现金收支预算和信贷预算，以及长期的资本支出预算和长期资金筹措预算。

【答案】D

二、全面预算的作用（★）

企业预算是各级各部门工作的奋斗目标、协调工具、控制标准、考核依据，在经营管理中发挥着重大作用。

企业的主要目标是盈利，但也要考虑社会的其他限制。因此，需要通过预算分门别类、有层次地表达企业的各种目标。企业的总目标，通过预算被分解成各级各部门的具体目标。他们根据预算安排各自的活动，如果各级各部门都完成了自己的目标，企业的总目标就有了保障。

企业内部各级各部门必须协调一致，才能最大限度地实现企业的总目标。各级各部门因其职责不同，往往会出现互相冲突的现象。企业预算运用货币度量来表达，具有高度的综合性，经过综合平衡以后，可以体现

解决各级各部门冲突的最佳办法，可以使各级各部门的工作在此基础上协调起来。

计划一经确定，就进入了实施阶段，管理工作的重心转入控制过程，即设法使经济活动按计划进行。控制过程包括经济活动的状态的计量、实际状态和标准的比较、两者差异的确定和分析，采取措施调整经济活动的状态的计量、实际状态和标准状态的比较、两者差异的确定和分析，以及采取措施调整经济活动等，预算是控制经济活动的依据和衡量其合理性的标准，当实际状态和预算有了较大差异时，要查明原因并采取措施。

现代化生产是许多共同劳动的过程，不能没有责任制度，而有效的责任制度离不开对工作成绩的考核，通过考核，对每个人的工作进行评价，并据此实行奖惩和人事任免，可以促使人们更好的工作。考核与不考核是不一样的。当管理人员知道将根据他们的工作实际来评价其能力并实行奖惩时，他们将会更努力地工作。超过上年或历史最高水平，只能说明有所进步，而不能说明这种进步已经达到了应有的程度。由于客观条件的变化，收入减少或成本增加并不一定是管理人员失职造成的，很难依据历史变化趋势说明工作的好坏。当然，考核时也不能只看预算是否被完全执行了，某些偏差可能是有利的，如增加推销费用可能对企业总体有利；反之，年终突击花钱，虽未超过预算，但也不是一种好的现象。

为使预算发挥上述作用，除要编制一个高质量的预算外，还应制定合理的预算管理制度，包括编制程序、修改预算的办法、预算执行情况的分析方法、调查和奖惩办法等。

三、全面预算的编制程序（★★）

企业预算的编制，涉及经营管理的各个部门，只有执行人参与预算的编制，才能使预算成为他们自愿努力完成的目标，而不是外界强加于他们的枷锁。

企业预算的编制程序如下。

（1）企业决策机构根据长期规划，利用本量利分析等工具，提出企业一定时期的总目标，并下达规划指标。

（2）最基层成本控制人员自行草编预算，使预算能较为可靠、较为符合实际。

（3）各部门汇总部门预算，并初步协调本部门预算，编制出销售、生产、财务等预算。

（4）预算委员会审查、平衡各预算，汇总出公司的总预算。

（5）经过总经理批准，审议机构通过或者驳回修改预算。

（6）主要预算指标报告给董事会或上级主管单位，讨论通过或者驳回修改。

（7）批准后的预算下达给各部门执行。

第二节　全面预算的编制方法

考情分析： 本节内容的出题方式主要以客观题为主，分值在1分左右。考点主要集中在全面预算的编制方法。

学习建议： 本节内容的学习重在了解全面预算编制方法中的增量预算法与零基预算法；理解固定预算法与弹性预算法；理解定期预算法与滚动预算法。

企业全面预算的构成内容比较复杂，编制预算需要采用适当的方法。常见的预算方法主要包括增量预算法与零基预算法、固定预算法与弹性预算法、定期预算法与滚动预算法，这些方法广泛应用于营业活动有关预算的编制。

一、增量预算与零基预算（★★）

按照其出发点特征不同，编制预算的方法可分为增量预算法和零基础预算法两大类。

1. 增量预算法

增量预算法也称为调整预算法，是指以基期水平为基础，分析预算期业务量水平及有关影响因素的变动情况，通过调整基期项目及数额，编制相关预算的方法。

增量预算法的缺点是：当预算期的情况发生变化，预算数额会受到基期不合理因素的干扰，可能导致预算的不准确，不利于调动各部门达成预算目标的积极性。

增量预算法的假设前提是：①现有的业务活动是企业所必需的；②原有的各项业务都是合理的。

2. 零基预算法

零基预算法是"以零为基础编制预算"的方法，采用零基预算法在编制费用预算时，不考虑以往期间的费用项目和费用数额，主要根据预算期的需要和可能分析费用项目和费用数额的合理性，综合平衡编制费用预算。

零基预算法的优点是：不受前期费用项目和费用水平的制约，能够调动各部门降低费用的积极性。其缺点是编制工作量大。

【例题2·单选题】 不受现有开支水平和费用项目的限制，并能够克服增量预算方法缺点的预算方法是（　　）。

A. 固定预算方法　　　B. 弹性预算方法

C. 零基预算方法　　　D. 滚动预算方法

【解析】 零基预算法的优点是：①不受已有费用开支水平的限制；②能够调动各方面降低费用的积极性；③有助于企业未来发展。零基预算法的优点正好是增量预算法的缺点。

【答案】 C

【例题3·多选题】（2014年真题）与增量预算编制方法相比，零基预算编制方法的优点有（　　）。

A. 可以重新审视现有业务的合理性

B. 可以避免前期不合理费用项目的干扰

C. 可以调动各部门降低费用的积极性

D. 编制工作量小

【解析】 应用零基预算法编制费用预算的优点是不受前期费用项目和费用水平的制约，能够调动各部门降低费用的积极性，但其缺点是编制工作量大。因此，零基预算法可以"重新审视现有业务的合理性且避免前期不合理费用项目的干扰"。

【答案】 ABC

二、固定预算与弹性预算（★★）

按其业务量基础的数量特征不同，编制预算的方法可分为固定预算法与弹性预算法。

（一）固定预算法

固定预算法也称为静态预算法，是指在编制预算时，只根据预算期内正常、可实现的某一固定的业务量（如生产量、销售量等）水平作为唯一基础来编制预算的方法。

固定预算法的缺点是适应性差、可比性差。其适用于经营业务稳定，生产产品产销量稳定，能准确预测产品需求及产品成本的企业，也可用于编制固定费用预算。

（二）弹性预算

弹性预算法也称为动态预算法，是指在成本性态分析的基础上，依据业务量、成本和利润之间的联动关系，按照预算期内可能的一系列业务量（如生产量、销售量、工时等）水平编制的系列预算方法。

弹性预算的特点是预算范围宽、可比性强。其适用于编制全面预算中所有与业务量有关的预算，但实务中主要用于编制成本费用预算和利润预算，尤其是成本费用预算。

🔊 **名师点拨** ●●●●●●●●●●●●

一般来说，弹性预算的业务量可定在正常生产能力的70%～110%之间，或以历史上最高业务量和最低业务量为其上下限。弹性预算的准确性，在很大程度上取决于成本性态分析的可靠性。

运用弹性预算法编制预算的基本步骤是：

（1）选择业务量的计量单位；

（2）确定适用的业务量范围；

（3）逐项研究并确定各项成本和业务量之间的数量关系；

（4）计算各项预算成本，并用一定的方式来表达。

弹性预算法分为公式法和列表法两种具体方法。

1. 公式法

公式法是运用总成本性态模型，测算预算期的成本费用数额，并编制成本费用预算方法。根据成本性态，成本与业务量之间的数量关系可用公式表示为：

成本的弹性预算=固定成本预算数+单位变动成本预算数×预计业务量（$Y=a+bX$）

其优点是便于计算任何业务量的预算成本，缺点是阶梯成本和曲线成本只能用数学方法修正为直线，才能应用公式法。

2. 列表法

列表法是在预计的业务量范围内将业务量分为若干个水平，然后按不同的业务量水平编制预算。

应用列表法编制预算，首先要在确定的业务量范围内，划分出若干个不同水平，然后分别计算各项预算值，汇总列入一个预算表格。

列表法的编制要点是用列表的方式，在相关范围内每隔一定业务量范围计算相关数值预算。其优点是：

①不管实际业务量多少，不必经过计算即可找到与业务量相近的预算成本；②混合成本中的阶梯成本和曲线成本，可按总成本性态模型计算填列，不必用数学方法修正为近似的直线成本。

列表法的缺点是：在评价和考核实际成本时，往往需要使用插补法来计算"实际业务量的预算成本"，比较麻烦。

【例题4·单选题】只根据预算期内正常的、可实现的某一业务量水平为唯一基础来编制预算的方法称为（　　　）。

A. 零基预算　　　　B. 定期预算

C. 静态预算　　　　D. 滚动预算

【解析】固定预算法，又称静态预算法，是指在编制预算时，按照某一固定的业务量（如生产量、销售量等）编制预算的方法。

【答案】C

【例题5·多选题】用列表法编制的弹性预算，主要特点是（　　　）。

A. 不管实际业务量多少，不必经过计算即可找到与实际业务量相近的预算成本，控制成本比较方便

B. 混合成本中的阶梯成本和曲线成本可按其性态直接在预算中反映

C. 评价和考核实际成本时往往需要使用插补法计算实际业务量的预算成本

D. 不以成本性态分析为前提

【解析】弹性预算的编制应以成本性态分析为前提，无论是公式法还是列表法，都应以成本性态分析为前提。

【答案】ABC

三、定期预算与滚动预算（★★）

编制预算的方法按其预算期的时间特征不同，可分为定期预算法和滚动预算法两类。

（一）定期预算法

定期预算是以固定不变的会计期间（如年度、季度、月份）作为预算期间编制预算的方法。

定期预算优点是：能保证预算期间与会计期间在时期上配比，便于依据会计报告的数据与预算的比较，考核和评价预算的执行结果。其缺点是：不利于前后各个期间的预算衔接，不能适应连续不断的业务活动过程的预算管理。

（二）滚动预算法

滚动预算是在上期预算完成情况的基础上，调整和编制下期预算，并将预算期间逐期连续向后滚动推移，使预算期间保持一定的时期跨度。

滚动预算的优点是：能够保持预算的持续性，有利于考虑未来业务活动，结合企业近期目标和长期目标；使预算随时间的推进不断加以调整和修订，能使预算与实际情况更相适应，有利于充分发挥预算的指导和控制作用。其缺点是编制工作量大。

采用滚动预算法编制的预算，按照滚动的时间单位不同可分为逐月滚动、逐季滚动和混合滚动。

1. 逐月滚动方式

逐月滚动方式是指在预算编制过程中，以月份为预算的编制和滚动单位，每个月调整一次预算的方法。按照逐月滚动方式编制的预算比较精确，但工作量较大。

如在20×1年1月至12月的预算执行过程中，需要在1月末根据当月预算的执行情况，修订2～12月的预算，同时补充下一年20×2年1月的预算；到2月末可根据当月预算的执行情况，修订3月至20×2年1月的预算，同时补充20×2年2月的预算；以此类推。逐月滚动预算方式如图18-1所示。

图18-1 逐月滚动预算方式示意图

2. 逐季滚动方式

逐季滚动方式是指在预算编制过程中，以季度为预算的编制和滚动单位，每个季度调整一次预算的方法。

逐季滚动编制的预算比逐月滚动工作量小，但精确度较差。逐季滚动预算方式如图18-2所示。

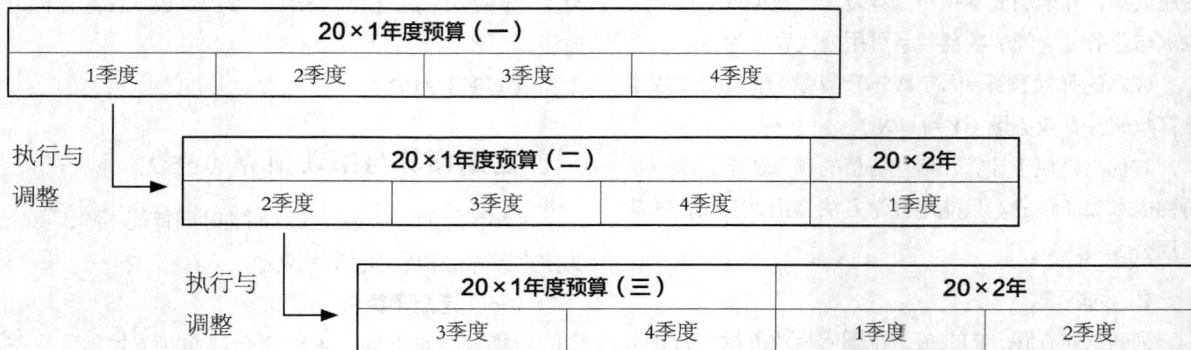

图18-2 逐季滚动预算方式示意图

3. 混合滚动方式

混合滚动方式是指在预算编制过程中，同时以月份和季度作为预算的编制和滚动单位的方法。这种预算方法的理论依据是：人们对未来的了解程度具有对近期的预计把握较大，对远期的预计把握较小的特征，混合滚动预算方式如图18-3所示。

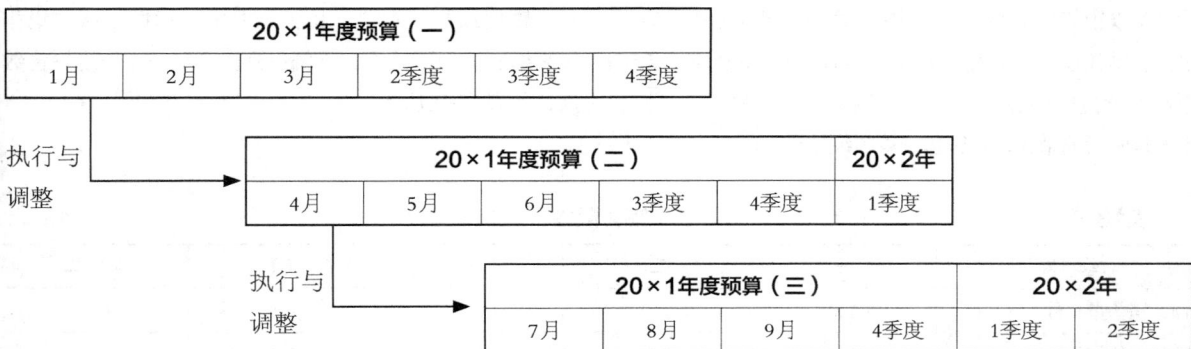

图18-3 混合滚动预算方式示意图

【例题6·多选题】（2013年真题）短期预算可采用定期预算法编制，该方法（　　　）。

A. 有利于前后各个期间的预算衔接

B. 可以适应连续不断的业务活动过程的预算管理

C. 有利于按财务报告数据考核和评价预算的执行结果

D. 使预算期间与会计期间在时期上配比

【解析】定期预算的优点在于：保证预算期间与会计期间在时期上配比，便于依据会计报告的数据与预算的比较，考核和评价预算的执行结果。其缺点是：不利于前后各个期间的预算衔接，不能适应连续不断的业务活动过程的预算管理。

【答案】CD

【例题7·单选题】以下哪种滚动方式不属于滚动预算方法（　　　）。

A. 逐年滚动方式

B. 逐季滚动方式

C. 逐月滚动方式

D. 混合滚动方式

【解析】采用滚动预算法编制预算，按照滚动的时间单位不同可分为逐月滚动、逐季滚动和混合滚动。

【答案】A

🔊 **名师点拨** ••••••••••••••••••••••••••••••••••••

全面预算方法的分类总结如表18-1所示。

表18-1 全面预算方法的分类

分类标准		说　明
按其出发点的特征不同	增量预算法	以基期成本费用水平为基础
	零基预算法	一切以零为出发点
按其业务量基础的数量特征不同	固定预算法	单一业务量水平
	弹性预算法	多个业务量水平，以成本习性分类为基础
按其预算的时间特征不同	定期预算法	预算期=会计期间
	滚动预算法	预算期长度固定，但预算期与会计期相脱节

第三节　营业预算的编制

考情分析：对于本节内容，题型多以客观题为主，分值通常为1分。考点主要集中在营业预算的编制。

学习建议：本节内容的学习重在能够编制各种营业预算；理解各种营业预算。

营业预算是企业日常营业活动的预算，企业的营业活动涉及供产销等各个环节及业务。营业预算包括销售预算、生产预算、直接材料预算、直接人工预算、制造费用预算、产品成本预算、销售费用和管理费用预算。

一、销售预算（★★）

销售预算是企业整个预算的编制起点，其他预算的编制都以销售预算为基础。销售预算的主要内容是销量、单价和销售收入。销量是根据市场预测或销货合同并结合企业生产能力确定的。单价是通过价格决策确定的。销售收入是两者的乘积，在销售预算中经计算得出。

销售预算通常要分品种、月份、销售区域、销售员来编制。为了简化，下例只列出了M公司季度销售数据，如表18-2所示。

表18-2　　　　　　　　　　　　　　　　　　销售预算　　　　　　　　　　　　　　　　　　单位：元

季　度	一	二	三	四	全　年
预计销售量（件）	100	150	200	180	630
预计单位售价	210	210	210	210	210
销售收入	21 000	31 500	42 000	37 800	132 300
预计现金收入					
上年应收账款	6 200				6 200
第一季度（销货21 000）	12 600	8 400			21 000
第二季度（销货31 500）		18 900	12 600		31 500
第三季度（销货42 000）			25 200	16 800	42 000
第四季度（销货37 800）				22 680	22 680
现金收入合计	18 800	27 300	37 800	39 480	123 380

第一季度的现金收入包括两部分，即上年应收转款在本年第一季度收到的货款，以及本季度销售中可能收到的货款部分。本例假设：每季度销售收入中，本季度收到现金60%，另外的40%现金要到下季度才能收到。

【例题8·计算分析题】ABC企业只生产一种产品，销售单价8元/件。2014年6月销量为20 000件，预计2014年7月销售30 000件，预计2014年8月销售40 000件。根据经验，商品售出后当月可收回货款的60%，次月收回30%，再次月收回10%。

【要求】

（1）计算2014年8月预计现金收入。

（2）计算2014年8月末应收账款。

【答案】

（1）现金收入包括3个部分，8月销售8月收到的现金、7月销售8月收到的现金和6月销售8月收到的现金，故现金收入为40 000×8×60%+30 000×8×30%+20 000×8×10%=280 000（元）。

（2）根据收款经验，应收账款在本月、次月和再次月全部收完，故应收账款包括8月销售未收的40%和7月销售未收的10%两部分（6月的已在8月全部收清），故8月末应收账款为40 000×8×40%+30 000×8×10%=152 000（元）。

二、生产预算（★★）

生产预算是在销售预算的基础上编制的，其主要内容有销售量、期初和期末产成品存货、生产量。表18-3是M公司的生产预算。

表18-3　　　　　　　　　　　　　　　　　　生产预算　　　　　　　　　　　　　　　　　　单位：件

季　度	一	二	三	四	全　年
预计销售量	100	150	200	180	630
加：预计期末产成品存货	15	20	18	20	20
合计	115	170	218	200	650
减：预计期初产成品存货	10	15	20	18	10
预计生产量	105	155	198	182	640

通常企业的生产和销售不能做到"同步同量",需要设置一定的产成品存货,以保证能在发生意外需求时按时供货,并可均衡生产,节省赶工的额外支出。期末产成品存货数量通常按下期销量的一定百分比确定,本例按10%安排期末产成品存货。年初产成品存货是编制预算时预计的,年末产成品存货根据长期销售趋势来确定。本例假设年初有产成品存货10件,年末留存20件,产成品存货预算也可单独编制。

生产预算的"预计销售量"来自销售预算,其他数据由表19-3中计算得出:

（1）预计期末产成品存货=下期销售量×10%

（2）预计期初产成品存货=上期期末产成品存货

（3）预计生产量=（预计销售量+预计期末产成品存货）-预计期初产成品存货

生产预算在实际编制时是比较复杂的,产量受到生产能力的限制,产成品存货数量受到仓库容量的限制,只能在此范围内来安排产成品存货数量和各期生产量。此外,有的季节可能销量很大,可以用赶工方法增产,为此要多付加班费,如果提前在淡季生产,会因为增加产品存货而多付资金利息。因此,要权衡两者得失,选择成本最低的方案。

【例题9·单选题】甲公司正在编制下一年度的生产预算,期末产成品存货按照下季度销量的10%安排。预计一季度和二季度的销售量分别为150件和200件,一季度的预计生产量是（   ）件。

A. 145　　　　　　B. 150

C. 155　　　　　　D. 170

【解析】一季度预计生产量=150+200×10%-150×10%=155（件）。

【答案】C

【例题10·多选题】在编制生产预算时,计算某种产品预计生产量应考虑的因素包括（   ）。

A. 预计材料采购量

B. 预计产品销售量

C. 预计期初产品存货量

D. 预计期末产品存货量

【解析】某种产品预计生产量=预计销售量+预计期末存货量-预计期初存货量,可见预计生产量不需考虑材料采购量。

【答案】BCD

三、直接材料预算（★★）

直接材料预算是以生产预算为基础编制的,同时还要考虑原材料存货水平。

表18-4是M公司的直接材料预算。其主要内容有直接材料的单位产品用量、生产需用量、期初和期末存货量等。"预计生产量"的数据来自生产预算,"单位产品材料用量"的数据来自标准成本资料或消耗定额资料,"生产需用量"是上述两项的乘积。年初和年末的材料存货量,是根据当前情况和长期销售预测估计的。各季度"期末材料存量"根据下季度生产量的一定百分比确定,本例按20%计算。各季度"期初材料存量"是上季度的期末存货。预计各季度"采购量"根据下式确定:

（1）预计期末材料存量=下期生产需用量×20%

（2）预计期初材料存量=上期末材料存量

（3）预计采购量=（生产需用量+期末存量）-期初存量

为了便于以后编制现金预算,通常要预计材料采购各季度的现金支出。每个季度的现金支出包括偿还上期应付账款和本期应付的采购货款。本例假设材料采购的货款有50%在本季度内付清,另外50%在下季度付清,如表18-4所示。这个百分比是根据经验确定的。如果材料品种很多,需要单独编制材料存货预算。

材料采购支出=当期现购支出+支付前期赊购

表18-4   直接材料预算

季　度	一	二	三	四	全　年
预计生产量（件）	105	155	198	182	640
单位产品材料用量（千克／件）	10	10	10	10	10
生产需用量（千克）	1050	1550	1980	1820	6400
加：预计期末存量（千克）	310	396	364	400	400
合计（元）	1360	1946	2344	2220	6800

续表

季 度	一	二	三	四	全 年
减：预计期初存量（千克）	300	310	396	364	300
预计材料采购量（千克）	1 060	1 636	1 948	1 856	6 500
单价（元／千克）	5	5	5	5	5
预计采购金额（元）	5 300	8 180	9 740	9 280	32 500
预计现金支出					
上年应付账款（元）	2 350				2 350
第一季度（采购5 300元）	2 650	2 650			5 300
第二季度（采购8 180元）		4 090	4 090		8 180
第三季度（采购9 740元）			4 870	4 870	9 740
第四季度（采购9 280元）				4 640	4 640
合计（元）	5 000	6 740	8 960	9 510	30 210

【例题11·单选题】某企业2011年第一季度产品生产量预算为1 500件，单位产品材料用量5千克/件，年初材料库存量1 000千克，第一季度还要根据第二季度生产耗用材料的10%安排季末存量，预计第二季度生产耗用7 800千克材料。材料采购价格预计12元/千克，年初应付账款为20 000元，企业各季度采购金额中60%当季度付现，40%下季付现，则该企业第一季度材料现金支出金额为（　　　　）。

A. 72 416元

B. 87 360元

C. 92 640元

D. 99 360元

【解析】采购量为：

1 500×5+7 800×10%−1 000=7 280（千克）

采购金额为：

7 280×12=87 360（元）

第一季度材料现金支出为：

87 360×60%+20 000=72 416（元）

【答案】A

◀)) **名师点拨** ···

注意商业企业存货，其关系公式为：期初存货+本期采购−本期销售=期末存货。

【例题12·单选题】（2017年真题）甲企业生产一种产品，每件产品消耗材料10千克。预计本期产量155件，下期产量198件，本期期初材料310千克，期末材料按下期产量用料的20%确定。本期预计材料采购量为（　　　　）千克。

A. 1 464

B. 1 860

C. 1 636

D. 1 946

【解析】本题考查的是直接材料预算。本期期末材料=198×10×20%=396（千克），本期预计材料采购量=生产需用量+期末材料−期初材料=155×10+396−310=1 636（千克），故本题正确答案为选项C。

【答案】C

表18-5　　　　　　　　　　　　例题12计算结果　　　　　　　　　　　　单位：件

月 份	7	8	9
销量	1 000	1 200	1 100
期末存货	1 200×20%=240	1 100×20%=220	
期初存货		240	220
采购量		1 200+220−240=1 180	

四、直接人工预算（★★）

直接人工预算也是以生产预算为基础编制的。其主要内容有预计产量、单位产品工时、人工总工时、每小时人工成本和人工总成本。"预计产量"数据来自生产预算。单位产品工时和每小时人工成本数据，来自标准成本资料。人工总工时和人工总成本是由直接人工预算中计算出来的。M公司的直接人工预算如表18-6所示。由于人工工资都需要使用现金支付，所以，不需要另外预计现金支出，可直接参加现金预算的汇总。

表18-6 直接人工预算

季 度	一	二	三	四	全 年
预算产量（件）	100	150	195	185	630
单位产品工时（小时／件）	10	10	10	10	10
人工总工时（小时）	1 000	1 500	1 950	1 850	6 300
每小时人工成本（元／小时）	2	2	2	2	2
人工总成本（元）	2 000	3 000	3 900	3 700	12 600

五、制造费用预算（★★）

制造费用预算通常分为变动制造费用和固定制造费用两部分。

变动制造费用以生产预算为基础来编制；固定制造费用，需要逐项进行预计，通常与本期产量无关，可按各期生产需要的情况加以预计，然后求出全年数，如表18-7所示。

（1）为便于以后编制现金预算，制造费用预算数需扣除折旧、摊销等非付现成本，可得出"现金支出的费用"。

（2）为便于以后编制产品成本预算，制造费用分配率=制造费用预算额/预算人工总工时。

表18-7 制造费用预算 单位：元

季 度	一	二	三	四	全 年
变动制造费用：					
间接人工（1元/件）	110	150	190	180	630
间接材料（1元/件）	110	150	190	180	630
修理费（2元/件）	210	310	396	364	1 280
水电费（1元/件）	110	150	190	180	630
小计	540	760	966	904	3 170
固定制造费用：					
修理费	1 100	1 200	1 000	1 000	4 300
折旧	1 000	1 000	1 000	1 000	4 000
管理人员工资	200	200	200	200	800
保险费	85	85	110	190	470
财产税	100	100	100	100	400
小计	2 485	2 525	2 410	2 490	9 970
合计	3 025	3 345	3 376	3 394	13 140
减：折旧	1 000	1 000	1 000	1 000	4 000
现金支出的费用	2 025	2 345	2 376	2 394	9 140

为了便于以后编制产品成本预算，需要计算小时费用率。

变动制造费用分配率=3170÷9970=0.32（元/小时）

固定制造费用分配率=13 140÷9 970=1.32（元/小时）

为了便于以后编制现金预算，需要预计现金支出。制造费用中，除折旧费外，都需要支付现金，所以，根据每个季度制造费用数额扣除折旧费后，即可得出"现金支出的费用"。

【例题13·计算分析题】某公司甲车间采用滚动

预算方法编制制造费用预算。已知2014年分季度的制造费用预算如表18-8所示（其中间接材料费用忽略不计）。

表18-8 　　　　　　　　　　　　**2014年全年制造费用预算** 　　　　　　　　　　单位：元

项　目	2014年度				合　计
	第一季度	第二季度	第三季度	第四季度	
直接人工预算总工时（小时）	11 400	12 060	12 360	12 600	48 420
变动制造费用					
间接人工费用	50 160	53 064	54 384	55 440	213 048
水电与维修费用	41 040	43 416	44 496	45 360	174 312
小计	91 200	96 480	98 880	100 800	387 360
固定制造费用					
设备租金	38 600	38 600	38 600	38 600	154 400
管理人员工资	17 400	17 400	17 400	17 400	69 600
小计	56 000	56 000	56 000	56 000	224 000
制造费用合计	147 200	152 480	154 880	156 800	611 360

2014年3月31日公司在编制2014年第二季度至2015年第一季度滚动预算时，发现未来的4个季度中将出现以下情况：

（1）间接人工费用预算工时分配率将上涨50%；

（2）原设备租赁合同到期，公司新签订的租赁合同中设备年租金将降低20%；

（3）预计直接人工总工时见"2014年第二季度至2015年第一季度制造费用预算"表。假定水电与维修费用预算工时分配率等其他条件不变。

【要求】

（1）以直接人工工时为分配标准，计算下一滚动期间的如下指标：

①间接人工费用预算工时分配率；

②水电与维修费用预算工时分配率。

（2）根据有关资料计算下一滚动期间的如下指标：

①间接人工费用总预算额；

②每季度设备租金预算额。

（3）计算填列表18-9中用字母表示的项目（可不写计算过程）。

表18-9 　　　　　　**2014年第二季度至2015年第一季度制造费用预算** 　　　　　单位：元

项　目	2014年度			2015年度	合　计
	第二季度	第三季度	第四季度	第一季度	
直接人工预算总工时（小时）	12 100	（略）	（略）	11 720	48 420
变动制造费用					
间接人工费用	A	（略）	（略）	B	（略）
水电与维修费用	C	（略）	（略）	D	（略）
小计	（略）	（略）	（略）	（略）	493 884
固定制造费用					
设备租金	E	（略）	（略）	（略）	（略）
管理人员工资	F	（略）	（略）	（略）	（略）
小计	（略）	（略）	（略）	（略）	（略）
制造费用合计	171 700	（略）	（略）	（略）	687 004

【答案】

（1）以直接人工工时为分配标准，计算下一滚动期间的如下指标。

①因为间接人工费用预算工时分配率将上涨50%，故：

间接人工费用预算工时分配率=间接人工费用÷直接人工预算总工时×（1+50%）=（213 048÷48 420）×（1+50%）=6.6（元/小时）

②水电与维修费用预算工时分配率=水电与维修费用÷直接人工预算总工时=174 312÷48 420=3.6（元/小时）

（2）根据有关资料计算下一滚动期间的如下指标。

①间接人工费用总预算额=直接人工预算总工时×间接人工费用预算工时分配率=48 420×6.6=319 572（元）

②因为原设备租赁合同到期，公司新签订的租赁合同中设备年租金将降低20%，则每季度设备租金预算额为38 600×（1-20%）=30 880（元）

（3）填列表18-9中用字母表示的项目后的效果如图18-10所示。

表18-10　　　　　　　　　　　填列表18-9后数据　　　　　　　　　　单位：元

项　目	2014年度			2015年度	合　计
	第二季度	第三季度	第四季度	第一季度	
直接人工预算总工时（小时）	12 100	（略）	（略）	11 720	48 420
变动制造费用					
间接人工费用	A=79 860	（略）	（略）	B=77 352	（略）
水电与维修费用	C=43 560	（略）	（略）	D=42 192	（略）
小计	（略）	（略）	（略）	（略）	493 884
固定制造费用					
设备租金	E=30 880	（略）	（略）	（略）	（略）
管理人员工资	F=17 400	（略）	（略）	（略）	（略）
小计	（略）	（略）	（略）	（略）	（略）
制造费用合计	171 700	（略）	（略）	（略）	687 004

根据（1）计算的间接人工费用预算工时分配率6.6元，得出2014年第二季度预算：A=6.6×12 100=79 860（元）；2015年第一季度预算：B=6.6×11 720=77 352（元）

根据（1）计算的水电与维修费用预算工时分配率3.6元，得出2014年第二季度预算：C=3.6×12 100=43 560（元）；2015年第一季度预算：D=3.6×11 720=42 192（元）

因为原设备租赁合同到期，公司新签订的租赁合同中设备年租金将降低20%，则每季度设备租金预算额为38 600×（1-20%）=30 880（元），故E=30 880（元）

管理人员工资不变，则F=17 400（元）

六、产品成本预算（★）

产品成本预算是销售预算、生产预算、直接材料预算、直接人工预算和制造费用预算的汇总。其主要内容是产品的单位成本和总成本。单位产品成本的有关数据，来自前述三个预算。生产量、期末存货量来自生产预算，销售量来自销售预算。生产成本、存货成本和销货成本等数据，根据单位成本和有关数据计算得出。表18-11是M公司的成本预算。

表18-11   产品成本预算

项　目	单位成本			生产成本 （640件）	期末存货 （20件）	销货成本 （630件）
	每千克或每小时	投入量	成本（元）			
直接材料	5	10千克	50	32 000	1 000	31 500
直接人工	3	10小时	30	19 200	600	18 900
变动制造费用	0.5	10小时	5	3 200	100	3 150
固定制造费用	1.5	10小时	15	9 600	300	9 450
合计			100	64 000	2 000	63 000

七、销售费用和管理费用预算（★★）

销售费用预算是指为了实现销售预算所需支付的费用预算。它以销售预算为基础，分析销售收入、销售利润和销售费用的关系，力求实现销售费用的最有效使用。在安排销售费用时，要利用本量利分析方法，费用的支出应能获取更多的收益。在草拟销售费用预算时，要对过去的销售费用进行分析，考查过去销售费用支出的必要性和效果。销售费用预算应和销售预算相配合，应有按品种、地区、用途的具体预算数额。

表18-12是M公司的销售及管理费用预算。

表18-12   销售及管理费用预算   单位：元

项　目	金　额
销售费用：	
销售人员工资	2 500
广告费	5 500
包装、运输费	3 500
保管费	2 500
管理费用：	
管理人员薪金	4 000
福利费	900
保险费	600
办公费	1 200
合计	20 700
每季度支付现金（20 700÷4）	5 175

管理费用是搞好一般管理业务所必要的费用。随着企业规模的扩大，一般管理职能日益重要，其费用也相应增加。在编制管理费用预算时，要分析企业的业务成绩和一般经济状况，务必做到费用合理化。管理费用多属于固定成本，所以，一般是以过去的实际开支为基础，按预算期的可预见变化来调整，重要的是，必须充分考察每种费用是否必要，以便提高费用效率。

【例题14·多选题】（2016年真题）下列营业预算中，通常需要预计现金支出的预算有（　　）。

A. 生产预算　　　　B. 销售费用预算
C. 制造费用预算　　D. 直接材料预算

【解析】本题考查的是营业预算的编制。生产预算是在销售预算的基础上编制的，主要包括销售量、生产量、期初和期末产成品存货量，只涉及实物量指标，不涉及价值。销售费用预算、制造费用预算、直接材料预算都涉及价值量指标，需要预计现金支出，因此本题答案为选项B、C、D。

【答案】BCD

第四节　财务预算的编制

考情分析：本节内容的出题方式可能涉及客观题和主观题，分值在4分左右。考点主要集中在财务预算的编制，计算分析题的考点主要是现金预算编制。

学习建议：本节内容的学习重在能够编制各种财务预算；掌握现金预算的编制，理解利润表预算和资产负债表预算。

财务预算是企业的综合性预算，包括现金预算、利润表预算和资产负债表预算。

一、现金预算（★★★）

现金预算由4部分组成：现金收入、现金支出、现金多余或不足、现金的筹措和运用，例如，M公司现金预算如表18-13所示。

表18-13　　　　　　　　　　　现金预算　　　　　　　　　　　单位：元

季　度	一	二	三	四	全　年
期初现金余额	80 000	82 700	40 840	40 219	80 000
加：销货现金收入（表18-2）	21 000	31 500	42 000	37 800	132 300
可供使用现金	101 000	114 200	82 840	78 019	212 300
减：各项支出					0
直接材料（表18-4）	5 000	6 740	8 960	9 510	30 210
直接人工（表18-6）	2 000	3 000	3 900	3 700	12 600
制造费用（表18-7）	2 025	2 345	2 376	2 394	9 140
销售及管理费用（表18-12）	5 175	5 175	5 175	5 175	20 700
所得税费用	4 000	4 000	4 000	4 000	16 000
购买设备		75 000			75 000
股利		20 000		8 000	28 000
支出合计	18 300	116 360	24 471	32 719	191 850
现金多余或不足	82 700	−2 160	58 369	45 300	20 450
向银行借款		43 000			43 000
还银行借款			16 000	4 000	20 000
短期借款利息（年利10%）			2 150	675	2 825
期末现金余额	82 700	40 840	40 219	40 625	40 625

"现金收入"部分包括期初现金余额和预算期现金收入，现金收入的主要来源是销货收入。年初的"现金余额"是在编制预算时预计的；"销货现金收入"的数据来自销售预算；"可供使用现金"是期初现金余额与本期现金收入之和。

"现金支出"部分包括预算的各项现金支出。其中"直接材料""直接人工""制造费用""销售与管理费用"的数据，分别来自前述有关预算；"所得税""购置设备""股利"等现金支出的数据分别来自另行编制的专门预算。

"现金多余或不足"部分列示现金收入合计与现金支出合计的差额。差额为正，说明收大于支，现金多余，可用于偿还过去向银行取得的借款，或者用于短期投资，差额为负，说明支大于收，现金不足，要向银行取得新的借款。

M公司需要筹集现金完成以下事项：

（1）补缺（2 160元）；

（2）补足最低现金余额（已知）（40 000元）；

（3）整数倍（已知）（向银行借款金额是1 000元的倍数）。

本例中，M公司需要保留的现金余额为40 000元，不足此数时需向银行借款。假设银行借款的金额要求是1 000元的倍数，那么第二季度借款额为：

最低现金余额+现金不足额=40 000+2 160=42 160≈43 000（元）

名师点拨 ·······························

利息支付的处理过程如下。

第三季度现金多余，可用于偿还借款。一般按"每期期初借入，每期期末归还"来预计利息。

借款利息在还本时支付（本例假设短期借款）：

第二季度初借款，第三季度末部分还款，借款期为6个月。假设利率为10%，则应计利息为2 150元，第三季度应还利息=4 3000×10%×（6÷12）= 2 150（元），第四季度应还利息=（43 000-16 000）×10%×（3÷12）=675（元）。

【例题15·计算分析题】甲公司是一个生产番茄酱的公司。该公司每年都要在12月编制下一年度的分季度现金预算。有关资料如下。

（1）该公司只生产一种50千克桶装番茄酱。由于原料采购的季节性，只在第二季度进行生产，而销售全年都会发生。

（2）每季度的销售收入预计如下：第一季度750万元，第二季度1 800万元，第三季度750万元，第四季度750万元。

（3）所有销售均为赊销。应收账款期初余额为250万元，预计可以在第一季度收回。每个季度的销售有2/3在本季度内收到现金，另外1/3于下一个季度收回。

（4）采购番茄原料预计支出912万元，第一季度需要预付50%，第二季度支付剩余的款项。

（5）直接人工费用预计发生880万元，于第二季度支付。

（6）付现的制造费用第二季度发生850万元，其他季度均发生150万元。付现制造费用均在发生的季度支付。

（7）每季度发生并支付销售和管理费用100万元。

（8）全年预计所得税160万元，分4个季度预交，每季度支付40万元。

（9）公司计划在下半年安装一条新的生产线，第三季度、第四季度各支付设备款200万元。

（10）期初现金余额为15万元，没有银行借款和其他负债。公司需要保留的最低现金余额为10万元。现金不足最低现金余额时需向银行借款，超过最低现金余额时需偿还借款，借款和还款数额均为5万元的倍数。借款年利率为8%，每季度支付一次利息，计算借款利息时，假定借款均在季度初发生，还款均在季度末发生。

【要求】

请根据上述资料，为甲公司编制现金预算。编制结果填入表18-14给定的表格中，不必列出计算过程。

表18-14   **现金预算**   单位：万元

季　度	一	二	三	四	合　计
期初现金余额					
现金收入：					
本期销售本期收款					
上期销售本期收款					
现金收入合计					
现金支出：					
直接材料					
直接人工					
制造费用					
销售与管理费用					
所得税费用					
购买设备支出					
现金支出合计					
现金多余或不足					

季 度	一	二	三	四	合 计
向银行借款					
归还银行借款					
支付借款利息					
期末现金余额					

【答案】

（1）题目已知：期初现金余额为15万元，以后各季度的期初为上期期末余额。

（2）现金收入分为：本期销售本期收款和上期销售本期收款，根据每季度的销售情况和收款情况来分析。每季度的销售收入预计如下：第一季度750万元，第二季度1800万元，第三季度750万元，第四季度750万元。所有销售均为赊销。应收账款期初余额为250万元，预计可以在第一季度收回。每个季度的销售有2/3在本季度内收到现金，另外1/3于下一个季度收回。

（3）现金支出包括：直接材料、直接人工、制造费用、销售与管理费用、所得税费用和购买设备支出，分别按题目条件分析填列，如表18-15所示。

（4）根据题目条件：公司需要保留的最低现金余额为10万元。现金不足最低现金余额时需向银行借款，超过最低现金余额时需偿还借款，借款和还款数额均为5万元的倍数。借款年利率为8%，每季度支付一次利息，计算借款利息时，假定借款均在季度初发生，还款均在季度末发生。分析填列向银行借款、归还银行借款和支付借款利息，如表18-15所示。

（5）期末现金余额＝期初现金余额＋现金收入－现金支出合计＋向银行借款－归还银行借款－支付借款利息。

表18-15 填列表18-14后的结果

季 度	一	二	三	四	合 计
期初现金余额	15	19	10.3	12.6	15
现金收入：					
本期销售本期收款	500	1 200	500	500	
上期销售本期收款	250	250	600	250	
现金收入合计	750	1 450	1 100	750	4 050
现金支出：					
直接材料	456	456	0	0	912
直接人工	0	880	0	0	880
制造费用	150	850	150	150	1 300
销售与管理费用	100	100	100	100	400
所得税费用	40	40	40	40	160
购买设备支出	0	0	200	200	400
现金支出合计	746	2 326	490	490	4 052
现金多余或不足	19	-857	620.3	272.6	13
向银行借款		885			885
归还银行借款			590	255	845
支付借款利息		17.70	17.70	5.90	41.30
期末现金余额	19	10.30	12.60	11.70	11.70

◀)) **名师点拨** ·······························

现金预算编制小结如下。

（1）会利用收付实现制确定现金收入与支出：期初余额+现金收入-现金支出=现金余缺额。

（2）现金余缺额+筹措-运用=现金期末余额。

（3）利息确定：通常借款在期初，还款在期末。

①若规定还款时支付利息

利息=还款额×利息率×借款期限

②若规定每期定期支付利息

利息=（期初借款余额+本期新借款额）×期利息率

二、利润表预算（★★★）

利润表和资产负债表预算是财务管理的重要工具。财务报表预算的作用与历史实际的财务报表不同，所有企业都要在年终编制历史实际的财务报表，这是有关法规的强制性规定，其主要目的是向外部报表使用人提供财务信息。当然，这并不表明常规财务报表对企业经理人员没有价值。财务报表预算主要为企业财务管理服务，是控制企业资金、成本和利润总量的重要手段。因其可以从总体上反映一定期间企业经营的全局情况，通常称为企业的"总预算"。

表18-16是M公司的利润表预算，它是根据上述各有关预算编制的。

表18-16	利润表预算	单位：元
项　目	**金额**
销售收入（表18-2）	132 300
销货成本（表18-11）	56 700
毛利	75 600
销售及管理费用（表18-12）	20 700
利息（表18-13）	2 825
利润总额	52 075
所得税费用（估计）	600
税后净收益	51 475

其中，"销售收入"项目的数据，来自销售收入预算；"销售成本"项目的数据，来自产品成本预算；"毛利"项目的数据是前两项的差额；"销售及管理费用"项目的数据，来自销售费用及管理费用预算；"利息"项目的数据，来自现金预算。

另外，"所得税费用"项目是有利润规划时估计的，并列入现金预算。它通常不是根据"利润"和所得税税率计算出来的，因为有诸多纳税调整的事项存在。此外，从预算编制程序上看，如果根据"本年利润"和税率重新计算所得税，就需要修改"现金预算"，引起信贷计划修订，进而改变"利息"，最终又要修改"本年利润"，从而陷入数据的循环修改。

利润表预算与实际利润表的内容、格式相同，只不过数据是面向预算期的。它是在汇总销售收入、销货成本、销售及管理费用、营业外收支、资本支出等预算的基础上加以编制的。通过编制利润表预算，可以了解企业预期的盈利水平。如果预算利润与最初编制方针中的目标利润有较大的不一致，就需要调整部门预算，设法达到目标，或者经企业领导同意后修改目标利润。

【例题16·多选题】 下列关于全面预算中的利润表预算编制的说法中，正确的有（　　　）。

A. "销售收入"项目的数据，来自销售预算

B. "销货成本"项目的数据，来自生产预算

C. "销售及管理费用"项目的数据，来自销售及管理费用预算

D. "所得税费用"项目的数据，通常是根据利润表预算中的"利润"项目金额和本企业适用的法定所得税税率计算出来的

【解析】 "销货成本"项目的数据，来自产品成本预算，B选项错误；所得税费用项目是在利润规划时估计的，并已经列入现金预算。它通常不是根据"利润"和"所得税率"计算出来的，因为有诸多的纳税调整事项存在，此外如果根据"利润"和"所得税率"重新计算所得税，会陷入数据循环，所以D选项错误。

【答案】AC

三、资产负债表预算（★★★）

资产负债表预算与实际的资产负债表内容、格式相同，只不过数据是反映预算期末的财务状况。该表是利用本期期初资产负债表，根据销售、生产、资本等预算的有关数据加以调整编制的。

表18-17是M公司的资产负债表预算。大部分项目的数据来源已在表中注明。

表18-17　　　　　　　　　　　　　　**资产负债表预算**　　　　　　　　　　单位：元

资　产			权　益		
项目	年初	年末	项目	年初	年末
现金（表18-13）	80 000	40 620	应付账款（表18-4）	2 350	4 640
应收账款（表18-2）	6 200	15 120	长期借款	23 000	23 000
直接材料（表18-4）	1 500	2 000	普通股	78 000	94 180
产成品（表18-11）	900	1 800	未分配利润	16 250	39 725
固定资产	35 000	110 000			
累计折旧（表18-7）	4 000	8 000			
资产总额	119 600	161 545	权益总额	119 600	161 545

（1）现金，取自于现金预算，即第四季度的期末余额。

（2）应收账款。根据销售预算。期末应收账款=本期销售额×（1-本期收现率）=37 800×（1-60%）=15 120（元）

（3）直接材料。根据直接材料预算。期末材料存货400千克，单价5元。

（4）产成品。直接取自产品成本预算。

（5）固定资产。现金预算中涉及了本期购买设备75 000元。

（6）累计折旧。根据制造费用预算。全年折旧4 000元。

（7）应付账款。"应付账款"是根据直接材料预算中的第四季度采购金额和付现率计算的：期末应付账款=本期采购金额×（1-本期付现率）=9 280×（1-50%）=4 640（元）。

（8）长期借款。不变。

（9）普通股。未发行新股，维持不变。

（10）未分配利润。期末未分配利润=期初未分配利润+本期利润-本期股利（现金预算表）=16 250+51 475-28 000=39 725（元）。

【例题17·单选题】某企业正在编制第四季度的直接材料消耗和采购预算，预计直接材料的期初存量为1200千克，本期生产消耗量为3 800千克，期末存量为1000千克；材料采购单价为每千克30元，材料采购货款有40%当季付清，其余60%在下季付清。该企业第四季度采购材料形成的"应付账款"期末余额预计为（　　　）。

A. 114 000　　　　B. 64 800

C. 68 400　　　　D. 72 000

【解析】第四季度采购量为3 800+1 000-1200=3600（千克），货款总额为3 600×30=108 000（元），第四季度采购材料形成的"应付账款"期末余额预计为108 000×60%=64 800（元）。

【答案】B

过关测试题

一、单选题

1. 下列各项中，不受会计年度制约，预算期始终保持在一定时间跨度的预算方法是（　　　）。

A. 固定预算　　　　B. 弹性预算法

C. 定期预算法　　　D. 滚动预算法

2. 某公司生产甲产品，一季度至四季度的预计销售量分别为1 000件、800件、900件和850件，生产每件甲产品需要2千克A材料。公司的政策是每一季度末的产成品存货数量等于下一季度销售量的10%，每一季度末的材料存量等于下一季度生产需要量的20%。该公司二季度的预计材料采购量为（　　　　）千克。

A. 1 600

B. 1 620

C. 1 654

D. 1 668

3. 某企业编制"现金预算"，预计6月初短期借款为100万元，月利率为1%，该企业不存在长期负债，预计6月现金余缺为−50万元。现金不足时，通过银行借款解决（利率不变），借款额为1万元的整数倍，6月末现金余额要求不低于10万元。假设企业每月支付一次利息，借款在期初，还款在期末，则6月应向银行借款的最低金额为（　　　　）万元。

A. 77

B. 76

C. 62

D. 75

4. 下列预算中，属于财务预算的是（　　　　）。

A. 销售预算

B. 生产预算

C. 产品成本预算

D. 长期资金筹措预算

5. 某企业制造费用中的修理费用与修理工时密切相关。经测算，预算期修理费用中的固定修理费用为2 000元，单位工时的变动修理费用为1.5元；预计预算期的修理工时为2 500小时，则运用公式法，测算预算期的修理费用总额为（　　　　）元。

A. 3 750

B. 4 500

C. 5 750

D. 2 000

6. 某企业编制"直接材料预算"，预计第四季度期初存量456千克，季度生产需用量2 120千克，预计期末存量为350千克，材料单价为10元，若材料采购货款有50%在本季度内付清，另外50%在下季度付清，假设不考虑其他因素，则该企业预计资产负债表年末"应付账款"项目为（　　　　）元。

A. 11 130

B. 14 630

C. 10 070

D. 13 560

7. 某企业编制"直接材料预算"，预计第四季度期初存量800千克，生产需用量2 000千克，预计期末存量为500千克，材料单价为10元，若材料采购货款40%在本季度内付清，另外60%在下季度付清，假设不考虑其他因素，则该企业预计资产负债表年末"应付账款"项目为（　　　　）元。

A. 12 000

B. 10 200

C. 13 800

D. 10 150

8. 下列各项预算中，不属于财务预算的是（　　　　）。

A. 短期的信贷预算

B. 生产预算

C. 短期的现金收支预算

D. 长期资金筹措预算

二、多选题

1. 下列关于全面预算的说法中，正确的有（　　　　）。

A. 总预算是指利润表预算和资产负债表预算，它们反映企业的总体状况，是各种专门预算的综合

B. 专门预算是指反映企业某一方面经济活动的预算

C. 生产预算的编制，只需要考虑计划销售量

D. 财务预算是关于资金筹措和使用的预算，包括短期的现金收支预算和信贷预算，以及长期的资本支出预算和长期资金筹措预算

2. 静态预算法的缺点包括（　　　　）。

A. 适应性差

B. 可比性差

C. 编制比较麻烦

D. 透明性差

3. 已知A公司在预算期间，销售当月收回货款50%，次月收回货款35%，再次月收回货款15%。预计8月份货款为20万元，9月份货款为30万元，10月份货

为50万元，11月份货款为100万元，未收回的货款通过"应收账款"核算，则（   ）。

    A．10月份收到货款38.5万元

    B．10月末的应收账款为29.5万元

    C．10月末的应收账款有22万元在11月份收回

    D．11月份的货款有15万元计入年末的应收账款

4．关于编制预算的方法，下列说法正确的有（   ）。

    A．按出发点的特征不同，可分为增量预算方法和零基预算方法

    B．按业务量基础的数量特征不同，可分为固定预算方法与弹性预算方法

    C．按预算期的时间特征不同，可分为定期预算方法和连续预算方法

    D．按预算期的时间特征不同，可分为定期预算方法和滚动预算方法

5．某企业本月支付当月货款的60%，支付上月货款的30%，支付上上月货款的10%，未支付的货款通过"应付账款"核算。已知7月份货款20万元，8月份货款为25万元，9月份货款为30万元，10月份货款为50万元，则下列说法正确的有（   ）。

    A．9月份支付27.5万元

    B．10月初的应付账款为14.5万元

    C．10月末的应付账款为23万元

    D．10月初的应付账款为11.5万元

6．在弹性预算法编制过程中，业务量变动范围的选择应根据企业的具体情况而定，一般来说，（   ）。

    A．可定在正常生产能力的60%～160%之间

    B．可定在正常生产能力的70%～110%之间

    C．可以历史上最高业务量或最低业务量为其上下限

    D．可定在历史上平均业务量的70%～120%之间

7．下列预算中，属于营业预算的有（   ）。

    A．销售预算

    B．生产预算

    C．产品成本预算

    D．长期资金筹措预算

8．已知A公司在预算期间，销售当季度收回货款60%，下季度收回货款30%，下下季度收回货款10%，预算年度期初应收账款金额为28万元，其中包括上年第三季度销售的应收款4万元，第四季度销售的应收账款24万元，则下列说法正确的有（   ）。

    A．上年第四季度的销售额为60万元

    B．上年第三季度的销售额为40万元

    C．上年第三季度销售的应收款4万元在预计年度第一季度可以全部收回

    D．第一季度收回的期初应收账款为24万元

责任会计 第**19**章

本章属于非重点章，从历年考试来看，本章考试题型既有客观题，也会出小的计算分析题。主要考点包括业绩的企业组织结构与责任中心划分成本中心、利润中心和投资中心等。预计考试分值在3分左右。

【本章考点概览】

责任会计	一、企业组织结构与责任中心划分	1. 企业的集权与分权	★
		2. 科层组织结构	★
		3. 事业部制组织结构	★
		4. 网络组织结构	★
	二、成本中心	1. 成本中心的划分与类型	★
		2. 成本中心的考核指标	★★
		3. 责任成本	★★
	三、利润中心	1. 利润中心的划分与类型	★
		2. 利润中心的考核指标	★★
		3. 内部转移价格	★★
	四、投资中心	1. 投资中心的划分	★
		2. 投资中心的考核指标	★★

第一节 企业组织结构与责任中心划分

考情分析：本节为2017年考试大纲新增内容，主要内容包括企业的集权与分权、科层组织结构、事业部制组织结构以及网络组织结构。出题点可能集中在企业组织结构的主要特点或者优点和缺点。

学习建议：对于本节内容的学习，重在了解4种企业组织结构的概念，掌握各种企业组织结构的主要特点。

一、企业的集权与分权（★）

集权与分权是企业经营管理权限的分配方式。集权是把企业的经营管理权限较多集中在企业的上层。而分权则是把企业的经营管理权限适当地分散在企业中下层的一种组织形式。集权与分权是针对企业经营管理权的分配而言的，上级、下级都具有经营管理权，只是经营管理权限大小有所不同而已，集权与分权的优点和缺点如表19-1所示。

表19-1 集权与分权的优点与缺点

事项	优点	缺点
集权	（1）提高决策效率，对市场作出迅速反应 （2）容易实现目标的一致性 （3）可以避免重复和资源浪费	（1）不利于调动下层职员的积极性、主动性，影响企业下层治理职员的培养 （2）企业高层人员任务繁重，难以腾出时间和精力集中在企业的重大事务上 （3）容易形成独裁，导致将来企业高管更换困难，从而影响企业的长远发展

事项	优点	缺点
分权	（1）可以让高层管理者将主要的精力集中在重要事务上 （2）权力下放，可以充分发挥下属的积极性和主动性，增加下属工作的满足感，便于发现和培养人才 （3）下属具有一定决策权，减少上下级之间不必要的沟通，并可对下属权限内的事情迅速作出反应	（1）使各部分之间协调困难 （2）可能产生偏离企业目标的本位主义倾向

二、科层组织结构（★）

科层组织结构中，通常有两类管理结构，分别是直线指挥结构和参谋职能机构，如图19-1所示。

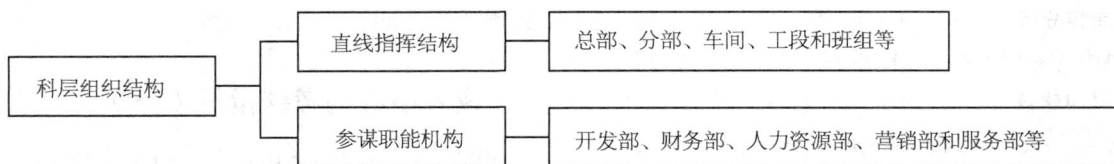

图19-1 科层组织结构

在这种组织结构中，企业的生产经营活动主要直线人员统一领导和指挥，各级领导人员在各自职责范围内全面领导负责。职能部门则设置在直线领导之下，分别从事专业管理，是各级直线领导的参谋部。职能部门无权将计划、方案以及有关指令直接下达给下级领导和下属部门。

直线职能组织结构的优点如下。

（1）各职能部门目标的明确，部门主管容易控制和规划。

（2）同类专业的员工相互共享，易于学习，增长技能。

（3）内部资源较为集中，由同一部门员工分享，避免重复和浪费。

直线职能组织结构的缺点如下。

（1）部门领导各自为政，协调困难。

（2）有时会导致争夺公司内部资源的情况发生。

（3）整个企业对外在环境反应会比较迟钝。

（4）单位员工会以部门利益为中心，缺乏整体意识和创新精神。

三、事业部制组织结构（★）

事业部制是一种分权的组织结构，它是把分权管理与独立核算结合在一起，总公司统一领导，按照产品、地区或者市场来划分经营单位（即事业部）。

事业部制的管理原则是：集中决策、分散经营、协调控制。

事业部制的主要特点如下。

（1）在总公司领导下，企业按照产品原则类别、地区类别或者客户类别设置生产经营事业部。

（2）每个事业部设置各自的执行总经理，每位执行总经理全权负责事业部的成本、收入和利润，有权进行采购、生产和销售等。

（3）在重大问题上总公司集中决策，各事业部是一个利润中心，进行独立经营、独立核算、自负盈亏。

（4）总公司的利润由各事业部的利润组成，各事业部必须完成总公司下达的利润指标。

四、网络组织结构（★）

网络组织结构是指由众多独立的创新经营单位组成的彼此有着紧密联系的网络。

网络组织结构的主要特点如表19-2所示。

表19-2   网络组织结构的主要特点

特点	内容阐述
分散性	它是由众多小规模的独立经营单位组成的联合体，各经营单位具有很大的独立性。各基层企业对总公司在人力、财务和技术上的依赖减弱，增强各基层企业的责任心和积极性
创新性	由于各基层企业的权力和责任的增大，需要基层负责人对本单位的经营绩效负责。另外，最高管理层的权力主要集中在驱动创新过程，创新活动由已转变为企业基层人员的重要职责
高效性	由于精简了行政部门和辅助职能部门，增大了基层企业的自主权，面对多变的市场基层企业可以快速作出反应，从而提高效率
协作性	虽然各独立小规模单位资源有限，但各自有优势，可以加强合作、实现资源共享，协作服务于企业集团的整体利益

第二节　成本中心

考情分析：对于本节内容，题型主要为客观题。考点主要集中在成本中心的考核指标、责任成本等方面。

学习建议：本节内容的学习重在了解成本中心的概念，熟悉成本中心的考核指标，重点掌握责任成本的相关内容。

业绩包括企业业绩、部门业绩和个人业绩3个层次。业绩的3个层次之间是决定与制约的关系：个人业绩水平决定着部门业绩水平，部门业绩水平决定着企业的业绩水平。相反，企业业绩水平制约着部门的业绩水平，部门的业绩制约着个人的业绩水平。

公司实行分权管理体制，必须建立和健全有效的业绩评价和考核制度。公司整体的业绩目标，需要落实到内部各部门和经营单位，成为内部单位业绩评价的依据。根据内部单位职责范围和权限大小，可以将其分为成本中心、收入中心、利润中心和投资中心。

一、成本中心的划分与类型（★）

一个责任中心，如果不形成或者不考核其收入，而着重考核其所发生的成本和费用，这类中心称为成本中心。

成本中心有两种类型：标准成本中心和费用中心。

标准成本中心，必须是所生产的产品稳定而明确，并且已经知道单位产品所需要的投入量的责任中心。通常，标准成本中心的典型代表是制造业工厂、车间、工段、班组等。

费用中心，适用于那些产出物不能用财务指标来衡量，或者投入和产出之间没有密切关系的单位。这些单位包括：一般行政管理部门，如会计、人事、劳资、计划等；研究开发部门，如设备改造、新产品研制等；某些销售部门，如广告、宣传、仓储等。

二、成本中心的考核指标（★★）

通常来说，标准成本中心的考核指标是既定产品质量和数量条件下的标准成本，标准成本中心不需要作出价格决策、产量决策或产品结构决策，这些决策由上级管理部门作出，或授权给销售单位作出。标准成本中心的设备和技术决策，通常由职能管理部门作出，而不是由成本中心的管理人员自己决定，因此，标准成本中心不对生产能力的利用程度负责，而只对既定产量的投入量负责，即使采用全额成本法，成本中心也不对固定制造费用的闲置能量差异负责，但仍需对固定制造费用的其他差异承担责任。

标准成本中心和费用中心的区别体现在以下几个方面。

（1）产出物的特点方面。标准成本中心所生产的产品稳定而明确，产出物能用财务指标来衡量；费用中心的产出物不能用财务指标来衡量。

（2）投入和产出之间的关系方面。标准成本中心是投入和产出之间有密切关系的单位；费用中心是投入和产出之间没有密切关系的单位。

（3）适用情况方面。各行业都可建立标准成本中心；费用中心包括一般行政管理部门、研究开发部门以及某些销售部门。

（4）考核指标方面。标准成本中心是既定产品质量和数量条件下的标准成本。费用中心通常使用费用预算来评价其成本控制业绩。需要结合费用中心的工作质量和服务水平作出有根据的判断。

🔊 **名师点拨** •••••••••••••••••••••••••••

标准成本中心不对生产能力的利用程度负责，而只对既定产量的投入量承担责任，即不对闲置能量差异承担责任；另外，过高的产量，提前产出造成积压也应视为未按计划进行生产。

【例题1·多选题】 甲车间为标准成本中心，用完全成本法进行产品成本计算，乙部门为费用中心，下列表述正确的有（ ）。

A. 甲车间超产或提前产出，要受到批评甚至惩罚

B. 甲车间不对固定制造费用耗费差异负责

C. 甲车间不对固定制造费用闲置能量差异负责

D. 乙部门的支出没有超过预算，说明该中心业绩良好

【解析】 标准成本中心必须按规定的质量、时间标准和计划产量来进行生产，这个要求是"硬性"的。完不成上述要求，成本中心要受到批评甚至惩罚。过高的产量，提前产出造成积压，超产以后销售不出去，同样会给企业造成损失，也应视为未按计划进行生产，A选项正确；标准成本中心不对生产能力的利用程度负责，而只对既定产量的投入量承担责任。如果采用完全成本法，成本中心不对闲置能量的差异负责，对于固定制造费用的其他差异要承担责任。B选项错误，C选项正确。一个费用中心的支出没有超过预算，也不能说明该中心业绩良好，因为该中心的工作质量和服务水平可能低于计划的要求，D选项错误。

【答案】 AC

三、责任成本（★★）

1. 责任成本

责任成本是以具体的责任单位（部门、单位或个人）为对象。以其承担的责任为范围所归集的成本，也就是特定责任中心的全部可控成本。

可控成本是指在特定时期内、特定责任中心能够直接控制其发生的成本，其对称概念是不可控成本。在理解可控成本时要把握两个要点。

第一，可控成本总是针对特定责任中心来说的。

第二，区别可控成本和不可控成本，还要考虑成本发生的时间范围。

从整个企业的空间范围和很长的时间范围来观察，所有成本都是人的某种决策或行为的结果，都是可控的。

区分可控成本和不可控成本，还要考虑成本发生的时间范围。在消耗或支付的当期成本是可控的，一旦消耗或支付就不再可控。有些成本是以前决策的结果，如折旧费、租赁费等。在添置设备和签订租约时，曾经是可控的，而使用设备或执行契约时已无法控制。

【例题2·单选题】 某生产车间是一个标准成本中心。为了对该车间进行业绩评价，需要计算的责任成本范围是（ ）。

A. 该车间的直接材料、直接人工和全部制造费用

B. 该车间的直接材料、直接人工和变动制造费用

C. 该车间的直接材料、直接人工和可控制造费用

D. 该车间的全部可控成本

【解析】 责任成本是以具体的责任单位（部门、单位或个人）为对象，以其承担的责任为范围所归集的成本，也就是特定责任中心的全部可控成本。

【答案】 D

2. 责任成本计算的特点

责任成本核算的目的是评价成本控制业绩，其成本计算对象是责任中心，其成本的范围只包括各责任中心的可控成本。按可控原则分配，谁控制谁负责，将可控的变动间接费用和可控的固定间接费用都要分配给责任中心。

3. 确定可控成本的三原则

计算责任成本的关键是判断每一项成本费用支出的责任归属。通常，可以按下列原则确定责任中心的可控成本。

第一，假如某责任中心通过自己的行动能有效地影响一项成本的数额，那么该中心就要对这项成本负责。

第二，假如某责任中心有权决定是否使用某种资产或劳务，它就应对这些资产或劳务的成本负责。

第三，某管理人员虽然不直接决定某项成本，但是上级要求他参与有关事项，从而对该项成本的支出施加了重要影响，则他对该成本也要承担责任。

【例题3·多选题】（2013年真题）判别一项成本是否归属责任中心的原则有（ ）。

A. 责任中心能否通过行动有效影响该项成本的数额

B. 责任中心是否有权决定使用引起该项成本发生的资产或劳务

C. 责任中心能否参与决策并对该项成本的发生施加重大影响

D. 责任中心是否使用了引起该项成本发生的资产或劳务

【解析】 确定成本费用支出责任归属的三原则：

第一，假如某责任中心通过自己的行动能有效地影响一项成本的数额，那么该中心就要对这项成本负责；第二，假如某责任中心有权决定是否使用某种资产或劳务，它就应对这些资产或劳务的成本负责；第三，某管理人员虽然不直接决定某项成本，但是上级要求他参与有关事项，从而对该项成本的支出施加了重要影响，则他对该成本也要承担责任。

【答案】 ABC

4. 制造费用归属和分摊方法

将发生的直接材料和直接人工费用归属于不同的责任中心通常比较容易，而制造费用的归属则比较困难。通常依次按下述5个步骤来处理。

（1）直接计入责任中心。指可以直接判别责任归属的费用项目直接列入应负责的成本中心。例如：机物料消耗、低值易耗品的领用。

（2）按责任基础分配。对不能直接归属于个别责任中心的费用优先采用责任基础分配。例如：动力费、维修费。

（3）按受益基础分配。有些费用不是专门属于某个责任中心的，但与各中心的受益多少有关，可按受益基础分配。例如，安装机功率分配电费。

（4）归入某一个特定的责任中心。有些费用既不能用责任基础分配，也不能按受益基础分配，则考虑有无可能将其归属于一个特定的责任中心。例如：车间的运输费、试验检验费。

（5）不进行分摊。不能归属于任何责任中心的固定成本不进行分摊，可暂时不加控制，作为不可控费用。例如，车间厂房的折旧。

【例题4·多选题】 甲公司将某生产车间设为成本责任中心，该车间领用材料型号为GB007，另外，还发生机器维修费、试验检验费以及车间折旧费。下列关于成本费用责任归属的表述中，正确的有（　　　）。

A. 型号为GB007的材料费用直接计入该成本责任中心

B. 车间折旧费按照受益基础分配计入该成本责任中心

C. 机器维修费按照责任基础分配计入该成本责任中心

D. 试验检验费归入另一个特定的成本中心

【解析】 型号为GB007的材料费用属于该成本责任中心的可控成本，因此，A选项的说法正确。机器维修费、试验检验费以及车间折旧费均属于制造费用，制造费用的归属和分摊一般依次按下述5个步骤来处理：①直接计入责任中心。将可以直接判别责任归属的费用项目，直接列入应负责的成本中心。例如，机物料消耗、低值易耗品的领用等。②按责任基础分配。对于不能直接归属于个别责任中心的费用，优先采用责任基础分配。有些费用虽然不能直接归属于特定成本中心，但它们的数额受成本中心的控制，能找到合理依据来分配，如动力费、维修费等。所以，C选项的说法正确。③按受益基础分配。有些费用不是专门属于某个责任中心的，但与各责任中心的受益多少有关，可按受益基础分配，如按照装机功率分配电费等。④归入某一个特定的责任中心：有些费用既不能用责任基础分配，也不能用受益基础分配，则考虑有无可能将其归属于一个特定的责任中心。例如，车间的运输费用和实验检验费用，难以分配到生产班组，不如建立专门的成本中心，由其控制此项成本，不向各班组分配。所以，D选项的说法正确。⑤不能归属于任何责任中心的固定成本，不进行分摊。例如，车间厂房的折旧是以前决策的结果，短期内无法改变，可暂时不加控制，作为不可控费用。所以，B选项的说法不正确。

【答案】 ACD

🔊 名师点拨 ··

责任成本、制造成本和变动成本计算的比较，如表19-3所示。

表19-3 　　　　　责任成本、制造成本和变动成本计算的比较

项　目	责任成本计算	制造成本计算	变动成本计算
核算目的	评价成本控制业绩	按会计准则确定存货成本和期间损益	进行经营决策
成本计算对象	责任中心	产品	产品
成本的范围	只包括各责任中心的可控成本	直接材料、直接人工和全部制造费用	直接材料、直接人工和变动制造费用

续表

项 目	责任成本计算	制造成本计算	变动成本计算
共同费用的分配原则	按可控原则分配，谁控制谁负责，将可控的变动间接费和可控的固定间接费都要分配给责任中心	按受益原则分配。谁受益谁承担，要分摊全部的制造费用（既要分摊变动制造费用，也要分摊固定制造费用）	按受益原则分配。谁受益谁承担，只分摊变动制造费用

第三节 利润中心

考情分析：对于本节内容，题型主要为客观题。考点主要集中在利润中心的考核指标、内部转移价格等方面。

学习建议：本节内容的学习重在了解利润中心的概念，熟悉利润中心的考核指标，重点掌握内部转移价格的相关内容。

一、利润中心的划分与类型（★）

1. 利润中心的含义

利润中心是一个责任中心，如果能同时控制生产和销售，既要对成本负责，又要对收入负责，但没有责任或没有权力决定该中心资产投资的水平，因而可以根据其利润的多少评价该中心的业绩，那么，该中心称为利润中心。

并不是可以计量利润的组织单位都是真正意义上的利润中心。从根本目的上看，利润中心是指管理人员有权对其供货的来源和市场的选择进行决策的单位。

2. 利润中心的类型

利润中心可分为自然的利润中心和人为的利润中心。自然的利润中心指可以直接向企业外部出售产品，在市场上进行购销；人为的利润中心指在企业内部按内部转移价格出售产品。

二、利润中心的考核指标（★★）

对于利润中心进行考核的指标主要是利润。尽管利润指标具有综合性，但仍然需要一些非货币的计量方法作为补充，包括生产率、市场地位、产品质量、职工态度、社会责任、短期目标和长期目标的平衡等。

利润中心考核的具体指标有边际贡献、部门可控边际贡献和部门税前经营利润。

边际贡献计算公式：边际贡献=销售收入-变动成本总额，但以边际贡献作为利润中心的业绩评价依据不够全面。

部门可控边际贡献的计算公式：部门可控边际贡献=边际贡献-可控固定成本，以可控边际贡献作为业绩评价依据可能是最好的，它反映了部门经理在其权限和

控制范围内有效使用资源的能力。

部门税前经营利润的计算公式：部门税前经营利润=部门可控边际贡献-不可控固定成本，以部门税前经营利润作为业绩评价依据，可能更适合评价该部门对公司利润和管理费用的贡献，而不适合于部门经理的评价。

【例题5·单选题】（2017年真题）甲部门是一个利润中心。下列各项指标中，考核该部门经理业绩最适合的指标是（　　　　）。

A. 部门边际贡献

B. 部门税后利润

C. 部门营业利润

D. 部门可控边际贡献

【解析】本题考查的是利润中心的考核指标。利润中心考核的具体指标包括边际贡献、部门可控边际贡献和部门税前经营利润，因此选项B、C错误。而以边际贡献作为利润中心的业绩评价依据不够全面，因此选项A错误。而可控边际贡献反映了部门经理在其权限和控制范围内有效使用资源的能力，以可控边际贡献作为业绩评价依据可能是最佳选择。所以选项D为正确答案。

【答案】D

【例题6·多选题】（2014年真题）下列内部转移价格制定方法中，提供产品的部门不承担市场变化风险的有（　　　　）。

A. 以市场为基础的协商价格

B. 固定成本加固定费转移价格

C. 全部成本转移价格

D. 市场价格

【解析】变动成本加固定费转移价格方法下，如果最终产品的市场需求很少时，购买部门需要的中间产品也变得很少，但它仍然需要支付固定费，在这种情况下，市场风险全部由购买部门承担。全部成本转移价格方法下，以全部成本或者以全部成本加上一定利润作为内部转移价格，市场变化引起的风险全部由购买部门承

担，它可能是最差的选择。

【答案】BC

三、内部转移价格（★★）

分散经营的组织单位之间相互提供产品或劳务时，需要制定一个内部转移价格。转移价格对于提供产品或劳务的生产部门来说表示收入，对于使用这些产品或劳务的购买部门来说则表示成本。因此，转移价格会影响到这两个部门的获利水平，使得部门经理非常关心转移价格的制定，并经常引起争论。

1. 制订转移价格的目的

制订转移价格的目的有两个：一个是防止成本转移带来的部门间责任转嫁，使每个利润中心都能作为单独的组织单位进行业绩评价；另一个是作为一种价格引导下级部门采取明智的决策，生产部门据此确定提供产品的数量，购买部门据此确定所需要的产品数量。

2. 内部转移价格的种类及特点

内部转移价格的种类有市场价格、以市场为基础的协商价格、变动成本加固定费转移价格和全部成本转移价格4种。它们的计算方法和适用范围如表19-4所示。

表19-4　　　　　　　　　　　　　　　内部转移价格的种类及适用范围

类　型	计　算	适用范围
市场价格	市场价格减去对外的销售费用	市场价格适用于中间产品存在完全竞争市场的情况下，注意不能直接把市场价格作为内部转移价格
以市场为基础的协商价格	采用协商的办法确定转移价格	如果中间产品存在非完全竞争的外部市场，首先，要有一个某种形式的外部市场，两个部门经理可以自由地选择接受或是拒绝某一价格。其次，在谈判者之间共同分享所有的信息资源。最后，最高管理阶层的必要干预
变动成本加固定费转移价格	采用单位变动成本来定价，与此同时，还应向购买部门收取固定费	适用于中间产品的最终市场需求比较稳定的情况。注意当中间产品的最终市场需求很少时，市场风险都由购买部门承担，不太公平
全部成本转移价格	全部成本或者以全部成本加上一定利润	采用该价格计算，会导致责任转嫁，可能是最差的选择

【例题7·多选题】（2016年真题）下列关于内部转移价格的说法中，正确的有（　　　　）。

A. 以市场价格作为内部转移价格，可以鼓励中间产品的内部转移

B. 以市场为基础的协商价格作为内部转移价格，可以照顾双方利益并得到双方认可

C. 以变动成本加固定费作为内部转移价格，可能导致购买部门承担全部市场风险

D. 以全部成本作为内部转移价格，可能导致部门经理做出不利于公司的决策

【解析】本题考查的是内部转移价格。以市场价格为基础的转移价格，通常会低于市场价格，这个差价反映与外销有关的销售费以及交货、保修成本，因此可以鼓励中间产品的内部转移，故选项A正确；以市场为基础的协商价格有一定弹性，可以照顾双方利益并得到双方认可，故选项B正确；如果最终产品的市场需求很少，购买部门需要的中间产品也会很少，但仍需支付固定费，市场风险全部由购买部门承担，而供应部门仍能维持一定利润，故选项C正确；以全部成本作为内部转移价格，既不是业绩评价的良好尺度，也不能引导部门经理做出有利于公司的明智决策，是迫不得已选择的方法。故选项D正确。

【答案】ABCD

第四节　投资中心

考情分析：对于本节内容，题型主要为客观题。考点主要集中在什么是投资中心、投资中心的考核指标等方面。

学习建议：本节内容的学习重在熟悉投资中心的概念，重点掌握投资中心的考核指标的相关内容。

一、投资中心的划分（★）

投资中心是指某些分散经营的单位或部门，其经理

所拥有的自主权不仅包括短期经营决策权，而且包括投资规模和投资类型等投资决策权。投资中心的经理不仅能控制除公司分摊管理费用外的成本和收入，而且能控制占用的资产。

【例题8·多选题】以下关于责任中心的表述中，正确的有（　　　）。

A. 任何发生成本的责任领域都可以确定为成本中心
B. 任何可以计量利润的组织单位都可以确定为利润中心
C. 与利润中心相比，标准成本中心仅缺少销售权
D. 投资中心不仅能够控制生产和销售，还能控制占用的资产

【解析】本题的主要考核点是有关各类责任中心的含义和特点。任何发生成本的责任领域都可以确定为成本中心，但并不是任何可以计量利润的组织单位都可以确定为利润中心，从本质上讲，只有当其管理人员有权对其供货的来源和市场的选择进行决策等广泛权力，而且可以计量利润的组织单位才可以确定为利润中心。与利润中心相比，标准成本中心的管理人员不仅缺少销售权，而且对产品的品种和数量也无权决策。投资中心不仅能够控制生产和销售，还能控制占用的资产（即具有投资决策权）。

【答案】AD

二、投资中心的考核指标（★★）

评价投资中心业绩的指标主要有部门投资报酬率、剩余收益。

1. 部门投资报酬率

（1）部门投资报酬率的计算

这是最常见的考核投资中心业绩的指标。这里所说的投资报酬率是部门税前经营利润除以该部门所拥有的净经营资产额。

（2）部门投资报酬率的优缺点

部门投资报酬率的优点如下。

1）它是根据现有的会计资料计算的，比较客观。

2）相对数指标，可用于部门之间以及不同行业之间的比较。

3）用它来评价每个部门的业绩，促使其提高本部门的投资报酬率，有助于提高整个公司的投资报酬率。

4）部门投资报酬率可以分解为投资周转率和部门税前经营利润率两者的乘积，并可进一步分解为资产的明细项目和收支的明细项目，从而对整个部门的经营状况作出评价。

部门投资报酬率的缺点是：部门经理会放弃高于资本成本而低于目前部门投资报酬率的机会，或者减少现有的投资报酬率较低但高于资本成本的某些资产，使部门的业绩获得较好评价，但却伤害了公司整体的利益。

2. 剩余收益

（1）剩余收益的计算

作为业绩评价指标，它主要优点是与增加股东财富的目标一致。为了克服由于使用比率来衡量部门业绩带来的次优化问题，许多公司采用绝对数指标来实现与投资之间的联系，这就是剩余收益或经济增长值。

部门剩余收益=部门税前经营利润−部门平均净经营资产应计报酬=部门税前经营利润−部门平均净经营资产×要求的报酬率

（2）剩余收益的优缺点

剩余收益的主要优点。

1）与增加股东财富的目标一致，可以使业绩评价与公司的目标协调一致，引导部门经理采纳高于公司资本成本的决策。

2）允许使用不同的风险调整资本成本。

剩余收益的缺点表现在因为是绝对数指标，不便于不同部门之间的比较。

【例题9·多选题】剩余收益是评价投资中心业绩的指标之一。下列关于剩余收益指标的说法中，正确的有（　　　）。

A. 剩余收益可以根据现有财务报表资料直接计算
B. 剩余收益可以引导部门经理采取与企业总体利益一致的决策
C. 计算剩余收益时，对不同部门可以使用不同的资本成本
D. 剩余收益指标可以直接用于不同部门之间的业绩比较

【解析】剩余收益的计算需要利用资本成本，资本成本不能根据现有财务报表资料直接计算，A选项错误。剩余收益是绝对数指标，不便于不同规模的投资中心业绩的比较，D选项错误。

【答案】BC

【例题10·计算分析题】已知某公司下设3个投资中心A、B、C，有关资料如表19-5所示。

表19-5 A、B、C 3个投资中心有关资料数据

指 标	集团公司	A投资中心	B投资中心	C投资中心
税前营业利润（万元）	34 650	10 400	15 800	8 450
净经营资产平均占用额（万元）	315 000	94 500	145 000	75 500
规定的最低税前投资报酬率	10%	10%	9%	11%
基于资本市场的公司的税后资本成本	7%			
所得税税率	20%			

【要求】

（1）计算该公司投资报酬率和各投资中心部门投资报酬率，并据此评价各投资中心的业绩。

（2）计算该公司剩余经营收益和各部门的剩余收益，并据此评价各投资中心的业绩。

（3）计算该集团公司经济增加值和各投资中心的部门经济增加值，并据此评价各部门的业绩。

【答案】

（1）部门投资报酬率

①集团公司投资报酬率=集团公司税后经营利润÷集团公司平均净经营资产=34 650×（1-20%）÷315 000×100%=8.8%

根据公式：部门投资报酬率=部门税前经营利润÷部门平均净经营资产，故：

②A投资中心的部门投资报酬率=10 400÷945 00×100%≈11.01%

③B投资中心的部门投资报酬率=15 800÷145 000×100%≈10.90%

④C投资中心的部门投资报酬率=8 450÷75 500×100%≈11.19%

⑤评价：C投资中心业绩最优，A投资中心次之，B投资中心业绩最差。

（2）剩余收益

公司的剩余收益=集团公司税后经营利润-集团公司税后平均净经营资产应计报酬=34 650×（1-20%）-315 000×10%×（1-20%）=2 520（万元）

根据公式：部门剩余收益=部门税前经营利润-部门平均净经营资产应计报酬=部门税前经营利润-部门

平均净经营资产×要求的报酬率

故：A投资中心的剩余收益=10 400-94 500×10%=950（万元）

B投资中心的剩余收益=15 800-145 000×9%=2 750（万元）

C投资中心的剩余收益=8 450-75 500×11%=145（万元）

评价：B投资中心业绩最优，A投资中心次之，C投资中心业绩最差。

（3）经济增加值

公司的经济增加值=调整后税后经营利润-加权平均税后资本成本×调整后的投资=34 650×（1-20%）-315 000×7%=5 670（万元）

根据部门经济增加值公式：

经济增加值=调整后税前经营利润-加权平均税前资本成本×调整后的投资资本

其中，调整后的投资资本为7%，则：

A投资中心的经济增加值=10 400-94 500×7%÷（1-20%）=2 131.25（万元）

B投资中心的经济增加值=15 800-145 000×7%÷（1-20%）=3 112.5（万元）

C投资中心的经济增加值=8450-75500×7%÷（1-20%）=1843.75（万元）

评价：B投资中心业绩最优，A投资中心次之，C投资中心业绩最差。

🔊 **名师点拨** ·······················

成本中心、利润中心和投资中心的比较如表19-6所示。

表19-6 成本中心、利润中心和投资中心的比较

类 型	应用范围	权 利	考核范围	考核指标
成本中心	最广	可控成本的控制权	可控的成本、费用	（1）标准成本中心：是既定产品质量和数量条件下的标准成本 （2）费用中心：费用预算

续表

类 型	应用范围	权 利	考核范围	考核指标
利润中心	较窄	有权对其供货的来源和市场的选择进行决策的单位（经营决策权）	成本费用、收入、利润	边际贡献 部门可控边际贡献 部门税前经营利润
投资中心	最小	短期经营决策权、投资决策权	成本费用、收入、利润、投资效果	部门投资报酬率 剩余收益 经济增加值

过关测试题

一、单选题

1. 乙公司的平均投资资本为2 000万元，其中净负债600万元，权益资本1 400万元；税后利息费用60万元，税后利润200万元；净负债成本（税后）8%，权益成本12%。则剩余经营收益为（　　　）万元。

A. −40　　B. −16　　C. 44　　D. 12

2. 在计算责任成本时，对于不能直接归属于个别责任中心的费用，应该（　　　）。

A. 优先按责任基础分配

B. 按受益基础分配

C. 归入某一个特定的责任中心

D. 不进行分摊

3. 大型集团的子公司、分公司、事业部一般都是独立的法人，享有投资决策权和较充分的经营权，这些责任中心大多属于（　　　）。

A. 成本中心　　　　B. 利润中心

C. 投资中心　　　　D. 费用中心

4. 下列关于内部转移价格的说法中，不正确的是（　　　）。

A. 中间产品存在非完全竞争的外部市场是市场价格作为内部转移价格的条件

B. 以协商价格作为内部转移价格可能会导致部门之间的矛盾

C. 全部成本转移价格的唯一优点是简单

D. 以变动成本加固定费转移价格作为内部转移价格时，总需求量不应超过供应部门的生产能力，但需求量也不能很少

5. 新华公司的平均投资资本为4 000万元，其中净负债1 600万元，权益资本2 400万元；税后经营净利润600万元，税后利息费用100万元；净负债成本（税后）6%，权益成本10%，则剩余权益收益为（　　　）元。

A. 300　　B. 4　　C. 260　　D. 264

6. 下列各项指标中，不属于业绩计量的非财务指标的是（　　　）。

A. 市场占有率　　　B. 质量和服务

C. 生产力　　　　　D. 经济增加值

7. 下列各项中，适合建立标准成本中心的单位或部门有（　　　）。

A. 行政管理部门

B. 医院放射科

C. 企业研究开发部门

D. 企业广告宣传部门

二、多选题

1. 下列关于可控成本与不可控成本的说法中，不正确的有（　　　）。

A. 直接成本一定是可控成本

B. 区分可控成本和不可控成本，并不需要考虑成本发生的时间范围

C. 最基层单位无法控制任何间接成本

D. 广告费、科研开发费属于可控成本

2. 下列关于业绩的非财务计量的表述中，正确的有（　　　）。

A. 非财务计量不可以直接计量创造财富活动的业绩

B. 非财务计量可以计量公司的长期业绩

C. 非财务计量的综合性、可计量性和可比性等都不如财务计量

D. 非财务计量属于业绩评价的辅助工具

3. 下列关于通货膨胀对于业绩评价的影响的表述中，不正确的有（　　　）。

A. 只有通货膨胀水平较高时，才考虑通货膨胀对于业绩评价的影响

B. 只有通货膨胀水平较高时，才会对财务报表造成影响

C. 在通货膨胀时期，为了在不同时期业绩指标之间建立可比性，可以用非货币资产的个别价格（现行成本）的变化来计量通货膨胀的影响

D. 业绩评价的市场增加值指标通常不会受通货膨胀的影响

4. 下列关于剩余收益作为业绩评价指标的优点的表述中，正确的有（   ）。

A. 可以更好地协调公司各个部门之间的利益冲突，促使公司的整体利益最大化

B. 有利于防止次优化

C. 剩余收益着眼于公司的价值创造过程

D. 便于不同规模的公司和部门的业绩比较

5. 甲公司的平均投资资本为4000万元，债务资本比重为60%，净经营资产净利率为12%；税后利息费用200万元，净负债成本（税后）8%。无风险报酬率为6%，平均风险股票报酬率10%，该公司普通股β值为1.5，则下列计算正确的有（   ）。

A. 剩余权益收益为88万元

B. 剩余经营收益为38.4万元

C. 净利润为280万元

D. 剩余净金融支出为8万元

6. 某公司的甲部门的收入为15 000元，变动成本为10 000元，可控固定成本为800元，不可控固定成本为1 200元，则下列说法正确的有（   ）。

A. 边际贡献为5 000元

B. 可控边际贡献为4 200元

C. 部门税前经营利润为3 000元

D. 部门税前经营利润为2 000元

7. 剩余收益是评价投资中心业绩的指标之一。下列关于投资中心剩余收益指标的说法中，正确的有（   ）。

A. 剩余收益可以根据现有财务报表资料直接计算

B. 剩余收益可以引导部门经理采取与企业总体利益一致的决策

C. 计算剩余收益时，对不同部门可以使用不同的资本成本

D. 剩余收益旨在使经理人员赚取超过资本成本的报酬，促进股东财富最大化

业绩评价

第**20**章

本章介绍了财务业绩评价与非财务业绩评价经济增加值、平衡计分卡等相关内容，一些主要的概念和公式的计算方法，需要理解记忆，并能熟练应用。

从近几年的考试情况来看，本章属于重点章，所占分值一般在5分左右，考试题型一般为客观题，有时也会出小的计算分析题，但难度不大。

【本章考点概览】

业绩评价	一、财务业绩评价与非财务业绩评价	1. 财务业绩评价的优点与缺点	★
		2. 非财务业绩评价的优点与缺点	★
	二、经济增加值	1. 经济增加值的概念	★★
		2. 简化的经济增加值的衡量	★★
		3. 经济增加值评价的优点与缺点	★★
	三、平衡计分卡	1. 平衡计分卡框架	★★
		2. 平衡计分卡与企业战略管理	★★★
		3. 战略地图架构	★★
		4. 平衡计分卡与传统业绩评价系统的区别	★

第一节 财务业绩评价与非财务业绩评价

考情分析：本节内容为2017年考试大纲新增内容，出现考题的可能性较大。

学习建议：对于本节内容，考生需重点掌握财务业绩评价的优点与缺点和非财务业绩评价的优点与缺点。

一、财务业绩评价的优点与缺点（★）

财务业绩评价是根据财务信息来评价管理者业绩的方法，常见的财务指标有利润、资产报酬率、经济增加值（EVA）等。在责任会计中，各类责任中心的业绩评价指标所采用的就是财务业绩评价。

1. 财务业绩评价的优点

财务业绩评价是一种传统的评价方法，财务业绩一方面可以反映企业的综合经营成果，另一方面容易从会计系统中获得相应的数据，操作简便，易于理解。

2. 财务业绩评价的缺点

（1）财务业绩通常反映的是企业当期的财务成果，不能反映管理者在企业长期业绩改善的成果。

（2）财务业绩是一种结果导向，即只注重最终结果，而不会考虑达到结果的改善过程。

（3）由于财务业绩是由会计数据进行考核的，而会计数据受稳健性原则的影响，因此，无法公允地反映管理层的真正业绩。

二、非财务业绩评价的优点与缺点（★）

非财务业绩评价是指根据非财务信息指标来评价管理者业绩的方法。常见的指标有：与顾客相关的指标（市场份额、客户订货量、客户满意度）、与内部运营相关的指标（存货周转率、即时送货率、服务质量）、反映员工学习与成长的指标（员工满意度、员工建议次数、员工技能熟悉度）等。

1. 非财务业绩评价的优点

（1）可以避免财务业绩评价只侧重过去、比较短视的不足。

（2）非财务业绩评价体现长远业绩，体现外部对企业的整体评价。

2. 非财务业绩评价缺点

一些关键的非财务业绩评价指标往往比较主观，数据收集比较困难，评价指标数据的可靠性难以保证。

【例题1·多选题】使用财务指标进行行业绩评价的主要缺点有（　　　）。

A. 不能计量公司的长期业绩
B. 忽视了物价水平的变化
C. 忽视了公司不同发展阶段的差异
D. 其可比性不如非财务指标

【解析】本题考查的是财务业绩评价的优点与缺点。使用财务指标进行业绩评价的主要缺点是只能体现当期的业绩效果，不能计量公司的长期业绩，因此选项A正确；忽略价格水平的变化，在通货膨胀比较严重时，可能歪曲财务报告，因此选项B正确；忽视公司不同发展阶段的差异，因此选项C正确；财务指标比非财务指标在进行行业绩评价时，可比性更好，因此选项D不正确。

【答案】ABC

第二节　经济增加值

考情分析：对于本节内容，题型主要为客观题和主观题，分值在2分左右。考查重点主要集中在不同含义的经济增加值、简化的经济增加值的衡量、经济增加值评价的优点和缺点。

学习建议：理解记忆不同含义经济增加值的概念，并掌握其计算方法与优缺点。

一、经济增加值的概念（★★）

（一）经济增加值的概念与特点

经济增加值（Economic Value Added，EVA）是美国思腾思特（Stern Stewart）管理咨询公司开发并于20世纪90年代中后期推广的一种价值评价指标。国务院国有资产监督管理委员会从2010年开始对中央企业负责人实行经济增加值考核并不断完善，2012年12月29日发不了第30号令，要求于2013年1月1日开始施行《中央企业负责人经营业绩考核暂行办法》（以下简称《暂行办法》）。

基本公式：经济增加值=调整后税后经营净利润-加权平均资本成本×调整后净投资成本

经济增加值与剩余经营收益的相同点与区别如表20-1所示。

表20-1　　　　　　　　　经济增加值与剩余经营收益的相同点与区别

对比事项	要点说明
相同	经济增加值的概念与剩余经营收益相同，是剩余经营收益的计算方法之一，或者说是剩余收益的一种"版本"
区别	①在计算经济增加值时，需要对会计数据进行一系列调整，包括税后经营净利润和净投资资本 ②需要根据资本市场的机会成本计算资本成本，以实现经济增加值与资本市场的衔接；而剩余收益根据投资要求的报酬率计算，该投资报酬率可以根据管理的要求做出不同选择，带有一定的主观性

（二）不同含义的经济增加值

为了计算经济增加值，需要解决经营利润、资本成本和所使用资本数额的计量问题。不同的解决办法，形成了含义不同的经济增加值。下面介绍几种常见的经济增加值，4种经济增加值的具体内容如表20-2所示。

表20-2　　　　　　　　　　　　　4种经济增加值

类　型		要点说明
基本经济增加值	含义	基本经济增加值是根据未经调整的经营利润和总资产计算的经济增加值
	公式	基本经济增加值=税后经营净利润-加权平均资本成本×报表总资产
	评价	基本经济增加值的计算很容易。但是，由于"经营利润"和"总资产"是按照会计准则计算的，它们歪曲了公司的真实业绩。不过，对于会计利润来说是个进步，因为它承认了股权资金的成本

续表

类 型	要点说明
披露的经济增加值	披露的经济增加值是利用公开会计数据进行十几项标准的调整计算出来的。这种调整是根据公布的财务报表及其附注中的数据进行的 典型的调整包括：①研究与开发费用。研究阶段的支出在发生时计入当期损益，开发阶段的支出满足特定条件的确认为无形资产，其他的开发阶段支出也应计入当期损益。经济增加值要求将研究和开发支出都作为投资（资产）并在一个合理的期限内摊销。②战略性投资。会计将投资的利息（或部分利息）计入当期财务费用，经济增加值要求将其在一个专门账户中资本化并在开始生产时逐步摊销。③为建立品牌、进入新市场或扩大市场份额所发生的费用。会计作为费用立即从利润中扣除。经济增加值要求把争取客户的营销费用资本化并在适当的期限内摊销。④折旧费用。会计大多使用直线折旧法处理，经济增加值要求对某些大量使用长期设备的公司，按照更接近经济现实的"沉淀资金折旧法"处理。这是一种类似租赁资产的费用分摊方法，在前几年折旧较少，而后几年由于技术老化和物理损耗同时发挥作用需提取较多折旧的方法。⑤重组费用。会计将其作为过去投资的损失看待，立即确认为当期费用，经济增加值将重组视为增加股东财富的机遇，重组费用应作为投资处理。上述调整，不仅涉及利润表而且涉及资产负债表的有关项目，需要按照复式记账原理同时调整。此外，计算资金成本的"总资产"应为"投资资本"（即扣除应付账款等经营负债），并且要把表外融资项目纳入"总资产"之内，如长期性经营租赁资产等
特殊的经济增加值	为了使经济增加值适合特定公司内部的业绩管理，还需要进行特殊的调整。这种调整要使用公司内部的有关数据，调整后的数值称为"特殊的经济增加值" （1）它是特定公司根据自身情况定义的经济增加值。它涉及公司的组织结构、业务组合、经营战略和会计政策，以便在简单和精确之间实现最佳的平衡。这是一种"量身定做"的经济增加值计算办法 （2）这些调整项目都是"可控制"的项目即通过自身努力可以改变数额的项目。调整结果使得经济增加值更接近公司的市场价值
真实的经济增加值	真实的经济增加值是公司经济利润最正确和最准确的度量指标 （1）它要对会计数据做出所有必要的调整，并对公司中每一个经营单位都使用不同的更准确的资本成本 （2）真实的经济增加值要求对每一个经营单位使用不同的资金成本，以便更准确地计算部门的经济增加值

◀») 名师点拨 ·············

从公司整体业绩评价来看，基本经济增加值和披露经济增加值是最有意义的。公司外部人员无法计算特殊的经济增加值和真实的经济增加值，他们缺少计算所需要的数据。

【例题2·多选题】（2016年真题）在计算披露的经济增加值时，下列各项中需要进行调整的项目有（　　）。

A. 研究费用

B. 争取客户的营销费用

C. 企业并购重组费用

D. 资本化利息支出

【解析】本题考查的是经济增加值的概念。计算披露的增加值的典型调整项目包括：①研究与开发费用；②战略性投资；③为建立品牌、进入新市场或扩大市场份额发生的费用；④折旧费用；⑤重组费用。因此，答案为选项A、B、C。

【答案】ABC

二、简化的经济增加值的衡量（★★）

1. 经济增加值的定义及计算公式

经济增加值是指企业税后净营业利润减去资本成本后的余额。

经济增加值=税后净营业利润-资本成本=税后净营业利润-调整后资本×平均资本成本率

税后净营业利润=净利润+（利息支出+研究开发费用调整项）×（1-25%）

企业通过变卖主业优质资产等取得的非经常性收益在税后净营业利润中全额扣除。

调整后资本=平均所有者权益+平均负债合计-平均无息流动负债-平均在建工程

2. 会计调整项目说明

（1）利息支出是指企业财务报表中"财务费用"

项下的"利息支出"。

（2）研究开发费用调整项是指企业财务报表中"管理费用"项下的"研究与开发费"和当期确认为无形资产的研究开发支出。对于勘探投入费用较大的企业，经国资委认定后，将其成本费用情况表中的"勘探费用"视同研究开发费用调整项按照一定比例（原则上不超过50%）予以加回。

（3）无息流动负债是指企业财务报表中"应付票据""应付账款""预收款项""应交税费""应付利息""应付职工薪酬""应付股利""其他应付款"和"其他流动负债（不含其他带息流动负债）"；对于"专项应付款"和"特种储备基金"，可视同无息流动负债扣除。

（4）在建工程是指企业财务报表中的符合主业规定的"在建工程"。

3. 资本成本率的确定

（1）中央企业资本成本率原则上定为5.5%。

（2）对军工等资产通用性较差的企业，资本成本率定为4.1%。

（3）资产负债率在75%以上的工业企业和80%以上的非工业企业，资本成本率上浮0.5个百分点。

4. 其他重大调整事项

发生下列情形之一，对企业经济增加值考核产生重大影响的，国资委酌情予以调整。

（1）重大政策变化。

（2）严重自然灾害等不可抗力因素。

（3）企业重组、上市及会计准则调整等不可比因素。

（4）国资委认可的企业结构调整等其他事项。

三、经济增加值评价的优点与缺点（★★）

1. 经济增加值评价的优点

经济增加值评价的优点主要表现在以下两个方面。

（1）经济增加值最直接的与股东财富的创造联系起来。

追求更高的经济增加值，就是追求更高的股东价值。对于股东来说，经济增加值越多越好。在这个意义上说，它是唯一正确的业绩计量指标。它能连续地度量业绩的改进。相反，销售利润率、每股盈余甚至投资报酬率等指标，有时会侵蚀股东财富。会计师拒绝对资本成本做出估计并在成本中扣除，给报表使用人造成一种幻觉，误以为盈利公司都会或多或少的为股东增加财富。

（2）经济增加值不仅是一种业绩评价指标，它还是一种全面财务管理和薪金激励体制的框架。经济增加值的吸引力主要在于它把资本预算、业绩评价和激励报酬结合起来了。

以前，人们使用净现值和内部报酬率评价资本预算，用权益资本报酬率或每股收益评价公司业绩，用另外的一些效益指标作为发放奖金的依据。以经济增加值为依据的管理，其经营目标是经济增加值，衡量生产经营效益的指标是经济增加值，奖金根据适当的目标单位经济增加值来确定。经济增加值框架下的综合财务管理系统，可以指导公司的每一个决策，包括营业预算、年度资本预算、战略规划、公司收购和公司出售，等等。经济增加值是一种培训员工，甚至培训公司最普通员工的简单而有效的方法。经济增加值是一个独特的薪金激励制度的关键变量。它真正把管理者的利益和股东利益统一起来，使管理者像股东那样思维和行动。经济增加值是一种治理公司的内部控制制度。

在经济增加值的框架下，投资人可以用经济增加值选择最有前景的公司。经济增加值还是股票分析家手中的一个强有力的工具。

2. 经济增加值评价的缺点

经济增加值评价的缺点主要表现在以下3个方面。

（1）由于经济增加值是绝对数指标，不具有比较不同规模公司业绩的能力。

（2）经济增加值也有许多和投资报酬率一样误导使用人的缺点，例如处于成长阶段的公司经济增加值较少，而处于衰退阶段的公司经济增加值可能较高。

（3）在计算经济增加值时，尚存在许多争议。这些争议不利于建立一个统一的规范。而缺乏统一性的业绩评价指标，只能在一个公司的历史分析以及内部评价中使用。

第三节 平衡计分卡

考情分析：对于本节内容，考查题型主要为客观题。考点主要集中在平衡计分卡框架、平衡计分卡与企业战略管理、平衡计分卡与传统业绩评价系统的区别知识点上。

学习建议：重点掌握平衡记分卡的框架与方法、平衡记分卡与企业战略管理的关系，以及与传统业绩评价系统的区别。

平衡计分卡打破了传统的只注重财务指标的业绩评价模式，认为传统的财务指标属于滞后性指标，对于指导和评价企业如何通过投资于客户、供应商、雇员、生产程序、技术和创新等来创造未来的价值是不够的。因而需要在传统财务指标的基础上，增加用于评估企业未来投资价值好坏的具有前瞻性的先行指标。另外，《财富》杂志指出，事实上只有不到10%的企业战略被有效地执行，真正的问题不是战略不好，而是执行能力不够，至少70%的原因归诸于战略执行的失败，而非战略本身的错误。战略执行失败的原因是由沟通障碍、管理障碍、资源障碍和人员障碍造成的。为了有效地解决业绩评价问题和成功实施战略的问题，平衡计分卡应运而生，它是由哈佛商学院教授卡普兰（Robert S. Kaplan）和诺顿（David P. Norton）倡导和提出的，目前形成了平衡计分卡、战略核心组织和战略地图3大成果。

一、平衡计分卡框架（★★）

平衡计分卡通过将财务指标与非财务指标相结合，将企业的业绩评价同企业战略发展联系起来，设计出了一套能使企业高管迅速且全面了解企业经营状况的指标体系，用来表达企业进行战略性发展所必须达到的目标，把任务和决策转化成目标和指标。平衡计分卡的目标和指标来源于企业的愿景和战略，这些目标和指标从4个维度来考查企业的业绩，即财务、顾客、内部业务流程、学习与成长，这4个维度组成了平衡计分卡的框架，如图20-1所示。

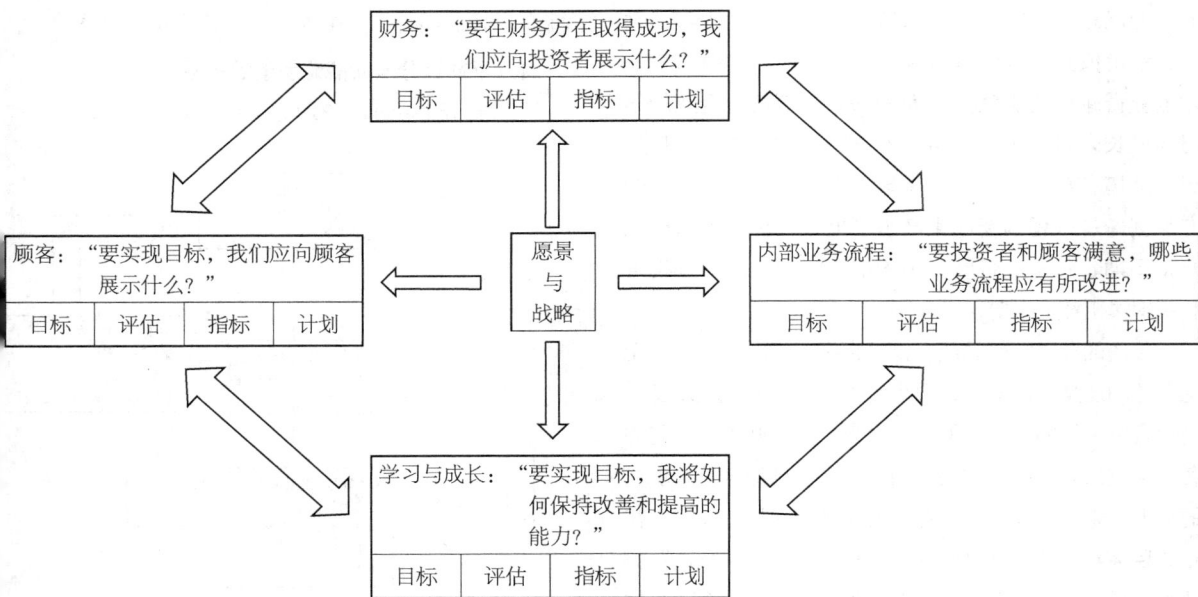

图20-1 化战略为行动的平衡计分卡的框架

1. 财务维度

其目标是解决"股东如何看待我们"这类问题。表明企业的努力是否最终对企业的经济收益产生了积极的作用。众所周知，现代企业财务管理目标是企业价值最大化，而对企业价值目标的计量是离不开相关财务指标的。财务维度指标通常包括利润、收入、现金流量、投资回报率、经济增加值、增加的市场份额等。

2. 顾客维度

这一维度回答"顾客如何看待我们"的问题。顾客是企业之本，是现代企业的利润来源。顾客感受理应成为企业关注的焦点，应当从时间、质量、服务效率以及成本等方面了解市场份额、顾客需求和顾客满意程度。常用的顾客维度指标包括按时交货率、新产品销售占全部销售的百分比、重要客户的购买份额、顾客满意度指数、顾客忠诚度、新客户增加比例、客户利润贡献度等。

3. 内部业务流程维度

其着眼于企业的核心竞争力，解决"我们的优势是什么"的问题。企业要想按时向顾客交货，满足现在和未来顾客的需要，必须以优化企业的内部业务流程为前提。因此，企业应当遴选出那些对顾客满意度有最大影响的业务流程，明确自身的核心竞争能力，并把它们转化成具体的测评指标。反映内部业务流程维度的指标包括生产布局与竞争情况、生产周期、单位成本、产出比率、缺陷率、存货比率、新产品投入计划与实际投入情况、设计效率、原材料整理时间或批量生产准备时间、定单发送准确率、货款回收与管理、售后保证等。

4. 学习和成长维度

其目标是解决"我们是否能继续提高并创造价值"的问题。只有持续不断地开发新产品，为客户创造更多价值并提高经营效率，企业才能打入新市场，才能赢得顾客的满意，从而增加股东价值。企业的学习与成长来自于员工、信息系统和企业程序等。根据经营环境和利润增长点的差异，企业可以确定不同的产品创新、过程创新和生产水平提高指标，如新产品开发周期、员工满意度、平均培训时间、再培训投资和关键员工流失率等。

传统的业绩评价系统仅仅将指标提供给管理者，无论财务的还是非财务的，很少看到彼此间的关联以及对企业最终目标的影响。但是，平衡计分卡则不同，它的各个组成部分是以一种集成的方式来设计的，公司现在的努力与未来的前景之间存在着一种"因果"关系，在企业目标与业绩指标之间存在着一条"因果关系链"。从平衡计分卡中，管理者能够看到并分析影响企业整体目标的各种关键因素，而不单单是短期的财务结果。它有助于管理者对整个业务活动的发展过程始终保持关注，并确保现在的实际经营业绩与公司的长期战略保持一致。

根据这4个不同的角度，平衡计分卡中的"平衡"包括外部评价指标（如股东和客户对企业的评价）和内部评价指标（如内部经营过程、新技术学习等）的平衡；成果评价指标（如利润、市场占有率等）和导致成果出现的驱动因素评价指标（如新产品投资开发等）的平衡；财务评价指标（如利润等）和非财务评价指标（如员工忠诚度、客户满意程度等）的平衡；短期评价指标（如利润指标等）和长期评价指标（如员工培训成本、研发费用等）的平衡。

二、平衡计分卡与企业战略管理（★★★）

战略管理是企业管理的高级阶段，立足于企业的长远发展，根据外部环境及自身特点，围绕战略目标，采取独特的竞争战略，以求取得竞争优势。平衡计分卡则是突破了传统业绩评价系统的局限性，在战略高度评价企业的经营业绩，把一整套财务与非财务指标同企业的战略联系在一起，是进行战略管理的基础。建立平衡计分卡，明确企业的愿景目标，就能协助管理人员建立一个得到大家广泛认同的愿景和战略，并将这些愿景和战略转化为一系列相互联系的衡量指标，确保企业各个层面了解长期战略，驱使各级部门采取有利于实现愿景和战略的行动，将部门、个人目标同长期战略相联系。

1. 平衡计分卡和战略管理的关系

平衡计分卡和战略管理的关系如图20-2所示。

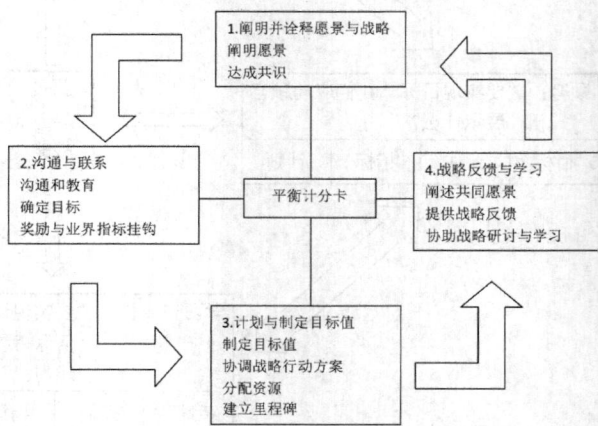

图20-2　平衡计分卡与战略管理之间的关系

一方面，战略规划中所制定的目标是平衡计分卡考核的一个基准；另一方面，平衡计分卡又是一个有效的战略执行系统，它通过引入图22-2里的4个程序（阐明与诠释愿景与战略、沟通与联系、计划与制定目标值、战略反馈与学习），使得管理者能够把长期行为与短期行为联系在一起，具体的程序包括：

（1）阐释并诠释愿景与战略。所谓愿景，可以简单理解为企业所要达到的远期目标。有效地说明愿景，可以使其成为企业所有成员的共同理想和目标，从而有助于管理人员就企业的使命和战略达成共识，这样才能成为描述取得成功的长期因素。

（2）沟通与联系。它使得管理人员在企业中对战略上下沟通，并将它与部门及个人目标联系起来。

（3）计划与制定目标值。它使企业能够实现业务计划和财务计划一体化。

（4）战略反馈与学习。它使得企业以一个组织的形式获得战略型学习与改进的能力。

2. 平衡计分卡的要求

为了使平衡计分卡同企业战略更好地结合，必须做到以下几点：

（1）平衡计分卡的4个方面应互为因果，最终结果是实现企业的战略。一个有效的平衡计分卡，绝对不仅仅是业绩衡量指标的结合，而且各个指标之间应该互相联系、互相补充，围绕企业战略所建立的因果关系链，应当贯穿于平衡计分卡的4个方面。

（2）平衡计分卡中不能只有具体的业绩衡量指标，还应包括这些具体衡量指标的驱动因素。否则无法说明怎样行动才能实现这些目标，也不能及时显示战略是否顺利实施。一套出色的平衡计分卡应该是把企业的战略结果同驱动因素结合起来。

（3）平衡计分卡应该最终和财务指标联系起来，因为企业的最终目标是实现良好的经济利润。平衡计分卡必须强调经营成果，这关系到企业未来的生存与发展。

三、战略地图架构（★★）

组织的战略主要说明如何设法为其股东、顾客创造出价值。因此，如果组织的无形资产代表了75%以上的价值，那么，有关战略的形成以至执行就必须很明确地针对无形资产的动员与整合问题有所交代。图20-3所示的战略地图，为战略如何连接无形资产与价值创造的流程提供了一个架构。

1. 财务维度：长短期对立力量的战略平衡

战略地图之所以保留了财务层面，是因为它们是企业的最终目标。财务绩效的衡量结果，代表了企业战略贯彻实施对公司营运数字改善的贡献高低。财务方面的目标通常都与获利能力的衡量相关。公司财务绩效的改善，主要是利用收入的增长与生产力的提升两种基本途径。

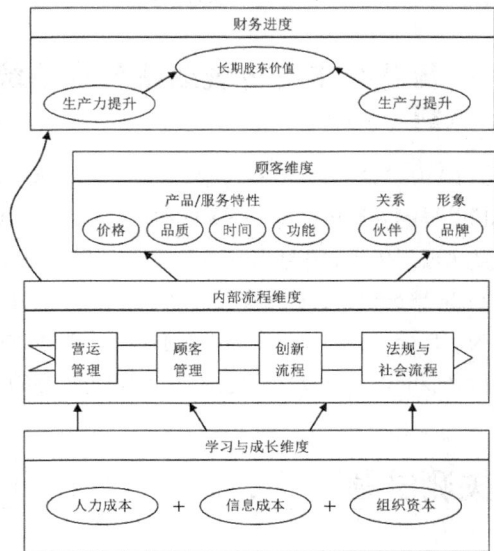

图20-3 战略地图架构

2. 顾客维度：战略本是基于差异化的价值主张

企业采取追求收入增长的战略，必须在顾客层面中选定价值主张。此价值主张说明了企业如何针对其目标顾客群创造出具有差异化而又可持续长久的价值。

基本上，所有的组织都希望能就常见的顾客衡量指标（如顾客满意度等）加以改进，但仅仅满足和维系顾客还称不上是战略。战略应该要标明特定的顾客群，作为企业成长和获利的标的。例如，美国的西南航空公司就是采用低价战略，满足并维系对价格非常敏感的顾客群。在公司确实了解目标顾客群的身份特性之后，就可根据所提出的价值主张来确定目标与衡量项目。价值主张界定了公司打算针对目标顾客群所提供的产品、价格、服务以及形象的独特组合。因此，价值主张应能达到宣扬公司如何优于竞争者，或者显著不同于竞争者的目的。

3. 内部流程维度：价值是由内部流程创造的

内部流程完成了组织战略的两个重要部分：针对顾客的价值主张加以生产与交货；为财务层面中的生产力要件进行流程改善与成本降低的作业，内部流程由营运管理流程、顾客管理流程、创新管理流程和法规与社会流程4个流程组成。

4. 学习与成长维度：无形资产的战略性整合

战略地图的学习与成长层面，主要说明组织的无形资产及它们在战略中扮演的角色。我们将无形资产归纳为人力资本、信息资本和组织资本3类。

四、平衡计分卡与传统业绩评价系统的区别（★）

（1）从"制订目标——执行目标——实际业绩与目标值差异的计算与分析——采取纠正措施"的目标管理系统来看，传统的业绩考核注重对员工执行过程的控制，平衡计分卡则强调目标制订的环节。平衡计分卡方法认为，目标制订的前提应当是员工有能力为达成目标而采取必要的行动方案，因此设定业绩评价指标的目的不在于控制员工的行为，而在于使员工能够理解企业的战略使命并为之付出努力。

（2）传统的业绩评价与企业的战略执行脱节。平衡计分卡把企业战略和业绩管理系统联系起来，是企业战略执行的基础架构。

（3）平衡计分卡在财务、客户、内部流程以及学习与成长4个方面建立公司的战略目标。用来表达企业在生产能力竞争和技术革新竞争环境中所必须达到的、多样的、相互联系的目标。

（4）平衡计分卡帮助公司及时考评战略执行的情况，根据需要（每月或每季度）适时调整战略、目标和考核指标。

（5）平衡计分卡能够帮助公司有效地建立跨部门团队合作，促进内部管理过程的顺利进行。

过关测试题

一、单选题

1. 今年A公司下属某部门税后经营利润为480万元，平均净经营资产为2 500万元。投资中心要求的税前报酬率为9%，加权平均税前资本成本为12%，平均所得税税率为25%。则该部门今年的经济增加值为（　　）万元。

    A. 170   B. 425   C. 340   D. 255

2. 从现代商业银行管理，特别是风险管理的角度来看，市场交易人员（或业务部门）的收入和奖金应当以（　　）为参照基准。

    A. 经济资本   B. 经济增加值
    C. 风险价值   D. 市场价值

3. 在平衡计分卡业绩衡量方法下，下列各项中不属于滞后指标的是（　　）。

    A. 盈利率   B. 客户满意度
    C. 新客户开发率   D. 客户关系

4. Y企业是一家处于成长期的健身公司，地处高校密集的大学城。公司实行会员制，顾客主要通过电话和网络预约方式来门店进行健身。甲企业决定采用平衡计分卡进行绩效管理，从顾客的角度考虑，其平衡计分卡的内容包括（　　）。

    A. 顾客订单的增加
    B. 顾客续卡率
    C. 健身器材的维护
    D. 主要员工保留率

5. 平衡计分卡在衡量企业战略绩效管理时，没有考虑的角度是（　　）。

    A. 财务角度   B. 客户角度
    C. 内部流程角度   D. 外部环境角度

6. 下列选项中，不属于平衡计分卡中顾客角度目标的是（　　）。

    A. 市场份额   B. 顾客满意度
    C. 新客户开发率   D. 销售增长率

7. 按照《暂行规定》计算简化经济增加值时，税后净营业利润=净利润+（利息支出+研究开发费用调整项）×（1-25%），这个利息是指（　　）。

    A. 企业财务报表中"财务费用"下的"利息支出"

    B. 报表附注中的资本化利息

    C. 企业财务报表中"财务费用"项下的"利息支出"与报表附注中的资本化利息之和

    D. 企业财务报表中"财务费用"项下的"利息支出"扣除报表附注中的资本化利息后的差额

8. 以下考核指标中，不能用于内部业绩评价的指标是（　　）。

    A. 剩余收益   B. 市场增加值
    C. 投资报酬率   D. 基本经济增加值

二、多选题

1. 价值创造是财务战略的目标，现代财务实践认为经济增加值是判断经济活动是否带来价值创造的一个重要指标。影响经济增加值的直接因素包括（   ）。

　A. 投资资本　　　　B. 净资产收益率

　C. 资本成本　　　　D. 税后营业利润

2. 下列关于经济增加值特点的表述中，正确的有（   ）。

　A. 经济增加值在业绩评价中被广泛应用

　B. 经济增加值仅仅是一种业绩评价指标

　C. 经济增加值不具有比较不同规模企业的能力

　D. 经济增加值是股票分析师的一个强有力的工具

3. 下列关于利用剩余收益评价企业业绩的表述正确的有（   ）。

　A. 公司赚取的净利润必须超过股东要求的报酬，才算是获得了剩余收益

　B. 剩余权益收益概念强调应扣除会计上未加确认但事实上存在的权益资本成本

　C. 剩余权益收益为负值，则摧毁了股东财富

　D. 剩余收益需要根据资本市场的机会成本计算

4. 下列各项中属于经济增加值和剩余经营收益的区别的有（   ）。

　A. 在计算经济增加值时，需要对会计数据进行一系列调整，包括税后经营利润和投资资本

　B. 经济增加值需要根据资本市场的机会成本计算资本成本，以实现经济增加值与资本市场的衔接

　C. 剩余收益是根据投资要求的报酬率来计算的，该投资报酬率可以根据管理的要求做出不同选择，带有一定的主观性

　D. 经济增加值是剩余经营收益的计算方法之一

5. 下列各类经济增加值的计算中，通常对所有经营单位使用统一的资金成本的有（   ）。

　A. 基本经济增加值

　B. 特殊的经济增加值

　C. 披露的经济增加值

　D. 真实的经济增加值

6. X公司的平均投资资本为4 000万元，其中净负债为2 000万元，税后利息180万元，税后利润240万元；所得税税率为25%，净负债的必要报酬率为8%，股权必要报酬率为10%，基于资本市场的净负债的资本成本为8%，股权资本成本为9%，假设没有需要调整的项目，则下列表述正确的有（   ）。

　A. 剩余权益收益为40万元

　B. 剩余经营收益为60万元

　C. 剩余净金融支出为20万元

　D. 基本经济增加值为80万元

7. 下列关于部门的剩余收益与经济增加值的联系的说法正确的有（   ）。

　A. 剩余收益业绩评价旨在设定部门投资的必要报酬率，防止部门利益伤害整体利益

　B. 经济增加值旨在使经理人员赚取超过资本成本的报酬，促进股东财富最大化

　C. 经济增加值与剩余收益的效果相同，只是计算更复杂

　D. 计算剩余收益使用的部门要求的报酬率，主要考虑管理要求以及部门个别风险的高低

8. 平衡计分卡方法因为突破了财务作为唯一指标的衡量工具，做到了多个方面的平衡。下列关于平衡计分卡特点的说法中，正确的有（   ）。

　A. 可以使企业信息负担降到最少

　B. 可以提高企业整体管理效率

　C. 可以提高企业激励作用，扩大员工的参与意识

　D. 企业战略的实施可以通过对平衡计分卡的全面管理来完成

管理会计报告

第**21**章

本章内容为2017年考试大纲新增内容，为非重点章节，考试题型通常为客观题，主要考点涉及成本中心业绩报告、利润中心业绩报告、投资中心业绩报告、质量成本报告等。考试分值估计在1分左右。

本章考点概览

管理会计报告	一、内部责任中心业绩报告	1. 成本中心业绩报告	★
		2. 利润中心业绩报告	★
		3. 投资中心业绩报告	★
	二、量成本报告	1. 质量成本及其分类	★★
		2. 质量成本报告	★
		3. 质量绩效报告	★

相对于一般对外财务报告来讲，管理会计报告具有以下特征：

（1）管理会计没有统一的格式与规范，根据企业内部的管理需要来提供，注重报告的实质内容；

（2）管理会计遵循问题导向，根据企业内部需要解决的具体管理问题来组织、编制、审批、报送和使用；

（3）管理会计提供的信息不仅包括财务信息，还包括非财务信息；

（4）管理会计报告如果涉及会计业绩的报告，如责任中心的报告，其主要的报告格式是边际贡献格式，而不是会计准则中规范的对外财务报告格式。

第一节　内部责任中心业绩报告

考情分析： 本节属于了解内容，主要内容包括成本中心业绩报告,利润中心业绩报告,投资中心业绩报告等相关知识。

学习建议： 对于本节内容的学习，重在了解内部责任中心业绩报告，掌握成本中心业绩报告，利润中心业绩报告以及投资中心业绩报告的含义和考核指标。

企业内部责任中心可以划分为成本中心、利润中心和投资中心。责任中心的业绩评价和考核是通过编制业绩报告来完成的。

【知识拓展】 业绩报告又叫责任报告或绩效报告，它反映责任预算实际执行情况，揭示责任预算与实际结果之间的差异的内部管理会计报告。

业绩报告的目的是将责任中心的考核指标与预算比较，以判断其业绩好坏。责任中心的业绩报告一般包括3方面的内容：（1）实际业绩情况；（2）业绩目标资料；（3）差异及原因。

责任中心业绩报告虽然能使人们注意到偏离目标的表现，但是它只能指出业绩存在差异，并不能说明业绩为什么存在差异。只有通过调查研究，才能找到产生差异的原因，分清责任，进行奖励与惩罚，采取纠正活动，以达到业绩评价的目的。

一、成本中心业绩报告（★）

成本中心的业绩考核指标是该成本中心的所有可控成本，即责任成本。评价指标为成本差异即实际成本和预算成本之间的差异，包括不利差异和有利差异，它们是评价成本中心业绩好坏的重要标志。

成本中心的业绩报告通常是按成本中心可控成本的各明细项目列示其预算数、实际数和成本差异数三栏式表格。

【知识拓展】 责任报告的编制是从最基层的责任中心开始，低层次的责任报告按照企业组织结构所建立的责任层次逐级上报，高层次的责任中心将上报的责任报告汇总加上本部门的相关业绩指标再编制本中心的责任报告；以此类推，直到最高层次的责任中心编制出责任报告。

📢 名师点拨 ••••••••••••••••••••

　　根据成本绩效报告，责任中心的各级经理人可以针对成本差异，寻找原因对症下药，以便对成本费用实施有效的管理控制。

二、利润中心业绩报告（★）

　　利润中心的业绩可以通过编制利润中心责任报告体现。通过一定期间实现的责任利润同预算进行比较，分析差异产生的原因并理清责任。利润中心编制的责任报告通常应该包括利润中心的销售收入、变动成本、贡献毛益、部门可控边际贡献、部门税前利润等指标的预算数、实际数、差异数以及差异产生原因四栏。

　　利润中心的考核指标通常为利润中心的边际贡献、分部经理边际贡献以及该利润中心的部门边际贡献。

📢 名师点拨 ••••••••••••••••••••

　　利润中心的业绩报告也是自下而上，逐级汇编的，直至整个企业的息税前利润。

三、投资中心业绩报告（★）

　　投资中心的主要考核指标为投资报酬率和剩余收益，补充指标为现金回收率和剩余现金流量。投资中心的业绩评价指标有成本、收入、利润、投资报酬率和剩余收益等。

　　投资中心需要对成本、收入和利润负债以及全部资产和（包括固定资产和营运现金）的经营效益承担责任。

📢 名师点拨 ••••••••••••••••••••

　　投资中心的实际报酬率与剩余收益均超过了预算数，说明该投资中心在本年度的经营业绩较好。

　　【知识拓展】投资中心的责任报告格式和内容如表21-1所示。

表21-1　　　　　　　　　　　　投资中心责任报告

单位：××投资中心　　××××年×月

项目	实际数	预算数	差异	差异产生原因	备注
部门税前经营利润					
部门投资资本					
企业资本成本率					
投资报酬率（ROI）					
部门剩余收益（RI）					
贡献毛益					
调整后的税前经营利润					
调整后的投资资本					
经济增加值					

第二节　质量成本报告

　　考情分析：本节主要考查的内容是质量成本报告。主要内容包括质量成本及其分类，质量成本报告以及质量绩效报告。

　　学习建议：对于本节内容的学习，重点掌握质量成本及其分类，了解质量成本报告以及质量绩效报告。

　　质量即包括设计质量，又包括符合性质量。符合性质量是指产品或劳务的实际性能与其设计性能的符合程度。

一、质量成本及其分类（★★）

　　质量成本是指企业为了保证产品达到一定质量标准而发生的一切费用。质量成本可以划分为以下4种，其具体内容如表21-2所示。

表21-2 质量成本的类型

类型	内容说明
预防成本	用于预防不合格品与故障所需的各项费用。包括质量工作费用（办公费、宣传费、收集情报费、开展QC小组活动以及工作能力研究等费用）、标准制定费用、教育培训费用、质量奖励费用
鉴定成本	用于评估产品是否满足规定要求所需各项费用。包括检验费用、监测装置的费用（设备折旧或维护费用）、破坏性试验的工件成本、耗材及劳务费等
内部损失成本	产品出厂前因不满足要求而支付的费用。包括废品损失、返工损失、复检费用、停工损失、质量故障处理费、质量降级损失等费用
外部损失成本	产品出厂后因不满足要求，导致索赔、修理、更换或信誉损失而支付的费用。包括索赔费用、退货损失、保修费用、降价损失、处理质量异议的工资、交通费、信誉损失等

成本可以分为可控成本和不可控成本，可控成本包括预防成本和鉴定成本；不可控成本包括失败成本。

二、质量成本报告（★）

质量成本报告是指根据质量成本分析的结果，向领导及有关部门汇报时所作的书面陈述，它可以作为制定质量方针目标、评价质量体系的有效性和进行质量改进的依据。

质量成本报告按质量成本的分类详细列示实际质量成本，并向企业组织的经理人提供 以下两个方面的重要信息。

（1）显示各类质量成本的支出情况以及财务影响。

（2）显示各类质量成本的分布情况，以便企业组织的经理人判断各类质量成本的重要性。

◀)) 名师点拨 •••••••••••••••••••

质量成本报告可以按各类质量成本项目分别列示。经理人可以通过各项质量成本项目占质量成本总额的比例来了解成本项目分布的情况和重要性。通过各成本项目占销售额度的比例来了解质量成本的财务重要性。

三、质量绩效报告（★）

企业质量绩效报告主要用来反映企业管理方面所取得的进展及其绩效和。企业质量绩效报告主要包括以下3种类型，具体内容如表21-3所示。

表21-3 企业质量绩效报告的内容

类型	内容阐述
中期报告	根据企业当前质量目标列示质量管理的成效
长期报告	根据企业长期质量目标列示质量管理的成效
多期质量趋势报告	列示企业实施质量管理以来所取得成效。多期质量趋势报告必须以多个期间企业组织的质量成本相关数据为基础来编制。通过绘制质量趋势图来分析评估趋势是否合理，质量成本控制是否有效，以便经理人作出相应的决策

过关测试题

一、单选题

1. 业绩报告的目的是（　　　）。

A. 说明业绩为什么存在差异

B. 将责任中心的考核指标与预算比较，以判断其业绩好坏

C. 揭示存在差异的直接原因

D. 让企业管理者了解各种差异的原因

2. 可以使投资中心业绩评价与企业的目标协调一致并允许使用不同的风险调整资本成本的指标是（　　　）。

A. 剩余收益

B. 投资报酬率

C. 部门边际贡献

D. 可控边际贡献

3. 下列有关投资中心业绩考核指标表述不正确的是（　　　）。

A. 某项会导致个别投资中心的剩余收益增加的投

资，则一定会使整个企业的剩余收益增加

B. 利用剩余收益评价部门业绩时，为改善评价指标的可比性，各部门应该使用相同的资本成本百分数

C. 使用投资报酬率考核投资中心的业绩，便于不同部门之间的比较，但可能会引起部门经理投资决策的次优化

D. 在其他因素不变的条件下，一个投资中心的剩余收益的大小与企业资本成本的高低呈反向变动

二、多选题

1. 下面属于企业质量成本的费用是（　　　）。

A. 质量工作费用

B. 检验费用

C. 保修费用

D. 返工损失

2. 关于成本控制报告，下列说法正确的有（　　　）。

A. 成本控制报告又称业绩报告

B. 成本控制报告的形式即报表

C. 成本控制报告主要采用定量分析

D. 成本控制报告应是自下而上逐级编制的

3. 利润中心考核的指标有（　　　）。

A. 边际贡献

B. 部门边际贡献

C. 分部经理的边际贡献

D. 投资报酬率

过关测试题参考答案与解析

第1章　财务管理基本原理

一、单选题

1.【答案】B

【解析】对于公司制企业来说，所有者权益被划分为若干股权份额，每个份额可以单独转让，无须经过其他股东同意，所以，选项A的说法正确；对于公司制企业来说，公司债务是法人的债务，不是所有者的债务，所有者的债务责任以其出资额为限，所以，选项B的说法不正确，选项B的说法是个人独资企业和合伙企业的特点；公司作为独立的法人，其利润需缴纳企业所得税，企业利润分配给股东后，股东还需缴纳个人所得税，存在双重纳税的问题，所以选项C的说法正确；对于公司制企业来说，经营者和所有者分开以后，经营者成为代理人，所有者成为委托人，代理人可能为了自身利益而伤害委托人利益，所以选项D的说法正确。

2.【答案】D

【解析】相关者利益最大化是企业财务管理最理想的目标。

3.【答案】C

【解析】以股东财富最大化作为财务管理目标存在某些缺点，其中之一便是股价受众多因素的影响，特别是企业外部的因素，有些还可能是非正常因素。股价不能完全正确反映企业财务管理状况，如有的上市公司处于破产的边缘，但由于可能存在某些机会，其股票市价可能还在走高。所以选项C不正确。

4.【答案】B

【解析】金融市场为政府实施宏观经济的间接调控提供了条件，所以B选项不正确。

5.【答案】A

【解析】固定收益证券的收益与发行人的财务状况相关程度低，除非发行人破产或违约，证券持有人将按规定数额取得收益。权益证券的收益与发行人的财务状况相关程度高，其持有人非常关心公司的经营

状况。衍生证券是公司进行套期保值或者转移风险的工具。

6.【答案】D

【解析】按交易证券的特征的不同，我们可以把金融市场划分为货币市场和资本市场。

7.【答案】B

【解析】该题针对财务目标与经营者的知识点进行考查。狭义的利益相关者是指除股东、债权人和经营者之外的，对企业现金流量与潜在索偿权的人。

8.【答案】D

【解析】通常股东同时采取监督和激励两种方式来协调自己和经营者的目标。尽管如此，仍不可能使经营者完全按照股东的意愿行动，经营者仍然可能采取一些对自己有利而不符合股东最大利益的决策，并由此给股东带来一定的损失。监督成本、激励成本和偏离股东目标的损失之间此消彼长、相互制约。股东要权衡轻重，力求找出能使监督成本、激励成本和偏离股东目标的损失三者之和最小的解决办法，它就是最佳的解决办法。

二、多选题

1.【答案】AB

【解析】营运资本管理分为营运资本投资和营运资本筹资两部分。营运资本投资管理主要是制定营运资本投资政策，决定分配多少资金用于应收账款和存货、决定保留多少现金以备支付，以及对这些资金进行日常管理。营运资本筹资管理主要是制定营运资本筹资政策，决定向谁借入短期资金，借入多少短期资金，是否需要采用赊购融资等。

2.【答案】BCD

【解析】通货膨胀时金融资产的名义价值不变，而按购买力衡量的价值下降。实物资产与之不同，在通货膨胀时其名义价值上升，而按购买力衡量的价值不变，选项A错误；金融资产是以信用为基础的所有权的

凭证，其收益来源于它所代表的生产经营资产的业绩，金融资产并不构成社会的实际财富，选项B正确。选项C、D是金融资产的特点。

3.【答案】CD

【解析】金融市场的功能包括：①资金融通功能；②风险分配功能；③价格发现功能；④调解经济功能；⑤节约信息成本。其中前两项属于基本功能，后3项属于附带功能。

4.【答案】ABCD

【解析】该题是针对财务管理目标理论进行考查。股东财富最大化目标考虑了风险因素，所以，选项A的说法不正确；利润最大化目标与股价无关，所以，选项B的说法不正确；股东财富最大化目标在一定程度

上能够避免企业的短期行为，所以，选项C的说法不正确；利润最大化目标对于非上市公司也适用，所以，选项D的说法不正确。

5.【答案】BCD

【解析】利润最大化的缺点之一为没有考虑风险问题；选项B、C、D都考虑了风险因素。

6.【答案】ABD

【解析】债权人为了防止其利益被伤害，除了寻求立法保护，如破产时优先接管，优先于股东分配剩余财产等外，通常采取以下措施：①在借款合同中加入限制性条款，如规定的用途，规定不得发行新债或限制发行新债等；②发现公司有损害其债权意图时，拒绝进一步合作，不再提供新的借款或提前收回借款。

第2章 财务报表分析和财务预测

一、单选题

1.【答案】D

【解析】该题针对"财务预测的意义、目的和步骤"知识点进行考查，销售预测本身不是财务管理的职能，但它是财务预测的基础，销售预测完成后才能开始财务预测。

2.【答案】C

【解析】该题针对"销售百分比法"知识点进行考查，根据外部融资额的计算公式可知，一般来说，股利支付率越高，外部融资需求越大；留存收益率和销售净利率越高，外部融资需求越小。

3.【答案】B

【解析】该题针对"销售百分比法"知识点进行考查，150÷2010年销售收入=10%得：基期收入=1 500（万元），经营资产销售百分比=4 500÷1 500=3；经营负债销售百分比=2 400÷1 500=1.6，对外融资需求为=150×（3−1.6）−10−60=140（万元）。

4.【答案】C

【解析】该题针对"财务预测的其他方法"知识点进行考查，教材中介绍的财务预测的方法包括销售百分比法、使用回归分析技术和使用计算机进行财务预测，其中使用计算机进行财务预测又包括使用"电子表软件"、使用交互式财务规划模型和使用综合数据库财务计划系统，其中最复杂的预测是使用综合数据库财务计划系统。该系统建有公司的历史资料库和模型库，用

以选择适用的模型并预测各项财务数据；它通常是一个联机实时系统，随时更新数据；可以使用概率技术，分析预测的可靠性；它还是一个综合的规划系统，不仅用于资金的预测和规划，而且包括需求、价格、成本及各项资源的预测和规划；该系统通常也是规划和预测结合的系统，能快速生成预计的财务报表，从而支持财务决策。

5.【答案】A

【解析】该题针对"销售增长率与外部融资的关系"知识点进行考查。销售增长率=（3 000−2 500）÷2 500=20%，经营资产销售百分比=1 500÷2 500=60%；经营负债销售百分比=500÷2 500=20%；则企业的外部融资销售增长比=（60%−20%）−（1+20%）÷20%×5% ×40%=0.28。

6.【答案】A

【解析】该题针对"销售增长率与外部融资的关系"知识点进行考查。销售额含有通货膨胀的增长率=（1+5%）×（1+10%）−1=15.5%，外部应追加的资金=销售收入增加×外部融资销售百分比=1 000×15.5%×25%=38.75（万元）。

7.【答案】B

【解析】假该题针对"内含增长率"知识点进行考查。设外部融资额为0，则：0=外部融资销售增长比=经营资产销售百分比−经营负债销售百分比−计划销售净利率×（1+增长率）÷增长率]×（1−股利支付率）

可得：100%−40%−10%×[（1+增长率）÷增长率]×50%=0，解出增长率=9.09%。

8. 【答案】D

【解析】该题针对"可持续增长率"知识点进行考查。经营效率不变说明总资产周转率和销售净利率不变；财务政策不变说明资产负债率和留存收益比率不变，根据资产负债率不变可知权益乘数不变，而权益净利率=销售净利率×总资产周转率×权益乘数，所以在这种情况下，同时筹集权益资本和增加借款，权益净利率不会增长。

9. 【答案】D

【解析】该题针对"可持续增长率"知识点进行考查。可持续增长率=5%×0.5×1.2×（1−40%）÷[1−5%×0.5×1.2×（1−40%）]=1.83%。

10. 【答案】C

【解析】该题针对"可持续增长率"知识点进行考查。在不打算发行新股和回购股票并且保持其他财务比率不变的情况下，销售净利率或收益留存率上升，本年实际增长率=本年的可持续增长率>上年的可持续增长率。

11. 【答案】C

【解析】该题针对"可持续增长率"知识点进行考查。"预计今年处于可持续增长状态"即意味着今年不增发新股或回购股票，并且收益留存率、销售净利率、资产负债率、资产周转率均不变，同时意味着今年销售增长率=上年可持续增长率=今年净利润增长率=10%，而今年收益留存率=上年收益留存率=300÷500×100%=60%，所以，今年净利润=500×（1+10%）=550（万元），今年留存的收益=550×60%=330（万元），今年利润分配之后资产负债表中留存收益增加330万元，变为800+330=1 130（万元）。

12. 【答案】D

【解析】该题针对"资产负债表比率变动情况下的增长率"知识点进行考查。超额生产能力调整法是当某项资产存在过量生产能力时，销售收入可增长至满负荷销售水平而不用增加任何该项资产，但销售一旦超过满负荷销售水平就需增加该项资产。

13. 【答案】A

【解析】该题针对"管理用财务报表"知识点进行考查，税后经营净利润=800×（1−20%）=640（万元），净经营资产净利率=税后经营净利润÷净经营资产×100%=640÷1 600×100%=40%；净负债=净经营资产−股东权益=1 600−600=1 000（万元），权益净利率=[640−50×（1−20%）]÷600×100%=100%，杠杆贡献率=100%−40%=60%。

14. 【答案】B

【解析】甲公司的每股销售收入=1 000÷200=5（元），每股市价=1.2×20=24（元），市销率=每股市价÷每股销售收入=24÷5=4.8。

15. 【答案】B

【解析】该题针对"盈利能力比率"知识点进行考查①设企业销售收入为x，则按照销售收入计算的存货周转次数为：x÷存货=5，存货=x÷5

②根据按照销售成本计算的存货周转次数为：4=（x−2 000）÷存货，存货=（x−2 000）÷4

③解方程x÷5=（x−2 000）÷4可以得出，x=10 000（万元）。

④销售净利率=1 000÷10 000=10%。

16. 【答案】D

【解析】该题针对"营运能力比率"知识点进行考查，应收账款周转天数及存货周转天数并不是越少越好，所以选项A不正确；选项B中应该把分子的"销售成本"改为"销售收入"；根据"总资产周转率、流动资产周转率、非流动资产周转率"的计算公式可知，选项C的等式不成立。

17. 【答案】D

【解析】该题针对"杜邦分析体系"知识点进行考查：权益乘数=1÷（1−资产负债率）=5÷3，权益净利率=资产净利率×权益乘数=30%×5÷3=50%。

二、多选题

1. 【答案】BCD

【解析】该题针对"管理用财务分析体系"知识点进行考查，税后利息率=税后利息÷净负债=利息费用×（1−税率）÷（金融负债−金融资产），所以，选项A不正确；净财务杠杆=净负债÷股东权益，净经营资产=净负债+股东权益，所以，选项D的表达式正确；税后经营净利率=税后经营净利润÷销售收入，净经营资产周转次数=销售收入÷净经营资产，两者相乘得出税后经营净利润÷净经营资产，即净经营资产净利率，所以，选项C的表达式正确；杠杆贡献率=（净经营资产净利率－税后利息率）×净财务杠杆，所以，选项B的表达式正确。

2.【答案】ABCD

【解析】市盈率是指普通股每股市价与每股收益的比率，它反映普通股股东愿意为每1元净利润（不是每股净利润）支付的价格，故选项A的说法不正确；每股收益＝（净利润－优先股股利）÷流通在外普通股的加权平均数，故选项B的说法不正确；市净率＝每股市价÷每股净资产，反映普通股股东愿意为每1元净资产（不是每1元净利润）支付的价格，故选项C的说法不正确；市销率是指普通股每股市价与每股销售收入的比率，其中，每股销售收入＝销售收入÷流通在外普通股加权平均股数，故选项D的说法不正确。

3.【答案】ABC

【解析】该题针对"盈利能力比率"知识点进行考查，每股销售收入＝销售收入÷流通在外普通股加权平均数，所以选项D的表达式不正确。

4.【答案】BCD

【解析】该题针对"长期偿债能力比率"知识点进行考查，年末流动负债＝120－25＝95（万元），现金流量债务比＝经营活动现金流量净额÷债务总额×100%＝110÷150×100%＝73.33%；长期资本负债率＝非流动负债÷（非流动负债＋股东权益）×100%＝（负债总额－流动负债）÷（总资产－流动负债）×100%＝（150－95）÷（320－95）×100%＝24.44%；现金流量利息保障倍数＝经营现金流量÷利息费用＝经营现金流量÷[税后利息费用÷（1－所得税税率）]＝经营现金流量×（1－所得税税率）÷税后利息费用＝110×（1－25%）税5＝16.5，故选择B、C、D。

5.【答案】ABD

【解析】该题针对"财务报表分析概述"知识点进行考查，财务报表分析的局限性主要表现在：财务报表本身的局限性、财务报表的可靠性问题、比较基础问题。

6.【答案】BCD

【解析】在销售收入既定的条件下，总资产周转率的驱动因素是各项资产。所以，选项A的说法不正确。

7.【答案】ABCD

【解析】该题针对"长期计划与财务计划步骤"知识点进行考查。财务计划的基本步骤如下：

（1）确定计划并编制预计财务报表，运用这些预测结果分析经营计划对预计利润和财务比率的影响。

（2）确认支持长期计划需要的资金。

（3）预测未来长期可使用的资金，包括预测可从内部产生的和向外部融资的部分。

（4）在企业内部建立并保持一个控制资金分配和使用的系统，目的是保证基础计划的适当展开。

（5）制定调整基本计划的程序。基本计划在一定的经济预测基础上制定，当基本计划所依赖的经济预测与实际的经济状况不符时，需要对计划及时做出调整。

（6）建立基于绩效的管理层报酬计划。

8.【答案】AD

【解析】该题针对"销售百分比法"知识点进行考查。留存收益增加额＝净利润－支付的股利＝净利润×（1－股利支付率）＝预计销售额×销售净利率×（1－股利支付率）

9.【答案】AC

【解析】该题针对"财务预测的其他方法"知识点进行考查。财务预测的方法通常使用销售百分比法，为了改进财务预测的质量，有时需要使用更精确的方法，如使用回归分析技术和使用计算机进行财务预测，所以选项A、C正确；而利用内含增长率、可持续增长率模型预测的是销售增长率，不是融资需求，所以，选项B、D不正确。

10.【答案】ABD

【解析】该题针对"销售增长率与外部融资的关系"知识点进行考查。

外部融资销售增长比＝0.6667－0.0617－（1.3333÷0.3333）×4.5%×（1－30%）＝0.605－0.126＝0.48

外部融资额＝外部融资销售增长比×销售增长＝0.48×1 000＝480（万元）

增加的留存收益＝4 000×4.5%×（1－30%）＝126.00（万元）

筹资总需求＝1000×（66.67%－6.17%）＝605（万元）。

11.【答案】ABCD

【解析】该题针对"可持续增长率"知识点进行考查。由于2010年可持续增长率为10%，且2011年不增发新股和回购股票，保持财务政策和经营效率不变，所以，2010年的可持续增长率=2011年的销售增长率=2011年的净利润增长率=10%，因此，2011年的净利润=2010

年的净利润×（1+10%），即2010年的净利润=2011年的净利润÷（1+10%）=1 100÷（1+10%）=1 000（万元），2010年的利润留存率=500÷1 000×100%=50%，因为2011年保持2010年的财务政策不变，所以，2011年的利润留存率不变，仍然为50%。

12.【答案】BC

【解析】 该题针对"可持续增长率"知识点进行考查。可持续增长率计算公式涉及4个影响因素：利润留存率、销售净利率、资产周转率和权益乘数。这4个因素与可持续增长率是同向变化的。因此，选项C的说法正确。股利支付率提高，利润留存率下降，可持续增长率降低，因此，选项A的说法不正确。权益乘数与资产负债率、产权比率之间是同方向变化的，产权比率提高，权益乘数提高，从而可持续增长率提高，因此，选项B的说法正确。资产销售百分比提高，资产周转率变小（资产周转率等于资产销售百分比的倒数），从而可持续增长率降低，因此，选项D的说法不正确。

13.【答案】ABD

【解析】 该题针对"增长率与资金需求"知识点进行考查。主要依靠外部资金实现增长是不能持久的。增加负债会使企业的财务风险增加，筹资能力下降，最终会使借款能力完全丧失；增加股东投入资本，不仅会分散控制权，而且会稀释每股盈余，除非追加投资有更高的回报率，否则不能增加股东财富。

14.【答案】AB

【解析】 该题针对"内含增长率"知识点进行考查。内含增长率是指不利用外部融资只靠内部积累的情况下销售收入所能达到的增长率。所以选项A、B的说法正确。在内含增长的情况下，存在负债的自然增长，负债与权益资金的增长并不一定是同比例的，所以C的说法不正确。内含增长的情况下不利用外部融资，但是会有负债的自然增长，所以不能认为不使用负债资金。

15.【答案】ABC

【解析】 该题针对"增长率与资金需求"知识点进行考查。从资金来源上看，企业增长的实现方式有3种：完全依靠内部资金增长、主要依靠外部资金增长、平衡增长。其中平衡增长一般不会消耗企业的财务资源，是一种可持续的增长。

16.【答案】ABCD

【解析】 该题针对"内含增长率"知识点进行考查。计算内含增长率是根据"外部融资销售百分比=0"计算的，即根据0=经营资产销售百分比−经营负债销售百分比−计划销售净利率×[（1+增长率）÷增长率]×（1−股利支付率）计算。

三、计算分析题

1.【答案】

（1）销售净利率=200÷2 000×100%=10%

资产周转率=2 000÷2 000=1

收益留存率=160÷200=0.8

权益乘数=2 000÷800=2.5

可持续增长率=10%×1×0.8×2.5÷（1−10%×1×0.8×2.5）=25%

（2）由于符合可持续增长的全部条件，因此，本年的销售增长率=上年的可持续增长率=25%，本年的销售收入=2 000×（1+25%）=2 500（万元）。

（3）假设本年销售收入为W万元，则：

根据"资产周转率不变"可知，本年年末的总资产=$W÷1=W$

根据"资产负债率不变"可知，本年年末的股东权益=$W×800÷2 000=0.4W$

本年增加的股东权益=$0.4W−800$

根据"不增发新股或回购股票"可知，本年的收益留存=本年增加的股东权益=$0.4W−800$

而本年的收益留存=本年的销售收入×12%×0.4=$0.048W$

所以存在等式：$0.4W−800=0.048W$

解得：本年销售收入$W=2 272.73$（万元）

本年的销售增长额=2 272.73−2 000=272.73（万元）

本年的销售增长率=272.73÷2 000×100%=13.64%

本年的可持续增长率=12%×0.4×2.5×1÷（1−12%×0.4×2.5×1）=13.64%

本年的股东权益增长率=（0.048×2 272.73）÷800×100%=13.64%

（4）本年销售收入=2 000×（1+30%）=2 600（万元）

本年的收益留存=2 600×10%×0.8=208（万元）

本年年末的股东权益=800+208=1 008（万元）

本年年末的资产=1 008×2.5=2 520（万元）

本年的资产周转率=2 600÷2 520=1.03

即资产周转率由1提高到1.03。

（5）假设本年销售净利率为S

则：本年年末的股东权益=$800+2000×（1+30\%）×S×（160÷200）=800+2080×S$

根据资产周转率和资产负债率不变，可知：

本年的股东权益增长率=销售增长率=30%

本年年末的股东权益=$800×（1+30\%）=1040$（万元）

因此：$1040=800+2080×S$

解得：$S=11.54\%$

（6）本年的销售收入=$2000×（1+30\%）=2600$（万元）

根据资产周转率（等于1）不变，可知：年末的总资产=$2600÷1=2600$（万元）

根据"销售净利率和收益留存率不变"，可知：本年的收益留存=$160×（1+30\%）=208$（万元）

根据"不增发新股或回购股票"，可知：

本年增加的股东权益=本年的收益留存=208（万元）

年末的股东权益=$800+208=1008$（万元）

年末的权益乘数=$2600÷1008=2.58$

【解析】该题针对"可持续增长率"知识点进行考查。

2．【答案】（1）变动经营资产销售百分比=$7000×80\%÷5000×100\%=112\%$

变动经营负债销售百分比=$3000×60\%÷5000×100\%=36\%$

可供动用的金融资产=$3000-2840=160$（万元）

①销售净利率=$400÷5000×100\%=8\%$

股利支付率=$200÷400×100\%=50\%$

因为既不发行新股、回购股票也不举借新债，所以外部融资额为0，假设下年的销售增长额为W万元，则：

$0=W×（112\%-36\%）-160-（5000+W）×8\%×（1-50\%）$

解得：销售增长额=500（万元）

所以，下年可实现的销售额=$5000+500=5500$（万元）

②外部融资额=$（5500-5000）×（112\%-36\%）-160+100-5500×6\%×（1-80\%）=254$（万元）

③$504=（6000-5000）×（112\%-36\%）-160-6000×8\%×（1-股利支付率）$

股利支付率=80%

可以支付的股利=$6000×8\%×80\%=384$（万元）

④下年的销售额=$5000×（1+25\%）×（1-8\%）=5750$（万元）

外部融资额=$（5750-5000）×（112\%-36\%）-160-5750×10\%×（1-70\%）=237.5$（万元）

外部负债融资额=外部融资额-外部权益融资额=$237.5-100=137.5$（万元）

⑤外部融资额=$5000×5\%×（112\%-36\%）-160-5000×（1+5\%）×10\%×70\%=30-367.5=-337.5$（万元）

因此，剩余资金337.5万元。

（2）外部融资额=预计资产总量-已有的资产-负债的自发增长-内部提供的利润留存

$800=12000-10000-800-$下年销售额$×8\%×（1-50\%）$

解得：下年销售额=10000（万元）

【解析】该题针对"销售百分比法"知识点进行考查。

第3章　价值评估基础

一、单选题

1．【答案】B

【解析】两种债券在经济上等效意味着有效年利率相等，因为甲债券每半年付息一次，所以，甲债券的有效年利率=$（1+4\%）^2-1=8.16\%$，设乙债券的报价利率为r，则$（1+r/4）^4-1=8.16\%$，解得：$r=7.92\%$。

2．【答案】A

【解析】公式"总期望报酬率=$Q×$（风险组合的期望报酬率）$+（1-Q）×$无风险报酬率"中的Q的真正含义是"投资于风险组合X的资金占投资者自有资本总额比例"，本题中，$Q=1+20\%=120\%$，$1-Q=-20\%$，投资组合的总预期报酬率=$120\%×15\%-20\%×8\%=16.4\%$，投资组合的总标准差=$120\%×20\%=24\%$。

3．【答案】C

【解析】因为本题中是每年年初存入银行一笔固定金额的款项，计算第n年年末可以从银行取出的本利和，实际上就是计算预付年金的终值。预付年金终值=年金额×预付年金终值系数=（1+i）×普通年金终值。所以答案选择普通年金终值系数。

4.【答案】B

【解析】相关系数=协方差÷（一项资产的标准差×另一项资产的标准差），由于标准差不可能是负数，因此，如果协方差大于0，则相关系数一定大于0，故选项A的说法正确。相关系数为1时，表示一种证券报酬率的增长总是与另一种证券报酬率的增长成比例，因此，选项B的说法不正确。对于风险资产的投资组合而言，只要组合的标准差小于组合中各资产标准差的加权平均数，则就意味着分散了风险；相关系数为0时，组合的标准差小于组合中各资产标准差的加权平均数，所以，组合能够分散风险。或者说，相关系数越小，风险分散效应越强，只有当相关系数为1时，才不能分散风险，相关系数为0时，风险分散效应强于相关系数大于0的情况，但是小于相关系数小于0的情况。因此，选项C的说法正确。协方差=相关系数×一项资产的标准差×另一项资产的标准差，证券与其自身的相关系数为1，因此，证券与其自身的协方差=1×该项资产的标准差×该项资产的标准差=该项资产的方差，故选项D的说法正确。

5.【答案】A

【解析】本题的主要考查市场风险溢价和贝塔系数的计算。

β=0.2×25%/4%=1.25

由：R_f+1.25×（14%-R_f）=15%

得：R_f=10%

市场风险溢价=14%-10%=4%。

6.【答案】C

【解析】由于本题是单利计息的情况，所以不是简单的年金求终值的问题，第三年年末该笔存款的终值=2 000×（1+3×2%）+2 000×（1+2×2%）+2 000×（1+1×2%）=6 240（元）。

二、多选题

1.【答案】BD

【解析】年金是指一定时期内等额定期的系列款项。加速折旧法下所计提的折旧前面多、后面少，所以不符合年金等额的特性。奖金要达到奖励的作用，就不能平均化，应依据每个人的工作成绩或贡献大小，以及

不同时期的工作成绩或贡献大小给予不同的奖励，也不符合年金等额的特性。

2.【答案】ABCD

【解析】本题的主要考查资本市场线和证券市场线的区别与联系。

3.【答案】BC

【解析】预付年金终值系数等于普通年金终值系数期数加1系数减1或者在普通年金终值系数基础上乘以（1+i）；预付年金现值系数等于普通年金现值系数期数减1系数加1或者在普通年金现值系数基础上乘以（1+i）。

4.【答案】ABD

【解析】名义利率是按照单利的方法计算的，所以选项C不正确。

5.【答案】ABC

【解析】资金时间价值率是无风险无通货膨胀的均衡点的利率，所以选项D错误。在资金额一定的情况下，利率与期限是决定资金价值主要因素，此外采用单利还是复利也会影响时间价值的大小。

6.【答案】ABCD

【解析】两只股票构成的投资组合其机会集曲线可以揭示风险分散化的内在效应；机会集曲线向左弯曲的程度取决于相关系数的大小，相关系数越小机会集曲线向左越弯曲；机会集曲线包括有效集和无效集，所以它可以反映投资的有效集合。完全负相关的投资组合，即相关系数等于-1，其机会集曲线向左弯曲的程度最大，形成一条折线。

7.【答案】CD

【解析】本题考查预付年金终值系数，预付年金终值系数是在普通年金终值系数的基础上，期数加1，系数减1，也等于普通年金终值系数再乘以（1+i）。

8.【答案】AB

【解析】本题的主要考点是递延年金求现值。按递延年金求现值公式：递延年金现值=A×（P/A，i，$n-s$）×（P/F，i，s）=A×[（P/A，i，n）-（P/A，i，s）]，s表示递延期，n表示总期数，一定注意应将期初问题转化为期末，所以，s=5，n=15。

9.【答案】ABC

【解析】在利率一定的条件下，复利现值系数是随着年限的增加而降低，复利终值系数、年金现值系数和年金终值系数都随着年限增加而增加。

10.【答案】AB

【解析】本题考点是普通年金现值的含义。普通年金是发生在每期期末的年金。选项C的表述是针对一次性款项而言的；选项D的表述是针对即付年金而言的。

11.【答案】BC

【解析】计息周期短于一年时，有效年利率大于名义利率；计息周期长于一年时，有效年利率小于名义利率；名义利率不能完全反映资本的时间价值，有效年利率才能真正反映出资本的时间价值，所以选项B、C正确。

12.【答案】CD

【解析】风险并不是只对不利的因素而是指对预期结果的不确定性；市场风险表示对整个市场上各类企业都产生影响的不可分散风险。

13.【答案】BCD

【解析】复利现值系数与复利终值系数互为倒数、年金现值系数与投资回收系数互为倒数、年金终值系数与偿债基金系数互为倒数。

14.【答案】BCD

【解析】风险的衡量需要使用概率和统计方法，一般包括概率、预期值、离散程度、置信区间和置信概率，其中离散程度包括全距（极差）、平均差、方差和标准差。预期值是用来衡量预期平均收益水平，不能衡量风险，计算预期值是为了确定方差和标准差，并进而计算变化系数。

15.【答案】ABC

【解析】本题的考点是证券组合风险的相关内容。有效边界就是机会集曲线上从最小方差组合点到最高预期报酬率的那段曲线。

16.【答案】ABCD

【解析】风险的大小是客观存在的，投资人主观不能决定风险的大小。

17.【答案】AD

【解析】组合中的证券种类越多风险越小，若组合中包括全部股票，则只承担市场风险而不承担公司特有风险。

三、计算分析题

1.【答案】

（1）A股票必要收益率=5%+0.91×（15%−5%）=

14.1%

（2）B股票价值=2.2×（1+4%）÷（16.7%−4%）=18.02（元）

因为股票的价值18.02元高于股票的市价15元，所以可以投资B股票。

（3）投资组合中A股票的投资比例=1÷（1+3+6）=10%

投资组合中B股票的投资比例=3÷（1+3+6）=30%

投资组合中C股票的投资比例=6÷（1+3+6）=60%

投资组合的β系数=0.91×10%+1.17×30%+1.8×60%=1.52

投资组合的必要收益率=5%+1.52×（15%−5%）=20.2%

（4）本题中资本资产定价模型成立，所以，预期收益率等于按照资本资产定价模型计算的必要收益率，即A、B、C投资组合的预期收益率（20.2%）大于A、B、D投资组合的预期收益率（14.6%），所以如果不考虑风险大小，应选择A、B、C投资组合。

2.【答案】

第一种：$P=12×（P/A，12\%，10）=12×5.6502=67.80$（万元）

第二种：$P=10×[（P/A，12\%，9）+1]=10×（5.3282+1）=63.28$（万元）

或$=10×（P/A，12\%，10）×（1+12\%）=63.28$（万元）

第三种：$P=16×[（P/A，12\%，10）−（P/A，12\%，2）]=16×（5.6502−1.6901）=63.36$（万元）

或$=16×（P/A，12\%，8）×（P/F，12\%，2）=63.36$（万元）

通过计算可知，该公司应该选择第二种方案。

四、综合题

【答案】本题的主要考点是证券投资组合。

（1）预期报酬率分别为：

A股票的预期报酬率=8%+0.7×（15%−8%）=12.9%

B股票的预期报酬率=8%+1.2×（15%−8%）=16.4%

C股票的预期报酬率=8%+1.6×（15%−8%）=19.2%

D股票的预期报酬率＝8%+2.1×（15%-8%）=22.7%

（2）A股票价值＝4×（1+6%）÷（12.9%-6%）=61.45（元），因为A股票的价值61.45元高于A股票的市价58元，所以A股票值得购买。

（3）A、B、C 3种股票组合的β系数＝0.7×5÷10+1.2×2÷10+1.6×3÷10=1.07

A、B、C 3种股票组合预期报酬率＝8%+1.07×

（15%-8%）=15.49%。

（4）B、C、D这3种股票组合的β系数＝1.2×3÷10+1.6×2÷10+2.1×5÷10=1.73

B、C、D这3种股票组合预期报酬率＝8%+1.73×（15%-8%）=20.11%

（5）该投资者为降低投资风险，应选择A、B、C投资组合。

第4章　资本成本

一、单选题

1.【答案】A

【解析】通常，权益资本成本要大于债务资本成本，发行普通股和留存收益筹资属于权益筹资，长期借款和发行公司债券属于负债筹资。就权益资本本身来讲，由于发行普通股筹资要考虑筹资费用，所以其资本成本要高于留存收益的资本成本，即发行普通股的资本成本应是最高的。

2.【答案】D

【解析】公司资本成本的高低，取决于以下3个因素：①无风险报酬率，是指无风险投资所要求的报酬率；②经营风险溢价，是指由于公司未来的前景的不确定性导致的要求投资报酬率增加的部分；③财务风险溢价，是指高财务杠杆产生的风险。公司的负债率越高，普通股收益的变动性越大，股东要求的报酬率也就越高。由于公司所经营的业务不同（经营风险不同），资本结构不同（财务风险不同），因此各公司的资本成本也不同。

3.【答案】C

【解析】筹资决策决定了一个公司的加权平均资本成本，所以选项A错误；公司各类资产的收益、风险和流动性不同，可以把各类流动资产投资看成是不同的"投资项目"，它们有不同的资本成本，所以选项B错误；如果投资项目与现有资产平均风险不同，公司资本成本不能作为项目现金流量的折现率，此时，公司资本成本仍具有重要价值，它提供了一个调整的基础，根据项目风险与公司风险的差别，适当调增或调减可以估计项目的资本成本，所以选项D错误。

4.【答案】D

【解析】无风险报酬率应当选择上市交易的政府长期债券的到期收益率作为无风险报酬率的代表，所以选项A、B错误。在决策分析中，有一条必须遵守的原则，即名义现金流量要使用名义折现率进行折现，实际现金流量要使用实际折现率进行折现，通常在实务中这样处理：一般情况下使用名义货币编制预计财务报表并确定现金流量，与此同时，使用名义的无风险报酬率计算资本成本。只有在存在恶性的通货膨胀或者预测周期特别长的两种情况下，才使用实际利率计算资本成本，所以选项C错误。

5.【答案】D

【解析】由公式$\beta = r_{JM} \times (\sigma_J / \sigma_M)$，可求得$\beta = 0.5 \times 0.48 \div 0.2 = 1.2$，根据资本资产定价模型求得$K_s = 4\% + (12\% - 4\%) \times 1.2 = 13.6\%$。

6.【答案】B

【解析】本题的主要考查股票价值的计算。股票的必要收益率＝5%+1.2×（16%-5%）=18.2%，则该股票的价值＝4÷（18.2%-3%）=26.32（元）。

7.【答案】D

【解析】本题考查的是债务成本估计的方法。如果目标公司没有上市的长期债券，也找不到合适的可比公司，并且没有信用评级资料，那么可以使用财务比率法估计债务成本。

8.【答案】B

【解析】本题的主要考点是加权平均资本成本的计算。加权平均资本成本＝[3÷（3+5）]×15%×（1-25%）+[5÷（3+5）]×20%=16.72%。

9.【答案】D

【解析】该普通股成本＝0.2÷[5×（1-3%）]=4.12%。

10.【答案】C

【解析】根据资本资产定价模型可以看出，市场风险溢价和无风险报酬率会影响股权成本，股权成本上升，各公司会增加债务筹资，并推动债务成本上升，加权平均资本成本会上升，选项A、B错误；股票上市交易，流动性加强，投资者想买进或卖出证券相对容易，变现风险小，投资者要求的风险收益率会降低，企业的筹资成本也会降低，选项C正确；发行股票，会增加权益资本成本的比重，导致加权平均资本成本的上升，选项D错误。

二、多选题

1.【答案】BCD

【解析】一般来说，资本成本是一种机会成本，这种成本不是实际支付的成本，而是一种失去的收益，是将资本用于项目投资所放弃的其他投资机会的收益，选项A错误；资本成本与公司的筹资活动有关，它是公司筹集和使用资金的成本，即筹集的资本；资本成本与公司的投资活动有关，它是投资所要求的最低报酬率，选项B、C正确；公司要达到股东财富最大化，必须使所有的投入成本最小化，其中包括资本成本最小化，所以正确估计和合理降低资本成本是制定筹资决策的基础，故选项D正确。

2.【答案】BCD

【解析】留存收益的成本是一种机会成本，它相当于股东投资某种股票要求的收益率，但不必考虑筹资费用。

3.【答案】ABCD

【解析】公司的资本成本主要用于投资决策、筹资决策、营运资本管理、评估企业价值和业绩评价。

4.【答案】ABC

【解析】本题考查的是无风险报酬率的估计。计算资本成本时，无风险报酬率应当使用名义利率还是实际利率，人们存在分歧，还没有定论，所以选项D错误。

5.【答案】CD

【解析】债务筹资的成本低于权益筹资的成本，所以选项A错误；现有债务的历史成本，对于未来的决策是不相关的沉没成本，所以选项B错误；因为存在违约风险，债务投资组合的期望收益低于合同规定的收益，对于筹资人来说，债权人的期望收益是其债务的真

实成本，所以选项C、D正确。

6.【答案】BC

【解析】在市场经济环境中，多方面因素的综合作用决定着企业资本成本的高低，其中影响资本成本的外部因素包括：利率、市场风险溢价、税率；内部因素包括：资本结构、股利政策、投资政策。

7.【答案】BCD

【解析】由于所得税的作用，利息可以抵税，政府实际上支付了部分债务成本，所以公司的债务成本小于债权人要求的收益率，选项A错误。

8.【答案】ABC

【解析】β值的驱动因素很多，但关键的因素只有3个：经营杠杆、财务杠杆和收益的周期性。如果公司在这3方面没有显著改变，则可以用历史的β值估计权益成本。

三、计算分析题

1.【答案】

（1）$[(0.19-0.16)\div0.16+(0.15-0.19)\div0.19+(0.12-0.15)\div0.15+(0.17\div0.12)\div0.12]\div4=4.84\%$

股票的资本成本=$[0.17\times(1+4.84\%)\div15]+4.84\%=6.03\%$

（2）$G=\sqrt[n]{\dfrac{FV}{PV}}-1=\sqrt[4]{\dfrac{0.17}{0.16}}-1=1.53\%$

股票的资本成本=$[0.17\times(1+1.53\%)\div15]+1.53\%=2.68\%$

（3）设平均增长率为g：

$0.17\times(1+g)^{30}=0.48$

$g=3.52\%$

股票资本成本=$0.17\times(1+3.52\%)\div15+3.52\%=4.69\%$

2.【答案】

（1）设半年折现率为K：

$1000\times(1-1\%)=1000\times(4.5\%\div2)\times(P/A,K,4)+1000\times(P/F,K,4)$

$990=22.5\times(P/A,K,4)+1000\times(P/F,K,4)$

设折现率$K=3\%$：

$22.5\times(P/A,3\%,4)+1000\times(P/F,3\%,4)=22.5\times3.7171+1000\times0.8885=972.13<990$

设折现率$K=2\%$：

$22.5\times(P/A,2\%,4)+1000\times(P/F,2\%,4)=$

$22.5 \times 3.8077 + 1000 \times 0.9238 = 1009.47 > 990$

利用插值法：

$(K-2\%) \div (3\%-2\%) = (990-1009.47) \div (972.13-1009.47)$

$K = 2.52\%$

债券税前资本成本 $= (1+2.52\%)^2 - 1 = 5.10\%$

债券税后资本成本 $= 5.10\% \times (1-25\%) = 3.83\%$

（2）普通股资本成本 $= 100 \div [1000 \times (1-4\%)] + 4\% = 14.42\%$

（3）债券比重 $= 1000 \div 2000 = 0.5$

普通股比重 $= 1000 \div 2000 = 0.5$

该筹资方案的加权平均资本成本 $= 3.83\% \times 0.5 + 14.42\% \times 0.5 = 9.13\%$

四、综合题

【答案】本题的主要考查点是资本成本的计算及资本结构决策。

（1）息税前利润 $= 800$（万元）

利息 $= 2000 \times 10\% = 200$（万元）

税前利润 $= 600$（万元）

所得税 $= 600 \times 25\% = 150$（万元）

税后利润 $= 600 - 150 = 450$（万元）

每股收益 $= 450 \div 60 = 7.5$（元）

每股价格 $= 7.5 \div 0.15 = 50$（元）

（2）因为产权比率 $=$ 负债 $\div$ 股东权益

所以，股东权益 $=$ 负债 $\div$ 产权比率 $= 2000 \div (2 \div$

$3) = 3000$（万元）

每股净资产 $= 3000 \div 600000 \times 10000 = 50$（元）

市净率 $=$ 每股价格 $\div$ 每股净资产 $= 50 \div 50 = 1$

债券税后资本成本 $K = 10\% \times (1-25\%) = 7.5\%$

加权平均资本成本 $= 7.5\% \times 2000 \div (3000+2000) + 15\% \times 3000 \div (3000+2000) = 12\%$

（3）息税前利润 $= 800$（万元）

利息 $= 2400 \times 12\% = 288$（万元）

税前利润 $= 800 - 288 = 512$（万元）

所得税 $= 512 \times 25\% = 128$（万元）

税后利润 $= 512 - 128 = 384$（万元）

购回股数 $= 4000000 \div 50 = 80000$（股）

新发行在外股份 $= 600000 - 80000 = 520000$（股）

新的每股收益 $= 3840000 \div 520000 = 7.38$（元）

新的股票价格 $= 7.38 \div 0.16 = 46.13$（元）

新的股票价格46.13元，低于原来的股票价格50元，因此该公司不应改变资本结构。

（4）原利息保障倍数 $= 800 \div 200 = 4$

新利息保障倍数 $= 800 \div (2400 \times 12\%) = 2.78$

【解析】本题的解题关键是注意"所有盈余全部用于发放股利"，意味着每股收益 $=$ 每股股利，所以，每股收益 $= 450 \div 60 = 7.5$（元），每股股利也为7.5元；同时，"该公司产品市场相当稳定，预期无增长"，意味着该公司股票为固定股利股票，所以，股票价格 $P_0 = D/R_S = 7.5 \div 15\% = 50$（元）。

第5章　投资项目资本预算

一、单选题

1. 【答案】 C

【解析】实际折现率 $= (1+11.3\%) \div (1+5\%) - 1 = 6\%$，提高的公司价值 $= 7200 \div (1+6\%) - 6000 = 792$（万元）。

2. 【答案】 D

【解析】年折旧 $= 50000 \times (1-10\%) \div 10 = 4500$（元），变现时的账面价值 $= 50000 - 4500 \times 8 = 14000$（元），变现净收入为10000元，变现净损益 $= 10000 - 14000 = -4000$（元），变现净损益减税 $= 4000 \times 25\% = 1000$（元），由此可知，卖出现有设备除了获得10000元的现金流入以外，还可以减少1000元的现金流出，所以，卖出现有设备对本期现金流量的影响是增加

$10000 + 1000 = 11000$（元）。

3. 【答案】 B

【解析】会计报酬率 $=$ 年平均净收益 $\div$ 原始投资额 $\times 100\%$。净利润 $= NCF -$ 折旧费，可以计算得出年平均净收益 $= [(9000-4000) + (10000-4000) + (11000-4000)] \div 3 = 6000$（元），所以会计报酬率 $= 6000 \div 30000 = 20\%$。

4. 【答案】 B

【解析】平均年成本法是把继续使用旧设备和购置新设备看成是两个互斥的方案，而不是一个更换设备的特定方案，所以，选项B的说法错误。

5.【答案】C

【解析】资本成本=最低投资报酬率=无风险报酬率+风险报酬率，所以，该项目要求的风险报酬率为7%。由于该项目的净现值大于零，所以，该项目的现值指数大于1，该企业应该进行此项投资。又由于按15%的折现率进行折现，计算的净现值指标为100万元大于零，所以，该项目的内含报酬率大于15%。

6.【答案】D

【解析】模拟分析法的主要局限性在于基本变量的概率信息难以取得。

7.【答案】D

【解析】项目的净现值=1 500×（P/A，10%，4）×（P/F，10%，1）－2 500=1 500×3.169 9÷1.1－2 500=1 822.59（万元），项目净现值的等额年金=项目的净现值÷年金现值系数=1 822.59÷3.790 8=480.79（万元）。

8.【答案】D

【解析】风险调整折现率法的基本思路是对高风险的项目应当采用较高的折现率计算其净现值，而不是净现值率，所以，选项A的说法错误；风险调整折现率法采用单一折现率（风险调整折现率）同时完成风险调整和时间调整，所以，这种做法意味着风险随着时间的推移而加大，可能与事实不符，存在夸大远期风险的缺点，选项B、C的说法错误，选项D的说法正确。

9.【答案】B

【解析】$\beta_{资产}$=1.8/[1+（1-25%）×（4/5）]=1.125，目标$\beta_{权益}$=1.125×[1+（1-25%）×1/1]=1.97，股东要求的报酬率=4%+1.97×4%=11.88%，加权平均成本=6%×（1-25%）×50%+11.88%×50%=8.19%。

10.【答案】B

【解析】根据"净利润=（收入-付现成本-折旧）×（1-所得税税率）=税后收入-税后付现成本-折旧×（1-所得税税率）"有：500-350-折旧×（1-30%）=80，由此得出：折旧=100（万元）；年营业现金净流量=税后利润+折旧=80+100=180（万元）。或者年营业现金净流量=税后营业收入-税后付现成本+折旧抵税=500-350+100×30%=180（万元）。

11.【答案】C

【解析】按照税法的规定每年计提的折旧=（50 000-5 000）÷10=4 500（元），所以目前设备的账面价值=50 000-4 500×5=27 500（元），处置该设备发生的净损失=27 500-20 000=7 500（元），出售该设备

引起的现金流量=20 000+7 500×30%=22 250（元）。

二、多选题

1.【答案】ACD

【解析】情景分析法允许多个变量同时变动，敏感分析只允许一个因素变动，但不知道有几种情景，即发生的概率。蒙特卡洛模拟是敏感分析和概率分布原理结合的产物，模拟分析比情景分析考虑了无限多的情景。因此，正确选项是A、C、D。

2.【答案】BD

【解析】变化系数是用来反映项目风险程度的指标，变化系数越大，风险越大，肯定程度越低，肯定当量系数越小，因此，选项C不正确，选项D正确；变化系数为0，表示风险为0，所以，肯定当量系数为1，选项B正确；从理论上来说，如果变化系数无穷大，即风险无限大，肯定当量系数才可能为0，因此，选项A不正确。

3.【答案】ABC

【解析】选项D的正确写法应该是：营业现金流量=收入×（1-所得税税率）-付现成本×（1-所得税税率）+折旧×所得税税率。

4.【答案】ACD

【解析】平均年成本法是把继续使用旧设备和购置新设备看成是两个互斥的方案，而不是一个更换设备的特定方案。平均年成本法的假设前提是将来设备更换时，可以按原来的平均年成本找到可代替的设备。对于更新决策来说，除非未来使用年限相同，否则，不能根据实际现金流动分析的净现值法或内含报酬率法解决问题。

5.【答案】ABCD

【解析】任何投资项目都是有风险的。项目风险可以从3个层次来看待：特有风险、公司风险和市场风险。通常，项目特有风险不宜作为资本预算时风险的度量。唯一影响股东预期收益的是项目的系统风险。

6.【答案】BCD

【解析】净利润=（48-13-100÷5）×（1-25%）
=11.25（万元）

营业现金净流量=11.25+100÷5=31.25（万元）

静态回收期=100÷31.25=3.2（年）

会计报酬率=11.25÷100=11.25%

净现值=31.25×3.790 8-100=18.46（万元）

现值指数=1+18.46÷100=1.18

7. 【答案】AB

【解析】资本总量有限的情况下，各独立方案按照现值指数进行排序，选择净现值最大的组合。

8. 【答案】BCD

【解析】名义现金流量=实际现金流量×（1+通货膨胀率）"，所以选项B不正确；名义资本成本=（1+实际资本成本）×（1+通货膨胀率）-1，所以选项C不正确；名义现金流量使用名义资本成本折现的现值等于实际现金流量使用实际资本成本折现的现值，所以选项D不正确。

9. 【答案】AC

【解析】根据公司股东收益波动性估计的贝塔值，指的是$\beta_{权益}$，而$\beta_{权益}$是含财务杠杆的，所以，选项A的说法错误；全部用权益资本融资时，股东权益的风险与资产的风险相同，股东只承担经营风险即资产的风险，所以，选项B的说法正确；根据目标企业的资本结构调整贝塔值的过程称为"加载财务杠杆"，所以，选项C的说法错误；计算净现值时，要求折现率同现金流量对应，如果

使用股权现金流量法计算净现值，股东要求的报酬率是适宜的折现率，所以，选项D的说法正确。

10. 【答案】BD

【解析】现值指数是指未来现金流入现值与现金流出现值的比率，故选项A的说法不正确。静态投资回收期指的是投资引起的现金流入量累计到与投资额相等所需要的时间，这个指标忽略了时间价值，把不同时间的货币收支看成是等效的；没有考虑回收期以后的现金流，也就是没有衡量项目的盈利性。动态投资回收期是指在考虑资金时间价值的情况下，以项目现金流入抵偿全部投资所需要的时间，由此可知，选项B的说法正确。内含报酬率是根据项目的现金流量计算出来的，因此，随投资项目预期现金流的变化而变化，选项C的说法不正确。由于内含报酬率高的项目的净现值不一定大，所以，内含报酬率法不能直接评价两个投资规模不同的互斥项目的优劣，选项D的说法正确。

第6章 债券、股票价值评估

一、单选题

1. 【答案】A

【解析】市场利率变动与债券价格是反方向的，而且债券到期时间越长，债券价格的波动幅度越大。

2. 【答案】B

【解析】对于分期付息的折价债券，随着时间的推移，债券价值将相应增加。对于分期付息的溢价债券，随着时间的推移，债券价值将减少，本题市场利率小于票面利率，属于溢价发行债券。

3. 【答案】D

【解析】到期收益率是指购进债券后，一直持有该债券至到期日可获得的收益率。平价购入的债券，其到期收益率等于票面利率。

4. 【答案】A

【解析】对于折价发行，每年付息的债券，其到期收益率高于票面利率；对于溢价发行，每年付息的债券，其到期收益率小于票面利率；对于平价发行，每年付息的债券，其到期收益率等于票面利率。

5. 【答案】A

【解析】股票价值=股利÷投资人要求必要报酬率，股票预期报酬率=股利÷股票市价，所以当股票市

价低于股票价值时，预期报酬率高于投资人要求的最低报酬率。

6. 【答案】A

【解析】留存收益比率=1-0.4÷1=60% 权益净利率=每股收益÷每股净资产=1÷10=10%

可持续增长率=（10%×60%）÷（1-10%×60%）=6.38%

β=0.27×10.27%÷2.84%=0.98

A股票投资的必要报酬率=4%+0.98×（9%-4%）=8.9%

A股票的价值=0.4×（1+6.38%）÷（8.9%-6.38%）=16.89（元）

7. 【答案】B

【解析】证券市场线的斜率表示了市场风险补偿程度，系统风险程度是证券市场线的横轴；证券市场线适用于单个证券和证券组合（不论它是否已经有效地分散了风险）它测度的是证券（或证券组合）每单位系统风险（贝塔值）的超额收益。证券市场线比资本市场线的前提宽松，应用也更广泛。

8. 【答案】A

【解析】只要是平价发行债券，其到期收益率与票面利率就相同。

9. 【答案】B

【解析】根据已知条件：

①先计算股票预期报酬率（资本资产定价模型）。

$R=3\%+1.2 \times 5\%=9\%$

②计算股票价值（固定增长股票价值模型）。

$V=\dfrac{D_1}{R_s-g}=0.6 \div (9\%-4\%)=12$（元）

10. 【答案】A

【解析】由于票面利率均低于必要报酬率，说明两债券均为折价发行的债券。期限越长，表明未来获得低于市场利率的低利息的出现频率高，则债券价值越低，所以选项A正确，选项B错误；对于折价发行的债券，加快付息频率，债券价值会下降，所以选项C错误；对于折价发行债券，票面利率低于必要报酬率，所以当必要报酬率与票面利率差额大，（因债券的票面利率相同）即表明必要报酬率越高，则债券价值应越低。当其他因素不变时，必要报酬率与债券价值是呈反向变动的。所以选项D错误。

11. 【答案】B

【解析】债券的实际周期率=债券的名义利率÷年内复利次数。本题考查的是对概念的理解，需要注意"债券的实际周期利率"不是"债券的实际年利率"。

二、多选题

1. 【答案】ABCD

【解析】本题考查债券价值与要求的投资收益率及票面利率的关系。市场利率即投资人要求的收益率大于票面利率，市场价值低于票面价值，反之亦同。债券越接近到期日，市场价值向其面值回归。

2. 【答案】BCD

【解析】只有"分期付息"的溢价债券价值才会逐渐下降，若到期一次还本付息的债券价值会逐渐上升，所以选项A错误；如果g大于R，根据固定增长的股票价值模型，其股票价值将是负数，没有实际意义，所以选项B正确；债券的利率风险是指由于利率变动而使投资者遭受损失的风险；债券到期时间越长，债券的利率风险越大，所以选项C正确；当市场利率一直保持至到期日不变的情况下，对于折价发行的债券，随着到期时间的缩短，债券价值逐渐上升，所以选项D正确。

3. 【答案】ACD

【解析】对于折价债券，债券付息期越短，债券价值越低；溢价债券，债券付息期越短，债券价值越高。

4. 【答案】ABCD

【解析】即使票面利率相同的两种债券，由于付息方式不同（每年付息一次或到期一次还本付息）投资人的实际经济利益亦有差别。在不考虑风险问题时，债券价值大于市价，买进债券是划算的。影响债券发行方式的因素很多，但主要取决于市场利率和票面利率的一致程度，当票面利率高于市场利率时，溢价发行，当票面利率低于市场利率时，折价发行；当票面利率等于市场利率时，平价发行，债券到期收益率是能使未来现金流入现值等于现金流出的折现率，债券投资的现金流出即为买入价格。

5. 【答案】ABD

【解析】市场利率不会影响债券本身的到期收益率。

6. 【答案】ABC

【解析】选项D没有考虑到股票的投资风险比债券高，应加上一定的风险补偿。

7. 【答案】CD

【解析】本题的考点是股票价值的评估模式，$V=\dfrac{D_1}{R_s-g}$，由公式看出，股利增长率g，年股利D，与股票价值呈同向变化，而预期报酬率R_s与股票价值呈反向变化，而β与预期报酬率呈同向变化，因此β系数同股票价值亦成反向变化。

8. 【答案】ABC

【解析】本题的考点是市场价值与内在价值的关系。内在价值与市场价值有密切关系。如果市场是有效的，即所有资产在任何时候的价格都反映了公开可得的信息，则内在价值与市场价值应当相等，所以选项A、B、C是正确的。资本利得是指买卖价差收益，而股票投资的现金流入是指未来股利所得和售价，因此股票的价值是指其未来股利所得和售价所形成的现金流入量，选项D错误。

9. 【答案】AC

【解析】债券价值的计算公式为：

债券价值=票面金额÷（1+市场利率）^{n}＋E（票面金额×票面利率）÷（1+市场利率）^{t}，从公式中可以看出，市场利率处于分母位置，票面利率处于分子上，所以票面利率与债券价值同向变动，市场利率与债券价值是反向变动，但折现率对债券价值的影响随着到期时间的缩短会变得越来越不敏感。

三、计算分析题

1.【答案】（1）每次支付的利息=1 000×4%÷4=10（元），共计支付20次，由于每年支付4次利息，因此折现率为8%÷4=2%。

发行时的债券价值=10×（P/A, 2%, 20）+1 000×（P/F, 2%, 20）=10×16.351 4+1 000×0.673 0=836.51（元）

（2）20×8年5月1日可以收到10元利息和1 000元本金，合计1 010元：

20×8年4月1日距离20×8年5月1日的时间间隔为1个月，由于一个折现期为3个月，因此，从20×8年5月1日折现到20×8年4月1日需要折现1/3期。

20×8年4月1日的债券价值=1 010×（P/F, 2%, 1/3）=1 010×0.993 4=1 003.33（元）

（3）由于此时在到期日之前共计支付5次利息（时间分别是20×7年5月1日、20×7年8月1日、20×7年11月1日、20×8年2月1日和20×8年5月1日）。所以：

20×7年5月1日（支付利息之前）的债券价值=10+10×（P/F, 2%, 1）+10×（P/F, 2%, 2）+10×（P/F, 2%, 3）+10×（P/F, 2%, 4）+1 000×（P/F, 2%, 4）=10×[1+（P/A, 2%, 4）+1 000×（P/F, 2%, 4）]

=10×（1+3.807 7+100×0.923 8）=971.88（元）

（4）由于此时在到期日之前共计支付4次利息（时间分别是20×7年8月1日、20×7年11月1日、20×8年2月1日和20×8年5月1日）。所以：

20×7年5月1日（支付利息之后）的债券价值=10×（P/F, 2%, 1）+10×（P/F, 2%, 2）+10×（P/F, 2%, 3）+10×（P/F, 2%, 4）+1 000×（P/F, 2%, 4）

=10×[（P/A, 2%, 4）+1 000×（P/F, 2%, 4）]

=10×（3.807 7+100×0.923 8）

=961.88（元）

或者20×7年5月1日（支付利息之后）的债券价值=971.88−10=961.88（元）计算。

（5）设季度到期收益率为r，则有：

950=10×（P/A, r, 4）+1 000×（P/F, r, 4）

当r=2%时，10×（P/A, r, 4）+1 000×（P/F, r, 4）=961.88

当r=3%时，10×（P/A, r, 4）+1 000×（P/F, r, 4）=925.67

采用内插法，

根据（961.88−950）÷（961.88−925.67）=（2%−r）÷（2%−3%）

解得，季度到期收益率r=2.33%

有效年到期收益率=（1+2.33%）^{4}−1=9.65%

2.【答案】（1）假设所求的预期投资的报酬率为r，则：

相应的股利增长率=（1−80%）×r=0.2r

（4×80%）÷（16%−0.2r）=30

解得：r=26.67%

（2）未来每年的每股收益和每股股利如下表所示。

年 份	1	2	3	4	5	6	7
EPS增长率	—	10%	10%	10%	8%	6%	6%
EPS/元	4	4.4	4.84	5.324	5.75	6.095	6.461
股利支付率	—	0%	0%	60%	60%	60%	60%
每股股利/元	3.5	0	0	3.19	3.45	3.657	3.877

从第5年年末往后，每股股利每年将按照预期的6%的长期增长率增长，由于股权资本成本为16%，使用不变股利增长率模型估计预测期期末（第4年年末）价值为：

P_4=3.45÷（16%−6%）=34.5（元）

=[3.657÷（16%−6%）+3.45]÷（1+16%）

=34.5（元）

目前每股价值=3.5÷（1+16%）+3.19×（P/F, 16%, 4）+34.5×（P/F, 16%, 4）=3.017 2+3.19×0.552 3+34.5×0.552 3=23.83（元）

3.【答案】

（1）甲股票的投资额=1 000×8=8 000（元）

乙股票的投资额=2 000×6=12 000（元）

甲的投资权重=8 000÷（8 000+12 000）=0.4

乙的投资权重=1−0.4=0.6

投资组合的期望报酬率=0.4×15%+0.6×30%=24%

（2）投资组合的方差=0.4×0.4×20%×20%+0.6×0.6×6.25%+2×0.4×0 6×20%×6.25%$^{1/2}$=0.4×0.4×20%×20%+0.6×0.6×6.25%+2×0.4×0.6×20%×25% =5.29%

投资组合的标准差=5.29%$^{1/2}$=23%

（3）投资组合的方差=0.4×0.4×20%×20%+0.6×0.6×6.25%-2×0.4×0.6×20%×25%=0.49%

投资组合的标准差=0.49%^(1/2)=7%

（4）计算结果表明，相关系数越小，则投资组合的标准差越小，风险分散效应越强，机会集曲线越向左弯曲。

（5）甲、乙股票收益率的相关系数=4%÷（20%×25%）=0.8

第7章　期权价值评估

一、单选题

1.【答案】C

【解析】期权是一种合约，它赋予持有人做某件事的权利，但持有人不承担必须的义务，他可以选择执行或者不执行该权利，因此选项A的说法不正确；期权合约与远期合约和期货合约不相同，远期合约和期货合约中，双方的权利和义务是对等的，即权利人有权要求义务人履约，而义务人不得推脱，同时，投资人签订远期合约或期货合约时不需要向对方支付任何费用，而购买期权合约时必须支付期权费，作为不承担义务的代价，所以选项B不正确；期权的执行指的是依据期权合约购进或售出标的资产的行为，所以选项D不正确。

2.【答案】B

【解析】由于该期权允许其持有人在到期日前的任意一天均可执行，这符合美式期权的特征，所以，选项A的说法不正确；对于看涨期权而言，当股票价格高于执行价格时，其持有人可能会执行期权，当股票价格低于执行价格时，其持有人才不会执行期权，因此，选项C是不正确的；如果期权未被执行，过期以后的期权不再具有价值，所以选项D不正确。

3.【答案】B

【解析】看涨期权是指期权赋予持有人在到期日或到期日之前，以固定价格购买标的资产的权利，其授予权利的特征是"购买"。看跌期权是指期权赋予持有人在到期日或到期日之前，以固定价格出售标的资产的权利，其赋予权利的特征是"出售"。

4.【答案】D

【解析】多头看涨期权的到期日价值=MAX（股票价格-执行价格，0），标的资产价值的上升即股票价格的上升，看涨期权的到期日价值随股票价格的上升而上升，因此选项A的说法是正确的；相反，多头看跌期权的到期日价值，随标的资产价值下降而上升；期权到期未被执行，过期后的期权不再具有价值，因此选项B的说法是正确的；期权到期日价值的计算只是与股票价格和执行价格有关，与期权费无关，所以期权到期日价值没有考虑当初购买期权的成本即期权费，所以选项C是正确的；期权到期日价值减去期权费后的剩余称为期权购买人的"损益"，因此选项D不正确。

5.【答案】D

【解析】空头和多头彼此是零和博弈，所以选项A、B、C的说法均正确；对于空头看跌期权而言，股票市价高于执行价格时，净收入为0，所以选项D不正确。

6.【答案】D

【解析】股利的现值是股票价值的一部分，但是只有股东可以享有该收益，期权持有人不能享有。因此，在期权估价时要从股价中扣除期权到期日前所派发的全部股利的现值。

7.【答案】A

【解析】每份多头看涨期权的到期日价值=MAX（股票价格-执行价格，0）=MAX（45-57，0）=0，10份多头看涨期权净损益=（0-5.8）×10=-58（元）。

8.【答案】C

【解析】每份空头看跌期权到期日价值=MIN（股票价格-执行价格，0）=MIN（45-57，0）=-12，10份空头看跌期权净损益=10×（-12+3.25）=-87.5（元）。

9.【答案】D

【解析】多头对敲是同时买进一只股票的看跌期权和看涨期权，期权的执行价格和到期日相同。多头对敲对于预计市场价格将发生剧烈变动，但无法判断是上升还是下降时，是最适合的投资组合。

10.【答案】A

【解析】购进股票到期日盈利为14元（58-44），购进看跌期权到期日盈利为-5元（0-5），购进看涨期权到期日盈利为-2元[（58-55）-5]，则投资组合盈利为7元（14-5-2）。

11. 【答案】B

【解析】购进股票到期日盈利为-10元（34-44），购进看跌期权到期日盈利为16元[（55-34）-5]，则投资组合盈利为6元（16-10）。

12. 【答案】D

【解析】时间溢价是"波动的价值"，时间越长出现波动的可能性越大，时间溢价越大。而货币的时间价值是时间"延续的价值"，时间延续的越长，货币的时间价值越大。

13. 【答案】C

【解析】时间溢价=期权价格-内在价值，对于看涨期权来说，当现行价格小于或等于看涨期权的执行价格时，其内在价值为0，则时间溢价=期权价格=11元。

14. 【答案】A

【解析】根据"影响期权价值的因素"可知，期权的价值上限是股价，所以选项A不正确；期权价值下限等于内在价值，而内在价值指的是期权立即执行产生的经济价值，只要期权尚未到期，持有人就有选择执行或不执行期权的权利，这种选择权是有价值的，所以可以说尚未到期的期权价格是选择权价值与期权内在价值的合计，所以选项B的说法是正确的；当股票价格为零时，看涨期权的内在价值=MAX（股价-执行价格，0）=MAX（-执行价格，0）=0，所以选项C的说法是正确的；当股价足够高时，看涨期权处于实值状态，存在被执行的可能性，期权价值线与最低价值线的上升部分平行，所以选项D的说法是正确的。

15. 【答案】D

【解析】根据期权价值线可以判断选项A、B、C说法正确，看涨期权价值下限是内在价值，故选项D错误。

16. 【答案】A

【解析】标的资产价格波动率与期权价值（无论美式期权还是欧式期权、看涨期权还是看跌期权）正相关变动，所以选项A正确；无风险报酬率与看涨期权价值正方向变动，与看跌期权价值反方向变动；预期股利与看跌期权价值正方向变动，与看涨期权价值反方向变动；对于美式期权而言，到期期限与期权价值（无论看涨期权还是看跌期权）正相关变动；对于欧式期权而言，期权价值变化不确定。所以选项B、C、D表述不正确。

17. 【答案】B

【解析】假设影响期权价值的其他因素不变，则股票价格与看跌期权（包括欧式和美式）的价值反向变化。

18. 【答案】B

【解析】选项A的结论对于欧式期权不一定成立，对美式期权才成立。选项C、D均说反了。

19. 【答案】C

【解析】上行股价S_u=股票现价S_0×上行乘数u=$60 \times 1.333\,3 = 80$（元）

下行股价S_d=股票现价S_0×下行乘数d=$60 \times 0.75 = 45$（元）

股价上行时期权到期日价值C_u=上行股价-执行价格=$80-62=18$（元）

股价下行时期权到期日价值C_d=0

套期保值比率H=期权价值变化÷股价变化=（18-0）÷（80-45）=0.5143

购买股票支出=套期保值比率×股票现价=$0.5143 \times 60 = 30.86$（元）

借款=（到期日下行股价×套期保值比率）÷（1+r）=（45×0.5143）÷1.02=22.69（元）

20. 【答案】A

【解析】上行股价=$56.26 \times 1.422\,1 = 80.01$（元）

下行股价=$56.26 \times（1-29.68\%）= 39.56$（元）

股价上行时期权到期日价值C_u=上行股价-执行价格=$80.01-62=18.01$（元）

股价下行时期权到期日价值C_d=0

期望回报率=2%=上行概率×42.21%+下行概率×（-29.68%）

2%=上行概率×42.21%+（1-上行概率）×（-29.68%）

上行概率=0.4407

下行概率=1-0.4407=0.5593

期权6个月后的期望价值=$0.4407 \times 18.01+0.5593 \times 0=7.937\,0$（元）

期权的现值=$7.937\,0 \div 1.02 = 7.78$（元）

21. 【答案】C

【解析】在布莱克—斯科尔斯期权定价模型中，无风险报酬率应当用无违约风险的固定证券收益来估计，例如，国库券的利率，这里所说的国库券利率是指其市场利率，而不是票面利率。

22. 【答案】C

【解析】选项C的正确说法应该是"标准正态分布中离差小于d的概率"。

23.【答案】A

【解析】根据：标的资产现行价格+看跌期权价格-看涨期权价格=执行价格的现值，则看涨期权价格=标的资产现行价格+看跌期权价格-执行价格的现值=48+6-40÷（1+2%）=14.78（元）。

二、多选题

1.【答案】BCD

【解析】看涨期权是一种买权，只有当标的股票的价格高于执行价格时，持有人可能会按照执行价格买进，然后以高于执行价格的股票价格卖出，才能获利，所以，只有当标的股票的价格高于执行价格时，执行人才可能会执行期权，选项A的说法是正确的；看涨期权购买人的损益=看涨期权的到期日价值-期权费，如果是看跌期权，那么看跌期权购买人的损益=看跌期权的到期日价值-期权费，所以选项B不正确；对于多头看跌期权，看跌期权的到期日价值=MAX（执行价格-股票价格，0），当股票价格，也就是标的资产的价值下降时，看跌期权到期日价值会上升，所以选项C不正确，选项D也不正确。

2.【答案】AB

【解析】期权按照合约授予期权持有权利的类别划分，可分为看涨期权和看跌期权两大类。看涨期权是指期权赋予持有人在到期日或到期日之前，以固定价格购买标的资产的权利。看涨期权的特征是"购买"。看跌期权是指期权赋予持有人在到期日或到期日前，以固定价格出售标的资产的权利。

3.【答案】ACD

【解析】看涨期权是指期权赋予持有人在到期日或到期日之前，以固定价格购买标的资产的权利。其授予权利的特征是"购买"，因此也可以称为"择购期权""买入期权"或"买权"。看跌期权是指期权赋予持有人在到期日或到期日之前，以固定价格出售标的资产的权利。其授予权利的特征是"出售"，因此也可以称为"择售期权""卖出期权"或"卖权"。

4.【答案】AC

【解析】空头看涨期权的到期日价值=-MAX（S-X，0）=MIN（X-S，0），所以选项B不正确；空头看跌期权的到期日价值=-MAX（X-S，0）=MIN（S-X，0），所以选项D不正确。

5.【答案】BC

【解析】买入看跌期权的净损益=多头看跌期权到期日价值-期权成本，因此选项A不正确；选项D是买入看涨期权的特点，故不正确。

6.【答案】ABD

【解析】无论是看跌期权还是看涨期权，其买方损益的特点都是净损失有限（最大值为期权价格），看涨期权的净收益潜力巨大，而看跌期权的净收益有限（最大值为执行价格-期权价格）；其卖方特点都是净收益有限（最大值为期权价格），而看涨期权的净损失不确定，看跌期权的净损失有限（最大值为执行价格-期权价格）。

7.【答案】ABC

【解析】买入看涨期权到期日价值=MAX（股票市价-执行价格，0），买入看涨期权净损益=买入看涨期权到期日价值-期权价格，股票市价高于执行价格只能说明买入看涨期权到期日价值大于0，净损益是不是大于0还要看期权价格是不是小于到期日价值，因为无法判断期权价格的大小，所以选项A的结论不正确；"看跌期权"也称为"卖出期权"，"看涨期权"也称为"买入期权"，所以期权名称与解释不一致，混淆概念，所以选项B的说法不正确，正确的说法应该是：买入看跌期权，获得在到期日或之前按照执行价格卖出某种资产的权利；或：买入看涨期权，获得在到期日或之前按照执行价格购买某种资产的权利；"买入看涨期权"也称"多头看涨期权"，对于多头看涨期权而言，最大净损失为期权价格，而净收益没有上限，所以，选项C的说法不正确；空头看涨期权净损益=到期日价值+期权价格=期权价格-MAX（股票市价-执行价格，0），由于"MAX（股票市价-执行价格，0）"的最小值为0，所以，空头看涨期权的最大净收益为期权价格，选项D的说法正确。

8.【答案】BC

【解析】买方（多头）看涨期权到期日价值=MAX（股票市价-执行价格，0）=3（元），买方净损益=期权价值-期权价格=3-2=1（元），所以选项B和选项C正确；卖方（空头）看涨期权到期日价值=-MAX（股票市价-执行价格，0）=-3（元），卖方净损失=-3+2=-1（元），所以选项A和选项D不正确。

9.【答案】ACD

【解析】购进看跌期权的风险是股价上涨带来的期权费损失，如果同时购进股票的话，价格上涨卖出购进的股票可以获利，从而规避风险，所以选项A是正确的；购进看涨期权的风险是股价下跌，从而损失期权费，倘若购进看涨期权的同时再购进股票，股价下跌时手中的股票卖不了好价钱，因此购进看涨期权和购进股票的组合不能规避风险，选项B不正确；售出看涨期权的风险是股价上涨，期权持有人只按照约定的执行价格购买股票，但如果售出看涨期权的同时购进股票，可以应对股价上涨带来的风险，所以选项C是正确的；同理可分析，购进看跌期权的风险是股价上涨，购进看涨期权的风险是股价下跌，股价如果下跌，购进看跌期权可以获利，股价如果上涨，购进看涨期权可以获利，所以购进看跌期权和购进看涨期权可以实现规避风险的意图，这就是对敲，所以选项D是正确的。

10.【答案】 AC

【解析】 抛补看涨期权组合锁定了最高收入为执行价格，保护性看跌期权锁定了最低净收入和最低净损益。

11.【答案】 ABD

【解析】 空头对敲是同时卖出一只股票的看涨期权和看跌期权，它们的执行价格、到期日都相同。

12.【答案】 BCD

【解析】 由于市价低于执行价格，对于以该股票为标的物的看涨期权来说，该期权会被放弃，该期权处于虚值状态；对于以该股票为标的物的看涨期权的多头和空头来说期权内在价值均为0；对于以该股票为标的物的看跌期权来说，该期权处于实值状态。

13.【答案】 ABD

【解析】 内在价值不同于到期日价值。内在价值的大小，取决于期权标的资产的现行市价与期权执行价格的高低；期权的到期日价值取决于"到期日"标的股票市价与执行价格的高低。

14.【答案】 BD

【解析】 对于看涨期权来说，标的资产的现行市价低于执行价格时，该期权处于"虚值状态"；对于看跌期权来说，资产的现行市价高于执行价格时，称该期权处于"虚值状态"。

15.【答案】 ACD

【解析】 时间溢价也称为"期权的时间价值"，但它和"货币的时间价值"是不同的概念，时间溢价是"波动的价值"，时间越长，出现波动的可能性越大，时间溢价也越大。而货币的时间价值是时间"延续的价值"，时间延续得越长，货币的时间价值越大。

16.【答案】 ABC

【解析】 预期股利与看涨期权价值负相关变动。

17.【答案】 ABD

【解析】 无论是看涨期权还是看跌期权，股价波动率增加，都会使期权的价值增加。

18.【答案】 AB

【解析】 其他变量不变的情况下，股价波动率越高，期权的价格越高，无论看涨期权和看跌期权都如此。因为期权最低的到期日价值是0，所以不利的波动方向对最小到期日价值没有影响，而有利的波动方向越大，净收益越大。

19.【答案】 ABD

【解析】 对于美式期权来说，较长的到期时间，能增加期权的价值，对于欧式期权来说，较长的到期时间，不一定能增加期权的价值。

20.【答案】 CD

【解析】 买入看涨期权到期日价值=MAX（股票市价–执行价格，0），买入看涨期权净损益=买入看涨期权到期日价值–期权价格，由此可知，选项A的说法错误，正确的说法应该是"到期日价值大于0"；"看跌期权"也称为"卖出期权"，"看涨期权"也称为"买入期权"，所以，选项B的说法错误。选项B正确的说法应该是：买入看跌期权，获得在到期日或之前按照执行价格卖出某种资产的权利；或买入看涨期权，获得在到期日或之前按照执行价格购买某种资产的权利；"买入看涨期权"也称"多头看涨期权"，对于多头看涨期权而言，其价值上限为标的资产的市场价格，所以，选项C的说法正确；多头看涨期权的价值下限为期权立即被执行的价值，即期权的内在价值。

21.【答案】 ABCD

【解析】 二叉树期权定价模型的假设条件有：

（1）市场投资没有交易成本。

（2）投资者都是价格的接受者。

（3）允许完全使用卖空所得款项。

（4）允许以无风险报酬率借入或贷出款项。

（5）未来股票的价格将是两种可能值中的一个。

22.【答案】 ABCD

【解析】 布莱克—斯科尔斯期权定价模型有5个参数，即标的资产的现行价格、看涨期权的执行价格、连续复利的短期无风险年利率、以年计算的期权有效期和连续复利计算的标的资产年收益率的标准差。

23.【答案】 AD

【解析】大多数投资人一旦购买了证券，只能被动地等待而无法影响它所产生的现金流入，因此可以称之为"被动性投资资产"。投资于实物资产则情况不同，投资人可以通过管理行动影响它所产生的现金流，因此可以称为"主动性投资资产"。

24.【答案】AB

【解析】对于欧式期权，假定看涨期权和看跌期权有相同的执行价格和到期日，则下述等式成立：看涨期权价格C−看跌期权价格P=标的资产的价格S−执行价格的现值PV（X）。

三、计算分析题

【答案】

（1）甲投资人采取的是保护性看跌期权策略。相关损益情况如下表所示。

股价变动幅度	下降30%	下降10%	上升10%	上升30%
概率	0.2	0.25	0.25	0.3
股票收入/元	52×（1−30%）=36.4	52×（1−10%）=46.8	52×（1+10%）=57.2	52×（1+30%）=67.6
购买看跌期权收入/元	50−36.4=13.6	50−46.8=3.2	0	0
组合收入/元	50	50	57.2	67.6
股票净损益/元	36.4−52=−15.6	46.8−52=−5.2	57.2−52=5.2	67.6−52=15.6
期权净损益/元	13.6−5=8.6	3.2−5=−1.8	0−5=−5	0−5=−5
组合净损益/元	−15.6+8.6=−7	−5.2+（−1.8）=−7	5.2−5=0.2	15.6−5=10.6

预期投资组合收益=0.2×（−7）+0.25×（−7）+0.25×0.2+0.3×10.6=0.08（元）

（2）乙投资人采取的是抛补看涨期权策略。相关损益情况如下表所示。

股价变动幅度	下降30%	下降10%	上升10%	上升30%
概率	0.2	0.25	0.25	0.3
股票收入/元	52×（1−30%）=36.4	52×（1−10%）=46.8	52×（1+10%）=57.2	52×（1+30%）=67.6
出售看涨期权收入/元	0	0	−（57.2−50）=−7.2	−（67.6−50）=−17.6
组合收入/元	36.4	46.8	50	50
股票净损益/元	36.4−52=−15.6	46.8−52=−5.2	57.2−52=5.2	67.6−52=15.6
期权净损益/元	3−0=3	3−0=3	−7.2+3=−4.2	−17.6+3=−14.6
组合净损益/元	−12.6	−2.2	1	1

预期投资组合收益=0.2×（−12.6）+0.25×（−2.2）+0.25×1+0.3×1=−2.52（元）

（3）丙投资人采取的是多头对敲策略。相关损益情况如下表所示。

股价变动幅度	下降30%	下降10%	上升10%	上升30%
概率	0.2	0.25	0.25	0.3
看涨期权收入/元	0	0	57.2−50=7.2	67.6−50=17.6
看跌期权收入/元	50−36.4=13.6	50−46.8=3.2	0	0
组合收入/元	13.6	3.2	7.2	17.6
看涨期权净损益/元	0−3=−3	−3	7.2−3=4.2	17.6−3=14.6
看跌期权净损益/元	13.6−5=8.6	3.2−5=−1.8	0−5=−5	−5
组合净损益/元	5.6	−4.8	−0.8	9.6

预期投资组合收益=0.2×5.6+0.25×（−4.8）+0.25×（−0.8）+0.3×9.6=2.6（元）

（4）丁投资人采取的是空头对敲策略。相关损益情况如下表所示。

股价变动幅度	下降30%	下降10%	上升10%	上升30%
概率	0.2	0.25	0.25	0.3
出售看涨期权收入/元	0	0	−（57.2−50）=−7.2	−（67.6−50）=−17.6
出售看跌期权收入/元	−（50−36.4）=−13.6	−（50−46.8）=−3.2	0	0
组合收入/元	−13.6	−3.2	−7.2	−17.6
看涨期权净损益/元	0+3=3	0+3=3	−7.2+3=−4.2	−17.6+3=−14.6
看跌期权净损益/元	−13.6+5=−8.6	−3.2+5=1.8	0+5=5	5
组合净损益/元	−5.6	4.8	0.8	−9.6

预期投资组合收益=0.2×（−5.6）+0.25×4.8+0.25×0.8+0.3×（−9.6）=−2.6（元）

四、综合题

【答案】

（1）该项目立即进行的净现值=150÷16%−900=37.5（万元）

（2）上行项目价值=180÷16%=1125（万元）

下行项目价值=125÷16%=781.25（万元）

上行净现值=1125−900=225（万元）

下行净现值=781.25−900=−118.75（万元）

上行报酬率=（180+1125）÷937.5−1=39.2%

下行报酬率=（125+781.25）÷937.5−1=−3.33%

无风险报酬率=6%=上行概率×39.2%+（1−上行概率）×（−3.33%）

上行概率=（6%+3.33%）÷（39.2%+3.33%）=0.2194

下行概率=1−上行概率=1−0.2194=0.7806

（3）期权到期日价值=0.2194×225+0.7806×0=49.365（万元）

期权现值=49.365÷（1+6%）=46.57（万元）

如果等待，则期权价值为46.57万元，大于立即执行的净现值37.5万元，所以应该等待。

第8章 企业价值评估

一、单选题

1.【答案】B

【解析】企业单项资产价值的总和不等于企业整体价值。企业整体能够具有价值，在于它可以为投资人带来现金流量。这些现金流量是所有资产联合起来运用的结果，而不是资产分别出售获得的现金流量。所以，选项B不正确。在完善的市场中，企业取得投资者要求的风险调整后收益，市场价值与内在价值相等，价值评估没有什么实际意义。在这种情况下，企业无法为股东创造价值。股东价值的增加，只能利用市场的不完善才能实现。价值评估认为市场只在一定程度上有效，即并非完全有效。价值评估正是利用市场的缺陷寻找被低估的资产。

2.【答案】D

【解析】会计价值是指资产、负债和所有者权益的账面价值。会计价值和市场价值是两回事。

3.【答案】B

【解析】企业实体现金流量是企业全部现金流入扣除付现费用和必要的投资后的剩余部分。

4.【答案】A

【解析】企业的实体价值是预期企业实体现金流量的现值，计算现值的折现率是企业的加权平均资本成本。

5.【答案】B

【解析】净经营资产净投资=经营营运资本增加额+净经营性长期资产增加额=50+（100−0）=150（万元）

股权现金流量=税后利润−净经营资产净投资×（1−负债率）=200−150×（1−40%）=110（万元）。

6.【答案】C

【解析】相对价值法是将目标企业与可比企业对比，用可比企业的价值衡量目标企业的价值。如果可比企业的价值被高估了，则目标企业的价值也会被高估。实际上，所得结论是相对于可比企业来说的，以可比企业价值为基准，是一种相对价值，而非目标企业的内在价值。

7.【答案】B

【解析】市盈率模型最适合连续盈利，并且β值接近于1的企业；市净率模型主要适用于需要拥有大量资产、净资产为正值的企业；收入乘数模型主要适用于销售成本率较低的服务类企业或者销售成本率趋同的传统行业的企业。

8.【答案】B

【解析】收入乘数的驱动因素有销售净利率、股利支付率、增长率和股权资本成本，但关键驱动因素是销售净利率。

9.【答案】C

【解析】内在市净率=（股东权益净利率1×股利支付率）÷（股权成本-增长率）

预期股东权益净利率=[100×（1+6%）]÷[500×（1+6%）]=20%

股利支付率=1-利润留存率=1-40%=60%，股权成本=5%+2×（10%-5%）=15%，则有：内在市净率=（20%×60%）÷（15%-6%）=1.33。

10.【答案】D

【解析】股利支付率=1-利润留存率=1-60%＝40%，股权资本成本=4%+2.5×（8%-4%）=14%，则有：内在收入乘数=销售净利率1×股利支付率÷（股权成本-增长率）=（10%×40%）÷（14%-6%）=0.5。

二、多选题

1.【答案】ABCD

【解析】企业的整体价值观念主要体现在以下4个方面：①整体价值是各部分的有机结合；②整体价值来源于要素的结合方式；③部分只有在整体中才能体现其价值；④整体价值只有在运行中才能体现出来。

2.【答案】ABC

【解析】一个企业的继续经营价值已经低于其清算价值，本应当进行清算。但是也有例外，就是控制企业的人拒绝清算，企业得以继续经营。这种继续经营，摧毁了股东本来可以通过清算得到的价值。

3.【答案】AC

【解析】现金流量模型的基本思想是增量现金流量原则和时间价值原则。

4.【答案】CD

【解析】判断企业进入稳定状态的主要标志是：①具有稳定的销售增长率，它大约等于宏观经济的名义增长率；②企业有稳定的投资资本回报率，它与资本成本接近。

5.【答案】BCD

【解析】实体现金流量=营业现金毛流量-经营营运资本增加-净经营长期资产总投资=营业现金净流量-净经营长期资产总投资=税后经营利润-净经营资产净投资，实体现金流量=股权现金流量+债务现金流量。

6.【答案】BC

【解析】市盈率把价格和收益联系起来，直观地反映了投入和产出的关系，所以选项B正确；市盈率涵盖了风险、增长率、股利分配率的影响，所以选项C正确；根据目标企业的本期市盈率和内在市盈率计算出的目标企业的股票价值是相同的，计算目标企业的股票价值时，与本期市盈率对应的是目标企业的本期每股收益，与内在市盈率对应的是目标企业的预期每股收益。所以，选项D不正确。

7.【答案】ACD

【解析】选项B是收入乘数模型的驱动因素。

8.【答案】ABC

【解析】驱动市净率的因素有股东权益收益率、股利支付率、增长率和风险，这4个比率类似的企业，会有类似的市净率。驱动收入乘数的因素有销售净利率、股利支付率、增长率和风险，这4个比率类似的企业，会有类似的收入乘数。

9.【答案】ACD

【解析】市净率修正方法的关键因素是股东权益收益率。因此，可以用股东权益收益率修正实际的市净率，把股东权益收益率不同的同业企业纳入可比范围。

10.【答案】ABD

【解析】经营营运资本增加=Δ经营流动资产-Δ经营流动负债

股权现金流量=税后利润-股权净投资 =税后利润-（净经营资产净投资-净负债增加）

股权现金流量=股利分配-股权资本发行+股份回购

投资资本=净经营资产总计=经营营运资本+净经营长期资产=经营营运资本+经营长期资产-经营长期负债

三、计算分析题

1.【答案】（1）因为该企业没有负债，所以净利润即为税后经营净利润。

2011年税后经营净利润=476（万元）

2011年折旧和摊销=110+20=130（万元）

2011年经营营运资本增加=1210-1144=66（万元）

2011年净经营性长期资产总投资=净经营性长期资产增加+折旧摊销=3076-2839+130=367（万元）

2011年实体现金流量=税后经营净利润+折旧和摊销-经营营运资本增加-净经营性长期资产总投资=476+130-66-367=173（万元）

由于公司没有负债，股权现金流量=实体现金流量=173万元。

（2）2012年税后经营净利润=476×（1+6%）=504.56（万元）

2012年折旧摊销=130×（1+6%）=137.8（万元）

2012年经营营运资本增加=2012年经营营运资本-2011年经营营运资本=1210×（1+6%）-1210=72.6（万元）

2012年净经营性长期资产总投资=367×（1+6%）=389.02（万元）

2012年股权现金流量=实体现金流量=税后经营净利润+折旧和摊销-经营营运资本增加-净经营性长期资产总投资=504.56+137.8-72.6-389.02=180.74（万元）

折现率=8%+1.1×2%=10.2%

股权价值=180.74÷（10.2%-6%）=4303.33（万元）

每股价值=4303.33÷3877=1.11（元）

2.【答案】

2012年每股净利润=4×（1+10%）=4.4（元）

2012年每股经营性长期资产总投资=2×（1+10%）=2.2（元）

2012年每股经营营运资本=3×（1+10%）=3.3（元）

2012年每股经营营运资本增加=3.3-3=0.3（元）

2012年每股折旧费=1×（1+10%）=1.1（元）

每股净投资=每股净经营性长期资产总投资-每股折旧费+每股经营营运资本增加=2.2+0.3-1.1=1.4（元）

每股股权净投资=每股净投资×（1-负债比例）=1.4×（1-40%）=0.84（元）

2012年每股股权现金流量=每股净利润-每股股权净投资=4.4-0.84=3.56（元）

相关预测数如下表所示。

单位：元

年　份	2011年	2012年	2013年	2014年
每股净利润		4.4	4.84	4.9368
销售增长率		10%	10%	2%
每股净经营性长期资产总投资		2.2	2.42	2.4684
每股经营营运资本		3.3	3.63	3.7026
每股经营营运资本增加		0.3	0.33	0.0726
每股折旧		1.1	1.21	1.2342
每股净投资		1.4	1.54	1.3068
每股股权净投资		0.84	0.924	0.7841
每股股权现金流量		3.56	3.916	4.1527
股权资本成本		11%	11%	10%
折现系数		0.9009	0.8116	0.8116÷（1+10%）=0.7378
预测期每股现金流量现值		3.2072	3.1782	3.0639
预测期每股现金流量现值合计	9.45			
后续期每股价值	39.06			
每股股权价值	48.51			

2012年和2013年股权资本成本=3%+1.6×（8%-3%）=11%

2014年股权资本成本=3%+1.4×（8%-3%）=10%

后续期价值=$\frac{4.1527×（1+2\%）}{10\%-2\%}$×0.7378=39.06（元）

3.【答案】

（1）修正市盈率=实际市盈率÷（预期增长率×100）

平均市盈率=（40+44.8+37.9+28+45+25）÷6=36.78

预期平均增长率=（10%+8%+12%+15%+6%+15%）=11%

平均修正市盈率=36.78÷（11%×100）=3.34

（2）甲公司股票的每股价值=平均修正市盈率×目标企业增长率×100×目标企业每股收益=3.34×10%×100×0.5=16.7（元）

（3）利用股价平均法计算甲公司股票的每股价值如下表所示。

公司名称	实际市盈率/%	预期增长率/%	修正的市盈率/%	甲公司股票的每股价值/元
A	40	10	4	20
B	44.8	8	5.6	28
C	37.9	12	3.16	15.8
D	28	15	1.87	9.35
E	45	6	7.5	37.5
F	25	15	1.67	8.35
平均数				19.83

（4）实际股票价格是25元/股，所以甲公司的股票被市场高估了。

四、综合题

1.【答案】

（1）税后经营净利润=税前经营利润×（1-所得税税率）=2597×（1-25%）=1947.75（万元）

净经营资产净投资=净经营性长期资产总投资+经营营运资本增加-折旧摊销=507.9+20-250=277.9（万元）

实体现金流量=税后经营净利润-净经营资产净投资=1947.75-277.9=1669.85（万元）

（2）A公司2012～2015年相关财务指标如下表所示。

单位：万元

年 份	2011年	2012年	2013年	2014年	2015年
增长率		10%	10%	10%	2%
税后经营净利润	1947.75	2142.525	2356.778	2592.455	2644.304
+折旧	250	275	302.5	332.75	339.405
（经营营运资本）	220	242	266.2	292.82	298.676
-经营营运资本变动		22	24.2	26.62	5.856
-净经营性长期资产总投资	507.9	558.69	614.559	676.015	689.535
实体现金流量		1836.835	2020.519	2222.57	2288.318
折现率		12%	12%	12%	10%
折现系数		0.8929	0.7972	0.7118	
预测期实体现金流量现值		1640.110	1610.758	1582.025	
预测期实体现金流量现值合计	4832.893				

企业实体价值=4832.893+2288.318÷（10%-2%）×0.7118=4832.893+20360.31=25193.202（万元）

股权价值=25193.202-3000=22193.202（万元）

每股价值=22193.202÷1000=22.19（元/股）

由于公司目前的市价为20元，所以公司的股票被市场低估了。

2.【答案】

（1）D公司预计利润表如下。

单位：万元

年　份	2011年	2012年	2013年	2014年	2015年
销售收入（1）	2000	2140	2289.8	2450.09	2572.59
税前经营利润（2）＝（1）×10%	200	214	228.98	245.01	257.26
税后经营净利润（3）＝（2）×（1−25%）	150	160.5	171.74	183.76	192.95
税后净债务利息（4）＝年初净负债×4%	20	4	0.54	0	0
净利润（3）−（4）	130	156.5	171.2	183.76	192.95
减：应付普通股股利	0	0	82.8	103.61	131.7
本期利润留存	130	156.5	88.4	80.15	61.25

D公司预计资产负债表如下。

单位：万元

年　份	2011年	2012年	2013年	2014年	2015年
（1）经营营运资本＝销售收入×20%	400	428	457.96	490.02	514.52
（2）固定资产净值＝销售收入×30%	600	642	686.94	735.03	771.78
（3）投资资本总计＝（1）+（2）	1000	1070	1144.9	1225.05	1286.30
净负债	100	13.5	0	0	0
股本	600	600	600	600	600
年初未分配利润	170	300	456.5	544.9	625.05
本期利润留存	130	156.5	88.4	80.15	61.25
年末未分配利润	300	456.5	544.9	625.05	686.3
所有者权益合计	900	1056.5	1144.9	1225.05	1286.3
净负债及股东权益	1000	1070	1144.9	1225.05	1286.3

【解析】税前经营利润÷销售收入=200÷2000 =10%

经营营运资本÷销售收入=400÷2000=20%

固定资产净值÷销售收入=600÷2000=30%

2012年：

净投资＝年末投资资本−年初投资资本＝1 070−1 000 =70（万元）

还款前的剩余资金＝净利润−净投资＝156.5−70=86.5（万元）

归还借款=86.5万元

年末净负债=100−86.5=13.5（万元）

2013年：

净投资＝1144.9−1070=74.9（万元）

还款前的剩余资金＝净利润−净投资＝171.2−74.9=96.3（万元）

归还借款=13.5万元

年末净负债=0

还款后的剩余资金=96.3−13.5=82.8（万元）

支付股利=82.8（万元）

2014年：

净投资=1225.05−1144.9=80.15（万元）

剩余资金＝净利润−净投资=183.76−80.15=103.61（万元）

支付股利=103.61（万元）

2015年：

净投资=1286.30−1225.05=61.25（万元）

剩余资金＝净利润−净投资=192.94−61.25=131.69（万元）

支付股利=131.69（万元）

（2）实体现金流量模型下的现金流量表如下表所示。

单位：万元

年　份	2011年	2012年	2013年	2014年	2015年
税后经营净利润	150	160.5	171.74	183.76	192.95
减：净投资		70	74.9	80.15	61.25
=实体现金流量		90.5	96.84	103.61	131.7
资本成本		11%	11%	10%	10%
折现系数		0.900 9	0.811 6	0.737 8	
预测期现金流量现值	236.569	81.531	78.595	76.443	
后续期价值	1 943.365				
实体价值合计	2 179.934				
债务价值	100				
股权价值	2 079.934				
股数（万股）	500				
每股股权价值（元）	4.16				

【解析】后续期价值$=\dfrac{131.7}{10\%-5\%}\times 0.737\,8=1\,943.365$（万元）

由于目前股票市价为4元，所以股价被市场低估了。

第9章　资本结构

一、单选题

1.【答案】B

【解析】财务杠杆系数=每股收益变动率÷息税前利润变动率=45%÷25%=1.8。

2.【答案】A

【解析】经营杠杆系数$=(S-V)\div(S-V-F)$，则$1.5=750\times(1-40\%)\div[750\times(1-40\%)-F]$，2010年固定成本$F=150$（万元）。2011年固定成本=150+75=225（万元），2012年经营杠杆系数=750×（1-40%）÷[750×（1-40%）-225]=2。

3.【答案】D

【解析】税前利润=税后净利润÷（1-所得税税率）=108÷（1-25%）=144（万元）；又由于财务杠杆系数=息税前利润÷（息税前利润-利息）=息税前利润÷税前利润=息税前利润÷144=1.5，所以，息税前利润=216（万元）。2012年的经营杠杆系数=（息税前利润+固定经营成本）÷息税前利润=（216+216）÷216=2，2012年的总杠杆系数=经营杠杆系数×财务杠杆系数=2×1.5=3。

4.【答案】D

【解析】有固定经营成本，说明存在经营杠杆效应；有优先股，说明存在财务杠杆效应，所以，存在经营杠杆效应和财务杠杆效应。

5.【答案】A

【解析】经营杠杆系数的计算公式为：经营杠杆系数=（销售额-变动成本总额）÷（销售额-变动成本总额-固定成本），从公式中可看出，只要固定成本存在，分母就一定小于分子，比值则恒大于1。经营杠杆系数与固定成本成同向变动，与经营风险成同向变动。

6.【答案】C

【解析】本题考查的是资本结构理论中的代理理论。选项C为正确表述。

7.【答案】B

【解析】按照无税MM理论，企业的资本结构与企业价值无关，即不存在最佳的资本结构，筹资决策也就无关紧要。

8.【答案】B

【解析】权衡理论就是强调在平衡债务利息的抵税收益与财务困境成本的基础上，实现企业价值最大化时的最佳资本结构。

9.【答案】B

【解析】根据优序融资理论的基本观点，企业的筹资优序模式首选留存收益筹资，然后是债务筹资，而仅将发行新股作为最后的选择。但本题该公司2011年12月31日才设立，2012年年底才投产，因而还没有内部留存收益的存在，所以2012年无法利用内部筹资，因此，退而求其次，只好选负债筹资。

10.　【答案】B

【解析】最佳资本结构是指企业在一定时间内，使加权平均资本成本最低，企业价值最大的资本结构。

二、多选题

1.　【答案】ABC

【解析】影响企业经营风险的因素很多，主要有：产品需求、产品售价、产品成本、调整价格的能力、固定成本的比重。

2.　【答案】BCD

【解析】衡量企业总风险的指标是总杠杆系数，总杠杆系数=经营杠杆系数×财务杠杆系数，在边际贡献大于固定成本的情况下，选项B、D均可以导致经营杠杆系数降低，总杠杆系数降低，从而降低企业总风险；选项C可以导致财务杠杆系数降低，总杠杆系数降低，从而降低企业总风险；选项A会导致财务杠杆系数增加，总杠杆系数变大，从而提高企业总风险。

3.　【答案】ACD

【解析】有税MM理论认为有负债企业的价值等于具有相同风险等级的无负债企业的价值加上债务利息抵税收益的现值。即随着企业负债比例的提高，企业价值也随之提高，在理论上全部融资来源于负债时，企业价值达到最大。所以，选项A、C正确，选项B不正确；有税MM理论认为有债务企业的权益资本成本等于相同风险等级的无负债企业的权益资本成本加上与以市值计算的债务与权益比例成比例的风险报酬，且风险报酬取决于企业的债务比例以及所得税税率。选项D正确。

4.　【答案】ACD

【解析】投资不足问题是指因企业放弃净现值为正的投资项目而使债权人利益受损并进而降低企业价值的现象。投资不足问题发生在企业陷入财务困境且有比

例较高的债务时（即企业具有风险债务）。

5.　【答案】ABC

【解析】优序融资理论是当企业存在融资需求时，首先选择内源融资，其次选择债务融资，最后选择股权融资。优序融资理论考虑了信息不对称和逆向选择行为的影响。

6.　【答案】ABCD

【解析】影响资本结构的因素较为复杂，大体可以分为企业的内部因素和外部因素。内部因素通常有营业收入、成长性、资产结构、盈利能力、管理层偏好、财务灵活性以及股权结构等；外部因素通常有税率、利率、资本市场、行业特征等。

7.　【答案】ABCD

【解析】每股收益无差别点法考虑了资本结构对每股收益的影响；并假定每股收益最大，每股价格也就最高；但没有考虑资本结构对财务风险的影响；同时作为静态评价模式没有考虑货币的时间价值。

8.　【答案】BCD

【解析】如果企业的销售不稳定，则负担固定的财务费用将冒较大的风险，所以选项A不正确。

三、计算分析题

【答案】

（1）每股收益增长率=销售收入增长率×总杠杆系数=40%×7.5=300%（或3）

（2）2011年边际贡献=40×（1−25%）=30（万元）
2012年边际贡献=40×（1+40%）×（1−25%）=42（万元）

（3）2011年息税前利润=30−24=6（万元）
2012年息税前利润=42−24=18（万元）

（4）经营杠杆系数=30÷6=5
财务杠杆系数=总杠杆系数÷经营杠杆系数=7.5÷5=1.5

（5）2011年税前利润=息税前利润÷财务杠杆系数=6÷1.5=4（万元）
2011年税后净利润=4×（1−25%）=3（万元）
2011年每股收益=3÷1=3（元）
2012年每股收益=3×（1+300%）=12（元）

第10章　股利分配、股票分割与股票回购

一、单选题

1.　【答案】B

【解析】剩余股利政策下的股利发放额= 500 000−600 000×1÷2=200 000（元），每股股利= 200 000÷

100 000=2（元）。

注意：本题答案并没有违反至少要提取50 000元公积金的法律规定，因为本题中的税后利润有500 000-200 000=300 000（元）留存在企业内部，300 000元大于50 000元。

2.【答案】 A

【解析】 税差理论认为，由于现金股利税率与资本利得税率存在差别（前者高于后者），如果不考虑股票交易成本，企业应采取低现金股利比率的分配政策，使股东在实现未来的资本利得中享有税收节省。

3.【答案】 C

【解析】 发放股票股利之前普通股股数= 10 000÷1%=1 000 000（股）=100（万股），每股盈余= 110÷100=1.1（元），市盈率=22÷1.1=20，该股东持股总价值=1×22=22（万元）；发放股票股利之后的普通股股数=100×（1+10%）=110（万股），每股收益=110÷110=1（元），市盈率=20，每股市价=20×1=20（元），该股东持有的股数=10 000×（1+10%）=11 000（股）=1.1（万股），该股东持股比例=1.1÷110=1%，该股东持股总价值=1.1×20=22（万元）。

4.【答案】 C

【解析】 经济增长速度减慢，企业缺乏良好的投资机会时，会出现资金剩余，所以应增加股利的发放。

5.【答案】 D

【解析】 题干的处理体现了利润分配中"多方及长短期利益兼顾"的基本原则。

6.【答案】 A

【解析】 税差理论认为，如果不考虑股票交易成本，分配股利的比率越高，股东的股利收益纳税负担会明显高于资本利得纳税负担，企业应采取低现金股利比率的分配政策，所以选项B的表述不正确；客户效应理论认为，边际税率高的投资者会选择实施低股利支付率的股票，所以选项C的表述不正确；在股东与债权人之间存在代理冲突时，债权人为保护自身利益，希望企业采取低股利支付率，所以选项D的表述不正确。

7.【答案】 B

【解析】 虽然固定或持续增长的股利政策和低正常股利加额外股利政策均有利于保持股价稳定，但最有利于股价稳定的应该是固定或持续增长的股利政策。

8.【答案】 A

【解析】 利润留存=800×50%=400（万元）

股利分配=600-400=200（万元）

每股股利=200÷200=1（元）

9.【答案】 C

【解析】 按照净利润的限制，公司年度累计净利润必须为正数时才可发放股利，以前年度（不仅仅是五年）的亏损必须足额弥补。

10.【答案】 D

【解析】 负债股利是以负债方式支付的股利，通常以公司的应付票据支付给股东，有时也以发行公司债券的方式支付股利。

二、多选题

1.【答案】 ACD

【解析】 股利宣告日应该是2011年3月16日，所以选项A的说法不正确；除息日也叫除权日，指的是股权登记日的下一个交易日，本题中的股权登记日为2011年3月26日，由于是周五，而周六和周日并不是交易日，所以，除息日和除权日都应该是2011年3月29日，即选项B的说法正确，选项C、D的说法不正确。

2.【答案】 BC

【解析】 边际税率较高的投资者偏好低股利支付率的股票，偏好少分现金股利、多留存，用于再投资。边际税率较低的投资者喜欢高股利支付率的股票，偏好经常性的高额现金股利，因为较多的现金股利可以弥补其收入的不足，并可以减少不必要的交易费用。

3.【答案】 ABC

【解析】 股利分配考虑的法律限制有：①资本保全的限制；②企业积累的限制；③净利润的限制；④超额累积利润的限制；⑤无力偿付的限制。其中我国法律对公司累积利润尚未作出限制性规定。

4.【答案】 AD

【解析】 股票分割只增加股数，对于股本、资本公积、未分配利润和股东权益总额不产生影响。

5.【答案】 ACD

【解析】 2010年税后利润=（2 480-570-2 480×55%）×（1-25%）=409.5（万元）

提取的盈余公积金=（409.5-49.5）×15%=54（万元）

可供投资者分配的利润=−49.5+409.5−54=306（万元）

应向投资者分配的利润=306×40%=122.4（万元）

未分配利润=306−122.4=183.6（万元）

6.【答案】ABCD

【解析】缴纳所得税后的净利润，企业对此有权自主分配，属于依法分配原则；企业在分配中不能侵蚀资本属于资本保全原则；企业必须在利润分配之前偿清所有债权人的债务属于充分保护债权人利益原则；企业分配利润的时候必须兼顾投资者、经营者、职工等多方面的利益属于多方及长短期利益兼顾原则。

7.【答案】BC

【解析】剩余股利政策就是在公司有着良好投资机会时，根据目标资本结构，测算出投资所需权益资本，先从盈余当中留用，然后将剩余的盈余作为股利予以分配。由此可以看出，公司实施剩余股利政策需要统筹考虑资本预算、资本结构和股利政策等财务基本问题，所以选项C的说法正确。公司采用剩余股利政策的根本理由是为了保持理想资本结构，使加权平均资本成本最低。因此，选项B的说法正确。企业实施剩余股利政策可以保持目标资本结构，但是并不是指一年中始终保持同样的资本结构，而是指利润分配后（特定时点）形成的资本结构符合既定目标，所以选项A的说法不正确。保持目标资本结构，不是指保持全部资产的负债比率，无息负债和短期借款不可能也不需要保持某种固定比率，所以选项D的说法不正确。

三、计算分析题

1.【答案】（1）发放股票股利后的普通股数=

1 000×（1+10%）=1 100（万股）

发放股票股利后的普通股本=2×1 100=2 200（万元）

发放股票股利后的资本公积=800+（35−2）×100=4 100（万元）

现金股利=0.2×1 100=220（万元）

利润分配后的未分配利润=4 200−35×100−220=480（万元）

（2）股票分割后的普通股数=1 000×2=2 000（万股）

股票分割后的普通股本=1×2 000=2 000（万元）

股票分割后的资本公积=800（万元）

股票分割后的未分配利润=4 200（万元）

（3）分配前市净率=35÷（7 000÷1 000）=5（元）

每股市价30元时的每股净资产=30÷5=6（元）

每股市价30元时的全部净资产=6×1 100=6 600（万元）

每股市价30元时的每股现金股利=（7 000−6 600）÷1 100=0.36（元）

2.【答案】（1）预计明年投资所需的权益资金=200×60%=120（万元）

本年发放的股利=250−120=130（万元）

（2）本年发放的股利=上年发放的股利=120（万元）

（3）固定股利支付率=120÷200×100%=60%

本年发放的股利=250×60%=150（万元）

（4）正常股利额=400×0.1=40（万元）

额外股利额=（250−40）×30%=63（万元）

本年发放的股利=40+63=103（万元）

第11章 长期筹资

一、单选题

1.【答案】B

【解析】配股后股票价格=（1 000×5+1 000÷10×2×4）÷（1 000+1 000÷10×2）=4.83（元/股），配股权的价值=（4.83−4）÷5=0.17（元/股）

2.【答案】D

【解析】滞后偿还的转期形式常用的办法有两种：一是直接以新债券兑换旧债券；二是用发行新债券得到的资金来赎回旧债券，因此选项D的表述不正确。对于选项B的表述可以这样理解：对于分期付息的债券而言，提前偿还会导致债券持有人无法获得偿还日至到期日之间的利息，或不能获得未来利率下降带来债券价值上升的好处，为了弥补债券持有人的这个损失，提前偿还分期付息债券所支付的价格要高于债券的面值，并随到期日的临近而逐渐下降。

3.【答案】B

【解析】长期债务筹资是与普通股筹资性质不同

的筹资方式。与后者相比,长期债务筹资的特点表现为:筹集的资金具有使用上的时间性,需到期偿还;不论企业经营好坏,需固定支付债务利息,从而形成企业固定的负担;其资本成本一般比普通股筹资成本低,且不会分散投资者对企业的控制权。

4. 【答案】B

【解析】普通股筹资没有固定到期还本付息的压力,所以筹资风险较小。

5. 【答案】D

【解析】企业采取定期等额归还借款的方式,虽然可以减轻本金到期一次偿还所造成的现金短缺压力,但会同时提高企业使用贷款的实际利率。一般性保护条款应用于大多数借款合同,其主要条款其中包括:对净经营性长期资产总投资规模的限制;限制租赁固定资产的规模等。不准企业投资于短期内不能收回资金的项目属于特殊性保护条款。

6. 【答案】A

【解析】债券发行价格=100×(P/F,3%,5)+100×5%×(P/A,3%,5)=109.159(万元)

7. 【答案】C

【解析】无面值股票的价值随公司财产的增减而变动,而股东对公司享有的权利和承担义务的大小,直接依股票标明的比例而定。

8. 【答案】D

【解析】增发后每股价格=(200 000×10+20 000×8.02)÷(200000+20000)=9.82(元/股)

老股东财富变化:9.82×(200 000+10 000)-200 000×10-10 000×8.02=-18 000(元)

新股东财富变化:9.82×10 000-10 000×8.02=18 000(元)

9. 【答案】B

【解析】发行价格=5 000÷(5 000+3 000×4÷12)×30=25(元)

10. 【答案】C

【解析】公开增发和首次公开发行一样,没有特定的发行对象,股票市场上的投资者均可以认购。

11. 【答案】D

【解析】费用化租赁是指出租人承担租赁资产主要风险和报酬的租赁方式,资本化租赁与此相反,是指承租人承担租赁资产主要风险和报酬。

12. 【答案】C

【解析】融资租赁是长期的、完全补偿的、不可撤销的净租赁。

13. 【答案】D

【解析】租赁存在的主要原因有下列3个:①租赁双方的实际税率不同,通过租赁可以减税;②通过租赁降低交易成本;③通过租赁合同减少不确定性。

14. 【答案】C

【解析】从承租人的角度来看,杠杆租赁与直接租赁并无区别;典型的经营租赁是指短期的、不完全补偿的、可撤销的毛租赁;如果租赁合同约定了租金和手续费,则租金包括租赁资产购置成本以及相关的利息,手续费是出租人的营业成本和取得的利润。

15. 【答案】B

【解析】债务投资税后报酬率=10%×(1-40%)=6%;债务筹资成本=10%×(1-20%)=8%;优先股投资税后报酬率=8%×(1-20%)×(1-0%)=6.4%;优先股税后筹资成本=8%×(1-20%)=6.4%。

16. 【答案】A

【解析】每张债券价值=100×(P/A,12%,15)+1 000×(P/F,12%,15)=863.79(元)

20张认股权价值=债券价格-债券价值=1000-863.79=136.21(元)

每张认股权价值=136.21÷20=6.811(元)

17. 【答案】B

【解析】假设报酬率为K,则有:1 100=1 000×8%×(P/A,K,5)+20×(1+5%)5×40×(P/F,K,5),利用内插法,求得:K=6%。

18. 【答案】C

【解析】对租赁期现金流量折现,其折现率应为税后有担保债券的成本,在本题中即为8%×(1-25%)=6%。

二、多选题

1. 【答案】AC

【解析】公司向发行人、国家授权投资的机构、法人发行的股票,应当为记名股票,所以选项A的说法正确;所谓始发股,是指公司设立时发行的股票,所以选项B的说法不正确;无记名股票的转让、继承无须办理过户手续,只要将股票交给受让人,就可以发生转让权力,移交股权,所以选项C的说法正确;

无面值股票不在票面上标明金额，只标明所占公司股本总额的比例或股份数的股票，所以选项D的说法不正确。

2.【答案】ABCD

【解析】非公开增发新股的认购方式不限于现金，还包括权益、债权、无形资产、固定资产等非现金资产。

3.【答案】ABC

【解析】公开间接发行股票，是指通过中介机构，公开向社会公众发行股票。这种发行方式的特点是：①发行范围广、发行对象多，易于足额募集资本；②股票的变现性强，流通性好；③股票的公开发行有助于提高发行公司的知名度和扩大其影响力；④手续繁杂，发行成本高。故选项A、B、C都是正确的。选项D，是不公开直接发行股票的特点之一。

4.【答案】ABC

【解析】长期借款的偿还方式有：定期支付利息、到期一次偿还本金；定期等额偿还；平时逐期偿还小额本金和利息、期末偿还余下的大额部分。

5.【答案】ACD

【解析】与其他筹资方式相比，普通股筹措资本具有如下优点：①没有固定利息负担；②没有固定到期日；③筹资风险小；④能增加公司的信誉；⑤筹资限制较少。运用普通股筹措资本也有一些缺点：①普通股的资本成本较高；②以普通股筹资会增加新股东，这可能会分散公司的控制权；③如果公司股票上市，需要履行严格的信息披露制度；④股票上市会增加公司被收购的风险。

6.【答案】ABCD

【解析】在我国，配股权是指当股份公司需再筹集资金而向现有股东发行新股时，股东可以按原有的持股比例以较低的价格购买一定数量的新发行股票。这样做的目的有：①不改变老股东对公司的控制权和享有的各种权利；②因发行新股将导致短期内每股收益稀释，通过折价配售的方式可以给老股东一定的补偿；③鼓励老股东认购新股，以增加发行量。所以本题的选项A、B、C、D均是答案。

7.【答案】ACD

【解析】债券利息率的确定有固定利率和浮动利率两种形式。浮动利率一般指由发行人选择一个基准利率，按基准利息率水平在一定的时间间隔中对债务的利率进行调整。

8.【答案】ACD

【解析】用现金流量折现法定价的公司，其市盈率往往远高于市场平均水平，但这类公司发行上市时套算出来的市盈率与一般公司发行的市盈率之间不具可比性，所以，选项B的说法不正确。

9.【答案】ACD

【解析】负债筹资是与普通股筹资性质不同的筹资方式。与后者相比，负债筹资的特点表现为：筹集的资金具有使用上的时间性，需到期偿还；不论企业经营好坏，均需固定支付债务利息，从而形成企业固定的负担；其资本成本一般比普通股筹资成本低，且不会分散投资者对企业的控制权。所以选项B不正确。

10.【答案】BC

【解析】由于认股权证的期限长，在此期间的分红情况很难估计，认股权证的估价十分麻烦，通常的做法是请投资银行机构协助定价，所以选项B的表述不正确；认股权证筹资主要的缺点是灵活性较小，所以选项C的表述不正确。

11.【答案】CD

【解析】杠杆租赁是有贷款者参与的一种租赁形式，出租人引入资产时只支付引入所需款项的一部分，其余款项则以引入的资产或出租权作为抵押，向另外的贷款者借入，所以选项A的表述正确；根据全部租金是否超过资产的成本，租赁可分为不完全补偿租赁和完全补偿租赁，所以选项B的表述正确；如果合同分别约定租金和手续费，则租金包括租赁资产的购置成本以及相关的利息，因此选项C的表述不正确；如果合同分别约定租金、利息和手续费，则租金仅指租赁资产的购置成本，因此选项D的表述不正确。

12.【答案】AD

【解析】满足下列标准之一的，即应认定为融资租赁：

（1）在租赁期届满时，租赁资产的所有权转移给承租人。

（2）承租人有购买租赁资产的选择权，所订立的购买价格预计将远低于行使选择权时租赁资产的公允价值，因而在租赁开始日就可合理地确定承租人将会行使这种选择权。

（3）租赁期占租赁资产使用寿命的大部分。这里的"大部分"掌握在租赁期占租赁开始日租赁资产使用寿命的75%以上（含75%）。

（4）承租人租赁开始日的最低租赁付款额的现值，几乎相当于租赁开始日租赁资产公允价值。这里的"几乎相当于"，通常掌握在90%以上（含90%）。

（5）租赁资产性质特殊，如果不做重新改制，只有承租人才能使用。

13.【答案】BD

【解析】租赁资产成本包括其买价、运输费、安装调试费、途中保险费等全部购置成本，有时，承租人自行支付运输费、安装调试费和途中保险费等，则出租人只为租赁资产的买价融资，则"租赁资产购置成本"仅指其买价，所以选项B表述不正确；损益平衡租金是指租赁净现值为零的租金数额，所以选项D不正确。

14.【答案】AB

【解析】设立不可赎回期的目的，在于保护债券持有人（即债券投资人）的利益，防止发行企业滥用赎回权，强制债券持有人过早转换债券。设置回售条款是为了保护债券投资人的利益，使他们能够避免遭受过大的投资损失，从而降低投资风险。设置强制性转换条款，是为了保证可转换债券顺利地转换成股票，实现发行公司扩大权益筹资的目的，这是为了保护发行公司的利益。设置转换价格只是为了明确以怎样的价格转换为普通股，并不是为了保护债券投资人的利益。

15.【答案】BD

【解析】在融资租赁决策中，租赁期现金流量的折现率应采用有担保债务的税后成本；期末资产的折现率根据全部使用权益筹资时的资金机会成本确定。

16.【答案】BD

【解析】该租赁业务的租赁资产在租赁期满时归承租人所有，根据我国税法的规定，应当属于融资租赁，因为融资租赁的租金不能在税前扣除，所以也是"租金不可直接扣除租赁"。

17.【答案】ABCD

【解析】优先股存在的税务环境是：①对投资人的优先股利有减免税的优惠可以提高优先股的投资报

酬率，使之超过债券投资，以抵补较高的风险；投资人的税率越高，获得的税收利益越大。②发行人的税率较低，债务筹资获得的抵税收益不多，优先股税后筹资成本和税前筹资成本差别小。在这种情况下，筹资公司有可能以较低的股利水平发行优先股，使得优先股筹资成本低于债券筹资成本。

三、计算分析题

1.【答案】

（1）债券发行价格=1 000×（P/F，4%，20）+1 000×4%×（P/A，4%，20）=1 000×0.456 4+ 1 000×4%×13.590 3=1 000（元）

（2）债券发行价格=1 000×（P/F，5%，20）+1 000×4%×（P/A，5%，20）=1 000×0.3769+1 000×4%×12.4622=875（元）

（3）债券发行价格=1 000×（P/F，3%，20）+1 000×4%×（P/A，3%，20）=1 000×0.5537+1 000×4%×14.8775=1 149（元）

（4）债券发行价格种类分别为平价、折价和溢价：

当市场利率等于票面利率时，为平价发行；

当市场利率高于票面利率时，为折价发行；

当市场利率低于票面利率时，为溢价发行。

2.【答案】

（1）每股收益=3 500÷[5 000+2 500×（12-5）÷12]=0.54（元）

股票发行价=0.54×30=16.2（元）

（2）股票发行价=5×3.5=17.5（元）

（3）每股净现值=1.2×（P/A，8%，5）+1.2×（1+2%）÷（8%-2%）×（P/F，8%，5）=1.2×3.9927+20.4×0.6806=18.68（元）

股票发行价=18.68×（1-20%）=14.94（元）

3.【答案】

（1）股权资本成本=1.5×（1+5%）÷25+5%=11.3%

（2）第3年年末债券价值=1 000×10%×（P/A，12%，17）+1 000×（P/F，12%，17）=857.56（元）

转换价值=25×（F/P，5%，3）×25=723.5（元）

第3年年末该债券的底线价值为857.56（元）

第8年年末债券价值=1 000×10%×（P/A，12%，12）+1 000×（P/F，12%，12）=876.14（元）

转换价值=25×（F/P，5%，8）×25=923.44（元）

第8年年末该债券的底线价值为923.44（元）

（3）第10年年末转换价值=25×（F/P，5%，10）×25=1018.06（元）

由于转换价值1018.06元小于赎回价格1120元，因此甲公司应选被赎回。

（4）设可转换债券的税前筹资成本为i，则有：

1000=100×（P/A，i，10）+1120×（P/F，i，10）

当i=10%时：

100×6.1446+1120×0.3855=1046.22

当i=12%时：

100×5.6502+1120×0.3220=925.66

则：（i-10%）÷（12%-10%）=（1000-1046.22）÷（925.66-1046.22）

解得：

i=10.77%

（5）由于10.77%就是投资人的报酬率，小于市场上等风险普通债券的市场利率12%，对投资者没有吸引力，所以不可行。调整后税前筹资成本至少应该等于12%。

当税前筹资成本为12%时：

1000=100×（P/A，12%，10）+赎回价格×（P/F，12%，10）

赎回价格=（1000-100×5.6502）÷0.3220=1350.87（元）

因此，赎回价格至少应该调整为1351元。

4.【答案】

（1）计算设备投资净现值。

年折旧=1300×（1-5%）÷7=176.4286（万元）

年折旧抵税=176.4286×30%=52.9286（万元）

5年后设备账面价值=1300-（176.4286×5）=417.857（万元）

变现损失减税=（417.857-350）×30%=20.3571（万元）

期末余值现金流入=350+20.3571=370.3571（万元）

零时点现金流量=-1300（万元）

营业现金流量=（280+100）×（1-30%）-60×

（1-30%）+52.9286=276.9286（万元）

终结现金流量=370.3571（万元）

设备投资的净现值=276.9286×（P/A，12%，5）+370.3571×（P/F，12%，5）-1300=276.9286×3.6048+370.3571×0.5674-1300=-91.59（万元）

（2）计算租赁净现值。

1）判断租赁合同的税务性质。

我国税法遵从会计准则关于融资租赁的认定标准，据此分析如下：

①该项租赁期满时资产所有权不转让。

②租赁期与资产税法使用年限的比率=5÷7=71%＜75%。

③租赁最低付款额的现值260×（P/A，10%，5）=985.608（万元），低于租赁资产公允价值的90%（1300×90%=1170万元）。

因此，该租赁合同的租金可以直接抵税。

2）确定租赁与自行购置的差量现金流量。

①零时点差量现金流量（第0年）=1300（万元）。

②租赁期差量现金流量（第1~5年）：

年折旧抵税=176.4286×30%=52.9286（万元）

税后租金=260×（1-30%）=182（万元）

租赁期差量现金流量=-（182+52.9286）

=-234.9286（万元）

③终结点差量现金流量=-（350+20.3571）

=-370.3571（万元）

3）确定折现率。

租赁期现金流量折现率：10%×（1-30%）=7%

终结点现金流量折现率：12%

4）计算租赁净现值。

租赁净现值=资产购置成本-租赁期现金流量现值-期末资产余值现金流量现值=1300-234.9286×（P/A，7%，5）-370.3571×（P/F，12%，5）=126.61（万元）

（3）评价设备投资的可行性。

NPV=投资项目净现值+租赁净现值=-91.59+126.61=35.02（万元）

因为净现值大于0，故设备投资方案可行。

第12章 营运资本管理

一、单选题

1. 【答案】 A

【解析】 激进型流动资产投资策略表现为较低的流动资产/收入比率，承担较高的短缺成本，但持有成本较低。

2. 【答案】 C

【解析】 本题考查的是企业置存现金的原因。交易性需要是企业为了满足日常业务的现金支付需要；预防性需要是企业为应付意外紧急情况而需要保持的现金支付能力；投机性需要是为了用于不寻常的购买机会，因此本题答案是选项C。

3. 【答案】 A

【解析】 如果企业的借款能力弱，现金可预测性弱，则可适当增加预防性现金的数额。投机性现金数额主要取决于企业对待风险态度以及未来市场投资机会，和临时借款能力没有直接联系。

4. 【答案】 D

【解析】 成本分析模式考虑现金的机会成本、管理成本和现金短缺成本；存货模式和随机模式只考虑现金的机会成本和交易成本，所以持有现金的机会成本是3种模式均需考虑的因素。

5. 【答案】 C

【解析】 $H-R=2(R-L)$，所以$R-L=5$（万元），因为$L=2$万元，所以$R=7$万元，由于$H-R=10$（万元），所以$H=17$万元。企业目前的现金余额为19万元，超过了上限，所以需要投资有价证券$=19-7=12$（万元）。

6. 【答案】 A

【解析】 现金最高持有量$=3\times9\,000-2\times2\,500=22\,000$（元），所以，目前的现金持有量未达到现金最高持有量，无需投资。

7. 【答案】 C

【解析】 如果企业因缺乏资金而欲展延付款期，则需在降低了的放弃折扣成本与展延付款带来的损失之间做出选择。

8. 【答案】 C

【解析】 因为企业长期资产和稳定性流动资产占用的资金为$20+140=160$（万元），大于企业的股东权益和长期负债筹集的资金$100+50=150$（万元），所以该企业实行的是激进型筹资政策，其特点是：临时性负债不但融通波动性流动资产的资金需要，还解决部分稳定性流动资产和长期资产的资金需要。

9. 【答案】 A

【解析】 有效年利率$=600\times12\%\div(600-600\times12\%-600\times10\%)\times100\%=15.38\%$或直接按照有效年利率$=12\%\div(1-12\%-10\%)\times100\%=15.38\%$进行计算。

10. 【答案】 D

【解析】 由于F公司的长期资产和稳定性流动资产10 000大于长期负债、自发性负债和股东权益提供的资金9 000万元，该公司的营运资金筹资政策属于激进型筹资政策。

11. 【答案】 C

【解析】 从筹资的角度，普通股筹资的成本高，筹资风险小，因为没有还本付息的压力。短期负债的筹资风险高，筹资成本较低。

12. 【答案】 A

【解析】 该公司目前的流动负债$=650\div1.6=406.25$（万元）；由于采用的是激进型营运资本筹资政策，增加存货同时要增加流动负债，设最多可增加的存货为X，$(650+X)\div(406.25+X)=1.4$，所以$X=203.125$（万元）。

13. 【答案】 C

【解析】 一般来说，借款企业可以用3种方法支付银行贷款利息，包括收款法、贴现法、加息法。补偿性余额是企业借款的信用条件，不是利息支付方式。加息法要求企业在贷款期内分期偿还本息之和的金额，由于贷款分期均衡偿还，借款企业实际上只平均使用了贷款本金的半数，却支付全额利息。这样，企业所负担的有效年利率便高于报价利率大约1倍。

14. 【答案】 A

【解析】 本题中全年未使用资金$=1\,000-200=800$（万元），应该支付的承诺费$=800\times2\%=16$（万元）；200万元使用了3个月，应该支付利息$200\times3\%\times3\div12=1.5$（万元），该200万元有9个月未使用，应该支付的承诺费$=200\times2\%\times9\div12=3$（万元），因此，应支付的承诺费和利息$=16+1.5+3=20.5$（万元）。

15. 【答案】 A

【解析】 放弃现金折扣的机会成本$=[2\%\div(1-$

2%）]×[360÷（50-20）]×100%=24.49%。

二、多选题

1. 【答案】 AB

【解析】 保守型流动资产投资策略，表现为较高的流动资产／收入比率，因此，承担较大的流动资产成本。但短缺成本较小，经营风险也较小。

2. 【答案】 ABCD

【解析】 现金收支管理的目的在于提高现金使用效率，选项A、B、C、D都是可以运用的方法。

3. 【答案】 ABD

【解析】 本题考查信用的"5C"系统相关内容。"5C"系统中，其能力主要是看流动资产的数量与质量以及与流动负债的比例。流动比率是现金支付款项的能力指标，存货周转率衡量流动资产质量，应收账款周转率衡量速动资产质量，因此选项A、B、D都是正确的；产权比率是衡量长期偿债能力的指标，因此选项C错误。

4. 【答案】 ABC

【解析】 本题考查宽松的流动资产投资政策的特点。选项A、B、C是紧缩的流动资产投资战略的特点。

5. 【答案】 AC

【解析】 商业信用的具体形式有应付账款、应付票据、预收账款等。

6. 【答案】 AC

【解析】 激进型筹资政策的特点是：短期金融负债不但融通波动性流动资产的资金需要，还解决部分长期性资产的资金需要。极端激进的筹资政策是全部稳定性流动资产都采用短期借款，甚至部分长期资产也采用短期借款，所以选项A正确。

流动资金筹资政策的稳健程度，可以用易变现率的高低识别。在营业低谷期的易变现率为1，是适中的流动资金筹资政策，大于1时比较稳健，小于1则比较激进。所以选项C正确。

7. 【答案】 ABC

【解析】 C企业在营业低谷期的易变现率=（3 400-1 875）÷1 250×100%=122%

C企业在营业高峰期的易变现率=（3 400-1 875）÷（1 250+650）=0.8

因此，该企业采用的是保守型营运资本筹资策略。

8. 【答案】 AD

【解析】 放弃现金折扣的成本=折扣百分比÷（1-折扣百分比）×[360÷（信用期-折扣期）]，由公式可知，折扣百分比、折扣期与放弃现金折扣的成本同方向变化，信用期与放弃现金折扣的成本反方向变化。因此，选项A、D正确。

9. 【答案】 BCD

【解析】 在配合型筹资政策中，对波动性流动资产，用临时性负债筹集的资本解决；对长期资产和稳定性流动资产，运用长期负债、自发性负债和权益资本筹集资本满足其需要。

10. 【答案】 ACD

【解析】 使用收款法支付利息，有效年利率等于报价利率。使用贴现法和加息法支付利息，均会导致有效年利率高于报价利率。为了保证到期能够偿还债务本金，有些债务合同要求企业设置偿债基金，设置偿债基金后使得企业每年从税后利润中提取固定的一笔资金存入银行，但由于从税后利润中提取，所以偿债基金不能抵税，同时，设置偿债基金后实际上意味着企业可供自由支配的资金减少（实际使用的资金减少），相当于提高了有效年利率。

11. 【答案】 ACD

【解析】 激进型筹资政策下，短期金融负债所占比重较大，因此是一种收益性和风险性均较高的营运资本筹资政策，选项A的说法正确；企业在季节性低谷时没有波动性流动资产，可能采用的是配合型筹资政策或保守型筹资政策，所以选项B的说法错误；配合型的筹资政策的特点是：对于波动性流动资产，用临时性负债筹集资金，对于稳定性流动资产需求和长期资产，用长期负债和权益资本筹集，所以选项C的说法正确；与其他筹资政策相比，保守型筹资政策下短期金融负债占企业全部资金来源的比例最小，即易变现率最大，所以选项D的说法正确。

12. 【答案】 ABD

【解析】 短期负债筹资的特点包括：筹资速度快，容易取得；筹资富有弹性；筹资成本较低；筹资风险高。

13. 【答案】 CD

【解析】 收款法是在借款到期时向银行支付利息的方法。所以选项A的说法不正确。如果没有现金折扣或使用不带息票据，商业信用筹资不负担成本。在存在折扣时，如果放弃现金折扣时所付出的成本较高。所以选项B的说法不正确。

三、计算分析题

1.【答案】

（1）有价证券的转换成本为：

$$TC(C^*) = \sqrt{2 \times T \times F \times K}$$

所以转换成本

$$F = \frac{TC^2}{2 \times T \times K} = \frac{800^2}{2 \times 100\,000 \times 2\%} = 160$$

（2）最佳现金余额为：

$$TC(C^*) = \sqrt{\frac{2 \times T \times F}{K}} = \sqrt{\frac{2 \times 10\,000 \times 160}{2\%}} = 40\,000（元）$$

（3）最佳有价证券交易间隔期=（360÷12）÷（100\,000÷40\,000）=12（天）

2.【答案】折扣百分比=（100-98）÷100×100%=2%

放弃现金折扣的成本=2%÷（1-2%）×360÷（30-10）×100%=36.73%

（1）因为放弃现金折扣成本高于银行短期贷款的利率15%，所以应该享受折扣，而用更低的成本通过短期贷款取得所需的资金，因此最有利的付款日期为第10天付款，价格为98万元。

（2）放弃现金折扣的成本也可以看作是享受折扣时的收益率，因为享受折扣的收益率低于短期投资的收益率，所以应当放弃享受现金折扣，而将资金进行收益率更高的短期投资。因此，最有利的付款日期为第30天付款，价格为100万元。

（3）放弃B供应商现金折扣的成本=1%÷（1-1%）×360÷（30-10）×100%=18.18%

因为放弃A公司的现金折扣的成本高于放弃B公司现金折扣的成本，所以应该选择享受A供应商的现金折扣。

3.【答案】

（1）收款法付息时，有效年利率=10%。

（2）贴现法付息时：有效年利率=10%÷（1-10%）×100%=11.11%。

（3）有补偿性余额时：有效年利率=10%÷（1-20%）×100%=12.5%。

（4）同时有补偿性余额和贴现法付息时，贴现息=500×10%=50（万元），补偿性余额=500×20%=100（万元），实际可供使用的资金=500-50-100=350（万元），而支付的利息为50万元，故有效年利率=50÷350×100%=14.29%。

或：有效年利率=10%÷（1-10%-20%）×100%=14.29%

（5）本金每月月末等额偿还时：有效年利率≈10%×2=20%。

第13章 产品成本计算

一、单选题

1.【答案】A

【解析】不计算在产品成本，即在产品成本记为零，本月发生的产品生产费用就是完工产品的成本。

2.【答案】B

【解析】本月发生费用=本步骤发生的费用+上步骤转来的费用=3\,000+3\,500=6\,500（元）

本月该种产品的产成品成本=1\,000+6\,500-700=6\,800（元）

3.【答案】B

【解析】第一道工序的完工程度=（4×50%）÷（4+6）×100%=20%。

第二道工序的完工程度=（4+6×50%）÷（4+6）×100%=70%。

期末在产品约当产量=30×20%+10×70%=13（件）。

4.【答案】C

【解析】本题的主要考点是产品成本计算分步法的特点。采用逐步综合结转法时需要进行成本还原，采用逐步分项结转分步法时不需要进行成本还原。

5.【答案】C

【解析】计划分配法的特点是指辅助生产为各受益单位提供的劳务，都按劳务的计划单位成本进行分配，辅助生产车间实际发生的费用与按计划单位成本分配转出的费用之间的差额采用简化计算方法全部计入管理费用。

6.【答案】B

【解析】在完工产品与在产品之间分配费用的在产品按年初固定数计算法适用于月末在产品数量很小，或者在产品数量虽大但各月之间在产品数量变动不大，月初、月末在产品成本的差额对完工产品成本影响不大的情况。

7.【答案】B

【解析】第一道工序的完工程度 = $\frac{20 \times 30\%}{60}$ × 100%=10%。

第二道工序的完工程度 = $\frac{20+40 \times 70\%}{60}$ × 100%=80%。

则在产品的约当产量=40×10%+60×80%=52（件）。

8.【答案】C

【解析】B产品本月末在产品的原材料费用 = $\frac{2\,000+3\,000}{400+600}$ × 600=3 000（元）。

9.【答案】B

【解析】B产品本月负担的电费 = $\frac{30\,000 \times 0.5\%}{1\,500}$ × （1 500-800）=7 000（元）。

二、多选题

1.【答案】ABCD

【解析】选项A、B、C、D的说法都是正确的。

2.【答案】AB

【解析】约当产量法和不计算在产品成本法属于完工产品和在产品的成本分配方法。

3.【答案】AB

【解析】产量基础成本计算制度以产量作为分配间接费用的基础，作业基础成本计算制度中对间接成本的分配应以成本动因为基础；产量基础成本计算制度适用于产量是成本主要驱动因素的传统加工业，作业基础成本计算制度适用于新兴的高科技领域。

4.【答案】ACD

【解析】本题的主要考点是辅助生产费用分配的计划分配法的特点。计划分配法是指辅助生产为各受益单位提供的劳务，都按劳务的计划单位成本进行分配，辅助生产车间实际发生的费用（包括辅助生产内部交互分配转入的费用）与按计划单位成本分配转出的费用之间的差额采用简化计算方法全部计入管理费用。这种分配方法便于考核和分析各受益单位的成本，便于分清各单位的经济责任。但成本分配不够准确，适用于辅助生产劳务计划单位成本比较准确的企业。

5.【答案】ABD

【解析】本题的主要考点是逐步结转分步法的优点。选项C是平行结转分步法的优点。

6.【答案】AD

【解析】本题的主要考点是逐步结转分步法的特点。选项B、C是平行结转分步法的特点。逐步综合结转分步法需要进行成本还原，逐步分项结转分步法不需要进行成本还原。逐步结转分步法需要顺序转移逐步累计，直到最后一个步骤才能计算出产成品成本。

7.【答案】BCD

【解析】完工产品和在产品的成本分配方法包括不计算在产品成本、在产品成本按年初数固定计算、在产品成本按其所耗用的原材料费用计算、约当产量法、在产品成本按定额成本计算和按定额比例分配完工产品和月末在产品成本的方法（定额比例法）；计划分配法属于辅助生产费用的分配方法。

8.【答案】ABC

【解析】标准成本计算制度将产品标准成本和成本差异列入财务报表；全部成本计算制度将生产制造过程的全部成本（直接材料、直接人工、制造费用）都计入产品成本；变动成本计算制度可以在需要时提供产品的全部制造成本，以便对外发布的财务报告；作业基础成本计算制度适用于新兴的高科技领域。所以，选项D不正确。

三、综合题

【答案】（1）职工薪酬分配率=60 000÷30 000=2（元/小时）

分配的职工薪酬如下表所示。

单位：元

项目		直接计入	分配计入		合　计
			生产工时/小时	分配金额	
基本生产成本	A产品	30 000	20 000	40 000	70 000
	B产品	20 000	10 000	20 000	40 000
	小计	50 000	30 000	60 000	110 000
制造费用（基本车间）		10 000	—	—	10 000
合计		60 000	—	60 000	120 000

（2）制造费用明细账如下表所示。

单位：元

摘　要	职工薪酬	机物料消耗	办公费	水电费	折旧费	其　他	合　计
金额	10 000	5 000	1 000	9 000	15 000	5 000	45 000

（3）制造费用分配表如下表所示。

单位：元

产品名称	生产工时/小时	分配率	分配金额
A产品	20 000		30 000
B产品	10 000		15 000
合计	30 000	1.5	45 000

（4）A产品成本明细账如下表所示。

单位：元

月	日	摘　要	产量/件	原材料	职工薪酬	制造费用	成本合计
8	31	在产品成本		900 000			900 000
9	30	本月生产费用		2 600 000	70 000	30 000	2 700 000
	30	生产费用累计		3 500 000	70 000	30 000	3 600 000
	30	完工产品成本	70	2 450 000	70 000	30 000	2 550 000
	30	产成品单位成本		35 000	1 000	428.57	36 428.57
	30	在产品成本	30	1 050 000	—	—	1 050 000

B产品成本明细账如下表所示。

单位：元

月	日	摘　要	产量/件	原材料	职工薪酬	制造费用	成本合计
8	31	在产品成本		100 000	50 000	50 000	200 000
9	30	本月生产费用		800 000	40 000	15 000	855 000
	30	生产费用累计		900 000	90 000	65 000	1 055 000
	30	完工产品成本	200	800 000	40 000	15 000	855 000
	30	产成品单位成本		4 000	200	75	4 275
	30	在产品成本	25	100 000	50 000	50 000	200 000

第14章　标准成本法

一、单选题

1. 【答案】D

【解析】正常标准成本是指在效率良好的条件下，根据下期一般应该发生的生产要素消耗量、预计价格和预计生产经营能力利用程度制定出来的标准成本。

2. 【答案】C

【解析】在月末（或年末）对成本差异的处理方法有两种：①结转本期损益法，按照这种方法，在会计期末将所有差异转入"本年利润"账户，或者先将差异转入"主营业务成本"账户，再随同已销产品的标准成本一起转至"本年利润"账户；②调整销货成本与存货法，在会计期末，将成本差异按比例分配至已销产品成本和存货成本。所以选项C的说法不正确。

3. 【答案】D

【解析】从具体数量上看，正常标准成本应大于理想标准成本，但低于历史平均水平。

4. 【答案】B

【解析】根据"直接人工效率差异＝（实际工时－标准工时）×标准工资率"，可得：3000＝（实际工时－标准工时）×6，解得：实际工时－标准工时＝3000÷6＝500（小时）。变动制造费用效率差异＝（实际工时－标准工时）×标准分配率＝500×2.5＝1250（元）。

5. 【答案】A

【解析】制定理想标准成本的依据，是理论上的业绩标准、生产要素的理想价格和可能实现的最高生产经营能力利用水平。这里所说的理想价格，是指原材料、劳动力等生产要素在计划期间最低的价格水平。

6. 【答案】C

【解析】在制定正常标准成本时，把生产经营活动中一般难以避免的损耗和低效率等情况也计算在内，使之切合下期的实际情况，成为切实可行的控制标准。要达到这种标准不是没有困难，但它们是可能达到的。从具体数量上看，它应大于理想标准成本，但又小于历史平均水平，实施以后实际成本更大的可能是逆差而不是顺差，是要经过努力才能达到的一种标准。所以选项C的说法不正确。

7. 【答案】D

【解析】价格标准包括原材料单价、小时工资率、小时制造费用分配率等，由会计部门和有关其他部门共同研究确定。单位产品直接人工工时属于用量标准。

8. 【答案】D

【解析】固定制造费用效率差异＝（实际工时－实际产量标准工时）×固定制造费用标准分配率＝（2000－450×4）×8÷4＝400（元）。

9. 【答案】D

【解析】根据题意可知，固定制造费用的标准分配率＝3÷2＝1.5（元/小时）。

（1）二因素分析法的计算结果为：

固定制造费用耗费差异＝1424－1000×1.5＝－76（元）

固定制造费用能量差异＝1000×1.5－400×2×1.5＝1500－1200＝300（元）

（2）三因素分析法的计算结果为：

固定制造费用耗费差异＝1424－1000×1.5＝－76（元）

固定制造费用闲置能量差异＝（1000－890）×1.5＝110×1.5＝165（元）

固定制造费用效率差异＝（890－400×2）×1.5＝90×1.5＝135（元）。

二、多选题

1. 【答案】BC

【解析】直接材料标准成本＝400×6×0.5＝1200（元），直接材料用量差异＝（2500－400×6）×0.5＝50（元），直接材料价格差异＝2500×（0.55－0.5）＝125（元）。

2. 【答案】BD

【解析】现行标准成本可以作为评价实际成本的依据，也可以用来对存货和销货成本计价，所以选项A不正确，选项B正确。基本标准成本与各期实际成本对比，可以反映成本变动的趋势，所以选项C不正确。基本标准成本不宜用来直接评价工作效率和成本控制的有效性，所以选项D正确。

3. 【答案】ABD

【解析】直接材料的价格标准包括发票价格、运费、检验和正常损耗等成本，是取得材料的完全成本，所以选项A错误；直接人工标准工时是指在现有生产技术条件下，生产单位产品所需要的时间，包括直接加工操作必不可少的时间，以及必要的间歇和停工，如工间休息、调整设备时间、不可避免的废品耗用工时等，其中并不包括自然灾害造成的停工工时，所以选项B错误；直接人工的价格标准是指标准工资率，它可能是预定的工资率，也可能是正常的工资率，所以选项C正确；固定制造费用的用量标准与变动制造费用的用量标准相同，包括直接人工工时、机器工时、其他用量标准等，并且两者要保持一致，以便进行差异分析，所以选项D错误。

4. 【答案】ACD

【解析】正常标准成本特点：①客观性和科学性；②现实性；③激励性；④稳定性。

5. 【答案】AD

【解析】供应厂家价格变动、未按经济采购批量进货、未能及时订货造成的紧急订货、采购时舍近求远使运费和途耗增加、不必要的快速运输方式、违反合同被罚款、承接紧急订货造成额外采购等是造成材料价格差异的主要原因。

6. 【答案】AD

【解析】无论是价格标准，还是用量标准，都可以是理想状态的或正常状态的，据此得出理想标准成本或正常的标准成本，可见，价格标准和用量标准是正常状态时，得出的标准成本是正常的标准成本，所以选项A的说法正确；直接材料的价格标准包括发票价格、运费、检验和正常损耗等成本，是取得材料的完全成本，所以选项B的说法不正确；直接人工标准工时是指在现有生产技术条件下，生产单位产品所需要的时间包括直接加工操作必不可少的时间，以及必要的间歇和停工，如工间休息、调整设备时间、不可避免的废品耗用工时等，其中并不包括自然灾害造成的停工工时，所以选项C的说法不正确；固定制造费用的用量标准与变动制造费用的用量标准相同，包括直接人工工时、机器工时、其他用量标准等，并且两者要保持一致，以便进行差异分析，所以选项D的说法正确。

7.【答案】CD

【解析】材料价格差异是在采购过程中形成的，因此无法从生产过程的分析中找出材料价格差异产生的原因，所以选项A的说法正确；直接人工工资率差异形成的原因复杂而且难以控制，一般来说，应归属于人事劳动部门管理，差异的具体原因涉及生产部门或其他部门，所以选项B的说法正确；数量差异=（实际数量−标准数量）×标准价格，由此可知，数量差异的大小是

由用量脱离标准的程度和标准价格高低所决定的，所以选项C的说法不正确；变动制造费用耗费差异=（变动制造费用实际分配率−变动制造费用标准分配率）×实际工时=变动制造费用实际分配率×实际工时−变动制造费用标准分配率×实际工时=实际变动制造费用−变动制造费用标准分配率×实际工时，由此可知，变动制造费用耗费差异是实际变动制造费用支出与实际工时和变动制造费用标准分配率的乘积之间的差额，所以选项D的说法不正确。

8.【答案】ABC

【解析】变动制造费用耗费差异=实际工时×（变动制造费用实际分配率−变动制造费用标准分配率）=$1400×（7700÷1400−5）=700$（元）。

变动制造费用效率差异=（实际工时−标准工时）×变动制造费用标准分配率=$（1400−500×3）×5=−500$（元）。

固定制造费用耗费差异=固定制造费用实际数−固定制造费用预算数=$3500−1620×2=260$（元）。

固定制造费用闲置能量差异=（生产能量−实际工时）×固定制造费用标准分配率=$（1620−1400）×2=440$（元）。

第15章 作业成本法

一、单选题

1.【答案】C

【解析】在作业成本法下，直接成本可以直接计入有关产品，与传统成本计算方法并无差异，只是直接成本的范围比传统成本计算得要大。不能追溯到产品的成本，则先追溯到有关作业或分配到有关作业，计算作业成本，然后再将作业成本分派到有关产品，所以选项C的说法不正确。

2.【答案】D

【解析】作业成本法的成本分派主要使用追溯和动因分配，尽可能减少不准确的分摊，因此能提供更加真实、准确的成本信息。

3.【答案】A

【解析】单位级作业是指每一产品至少要执行一次的作业，这种作业的成本与产量成比例变动，因此，选项A是答案。

4.【答案】A

【解析】使用追溯方式得到的产品成本是最准确的。

5.【答案】D

【解析】作业成本动因是衡量一个成本对象（产品或服务）需要的作业量，是产品成本增加的驱动因素。

6.【答案】C

【解析】作业认定有两种形式：一种形式是根据企业总的生产流程，自上而下进行分解；另一种形式是通过与员工和经理进行交谈，自下而上地确定他们所作的工作，并逐一认定各项作业。在实务中，自上而下和自下而上这两种方式往往需要结合起来运用。

7.【答案】C

【解析】强度动因一般适用于某一特殊订单或某种新产品的试制等，用产品订单或工作单记录每次执行

作业时耗用的所有资源及其成本，订单或工作单记录的全部作业成本也是应计入该订单产品的成本。

8.【答案】A

【解析】作业成本法的主要特点包括：①成本计算分为两个阶段；②成本分配强调因果关系；③成本分配使用众多不同层面的成本动因。

二、多选题

1.【答案】AC

【解析】传统成本法下间接成本的计算过程可以概括为"资源→部门→产品"；作业成本法下间接成本的计算过程可以概括为"资源→作业→产品"。

2.【答案】BC

【解析】作业成本法的核心概念是作业和成本动因，所以选项B的说法不正确；一项作业可能是一项非常具体的活动，也可能泛指一类活动，所以选项C的说法不正确。

3.【答案】ABCD

【解析】作业认定后，接下来的工作就是将作业组织划分为互相排斥的作业类别：包括单位（数量）级作业、批次级作业、产品（品种）级作业和生产能力（维持）级作业4类。

4.【答案】AB

【解析】各类作业动因中，业务动因精确度最差，但其执行成本最低；强度动因精确度最高，但其执行成本最昂贵。

5.【答案】ABD

【解析】作业成本法的优点包括：①可以获得更准确的产品和产品线成本；②有助于改进成本控制；③为战略管理提供信息支持。作业成本法不利于管理控制。

6.【答案】BCD

【解析】无论从世界范围看还是仅从国内看，采用作业成本法的公司是少数，大多数公司没有采用。所以选项A的说法不正确。

7.【答案】ABC

【解析】在作业成本计算中，成本动因分为资源动因和作业动因。其中，运用资源动因可以将资源成本分配给有关作业；运用作业动因可以将作业成本分配给有关产品。

8.【答案】AB

【解析】本题考查作业成本计算法的相关概念。在作业成本法下，间接成本的分配对象不再是产品，而是作业活动，选项C的说法不正确；作业成本法下，直接成本计算的范围比传统成本计算的要大，故选项D不正确。

三、计算分析题

【答案】

（1）传统计算法

甲产品分配的制造费用＝245 200÷（40 000＋150 000）×40 000＝51 600（元）

乙产品分配的制造费用＝245 200－51 600＝193 600（元）

作业成本法相关计算如下表所示。

项　目	制造费用金额/元	成本动因	单位作业成本/元
材料验收成本	36 000	订购次数	3 000
产品验收成本	42 000	订购次数	3 500
燃料与水电成本	43 700	机器制造工时	0.23
开工成本	21 000	订购次数	1 750
职工福利成本	25 200	直接人工成本	0.024
设备折旧	32 300	机器制造工时	0.17
厂房折旧	20 300	产量	0.29
材料储存成本	14 100	直接材料成本	0.003
车间管理人员工资	9 800	产量	0.14

甲产品分配的制造费用＝4×（3 000＋3 500＋1 750）＋40 000×（0.23＋0.17）＋20 000×（0. 29＋0.14）＋300 000×0.024＋2 200 000×0.003＝71 400（元）

乙产品分配的制造费用＝245 200－71 400＝173 800（元）

（2）传统成本计算法：

甲产品总成本＝2 200 000＋300 000＋ 51 600＝2 551 600（元）

甲产品单位成本＝2 551 600÷20 000＝127.58（元）

乙产品总成本＝2 500 000＋750 000＋193 600＝3 443 600（元）

乙产品单位成本＝3 423 800÷50 000＝68.872（元）

作业成本法：

甲产品总成本＝2 200 000＋300 000＋71 400＝2 571 400（元）

甲产品单位成本＝2 571 400÷20 000＝128.57（元）

乙产品总成本＝2 500 000＋750 000＋173 800＝3 423 800（元）

乙产品单位成本＝3 423 800÷50 000＝68.476（元）

（3）根据以上计算可知，采用作业成本法计算的甲产品的成本高于采用传统成本计算法下的成本，而乙产品则正好相反。这主要是因为两种方法对制造费用的分配采用的标准不同，传统成本计算法只采用一个标准，即机器标准工时，而作业成本法则根据成本动因，采用5个分配标准，所以，作业成本法的计算结果更准确。

第16章　本量利分析

一、单选题

1.【答案】D

【解析】销售息税前利润率＝安全边际率×边际贡献率，由此可知，降低安全边际率会降低销售利润率。所以选项D的说法不正确。

2.【答案】B

【解析】阶梯式成本是指在业务量的一定范围内发生额不变，当业务量增长超过一定限度，其发生额会突然跳跃到一个新的水平，然后在业务量增长的一定限度内其发生额又保持不变，直到另一个新的跳跃为止。本题中，检验员的工资在1 200件产量之内保持不变，如果超过了1 200件就需要增加一名检验员，从而导致检验员的工资成本跳跃到一个新的水平。因此，检验员的工资成本属于阶梯式成本。

3.【答案】A

【解析】（20 000＋5 000＋50 000）×12÷[100－（50＋9＋1）]＝22 500（件）。

4.【答案】C

【解析】目前的税前经营利润＝800÷（1－20%）＋10 000×50%×8%＝1 400（万元），税前经营利润对销量的敏感系数＝税前经营利润变动率÷销量变动率＝经营杠杆系数＝目前的边际贡献÷目前的税前经营利润＝[800÷（1－20%）＋600]÷1 400＝1.14。

5.【答案】A

【解析】边际贡献率＝（80－30）÷80＝62.5%，盈亏临界点销售额＝200÷62.5%＝320（万元），盈亏临界点作业率＝1－31.25%÷62.5%＝50%，销售额＝320÷50%＝640（万元）。

或：31.25%＝[（80－30）×销售量－200]÷（80×销售量）

得：销售量＝8（万件），销售额＝8×80＝640（万元）。

6.【答案】C

【解析】边际贡献总额＝100＋200＝300（万元），加权平均边际贡献率＝300÷（100＋400）＝60%。

7.【答案】C

【解析】注意本题要求确定的是该项成本的增加量。当业务量为1 000时，该项成本总额为3 500，当业务量为2 000时，该项成本总额为6 500，因此，该项成本的增加量为6 500－3 500＝3 000。

或者也可以这样计算，即增量＝3×（2 000－1 000）＝3 000。

8.【答案】A

【解析】本题考查的是敏感系数的知识点。由公式：敏感系数＝目标值变动百分比÷参量值变动百分比可知敏感系数为正时，参量值与目标值同方向变动，故选择A。

9.【答案】B

【解析】单位边际贡献＝15－10＝5（元），实现目标息税前利润的销售量＝（固定成本＋目标息税前利润）÷单位边际贡献＝（500＋800）÷5＝260（件）。

二、多选题

1.【答案】BCD

【解析】边际贡献＝销售收入－变动成本，故选项A错误；边际贡献可以具体分为制造边际贡献（生产边际贡献）和产品边际贡献（总营业边际贡献），故选项B正确；边际贡献率＝边际贡献÷销售收入×100%，可以理解为每1元销售收入中边际贡献所占的比重，故选项D正确。

2.【答案】BC

【解析】在相关范围内，单位变动成本不变，固定成本总额相对稳定。因此，正确答案是选项B和选项C。

3.【答案】BC

【解析】成本估计的方法主要是回归直线法和工业工程法。

4.【答案】AD

【解析】盈亏临界分析、安全边际和安全边际率的分析不属于敏感分析的内容。

5.【答案】AC

【解析】目标息税前利润＝120÷（1－25%）＝160（万元），单价＝（160＋300）÷100＋8＝12.6（元），单位变动成本＝12－（160＋300）÷100＝7.4（元），固定成本＝（12－8）×100－160＝240（万元）。

6.【答案】BCD

【解析】变动成本＝销售额×变动成本率，在边际贡献式本量利图中，如果自变量是销售额，则变动成本线的斜率＝变动成本率＝12÷20×100%＝60%，所以选项A的说法不正确；在保本状态下（即盈亏临界点下），息税前利润＝0，销量＝固定成本÷（单价－单位变动成本）＝2 400÷（20－12）＝300（件），企业生产经营能力的利用程度＝300÷400×100%＝75%，所以选项B的说法正确；安全边际中的边际贡献＝安全边际×边际贡献率＝（400×20－300×20）×（1－60%）＝800（元），所以选项C的说法正确；安全边际率＝1－75%＝25%，所以选项D的说法正确。

7.【答案】BCD

【解析】加权边际贡献率＝[10×（20－12）＋15×（30－15）]÷（10×20＋15×30）×100%＝46.92%，盈亏临界点销售额＝100÷46.92%＝213.13（万元），甲产品盈亏临界点销售额＝[10×20÷（10×20＋15×30）]×213.13＝65.58（万元），甲产品盈亏临界点销售量＝65.58÷20＝3.28（万件）。

8.【答案】BD

【解析】约束性固定成本指的是不能通过当前的管理决策行动加以改变的固定成本，如固定资产折旧、财产保险、管理人员工资等；酌量性固定成本指的是可以通过管理决策行动而改变数额的固定成本，如科研开发费、广告费、职工培训费等；技术性变动成本指的是与产量有明确的技术或实物关系的变动成本，如产品成本中包括的原材料成本；酌量性变动成本指的是可以通过管理决策行动改变的变动成本，如按照销售额的一定百分比开支的销售佣金。

第17章　短期经营决策

一、单选题

1.【答案】A

【解析】成本加成定价是指先计算出单位产品的成本基数，然后在此基础上加上一定的成数，以此得到产品的目标价格。成本基数既可以是完全成本计算法下的单位产品成本，也可以是单位产品的变动成本。

2.【答案】A

【解析】在企业生产能力过剩或面临激烈竞争的情况下，采用增量成本作为定价基础，企业通常把维持企业生存作为定价目标。

3.【答案】A

【解析】边际贡献分析法是指通过备选方案的边际贡献的大小来确定最优方案的决策方法。边际贡献是指销售收入与变动成本的差额。如果企业有剩余的生产能力可供使用，或者可以利用过时老产品腾出来的生产能力，在有几种新产品可供选择时，一般采用边际贡献分析法进行决策。只要边际贡献为正即可。

4.【答案】C

【解析】差额成本、未来成本、重置成本、机会成本等都属于相关成本。沉没成本、过去成本、账面成本等属于非相关成本。

5.【答案】C

【解析】变动成本加成法下，其成本基数是单位产品的变动成本，其产品定价=变动成本+加成=变动成本+固定成本+预期利润。在完全成本加成法下，其成本基数是单位产品的制造成本，其产品定价=制造成本+加成=变动成本+固定成本+预期利润。由此可见，如果营业利润出现差异，其根本原因在于两种成本计算法下计入当期损益的固定制造费用水平差异。

6.【答案】A

【解析】对于亏损产品或者亏损部门，企业是否应该停产的决策，关键是看该产品或者部门能否给企业带来正的边际贡献，而不是看产品的利润和成本。只要边际贡献为正，就不应该停产。

7.【答案】C

【解析】研究保险储备的目的是要找出合理的保险储备量，使缺货或供应中断损失和储备成本之和最小。

8.【答案】A

【解析】本题考查经济进货批量的假设前提。经济进货批量基本模式的假设前提包括：①企业能够及时补充存货，即需要订货时便可立即取得存货；②能集中到货，即不是陆续入库；③不允许缺货，即无缺货成本；④需求量稳定，并且能预测；⑤存货单价不变；⑥企业现金充足，不会因现金短缺而影响进货；⑦所需存货市场供应充足，可以随时买到。

二、多选题

1.【答案】ABC

【解析】2015年曾支付的5万元咨询费属于与决策没有关联的成本，属于非相关成本。而其他几个选项均属于现金流量。

2.【答案】BCD

【解析】不可避免成本是指无论采用哪一个项目均会存在的成本，属于不相关成本。而未来成本、机会成本、差异成本都是与决策相关联的成本，属于相关成本。

3.【答案】BD

【解析】可行性分析后，无论项目是否可以投资，该咨询费都已经发生，所以是无关成本；企业原有

的设备如果不继续使用而是出售，可以按照市场价格获得一笔收入，而如果继续使用该设备，则会丧失这笔收入，所以相关成本应是设备的变现净收入，而与其账面价值无关，所以账面价值是无关的成本。因此选项A、C都属于不相关成本。

4.【答案】BC

【解析】本题主要考查存货经济订货量的影响因素分析。根据陆续供货和使用模型下的存货经济订货量计算公式 $Q^* = \sqrt{\dfrac{2KD}{K_c} \times \dfrac{P}{P \times d}}$ 可知，影响经济订货量的因素有5个，即：存货全年总的需求量、一次订货成本、单位存货年变动性储备成本、每日耗用量和每日送货量。订货提前期和保险储备量对经济订货量没有影响。因此选择项B、C。

5.【答案】BD

【解析】现金持有量的存货模式是一种简单、直观的确定现金持有量的方法，但是，由于其假设现金的流出量稳定不变，而实际上这种情况是很少出现的，因此，其普遍应用性较差，所以选项A的说法错误；随机模式建立在企业现金未来需要总量和收支不可预测的前提下，所以选项B的说法正确；随机模式下现金持有量下限的确定会受到企业每日的最低现金需要、管理人员的风险承受倾向等因素的影响，所以选项C的说法错误；根据计算公式可知，确定最佳现金持有量的存货模式考虑了机会成本和交易成本，随机模式考虑了每次有价证券的固定交换成本（由此可知，考虑了交易成本）以及有价证券的日利息率（由此可知，考虑了机会成本），所以选项D的说法正确。

6.【答案】ACD

【解析】本题考查存货管理中的保险储备问题。根据保险储备量再订货点公式：再订货点=保险储蓄量×平均交货时间×平均日需求。由此可见平均库存量与再订货点无关。

7.【答案】ABD

【解析】本题考查存货陆续供应与使用模型中经济订货量的影响因素。根据公式 $Q^* = \sqrt{\dfrac{2KD}{K_c} \times \dfrac{P}{P \times d}}$ 可以看出：存货需求量增加、每次订货的单位变动成本增加；每日消耗量增加、单位储存成本减少和每日送货量减少都会使经济订货量增加。

第18章 全面预算

一、单选题

1. 【答案】 D

【解析】 滚动预算法又称连续预算法或永续预算法，是在上期预算完成情况基础上调整和编制下期预算，并将预算期间逐期连续向后滚动推移，使预算期间保持一定的时期跨度。

2. 【答案】 C

【解析】 二季度预计材料采购量=（二季度预计生产需用量+二季度预计期末材料存量）-二季度预计期初材料存量=（二季度预计生产需用量+二季度预计期末材料存量）-一季度预计期末材料存量

预计生产需用量=预计生产量×单位产品需要量=2×预计生产量

预计生产量=（预计销售量+预计期末产成品存货数量）-预计期初产成品存货数量

二季度预计生产量=（二季度预计销售量+二季度预计期末产成品存货数量）-二季度预计期初产成品存货数量=（二季度预计销售量+二季度预计期末产成品存货数量）-一季度预计期末产成品存货数量=（800+900×10%）-800×10%=810（件）

二季度预计生产需用量为：810×2=1620（千克）

三季度预计生产需用量为：（900+850×10%-900×10%）×2=1790（千克）

一季度预计期末材料存量为：1620×20%=324（千克）

二季度预计期末材料存量为：1790×20%=358（千克）

二季度预计材料采购量为：（1620+358）-324=1654（千克）

3. 【答案】 C

【解析】 假设借入X万元，则6月份支付的利息=（100+X）×1%。可得：

$X-50-（100+X）×1\%\geq 10$

$X\geq 61.62$

又因为，X为1万元的整数倍。

则可得，X最小值为62，即应向银行借款的最低金额为62万元。

4. 【答案】 D

【解析】 财务预算是关于资金筹措和使用的预算，包括短期的现金收支预算和信贷预算，以及长期的资本支出预算和长期资金筹措预算，所以D选项正确。

5. 【答案】 C

【解析】 预算期的修理费用总额=2000+1.5×2500=5750（元）。

6. 【答案】 C

【解析】 预计第四季度材料采购量为2120+350-456=2014（千克），应付账款为2014×10×50%=10070（元）。

7. 【答案】 B

【解析】 年末时只有第四季度购货款的60%没有支付，因此年末"应付账款"项目金额等于第四季度采购额的60%。第四季度采购量=生产需要量+期末存量-期初存量=2000+500-800=1700（千克），因此年末"应付账款"为1700×10×60%=10200（元）。

8. 【答案】 B

【解析】 财务预算是关于资金筹措和使用的预算，包括短期的现金收支预算和信贷预算，以及长期的资本支出预算和长期资金筹措预算，但不包括生产预算。所以本题的答案为B选项。

二、多选题

1. 【答案】 ABD

【解析】 生产预算的编制，除考虑计划销售量外，还要考虑现有存货和年末存货。所以C选项的说法不正确。

2. 【答案】 AB

【解析】 固定预算法又称静态预算法，其缺点包括：①适应性差；②可比性差。

3. 【答案】 ABCD

【解析】 10月份收到货款为20×15%+30×35%+50×50%=38.5（万元），10月末的应收账款为30×15%+50×（1-50%）=29.5（万元），其中在11月份收回30×15%+50×35%=22（万元）；11月份的货款有100×15%=15（万元）计入年末的应收账款。

4. 【答案】 ABCD

【解析】 按出发点的特征不同，可分为增量预算方法和零基预算方法；按业务量基础的数量特征不同，可分为固定预算方法与弹性预算方法；按预算预算期的时间特征不同，可分为定期预算方法和滚动预算方法，其中滚动预算方法又称连续预算方法。

5.【答案】ABC

【解析】9月份支付：20×10%+25×30%+30×60%=27.5（万元）

10月初的应付账款为：25×10%+30×（1−60%）=14.5（万元）

10月末的应付账款为：30×10%+50×（1−60%）=23（万元）

6.【答案】BC

【解析】一般来说，弹性预算法所采用的业务量可定在正常生产能力的70%～110%之间，或以历史上最高业务量或最低业务量为其上下限。

7.【答案】ABC

【解析】营业预算是企业日常营业活动的预算，企业的营业活动涉及供产销等各个环节及业务。营业预算

包括销售预算、生产预算、直接材料预算、直接人工预算、制造费用预算、产品成本预算、销售费用预算和管理费用预算等。长期资金筹措预算属于财务预算的范畴。

8.【答案】ABC

【解析】本季度销售有1−60%=40%在本季度没有收回，全部计入下季度初的应收账款中。上年第四季度的销售额的40%为24万元，因此，上年第四季度的销售额为24÷40%=60（万元），其中的30%在第一季度收回（即第一季度收回60×30%=18万元），10%在第二季度收回（即第二季度收回60×10%=6万元）；上年第三季度的销售额在上年第三季度收回货款60%，在上年的第四季度收回30%，到预计年度第一季度期初时，还有10%未收回，数额为4万元，因此，上年第三季度的销售额为4÷10%=40万元，在预计年度第一季度可以全部收回。所以，第一季度收回的期初应收账款为18+4=22（万元）。

第19章　责任会计

一、单选题

1.【答案】C

【解析】加权平均资本成本为：8%×600÷2 000+12%×1 400÷2 000=10.8%

剩余经营收益为：（200+60）−2 000×10.8%=44（万元）

2.【答案】A

【解析】在计算责任成本时，将可以直接判别责任归属的费用项目，直接列入应负责的成本中心。对于不能直接归属于个别责任中心的费用，优先采用责任基础分配。有些费用（如动力费、维修费等）虽然不能直接归属于特定成本中心，但它们的数额受成本中心的控制，能找到合理依据来分配，这类费用就可以采用责任基础分配。有些费用不是专门属于某个责任中心的，不宜采用责任基础分配，但是这些费用与各中心的受益多少有关，则可以按照受益基础分配。有些费用既不能用责任基础分配，也不能用受益基础分配，则考虑有无可能将其归属于一个特定的责任中心。对于不能归属于任何责任中心的固定成本，则不进行分摊。所以本题的答案为A选项。

3.【答案】C

【解析】投资中心是指某些分散经营的单位或部

门，其经理所拥有的自主权不仅包括制定价格、确定产品和生产方法等短期经营决策权，而且还包括投资规模和投资类型等投资决策权。所以本题的答案为C选项。

4.【答案】A

【解析】在中间产品存在完全竞争的外部市场的情况下，市场价格减去对外销售费用是理想的内部转移价格的条件。

5.【答案】C

【解析】剩余权益收益=净收益−权益投资应计成本=600−100−2400×10%=260（万元）

或者：加权平均资本成本为：6%×1 600÷4000+10%×2 400÷4 000=8.4%

剩余经营收益为：600−4 000×8.4%=264（万元）

剩余净金融支出为：100−1 600×6%=4（万元）

剩余权益收益=剩余经营收益−剩余净金融支出=264−4=260（万元）

6.【答案】D

【解析】在业绩评价中，比较重要的非财务计量指标有：市场占有率、质量和服务、创新、生产力和雇员培训。经济增加值属于业绩计量的财务指标。

7.【答案】B

【解析】标准成本中心，必须是所生产的产品稳

定而明确，并且已经知道单位产品所需要的投入量的责任中心。医院放射科可以根据接受放射治疗的人数建立标准成本中心。

二、多选题

1. 【答案】 ABC

【解析】 直接成本不一定是可控成本，例如，工长的工资可能是直接成本，当工长无法改变自己的工资时，对他来说该成本是不可控的，由此可知，A选项的说法不正确。最基层单位无法控制大多数的间接成本，但有一部分是可控的。例如，机物料的消耗可能是间接计入产品的，但机器操作工却可以控制它，由此可知，C选项的说法不正确。可控成本是指在特定时期内、特定责任中心能够直接控制其发生的成本，其对称概念是不可控成本。区分可控成本和不可控成本，需要考虑成本发生的时间范围。一般来说，在消耗或支付的当期成本是可控的，一旦消耗或支付就不再可控。由此可知，B选项的说法不正确。固定成本和不可控成本不能等同，固定成本包括约束性固定成本和酌量性固定成本，其中约束性固定成本是企业为维持一定的业务量所必须负担的最低成本，属于不可控成本；酌量性固定成本是根据企业经营方针由管理当局确定的一定时期的成本，可以随企业经营方针的变化而变化，因此，属于可控成本。广告费和科研费属于酌量性固定成本。所以D选项的说法正确。

2. 【答案】 BCD

【解析】 非财务计量可以直接计量创造财富活动的业绩，所以A选项的说法不正确。

3. 【答案】 ABD

【解析】 通货膨胀对于业绩的影响很大。不能认为只有通货膨胀水平较高时，才会对财务报表造成影响，才考虑通货膨胀对于业绩评价的影响；无论采用哪一种财务计量的业绩评价指标，都会受到通货膨胀的影响。

4. 【答案】 ABC

【解析】 剩余收益作为业绩评价指标的主要优点是：①剩余收益着眼于公司的价值创造过程；②有利于防止次优化。剩余收益业绩评价的缺点：①不便于不同规模的公司和部门的业绩比较；②依赖于会计数据的质量。

5. 【答案】 ACD

【解析】 净负债：$4\,000 \times 60\% = 2\,400$（万元），平均权益账面价值为：$4\,000 - 2\,400 = 1\,600$（万元）

权益投资人要求的报酬率为：$6\% + 1.5 \times (10\% - 6\%) = 12\%$

净利润为：$4\,000 \times 12\% - 200 = 280$（万元）

剩余收益为：$280 - 1\,600 \times 12\% = 88$（万元）

加权平均资本成本为：$8\% \times 60\% + 12\% \times 40\% = 9.6\%$

剩余经营收益为：$4\,000 \times (12\% - 9.6\%) = 96$（万元）

剩余净金融支出为：$200 - 2\,400 \times 8\% = 8$（万元）

剩余权益收益＝剩余经营收益－剩余净金融支出＝$96 - 8 = 88$（万元）

6. 【答案】 ABC

【解析】 边际贡献为：$15\,000 - 10\,000 = 5\,000$（元）

可控边际贡献为：$5\,000 - 800 = 4\,200$（元）

部门税前经营利润为：$4\,200 - 1\,200 = 3\,000$（元）

7. 【答案】 BC

【解析】 剩余收益＝部门税前经营利润－部门平均净经营资产×要求的报酬率，由此可知，A选项的说法不正确。剩余收益的主要优点是可以使业绩评价与企业的目标协调一致，引导部门经理采纳高于企业资本成本的决策，所以，B选项的说法正确。采用剩余收益指标还有一个好处，就是允许使用不同的风险调整资本成本。所以，C选项的说法正确。剩余收益旨在设定部门投资的最低报酬率，防止部门利益伤害整体利益，而经济增加值旨在使经理人员赚取超过资本成本的报酬，促进股东财富最大化。因此，D选项的说法不正确。

第20章 业绩评价

一、单选题

1. 【答案】 C

【解析】 经济增加值＝调整后的税前经营利润－加权平均税前资本成本×调整后的平均投资资本＝$480 \div (1 - 25\%) - 2\,500 \times 12\% = 340$（万元）。

2. 【答案】 B

【解析】 从现代商业银行管理，特别是风险管理的角度来看，市场交易人员（或业务部门）的激励机制应当以经风险调整的资本收益率和经济增加值为参照基准。如果交易人员（或业务部门）在交易过程中承担了很高的风险，则其所占用的经济资本必然很多，因此即便交易人员（或业务部门）在当期获得了很高的收益，其真正创造的价值（经济增加值）也是有限的。

3. 【答案】D

【解析】本题考核平衡计分卡的相关内容。客户角度的目标和指针可以包括目标市场的销售额（或市场份额）以及客户保留率、新客户开发率、客户满意度和盈利率。卡普兰和诺顿把这些指标称为滞后指标。在明确价值定位的过程中，卡普兰和诺顿定义了几个与客户满意度有关的驱动指标：时间、质量、价格、可选性、客户关系和企业形象。他们把这些称为潜在的领先指标。

4. 【答案】B

【解析】选项A属于平衡计分卡的财务角度内容；选项B属于平衡计分卡的顾客角度内容；选项C属于平衡计分卡的内部流程角度内容；选项D属于平衡计分卡的创新与学习角度内容。

5. 【答案】D

【解析】本题考查平衡计分卡的业绩衡量方法。卡普兰和诺顿提出了名为平衡计分卡的方法，它是一种平衡4个不同角度的衡量方法。具体而言，平衡计分卡平衡了短期与长期业绩、外部与内部的业绩、财务与非财务业绩以及不同利益相关者的角度，包括：财务角度、顾客角度、内部流程角度、创新与学习角度。

6. 【答案】D

【解析】顾客角度的目标和指针可以包括目标市场的销售额（或市场份额）以及客户保留率、新客户开发率、客户满意度和盈利率。销售增长率是财务角度的目标。

7. 【答案】A

【解析】按照《暂行办法》的规定，利息支出是指企业财务报表中的"财务费用"项下的"利息支出"。

8. 【答案】B

【解析】从理论上看，市场增加值就是一个公司增加或减少股东财富的累计总量，是从外部评价公司管理业绩的最好方法，但是上市公司只能计算它的整体市场增加值，对于下属部门和单位无法计算其市场增加值，因此市场增加值不能用于内部业绩评价。

二、多选题

1. 【答案】ACD

【解析】经济增加值=税后经营利润－资本成本×投资资本，税后经营利润就是税后营业利润，所以，选项A、C、D正确。

2. 【答案】CD

【解析】虽然经济增加值在理论上十分诱人，它的概念基础被许多向下属单位分配资本成本和利息费用的企业所应用，一些专业机构定期公布上市公司的经济增加值排名，但是在业绩评价中还没有被多数人所接受，所以选项A不正确；经济增加值不仅仅是一种业绩评价指标，它还是一种全面财务管理和薪金激励体制的框架，所以选项B不正确。

3. 【答案】ABC

【解析】剩余收益根据投资要求的报酬率计算，该投资报酬率可以根据管理的要求做出不同选择，带有一定的主观性，所以选项D的说法不正确。

4. 【答案】ABC

【解析】选项D是剩余收益和经济增加值的共同点，经济增加值是剩余经营收益的计算方法之一，或者说是剩余收益的一种"版本"。

5. 【答案】ABC

【解析】真实的经济增加值要求对每一个经营单位使用不同的资金成本，以便更准确地计算部门的经济增加值。

6. 【答案】ABCD

【解析】剩余权益收益=净利润-权益投资应计成本=240-2 000×10%=40（万元）

剩余经营收益＝净经营收益－净经营资产×净经营资产要求的净利率＝（240+180）－4000×（10%×50%+8%×50%）=60（万元）

剩余净金融支出=净金融支出－净负债×净金融负债要求的报酬率=180-2 000×8%=20（万元）

基本经济增加值＝（240+180）－4 000×（9%×50%+8%×50%）=80（万元）

7. 【答案】AB

【解析】部门的经济增加值和剩余收益的联系是剩余收益业绩评价旨在设定部门投资的必要报酬率，防止部门利益伤害整体利益；而经济增加值旨在使经理人员赚取超过资本成本的报酬，促进股东财富最大化。

8. 【答案】ABCD

【解析】本题考查平衡计分卡的知识点。平衡计分卡的特点包括：①平衡计分卡为企业战略管理提供强有力的支持；②平衡计分卡可以提高企业整体管理效率；③注重团队合作，防止企业管理机能失调；④平衡计分卡可提高企业激励作用，扩大员工的参与意识。

第21章 管理会计报告

一、单选题

1.【答案】B

【解析】本题主要考查业绩报告的目的。业绩报告的目的是将责任中心的考核指标与预算比较，以判断其业绩好坏。业绩报告只能指出业绩存在差异，并不能说明业绩为什么存在差异。经理人可以根据业绩报告的内容来分析业绩差异存在的原因，从而采取纠正措施，以达到业绩评价的目的。

2.【答案】A

【解析】本题的主要考查投资中心业绩评价指标。剩余收益的主要优点是可以使业绩评价与企业的目标协调一致，引导部门经理采纳高于企业资本成本的决策。采用剩余收益指标还有一个好处，就是允许使用不同的风险调整资本成本。因此答案为选项A。

3.【答案】B

【解析】本题主要考查投资中心业绩考核指标。投资贡献率的决策结果与总公司的目标不一定一致，但剩余收益可以保持部门获利目标与公司总的目标一致，因此选项A正确；在使用剩余收益指标时，应考虑不同部门或者不同资产的风险，规定不同的资本成本百分比，因此选项B错误；投资报酬率是相对指标，因此，便于不同部门之间的比较。投资报酬率指标的不足是，部门经理会放弃高于资本成本而低于目前部门投资报酬率的机会，或者减少现有的投资报酬率较低但高于资本成本的某些资产，因此选项C正确；剩余收益=部门边际贡献−部门资产×资本成本率，从公式可以看出投资中心的剩余收益的大小与企业资本成本的高低呈反向变动，因此选项D正确。由此可见本题答案为选项B。

二、多选题

1.【答案】ABCD

【解析】本题主要考查质量成本类型的具体内容。质量成本是指企业为了保证产品达到一定质量标准而发生的一切费用。质量成本包括4种：预防成本、鉴定成本、内部损失成本和外部损失成本。A选项属于预防成本，B选项属于鉴定成本，C选项属于外部损失成本，D选项属于外部损失成本，因此，选项A、B、C、D都是质量而引起的成本，都属于质量成本。

2.【答案】AD

【解析】本题主要考查成本控制报告相关内容。成本控制报告主要采用定量和定性相结合的方式进行分析，成本控制报告的报告形式包括报表、文字说明和数据分析等，因此。选项B、C错误。

3.【答案】ABC

【解析】本题主要考查利润中心考核的指标。利润中心的考核指标通常为利润中心的边际贡献、分部经理的边际贡献以及该利润中心的部门边际贡献。因此，答案为选项A、B、C。